泰州文獻

第四輯

南渡録
南渡紀事
明史雜著
南岳繼起和尚語録
秋星閣詩話
燕翼篇
易象大意存解
弁服釋例
東詠軒筆記

鳳凰出版社

ISBN 978-7-5506-2233-3
9 787550 622333 >

圖書在版編目（ＣＩＰ）數據

南渡録、明史雜著、東詠軒筆記等 / （清）李清等撰
-- 南京 : 鳳凰出版社, 2015.10
（泰州文獻）
ISBN 978-7-5506-2233-3

Ⅰ. ①南… Ⅱ. ①李… Ⅲ. ①古籍－彙編－泰州市
Ⅳ. ①Z422

中國版本圖書館CIP數據核字(2015)第289543號

責任編輯　王愛榮
裝幀設計　姜　嵩
出版發行　鳳凰出版傳媒股份有限公司
　　　　　鳳凰出版社(原江蘇古籍出版社)
　　　　　發行部電話025－83223462
出版社地址　南京市中央路165號　郵編:210009
出版社網址　http://www.fhcbs.com
印　　刷　揚州文津閣古籍印務有限公司
　　　　　揚州市開發區鴻揚路22-2號(6幢)　郵編:225009
開　　本　889毫米×1194毫米　1/16
印　　張　42
版　　次　2015年10月第1版　2015年10月第1次印刷
標準書號　ISBN 978-7-5506-2233-3
定　　價　620.00圓
(本書凡印裝錯誤可向承印廠調换,電話:0514－87969255)

《泰州文獻》工作委員會

主　任

藍紹敏　陸志鵬

常務副主任

盧佩民

副 主 任

戴勝利　王學鋒　張培成　佘江涛

委　員（按姓氏筆畫为序）

丁少華　方標軍　成愛君　季春芳　周興安

查學斌　姜小青　奚愛國　陳士宏　黄林華

曹茂良　曹學賦　許大才　張國祥　萬永良

程榮穩　鄒祥龍　費振鐘　劉　玲　劉仁前

劉宏鳴　潘時常　薛金林　顧維中

《泰州文獻》編纂委員會

主　編

盧佩民

副主編

黄林華　姜小青

執行主編

成愛君　費振鐘

編　委（按姓氏筆畫为序）

王　飛　王　劍　王正奎　卞惠興　朱長順　全　勤

李文華　李明官　吴　迪　吴小晴　吴雙林　汪　政

沈　俊　林世田　莫其康　倪培翔　徐一清　徐同華

高　峰　陳　立　黄　靖　曹學林　常　康　張　定

張永龍　劉仁前　劉春龍　潘浩泉　薛　飛　謝冬榮

竇立成　顧寄南

《泰州文獻》學術指導委員會

（按姓氏筆畫为序）

江慶柏　金良年　茅家琦　華學誠　徐　雁　畢飛宇

程章燦　楊九俊　魯國堯　劉玉才　顧　農

總序

泰州古稱海陵，漢初（公元前一一七年）置縣，晋末（公元四一一年）設郡，南唐（公元九三七年）建州，始稱泰州。

泰州濱江近海，物阜民豐。漢唐以來，糧鹽並舉，商貿繁榮，爲溝通南北的重要港口城市。

泰州素爲文教昌明之邦。唐初立州學，北宋建貢院，明清開學政試院，産出大批科舉優秀人才。

泰州自古人文薈萃。走進泰州的，從范仲淹、富弼、陸佃，到孔尚任、吴讓之、蔣春霖，都留下深遠影響。走出泰州的，從張懷瓘、胡瑗、施耐庵、王艮，到李清、吴嘉紀、柳敬亭、黄龍士、李鱓、鄭燮、劉熙載、李詳、梅蘭芳、高二適，都在各自領域爲中國文化作出巨大貢獻。

泰州遺存的文獻也很豐富。僅據《江蘇藝文志》所載，便有二千七百餘種，涵蓋經、史、子、集的方方面面。其中，尤以明清時期爲夥，占到百分之九十九以上。這當中不排除由於種種原因，致使元以前的一些著述湮没無聞，但明清兩代，確是泰州文化的繁盛期。在這些文獻中，如《書斷》（張懷瓘）、《水滸傳》（施耐庵）、《王心齋先生遺集》（王艮）、《宗子相集》（宗臣）、《陋軒詩集》（吴嘉紀）、《板橋全集》（鄭燮）、《藝概》（劉熙載）、《李審言文集》（李詳）、《黄龍士先生棋譜》等，在中國文化史上都有重要地位和深遠影響。

與此同時，對鄉邦文獻進行整理的也代不乏人。自宋至清，周氏（周麟之等）、宫氏（宫偉鏐等）、陳氏（陳應芳等）、徐氏（徐鳴柯等）等都曾致力其事，爲泰州留下了許多寶貴的文化財富。清嘉道間，鄉人夏荃編輯《海陵文徵》二十卷、附録十二卷，《海陵詩徵》十卷。民國初年，曾任江蘇省省長的鄉人韓國鈞歷經十餘年編成《海陵叢刻》計二十三種六十六册。

二〇一一年九月召開的中共泰州市第四次代表大會，提出了建設文化名城的任務。爲此，中共泰州市委、泰州市人民政府决定編纂《泰州文獻》。這是泰州有史以來對本土文獻最大規模的整理和彙編。它對於保存、利用、研究和開發泰州的歷史文化，尋繹泰州獨特的地方文化價值，爲泰州文化建設提供歷史人文資源，意義重大。

爲了保證編纂工作的順利進行，市委、市政府專門成立了工作委員會、編纂委員會和學術指導委員會。工作委員會由市委、市政府領導和相關部門負責同志組成，負責對編纂工作的領導和協調。編纂委員會由相關專家、學者組成，具體負責《泰州文獻》的編纂出版工作。學術指導委員會由江慶柏、魯國堯、程章燦、茅家琦、華學誠、徐雁、金良年等國内知名文史專家組成，負責對編纂工作的指導和把關。

編纂工作按如下幾個步驟進行：（一）進行文獻調查，建立文獻檔案；（二）精選有代表性、有學術價值的作品影印出版，選目由編纂委員會和學術指導委員會共同審議確定；（三）編輯出版《泰州文獻總目》。

《泰州文獻》分爲四輯：

第一輯『官修舊志』，收録泰州地區現存所有官修地方志。

第二輯『地方史料文獻』，收録泰州地區歷代重要的筆記和史料。按内容又可分爲史地類：收録有關泰州歷史地理方面的著作，包括小志、專志、雜志等；政情類：收録有關泰州政治、經濟等方面的著作；文教類：收録有關文化、教育、圖書館等方面的著作。

第三輯『家族文獻』，收録泰州地區重要的家譜、家傳、家集與名人年譜。按内容又可分爲家乘傳記類：擇要收録泰州家族譜牒中的譜序、家規、家訓、箴言、族約、族記、祠田記、塋田記、雜記、著述等資料；家族總集類：以家族姓氏筆畫爲序。

第四輯『泰州文存』，收録泰州地區作者的詩文著作及其他代表性著作。按内容又可分爲學術論著類：收録泰州作者的經史雜著；文集類：收録泰州作者的詩文集；地方總集類：收録泰州作者的詩文合集。

考慮到《水滸傳》、《封神演義》（《辭海》云『一説陸西星作』）、《檮杌閑評》（學界多謂李清所作）等小説流傳甚廣，版本豐富，故不再收録。其他如堪輿、術數類著作，泰州人撰泰州地區以外的地方志、地理志類著作，一般性的彙編、摘鈔類著作，亦不予收録。

《泰州文獻》原則上收録現轄區内的作家作品。但從尊重歷史出發，泰州學派創派人物、明代思想家、哲學家王艮，平民詩人吴嘉紀等人，歷史上均屬於泰州地區，對泰州地區具有深遠的文化影響，他們的作品亦予收録。

前人給我們留下了豐厚的文化遺産，我們既要加以珍視和傳承，更要在前人的基礎上，創造出無愧於今天這個偉大時代的新篇章。這是我們更重要的使命，讓我們爲之努力。

《泰州文獻》編纂委員會

二〇一三年十月十八日

凡例

一、《泰州文獻》（以下簡稱《文獻》）分爲《官修舊志》、《地方史料文獻》、《家族文獻》和《泰州文存》四輯。

二、《文獻》收録範圍原則上爲現行政轄區内作者的著述和與泰州有關的重要著述，但考慮到歷史上曾屬於泰州地區的人物，如泰州學派的代表人物王艮、平民詩人吴嘉紀等對泰州文化深具影響，對他們的作品亦予收録。

三、所收著作成書年代限於一九四九年以前。

四、《文獻》所收著作，以學術價值、使用價值較高爲原則，適當兼顧版本價值。

五、《文獻》以影印方式出版。如有蠹損、殘缺、漫漶不清處，原則上以相同版本予以補配，以保證完整、清晰。

六、《文獻》對所收每種著作均撰寫提要，置於該著作前面，以方便讀者瞭解作者生平、主要内容、學術價值等。

七、《文獻》除保留所收著作原有頁碼外，均新編頁碼，每册頁碼自爲起訖。

八、《文獻》最後一册編有書名索引和作者索引，以方便讀者使用。

目録

南渡録……〇〇一
南渡紀事……一八一
明史雜著……二二三
南岳繼起和尚語録……三〇九
秋星閣詩話……四四一
燕翼篇……四四五
易象大意存解……四五五
弁服釋例……四八五
東詠軒筆記……六二一

南渡録

（清）李清 撰

《南渡録》五卷，清李清撰，據清鈔本影印。

李清（一六〇二——一六八三），字心水，一字映碧，號碧水翁，晚號天一居士，清興化人。李春芳玄孫。崇禎四年（一六三一）進士，官吏科給事中等。後任弘光朝大理寺左寺丞等。南明亡，隱居故里凡三十八年。李清著述宏富，爲清代著名史學家。

本書爲李清任南明弘光朝大理寺左丞時輯録，以綱目日記體的形式逐日記載弘光一朝大事，並輯録有關詔諭章奏及朝臣言行。起自崇禎十七年（一六四四）四月福王朱由崧至南京監國，迄於弘光元年（一六四五）五月朱由崧兵敗被俘。李爲南明大理寺左丞，居言路，政事多所參决，故記之以傳後世。又適逢南渡抗清之際，故仿辛棄疾《南渡録》之例，名之《南渡録》。李清爲人正直，較少門户之見，不參與黨争，所以能就事論事，持論公允，不以恩怨異同其間，記載真實可信。楊鳳苞爲之做跋，稱之『記載核而不誣，褒貶公而不謬』。如本書不因阮大鋮奸詐而失載其《防江疏》，其他爲他書所不詳處尚多。此外，李不單能著眼於弘光朝之政治人物，亦交代了這些人物在天啓、崇禎朝的政治立場，及入清之後或戰、或降、或遁、或死的大致經歷，雖著墨不多，實難能可貴，『在稗史中最爲上乘』（楊鳳苞跋）。

（畢研哲）

南渡錄

□□寺丞前工科都給事中臣李清□

崇禎十七年甲申四月丁亥，福王至自淮。王諱由崧，神宗孫，先福王常洵世子，□□□出閣，即河南府。十四年流賊陷河南，遇害，□□□□北□

繼制嗣封。毅宗手擇宮中寶玉帶付內使賜之。十七年復因寇入河北，流離入淮安。時北都失守，毅宗殉難，以倫以序應屬福王，而迎立潞王之議起。潞王名常淓，神宗侄也。因江南在籍諸臣恐福王立後或追怨妖書及挺擊、移宮等案，謂潞王立則不惟釋罪且邀功。

時以原籍少宗伯兩入留都倡議者，錢謙益也。于是兵部侍郎呂大器主謙益議甚力，而右都御史張慎言、詹事姜曰廣皆然之。丁憂山東僉事雷縯祚、禮部郎中周鑣亦往來遊說。獄送案為民阮大鋮與鳳陽總督馬士英密，且心異焉，底書言不可。時王聞懼不得立，書召南竄總兵高杰與黃得功、劉良佐倡議擁戴。劉澤清素狡，先附立潞議，至是以兵不敵，改計從杰等，南都諸臣不知也。方列王不孝、不弟等七款貽漕督史可法，移貽士英，為立潞王。不知杰等與士英已歃血議立王矣。可法

知事勢已決，始具舟儀迎。而吏科李沾與御史郭維經、陳良弼等復倡言于內，然持異議者猶呶呶也。獨沾歷階而上，面折大器云："今日之事何事？論典禮則禮莫重於尊君，論典兵則兵莫先於衛主。倘有異議者，即以一死殉之。"禮成告廟，約二十八日登舟迎駕。至是日清晨，大器意尚猶豫，沾心忿，馳至各臺臣所，欲追尋異議之人。方定先數日前，士英書約沾等云："北事果真，又有倫序親賢，早正名位，吾輩方可不負朝廷，不禍身家。"故沾爭甚力。二十九日，王舟抵燕子磯。三十日，以王禮見百

官，素衣角帶，茶敘，語及大行，輒哭失聲，語嗣立，輒遜謝。

五月戊子朔，福王謁孝陵，入謁奉先殿，出駐行宮。群臣進見，勸進，辭。

初一日，首謁孝陵，至陵，避御路，自西門入，祭告隕泣。畢，謁懿文太子陵，安在遂往聽拜。已入朝陽門，由東華門步過殿陛，謁奉先殿，出西華門，止內守備府。諸臣入朝，并說共商戰守何法，奏對良久。御史祁彪佳奏以紀綱法度為立國本，言獅大獄及用人二事。朝罷，會

議登極監國以先行監國為便蓋愈推愈急見王志
復國雖無亟登大位必乃以金鑄監國銀
己丑群臣上箋勸進凡三上不允止允監國
庚寅福王監國于南京
是日王先行拜天禮升殿受監國賀群臣禮畢始退兵
部侍郎呂大器心怵前議欲請後日即登極御史祁彪
佳力爭謂監國之名極正今不兩日即登極何以服人
心而謝江北諸將士宜俟發喪滿服後從之初揚州進
士鄭元勳聞迎潞議密言于工科左李沾清曰禍從此
始矣 神宗四十八年德澤猶繫人心豈可舍孫立侄
況應立者不立則讒不可立萬一左良玉扶楚鄭芝龍
扶益各扶天子以令諸侯誰禁之者且潞王即立置福
王何地死之抑幽之耶是動天下兵也時草野聞立潞
非序皆不平及王監國人心乃定
以監國諭天下大赦
諭曰我國家 二祖開天昭宣鴻業 列宗纘緒累積
深仁 大行皇帝躬行節儉勵志憂勤宵旰十有七載
力圖勦寇安民昊天不弔寇虐日猖乃敢震驚宮闕以

南渡錄 卷一 三

致亂馭升遐輿靈訴天怨氣結地嗚呼慟哉孤避亂江
淮驚聞凶訃既痛社稷之淪益激父母之讐矢不俱生
志圖必報然度德量力徘徊未堪乃兹臣庶敦爾來迎
謂倡義不可無主神器不可久虛因序謬推連章勸進
固辭未獲勉徇輿情于崇禎十七年五月初三日暫受
監國之號朝見臣民于南都夙夜兢兢惟思迅殄大
憝卿清大難總統任重如墜谷淵全仗是賢猶賴爾臣
民共與天下更始可大赦天下
發大行皇帝喪諭天下
諭曰 先帝天縱神資丕承弘緒適逢國步多艱民生
日蹙勤學立政罔有休暇自有生民以來未有如 先
帝之焦勞者也不期以禮使臣而臣以不忠報以仁養
民而民以不義報彝倫攸斁報施反常自有生民以來
未有甚於今日者也馴見妖氛日熾戕我赤子辱我宗
祊毀我陵寢四海人心莫不欲滅此而後朝食乃 先
帝愛惜愈加招撫彌切無非欲化頑為良轉亂歸治何
皇天不弔遂有今年三月十九之事言及 國殃振焰
相從嗚呼痛哉孤雖渺躬片氣猶存誓將監國益加除

南渡錄 卷一 四

兇謹哀告于臣民庶併予多取喪礼依舊制以日易月
二十七日釋服毋禁民間音樂嫁娶督撫鎮守都布按
三司官員地方攸繫不許擅離職守聞喪之日止于本
處哭三日進香遣官代行衛所府州縣土官並免進香
諭告中外咸使聞知
壬辰以都察院右都御史張慎言為吏部尚書補本部右
官麾平緣刑明等
命以北推總兵張應元仍鎮守承天等處
命兵部郎中萬元吉宣諭各鎮

南渡錄　卷一　五

元吉先為總兵高傑監軍至是言闖賊磨損心雄跳々
潜衆且徐觀間諸鎮駢集兵民未貼欲親往宣諭務令
相安以拒逆賊又聞高傑已駐揚州請發萬金并往犒
賚然後會合文武諭以大義共圖江淮從之元吉渡江
移行諸鎮慰酌頒犒慇慰以大義又言江南藩較重地
不使安排家口諸鎮唯唯時得黃得功劉澤清高杰等
争占揚郡元吉從泊舟儀真會得功先至移書期以首
倡協恭共奬王室得功答書如元吉言乃拔白來紙馳
視澤清與傑嫌始漸解元吉請督輔可法速赴任為四

後月批政一〻相反

鎮畫地分守又以傑所率兵稍強而橫乃議以傑兵鎮
可法外示親信陰寓調劑庶不至復生一方民咨共苦
心也
御史祁彪佳疏陳致治大本監國嘉納之
疏言殿下濬頒大號沛發明綸雖為繼統寔全般紫以
仁尊歸群情又以嚴肅定衆志此明紀綱飭法度之心
也伏望中諭群臣此時典制盡當遵守勿以多事逐紛
爭之端名器盡當慎重勿以之亦破濫倖之竇人才不
可不愛惜而自媒之徑必不可開官爵不可不優崇而

南渡録　卷一　六

躐遷之階必不可有恩當固宜普當為可繼之地勿生
無厭之覬覦開釋固宜速當核可原之條勿泰因貸之
刑章庶幾紀綱明法度飭然後以輕搖薄賦收民心以
舉賢錄才收士心以信賞必罰收將卒之心言守固
戰勝矣更有進者殿下一心尤為紀綱法度之本念念
敬天則天庥必滋至念念法祖則祖澤益重長念念勤
民則民情愈欣戴後共言皆驗
允廷推進南京兵部尚書史可法東閣大學士兼兵部尚
書改南京戶部尚書高弘圖為禮部尚書進東閣大學士

俱入閣辦事總督鳳陽部院馬士英進東閣大學士兼兵
部尚書都察院右副都御史仍督鳳陽
時弘圖陳新政切要八事一曰正名義謂欲下明詔正逆
賊之罪以鼓忠義二曰御群帥欲上使擇賊史曰直講
三曰設記注欲名詞臣侍立紀監國言動送貯内閣四
曰睦親藩欲依列聖賤赦遣使各藩齎璽書慰告五曰
議廟號欲製列聖主推補奉先殿仍于孝陵側望祭列
聖山陵六曰嚴章奏欲無使小人如倪借端立説脱罪
倖七曰固江防欲將江北河北山東等處正税本折

等從崇禎十六年以至十七年盡行蠲免無為賊小民
所恩八曰擇詔使欲遣詞臣科臣招徠朝鮮以覘女直之
逆順合旨並嘉納之
甲午陞詹事府詹事姜曰廣為禮部尚書在籍禮部尚書
王鐸以原官並兼東閣大學士同入閣辦事
曰廣附立潞藩故監國未點命再推詞臣數人乃並吏
以鐸陳子壯黃道周疏上曰廣與鐸俱點閣閣臣可法
等為曰廣力請然亦見監國之無私也曰廣尋辭尚書
銜改左侍郎

推補科員張元始等
凡六員
陞工部右侍郎兼都察院右僉都御史周堪賡為户部尚
書兵部侍郎呂大器為吏部左侍郎起陞原任陝西巡撫
練國事為户部左侍郎總督倉場原任天津巡撫賀世壽
為禮部左侍郎陞太常寺卿何應瑞為工部左侍郎應天
府尹劉士禎為通政使司通政使
因李先撫閩中坐流賊不靖戍
乙未改補吏部司官倪加慶郵允誠葉廷秀等

加慶先為户部以堂官侯恂錢粮詿誤閣臣可法先典
同宗知其敏練允誠以兵部主事建言廷秀以救黄道
周廷杖俱改補
復起劉宗周為都察院左都御史
宗周 先帝時以救言官熊開元姜埰等落籍至是名
還
命御史祁彪佳宣撫江南
北都之變東以高傑兵鎮揚州江北之民奔避無賴棍
拔搶掠或假忠義名奔命從逆諸生蘇松常鎮為亂甚

住昔按吳有成喦故命之刑新偽詔宣布赦款兹則有
司繇吾三吳客然
命止江督私細砲入援
風聞閧逆將來故止之
陞吏部郎中徐一范尚寶司卿
一范先以御史按河南請
兵部請設防江水師定額五萬添設兩鎮畫地分防仍復
操江提督大臣協理從之行
舊制操江提督憲臣與勲臣並設　先帝時欲專任誠
意伯劉孔昭故罷憲臣是兵部從郎中萬元吉議請復
舊從之
陞補李沾張元始洗備姑石抄翁李沛等為吏户礼兵工
各科都給事中羅萬象錢增等為各科左右給事中
時刑科右錢增服制未終疏辭隨共東南第一隱憂一
疏內称江南以蘇松常鎮杭嘉湖七郡之外以太湖為
腹以大海為尾閭以三江入海為血脈自吳松淹塞東
江微細獨存婁江一派而婁江之委七十里曰劉家河
一名下江乃安江入海之道東南諸水全藉此以歸墟

故胳閩吒劉河自然深廣運船布舶走集于北閩劉二
百七十餘年潮汐泥沙日就淺狹分衍漲涸不一年竟
成平陸東流之水逆而西向泄流無貲君旱魃為虐則
平畴龟折萬一大浸稽天如萬曆之戊申天啟之甲子
洪流倒映震澤不能受散漫横潰勢必以七郡之田廬
為壑東南數百萬賦盡委逝波其如民生國計何但
事關大利宫大工役非一郡一邑所能濟考之先朝水
利有当官特遣與役者永樂間夏原吉白茅之役也有
当委撫臣奏績者宣德間周忱嘉靖間李充嗣萬曆間
海瑞吳淞白茅之役也成蹟具在特在膺斷必行上嘉
納之命浙直撫按速議舉行
起撫何騰蛟報奏恢復德安府隨州
戊戌吏部尚書張慎言陳中興十歲下部酌行
一曰議節鎮淮安鳳廬荊襄為今日鎖鑰重地宜中命
鎮撫大臣如九邊三協之類分戍增堡各扼險要東西
開關首尾相援步騎兼屯戰船海舟添設于長淮大江
之間沿北郡縣各積穀五千石或萬石分儲立倉為倉
卒轉運之資二曰議僑落或浙之處嚴及江西之廣信

袁撫或開參聞擇其可者至府第黄衛官屬皆從節省
三曰議開屯于江北開田，招集流遺，開屯立業，紛照先
祖三年後量征課稅，縣府衆係以百夫屯為百夫長以
千夫屯為千夫長用什伍之法，就伍守禦四曰議叛逆
明諭在北郡縣凡口稱僞官有能立行梟示或擒拏者
賞五曰議僞命國家三百年養士之報致有今日詬屈
膝䩄顔之臣家屬在南者豈仍舊籍使其歸正，不宜以
風聞謠諑即行苛議無論清濁混而真屑流既無可還
之轍恐增從逆之想至若自投來歸尤從寬分別酌議

南渡錄　卷一　十一

或原係廢籍或曾經推擬或原無官守或有地方之責
無兵馬之權僞才堪一割情可矜原宜酌定一用之法
不當概以死責俟賊平論定乃如唐肅宗時以六等定
罪六曰議褒恤如范景文倪元璐李邦華等俱闕確者
立宜贈謚餘待詳核論定七曰議功賞一階半級原用
勸酬恐爛羊酬爵市，飾告官反𢚩貪倖，今武爵稍寬文
資無濫綜覈名實無開倖門八曰議起廢　大行皇帝
從諫如流改過不吝初年定案無容更議副後戌遺廢
籍諸清論自在假或株抹并進致傷　先帝王戌之德

錄粘同各手書入頭宗垂覽情其能之改也

務使廷臣協議于至當九曰議懲貪，遍來百司貪黷成
盜賊肆掠之勢今約内都察院科道在外撫按廣刺貪
吏究贓重擬十曰議漕，稅北漕萬有餘艘，除旗中有數
外，餘則司舵工挽夫，不下八萬人，大半募自北江漕登
近地，比十餘萬人無室無鄉遊食不已為患非細宜下
廷臣酌議俱嘉納之命部酌行

南渡錄　卷一　十二

兵部請罷南京守備參贊各衙依北都設京營等官又請
罷錦衣衛南北兩鎮撫官俱從之
兵部郎中萬元吉議南京舊有内外守備及參贊各衙
今宜罷君南京之名宜存其舊以示不忘恢復之意而
京營之制宜視乎北以別無敢偶尊之嫌此後大小各
教場俱應改稱京營其總督戎政勲臣協理樞臣等官
俱宜如此仍練戰兵三萬分為十營兼用土著大溪止
用軍校三百名錦衣衛校止用軍校五百名其錦衣衛
堂上止用一員加提督官旗辦事衙南北鎮撫官不必
用既臨錢刑且杜告密兵部覆請俱從之
已亥命御史陳丹衷宣諭江北
丹衷先以新進士疏請調廣西土兵仕勒開寇故　先

所謂內小人內外莫予
史忠正出集册左注林原流
作淮揚從而外門户

帝特推今官命仕調至是不果改定諭江北
光大學士史可法請督師淮揚命赴鎮入閣辦政
南都諸生盧渷抃等上言南都係朝廷門户而朝廷是
天下根本宜别命一督臣使可法從中調度報聞
庚子命江南蔡兵兵部尚書張國維以原官回部佐理戎
政
起原任刑部尚書徐石麒都察院右都御史曾副都御史
事諭戎解學龍以原官為兵部右侍郎
石麒 先帝時以議獄忤旨削籍學龍以薦黄道周逮

南渡録 卷一 十三

戍
陞應天府丞張有譽户部右侍郎總督倉場改順天府尹
王庭梅應天府尹陞江西左布政朱之臣太常寺卿吏科
左給事中左懋第太常寺少卿
陞吏科李沾太常寺少卿提督四夷館御史郭維經應天
府府丞仍帶原銜管廵視中城事
維經以加銜係崔魏時故套力辭不允
命復原任御史陳盡原官招募雲南
盡 先帝時為文選吳昌時例轉至是以薦元吉薦復

初三日監國十五日
即位未及半月而
見逆之鵠甚時
如山阮等亦斷手
不報忠矣

官
以總兵鄭鴻逵鎮九江黄蜚鎮京口等處
命上 大行皇帝 皇后尊諡
補御史宗敦一等各道員
凡二十四員
以兵科陳子龍廵視京營
起廢籍科臣章正宸等臺臣詹爾選等
科則正宸楊時化袁愷莊鰲獻熊開元姜埰馬兆義等
臺則爾選李長春張煊鄭友玄李模喬可聘等時化燧

南渡録 卷一 十四

俊皆任北
辛丑起陞工科都許譽卿光禄寺卿
譽卿先帝時以推陞事為謝陞所糾削籍尋具疏以疾
辭
壬寅監國即皇帝位于南都大赦改明年為弘光元年
詔曰我國家受天鴻佑奕世滋昌自 高皇帝龍飛奠
鼎已卜無疆之曆矣朕嗣守藩服播遷江淮群臣百姓
共推繼序跋涉來迎請正位號予暫允監國攝理萬幾
乃衆箋勸進拒辭弗獲謹于五月十五日祇告天地宗

廟社稷即皇帝位于南都冊以菲躬荷茲神器惟我
大行皇帝英明振古勤儉造邦殫宵旰以經營布德平
之績致乃潢池盜弄蛇豕薦災燕薊掃地以蒙塵龍馭
賓天而上陟三靈共憤萬姓同仇朕涼德弗勝遺弓抱
痛敢辭薪膽之瘁誓圖俘馘之功尚賴賢親戮力助勳
助予敵愾其以明年為弘光元年與民更始大赦天下
命太監韓贊周管司禮監事盧九德為司禮監秉筆提督
京營
癸卯命馬士英入直依理仍掌兵部事

南渡錄 卷一 十五

可法將歷辦故也時莆田國子生陳方策自京師回敵
上言可法謂賊有未可緩圖者六其三桂屢與李賊戰
于薊榆如不即破賊則賊主吳容躡日狼遁不無望我
援浙吳兵深入萊愿漸逸愚民無知附賊日益賊不遠
殲吳將孤注不無望我救援賊兵猖獗自成投茲吳兵
得志勞者功成不無望我賞恭一潰散必走西秦吳兵
不窮追勢將南向不無望我安插似未宜緩圖所以待
吳兵也敵賊踰楚從蜀蓄奸已深今聞李賊陷京宗不
思遷及其地勢居擁上游順流而來金陵風鶴似未宜

緩圖所以辦敵賊也左鎮擁兵數十萬何難戰但聞其
兵丁時亦鮮掠若不亟申大義俾其殊然誠恐養癰成
痛必至于潰似未宜緩圖所以勵左兵也京師以南黃
河以北人受賊愚感知有偽帝之偽制而未知有中興
之新主宜詔孝詔所當速頒似未宜緩圖所以挽民
心也山東茌平降賊尚有兗青登萊風猜股栗堅壁固
守君不急頒詔傳檄愚民罔知適從恐遺蠟憲似未宜
緩圖所以救來者也京師五方雜處何啻百萬生靈訛
無家難訊無父母似未宜緩圖所以接回鄉也言多可

南渡錄 卷一 十六

採
起陞原任禮部侍郎陳子壯為禮部尚書陞少詹事黃道
周為禮部右侍郎擢江都御史高倬為工部右侍御右中
允羅大任為國子監祭酒順天府丞[illegible]為通政使司左
通政蘇松巡撫鄭瑄為大理寺卿
陞太常寺少卿左懋第都察院右僉都御史巡撫應安等
處
甲辰命忻城伯趙之龍總督京營戎政
分淮揚鳳廬為四鎮以劉澤清高傑黃得功劉良佐領之

四鎮不和自相攻，六
鎮設皆助李杜，不
一何濟於社稷

北都失守，督撫皆奔匿，鎮臣則得善地而吞食爲賊兵
所宿迯，衆止二千，莫敢禦，唯以迯揚州，思息足焉以撫
立功，廟堂知臣之不得，遂立分鎮議，始爲霸府閣部可
法言曰：從來守江南者必于江北，即六朝猶爭雄于徐
泗潁壽間，不必畫江而守明矣。但此時賊鋒尚銳，我兵
氣靡，脩分力戰，須遠遁，近不可不擇所宗立定根基，然
後鼓銳而前，再圖進取。宜分四藩：一爲淮徐，一爲揚滁，
爲鳳陽，爲廬六，以淮揚泗廬自守，而以徐滁鳳六爲進
取之基。江北之兵聲既振，則江南之人情自安。然有四
鎮不可無督師，應屯駐揚州，適中調遣。其四鎮轄淮揚
者駐于淮北，以山陽、清河、桃源、宿遷、海州、沛縣、贛榆、鹽城、
安東、邳州、睢寧隸十一州縣，經理山東招討事。轄徐泗
者駐于泗州，以徐州、蕭縣、碭山、豐縣、泗州、盱眙、五河、虹縣、靈
璧、宿州、蒙城、亳州、懷遠各縣州隸之，經理河北河南開
歸一帶招討事。轄鳳壽者或駐壽，或駐臨淮，以鳳陽、臨
淮、潁上、潁州、壽州、太和、定遠、六安各州縣隸之，經理河
南歸陳一帶招討事。轄滁和者或駐滁州，或駐廬州，或
駐池河，以滁州、和州、全椒、來安、含山、合肥、六合、巢縣、無

爲各州縣隸之，經理各轄援剿事。一切軍民聽統轄，有
司聽節制，營衛原存舊兵聽歸併整理，所轄各將聽薦
舉，題用荒蕪田地，俱聽開墾，山澤有利皆聽開採，仍聽
招商收稅，以供軍前買馬置器之用。鎮各額兵三萬，歲之供
本色米二十萬，銀四十萬，所收中原土地，即歸統轄。賊
在河北，合力協防徐淮；賊在河南，則各鎮防守泗壽。然
于青兗開汝似豈不謂矣
命戶部速輓漕粟以濟軍餉
御史唐兆恒疏言：今北漕浙次入南，而停江淮者尚衆，
運弁旗甲折乾盜賣弊竇不一，而尼宜急勅諸臣將在
淮者會漕臣路振飛督之，在京口者令漕臣白抱一督
之，星夜押發，啣尾入南，除補給京軍月糧外，尤宜立運
登，無久露泊江干，致生意外。從之
罷淮撫路振飛，起原任巡撫田仰都察院右僉都御史巡
撫淮揚等處
仰閣臣士英拜理從蔡籍起批
進伯黃得功爲靖南侯，敘良玉爲寧南侯，各蔭子錦衣衛
千戶，又封總兵高傑興平伯，劉澤清東平伯，劉良佐廣昌

佚論

南渡録　卷一　十九

伯大學士馬士英加太子太師蔭子錦衣衛僉事
時江督袁繼咸入見面奏曰封爵以勸有功無功而伯
則有功者不勸跋扈而伯則跋扈者愈多　上首肯之
繼咸言嘆曰事已成奈何忻城伯趙之龍奏馬士英引
傑過河宜令往鄉繼咸亦從之　上曰馬先生不肯去
奈何今史先生願去繼咸曰　皇上即位之初雖以恩
澤收人心尤當以紀綱肅下志大抵君德英分為用伏
祈振作精神申明法紀冬春間淮上未必無事臣等雖
駑頓奉六龍為澶淵之行上有難色閣臣姜曰廣曰所
言澶淵之行非遽為此事然不可不時提此志繼咸又
論楊前密奏曰左良玉雖無異圖所部多降將非孝順
孫且　皇初登大寶人心未免危疑意外亦不可不防
臣當星馳回汛上允可繼咸往閣責閣臣可法不當遜
伯高士英不悅時人謂繼咸言雖正然使諸臣果以序
進則上何至書名士英與傑又何得居功亦不可謂非
錢謙益呂大器等罪也繼咸尋還任
已已陞御史祁彪佳為都察院右僉都御史巡撫蘇松地
方

南渡録　卷一　二十

原任少詹事項煜自北逃歸命下部察議
煜既為偽太常寺丞至是南逃猶入班行言色無怍御
史陳良弼言　先帝升遐之變千古異常總由大小臣
工結党納賄溷亂紀綱專趨勢窟以至為貪邪斷送賊
到日或迎或竄忠烈寥寥可嘆也　先帝何在煜逃生
未已混入班次且彼居清華常以文章見稱既不能與
李邦華范景文捐軀殉難或黃冠紫衣任其所往乃突
如其來佗首貪戀意欲何為萬一自媒得售使載筆者
記之曰翰林學士煜偷生北見仍與某官寧不污史冊
而辰聖治歟時屯撫方孔炤亦自北歸有議陪推某缺
者戶科羅萬象面折其非疏爭之乃止
諭禮部考郊祀時享諸禮一歲中幾祭某親祭某遣官務
始祖宗典制詳開具奏
命禮臣追上先福王先妃尊謚
從御史朱國昌請也
遣魏國公徐弘基祭　孝陵
以即位告又親祭告先福王先妃于行宮
丁未吏部尚書張慎言疏薦舊輔吳甡原任吏部尚書鄭

士英大計止高宏先一人火毋英于計再大下事無惡於此者矣

三俊命省牲罪歷見三俊不允
慎言疏內先列牲督師指揆與三俊誤用吳昌時二事
欲使天下共見其過然後用之耶俞牲罷三俊皆閣臣
弘圖所擬也
調考功司員外王重文選司郎中
命迷戢　薰廟張后尊謚
然册后已殉難故也
陞御史應兆恆大理寺左寺丞
輔臣馬士英疏陳開國大計允之
一雒陽殘破後聞聖母尚寓郭家寨當急當迎養一皇
考遇難後叔叔藁葬宜遷梓宮護送南來擇吉葬安厝
一宜勅禮部擇吉慎選淑女以繼中宮一諸藩流離恐
奸宄生心或為所挾不利社稷凡僑寓者宜俱差官迎
置近地俟中原恢復各還原封疏奏命輔臣可法選官
迎聖母親藩事禮部酌議
詔封疆失事各官不許起用
時劉孔昭言臣讀前詔內罪廢各官逆案計典贓私俱
不得輕議惟置封疆失事于不言今日禍及君父傾類

廟社封疆之罪猶當追論以明國法而擬議詔款中仍
留此一段門戶之師〇以再誤陛下〇天下事尚忍言哉〇
時監軍僉事宋劼亦言天下人才〇多壞于門戶〇每擇一
題目點標〇援人陷人〇則占風望氣者〇景附雲集〇致真正
介特之士〇不得効用〇宜如先臣楊士奇以天下心官天
下人〇以天下官官天下才〇皆可其奏自此門戶之說滋
矣
起用原任禮部侍郎錢謙益
謙益以立潞議惧禍時科臣李沾有定策功故逸沾疏
薦為巧護，也臺臣陳良弼不平言陛下以親以賢當正
大統乃乃龍江睨駕謙益邪議挽止時科臣李沾相對
詫異與臣等並持公論及事定謙益猶現身容閒沾對臣
曰此時尚議論不歸正乎今忽以謙益與黃道周黃景
昉等全薦黃旗臣憂奸人鑽刺心不可測當陛下前不
惜一死爭之退仍與沾爭彼謂為吾同鄉不得不調停夫
調停同鄉情面不顧紊亂朝廷是何心哉謙益大節已
喪公論共斥閣沾存疏原借名正人君子而于衆論中
混以邪那從來誤國宿奸萬不可破願以臣疏與沾疏

縣之國門，發下文武諸臣共勘，疏奏，治無以屈也。
江楚督臣祁彪佳疏陳致治足國大計，嘉納之。
疏言：自古國祚久長，有開創必有中興，然致治于(在)于
得人，而足國必先審勢。所云致治必先得人者何也？宋
之高宗亦號中興，然上不得與武丁、周宣、光武比烈，次
亦不得與唐肅、代宗齊。知人善任使，邪謀也。武丁知傅
說、甘盤之賢而終任之，故能集鬼方之勳；周宣知吉甫、
方叔之賢而終任之，故能致車攻之盛；光武知鄧禹、寇
恂之賢而終任之，故能誅莽蕩、掃赤眉、銅馬之焰，以光
復舊物。肅宗知子儀、李泌之賢，雖不能終用，猶能不失
其用，故能芟夷安史，克復兩京。高宗則不然，知李綱、趙
鼎之賢而不能用，用而不能信，以小人參之，卒令淪落
以老。其始終所信任者，惟黃潛善、汪伯彥、秦檜、湯思退
之徒，以故主勢日卑，亂恥不雪，醜類臣虜，為萬世笑。其得
偏安一隅，猶幸耳。臣願皇上于在廷諸臣知而已用
者，任之信之，勿使小人參之；在野諸臣未及用者，明詔
廷臣各舉所知，一如高宗求舊、光武褒卓茂故事，蒲輪
徵召，然後大業則商周建武之隆可立致也。臣故曰致
治必先得人也。臣所云守國必先審勢者何也？自昔論
建都者，右西北而左東南，以西北之勢足趨東南，東南
之勢不足趨西北，亦證六朝五代弱宋之成跡，詎耳哉？
高皇帝龍飛淮甸，定鼎金陵，卒能芟群雄，驅胡虜，取
中原，安在東南不可趨西北哉？今皇上纘承大統，宅
是鎬京，攻守先後之大勢不可不早計，不先自治而遽
圖敵，正敗之道也。臣以為金陵之界限在大江，而淮南
江北實為屏蔽；金陵之咽喉在鄖陽，而湖南襄鄧實為
門戶。頃聞叛將潰兵蹂躪淮南、江北，閭小民漸喪樂生
之心；若不及時區畫，一旦大寇從陝內奸闖(潛)思得無突
心。湖南誠逆偵遣，千里萬藥(縈)，襄陽必爭之地，聞孽設防
頗周，鎮臣左良玉併全力以往，計日可歸版圖，然後而
不能守，與不復何異？蓋守襄陽則必設重鎮，則必宿重
兵，則必須多餉，皆不可不從長計議也。謬謂欲理淮南
江北，則必處置潰兵，乞敕諭督撫二臣審察順逆，真必
就我戎索，則分信地，定額餉，申明紀律，毋為百姓煩苦；
或中懷觀望，意來窺勢，未賭破碎其黨，雖有焦爛之憂，忍
小痛以除大毒，臣以為愈于養癰。欲料理湖南，則宜剔

簡飭力吏臣撫治其地選補廉吏誠和輯民招來商賈
既通巴蜀黔粤之貨以濟公私欲料理襄鄧則必開閫
府宿重兵俟規模粗立然後援指臂需由大兵也積且
耕且守為持久計夫襄樊守則可繇宛葉以圖關中淮
南江北守則可由歸德以問河南亦可由彭城以圖河
北攻守大勢如此若欲為畫江含腹裏而就邊角則腹
裡先虛角愈虛此輸着耳臣故曰守固必先審勢也然
臣終以明斷為諸人材之貞邪消長理而已矣圖勢之
攻守待先机而已矣理非明不能晰机非斷不能斷臣
故以為淛人審勢之要也既奏閣臣士英疑汪黄等語
刺己深恨之
督師輔臣史可法往淮揚
己酉詔議上祖妣神宗鄭貴妃尊謚
加淮撫田仰兵部右侍郎
陞兵部郎中鄭元勛大僕寺少卿監理江北軍務
補吏部司官夏允彝尒[illegible]等
命潞王暫居杭州府
辛亥復原任御史鄭友玄原官督理兩淮鹽法

南渡録　卷十　廿五

友玄崇禎時以考選被根未究配
詔督師輔臣可法遣官訪　大行皇帝梓宮并太子二王
從少詹胥紹寧請也
詔議先妣諡號
壬子命祈雨
御史郭維經言　聖明御極將兩月矣一切雪恥除兇
收拾人心之事絲毫未見舉行且偽官縱橫于鳳泗悍
卒搶掠于瓜儀焚殺劫擄之慘漸逼江南豈錦一片地不
知將來成何光景而廟廊之上不聞動色相戒惟以沒
不切要之務盈庭而議以致衆便門而為鑽窺之隙穴
閑疏足而作富貴之階掀舉朝人心如狂如醉數日以
來臣夫臣婦天情鬱釀成災祲伏乞早降綸音凡內外
文武諸臣洗滌肺腸從公起見毋逞道以干恭毋株民
以從欲凡刻薄偏私以及恩怨報復種種故習盡期湔
除一意以辦賊復仇為念即此公忠上徹國是自定天
和仍勅在京諸臣逆者制審從之
晉公魏國徐弘基侯靈璧湯國祚安遠柳祚昌伯誠意劉
孔昭南和方一元東寧焦夢熊成安郭祚永宮御廢子有

南渡録　卷十　廿六

予司禮監太監韓贊周廣九德各蔭弟侄一人錦衣衛指揮
僉事俱帶有差皆以定冊功也
魏國公徐弘基疏薦原任南京兵部尚書熊明遇等報聞
勳臣薦文臣始此
吏部尚書張慎言乞休不允
時勳臣劉孔昭趙之龍等皆怒慎言薦吳甡朝罷
群詬于庭至目爲閣党奸欺所用皆私人被儆殿陛閣
臣知閣等解之乃退孔昭又言 先帝無赦色逆奉之

南渡錄 卷一 廿七

奸無神仙土木之費飭法明刑銳心雪恥綠諸大吏貴
私黨要挾之中暗伏机關殺氣之中党全匪類事権功
令盡攝其貪殘之用廉恥喪而人心散大勢土崩重不可
逐逆賊將臨城主亡國破殉節僅數人其餘從逆盡爲
美官今潛竄南中者大率皆受偽命爲賊作內應否則
南走胡北走越耳銓臣不驅除擊援且汲汲議用又以
狀國罪臣巧爲推藉勢不盡傾江南不止又言慎言原
有二心當告廟決策定立主上之際阻難奸辯疏奏慎
言疏辯且乞休閣臣弘圖等亦以不能譏和文武各疏

乞休俱不允御史王孫蕃言慎言治事南銓底冊[illegible]
或用人偶不合勳臣宜平心入告以候上裁未有呼大
小九卿科道于庭而罵冢臣如今日之異者安國家在
尊君勳臣尚未聞乎嘗輔可法言吳甡持斧建牙激舉
特簡止因奉命討賊遲遲其行遂褫 先帝罷歸援例
促至京擬戍金齒此甡之過也然甡奉命之日正虜入
北之時原候唐通兵爲勦賊之虜不去則兵不前故屢請
行未允此甡過之可原也年來仕路不清病在党同伐
異或以不肖之最而是不僅或以可用之才一眥永錮

南渡錄 卷一 廿八

臣生平拙守不解異同如監司諂媚內起廢一款有除
封疆逆案計典贓私不准起用一段臣爲去之誠以國
事之敗壞非常人才之梟乏宜廣未可仍執往例耳後
來不知何故復入此等字面此亦人以隘不欲以天下
之才盡供天下用也今宜捐去成見一秉虛衷如甡之
過則還以過如甡之才則用其才王路蕩平何容偏執
況北都之變文臣固多鼓脚武臣豈盡矢忠若各執成
心日尋水火文既與武不和而文又與文不和臣切不
願諸臣存此見也已府丞郭維經亦言可法去逆案一語

誑爲失言之遁報聞時謂南宼諸臣不宜枉議刑孔昭
言亦是然喧爭非體故孫蕃等及之
詔議復恤北都殉難諸臣
從御史陳良弼請也
癸丑復廕劉澤清子錦衣衛千户
以 先帝時曾擬封伯故也
命十七年錢粮已徵者盡數起解兵淨乾沒至明年全免
舊餉逋餉速佑
甲寅命督輔臣史可法祭泗鳳陵平南伯劉良佐祭顯陵
告即位也
輔臣馬士英陳恢復大計命議行
士英言吴三桂宜速行接濟在海有粟可輓有金散極
可使而又可因三桂以款虜原任知縣馬紹愉陳新甲
曾使款奴昔下策今上策也當咨送督輔以備驅使詔
可法便宜行
乙卯封關門總兵西平伯吴三桂爲薊國公給誥券禄米
發銀五萬兩漕米十萬石差官齎送
先因三桂承命移三城入關方抵關而京城失三桂遂

南渡録　卷一　十九

與我發喪乞師北庭始敗賊將唐通覆其師已復三敗
闖逆〻〻西遁遂引北兵入京師事聞詔以三桂破賊復
仇功在社稷乃進封户部侍郎賀世壽言 先帝神武
威柄獨操祗以求治不效日夜焦勞未克除一人遏其
逆罪一人溢其罰今日更化善治莫若肅紀綱而慎刑
賞如吴三桂奮身血戰彷彿李郭此乃可言功拜爵方
無愧色若夫口頭報國豈逆于城河上擁兵曷不敢懺
思數已盈功名宜立不則天下且謂人主不愛頭咲而
輕名器矣臣願 皇上申明闖紀爲致治本國子監典
籍李模言當日擁立之事 皇上不以得位爲利諸臣
何敢以定策爲名甚至庆伯之封特加鎮將于義未安
況 皇上正位南都乃 先帝所悲依將以大復仇而
光前烈也即在諸鎮捺事 先帝未效桑榆之收事
皇上未彰汗馬之績案其實亦在戴罪朴而予之之策
其何敢妄諸鎮果負血性必大慙 先帝殉國之烈無
堪府 皇上延世之賞君以今日無功濫膺顯爵尚宜
再四辭免以明臣誼臣定不敢先復未遂而大禮先懸
至于禄給爲休勿因大僚而過嫌拜下宜嚴勿曰泰交

南渡録　卷一　二十

而稍趣繁纓可惜勿因近侍而稍寬明主必防其漸然
後綱維不隳矣
命與平伯高傑安頓揚州城外仍迅紀前征以應東師
起陞礼部右侍郎陳子壯為礼部尚書掌詹事府事少詹
掌絲亭為正詹事謝德溥徐汧吳偉業為少詹事
子壯崇禎時以議宗藩不宜更制削籍汧時里居感憤
時事陷在朝同事者曰今日賢邪之辨不可不嚴而異
同之見不可不化以君民為心則和一之至不必合黨
逆邪而自無不同以職掌為務則獻念各分不必破黨
與群而自無不興用人者執此為衡其忠君愛民精白

南渡錄 卷一 廿七

乃心者為君子否則小人修職就業娚節在公者為君
子否則小人流品區明涇渭無外故人謂異同立而賢
奸之界限以明不知異同化而賢邪之流品始出夫以
先帝十七載乾惕卒使烏湖泣于冠舄撤啟傾于賊烽
其故何於良由頻年以來是非混淆士大夫精神智慮
未嘗為君臣判憫為職掌究圖極其末流乃至溪秘主
上如胡越之疥肥妄身冠仇若秦楚之軔齊豈不痛哉
今者吾 皇中外百爾在位自當洗心滌慮事我一人

有能匡弼吾君者則登之不然如鷙逐雀勿疑也有能
奠麗斯民者則庸之不然為苗薅莠勿役也有能殫心
職業者則陟之不然投官枇政使文自營勿貸也毋以
排骨不妨遠耽介特立之人毋以偭俗無華失專心向
公之士毋啓朋黨之浮慕援引之疑猜濫收趨勢避利
之宵娼毋引一事之快心片言之頌意誤用呈身撥卹
之憸流除兇雪恥端有賴矣汧有上當事七款一曰辨
人材二曰課職業三曰敦寅恭四曰勵廉恥五曰核名
實六曰納忠說七曰破情面語多可採

南渡錄 卷十 廿一

命江淮賑邮北歸難民嚴禁掠奪
丙辰命議河督黃希憲撫標立祖德晉撫郭景昌等罪
御史宋國昌言北都之變三督撫一時并逃群集吳會
未雨之綢繆之防禦寇無死綏之勇方之責固降敵止
爭先去作以失陷封疆尚多一逃乞勅廷臣申明大法
遂下部看議
六月丁巳大學士高弘圖自請往江干督漕糧發庚戌之
命咨補記註侍班官
時戶科羅萬象因濟臣登予以肅朝議和文武為言且

請以原擬選閣臣以恭聽予言路并啟記注侍班官從
之
戊午命遣官往北監營 先帝山陵附葬 祖陵并中祭
告
從御史祁彪佳言也
命內制國璽赦以全代玉
上 大行皇帝尊謚曰紹天繹道剛明恪儉揆文奮武敦
仁懋孝烈皇帝廟號思宗 皇后曰孝節貞肅淵恭莊毅
奉天靖聖烈皇后

時議之 先帝廟號禮臣顧錫疇擬乾宗思則閣臣弘
圖擬也
上 皇祖母鄭貴妃尊謚曰孝寧溫穆莊惠慈懿憲天裕
聖太皇太后 上皇考先福王謚曰貞純肅哲聖敬仁懿
恭皇帝 皇生母某氏曰孝誠端惠慈順貞穆皇太后
謚號雖依興獻帝例然不稱宗人以爲得體既末云徽
稱鴻號從此有加無窮則非也
尊皇嫡母先福王妃鄒氏曰恪貞仁壽皇太后
己未命原任郎中陳洪範來京陛見

當時志在得國故外
分四鎮內召而奸小人
務切而國事壞矣

議北伐也
庚申命旌卹淮安鄉紳士民及有功將士
督師輔臣史可法言其誓死同心力拒闖逆故也時原
任河南僉事凶賊同偽政學政持事即成令箭偽
吉王被擒淮民共殺之巡撫路振飛仍命礫其屍
命速頒河北山東詔
督輔可法言閏四月二十四日吳三桂大敗賊兵于一
片石賊狼狽入都盡掠財賄于四月二十八日西遁訖青州
士紳軍民殺其偽將軍偽道偽府餘相繼殺偽官者十處

我 皇上進膺寶籙正位留都在山東北直尚未通曉
萬一人心洊離國盡棄前功即或割據分爭又漸生後
患乞諭該部院擇遣廷臣齎監國即位二詔直抵山東
北直一帶曉諭庶人心有歸大統立矣從之
壬戌召逆案爲民阮大鋮着冠帶來京陛見
先是故輔周延儒再召大鋮送之江干情甚摯延儒慮
逆案難翻問大鋮應籍中誰爲若知交可用者大鋮舉
原任宣府巡撫馬士英于時士英猶編戍鋪忽起鳳陽
總督已知大鋮恭甚感至是因以邊才薦大鋮且言臣

離戲極事皆空派 不急

至浦口與諸臣面商定策大鉞從山中致書于臣及椽
臣劉孔昭飛以力掃邪謀堅持倫序臣甚韙之但本官
天啓年間曾任吏科都同官魏大中爭缺本官銜恨疏
與當時諸臣媒孽遂附因奔入魏忠賢逆案其實本
官既未建祠未稱功誦德徒坐以陰行贊導夫謂之贊導
已無實跡且曰陰行寧有確據故臣謂其才可用罪可宥
也疏上閣臣皆不可士英曰我自任之旨即士英手票也
命工部議建宗廟
補總兵牟文綬後軍都督府僉事提督巡捕營杜弘域右

南渡錄　卷一　卅五

府僉書提督大教場
命公弘基伯夢熊掌左都督府印
以楊振宗為都督同知充安慶總兵
議復　懿文太子故號及靖難諸臣謚
從太僕寺少卿萬元吉請也元吉言　皇上從謁孝陵
徐問懿文太子園陵所在親為展拜臣隨諸臣後亦不乎蹟
先臣楊守陳嘗請修建文實錄云國可滅史不可滅弘治
中布衣縉恭伏闕上書請復建文故號爵其後奉祀
欲皇帝功罪大減曲直不載不若直陳其事而示之以無

此經為正明宗案

可增加也削廟號弗除不若引　景帝故事還懿文當日
追尊故號祀之園寢而配以建文君也乞勑廷臣廣集衆
議建文實錄作何開局纂修懿文故號祀典作何釐正
靖難死事諸臣謚廕當附表遜國之君臣何辱媿此時之
忠義多愧良由　高皇帝褒余闕危素風厲倍至靖難以
正氣漸削故釀為今日擔猾之徒屈膝拜偽官諸將靖難死
事諸臣及北京各省城陷殉難諸臣勅諸司備蹟投錄編
成一書分列二等酌予謚廕廟祀俾行學宮廣示激勸
疏言先帝天資英武鋭意明作禍亂益滋何也則寬嚴

南渡錄　卷一　卅六

之用偶偏而任議之途太畸也　先帝初臨海宇懲逆璫
用事剗削正氣因意委任臣工力行寬大矣諸臣狃之爭
意見之固黃略細緤之忝土虜入郊圻束手無策　先帝
赫然震怒一時宵旰東閣中　先帝以用嚴凡廷杖告密
加派抽練俱在朝者不敢救過在野者無復聊生然以
號稱振作乃虜氣如故寇禍彌張十餘年以來小人用
嚴之效彰彰如是　先帝悔之于是崇寬大志反前規
天下以為太平可致諸臣損朝賄賂非欺蒙每進愈下
再擾　先帝之怒誅殺方興宗社旋淪蓋諸大臣之學

每乘於 先帝之寬而 先帝之嚴亦每激于諸臣之
玩臣所謂寬嚴之用偶偏者此也因步至今艱難已極乃
議者求勝于理即不審勢之重輕好伸其言多不顧事
之損益朕上之位已日尊閫外之從違逆即如昨歲
督師孫傳庭擁兵關中議者俱以為不宜輕出ミ則糧
絕兵敗閉一不守形勢遂失然曾有逆挽議之者矣賊
既渡河臣即語今史可法姜曰廣志撤關寧吳三桂斗
挂俾隨楫輔迎擊可以一勝ミ則都城始固既 先帝
召對亦曾及此然已有處地議之者矣及賊勢薰炙廷

南渡錄 卷一 廿七

臣或勸南幸或勸出皇儲監國南都語不擇音要亦權
宜然已有邪妄議之者矣由事後而觀成追恨議者之
悞國倘事幸不敗必共服議者之守經天下事無全害
亦無全利大率類是當局者心怵無全利之害非狹誠
通達誰敢違衆獨行旁持者偏見無全害之利意氣羊
鋒必欲強人從我臣所謂任議之途大咍者此也乞
皇上述究前事之失為後事之鑒以寬為倚嚴為用益宗
節勤撫兵戢之謂寬而濫賞縱罪者非寬翻邪正綜名
覈之謂嚴而鉤距索隱者非嚴寬嚴得濟任議乃合仍

事有徹倖如此者
守宗正朝之旨從本
皓杜熙旨以責國之
臣得死節之即可懷

求于任事之人嚴覈始進寬期後效毋令行間再踵藏
垢遷才久借然反誠收之以嚴自可任之以寬矣疏奏
優旨納之
總兵劉良佐率兵攻臨淮不克
先是良佐兵馬自正陽下沿途淫掠臨淮民聞其將至
嚴兵固守良佐怒攻之不下御史朱國昌言臨淮湯沐
邑何物么麼狂寇之餘復鴟張至此乞勅督師便宜撫
戢已良佐聞鎮于彼衆惧良佐亦慮兵民怨深移駐壽
州乃解

南渡錄 卷一 廿八

癸亥命原任陝西總兵官趙光遠提督川陝軍務加都督
同知
加原任遼東巡撫黎玉田兵部尚書
以同吳三桂破賊也
加舊輔臣謝陞上柱國少師兼太子太師原任御史盧世
㴶太僕寺卿賜勅書獎諭賚銀幣有差
陞與世㴶皆德州人時傳言兩臣仗義起兵擒斬偽官
故有是命然陞已改面事北再為輔臣惟世㴶出拜謁
然未聞起兵也起兵者為生員謝陞

補科員黃雲師等
兵科等科都給事中黃雲師繼手吏科等科左右給事熊
維典陸朗張希夏戶科等科給事中王鑅揚時化袁中
愷士鑅愷俱服未闋卒于鎮江鯨直不許人多惜之以
命薦廉人知壇等隨班朝謁列典臣後
以舊居南京故也時謂南京既為帝都知壇等恩遇許
朝謁尤非倫威以外礼臣顧錫疇
詔以追尊謚號播告中外
礼臣顧錫疇因請補　建文帝廟謚　景帝廟號并及

南渡錄　卷一　卅九

靖難諸臣謚又請增理學名臣從祀先師亦俱從之從
祀一議終寢
禮部請建立恭皇帝廟命廷臣集議
時礼臣顧錫疇欲猶虛宗失。建專廟別太廟也。
興平伯高傑攻揚州不克城中民亂殺進士鄭元勳
傑既奉旨駐城外又堅欲入城時傑兵素縱自山東南
下所掠不貲揚人已心恐及抵揚咸罷市登陴太守馬
鳴騄晝守禦策甚備不能入然猶日掠沿村婦女揚人
惡恐守益堅且議出戰杀傑非敵也元勳素豪俠欲居

元勳詳悖死不去
悖

調停乃出羊酒勞軍傑自明無他止欲安一軍家
老小俟征進兵耳元勳許之時鳴騄已陞海道尚
在郡與推官湯來賀商之皆曰不可闔城士民亦
同聲言傑兵淫掠狀頗死守傑怒分兵用城中故
殺戮多木客鹽賈乃共出財守隘街衢多樹竹木
柵欄於上下為深溝傑升高望知不可攻頓兵若
處巷焚掠城外烟火蔽日而無賴居民闌亦來搶
為扑沮撫黃家瑞聞變來揚百姓遮道訴狀家瑞
集有司及紳衿父老子弟于城樓畢民環堵聽元

南渡錄　卷一　四十

勳曰高總鎮何害不令入城衆　譁曰城外僵尸遍
野悉傑兵害元勳大哭曰亦有揚人自相殺者豈
盡高鎮衆人譁益甚有被傷百姓在城中者解衣
前示傷萬衆俱怒指元勳為傑党元勳恐疾赴城
下社兵持刀及之碎其屍傑益怒力攻城守益堅
閣部可法自請督師至揚州諭傑禁傑心欲得鳴
騄乃甘心為元勳報仇可法為之解釋且曰朝廷
守土官豈可擅殺乃飭可法于福祿巷閣部之行
也以川兵三百自隨傑疑之可法即分與二百人

然傑疑如故時鳴縣避泰州依賦而傑防可法甚嚴一
切出入文移必呈傑始達可法尋以亂民撗殺鄉紳疏
泰鳴縣衆皆以為傑殺之也可法留傑當月餘不得要
領而揭人亦苦于城守以爪州宅傑
授偽府吉堂官陶汝等六人各錦衣衛指揮僉事子孫世
襲本衛千戶
河南鄉官丁啟睿俘偽官陳奇等以獻命解京正法
啟睿故總督兵部尚書疏言伊弟參將啟光等所復也
討歸德府同知知縣等官凡七人俱一日擒收復全都

南渡錄 卷一 四十一

然啟光塘報所云闖賊脇上中箭至真定府因闖死皆
記也
命勘議原任總督王永吉
御史周元春言永吉修設方略躬擐猶豫 先帝超擢
陞遼撥之來撫及北兵來以塘報無術不聞月連陷七
十餘城登撫曾櫻僅守一隅兵單將寡陷一城則一城
報永吉擁有全齊兵權在握虜走于前兵尾于後不報
陷城而報復城故同一失陷也櫻則為罪永吉則為功
居然改撫為督矣十七年正月逆賊過河提有三齊所

望撫中前未作衛神京者永吉也乃三月十九之變聞
作而永吉安在夫邊將擁有重兵當與偕亡急時調度
各撫聯絡師奮勇入援神京則金甌無恙矣即不然
當京城失守後亦宜協同吳三桂迅掃逆氛以報 先
帝深仇討乃削髮投誠望風鼠竄畢朝廷而誤中國自
先帝特遣之初出其罪豈尋常逃難比時永吉亦自疏
請罪總督以不同吳三桂乃削髮先四罪無所逃命速
勘議
兵科陳子龍言守江之策莫過水師海舟之議更不容緩

南渡錄 卷一 四十二

請委兵部主事何剛訓練從之
命法司及巡城御史駐擬分應釋應懲者為三等從公舉
行
工部尚書程註乞致仕允之
命議殉難從逆諸臣
御史宗敦一言 先帝之變九廟飲痛而侍朝在廷諸
臣伏義死節者自范景文李邦華而下僅得十餘人其
餘將有將逃者逃甚至為逆賊草詔屈節拜臣者大半
皆讀書中秘崇堦將援之人真大亂不食其餘矣乞勅

害尚平九

九卿科道博訪死難諸臣，從優議卹，或錫以謚蔭，或建
祠於泰至從逆稱臣輩，或比諸叛逆之律，籍其身家，捕
其苗裔，使薄海內外曉然知殺身成仁者不但垂芳百
世，而且蔭及子孫；忘君事賊者不但身名不保，而且累
卹。併盡有不入數忠氣捐軀討賊者哉。臣又聞在外在
內各官臨難偷生，遠形遁逃者，並復不必與從逆有
間，而官守臣與，而俱難容。或槩行削奪，或以考功之法
或酌逆情罪，治以士師之條，統惟勅部察行。疏上，得旨
逆議時，文部主事夏允彝愛作若降賊大議，其言曰：或

南渡錄　卷一　四三

問：唐肅宗于安祿山之亂，六等定罪，首大辟，次賜自盡，
次重杖一百，次三等流貶。今可彷否？曰：是不同。唐長安
雖破，玄肅並存。先帝何在？君崩臣死，較之唐時，宜加
一等。或問：唐德宗于朱泚破，先斬降泚罷任宦在宣洪
趙蘇等，德宗至駁斷，又斬喬琳、蔣鎮、張光晟等。今可彷
否？曰：是亦不同。泚初起止姚令言諸逆黨耳，非在宣等
助之，豈能橫行若此？今闖勢久成，諸降賊者自負恩喪
節，而非助逆同起事，比盡知帷柳君節。或問：先帝嘗
有欽定逆案可彷否？曰：又是不同。魏逆雖謀危宗社，殺

害妃嬪，屠戮忠良，而非僭位弒主也。今逆闖賊並魏逆
比，從逆當何等何如？或曰：視唐之六等，宜加一等是矣。
何以定之？曰：重者辟而加籍，次辟，次自盡，次重杖乃戍
以遠戍，最輕者流近地，無貶地法也。或問：加罪一等，是仍
六等也。今之降賊者，以何等罪定？何等刑？曰：宋企郊、張
嶙然、黎志陞、蘇琳、安伸、白廣恩、陳永福等，從賊攻陷城
邑，或為拔宮，或為用刑，皆大逆，非從逆，不在此數。所謂
從賊者，皆都城破後屈膝者耳。其最重者，如何瑞徵、楊
觀光、辭而組、光從維、薛所蘊等，受賊寵任，為賊偽大臣

南渡錄　卷一　四四

也。周鍾手草偽詔，指先帝為獨夫，稱逆賊為堯舜者
也。楊枝起本無官，而投身請降，且偽任文選者也。光時
亨阻先帝南遷，身又降賊者也。楊廷鑑、陳名夏、魏學
濂或獻條陳，或定儀注，或請從漕，此彌天罪也，為首等。
降逆為要秩，且比為加陞，如庶吉士但授偽編修，科道
改為弘文，少卿改為正卿等職，非投順最先，媚奉最謟，
何以至此？為三等。如降賊仍為偽要官，雖不改其舊，亦
是受賊寵用等，如偽卿寺、安如偽弘文、偽史政、偽諫議、
偽漕院、直指官，何容末減？為第三等。如已受偽官，為所

跡遠、不甚著名者、爲第四等、初曾受大不能自固而降
又不甚著名者爲第五等、瀏金阮女以媚賊求免而北
故未授僞官者爲六等、似亦至平矣、内有已受賊官于
五月十四以前未聞賊敗、先自逃回者、視本等或減一
或減二等、又有不是五月十四以前爲此後竄歸者身
投司敗、良心未滅、或于本等議減等、惟此今未歸歸而
不出、雖云逃歸、寔受賊差、委將爲内應、此無論逃于何
時、断難減也、或又曰唐以平定六等致從逆嚴堅、再白
史思明亂今刑辟太峻、無乃激之叛乎、曰臣子所論者

南渡録 卷十 四五

法而已矣、或誅亂而亂定、或養亂而亂滋、諸降者卸試
國扁流非縱横險才也、賊之滅亡、豈附逆者能支、然國
家不可不立一法以待殺賊歸國、如北諸從逆未歸之
家、籍其妻子、錄其家産、俟之三年、有能擒賊渠魁、建功
於國者、赦罪擢叙如宋企郊等、苟能斬闖賊并劉牛等
賊、亦赦之可也、惟終于不歸、即加等族誅、籍沒、又非六
等可論矣、議出人多是之
乙丑、起原任大學士蔣德璟入閣、不至
德璟疏言臣負 先帝大恩、有罪三、臣素杜門守拙、蒙

演及藻德受特達
知遇李國表負不
早刊決難逞除粉川
並悶悄

無先容 先帝因廢次召對、鑒臣樸直、拔入綸扉、臣于
諸臣中獨受非常之知遇、而今 先帝安在乎、佐理無
狀、誤主辜恩、大罪一也、臣雖班次在後、遇妄言同官每
爲咋舌、而 先帝獨優容之、屢奉御批、以後朕有過失
即行匡正之諭、至兵餉一事、各邊虛冒甚多、 先帝令
臣與户部堂司商核、蓋欲意在蠲加派以恤窮民、而兵
日虛、民日困、餉亦日絀、臣因循不能坐致、勒此大罪二
也、同官七人、剛絶柴死、登時投井、忠義卓然、陳演、魏藻
德、丘瑜俱被拷掠、禍亦甚慘、李建泰方許棄、未知存亡

南渡録 卷十 四六

而臣以去獨存、臣愧六臣矣、臣與演同時罷宮、久買舟
在河西務、相約同歸、因聞山西大同之變、未忍遽行、而
科道及詞林諸臣連章留臣、致藻德亦出揭留臣、臣不
得已避嫌辭歸、而今以先出獨存、臣又愧演矣、至窮爲
至帝守城抗賊、其死既烈、部院寺科及勳戚諸臣殉難
亦多、皆可照光千古、而臣潛踪水次、隱忍遷延、既不能
如屈原抱石自沉、又不能效虞允文借兵督戰、徒托奔
挈奴僕之虛銜、以自文其苟全性命之寔迹、臣又愧部
院諸臣矣、大罪三也、臣負三大罪、尚可靦顏于陛見以

兩見于中興佐命名賢非有之日尚不能病死亦當忙
忠義古哉 先帝聰明淋智英武儉勤綜核萬幾不遑
日昃收集群策每至夜分札下愛民求賢圖治盡千古
勵精之主不能及而一旦罹此異變茫茫倉天真不可
問所望當輔除克扶聖明中興是繇昔晉宋在江南時
河北以北皆虜故不得不偏安今奴雖方幼諸虜爭救
河淮之北奴騎不到而闖寇聞亦久奔闖有三逆將士
矣假名行故而已中原士民推牛酒以待王師之至
但使中外合力文武同心分道北征指日清廓大非晉
宋可擬也疏奏 上俞其言命回籍候召用

南渡錄 卷一 五十七

大學士高弘圖請罷不允
弘圖先為御史曾疏詆東林及再起補又以不附魏
忠賢屢疏直言故罷至是阮大鋮名懟原辦冤狀言弘
圖素知臣者弘圖乃力言逆案不可翻士英與大鋮俱
怨故乞罷
起張肇林為通政使司左參議
命勘議原任戶部侍郎吳履中
履中自北歸具疏待罪時金壇士紳檄云 先帝焦勞
十七年無日不用新茹膽詬臣世恩三百載何人不食祖
衣擁賊入宮而吳救為用膽肝臣貴主而乞降是何心
肺既以犂鼾而吳逮即當奮螳臂以爭先平時之要姊
之愛天百身莫贖此際偽屬鬼以殺賊九死如飴奈何
周鍾以名宿之士口談忠孝屢許大節不奪乃受偽職
弘文館學士呂兆龍本孫蒋小兒濫登科甲當思感恩
捐深乃受偽職威都府同知漢司隸依然仍舊恭大夫
何遽吳郡不歌文山之正氣君子固時含羞更聞危素
之履撥賊黨亦應起愷魏閹不過弄權凡婚瑞尚從逆
論李賊敢行弒 帝豈偽官可以順存至若吳履中諫

南渡錄 卷一 五十八

垣顧若直報居鄉猶存厚道方觀學政晉署尚書既熟
講明倫之兩字何難從 先帝于九京而屍行燕邸之
既不即拼殘軀殺身成仁之謂何鼠竄里門又不先謁
新君為國忘家之謂何中興今幸有帝無煩抱器于白
馬而鼪呱復不患無人何浮將口于黄冠故里若致身
留有用江左之管夷吾欲存正恐人盡如君南朝之李
侍郎安在周鍾本朝館選也豈不聞方學士之麻衣上
殿吳履中本朝戶侍也豈不聞段司農之正笏擊泚一

則道船又彈劾翻前案不直半文至如兆龍又何
足道哉
丙寅起陞原任禮部侍郎陞廞爲禮部尚書協理詹事
府
起補原任簡討張居黃文煥等原官
大學士姜曰廣乞休不允
日廣言前見文武紛競既慚無術調和近觀逆案撤翻
又愧無能為發遂使 先帝十七年定案頃付逝波
皇上數日前明詔瞬同覆雨惜哉夫先帝焉由人好官自

南渡錄 卷一

我臣生來無此心腸所惜者朝廷典章所畏者千秋清
議而已又古王者爵人于朝與衆共之 祖宗會推之
典所以行之萬世無弊也昨者創逆案之舉遵內傳而
罷會推此不可之大者大鋮封疆叔口敗處分種種罷
慨哉在史冊臣觀 先帝苦政雖多而堅持逆案為盛
美 先帝宮政亦間出而以頻出中旨為亂階用閣臣
內傳用部臣斯臣內傳進大將選言官亦內傳所得閣
臣則淫貪巧猾之周延儒進君姦氏姦險刻毒之溫体
仁楊嗣昌偷生從賊之魏藻德也所得部臣則陰邪貪

狡之王永光陳新甲也所得勲臣則力阻南遷盡撤守
禦狂狂之李國楨也所得大將則紈袴支離之王樸倪
寵輩也所得言官則貪邪無賴之史𡎴陳啟新也凡此
皆力排衆議簡自中旨者後效亦可覩矣且 皇上亦
知內傳之故乎揣緣都夫熱心仕進見擯公論遂乞哀
內庭線索潛通大既在內應豈詳外事但見其可憐之狀
能共一面之詞不能無動者人情也而外庭口持清議
之人亦有合黨敗類之事授之口寔得以反唇而內庭
遂以爲皆如此也聞以其事情密聞于上及得意旨

南渡錄 卷一

將授之都夫乎台一對演習舊文曆啓放舌立談取官
同登場之戲夫小人何知求勝而已最可恨者在隱尊
會推之柄陽避中旨之名使人敢怒不敢言而天下事
從此不可為 先帝既誤 皇上豈堪再誤哉疏奏勲臣
朱國弼劉孔昭等怒遂以誹謗 先帝詆譏忠臣李國
楨爲辭交疏劾之
吏部尚書張慎言四疏乞休允之賚銀幣給應得誥命恩
蔭
慎言辭表有云 先帝山陵未卜而臣之祖父母先受

綠綸青宮皇子安在而臣之子孫妾叨恩庶況風聞不
定從虎[illegible]狼回首長陵而下撫撫赤稷諸臣何以為心
而猶倖口論功乎惟言清執有望人皆惜其去
禮部請選立中宮詔以　列聖　先帝之仇未報不許
上烝嘗　張后謚曰孝哀慈靖恭忠淑貞侃天協聖悲皇
后
既以后崩問未確故緩立謚
命太僕寺少卿萬元吉再往揚州臨淮六合一帶撫輯軍
民

南渡錄　卷一

元吉臨行上言臣屢閱北來塘報有聞賊破一語臣思
度之似是撫我西還為確當賊攻陷京城師勞志驕原
有敗道今被創入秦更挑精壯盡驅東南恐將士在上
游者卻而趨下在北岸者急而渡南金陵武備素弱何
以當此臣入都將近十日竊窺人情類皆積薪厝火安
寢其上爭功者思為史冊之矜誕角才者不預公論之
注射右戰徒紛置不講條一旦有急不識諸臣置　皇
上于何地伏乞申諭臣工蕩洗前譏毋急不可居之功
勿毋罔不可違之清議務萃衆志群謀以置一勝為納

之
丁卯命艱寫　欽定逆案進覽
御史詹兆恒言自逆璫竊毒危宗社幸　先帝入繼
大統芟夷內難慮奸人凶燄竊伺生心于是以哲悉正
兩觀之誅黨從列春秋之案凜如也然臨馭十有七年
此非日夜合謀思燃溺灰幸　先帝神明內斷確不可
移今梓宮夜雨一杯未乾太子諸王六尺安在仇恥未
湔悲痛嘗在聖心而忽召見阮大鋮還以冠帶使屢年
欽案逆同真立豈不上傷在天之靈下短忠義士之氣

南渡錄　卷一

乎疏奏命非進時戶科羅萬象御史陳良弼等皆言大
鋮不可用萬象言尤峻有燕子箋春燈謎諸劇未是紀
上以阮谷袖中黃石等語大鋮深恨之
戊辰謚已故輔臣劉一燝文端鄒元標文忠
一燝先被魏忠賢削奪逐至居家殉難故得謚
揚州城破啓
先是揚州久閉客至供億督輔臣可法無如之何適原
任兵科陳泰來至城外詰挺身入城反覆開諭于是安
民悉撤城中士民出見高傑亦加意撫慰門始啓

分北回各官俱回籍候議不許潰奔
通政司劉士禎言北都諸臣咸宜南還謂宜埋名者想
乃包羞忍恥潰竄求生不曰臣由生以圖恢復則曰臣
倡義以佐中興不曰乞骸骨以歸故里則曰寬殘生以
養親年臣每讀之且訝且歎雖不敢謂不死之人盡屬
逆孽但既稱有籌可展何不與黎王田吳三柱連營圍
毅熙而顧踉蹌南金且恩詔業寬一面欲爲即爲何必
仰煩天聽乞立頒嚴綸一切從北逃回不分大小文武
俱回家靜聽不許瀆陛即其中有未降而逃與降而旋
逃者若有志職贓情間可原亦着束身里居俟事久論

悉允之
己巳詔議郊祀大典
禮部言郊祀分祭合祭本朝典制先後不同謹按洪武
二年十一月冬至祀昊天上帝于圜丘三年五月夏至
祀皇地祇于方丘行之數年風雨不時 高皇帝斷自
宸衷舉合祀之典遂命即圜丘舊址爲壇而以屋覆之
名大祀殿洪武十年十一月丁亥合祀于奉天殿以大
祀殿未成也十一年冬十月工成命禮部去前代之祭

歲止一祀以首春三陽開泰之時每歲親祀以正月上
辛行禮十二年正月己卯合祀天地于大祀殿此 高
皇帝釐正元爲定制者也自 文皇帝遷都燕京恪守
未改至嘉靖九年 世廟從廷臣議始更爲南北分祀
萬曆三年准閣臣張居正疏復從合祀禮今中興之日
寔草昧之時若删繁就簡 郊祀大典宜一稟 高皇
帝合祀之制于孟春上辛歲一舉行若以分祀之制自
世廟史定紀統惟裁斷疏奏勿廷議具奏
以總兵吳志葵鎮守吳淞

兵部侍郎呂大器疏劾馬士英以惜體和衆諭之
大器以定策不合自知不爲時容疏攻士英甚力內云
士英握重兵入朝既留重地其子以童臭而都督妹夫
以手不寸鐵而總兵致爪蔔之越其傑以罪犯而監軍
附逆之田仰以久廢而侍郎遠聞之楊文驄以抗提而
職方肥大心橫目無法紀又云吳甡鄭三俊輩臣不敢
謂其無一事之失而清直剛介均係海內士民之望馬
士英阮大鋮輩臣不敢謂其無一技之長而貪鄙驕邪
一時附和者皆投附卑污之類此其正論也內又牽及

總督何騰蛟謂其以三月兆挾藉士英與援逆從議者
非之
大學士王鐸入京
東平伯劉澤清入朝
澤清初主立潞藩至是陛見欲自解免極詆東林與江
北党誣言害己又言中興所恃全在政府當用大帥自
應廷臣公推今用寧相亦須大帥參同退謁閣臣姜曰
廣曰廣撫以先日叙氣誠澤清作色曰我在 先帝時
為東林所賣披瀝無完膚不盡殺此輩不止曰廣默然

南渡錄 卷一 五五

越數日既糾呂大器雷演祚薦張捷卸之辭張孫振劉
光斗棻又條陳保邦八款首規政府末刺朋党攻江北
尤多語絕恣肆
辛未命內臣王坤基督催省直錢糧已而罷之
閣臣高弘圖以內遣不可開請自往督催戶科羅萬象
亦疏爭之事得止仍依弘圖言命撫按督催
命吏部即日會推東撫
壬申命嚴核從逆諸臣
時閣臣士英以薦阮大鋮為中外怨甚恐大鋮亦諂人

云彼攻逆案吾作順案相對耳于是士英既攻從逆謂
聞賊入都倚從之班清華之選素號正人君子皆稽首
賊庭如科臣光時亨力阻南遷而自先迎賊龔鼎孳
降後每見人則曰我原要死小妾不肯小妾者為科臣
時所娶秦淮娼顧媚也他如陳名夏項煜恭不可枚舉
臺省布列彌司寇不行法臣竊疑焉更有大逆之尤如
原吉士周鍾初進未已上書于賊勸其早定江南昨日病
中來見劉澤清尤誦其勸進表一聯云比堯舜而多
武功邁湯武而無慚德臣聞之不勝髮指其伯父周應

南渡錄 卷一 五六

秋周維持皆為魏忠賢走狗不犯沒為閹賊羅織萃于
一門宜加赤族而其胞兄周鑣尚厠衣冠之列其親堂
弟周鍾儼然負清之器同當從坐以清逆党又言今累
累啓事累參諸臣其案亦 先帝所定何以通不遵依
于所愛而發之天啓即曰 先帝原無成心于所惡而
錮之瀏啓即曰 先帝定案不可翻既奏命科道官逐
名核奏時礼科袁彭年既駁謂當以死難候元璐李邦
華等為正人君子時亨等非是士英不悅
東平伯劉澤清請半五年號却留已之

擇清吉宋高宗即位建康即以靖康二年五月爲建炎
元年慰民望也乞以今歲五月爲弘光元年礼臣顧錫
疇謂明詔已頒難于再更宜示不忘　先帝遂已之
太僕寺少卿萬元吉請卹死事総兵猛如虎等下部議
·如虎守南陽閉賊攻城戦甚力傷賊精兵数千城破死
·之又参将劉士傑遊擊郭閔守偹猛先抗俱已剿献樑
二賊力戦死故元吉及之
癸酉命駱遂原任山西巡撫郭景昌出都革其職
景昌先按山東以訐故輔楊嗣昌被逮民哭送盈道及

南渡録　卷一　五七

廷推晉二撫俱未到至是御史朱国昌訐其不法命驅
逐遂去同鄉輔臣鐸忌之也
大理寺寺丞詹兆恒進欽定逆案
聞閣臣馬士英亦于是日進三朝要典矣
乙亥復　懿文皇太子謚曰興宗孝康皇帝　常妃曰孝
康皇后上　建文君謚曰嗣天章道誠懿淵恭覲文揚武
克仁篤孝讓皇帝廟號恵宗　馬后曰孝愍温仁貞哲睿
肅烈襄天弼聖讓皇后　景皇帝謚曰符天建道恭仁康
定隆文布武顯徳崇孝景皇帝廟號代宗　汪后曰孝淵

肅懿貞恵安和輔天恭聖景皇后頒告天下
皆礼臣顧錫疇撰也時并請復建文年號尤之不知萬
曆時先已復矣
丙子復寇部院大獄言剿賊宜若與防江兩合三要十四
陳紆之
大鋮言臣覩連年国势不振人心涣也聯絡行則人心
自固然荆襄楚豫淮海青徐延袤三千餘里賊從出之
路即我防賊而殲之之路也賊巢窟在秦則犯我者定
從潼関趋陝華而出雒此其中路從曲河堡韓城邑渡

南渡録　卷一　五八

河而窺保徳蒲州安邑此其東路從韓中信陽而窺鄧
襄此其西路待其采犯走而息之而我人心已風鶴矣何
如聯絡一定即教援六鎮臣率重兵由汝寧與楚之撫
鎮由徳安而合駐于南陽以扼其中路徐淮鎮臣率重
兵與遼鎮吳三桂合兵而駐于臨清以扼其東路左鎮
之偏裨率重兵駐于襄陽即撫徐起元以扼其南路蓋
駐兵太遠賊既難周太近恐孤軍易衆扼此数處堅壁
清野以逸待劳佚約會集齊而後分兵進取此穩着此
上策也控扼一固便謀進取而駐南陽者可以漸偪于

翠旌駐臨清者可以漸偪于懷慶駐鄧襄者可以漸偪于房竹漸聯漸固漸偪而賊之鴟張豕突仗化爲釜魚矣夫從前用兵之失只是集衆兵孤注于前而後無一應者所以一敗之後至于不可收拾倘南陽進而軹皖撫率兵由六汝以接應之臨清進而勅淮揚一鎮率兵由邳滕以接應之鄖襄進而川撫率兵由夷陵荊州以接應之則我師如淺劝有人聽氣自壯萬無潰喪可虞此接應一着斷斷不可不預策者也此外如行表餌而而令奴犯廷綏以攜其虚用並卜松落番人會西寧之

衆旅泛廿肅山丹發蜂蔑怵袖之難募遣犟雄之人以入于商雒南而用間諜爲潼關裡應外合之謀大約忠信可以激人之真心金錢亦能得人之死力权雖不可預設机宜可以互施又言守長江者有三要兩合十四隙可言何謂三要江是湖口來小孤而下逆花白沙諸洲股散不一直至黄石磯趕此城横裸如帶與南岸鴈儀崇對不過四五里而遥可以扶把此一要也過此爲長楓峽三河口柘潤湾馬沙夾廠布料六百文梅埂銅陵夾紫沙丁家洲水面浩渺支派紛分直至荻港其股又合南岸板子磯與北岸泥汊斜對不過六七里而遥可以夾把此又一要也過此爲和縣蘆蕟夾吽化度上三山其支派復分直至蕪湖其股又合南岸清風樓與北岸㘭磯相對可以夾把此又一要也何謂兩合賊自上游南窺者必由東流鴈汊八都殷家滙烏沙夾山口鎮以至池口青谿而近江之岸有香口黄溢湖以陽之水路必由小孤黄石磯長楓夾羅刹磯以至青谿而與陸兵始能聚會此一合也池口青谿而下沿江陸路皆牛串捌水舍之鈌處路如鋸齒人馬難行必欲銅婆舖五

溪橋青陽南陵石贊渡山路以抵蕪湖至蕪湖水陸輳集此一合也何謂十四隙江自東流而下南岸如香口其源直接建德堯城渡與彭澤皆通此處不慮賊分枝下船襲我水師乎再下則有黄溢河口其源直接雞兒灘東通殷家滙宜防與香口同也再下則有大通河口其源直接青陽吴田鋪諸處宜防與黄溢河同也再下則爲荻港河口其源直接青陽黎昌宜防與大通河同也再下則有魯港其源直接下方渡石贊渡宜防與荻港同也再下則爲蕪湖河口其源直接涇縣旌德宜防

更倍于魯港矣再下則為姑孰溪采石口慈姥太平
城下而其源直接宣城黃池宜防更倍于蕪湖口矣以
北岸言之對為汉則有安慶山口其源直接太湖倉巷
通宿望淳潑諸河此急宜防者也下此為樅陽河口其
源直接羅刹河廬江諸處宜防與山口同也再下則為
湯家溝此桐城出裁汉路宜防與樅陽同也再下則為
灰河其源直接無為廬江宜防與湯家溝同也再下則
為泥汉其源直接無為州城宜防與灰河同也則為濡
溪口此乃巢河出江大路宜防與萬倍諸處矣再下則

南渡錄　卷一　六一

為西梁山河口此乃私鹽興販之藪與南岸和尚港奸
徒呼吸相應尤為緊要當防矣山川形勢瞭然如此乞
勅兵工二部兩合之地必兼水陸重兵三要之處作速
相地估工如鵝儀宜築堡與蕪湖相聯泥汉必築堡與
荻港相聯磔磯必築堡與蕪湖相聯分置遊邏之兵速
發陸地之撥務以兩合聯絡三要以三再控此十四隊
斯江防固矣疏奏人服其詳明然未能行也
丁丑吏部侍郎呂大器乞致仕允之
大器當　先帝時以王應熊梓里為兵科龔鼎孳所糾

然大器實不附應熊意怏怏也及佐南樞堅主立潞議
附錢謙益等去閣顧以此大器應有後禍以親告廟祝
文抄錄送閣其謝表有云銅馬赤眉突厥兀朮合奏而
原燜神州河北靖康溫殷檜賈接踵以橫撫津要蓋指
士英大鉞也末又云臣自此雲進遠涉恐當事者誤以
姓名遠瀆天聰致形蹤無獲臣不敢不預為請明亂其
擴
應安廬撫加想郭鼠隨北行命吏兵二部酌議
時想第開母訃音自請解任同總兵陳洪範招水師步

南渡錄　卷一　六二

卒偕莪山東以圖恢復無負遺敕會洪範將往北議擇
大臣皆行孰其人乃言臣之身許國之身也臣憶去年
七月奉　先帝祭救之命臣就道時臣母太宜人陳氏
囑臣曰爾以書生受朝廷知遇此特遣當即就道勿
念我臣泣不敢下而行計今一年矣國難家憂一時橫
罹不忠不孝之身惟有一死如浮叩頭　先帝梓宮之
前以報祭叢之命臣死不恨　上許之
逆賊張獻忠攻破重慶
時兵民死者甚眾婦女俱斷手死

贈死難沭陽知縣劉士𤥁山東僉事

士𤥁先以揚郡訓導署泰興化，時值疲敝，救災戢盜，著强幹稱。轉沭陽令，北兵至，鄰邑皆望風瓦解，獨士𤥁竭力捍禦，城破不屈死

命治內臣何志孔罪，既而釋之

初，寧南侯左良玉接監國詔書，不肯拜，江督袁繼咸貽書良玉，備道王倫序之順，乃開讀詔如禮。屬內臣何志孔巡按御史黃澍入覲，覘何朝廷動靜也。澍陛見，面數馬士英不宜罪涎綜廟棄皇陵入朝，又得張獻忠偽官周文江銀八千兩，題授參將，罪可斬。帝曰：若有此事，先帝時何不糾參？然澍猶攻詆不已，時志孔亦助澍詆士英，兼言文江不法，擬已俱屬司禮監韓贊周，比志孔伏退，將議處分，士英恐失良玉心，始寬志孔，竟釋之。已與疏請序，謂南中諸臣大逆不道，謀立潞藩，臣與諸將歃血祖陵，爾約兵江干，共持大議，何云棄陵？澍為党人主使，牽引左鎮以要挾。皇上為門戶出力，兼發忿任錦衣衛劉僑私書，有黃澍借名助餉，勒銀三千兩，自此朝端聚訟矣。澍復疏劾士英不職，特有以澍比紂為正

南渡錄 卷一 六三

黃澍小人，具疏攻士英，實挾良玉以諸伍寄甫

念黄之疏，原攻馬阮及四鎮，所謂射人射馬，擒賊擒王，依為中外射人切斷

議者。工科都李清言于御史喬可聘曰：以澍糾士英，所謂以燕伐燕也。鄙鄙不救，舊轄文震孟、耶薇君子，與攻小人，同一僭越邪？可聘是之

戊寅，封左都督應俊為襄衛伯，食祿一千石，子孫世襲。應俊以皮匠負上脫危，初授都督，世錦衣，人以為濫，至是復進世封

左都御史劉宗周請駐鳳陽以圖興復，命宜付史館

宗周疏次近疏，言今日中興大業，舍討賊復仇無以表陛下渡江之心，非毅然決策親征，何以作忠臣義士之氣。至討賊次第，曰：據形勝，江北淮陽等處雖立重鎮，尤重在鳳陽，以駐親征之師。蓋中都天下樞，東扼徐淮，北控豫州，西顧荊襄，南全去陵不遠，以此漸恢漸進，秦晉燕齊必有應者。曰：重藩屏。地見賊而逃，總由督撫非才，彈壓無術，即如淮揚兩節鉞，不能禦亂賊南下，至淮北一塊土拱手授賊。尤可恨者，路振飛坐守淮城，家眷浮舟于遠，是倡逃也。于是劉澤清、高傑有家屬寄江南之說，尤而效之，其又何誅。按軍法臨陣脫逃者斬，一撫一鎮皆可斬也。今亟加重撫臣責，以彈壓鎮臣，勿

南渡錄 卷一 六四

設督臣以滋藩制武功可畜曰懷爵賞親征所至閣士
卒甘苦身與共之一面分別各帥封賞孰愿孰激較則
量收俟節並則并奪伯爵罪功既敘罪法益伸無不用
命夫以左帥之恢復而封高爵之賊亦封詎為不封者
武臣既沮文臣隨之中璫從之臣恐天下解体也曰蹤
舊官燕京既先有受命而叛者受偽命而進者有在封
守而逃仗命而逃息宜分別定罪為戒將來其或陰陽
詭秘為賊行間尤當誅絕此四者于討賊復仇之法亦
略具矣而更有言者當此國破君亡普天皆當致死幸

而不死反膺陞級益增天譴除照典不宜概行外此後
一切銓除仍請暫循行任少存負罪引愆之誠又言
皇上踐祚伊始知無刻不以討賊復仇為事而禦侮拒
敵即用以求絕無一禦功可慰 先帝之靈者臣請進
論之當賊兵入秦踰晉漸偪畿而京師洶洶然大江依
然無恙也而二三督撫曾不聞遣一人一騎北進以壯救
援致賊長驅犯闕坐視亡危緣平日既無料理勢不得
不以君父為注則封疆諸臣之應誅一既而 大行凶
問確矣諸臣使應奮戈決戰以贖前愆而乃且仰救息

于南中乎抑即圖之策抑兵拙于闕外前即忠策之功
提督張同敞親承 先帝命又沛家國意在卸担則封
疆諸臣之應誅二夫諸臣不敢言進兵猶曰事與棄承
迫 新朝既正位臣謂第一義必先遣北伐之師不然
亦馳一介間道北進或徽燕中父老或越塞上義士兵
激仇恥哭九廟之靈奉安梓宮兼訪諸皇子所在苟徼
包胥之義雖逆賊未始無良心而諸臣計不出此也又
不然而亟起閩帥鄭芝龍以海師直搗燕都九邊諸督
撫捨甲御於出其不意事或可為而諸臣又不出此也

天假之靈令吳三桂奏功將置我南中面目于何地則
舉朝謀國不忠之應誅一嗟乎 先帝十七載憂勤可
對 皇天而泣后土一旦身殉社稷雖古今未有之慘
而食報臣工如此之薄何怪泛逆諸人累累若若朝君
臣而暮寇仇昔人云死者作生者不愧仰惟 陛下再
發哀痛之詔將 先帝十七載遺事大書特書布告天
下而後乃興問罪之師請自中外諸臣之不職者始就
奏中外驚動
命補朝班

湖廣巡按黃澍疏糾原任巡按王聚奎命從並勘議
聚奎先為御史劾楊嗣昌并劾陳啟新被議及起補巡
按至長沙赴任因人心風鶴城不可守介遣武昌改紆
己卯禮部更議思宗廟號以請諡仍舊
時忻城伯趙之龍疏言思非美稱援證甚核禮臣顧錫
疇改擬正宗以諱閣臣弘圖執前擬上重違其意命
仍之
庚辰詔于明年正月行郊祀禮仍遵洪武合祀制
辛巳大學士馬士英疏薦謝陞張起命九卿科道公議

南渡錄　卷一　六九

疏言二臣清執無黨又非逆案宜以陞為吏部尚書帶
閣銜捷為吏部侍郎皆阮大鋮意也　初士英以為大
鋮被中外排議意稍折一日閣中推詞臣銚言已故庶
吉士張溥可惜士英曰我故人也死酹而哭之輔臣曰
廣咲曰公哭東林賢者亦東林耶士英曰予非畔東林
者東林拒予耳閣臣弘圖復從史之願有和解意及左
都御史劉宗周疏自外至大鋮等宣言曰廣實使之于
是士英怒不可回而為陞捷等之疏出矣或曰激宗周
上疏者在籍禮部郎中周鑣曰廣不知也然人終以宗

若信此策則四鎮為
不敢輕犯亦不至
大兵一下張皇出走

周疏為正
陞木任左都御史徐石麒為吏部尚書工部左侍郎何應
瑞為本部尚書戶部右侍郎張有譽為左侍郎起登萊
巡撫徐人龍兵部右侍郎王一心仍原官刑部右侍郎
人龍以不赴察
陞御史王燮加察院右僉都御史巡撫山東
南京破燮降北復為御史
詔于七月初二日恭迎聖母
戎政兵部尚書張國維請增防三輔命復行

南渡錄　卷一　六八

疏言為國之道必居正方能服強從來為江左策者無
不曰守河而後可以守淮守淮而後可以守江控荊襄
而後可以固建業今日事勢漸覺不同蓋患在外者當
以藩鎮為先而虛在內者尤當以根本為急哉　高皇
帝建都江南于滁泗滁和等處皆屯重兵雖不名輔而
儼然有藩屏之意今　皇上已封四鎮擇勁兵抵守江
北矣猶不曰江南不可狃乎請除舊設水陸額兵外另
于南京城外設戰兵三萬少亦一萬五千就以能將統
力訓練倣洪武京兆之制為衛廷中樞兵沿江下也請

于京口設戰兵三萬少亦一萬五千統以能將練力訓
練爲蘇松常鎮之外藩淮南之屏蔽以爲朝廷東轄其
逆流而上也請于蕪湖設戰兵三萬少亦一萬伍千統
以能將練力訓練爲徽州寧太之外藩淮西之屏蔽以
爲朝廷西轄中轄腹心也腹心固然後可以運四肢
左右輔翼而翼也兩翼強然後可以捍頭目無事分守
有事互援用前則三路皆兵如用爲內地虎豹之勢異
日則三路進勦即以爲中原恢復之助如是而後天子
登壇中興之功可次第舉矣先是吏科都李沾亦言閫

家倣藩鎮之意分設諸鎮然考唐之節度非盡武臣也
上自楚郡江皖以暨滁淮上下江防等督撫各宜假以
便宜厚其兵力使與諸鎮協所地勢然後無事可相維
有事可相援大帥鎮撫連而督撫撫轄不可也督撫諸
鎮供運而京師鄉轄尤不可也是必補足京營舊額一
十二萬然後可以成宅中制外居重馭輕之勢臣謂當
今有計者須計諸鎮各兵足以壯藩籬而天子內總
六師以重根本意與閣臣疏類然竟寢抗者以爲畏四
鎮猜也

南渡録卷之二

大理寺左寺丞前工科都給事中臣[illegible]

七月丁亥祀高皇帝以下於奉先殿以大[illegible]附
祭以太廟未成故也
命暫停緝事衙門以五城御史糾察
蘇松巡撫祁彪佳言洪武初官民有犯或收繫錦衣衛
當事者因非法凌虐　高皇帝乃于二十年焚其刑具
送囚刑部審理是祖制原無詔獄也後乃以鍛鍊爲功
羅織爲事雖朝廷爪牙實權奸鷹狗打緹追勒承按以

指授定雖擬朝畫如其柢而法司無敢雪冤酷慘等于
來周平反從無徐杜此詔獄之弊也洪武十五年改儀鸞
司爲錦衣衛尚常直駕侍衛未嘗有所理構迨東廠立
始聞告密用報而打事件得賄而鍛刑章無籍棍光惡倚
籍枝充鮮恥士紳交通倖免飛誣多及善良赤棍立致
巨萬招承多出于拷怨憤充塞京師欲絕苞苴苞苴彌
盛欲清奸究奸究益多此緝事弊也若夫刑不上大夫
祖宗忠孝立國之本及逆璫用事始去衣受杖刑章不
歸司敗朴責多及直臣本無可殺之罪乃加必死之刑

當兵血濺玉階內廷金陛班行削色氣短神搖臥恤錄
隨觴已竟驚骨削矣朝廷從受枉誅之名天下及錄忠
直之聲此廷杖之弊也疏奏閣臣田廣挽華不允諸內
臣意也田廣疏奏甚力有緝事不除宗社且不可知何
有廠衛等語乃命五城御史體訪識者已知廠衛必復
矣御史朱國昌言臣奉旨後傳聞仍欲設立緝事差遣
內使然攷吾國朝自設廠衛以來但知利于得奸不
知奸愈多愈不得也臣請條言其害緝事之權授之刑
官理刑之權付之辦事番役一出龍以擇食首告日熾
捕影為上私刑酷拷吸髓敲膏鎖放自繇輕重任意口

詞批辨有無爰書一任出入下自黎庶上自搢紳同沉
黑網矣至于各衙門審事緝有人立其公庭名曰聽
記各犯情詞與問官職語一一錄之若非各有賣緣遂
其嗜欲則增減捏報且緝獲有功例得陞級于是網羅
四布胡賊捏款大起株連積成一卒之功孰計萬人之
枉至使無賴斷役儼然冠蓋金吾抗衡紳士名器之濫
尤可惜恨若大內使銜命促將奉差所經地方道路以
目茲至驚惶逃竄聚集傳訛速禍無已誠非所頌于聖德重光日

也板閘
升國子監監丞陳龍正禮部員外原任臨川知縣張采札
部主事後北兵入嘉興龍正治家病瘧感憤不食死
加太任吏部尚書張慎言工部尚書程注太子太保于廕
巡撫湖廣何騰蛟疏陳守楚要著以固長江從之
言楚北上自荊襄下帶蘄黃沿江二千餘里自非于扼
要處各設重兵宿將一處疏虞全疆潰敗除武昌為全
楚根本已有鎮臣左良玉世守外其餘衝要之地有四
一荊襄一岳陽一承德一蘄黃荊襄為楚門戶在所必

爭但目前尚屬恢復則兵將安插無地防禦之責宜併
力于岳陽設總鎮一員統領水師五千馬步一萬直抵
荊河口灣泊于監利公安等處以防狡賊之順流馬步
屯札于城陵磯以應舟師之聲勢水陸供備則上流固
承天陵寢所在近雖獻賊久踞然未可輕率其原設總
鎮應駐兵于仙桃漢川兩處內固漢沔各湖之險外連
承德各寨好義之民以守為復局從此定再如德安與
蘄黃皆屬咽緊惟是蘄黃近而德安遠守遠不如守近
宜撥兵一萬總鎮一員為之駐防起自陽邏團風道士

狀以主留池田鎮清江各要口皆偏共粘而更辦紛新
黄山寨作我外援則下流固若虵犯中原固有三路並
進之功卽暫安江左亦有高壘長城之勢疏奏命議行
戊子原任大學士孔貞運卒
諡原任督師兵部尚書盧象昇忠烈
象昇以丁憂督師死賈莊之戰　先帝特贈太子少師
至是補諡
起用罷廢各官復原任左僉都金光辰原官候闕用
光辰　先帝時以御前救劉宗周故謫餘皆罷廢或降調

南渡録　卷二　四

者內胡麟生胡江係撫科先朱家煤用御史徐殿臣係
例轉兵部郎中陸奮飛家居以悵遠庚帝亂緒薦皆復原
官時起用給以獨原任兵科沈迅已家　先帝環召尚遺啟
事後擾壁自守抗北兵壁破閤門自焚子弟皆被殺
升李之椿光祿寺丞
之椿以吏部降
己丑吏科都章正宸疏陳國是
正宸言今日形勢視晋宋更艱難肩背腹心三面受敵
而悍將驕兵漢無足恃豈真虎踞龍蟠剏建之業哉而
當事泄泄偷息何地遥望故都傷心雖恭夫亦念祖宗
弓劍所藏乎　先帝先后殉社稷之烈乎青宮二王陷
淪賊豈望援嗟涕乎從君以亡者守正諸臣冤怵乎三
百年生養黔黎盡為披髮左衽乎而日來聞文吏錫鑾
矣不聞獻賊武臣私鬪矣不聞公戰聞老成引避矣不
聞敢恢諸生撓堂矣不聞請纓如此日望興朝之氣象
豈知其未也今宜以進取為第一義進取不銳則與守
不堅且事會之來間不容髮比者河北山左忠義嚮應
結寨保衆擒殺偽官為朝廷效力若不及今雪擊星馳

南渡録　卷二　五

伏義仲討是開天下之氣而坐失机事也宜亟撤四鎮
分渡河淮與河北山左協力互為犄援使兩京血脉通
而後塞井陘絕孟津據武關攻隴右豪傑並起賊不難
旦夕殄矣陛下何不縞素親率六師至淮上豈必冒矢
石履戎陣我華望所震人切同仇當憤百倍也
庚寅升應安巡按左懋第兵部右侍郎兼都察院右僉都
御史經理河北聯絡關東軍務加馬紹愉太僕寺少卿
兼兵部職方司郎中陳洪範太子少傅款北
書稱大明皇帝致書北國可汗以銀十萬段絹各數萬

靖公先生伏節死
義不辱君命出
忠武師往之上

於又時陷北諸臣及吳三桂諭通和意懇茅言臣此
行往聞 先帝后梓宮又聞東宮二王消息哀慟哀慟
往設不敢辭但臣銜當議臣同行之人不得不言臣銜
以經理河北聯絡關東為命帶封纓重寄之銜而往哉
金繒義薄則名實乖況以此銜往虜所將先往奪地而
後經理乎抑先經理而後往乎此銜之當議者也若同
行之馬紹愉即臣壬午年所特糾紹愉赴虜講款奴顏
婢膝許金十萬銀一百二十萬虜送之參貂無數今復
録臣疏言中國寬一馬紹愉北廷添一中行說而紹愉

南渡錄 卷二 六

遂遁辭回籍矣今與臣聯號出使可無一言哉如 皇
上用臣經理祈命洪範同紹愉將使而假臣一旅偕山
東撫臣收拾山東以待不敢復言北行矣如用臣同洪
範北行則去臣經理聯絡之銜但聊命而往謁 先帝
梓宮訪東宮二王消息賞賚吳三桂等并宣酬虜之義
而紹愉似無可遣也疏奏閣部俱請止紹愉改用原任
副都王永吉語蓮前言懇茅臨行又言渡河而北生死
未知願以辭闕之身効一言臣所望為恢復而進日朝
政似少恢復之氣陛下時時以天下為心以 先帝之

讐北京之恥為心時 高皇帝之松揪而即念 成祖
列宗之陵闕現有恭離之痛撫江上之粉飾而即念河
北山東之赤子思有左衽之慮臣更望 皇上命諸臣
時時以整頓士馬事勿以臣此行為必成即成矣勿
以款成為可恃必能渡河而戰而後能把河而守必能
把河而守而後能護南都于萬全此一定之理勢也若
臣原請者收拾山東結連吳鎮并可取臣母骸骨而今
以酬北往內痛于心惟以不辱自許以死自矢以報君
之命而并完此父母所生之身死無恨耳末又云 先

南渡錄 卷二 七

帝殉難臣必録請臣少也遠如河北之地雖在遠而切
忠直知沒懸之流雖逆耳而其藥時以為名言或語懲
茅以宗富獨使契丹故事懇茅曰此吾虜奏非契丹比
雖獨車中一倖亦不可其矢志如此
安盧巡撫張亮以閩送可弄請往辦賊所向進討久之
尋乃亮入京議既而不果復遣還任
補原任刑科李汝璨御史黃宗昌原官
汝璨 先帝時以建言廢
命總兵劉肇基駐防揚州

辛卯補原任工科陳燕翼原官
燕翼　先帝時以劾黄澍冒功謫
升户科御張元始太常寺少卿
壬辰贈先朝名臣吏部左侍郎崇盛為吏部尚書補吏部
尚書羅欽順廢署鈐頓錫時任礼部時題請未票人以
為贈廢吏部事也至是錫時署鈐復為題允然遠年補
廢人争譏議矣
定守護風陵戍兵五千人
追謚繼妃李氏孝義端仁肅明貞潔皇后

南渡録　卷二　八

授進士陳震生等中行職班三詔
震生汪鍾盧象觀張盼之王鳴珂歐養素六人皆應授
邑令至是借差改京職與大理寺丞唐兆恒等同班詔
四方
命嚴治割付武職非兵部督撫總兵等官不得擅畀
原任户科熊汝霖疏請喚群迷昭臣分俞之
疏言當事諸臣争誇定策罔計復讐廢堂未已且為闘
心嘆此乾坤何等時不刻刻籌餉議戰議守如何防江
如何守淮如何控制若如何定齊饒如何使諸鎮賈勇

汴崙宗切

北伐册懲懲江左而一味招接構唆露盡張參始武與
武鬪争從文與文勝清夜自想究有何因是盗已入室
而奴且閗庭主人猶俛首聽之天下事其有濟哉工科
都李清亦言　先皇十七載宵旰不以興以亡人知其
故乎或偷步低言情熊燕雀則其罪在諉戍露盡張參
安生烽藝則其罪在競争之筭兵畫犯之心不勝其悖
祿固寵之心與分社樹幟之心而如醒如嚥以貽禍宗
社是前車也今在庭諸臣不此之鑒而泄沓如故水火
玄黄又如故豈忘　先帝時事耶一時心涎利名見分

南渡録　卷二　九

吟蛾諸臣之舌戰何猛然究竟逆闖一入蘭艾與玉石
俱盡而迨今時移事換猶一夢也將舉半壁山河不供
諸臣之全鄰不止乎無以調停起紛爭無以姑息滋亂
揚可也疏奏俱俞之
癸巳鎮江于永綬等兵亂
督輔可法部將四人劉肇基陳可立張應夢于永綬皆
以功遷鎮帥加官銜而永綬猶桀驁相與統騎兵百餘
舟二百餘從可法北征駐紮京口會浙撫所調都司黄
之奎亦部水陸三四千戍其地之奎安靜獨鎮兵横偏

一騎買民瓜半个償民罟之刀砍民浙兵怒縛買瓜者
於江中港大隊六月二十六日浙續發防江兵至守備
李大開率之怒擒兵衛道砍其馬殺兵二三人馬負刺
馳本營鎮帥知有變率兵與大開相擊他浙營坐視莫
援大開失洞脅死鎮兵乘机焚掠死者約四百人埜擄
財物撫臣祁彪佳聞亂從蘇郡整部伍疾至永綏等兵
開風亟遁彪佳兵追之所收貲貨衣甲甚衆奏聞命四
將由六合趋可法軍前聽核治而已未幾移駐儀真鎮
江民始安陳任戶科熊汝霖言兵至今日百姓視如讐

南渡錄　卷二　十

朝廷畏如虎兵威謀國者始為養癰之術以苟且目前
而直言無諱為一觸其鋒身家之禍立至臣新自丹陽
来知浙兵為邊兵所擊大為民害十餘里然邊兵同守
地方何得枇自焚殺開邊帥言江北四鎮以殺掠封伯
吾輩何憚不為臣意四鎮一聞此言必當憤發為雄殺
然北伐以雪此恥而猶遷遷淮揚遍處此土何靦顏也
況一鎮之餉多至六十萬勢必不供即做古藩鎮法亦
當在大河以北開屯設府永此帶礪曾堂奥内處以藩
籬視之至定為之地狹幹弱技兵力宜分順見樞臣張

國維請建三輔巡撫衛神京莫善于此當勅速行以觀
成效報聞
革北還御史汪承詔職為民
以應按賀遊代題故先削籍
廿四川巡按劉之渤都察院右僉都御史巡撫本省以御
史相鄧巡按吏科左熊汝霖言蜀事已爲書廣陳士
奇填盡今不宜用一弱不勝衣之之渤不稔士奇爲提
學則讀兵及爲巡撫則又談文故汝霖及之
戶部以兵增缺餉請勅會議登入爲出又請開援納事例

南渡錄　卷二　十二

俱從之
甲午命從逆諸臣以六等定罪
從科臣馬嘉植言也嘉植言今日可憂者乞師突厥召
兵契丹自昔為患及今不備萬一飲馬長淮侈功邀賞
將來亦何辭于虜又請從逆諸臣做唐六等定罪從之
命各鎮舉用大帥俱抗旨補兇叩御題請
召對北使陳洪範馬紹愉等議抑陳任兵部尚書陳新甲
專以科疏已之時左懋第以憂不入獨閣部九卿科道
與洪範及紹愉俱對　上言及款北紹愉言　先帝時

曾命臣使北若款成必無今日 上問何以不成紛愉
言使者再往則款矣主款者陳新甲以言官劾奈亦故
擬 上曰如此新甲應卹諸臣無應者獨訥臣陳盟朗
應曰可 上因命卹并參漫軒新甲者時諸臣咫殺上
相爭端熱臣前擬逆退既而工科都李清等言新甲受
任中樞楚豫喪失者為襄陽河南汝寧南陽歸德等六
郡即恭皇帝飲恨上賓禍亦繇此近聖明御極雖追崇
尊號然報復莫逮徒想遺容于弓劍想亦不獨臣民所
痛心也且新甲又誤聽張若麒言出關催戰衆五鎮八

萬之精銳盡喪海濱今者皇幾淪陷其病原此不以為
罪將舉而功之乎若 先帝以不世神武屢呼韓而繫
頸矣是其北憔迫虜兇交橫內帑如洗欲綬餉而兵且
脱巾欲加餉而民已剝膚故以惆悵元元至意不得已
議款此亦 先皇所隱隱茹恨而不欲明告中外臣民
以弛我戰守者新甲乃謬行抄傳可乎當日刑部初擬
猶緩以秋刑 先帝竟改票另擬加之主決蓋惡其以
浪戰誤國又惡其以泄款辱國而非以主款死也若措
新甲為枉應與朝審則以未失一城未喪一旅之總督

請難諸臣之謚推不
可少但應當時亦非
急務若諸正朝恤之
論臣核實于六年可
辨則出白訥為翁紫
幸尚未年補應敘熟
盡濟則錯略不究有
責矣

鄭崇儉因人巧卸立肆西市然諸臣雖微知其冤而未
敢顯言正以封疆事重寧嚴無寬耳況新甲職乞將新
甲罪狀再頒天下仍照原擬又給事中袁彭年陳子龍
後特疏爭之遂已
改吏部員外倪嘉慶為戶科給事中參核省直錢糧
大學士高弘圖等薦其有心計故也
丙申左都御史劉宗周言文武將相未盡調和宮府表裏
多出權宜又以紀綱法度風俗人心為言俱嘉納之
命速議開國靖難及正德天啓慘死諸臣謚

時靖難諸臣謚雖奉俞旨然以人遠事湮又礼臣顧錫
疇將祭南海中止至是工科都李清復舉崇禎時前疏
請之得旨速覆礼科都沈胤培復申其說于是署礼部
管紹寧始相繼題覆矣
丁酉以杜弘域揚御蕃年文綬丁啓光寶國寧胡文若補
三大營各總兵官弘域等統一營至五營啓光等統六
營至十營
命推補原任戶部尚書于士庶等
從忻城伯趙之龍請也前此勲臣所薦無位命推補者

東平伯劉澤清請宥故輔周延儒那鈔贓銀命刑部酌議
時輔臣因廣忠澤清疏意其數千輙改欽暫停不下欽
令發自言路奉有俞旨然後下澤清疏止批有旨而已
既久無言者乃票發部覆不允
戊戌命校原任鳳陽總督恤典
原任户科熊汝霖言近聞虜騎南下山東諸郡豈可輕
委南北諸鎮非乏雄師不于此時渡河而北或駐臨濟
或扼德河節節斷其來路直待長驅入境徒欲一
葦江南公然向小朝廷求活乎且聞賊遁歸志在復還

南渡錄　卷二　十四

及今速檄諸鎮渡河扼守一面遣使俘虜回執然後合
五鎮全力並道西征或如周亞夫之入武關或如王鎮
惡之溯渭水直搗長安出其不意仍檄蜀中銳卒河西
壯士東行以佐之或賊中有如史思明者使其自圖許
以重賞則豫挽之首不日可懸殺賊可以感虜總在我
内外文武諸臣凡事實做急做無深謀論無遲時日而
已又言大典雖屬排纂文然毀家措餉宜令先為事官
北行命校議具覆
撫寧侯朱國弼疏救卜會推全五府不允

以判宗周疏辨也時閣臣弘圖知士英未可遽逐宗周
再疏水火益甚大為善類異日之慮宗周聞乃止
庚子萬壽聖節帝御殿百官朝賀
識者以為國衰伊迹宜做宋高宗免朝故事
升開封推官陳潛夫為江西道御史巡按河南
壬寅工科左李維樾請改款北為剿北以正名義從之
命上供應用諸物須内衙門呈奏照過方發部備用
工科都李清言　皇上自中州播遷擺逸雨沐風偹櫛
艱難光武之不忘麥飯豆粥唐宗不忘質衣戀衾皆從

南渡錄　卷二　十五

安樂憶艱難蓋以勵儉也若　皇上持此自勵則安不
忘危修源塞矣非然者奢用必至多藏多藏必至厚斂
厚斂必至煩刑恐今盛之天下膏血亦竭而況半壁之
膏血有幾伏乞申飭内外廢無用之金玉罷不時之侍
奉勿謂奉小而為之錙銖亦巨萬之開端勿謂儉小而
不為巨萬亦錙銖之層積奏俞之
詔謚庶大典子孫不得擅求請奏者禁
謚山西巡撫蔡懋德忠襄隨州知州王緒忠愍
燾以城陷自縊懋德先以失事革任聽勘賊至督戰遇

追贈于謚兵臣開國功
臣豈南方為之方羊詩
開放無完此未了之案
亦有不察存耶

宗皆礼臣楨錫時同里也想德以失事謚悉人謂名官
不稱礼科張希夏疏駁之吏部尋覆贈官不允
命事係兵机者照例家封下科
癸卯革開部鎮將于永綬戰帀渠立功降劉肇基張應夢
各三級仍命自今兵將調集地方俱聽撫臣節制
追贈開國功臣穎國公傅友德宋國公馮勝等
從工科都李清言也友德贈麗江王謚武靖勝贈寧陵
王謚武壯俱塑像祭于功臣廟又贈徐慶庆廖永忠廣
國公謚武案定遠庆王弼滚國公謚武威長興庆耿炳

文與國公東勝庆汪興祖勝國公俱謚武愍馮國用武
莫丁德興武襄朵世傑忠烈茅成俞廷玉俱武烈丁普
郎武郡韓成忠壯花雲忠毅八人皆已贈者
革從逆諸臣戰命法司察有確據者先行撫按解京正渠
淮揚巡按王燮以皇太子及二皇皆遇害聞
時有未任陽春縣典史顧元齡于五月出都見闖敗奔
秋吳三桂西追去訖又傳言皇太子卒于乱軍定王永
王俱于賊走日遇害于吳三桂宅内皇城宮殿太廟享
殿各門俱焚惟存正陽一門前三門外焚劫更慘爽據

諒安情之閣臣亦情之
似此節注安得不壞

元齡言以闕闕者流涕
甲辰革原任漕道薛臧會戮
兵科陳子龍疏糾其貪也應會後仕北復官參政
癃從龍内臣屈尚忠田成張執中寺各弟侄都督同知世
襲錦衣衛指揮使
礼部尚書顧錫疇疏糾從逆臣諸詞臣命察議
疏内所糾乃周鍾項煜楊汝成楊觀光楊廷鑑陳名夏
何瑞徵韓四維高尔儼薛所蘊梁兆陽朱積魏學濂方
以智等也

奪故輔温體仁蘇國觀周延儒官癃捉理熊文燦祭癃官
蔚
御史鄭友玄言延儒之貪倍于國觀體仁之奸又毒于
延儒今延儒國觀皆相継服法獨體仁以先死逃誅體
仁陰狠性行酷類李林甫而賢士之罹其毒者八年中
閭閻無虛日更非天寶時所有乞將延儒體仁官癃貴
産或顕戮嚴追或比秦檜謬醜之謚貶其奸慝勿令國
觀獨恨地下疏奏追奪有差延儒國觀賜死文燦伐法
安有祭癃官衛人執闇桒攢塚

都察院左都御史劉宗周入京
丙午督輔史可法疏陳分設四鎮始末且請朝臣論之非
獨臣論功濫爵納之
初四鎮屢促揚州可法不得已許有警時各安頓家眷
謂彼此有分可免獨戀且謂之有警則無警不得駐耳
然以調停故坐罷北伐識者恨之
議旌北都死難布衣湯文瓊
原任户科熊汝霖言北都一變臣嘗訪之來者雖如梁
兆陽楊觀光何瑞徵為從逆賊謀之首侯恂曹欽程為
出獄謝恩之首方岳貢魏藻德為見朝報名之首而湯
文瓊以布衣死難衣帶中藏有位非文丞相之位心存
文丞相之心二語賊兵此以青陳演斬于市應揭出以
愧史又言楚撫王揚基送一武昌以曲媚獻賊蒙面受
事逆賊甚巧虐民甚慘應敕部核議另示處分薊督王
永吉聞變思歸明旨切責能不愧死臣知永吉才尚可
用然亦須先定其罪而後徐開使過之途憐才伸法庶
幾兩得疏奏命核議未幾鎮臣左良玉疏言已不受婚
語意驁傲

戊申户科羅萬象請以副榜充貢不允
閣臣釋意也時請贈蔭者尤多皆以遠年冒乞揮一槩
持之然自他輔票擬又每得俞旨濫觴遂開
兵科陳子龍陳防守要着命速行
一曰北使宜速臣料虜今在臨濟間者以安民為名不
逆建州䝉騎或即我降將萬一大衆南下而我玉帛待
諸境上城下之盟國體益傷宜敕左懋第陳洪範等星
馳渡淮先齎敕諭往而令馬紹愉等護銀幣續行沿途
將登極詔四行勝布使諸夏曉然知有共主則人心尚
可鼓也一曰河淮當守淮自潁梁以上秋冬之際淺而
難守河自徐邳以上歸德汴梁之境荒遠近寇今我可
恃為江北障蔽四鎮兵馬劉澤清扼守淮陰劉良佐併
鎮潁亳是為淮藩揚州無藉兵宗高傑之來安頓家眷
今秋氣漸清開其久懷進取自當速往徐邳本信控黃
河上流黃得功素稱忠勇亦當移鎮符離宿州以便東
西策應其應用糧餉當先行會計陸續措發移兵之期
斷不可遲此月矣一曰防江宜審數月來料理防江兵
非不多將非不衆但志統制未一分信未孚船隻鮮少

邗令黃蜚雖未受命而上有鄭鴻逵之師下有黃斌卿
之師但當畫分信地凡諸家兵船皆附麗之今共益
廣召募鄭黃二帥須兵萬五千人船五百號聲勢始壯
似當即日給發令剋期受事者也
孔朴敦致仕請授楊鶚江撫王永吉楚督年文綬楚撫以
備闕述命速議
命箋究四川貢生吳邦策
先是邦策爲鄭門日學閩逆殺僞吏部尚書宋企郊并私記
嚴之髮中至留都拼國變非不死難而辱因辱潛身叛

逆授官誅戮七款㕘列姓名内職方郎中吳嘉以崇禎十
六年陛辭而誤列授職疏辯因命箋究邦策然定吳弟
廣言士爵也以字類重出且數人誤耳時終以邦策錄
爲是
己酉寧波府通判朱統鈳疏請保衆不允
古謂先朝之壞於保衆不必行
内傳戶部左侍郎張有譽升本部尚書閣臣高弘圖等繳
御札爭之不聽
有譽曾任漕儲道上召對時勳臣朱國弼力爭謂選擬

兵不可深有譽不與非惟歷陳漕事原委洞如指掌因
朔一語不能對頫赤而已至是以尚書周堪賡久不到
任傳升有譽為之議者謂且啓阮大鋮等傳升漸也勸
有譽力辭不能從工科左李維樾言當此軍興浩繁有
譽經濟通才用甚當乃臣同官章正宸請繳御札閣臣
弘圖等合詞引答豈為有譽爭哉今日可用一有譽他
日可用一非有譽者漸不可長耳我祖宗鑒古垂憲立
意宏深政以大小相維閣部不得尚擅人以甲乙互議
臺省皆得與聞故票擬在中書忠其威福封駁在左掖

存其是非中旨傳宣未敢輕見偶有之正先臣劉健輩
所惕然于履霜之漸而動色力爭之臣願皇上慎持
之而已報聞
庚戌命馬上差官催礼部右侍郎蔣德璟赴任又命吏部
主事蒙廷秀以都察院堂上官涂仲吉朱永明以翰林
秘秩用
兵部侍郎解學龍疏薦道周等票擬者閣臣鐸也前超
升何楷今超升廷秀遂為異已藉口矣
辛亥上傳朕痛九六之運方資群策旋軫故都乃自嚴爭

敬蒙荆王代關成風〇拋〇事〇艱〇祖〇廟〇宗〇社〇安〇在　先帝神資
獨斷聚納衆流天不降康答豈在上朕本涼德與爾文
武大小諸臣鑒于前車匡復王室昔漢室起于艱難而
緫命志唐肅興于靈武李郭同心今爾相分左右口攜
玄黃天下事不堪再壞茲特諭爾諸臣和衷集事例須
之交譬忘廉藺同車之雅嫉泯復怫朝廷以此望爾諸
臣爾諸臣以此體朝廷意不則祖宗成憲弗尚姑息特
諭
後原任御史毛羽健原官

南渡錄　卷二　廿二

羽健　先帝時曾糾閣大鉞揭雉堞後生表崇煥黨為
兵部主事陸澄原所糾罕戚
命高墻庶宗除謀不軌另議外餘盡釋放
命起用鄭三俊易應昌房可壯孫晋等
從兵科陳子龍請也可壯後仕北爲刑部侍郎
命都察院嚴禁各衙門詞贖
御史朱國昌書南京文武衙門自勲爵部寺及散秩首領
皆受詞貪賄洛禁平民故禁之
壬子大學士高弘圖等請建中宮命候皇太后回鑾日行

衆經筵以公弘基知經筵輔臣可法弘圖曰廣士英輝同
知經筵詞臣鋐謙益督紹寧陳盟充講官張居為展書
官
太僕寺少卿萬元吉請急發高黃二鎮兵餉以便進取從
之
元吉言高傑開而冤相接欲乘機復開歸何使入泰奪
其巢穴所忌者餉耳黃得功見朝議款虜力言不可示
之以弱恐長覬覦恐要挾齊國匪小二鎮之論與款議
相參今於全既疏防餉即宜速措惟是東南民力寬得

南渡錄　卷二　廿三

催科一急鼓噪四起惟望　皇上卧薪嘗膽以澹嗜好
早朝晏罷以作宴安日進閣部臺省諸臣戒絕玄黃廣
收謀斷凡行間兵事各疏一一簡出由商批答不許所
司延擱從之
吏科章正宸疏餘政十二事下部覆行
一曰惜人才北都淪陷忠義志不圖生天下之才十去
一二燕趙豪傑齊魯英秀秦晋雄宿不可復問天下之
才十六三四大河以南仕于虜者又以汙濫死灰難燃
天下之才又十去五六所留以資中興者僅在荆揚益

之間可不知愛惜乎靡然恢綱無以細過小眚後從譏
求可不嘆乎之才一曰試督撫督撫者吏治係焉軍政
係焉人和民生係焉今見在督撫支持半壁孰為百練
之品八面之才孰為望可服人才能周物孰為爭張寡
識巽懦無能宜留宜去宜更必蒙臣力秉虛公庶封疆
無悮一曰催條冊吏部條冊有年月有賢否撥迹難移
法成不變今事故無患親抑屢遷跡遴不調雖秩平進
其道何由必據呈縣咨訪是為公舉為私訪爰明試焉
暗報之行摧主限勢不容緩一曰慎名器國步多難方

殷忠智定策既茂厥賞其餘從人自請叙將使金銀不
供其即束帛不充其錫何以免瓜果之誚息繁纓之論
哉一曰特戒掌用人獨歸吏部非可雜採自旁求來文
武諸臣得自擇其屬有咨送有薦揆有奏討家臣所戒
其餘幾何宜一味銓註無使政出多門一曰重郡守迄
郡守上制司道下制司理欲行其治不得變通之法莫
若隆體貌重事權功績茂者晉秩加等兵衛要地必得
治賦長才兵使自練糧使自備才使自擇六曹椽史自
操所謂得賢守一勝雄師百萬也一曰補懸缺長吏員

缺無如今日人無數事日不暇給則就近遷補勢不行
不委之該撫按山左右河南北逃本土俊才屬人地相
宜江淮以南諸長吏撫按所與共安危禍福也按才題
授緩急有資撥成敗而核功罪為力殊易一曰核環賂
大用人撥亂其可使凡俚近器使俾功名哉宜將薦剡
容覈本末銓條用舍酌年資審才品應陞者陞役者役
或別用或休致無徇虛聲乃實效一曰酌行取古官
宿其業吏不數更久任以責成功近歲條行取及未周
一考之士不已汰乎今即破格掄才斷宜以年為率使

郡吏戢心供職竭多慮之思而後神羊屋軼可遇也一
曰肅糾吏文武諸臣共寄封疆則共宜死事迎者逆賊
長驅望風奔竄不斬誤明之臣安激報國之氣即有智
謀勇決可收效桑榆亦必定罪案徐論才諸未可遽登
啓事以啓倖門一曰飭廢官宥過之典與志士更始所
以作天下氣也然爵見重士乃勸法相守則士知恩今
急詔巽中許地方陳薦乃不自靜聽覬覦輦下或儼然
陛見行金懷利踵相接也條例廢官罷吏不許叩閽
宜加嚴飭正家所言皆切中時弊

罰原任户科熊汝霖作
汝霖言臣觀目前大勢無論恢復未能即偏安尚未穩
致計究止應有兵餉戰守四實今改勤與同思忽四
實即一二人之用舍而始以勳臣繼以方鎮固圍恢境
之術全然不講而推谷辭華務是務進且以匿帖逐舊
臣矣術又聞以躁落忝窜輔矣為又喧傳復厰衛而人
心皇皇矣輔臣曰廠正在忠誠王府小臣為誰驅除聽
誰指使且聞上帝不錄通疏給納當在何處內外交通
神叢巨儈飛章告密墨勅斜封據自此始可不嚴行詰

南渡錄 卷二 廿六

究用杜將來至廠衛之害換者借以樹威然者因而牟
利人人可為叛逆事事可作营求縉紳怵禍何不必言
小民雖犬亦無寧日 先帝時止此一節未免府怨前
事不遠後事之師思先朝何以先即知今日何以譯如
先帝篤念宗藩而闖寇先逃誰死社稷保禦換擒書
是狹民則今何以使跟治不麻而雄城有賴 先帝隆
重武臣而死綏敵愾十無一二叛降跋扈肩背相踵則
今何以使賞罰必當而威惡易行 先帝委任勳臣而
宮舍選練一任飽颺京營托卒徒馬冤籍則今仰以使

文武有用而容黨是原 先帝簡任內臣而小忠小信
原無足取閹門廷杖且喋悖羽則今何以使稱無害操
而思有餘地 先帝不次擢用文臣而逸才皆摘誰為
群黜起邊常執罪非既庶則今何以使用者心服而皆
肯以風節自矢及今為之已遲再致不為何待奎進化
為次隣臣誠不知何說疏奏留休
甲寅户科倪嘉慶追論楊嗣昌調度乖方請削官蔭
不允
疏言嗣昌當虜入犯時不宜盡調勤兵有緒之盧象昇

南渡錄 卷二 廿七

孫傳庭等兵馳救迎戰日蹙嗟嗟臣七戰任無極帖故
欽寬竄以自文池未總楚社何勝岐奏張獻忠心恨
嗣昌據其五世邀寵有當日不為無功之褒矣
乞外大學士高弘圖王鐸以爭求原不得併乞休不允弘
圖又請召還許譽可法龍開
八月丙辰朔日有食之車駕祀先師孔子
禮科都給事中沈胤培言恭逢 皇上傳制祭先師孔子視聆
天語責衛臣盡職夫朝廷之禮不同有視朝之禮有升
殿之禮視朝容或面南大政宣諭群臣若升殿非大朝

賀即大紀與未聞可聞以諱定而有越班奏事之官也
況崇禎重道統尚能纘刑何對越先帝之誠未已遽與
肅清好究之思若日食之變尤有可言春秋書定首謹
日食大懼小人浸君子之象今之崇氣強半在下方滿
勇于私鬪黑白混于公吸則意見崇之干進者人思羅
治除情者牽滿公非則利諺崇之而且封事不錄銀崇
則崇于戰寧逐名屢揭街衢則崇于風俗〔衍〕
上俯攬乾綱中補各蔡日升月恒自今伊始俞之
丁巳命會議先臣和勳功從吏部尚書徐石麒等請也

南渡錄　卷二　廿八

先是誠子應天府尹晁無邪徵人于萬曆稱說族子侍
世杭州千戶參柯後改世錦衣衛時御史黃澍亦由徽
籍移杭籍故為萬後之英誅求改仰石麒等疏即澍草
也工科都李清獨以為不可因以忠肅功即公侯之非
濫而況于伯然非其後獨不見開國功臣廣德侯華高
卒無子紛恭萃中革乃以加遠不可知之族裔耶時詞
臣陳之遴心庇之英又援安鄉伯張興任曾世襲御史
科都張希夏折之以曾隨與有血戰功之英有此恐議
遂拙

兵科陳子龍請優卹仲吉超擢以塗誅不許
仲吉以救黃道周充枕淵以折衆人爭劉宗周不當罷
故遷敘子龍薦之
廷推戶部左侍郎張有譽本部尚書允之
時部科議內傳不可長仍宜會推以存祖制故也吏科
都章正宸復疏言舉動當慎報聞
命補河南巡按及缺官無察規避道府有司
升吏科左熊維典戶科都給事中
起補易應昌都察院左副都御史升禮部右侍郎王廷垣

南渡錄　卷二　廿九

左侍郎詹事管紹寧右侍郎
起升原任順天巡撫楊鶚兵部右侍郎兼都察院右僉都
御史總督川湖雲貴廣西等處
東平伯劉澤清疏攻憲臣劉宗周
先是宗周疏參都中諸紙喧傳有若姓等聚兵句容合
來林為不軌語更言四鎮方修行署將入清君側縉紳
皮皮旬日方定越數日澤清疏至明已有功無罪且言
宗周若誅即卸戎求　皇上賜劍、語狂悖、　上不得已
溫旨諭之

蘊松巡撫祁彪佳定三吳財賦
疏住言西北殘破財賦皆取給東南供輸非舊貫可比
請委原任廣州府推官顏俊彥與各郡鄉紳會議更定
允之
礼科袁彭年疏糾宗貢朱統鑽報聞
時閣臣士英與曰廣同謁 上前曰廣曰 皇上以親
以序合立何必士英厲聲曰且無攻以尔輩欲立跡潞
絕意奉迎故成臣功耳時統鑽寓京師遂索札外曰廣
大衆謂從逆羣皆曰廣私人而迎立一節曰廣又持異

議疏不由通政司以他皆進彭年疏劾之言其非體又
請究然汝霖抗言之罪以昭聖慮通政司劉士禎亦言
統鑽越奏違部自求罷作俱報聞
已未浙江總兵王之仁請開屯金塘大榭允之
命優恤薊國公吳三桂父吳襄
襄故總兵留京師李自成勒襄為書招子三桂降三桂
不從遂并妻祖氏及二子一女皆被害至是三桂貽書
劉澤清期合兵誅闖澤清以書聞贈襄遼國公諡忠壯
祖氏贈夫人給祭葬

封總兵任可以賞試士
諸惡事旋修診

升編修楊廷麟左庶子孫政猷左中允
廷麟以糾楊嗣昌調兵部至是因祁彪佳薦復職正宗
後併兄復為編修
庚申議起原任劉皆政秋該巡撫山東鳳督知大典巡撫
河南命吏部堂司官回奏以永吉見在勘議大典尚未
結案故也吏部尚書徐石麒疏言 皇上亦念此齊殊
境迫北騎方驕延炸久路今東督既藉其平日恩威因
糧于境豫撫又責其自練組甲具稜餅以節度所費亦
累鉅萬不煩 皇上主藏吏一錢譬如有一人為欽使

入毒龍之淵而探其珠走猛虎之窟而奪其子則必懸
千金以募死士若無千金不懲不驅一敵犯城之怒又
如有兩人焉均為長年五老駕舟海濱其一人屢遭颶
風顛覆其一人屢有風在使欺為時所棄然後之航海
者則必就兩人問之何也以猶愈于迷惑失向望洋向
若撤艤而嗟者也今兩臣尚能和輯將帥申明紀律而
皇上又不煩矢撥籌橋之費為齊旅經營北閣部馬士
英與臣為封疆扶而不得不植宜出此疏奏命另推撫
撫

嘉田學嘉之加衛子
本何

加閣臣可法史保兼太子太保武英殿大學士弘圖太子
少師曰廣太子少保兼文淵閣大學士英太子太師武
英殿大學士鐸太子少保文淵閣大學士于廕有差可
法陰錦衣衛指揮僉事除俱中書舍人
辛酉復召原任司禮監太監李承芳入內還其原廕
承芳　先帝時以罪發南京
壬戌升刑部左侍郎賀世壽戶部尚書兼都察院右僉都
御史總督倉場
命陷北總兵粗太敬子澈澈隨懺識範北行

南渡録　卷二　三二

澤溥至北尚不返
復設東廠札料數數年疏陳鵬級調外
彭年言　高皇時不聞有廠也相傳　文皇十八年始
立東廠命內官一人主之此不見正史惟大學士萬安
言之亦不聞特以緝事著嗣是一盛于成化然而廠汪
直踰年輒罷東廠尚猶有罪輒黜當時已不得稱純治
矣再盛于正德其繼用事者則丘聚谷大用張銳等也
初皆倚逆瑾蝙虎構八黨之兇釀十六年之禍天下遂
騷然三盛于天啓之季逆璫之禍幾危社稷自此而外

列聖固無聞也　高皇帝十五年罷置司改設錦衣衛
不過刀仗侍左右如漢衛尉唐司衛御典宿衛宮禁耳
又六年詔內外獄毋得上錦衣衛諸大小咸經法曹終
高皇帝世錦衣衛不復典詔獄　文皇帝時諸生紀綱
以馬首請從擢爲都指揮僉事典治詔獄未几奸利事
覺即日捕誅自綱而終　文皇世錦衣雖典詔獄盡可
循諾而已其後莫重于我寧尤莫重于陸炳寧北義子
窃國柄傾海內然以應寧庶人伏誅詔下革傳奉邊
者指揮汰十之八旗校汰十之五歲省度支錢數千萬

南渡録　卷二　三三

一時翕然稱神明也炳位師保參綠綺領宿衛則光祿
勳也判奸則司隸也分將相任則古大司馬大將軍也
自相高成寧俟焉無不曲奏也中外重足而立殆矣
列聖雖時有禁衛之寄取備官耳夫即其時廠衛之興
廢而世之治亂恒因之　陛下試考鏡往事深維得失
則旗校緝事是否應行可得其槩矣頃　先帝朝不嘗
任廠衛采勤訪緝乎乃當世决無不營而得之官中外
自有不脛而走之蹤進網之方即從家綱之地而布作
奸之事反資發奸之人以行始猶帕儀交際爲人情所

有之。當後乃賄賂百千成極，甘受之，旁室非以與援
之。凡愈私而事仍不之開，無由而質，求究竟可風行
官長不能行法于各吏，徒然可以進身其善上，誰非屬
除弊釀亂形也。陛下請從根用令之術，以絶賄源，嚴
法司搜捕之責，以杜奸萌，則雖事可以不設，成命可以
立回。疏奏，旨以狂悖調外，吏科河南道俱疏救，不聽。彭
升後降北京國子學正
起原任副都督越其傑以兵部右侍郎兼都察院右僉都御
史提督楚豫軍務，巡撫承德襄陽等處

兆楚崇禎時以失機戍
升光祿寺丞張作楫本寺少卿
作楫先為兵科，以糾楊嗣昌高起潛論遣，升令職，後降
北京同知
戍原任鄖陽巡撫王永祚
以棄城
命提問原任蘇松巡按王[illegible]
坐貪故也。時[illegible]已任北京御史
癸亥，補原任戶科熊汝霖吏科右給事中

甲子，內傳催外解援餉
旨言切造內庄佳催回，補庄外因科臣羅萬象等疏止
今年與今年外解一無，該部嚴催，今完限八月終盡數
進內庄地也
革原任巡按山東御史余日新，戍法司提問
以閣變先竄故也
嵩刑部贊世奇擬上從賊六等條例，有再確擬
一、賊臣賊將，謀危社稷者，即應條不宜未減一等
擬從賊情罪輕重，不宜列至一四五品京堂及

升補翰林受賊要職并降賊守地等官，不宜止于徒一
俱官受偽命，如升通翰林吏兵等部官，又封疆大吏
方司道開門迎賊，不宜止于流。一獻女獻婢婢賊及
受偽官者，不宜止擬徒，皆明白可狀也
督輔史可法疏請各換兵餉以固邊，取命戶部速發
可法言近聞諸臣條奏，但知催兵，不問計餉，天下寧有
不食之兵、不餉之馬可以收進者。目前但有餉銀可應
臣即刻諸鎮前驅。又言國家人才日乏，北仕路
日濫，皆因名心勝而實心衰，不惜，諉諉多而成功絶少，遇

清州台省之缺，則曰操猷經濟，非其人不可濫叙之任，
則曰此吏事不足煩大賢。然兵戎之寄，則曰此難遽，不得
若吾家此推彼卸，姑付庸人，俟用修更有同見哉。即偶出
特簡，又必百計求全，一事不做，非托病則棄官去，樂捨曰
精神力盡用之做官，毫無一助國家以籌兵餉者。先
帝望望求治，卒底于亂，蓋由此耳。今時事益棘，覆轍在前，
必以討賊復仇列入諸臣之託考，除卸籌兵籌餉，別無
攝捨除卸治兵治餉，別無人才。如操捨浮誇，薦引市德，罷
無赦；如巧諸華要，厭薄頻戕，或借題轉官，虛應故事，罷無

赦。以後陞遷考選，必須定為國家籌兵籌餉、治兵治餉
之人，則人才必奮，而事功必出。若空言討賊，空言復仇，諸
臣能言，臣亦能言，即草野書生少明君父大義，陋晉宋偷
安者，亦人人能言，安在空言有濟乎？勅廷臣將在朝在野
人才，合併打算，某堪治兵即用以治兵，某堪治餉即用以
治餉。其治兵者，或為危疆督撫，或為要地司道；其治餉者，
或為戶工堂屬，或為各省藩司。但論人，不論官，大者亦
可小就，而後懸破格之遷；官小者亦可大用，而後課非
常之效。其餘一切不急之官，姑且緩用；不急之務，姑且緩

行，則中興之業成矣。
逆賊張獻忠破成都僭王。
蜀王及撫按各官俱失所在。總兵趙光遠降賊。
升禮科都沈胤培太常寺少卿。
已又命禮部選堪任監司府州縣，隨四川巡按米壽圖行。
舉人地理補。
命法司提從逆張[illegible]、[illegible]崇雅、薛所蘊等。
從尚寶少卿程正揆言也。後北兵破南都，正揆京為內
院判書。

辦事。
升尚寶少卿[illegible]鴻臚寺卿。
命優恤湖廣殉難衆人[illegible]等。
萬某等為從逆御史喻上猷、閻[illegible]薦閣賊偽官將用之，萬
某自縊，閣先關墻死。
吏部右侍郎蔣德璟疏陳時務，俞之。
道周言南都定鼎，則福建、江右皆為首藩。江右之有虔
鎮南捐贛、廣西捐汀漳，有事則合三者之師，不十日出
郵陽。福建之有浦城、建陽，東連溫處，北距水陸所湊，在

于衛州懷州之北或稍駐馬蹄分向建瓴之勢虎衛相
等有事即公三省之師亦不十日出我塘外誠以兩南
之餉接濟浙額以兩東之餉接濟福省以兩廣之事推
公駐贛州衛州則聲援彰成高屏義固矣一曰復燕京
而後可都雖陵燕京雖當殘破後然轉人心思明如慈
天壽陵寢所在食息不可暫忘且見周室東遷棄地不
復晉宋南遷無意北望皆所未安今燕京道遠不比汴
宋然漁陽盧龍非狄成概之士不見其人宜雲薊永幸
未陸沉可多方誘率刻日收復選吉孝陵乃定鑾駕以

南渡錄 卷二 三八

終能盤虎踞之業此一務也一曰先君勤王而後可言
討賊自古王室不存入援宗禎初年以客兵中原撫臣
入援者動極遠還于是預日之註書矣今神京顛覆四
方怙然誠欲嬌情換物無動事功悉亦神師道張赦夜
所窮笑也乃令多方激屬克皆張皇某其慕心揚以朝
氣各諸伏師咸集江上乃誓期北伐此二務也一曰先
討闖賊而後可平群盜凡群盜之起皆假闖馬爲勢諸
悍將叛兵又敗群盜焉名定欲先平群盜則盜不平兵
日以急宜先大討賊以討誅群盜宗澤在河東張所

在河北糾集一斬恆八九十萬收盜兵皆賊種但用數
才臣借江南半壁之餉下已排失岳飛言勤王之師日
集嚴穴未因親率六師北渡則將士氣作中原可復及
今決意用飛言中張所宗澤之合兵不忘不多餉不患
不足此三務也一曰先理山左而後可復山右山左右
皆古帝王都德義所萃決無捨十四葉天子自僕草冠
理中原雖淪計自登萊以西轄榆以北擇汴振秋猶可
當一中州尚有猴逃孔伽之徒奮臂其間晉陽蒲板必
聞風相應山右既復真保自還蒿北兩翼以扶陵寢冀

南渡錄 卷二 三九

馬行有權宿重兵使自戰守不煩天子待進此四務也
一曰先靖河淮而後可定江漢先數年臣過清河見東
平汶上慕容飛馳有司莫禁又以蘇松于胡鷓招撫尾
下黨數千人臣私嘆曰舳艫命脈盡于是矣誠索黨鎮
之力以佐淮揚珠友魁數諸從遞選十五以佐西封如
是則河淮清而江漢可定由是一意以理新黃淮揚當
爲江漢兩腋此五務也一曰先復承天而後可以收全
楚承天楚之郢都王氣所鍾興獻陵在焉郢之當復甚
于襄荊明矣襄尚在新鄧之衝建瓴水下楚豫相界賊

所必爭荊州西蜀通道暖夏水出一日千里難得蜀猶
不足守復郢而後可以東定陝中北收上泰西斷入雍
之道北六務也一曰先鎮滁州而後可固江淮滁陽守
內與枝東走瓜儀西走新塵紅心大柳二驛之南與江
浦相直其地皆坦平四達道賊得必趨有大城重兵宿
于其間則中都之勢不孤維揚之形亦壯天長六合不
若風雨抵至城增池河兵禁大柳城于扼衛二都甚便
此七務也一曰先定進取而後可提鎮守今諸禁將盡
從吳誅曰取湖南則鎮湖南取湖北則鎮湖北曰取河

北則鎮河北取河南則鎮河南欲剖中原之地以樹諸
侯欲邀萬一之功以分節鉞然觀古名將皆規畫先定
利萬應之分諸將才如流水皆自上趨下至于楊子以為
尾閭欲其將至何日乎誠欲克復燕京必先直趨關陝
欲克復河淮必先直取徐宿欲克復襄荊必須探討全
蜀進勢一丈收勢五尺晝守江皖遷維瓜儀即有鄂城
無所入之識如所云湖河南北隨所自取以為軍糧朝
廷亦何勤焉此八務也一曰先樹儒臣而後可用武將
自崇禎以來邊關日急議者皆謂文臣不効一意右武

然自十七年中八九大將寵極貴盈無有不叛其伏晨
死功者一二耳欲自今以後儒將策勳嗣于史標王
明典尤盛于撰選通解雍王守仁之徒指不勝屈儒臣
致命而武臣不敢不死儒臣立功而武臣不敢不奮誠
于風力之司振其骨幹勝識者以行三軍猶風習耳此
九務也行此九務者而一本于克己飭躬省刑薄斂先
禮樂而後刑威先仁義而後功利先家和而後四海宜
憂闕獻我上驅將謀勤原據古今只有二家唐時觀軍
容用事每遇兵自衛動輒先走諸將皆與賊通間取一

州一縣坐食將延引歲月李德裕宣制乃約監軍不得
臨戎又約諸將不得取一州一縣為功令元逵取邢州
弘敬取洺州茂元取澤州彥佐汚取潞州期在平定而
河北彼降此一法也宋時南都削弱呼兵不應文天祥
言宋懲五代之禍罷藩鎮雖豁尾大之弊而勢亦不振
逆賊過州縣無不下者宜分四鎮以廣西益湖南而建
閫長沙以廣東益江西而建閫興隆以福建益江東而建
閫鄱陽以淮西益淮東而建閫揚州責長沙取鄂隆興
取蘄黃鄱陽取江東揚州取兩淮宋人不用天祥說而

國終不振也一說之今貢諸將取湖河南北以分節鎮
與徐揚同意貢獻東協濟福建蘋南協濟江右以章贛
出郡陽以衢州出錢塘略加增益亦本于天祥所謂先
措置而後用人先具舟而後名工亦次第然也
工科右馬嘉植疏言朝政奉旨回話已留之
嘉植言比者舉動乖張次事顛倒節節為搖撼根本之
圖刻刻為援亂求向之事其言任内臣則云始成禍大
權仍候上其出流弊必至除將之以傾動海内漸使人
主疑外廷進言指為矯激論事指為近殊豈國家之利

南渡錄　卷二　四二

臺言愛諫則云日者既奪維汝寀休復敢表彰乎官以
塞諤為狂將以婞阿取媚為不狂乎以獻替為悖逆將
以詭隨依違為不妄不悖乎以盡言為近名試觀從來
逐權勢教潔誠以近名者亦有幾人乎其言攻廠衛則
云法司稱天下之平從廠衛開設害不旋踵一入鉗網
附會者多怨氣愁結上干天和其言大臣則云士貴而
後主尊上人輕則百姓戒下無可信則事不可以理奈
何史對官詰輕見辭己使之汗流決背請死無地臣不
願興朝忽有此景象也其言營纔則云我方有事中

原而變變土木是求外敵窺伺州知無復經畧四方意
其朝廷與東南窮百姓共守此一塊土今額餉有增無
減民間歲入有數水衡不給勢必取盈于民勢必催督
四出勢必詔令不信使東南生氣耗竭驕悍搶攘誰為
皇上共守兹一塊土語皆切直得旨回話適太后回鑾敕
免究
丁卯山東濟寧知州朱光生員孫亂泰卿民魏立芳等各
疏請兵既而不行命補道官而已不能救也
起補原任吏科莊鰲獻礼科戴瀾各原官

南渡錄　卷二　四三

鰲獻與瀾皆以建言謫謫已蒙　先帝張召守制里居至
是方起補後仕北
辛未升户科左羣朝薦礼科給事中
原任大學士程國祥子震初其疏請卹不允
責以居政地時加派過多為殘民也
命淮撫嚴逮從逆各官劉曔取等
閣臣士英疏列爾時事鋮位坤項煜周鍾龔鼎孳楊枝
起也時時方已抵淮先與劉澤清除宮尊備至獨位坤
與澤清善疏薦北伏以從逆不許鼎孳先為閣逆爲直

金姓峒詞雜衍以別詳 附

指、薊、檢地城、至是又附北、復與給諫、餘俱南還。
皇太后至南京
先是帥臣士英詢知　太后所在寨營，請令内員及祁
將王之綱迎之，令李際遇等護行，及至，各官迎江干上
駕迎洪武門内，各泣下
浙東陽諸暨復亂
兩邑向有許都之亂，雖誅殲殆盡，然餘党尚伏，適朱大
典募兵勤王，以餉少旋撫，而濫剿掠至諸暨，許党乘之
有司公皇中丞旋勦定

南渡録　卷二　四四

命逮從逆御史俞上猷等
左都御史劉宗周所糾也，平先從逆者，為俞上猷，在京受偽
命者，為黄希彦、謝楨、周陳羽白、徐必弘、蔡鵬霄、柳寅東、
張鳴駿、熊世懿、任命無憾、戎搢、戎進者，為陳昌言、馮垣
登、周亮工、劉令尹、宋朗銖、金毓峒、魏琯、李楨、吳邦臣、張
懋爵、俞之楷、侯佐、汪承詔、鄭楚勳；在差逃者，為龔京、余
日新；向北或留或逃或叛尚無下落者，為劉思章、俞志
虞、汪宗友、楊爾銘、傅景星、戎友謀、徐一揄，俱應在六等。
又言徐養心迎合不終，而棄官從賊，曹琦、沈向逃清不

終，而棄官徐從例，楊仁愿逃蓝兩淮，尚未報代，而役
田泉薦、相應勅吏部并處，疏奏允之。然劉迸入都時，珍
以告病，旋以乞歸出都已久，若向以例特之，指以守制
仁念以裁缺甚故田薦，非逃之，必游後仕北，與左都僉
御史、布度晦東、時暖昌言、周鐘、植景星京，俱為御史
亮工等劉伏垣登已被闖逆刑，夫死矣
陞原任南祭酒吳安之詹事府正詹事，補修撰，劉同升編
修，趙士春陞之，趙各原官，升庶吉士陳羽白編修
安之以私書詆訕同升、士春，以言楊嗣昌奪情于朝以
地方民變之遠以父累皆坐降削者之，是後仕北為學

南渡録　卷二　四五

士，于為仍為編修
壬申起陞軍夏逈撫標一衛兵部右侍郎兼都察院右僉
都御史總督川陝等處，協勦軍務
起陞編戎僉事越其杰都察院右僉都御史，巡撫河南兼
損亳二州等處
其杰一楊士英妹夫也
以原任福府長史閻振軫為尚寶司卿
贈故浙江參政楊師孔翰林院侍讀學士

師孔士英戚楊文驄亦云以濫卹救文驄亦以被劾知
縣升主事監軍京口
改戶部侍郎總理事馬兵部添設侍郎
陞太常卿朱之臣刑部右侍郎通政使劉士禎工部右侍
郎
時原任宣大總督孫晉推戶部右侍郎聞已然而名文
選司郎中王重互云欽換本既而止及推晉疏下已然
復抗補疾究然院大誠詰人云我但之也
命修西宮

南渡錄　卷二　四六

挑春皇太后居之也
癸酉吏部尚書徐石麒陳銓政七款俞之
一定官制地狹則員宜省差減則缺宜裁事紛則官宜
併時絀則才宜儲此在內者當議又簪多則官尊而責
廣撫多則力分而民擾監多則指縈而視亂此在外者
當議一曰慎破格宋太祖詩張齊賢我　高皇得方孝孺
皆不自用而留為後人用今風會既薄全才已鮮而好
奇借者又動求破格不知新發之硎先挫初露驥試墜
狂則必折指鏑析而不可用一曰行久任先朝諸臣席

未暇而諉遷轉甫有而思卸此喝彼和遂成風俗　皇
上踐祚以來此風更甚謂宜畧倣前朝待況撫對搢括
且道免外職自方面以上通而考者或由臺省外轉庶
遷轉者地方受戴懇留加以京銜久任知推部曹非歷
俸伍年不得調大僚亦非歷俸二三年不得擬庶心志
不分治效自奏一曰慎名器自軍興以來用人多端監
紀濫于尺沙紋甄恣登梓組于是登壯已墻之子或借
陳言或求汲引然終曰人非而務若無門從也若今日
之新貴有推知求選京秩者有三甲求為二甲者有戶

南渡錄　卷二　四七

刑思擠禮兵者此皆進一念何亦不生廉恥較則防維
決崇從此皆此一念開可有此一曰嚴起廢近見臺
省核按薦牘往往有陳於本候張牢翁以為偉器臣謂
當予起之日嚴辨廢之因有理直而廢枉者急復
無失有情可原而為法受過者宜以因銜久原而其情
有情本較廢太重者宜薄其廢以歸之半有情與罪相
當者宜守　先帝已允受害無為不肖然戾如此則人
知一念不謹遂沉永刻歷體然戒矣一曰明保舉國初外
吏皆有五品以上京官保任政能守身守官鮮上據下

剿之患自係任洪境京官乃有庇外吏以市交者大僉
大庇小僉小庇吏治益壞謂宜從在京各官編保所知
之才足治兵智足理賊者于條陳中各舉數人開其送
部臣列其名次并舉主姓名開呈御覽賞罰共之即仰
縣滿亦須保舉的確而後選補若無保舉即註下考庶
乎集思廣益不負國家一切消弭党逆朝諸党或由玄
修戎孫傳初戎孫坤㜪不爲料不陛見深宮燕閒之日
多而接見賢士大夫之日少于是戎窮大阿戎棣名義而
僚逆黨延不可解已　皇上修祖宗午朝故事或于常

朝日或于常朝次日召見群臣于便殿凡關係軍國重
務與輔臣部院面商可否見之施爲難欲各立門戶又
何從得疏奏俞之
蘇松巡撫祁彪佳疏留鎮臣黃斌卿命兵部會議
斌卿先開撫京口與彪佳募兵買舟頗有次第至是總
兵鄭鴻逵欲調斌卿于上江以下江自聽彪佳深惜其
去故請留之
督輔史可法奏將北伐命處中紀律如四鎮擬兵淮揚一
依擬奏

甲戌命延撫三變總兵丘磊進駐東昌不許擾任河南
遣戶科都熊維與督催浙直兵餉金花錢糧
升浙江副使張高慶太僕寺少卿
湖廣道御史以試侍郎宋之普廢庭事從寬故例轉
東平伯劉澤清等亦疏劾左都劉宗周
初澤清疏下閣諸鎮關疏公疏不一而足越數月忽下
俟與澤清疏言宗周勸往鳳陽爲謀不忠料事不知
抗疏此等孤且無禮陰托疾復不畏欽誅臣等不領激
變士心釀生靈之禍不仁良佐疏宗周主持三案爲門

戶主盟托征爲逆猜之自爲府守司馬懿之閉城距守
皇上不爲群臣所容不若順成其志暫幸鳳陽語皆挑激
公疏尤甚謂請人往以紅丸挺擊謀害皇祖母皇考與
今年迎立時力主擁戴別藩訕謗　皇上非臣等與督
臣馬士英朱國弼等歃血定盟札約史可法翊戴則天
位奈與殊技此從社稷之所以痛心者因紅丸挺擊前
催之不安于心迎立異謀從罷之時奪其魄人々樹黨
事々非欺其謀定型形已明見之劉宗周與處　皇上
鳳陽一語失大鳳陽無城郭剃市止有高墻　皇上新

承大統乃敢妄攬外大亮志之地外必非宗周一人送
謀乃忌曰廣為姓命謀之曰廣心雄膽大行偽言堅抗
不快　皇上入戊為非其意中人恐將來內外諸忠與
皇上執刑不知元刑故客串元兇宗周將翊戴　皇上內
外諸臣一一糾參然後逆賊秉與逆唐別為外郎耳乙
將曰廣等三奸拿送法司正其謀危君父大罪如姓宗
周必欲進京臣等即渡江赴闕面訴其奸正春秋討賊
之義如宗周急往救劉臣等正無發難之人已勒宗周
至軍前慰撫指示劉渡河征剿諸昔留令發且自還

南渡錄　卷二　五十

臣語言不論將逐宗周也啓輔可法不平三鎮與劉澤
清皆云不知遂捷以入告淨清復可法疏下乃言前具
公疏實與良佐等知會輔臣不尋覓獨事而分列公疏
推恐曰廣等不得究勝又云臣與東林無舊隙因江北
新黨教人者求太過然後知公疏及姓澤清意也
命吏部考選廢籍各官及歲貢生監才品堪用者效力危
疆者咨發督輔以補地方缺員
乙亥內傳起從獄捷吏部左侍郎從姚國公祚弘基等請
也

張孫振市井無賴之人
中充尚榜粹

國瑜之疾苦不啞亢統
瑜之謂矣

挍先以萬從吕紀如為言路攻秉先又以私書被發
配至是弘基等請再捷劉淨清疏推請究起之并復議
卸之遠張孫振劉光斗等交朴都奪正宸言運除中興
人思舉附何患羅網不恢柢患位實多雜張捷居卿貳
官推能破格將前此佐驗偏偏逆案多口令遽荷殊知
定當書擬城府一秉公忠何敢妄有吹索若卸之遠述
挾疏錄述心跡為心隱鄉之張孫振張殊文濫架樹此盈
東刺光斗渝色為傷禍極挽臣等隱忍不言所職何
事慮自今以往猶且以殺戮為功熱且以屏翰為職一

南渡錄　卷二　五一

切用人全歸吏部疏奏得旨葉廷秀以主事推升都察
院堂上官群臣寂無一言今推用張捷使有許多議論
若為首的四奏並從以此錫正宸口之奏入得免究
大理寺少卿鄭紹疏劾激龍功命部覆議
朱錢劉澤清以封爵請
丙子下從逆項煜于獄
辛原任禮部郎中周鑣工部尚書陳必謙職命刑部提問
朱統鑽糾輔臣曰廣并及二人也朱疏曰廣賍私甚云
姦媳且欲下曰廣宗周劉士禎周鑣陳必謙揚廷麟

王東當續琲劉復丁傾初等于理識脉不倫疏奏有乃
心王室之衷而誅以結党必誅以大臣偷生皆狀閣史
升右熊汝霖言輔臣曰廣之誣自在聖鑒若周鑣等罪
非善類公論國法所難之耳及取統班全疏閱之至妄
媿等語不禁駭愕既而思孔若廣秘四字陵夷至今蕩
然盡矣犯顏士大夫稍如學問者盡地而端如曰廣誠
亦共人今竟欲以利底之行加孤潔之身猶不念自污
其舌乎時江督袁繼咸亦疏雪曰廣士英不悅
改兵部主事凌駉爲山東巡按御史

南渡録　卷二　五二

詹輔史可法爲之也
工部尚書何應瑞疏言江浮大木有助殿工命擇吉興役
丁丑命修築雉城改關祠官歲時致祭
增安慶水兵五千人
封郭存義爲大興伯世襲
存義皇太后郭國戚世勳紅世廟議郭部聿稽也
命恤死節生員許琰
琰聞　先帝崩于賊憤激一溺再縊卒死至是以進士
三曰俞言命禮部恢秦時金壇生員王明灝亦慟哭不

食死
命四鎮薦升有司
從應昌伯劉良佐請也
戊寅命原任薊督王永吉戴罪總督山東務仍同陳洪範
等料理酬北事宜
從閣臣知閣等請也未幾刑部擬戍誅招以永吉身爲
督師閉城君亡宜止一戍始戴重罪任事不勤加等
贈原任福府長史王秉石詹事府少詹事廕子
己卯命三法司將從逆諸臣會同府部九卿科道限三日

南渡録　卷二　五三

內議奏
興平伯高傑言國家士氣自靖難大札逮瑙三大案推折
已甚今乃復以從逆爲題仰徒鍛鍊過刻恐開風俱罪
外樹敵而內益仇求平伯劉澤清亦言七月二十七等
日北來官紳船隻絡繹不斷後船逹逆遲回清家不敢
渡河以臣之愚除真正降賊作官賊榜有名法難赦貸
至于被賊刑拷之人還望少寬文網收歸依舊時以爲
二臣疏皆從逆諸臣游之也
起升松遺太僕寺少卿王漾右通政

加錦衣衛中書馬可宗都督同知

補原任給事中馬兆羲禮科南御史成勇福建道

兆羲崇禎時以澂閣候考推知閣住勇以糾楊嗣昌廢

轉王心一高倬各本部左侍郎

贈原任巡按湖廣御史劉熙祚太僕寺卿謚忠毅廕一子

熙祚為張獻忠所執題詩于壁、慣罵不屈死

加戶部郎中袁樞銜一級

先是銓部陞樞山東僉事、戶部題留、奉旨准留、不准加

銜、不旬日復有此奇、

南渡錄　卷二　五四

奉皇太后懿旨命禮部同監臣韓贊周選求淑女

辛巳改補李模張煊李長春楊一儁為河南等道御史

模以巡方劾監臣論煊以會推房可壯等一儁以復奏

孫傳庭重聽俱戍長春以撤楊時化喬淳事緣辭改戍

後煊降北仍為御史

命催山東巡撫王燮揔兵丘磊赴任兵部右侍郎[illegible]

都督陳洪範渡河

授杜光祖等錦衣衛千戶尋加指揮僉事子孫世襲千戶

授千戶者凡三人皆上寓淮時居停主也

陞光祿少卿姚思孝大理寺右少卿

壬午命總督丁魁楚一意勦賊并承德巡撫事于何騰蛟

應安巡撫程世昌請移駐池州允之

改原任大學士王應熊為兵部尚書仍以原官總督川湖

雲貴商辦蜀危賜上方劍便宜行事

復南國子監〻丞戎之晉原官補兵科左給事中

之晉崇禎時以救澂閣諸臣謫

封鄭芝龍南安伯

癸未升尚寶司丞我元慧為本司少卿

南渡錄　卷二　五五

革原任楚撫王揚基任聽勘命沈撫李乾德戴罪赴督輔

王應熊軍前理餉

起陞為民福建右布政申紹芳戶部右侍郎兼都察院右

僉都御史督餉江北原任左僉都王志道為戶部右侍

郎升兩廣總督沈猶龍為兵部添設右侍郎

陞應天府丞郭維經為都察院右僉都御史

命文武不許薦舉以開倖門非言官不得上奏以擾朝政

起陞削籍給事中瞿式耜應天府丞

式耜坐會推錢謙益廢

關係之言

原服任登極因詢先于學臨上疏乞恩不允
朗先曾以臟處
乙酉懷寧伏誅繼藻子繼誠乞卹不許
繼藻與故輔陳演等俱被闖賊拷死顧錫疇王先通
等數日內又允卹閣票之乎屑乃爾
追論先朝挑紅墻功加進極品仍兵部尚書蔭一子錦衣
衛僉事世襲
御史喬十七年至是追論冒功升蔭輔臣士英庇之也
內傳起陞阮大鋮兵部添設右侍部從安遠侯柳昌祚言也

南渡録　卷二　五六

時閣臣士英因薦大鋮叢謗意稍懈至是忽因昌祚薦
傳升令官諭者謂司禮李承芳發南都時因失勢無與
交嘗獨大鋮杯酒慇懃意甚感此番傳升定錄之士英
一尚不知也順懋恨左都劉宗周言大鋮陷于逆案徒以
當年爭吏垣不得致魏大中死于詔獄殺大中者魏璫
大鋮其主使也國家莫大于和正消長之辨而朴冒為
次部大鋮才誠可用且應党部害正之本終病世道則
所爭于風紀之地者一也祖宗故事九列大僚必用廷
推主之者吏部而登省主封駁諸傳古爵人於朝之意

觀大鋮未嘗羅不
容誅左忠毅諸公引
立之於進用之日室

乃若中旨頻降司農之後繼之少宰非曰偶一行之得
失參半也未幾而大鋮之司馬又繼之從此廷推可廢
一切部院臺省職掌皆廢獨容此二三權當相進一人
蔡進一人而其為斜封墨敕之漸有不待問者則所爭
于風紀之地者二也夫一大鋮耳樞輔言之而不果行
且意其必屬修公撰與天下更始何勳臣祚昌又繼承
風旨更唱迭和取旨如寄宰相之權如此且為借之綸
方泰明旨中飭大小臣一槩停止而勳臣首犯之臣尤
不能為祚昌解則所爭于風紀之地者三也臣聞明主

南渡録　卷二　五七

賞諫臣而　陛下且須懸一厲禁曰不得仍前把持請
托做令今後廷臣相率唯諾取媚豈盛世福祈特寢大
鋮新命果度人才可用不妨除佚論定再聽廷推吏科
右熊汝霖言新用阮大鋮　皇上既以知兵拔之自當
置有用之地壯我長城臣前請其長江要害一蹤果亦
區畫以聽以此才或當虜或當寇不能使封疆此若前
此執事諸臣自當唯否以退若止優游司馬樞輔已能
為之何須添此一席皆不稱大鋮為人閃鋏初以科條
補吏部同邑左光斗等疑忌之迫使去用魏大中代罪

高倘而陰行賛畫何必有實據既為魏閹黨私書何必復辱實按耶

大城各亦倘也。若陰行賛畫，亦無實據。然此書内彼又作陷瑞公案矣。時懷遠侯常胤緒亦請罷大城所起之官，并正增營之罪，人皆賛其言。

南渡録卷之二終

南渡録 卷二 五八

南渡録卷之三

大理寺左寺丞前工科都給事中臣李

九月丙戌，賜原任總兵杜松謚武莊。

松與劉綎同戰死。

撫寧侯朱國弼請先上太子二王謚，次及死難諸臣。命禮部議奏。

禮部以太子覓問未確，姑緩之。

靖南侯黄得功趨揚州，興平伯高傑以兵襲儀真，太僕少卿萬元吉和解之，乃罷。

初，督輔可法慮傑跋扈，故置得功儀真，陰為牽掣，勢過傑銳。復開鎮，諸可法將家眷寄揚城，得功謂督撫駐節地，非諸鎮宜居，發檄爭止。次日率快騎數百由揚城赴高郵，迎其宗弟黄蜚，初不備傑也。傑副將胡茂禎馳報瓜州，謂得功圖傑，傑忿，卒發兵邀得功于土橋。得功素驍悍，持刀躍馬，決死力戰。傑兵畏其勇，所者皆碎，遂挫退。時傑又同日出奇師乘虛搗儀真，得功兵頗傷，遂兩相紛挐。元吉急趨調和，督輔監臣凢德亦先後至，喻以大義，乃解。元吉言古來大將保全功名，必以恭順為本，淮蔡之勲，臏落泥追，昭義之討，行懷李回。今朝廷新立，綱紀

南渡録 卷三 十一

未幾，恐從此相沿。參順日營逆至輕朝廷而紊綱紀，則
臣罪更大，固乞罷，不允。
改新陞南瑞道副使王期昇管職方司郎中事。
閣臣士英意也。
丁亥，督輔可法請進兵恢復，詔以北伐方行，大兵組渡未
俟命許而行。
營春允殷
鑄弘光錢
授考選博士、行人、推知等官蔣鳴玉等為科道部屬等官。

初，部院考選擬科則莊元辰、吳适、林沖霄、鄭瑜、湯來賀，
擬道則蔣鳴玉、游有倫、胡時亨、吳春枝、王寢大、沈宸荃、
錄應奇、王化澄，吏部則趙進美、吳鑄，禮部則李曰池、秦鏘，
刑部則左光明、晉近泯。及命下，則鳴玉、應奇自道改科，瑜
自科改道，鏘自部改道，元宸、來賀、筱大又自科道抑部，
鑄改吏為禮，光明自刑部抑同知。先是鳴玉、曰池、來賀
皆為閣臣士英所薦，曰池、來賀向人言若不屑者。及考
選，左都劉宗周言詠官不由執政，欲獨抑鳴玉、寧科正
宸、李道亦盼姚，所以得道，識者亦知士英必改矣。元辰

爾遂不恭，直臣孤冷
無援，益見其品

鑄寵大以部院掌科掌道同鄉，抑光明以兄光先擬
代子命蔡史官授獻郡，舊從閣臣弘圖指也。
陞大理寺丞應兆恤本寺左少卿。
改琛名御史詹爾選等外衛門用。
爾選于先帝時直言幾廷杖，閣救削籍，至是以孤冷
無援，罷中格。
命原任御史王應斗、毛九華，侯邊撫，鈇科熊德湯，俟卿寺
缺用。

崇禎時，應斗、九華劾德陽，降俊，九華仕北，復為御史，
後原任薊遼總督趙光作，給事中章允儒、劉廷佐，郎吳侍
制佐、黃倫、傑御史王績、吳李石、堯李曰輔，吏部主事吳羽
文王三重等官。
先是太僕少卿萬元吉言：薊遼總督趙光祚，趙名驤騎
之衝，受事城口之後，默領兵合，身先被創，竟與俱國督
師驟首西市，迄今文武貴賤皆為抱冤。至是戶科都熊
紀典亦言臣傾請王永吉疏，謂吳三桂、黎玉田及蘄撤
寧内涉守關，梁冠根原人謀，因以失地為嫌，遂及大虐，
然不知光祚在職方時出關核察，即既言守入城足疲

此特察史直慎自內
閣非其有行乎

中國而仗虜謀豈意不幸言而中也疏奏與先儒等併
從元官先儒等以言詞辛刻仍以狀覺明文等以其庶
己丑工部朴左李維楨疏陳民苦史奐命飭行
維楨言民有七苦吏有三反長吏分餞酷罰重耗地荒
庭糧賠丁賠眾馬戶農民分命疲於賦而奔走人命牀
逃訟師為拎撲蒙吞咽行役害家市把絞漁勢豪逞拋
遊客抽豐比七苦也故竊本朝廷之德而宣布務盡預做
預頒上有虛名下鮮實惠是為恩反御男本守土之責
而奉錄無法報名供應徒為虛文難任保障是為令反
事例本推斷之術而奉行不善貪頗素封祗飽私家未
了公事是為例反今欲安民必先察吏察小吏知如察
大吏知監司者守令之表撫按者監司之主也臣聞諸長
老言除萬和年上官供役行部野訪問疾苦吏知畏法
民無遁情逆來奉承虐使符吉期會紋事而已安所得
雖奸剔弊以振揚風紀詔教行各撫按少損威重留心
地方
晉刑部朱之臣再擬六等詩命紋罪以上提問流罪以下
撫按究報

南渡錄　卷三　四

計大逆凌遲處死五條絞六條流二條徒二條工科左
李維楨言從逆一案紋付部臣朱之臣議嚴且盡矣然
從逆之一字未可槩施蓋賊略地攻城從逆則偷生非逆
受賊夥秋要津是逆則戰彌非逆受以半職一官是逆
則受辱非逆若乃管河管關有職掌而無封疆保逆
者有空名而無實職所居異實所受同逃平反出入之
謂何夫國家所惜者刑之必令其無冤臣子所惜者名
名必令其可安是從則不宜之誅及之猶籍首於臣人
而數以者何所逃罪若其非逆則止有應得之名以考
功法定之今概施之曰從逆曰從之流亂白全之娣與失
節同稱豈不冤哉祈刺是逆非逆為兩案毋使一念倉
生與十忠不原者同為萃蹤時是其言
華蘇松巡按御史周一敬求陽知縣姚孫棐職為民仍命
追一敬贓銀萬兩孫棐贓銀六千兩解充公費
皆明其所定不由部議
陞福建提學副使郭之奇詹事府正詹事
之奇以庶吉士散館為禮部將提學至是因按臣陸清
源薦忽批特擢實閣臣鮮所擬也

南渡錄　卷三　五

琉球入貢
湖廣巡撫何騰蛟疏陳天象命中官内外
騰蛟諳數學崇禎末以巡撫入楚與部撫王揚基内監
何志孔御史黄澍談及時事騰蛟附耳云賊已入晋然
分度且前星易位帝星照南諸人歎服久之兩月後果
驗至是疏言近來紫薇垣中光芒若隱若見占者云臣
工不和　帝危疑不安天市垣居臨艮位乃金陵分野
座中帝星時隱時顯明而微弱主太子有憂疑不決之
念願　皇上仰承天意酌寬嚴之宜妙鼓舞之術粲朝

大小諸臣和衷体國挽回天意
偏沅巡撫李乾德奏獲偽官吉允猷俘
命張成福以都督僉事充山東河北總兵官
庚寅追削原任戶部尚書李待問官
以加派殃民也
命故官子孫陳乞諡廕通政司不許封進果有德業節義
當表揚者禮部察請
命刑部究問鯨惡武又命錦衣衛及五城御史驅逐原任
尚寶丞黄正賓等

當時諸君子坐此病者多矣

朱統鑛糾擧諸欵多捏唯云以扳燕湖招議借題參
内臣張執憲以去又云廣兵生徒小試開薦則不去杠
也時臣又科都章正宸河南道喬可聘言於五都劉宗
周曰鑛不純宗周愕然問故正宸曰言有餘而行不足
宗周默然
命省右布政一項
旨云右布政清歷無累徒分火耗於右非王言体也
東昌府鄉紳張鳳翔等擒斬偽官復東昌等府縣
澗賊推將軍邦升以兵狥山東一時偽官若府州縣皆至

會闖賊敗於吳三桂所在起義東昌則張鳳翔倡先祖
濮州雅志儒昌今等東平宋祖乙及各紳衿生民會監
軍職方凌駉淮鎮副將王國棟凡擒偽府尹一人臨清
濮州東平偽州牧三人聊城東阿堂邑陽谷朝城恃平
茌平范縣平陰偽令九人又偽防禦同知推官各一人
劉澤清以聞皆命優叙
辛卯命撰起居注
起陞原任淮安僉事劉若金通政司參議
壬辰留用例推戶科陸朗

閒居家，留都以例推留用，入於其並賄内臣得之，若史
部尚書徐石麒所云奉旨特倣狀妓倣而謝則陳聞，誣
也，石麒疏朗通内，被留，朗亦疏詆石麒巧織贓欵，謂不
可寬，介然止并及吏科都章正宸，以正宸書朗名於字
示石麒，故外遷也，本得留，先是江陰知縣李令哲未入
都，有妄弟主内臣田成家，不告令哲託為求吏部，致成
公言於朝廷稱故門生，又有中城兵馬朱揚先以寺臣
郭維經存得與考選，後託内臣孫元德為求御史，故石
麒以此詆朗

予公弘基伯孔昭一子錦衣千戶
以迎 聖母勞也
癸巳革湖廣巡按黃澍職
澍，按楚，縱私撓藩，故糾斷臣士英，以盖其貪，及為原任
錦衣衛劉僑糾，下院看議，左都劉宗周疑僑既附會欽
澍，御史喬可聘、給知謝貪部，與吏科都章正宸審言
於宗周乃議行撫臣何騰蛟查勘，往批革職，蓋士英脩
隙也
陞御史陳良弼、周元泰、朱國昌太僕寺少卿，予寬倖管差

如故
以定策功也
大學士姜曰廣乞休允之，命行人護送予驛賜銀幣供從
使
曰廣入閣，爭内傳，爭厰衛，供，銀，、、布，欲救守尤盼然不
溁為劉澤清朱統鏁誣訴，遂以此去
賜故祭酒陳仁錫詹事府正詹事謚文莊
命修 先帝実録并纂修玉牒
閣臣弘圖疏言 先帝在祚十七年，邀厥威美，指不勝

屈，今長安未泰，起居日註章奏編類亦遭塵賊 陛下
悼性方深，採緝郎報，竟難見聞，正可援管南並，諸樁遺
國共各省災祥、人物、節孝義烈等，通行巡按提學官分
人採，郡縣彙送到部，毋濫毋徇，至科臣戴爲家、陳子龍、馬
嘉植，或奏假，或奏差，可令兼行採訪，事竣還朝，各付史
館，元揭侯斯云，有問學文章而不知史事者，不可與有
學問文章知史事而心術為主，本朝実録間有徵詞，遂
來後議，方孝孺死節最烈，書其叩頭乞生；劉翊純孝書
其失養，凡若此者，今宜倍慎之

中午左都御史劉宗周乞休允之命馳驛回籍給路驗恩
典
宗周臨行疏言五事一曰修聖政無近豔娛忽遠猷圖
家之不幸有逆寇之變繼以北狄 陛下奮起南服聲靈
所播猶足號敵人之膽而緩其狂逞者需我以數月之
戰矣惜未聞所謂朶土綢繆也乃者紛紛制作一似不
復有中原志者土木崇矣珍奇集矣俳優伎令稍稍陳
矣內豎充(斥)廷金吾赫奕戚畹駢闐矣讒夫昌矣言路
阨矣官常亂矣有一於此皆為聖政累馴至今日疆場

南渡録 卷三 十

日促國勢日卑中原之役所恃者督師一孤未卜將相
和而士孫附也則上流之布置又何如此所謂狃近
娛而忽遠猷也一曰振王綱無以主恩傷臣紀自 陛
下正位南國中外臣子不曰從龍則曰佐命致 陛下
初推恩於近侍則左右因而秩推再推恩於大臣則閣
部可以兼柄三推恩于勳舊則陳乞至今未已四推恩
於武弁則封爵視同兒戲于是表裡呼應動有藐視朝
廷之心因而彼此雄長積為犯上無等之習恐漸此禮樂
征伐不自天子出矣此所謂褻主恩而傷臣紀也一曰

明國是無以邪鋒危正氣臣聞邪正之害公也方正之
不容也自古而然所稍清流稍救之而國是從此出至
後有朋黨之說小人以加君子使人主眩于是非名實
莫知所從勢不得不去君子而用小人釀國以空虛之
禍如 先帝求造可鑒也而今也反為一二元惡大憝
稱冤至諸君子後先死于黨死于徇國者並有餘戮於
厥所由來止以一人進用起無限風波挑激動引三朝
詿悞及于聖世從足身家為重君父為輕身自樹黨而
史以黨又慫坐以非黨之黨此所謂長邪鋒而危正氣

南渡録 卷三 十一

也一曰端治術無以刑名先教化臣聞三代有道之長
皆有仁義禮樂維持天下而刑罰不與自申韓有刑名
之說秦用之以亡 先帝之世其禍益驗而殺機則首
中于溫體仁殺機一動殺運日開遂至恣毒滿天下而
不可救也近如俞史之誅不經提問遽科罪名未抖罪
名先事追贓無乃傷於急切乎縱令與日有為好善之
心方借成德以娟循臣又執辨之又近如職方戎政之
奸弊道路嘖有煩言雖衛臣有不敢問者則廠衛之設
何為徒令人主虧損至德而傷三代之治體此所謂急

刑名而忘教化也一以固邦本無以外釁釀内憂臣聞
養兵所以衛民至後世遂爲病民今且禍中人固如毒
藥旋斃之不可從不見前者淮揚告變乎當未幾時而
高黄二鎮又敎治兵相殺剽其歐掠各三萬額兵不用
以殺賊而自相屠毒又日費朝廷犒和今日遣一仗明
日遣一仗何爲者今即使諸鎮並篤忠貞永爲藩輔可
令天下之勢安於磐石而臣猶慮以十三萬不殺賊之
兵討十三萬不殺賊之餉亦必窮之術耳若不稍爲裁
抑惟有加派横征每一二委爲乳虎之有司以天下殉

之已矣此所謂積外釁而釀内憂也
户科吴适請申明　祖制以箴論歸言官報聞
适言頃中興求舊一陛妄曰庚於揆席一還劉宗周于
愿留與舊冢臣張慎言同被特簡曾日月幾何三臣忽
先後去揆席所自皆因含沙爲祟耳身非言責還一言
揆大臣進退則挽幟嬲熾而正直氣衰臣恐廷臣中有
如三人者漸且戀豐撩鶴即啓事未到諸臣有如三人
者益復捆夢林泉去者日多來者日寡誰與共圖天下
事總自今請申明　祖制以箴論歸言官毋使談説高

張煥亂聰聽則大臣益搆於職矣
例特御史黄耳鼎江西南瑞道僉事曷以疏訐冢臣徐石
麒等命以原官留用
耳鼎奉差按泰以聞賊不敢迫故例樁遂疏攻石麒及
掌道喬可聘又劾在籍尚書鄭三俊大學士吴甡等内
批留用仍補原官御史
命黄斌卿移駐九江鄭鴻逵移駐鎮江黄蜚移駐燕采
命兆按御史凌駉仍任聯絡北直河南鄉紳義士
丙申以王之綱爲都督同知充河南總兵

晉丁酉叙江北文武多年戰功加馬士英少傅仍兼太子
太師進建極殿大學士廕九錫一級各與廕錦衣衛指
揮僉事世襲黄得功劉良佐各加宮銜一級廕一子入監
加史可法少師仍兼太子太師超其杰兵部侍郎張國紳
加太子太保廕子錦衣衛千户其餘文武内臣加陞還職
有差
户科倪嘉慶請閑也田限撫按允行
疏言彦寇而強腹邊皆制兵少不可制敵餉少不足養
兵兵與餉皆務其多而民無可加奈何張之與圖府有

衛縣有所一衛一所之屯即以養一衛一所之兵郡縣
租稅不與焉故民力寬今屯縣法曰弛其田故在近如孫
傳庭撫秦力清屯田養兵數萬屢奏捷功不費司農半
鏹法無他奇按屯田一分即索精壯一丁其田無丁有
丁而精壯即設其田為餉養一兵焉故兵食交足而民
不疲其始不無怨讟而後乎安焉況兵燹之餘原隰猶
望力行墾種所養猶多若督撫各其全城方畧兵餉可
無憂矣屯田既行則練郡縣民兵城守練衛所屯兵力
戰無忠寄弱矣若建威銷萌握奇制勝標兵誠不可少

南渡錄　卷三　十四

然效之於昔督標兵不過五千總餉不過十萬撫標兵
三千餉不過五六萬司農以苦不及支今每設一督撫
請兵三五萬餉數十萬罄民之力不能給也諸臣身任
封疆志存報雪次無責朝廷以難從之事預藏誅卸即
竭力從之而人窮盜起瓦解土崩諸臣又何以善後況
督撫建節數省撫臣統馭一方皆其節制之衆何處無
兵即戰守不充則或練民兵或籍民兵何不可者請自
今已往仍以五千三千為額然後聯絡諸鎮以自強力
請屯田以自贍可也

戊戌謚原任禮部尚書董其昌文敏左副都御史孫瑋清
忠
謚薊輔臣孫承宗文忠太常寺少卿鹿善繼忠節賜祠額
忠烈
戊寅高陽失陷承宗闔門死善繼亦死
賜行人司副姚孫棐尚寶司丞
己亥命戶部等衙門會議生節以國用匱詘故也
工部科都李清言　先帝時何嘗不因奴寇急餉然猶
以天下供天下不足今欲以一隅贍天下有餘此必不得

南渡錄　卷三　十五

之數也蓋鎮守雖縮之地不縮費沿江沿淮之兵不殊
凡邊且昔者宮殿有修繕而無營建今則百堵皆興矣
儀衛器具豈侈矣無縮反有盈勢必取給江南昔宋以
花石綱擾擾江南致方臘一揭竿而此呼彼應如蝟
毛起今日前車也近微督之仗又且四布有司畏譴念
重勢必紛拘民命青鞋賦於咄嗟若以一人完數項不
取盈不止計小戶惟逃耳逃則責代於糧長而大戶亦
匿反裘皮盡可為切喻捌今各鎮自為守土計彼此授
引增設兵馬需求器械曾不顧今日司徒乃已縮之賦

非額增之賦也各監司郡為御計彼此執例增索錢粮
本色曾不顧今日司空似積欠之賦無賦餘之賦也數
者交急之間安支民有必死耳如其不甘死也以我為
驅以民為魚者又以何地為淵叢可怵然懼矣祈勅各
部察現可徵錢粮通行會算以入定出徐侯將擀既奏
命會議時正項所入止六百二十萬養兵所出至七百
五十餘萬通計每年正項缺一百五十萬
戶科吳适既陳憂勤節愛四款俞之
命行人洪組督催督錢糧

南渡錄　卷三　十六

庚子謚原任右都御史沈子木恭靖工部尚書沈儆炌恭
敏
贈升都御史沈祐培既請其祖與父也
陞右通政王澡為都察院右僉都御史巡撫登萊東江等
處
加原任汎督路振飛右副都御史
補原任錦衣衛指揮使劉僑管西司房于之英管御道徐
同白等各僉書
准革文綬以原官充總兵鎮守荊州

命靖南侯黃得功移駐廬州以防桐皖與廣昌伯劉良佐
合營進恢黃汝興平伯高傑移駐徐泗進恢開歸
追補建文死節諸臣贈謚立廟京師春秋祭祀
文臣文學博士方孝孺贈太師謚文正兵部尚書鐵鉉
禮部尚書陳廸刑部尚書暴昭俱贈太保鉉謚忠襄廸謚忠
烈昭謚剛烈翰林院纂修衛府紀善周是脩贈詹事府
正詹事謚貞毅御史大夫練子寧景清俱贈太保都御
史子寧謚忠貞清謚忠烈禮部侍郎黃觀贈太子太保
謚文貞戶部侍郎卓敬贈太子太保尚書謚忠貞副都
御史茅大芳贈太子太保都御史謚忠清大理寺少卿

南渡錄　卷三　十七

胡閏贈刑部尚書謚忠烈翰林院修撰王叔英贈禮部
侍郎謚文忠刑科黃鉞贈太常卿謚忠獻御史高翔曾
鳳韶俱贈太僕卿翔謚忠愍鳳韶謚忠毅浙江按察使
王良贈副都御史謚忠毅蘇州府知府姚善贈太僕卿
沛縣知縣顏伯瑋贈太僕少卿俱謚忠愍伯瑋子有為
贈翰林院待詔謚孝節濟陽縣教諭王省贈禮部員外
謚貞烈谷府長史劉璟贈大理寺少卿謚剛節金川門守
卒龔翊贈翰林待詔謚安節武臣魏國公徐輝祖贈太

帥謚忠貞都指揮張能贈平陽伯謚襄烈朱擁贈合山
伯謚壯烈燕山衛卒倪福贈指揮使謚忠義此皆錚錚
者外侯泰寧泰俱贈太保侯泰謚忠貞寧泰謚節愍張泰
易郭任薩廵遊昇胡子昭金有聲俱贈太子太保尚書
易謚節愍任清毅廵貞遊昇朱敏子昭介愍有聲翌愍
陳信善贈太子太保都御史謚忠節周璿贈都御史謚
肅愍林右贈禮部尚書謚貞穆遊樞贈正詹謚剛烈王
艮陳忠俱贈禮部右侍郎艮謚文節忠文愍鄒理贈大理
寺卿謚貞愍黄子澄盧質廖昇俱贈禮部尚書子澄

原質俱謚節愍昇文節龔泰陳繼之韓永葉福戴德彝程
本立俱贈太常卿泰謚端果繼之莊景永莊介福節愍德彝
毅直本忠介魏冕甘霖王彬王度謝昇丁志方林英林
嘉猷陳彥回俱贈太僕卿冕謚毅直霖與志方貞定彬
忠莊度爽愍昇貞勁英毅節嘉猷彥回俱穆愍譚翼巨
敬樊士信徐子權俱贈光祿卿翼謚貞愍敬毅直子信
莊愍子權貞確高巍贈太常少卿謚忠毅周繼瑜鄭恕
張彥方向朴鄭華俱贈太僕少卿繼瑜謚莊節恕忠節
彥方莊愍朴忠莊華貞莊宋微光祿少卿謚直愍唐子

清黄鉞俱贈工部員外子清謚義節鉞果義陳思賢贈
禮部郎中謚貞毅葛誠贈大理少卿謚果愍俞逢辰石
撰程通俱贈翰林院簡討謚貞直以上俱文臣俞通淵
贈豫國公謚襄烈楊嵩贈寶立伯謚壯愍謝貴贈英山
伯謚勇愍彭二贈舒城伯謚武壯馬宣贈全椒伯謚貞
壯宋忠贈壽昌伯謚壯愍孫泰贈象山伯謚勇愍莊得
贈分水伯謚勇愍張皂旗贈淳安伯謚英烈俞瑱贈東
陽伯謚英愍宋瑄贈西寧侯謚果節瑄西寧侯晟嫡子
以應襲故贈張倫贈保昌伯謚貞勇崇剛贈德清伯謚

壯愍以上俱武臣婦女六人方孝孺妻鄭氏贈夫人謚
忠愍黄觀妻翁氏贈夫人謚貞懿曹國韶妻李氏贈淑
人謚貞烈倪福妻范氏贈淑人謚孝節胡閏女郡婦謚
孝貞文臣有贈無謚八人黄魁尚書方孝友俞貞永俱
翰林院待詔黄彥清錢芹俱光祿少卿黄希范楊任葉
惠從俱太常少卿武臣有贈無謚十三人廖鏞德慶侯
鏞德慶侯永嫡孫以應襲故贈彭聚葛整智俱左都督
滕小馬王盛張俱都督同知廖銘錦衣衛都指揮倪諒
撫本周拱元曾濬翟能子俱都指揮餘死者遍者咸列

名附錢岳從工科都李清言故大學士胡應勛又請
都御史陳琰醌屬既於此案太濫宜稍裁清以為自我
輩手定宜少為貴耳既與後議可施之諸未服且此案
情動已久與其新也寧濫遂止
壬寅改清洄知縣陳燦中書舍人
縣管過　帝於風麻自疏請內轉充之尋又請考選不
允
陞史科都章正宸大理寺左寺丞
正宸屢忤時故遷之寔遠之也正宸為人漾慮禮科都

沈亂培嘗言正宸不獨怒時可畏即笑時亦可畏後北
兵入紹興正宸為僧去
御史游有倫疏陳和衷論之
言今國家遭變正同舟遇風時也故必人人從君國起
見事事為朝廷究心殿廷之上進言者平心而談止求
其事之有濟毋傷於過激雖規者度已以受當亮其意
之無他勿起於沽名於家之附會則相成無嫌於究同
遊則相評何妨於伐異大臣撫休容之量庶尹分股肱
之勞文臣一心於廊廟勿怙堂以坐嘯武士協力於疆

埸勿尾大而生驕事有可為則任其秉時以赴不必功
自我成人果可用則聽其破格以取不必思自己出冠
何以殲寇何以退兵何以充已失之疆土何以復恢未
亂之人心何以收拾宜心而誇合謀而弥大與小和而
帥濟光一心之和文與武和而內外有一體之維舉天
下事直如一家事於以雪恥除兇斷可必矣時司禮監
見諸新御史疏忽索揭往例有閣揭無監揭也章前華
奎陳執不與乃止
洪王充誠以後府右都督充兵府署提兵官吳学禮以原

官充前鋒署提兵官馬進忠駐鎮荊州
浙江提兵王之仁請清察衛軍團練以資戰守允之
癸卯命閩兵由鎮京口從蘇松巡撫祁彪佳言也
福建巡按御史陸清源奏閩粵冠橫得旨會勦
設輔臣
工科都李清請條剔衆以固金陵命督撫飭行
命給河南巡撫越其杰餉銀十五萬為養兵屯田之本
甲辰追贈諡開國名臣及正德諫臣天啓慘死諸臣各有
差從工科都李清言也

開國十四人太師錦國公李若衣諡恭愍光贈御史中
丞黃觀贈太保諡莊敏兵刑二部尚書太子太保唐鐸
贈太子太保諡敏安翰林院學士承旨唐肅祭酒劉憲石
春坊大學士解縉贈禮部左侍郎周諡文忠黃陳恭
介縉諡文毅太子正字桂彥良贈翰林院編修諡敬裕
訓導葉居升贈御史諡忠愍東莞伯何真贈侯諡恭烈
陶安文憲孫炎忠愍胡深襄敏王愷莊愍許瑗忠敏五
人皆已贈恤正德十四人御史蔣欽忠烈主事陸震忠
定何遵忠節劉校孝毅行人王瑞忠介李紹賢忠端余

南渡録　卷三　一八

廷瓚忠愍詹寅忠愍李紹任忠毅詹軾忠潔劉平甫忠
烈評事林公黼忠恪給事中周璽忠愍京衛指揮張英
忠壯天啟九人左僉都御史左光斗忠毅蘇松巡撫周
起元忠愍給事中周朝瑞御史周宗建李應昇俱忠毅
黃尊素忠端袁化中忠愍主事萬燝忠貞顧大章裕愍等
諸臣皆已贈恤時戎政院大鋮等用事嫉楊左如仇尊
素子宗羲已抵京將為父訴臨見事勢不可決討臨辛
請既所列條死一案原以正德與天啟並列故當事者
不疑一槩批允非光斗等後人亦自謂意外也

原書缺頁

諡忠節；兵部郎中成德，大理寺卿諡忠毅；兵部主事金
鉉，太僕寺卿諡忠節；大同巡撫衛景瑗，兵部尚書諡忠
毅；宣府巡撫朱之馮，右都御史諡忠壯。武臣六人：贈新
樂侯劉文炳太師恒國公諡忠壯；惠安伯張慶臻太師
安忠侯諡忠武；襄城伯李國楨太子太師襄城侯諡貞
武；駙馬都尉鞏永固少師諡貞愍；左督都劉文耀太保諡
壯；京營三關總兵周遇吉太保諡忠武；內臣二人：總督京
營王承恩諡忠愍，原任司禮監李鳳翔諡恭壯，又贈長
洲縣生員許琰翰林院五經博士，布衣湯文瓊中書舍

南渡錄 卷上

人；又贈成德母張氏、劉理順妻萬氏、妾李氏俱安人；金鉉
母章氏、汪偉妻耿氏俱恭人；馬世奇妾朱氏、李氏、陳良
謨妾時氏俱孺人；周遇吉妻劉氏夫人；一體致祭。文
炳叔都督紀祖母杜氏同投與鉉庶母王氏、弟錝皆隨卒。氏
入井以不知道，賜內臣自有明二百餘年無諡者，得之
自承恩與鳳翔始。然承恩從 先帝殉，破例非濫，鳳翔
雖城破自縊，依嘉靖贈塋奇例可也
命紳衿與許氏數田多寡一体審差，從刑科[illegible]言也
鴻工後降北，為山東僉事

命散右中允衛胤文所募兵
述胤聞北都變，募兵勤王，以未統領，詔罷之
命都督杜弘域提督池太地方
丙午定皇考恭皇帝陵曰熙陵
陞大理寺丞宗敦一巡按延平，陞南吏部郎中[illegible]遷大
理寺丞
陞延[illegible]北為吏部郎中，散一後降北，仍為御史
准張拱日襲封隆平侯
加吏部郎中蕭士瑋太常寺卿

南渡錄 卷上

命孫督丁魁楚另用，楚撫何騰蛟兼撫湖北
丁未命凡東原任庶吉士史可程在寓候察議
可程督輔可法弟，南歸後子蔚奇弟可遠與婚文舉大
忠六人，皆被殺
命諸撫楊鶚、范鑛、趙其杰等俱速赴任，糧餉戶部即給
吏科右熊汝霖言 皇上御宇四閱月，用過幾何人，去
過幾何人，何鎮之封爵當崇，何官之稱濫宜叙，黃白充
庭，青紫塞路，覓打成一片，罔貴世界，究似六朝往厖後
見于今。唉！敵讎猶在，今日豈忘情南下哉？聞廣有設書以

不獲　先帝不討逆賊爲辭使彼果而入而我諸鎮無一旅同異日何以藉口且即不敢作此遠想而稍稍近抹何不趁此時以收拾各處搶賊之人即迎偽之人據之觀賊聲勢爲順逆人心忠義已無半點全恃我兵力足以制之方肯回面內向而督撫下亦必俟勁兵若干足自當一面然後可以提呼鎮將而無度尾大兼薦臂使君曰鎮將之兵即督撫之兵不過美言可市耳試看今日鎮將誰肯爲督撫下者所以今日推一督明日推一撫只是討兵討餉進進吾行去已無及則何不就各處兵餉通盤打算衰多益寡忍痛一割不猶愈于養之而潰乎東撫來鎮至今伸細所以楚豫之督爲袁承故乃割歸楚撫何意五省之督爲荆督設使遠駐偏沅河爲重慶之破蜀中已無完土上流控扼全在荆襄而督在都何不令其速行撫鎮在楚何徒聽其畫守建昌遂義濟黔是退敗偏入黔滇且中斷黔撫受命數月而叱馭何尚未聞沿江諸戍派而未更黄鉞郊且以病告矣兩鎮相鬪雖日調停然啓釁何人是非宜白豈有一味含糊彌縫凡此大計諸臣當定定圖維吾君夫朝

綱紀之上議諭曰新宮府之制抗厚曰熟自少宰振武憑恃廷推而四品豈司道退居爲之席遑遑定罪無煩司寇之束縛斷無私亦郡情共該況乎蹊徑盡出誑訴繁興一人未用便日謗謫爲黨一官外選掘皆當事爲可救無賴赤棍眈眈得官呈身懇暮以爲　殺人之鳴矢者琛侗待發逐客之令時聞翮　之榮未已至怡燕者穴鬪龍蛇半壁江山幾堪賤悞臣願　皇上力學勤政寡欲清心崇節儉以務半需勵憂勤而鼓朝氣而諸臣因以吐出肝腸共當臣復必不仗中興改玉之日猶有數天不共之仇則一切聲色貨利筆舌戈予總銷歸于臥薪嘗膽之內可矣時汝霖將以差行故痛切言之耳越數日户科陸朗盤汝霖飲通亂抄至朗初發揭節拾索及錢至一官外遷二語相視默然聞者笑之

戊中命督臣王永吉駐山東同撫臣王燮王璟料理戰守事宜

進撫寧侯朱國弼保國公添註中府掌府事

初國弼祖水交中貴戚属夷冒封保國公至是國弼又藉已定策得之人議其世冒

加陞指揮宗一級廕一子世錦衣百戶
吉云功在史策
命與千伯高傑赴徐州
加陞遠侯常延齡太子太傅廕一子入監
削籍授吏部郎江𨶒
江宗預時提科旨改部以言事削籍今 上立與鴻琛
有言承從非是授者改吏部用至是因補司平戚孟抗
其與來彭年比之加年號也復降北為淮揚道
己酉陞禮科左張希夏爲吏科都給事中
南渡錄 卷三 二十九
起陞原任兵部侍郎鄒䣊添註左侍郎
·鳳翔先任工部尚書坐累下獄後起降用後降北仍為
侍郎
命奉先殿立主致祭
禮科都沈胤培言殿非太廟止宜設位以一后配一帝
從之
禮部主事張兆疏陳四欵命之
來言 先帝朝吏兵二部悉債貪官文臣取債民間武
臣取債卒伍安得不驅人作賊無已則兼用保舉換授

未幾保舉復有常債適為貪人開一孔無已則復 祖
宗時科分法未幾科役分有常債又為貪人開一孔無
已則委任中官而害尤益甚向者賤儒躁貪尚有内外
節制中官特其與援縱心極意莫可誰何故 先帝驕
諸侯撤無已則故廠衛而害尤不可言益小人推財是
視初猶採訪既則姦宄衆開通路造端遂使大獄奇冤
上與下俱日不一二年貪人生心各交通廠衛聽其說
事遇錢至于與圖供盡又止 先帝日夜懲貪而貪愈
熾者孔子謂刑政則民免而無恥德禮則格 皇上正
南渡錄 卷三 三十
位中興凶當事：歸史今年保舉永絕積分不行中官
偶遣旋從疏正樹仰廠衛則廷臣交章不尤夫在廷賢
者既無伎若輩躪來若小人衆昔年故智豈與交通則
從為增一金仗且 皇上疑在廷而屬之廠衛在朝廷
者也家猶不免勉勵以從 皇上之疑廠衛皆市井無
賴而欲其仰体 宸衷務在廷數十年結習豈有蔡李
臣以為權之所在則利隨之而重權矣如用人天下人
之使併用心竟視用人者為進退誠若恃抑競端乃鑑
衛則天下從風況乎舉數餘三款多可採

以革命作者

庚戌閣臣例佐工

除藝納中書三司內首領州縣佐貳定授廷授光祿正丞監事鴻臚序班各雜職外三十兩為部院司務五府都事一千兩為翰林院待詔府判二千一百兩為提舉一千四百兩為進司三百兩以廩生乙榜准貢皆新例也

辛亥革浙江巡撫黃鳴俊安撫御史左光先職光先仍追贓提問除巡按御史任天成調外

先是許都攻東陽知縣姚孫棐啟門迎鳴俊天成欲糾之光先以同里解說及閣臣士英存院大俄為光先訟復心根至是以附庇命令革職提問鳴俊天成亦坐累

時光先屢提不至或云已逃在良王軍中

革原任吏部侍郎呂大器職撤太常寺少卿李沾都察院堂上官

沾言大器懷狀異心阻撓定策故也　上寬仁聽從後從不追咎興議一日閣臣士英及立潞王事　上曰王朕叔父立其分耶時禮科都沈胤培曾以此詢亦如之吏科都章正宸正宸曰當　光廟在青宮時則以　光廟為國本當　光廟與　安穀二廟皆絕時則又以福藩為國本若謂潞可越福豈謂福可越　光廟也于國本安人皆見其言

命南歸河北北直山東泰晉各紳文臣赴吏部武臣赴兵部酌用從督輔可法請也

定授盧鼎提兵官鎮守武昌

命禮部發帑公議訪應謚者毋得濫狥

差尚寶司丞李之椿往浙直催趙光祿寺錢粮

命察原任左都劉宗周所劾黨員

除槐琯李椏等外又及侍景星蘇京向北皆在差南歸為黃耳鼎代辯者左都李沾議及此葉宇道御史喬可聘力辭言前總憲捻綱原未糾商已將失職今乘其解任捕拾前人所為是恍且貞也終不敢與附于是始議昭雪

命從逆臣不得隊舉

先是劉澤清疏薦從逆黃國琦施鳳儀等已奉俞旨至是御史胡時亨言國琦定授偽文科其同鄉田宗令朱

議潰所言賊假受偽敕印皆係偽造言不可用臣因之
凭劍贈千金代造此問鄉臣張來所言若借題受賄則
差劍足而辱班序不可縱泰洋清怒極時亨議潰等因
衛卒用時亨不能爭也
命陳巢旗校諸生回籍
命副將以下皆騎馬
時營衛各官横行金扇高與閣咽道遮有中軍不避提
將者至是職方王朝并請禁之有非社當陽之坐轎而
花口于身不矜裝無諸高武之帷籌而效粗其鞴平綳

南渡錄 卷三 廿三

俯号諮越救日復如故
壬子命刑部提問革職御史澍
楚藩中尉朱盛濃承士英意言其毀制辱宗贓穢狼藉
也楚撫何騰蛟疏冤謝言誠入楚不知何故生許多事
端詔亦徹矣
起補高宏圖太僕寺卿
兆偕清歸安等請自獨折
原任督事雷縯祚自疏辨罪命下法司究提
戕龍以國變南歸

命追原任福建巡撫朱一馮贓銀
一馮留而為鎮臣高傑先言其侵占沙田積贓數至多
至是又以扶皆渡江言命江南北撫臣嚴追子孫不
免將禁矢凡投銀七萬沙田九千未幾一馮憤恨死
御史沈宸荃疏嚴守兵餉之法命部覆行
言 皇上御極以來寇盜之情形日變臣下之泄沓猶
當儀文典作粉飾太平不知鐙場孔林固位邀恩惟為
家計了不恤國事即危黨郡能正言折罪直當罷大而
退縮仗代戰壞封疆之臣倪望求利而遜阻使是回面

南渡錄 卷三 廿四

賊庭之喝矣仗非 皇上痛心憤志切齒君親之大恨
當聽取斯與忠事之臣鄭封之紅度支飯不得滬山陵
何以錦衣玉食民庶千渝于勝槭何以廣陵潞安西北風
塵尚有南部梳駕于此不為綢繆固守何處可作龜茲
尚有高城府不開疆固計思仇不顧國之仇恥者哉今
日之大計無過戰守兵餉數者銳鋒而蜀荊襄之兵無能
輕出處向來者江淮之兵未能即移且器甲缺乏儲備
裕予將有季卸宗兵其人乎則戰未可遽言且先言守
耳一邊上游川蜀之衝宜爲進江陵北陰夷陵陸遜之

抱淡一絶求唐泰晋之下並九封淮武戍守大河函固
而規北守之地挨北循宋北遼之成迹以為第一重藩
籬史不發已則倣宋之南渡自襄樊迤蘄黃徽楚宿山
陽以為第二重門戶庶南都少可安枕矣至兵以不任
戰之兵數何如寡之精以百當千各府州縣近各練之
都當可以固用江楚連不北上則連年有餘閑江北有
北上班年今亦不北上做工宜練以塞伍所云戰不足
以守或勝者也若偏難言之現入六百餘萬而淮泗四
鎮二撫二撫江一督一撫三鎮京師營兵撫江守臨浦

口京口各鎮歲餉豈下淮徐哉即以民資兇殺女有司
剝削剝亂亦未能足昔我 高皇帝得金陵時令康茂
才充營田使開屯養兵今屯政宜酌舉也各鎮興利宜
領之縣官以利所入減餉所出若 皇上服御王作開
或可止可減可緩為兵民兩裕地所云以節儉倡也
癸丑命曹州道表樞沂州道鄧正中三日赴任如違參究
時北兵向山東正中留京師日具條呈樞以任子陞監
司後祺留凱求乎伯劉澤清言書已至沂州正中總長
安何為君樞地撫游墅關奏 先帝旨察議參今四部

公然駐司又公然煩民九云滸墅之關不坐封鑑已然
已責凡有何當又責內有疏奏俾當國之疏勒限赴任
然竟不遵也
禮科都沈胤培奏 恭皇帝專廟未成宜奉位宮中小殿
以 皇妣孝誠太后配二先后供附姑享從之
甲寅命奉差戶科左羅萬象回奏以疏止臣條銀致顧解
不前也
後回奏罰俸一年
命僉豫撫越其杰豫按陳潛夫到任

庭孟津監生王錫王無党世錦衣衛指揮
皆輔臣錫子弟以從駕渡河廕
改總兵戴成樞鎮徐州李世春鎮泗州賀胤昌中軍都督
僉事充總兵鎮揚州
下從逆梁兆陽于法司
戕故輔周延儒贓銀三萬兩
吏部尚書徐石麒乞休允之仍予馳驛給原恩例
石麒以外轉科臣陸朗為所嫉然時情日已換欲易用
一番人矣逆乞休初石麒糾閣役內臣及子告閣臣知

內臣恨之從旨甚嚴　上曰家臣猶家子也當以優禮
遣耳遂得溫旨後北兵抵京與石麒作遺疏以郡完歿
卜身存亡城破自縊二僕敏李成亦隨縊
命楚諸臣拜客宴會專理各衙門諸務
十月乙卯陞尚寶司卿錢元愨太僕寺少卿
陞內臣李國輔弟任錦衣衛千戶
以鄭芝龍為總兵官鎮守福建等處
丙辰起補右通政[illegible][illegible]為添設兵部右侍郎
後降北為右通政

南渡錄　卷三　廿七

陞尚寶司丞李之椿為卿
戶部侍郎管錢法何楷疏陳鼓鑄事允行
錢式以一錢為準作樣一匣廣收銅多鼓鑄用工精以
絕私鑄廣收上匠嚴禁濫末之搭則錢自精以文納稅
糧責成米戶舊錢重八分以上者准二文抵新錢一文
七分以下者碎為銅交官收時給價行使低小者沒其
資本則錢自行使得命旨
戊子保國公朱國弼請賜券增祿仍世襲公爵俱不允
陞太常寺少卿李沾都察院左都御史

沾初意止在都院吏部尚書徐石麒難之至是奉旨超
陞駁云功在定策亦糾呂大器故也
命當州道袁樞赴張撫越其杰軍前酌用
命吏部分別酌用蔡奕琛楊維垣等從禮部尚書錢謙益
言也
謙益言中興令主世出也雖皆側身恐懼晉元帝初鎮
東江頗以酒廢事王導以初言引酌覆之遂絕有司奏太
極殿地絳帳帝命冬施青布夏施青練將拜貴人有司
請市雀釵帝以煩費不允史稱帝恭儉有餘雄武不足

南渡錄　卷三　廿八

然小心祇畏再光晉祚伏望取法至堂堂天朝不能報
天地不共之仇而假坐為夷猶手胡虜賊寇殄滅其恥
滋甚況虜遂割據燕冀我梓宮修我陵廟收我臣僚豈
其革面而革心懷我好音其紹烟問以覘我也是故三
事之官六典不可不修舉恐其易我也四海之內八音
不可不遏密恐其薄我也將作之工不可不惜恐其汰我
也一命令之出無俾反唇相譏一政事之行務俾噬指
相戒我有虜為外懼而又借其勢以自強此所謂敗移
廟堂者也　則爾則云臣觀三十年來文臣出鎮先奏虜

功者孫承宗之後馬士英一人耳言貢舉疏則云有異
類將進之臣如蔡奕琛馮元飈祁逢吉何楷等方當究
滌一段則云　先帝欽定逆案一時推舉諸臣未免輕重
有心故出故入今既以贊導無據用阮大鋮者虞廷陛
以京營建祠不盡題揭削職者楊維垣首糾崔呈秀者
虞大復以冤異左光斗獄致重譴者吳孔嘉以報父仇
並建周昌無他罪以將論依傍定案者又中前一段
則云奕琛曾以復社發端抗疏攻臣天下多事果有嫌
隙固當先國家之急而後私仇況臣本無仇于奕琛乎
視見門户諸臣植黨營私斷送君父何忍私其故智且
他日獨不思見先帝于地下乎逆案之設入者阮大鋮當
用建宗攻逆閹時遂贊其議安有引入攻閹而身反贊
導者昔維春家居時碩大章被逮過新鄉維春餞送泣
別已法司定案一既解死者之奴僕生者于囹圄而反
坐罪案不亦冤乎他如馮銓以申救繆昌期周宗建被
逐去相位而不免于入居壯麗廕臨盜輯投井死節吕
純如與董應舉及臣等以經濟相期許應舉每言其於
替淚俱下而不得出此崇禎初年欽案定臣特故

閹門禁錮六年可杜過臣相與嘆息憤言慨然曰吾三
人他日當事且共理此案錄指十六年言猶在耳豈附
會于今日哉該道先于門户乃以門户攻門户又以門
户為非門户人皆哂之
祀原任登萊巡撫郭鞏
撰有清節　先帝時以失城逮獄因闖逆入京遇赦自
投法司戕配
刑部請敕原任吏部郎中吳昌時贓不允
旨言其貪賄素著故不得援恩詔概豁止減五分之一
而已
興平伯請赦高傑逆犯武愫不允
愫以癸未進士為闖逆徐州防禦使聚示招諭書自為
寔成為承逆逆跡也
以武職冒濫命安撫察送復歷試錄
已未省原任兵部尚書張縉彥以原官總督河北山西河
南北方便宜行事
縉彥先令家眷入京身從河南流言集義擒偽收復多
城朝議以行之且月給其家米五石工科左李維

櫆言縉彥慟哭失聲寸斬莫贖當逆賊入宮青衣候點
點時司官劉養貞哭罵縉彥謂其曰曾初某日提防某
日曾勸某處宜堵縉彥竟如充耳遂此烈禍固已難施
面目矣及賊被虜困鼠竄狼奔走間求活意中豈復有
朝廷哉令賊臣未誅反先登用君法紀何況賊蹤乍退
虜騎方張豈有河北殘魄爲縉彥收復者縉彥昔列中
樞大權在手不克展一籌以卹吾國乃今風鶴逃散之
餘魂即使熊羆當道之儔略人之能旦晚懸絶若此
相距乎燕吳相去二千里而遥黃河以北郵問継絶
縉彥之從賊不從賊訊劃明其心事果義勇復城池果

南渡錄 卷三 四一

誰見之而誰聞之夫國家所以厲世磨鈍誠任懲求者
名器而已打青關防何物而爲賊臣頒給則尊在王靈
兵部科提督何官而令賊臣竊處則站在樞要文武使
宜何事而委賊臣專行則秘在宮常吏兵劄付何職而
假賊臣填名則污在符牒臣恐天下豪傑之士聞之解
體吏心 烈皇帝在天之靈亦有悔予不忍聞者乞收
回成命無爲所欺報聞後北兵入南都縉彥復降爲布
問

起補福戌御史巡撫四川道掌河南印
孫振按晉以干請不遂糾學道袁繼咸又與撫臣吳甡
相攻爲甡糾逮戍至是起補署僉侍郎張捷意也
准文選司郎中王重回籍以原任南吏部郎中劉應科代
先是吏部尚書顧錫疇署銓開單坐缺批送司重懸不
從以私書與亦不答錫疇怒糾之咸謂曲在錫疇吏
科都章正宸疏留重然猶容諂人曰吾不敢必者請耳
至是言于尚書徐石麒謝重門多招搖重遂請退
大學士高弘圖四疏乞休允之命行人護送予驛賜銀幣

南渡錄 卷三 四二

弘圖入閣時持論侃侃如阻內遣及內侍諸事皆有大
臣風弘圖去士英始專政時事日非矣
庚申黃河口決命部議築塞
命原任大同知府蔡昇同以四品服俸添注職方司郎中
又復原任應天府通判徐樹萬官皆侍郎阮大鋮所薦也
大鋮自受事以來凡察處降補官皆詒禮科都沈胤培
曰國家何患無財即如撫按糾薦一事非賄免即賄求
半飽私橐耳但令納銀若干于官應糾者免糾欲薦者
予薦推而廣之公帑充矣其說妄如此昇同授王則昇

鉚樹苗以助粮若干建堡故係之
壬戌諡原任礼部侍郎孫郁孔文懿
卹紀綱臣弘國居師也
廕崇錦衣衛事馮可宗一子世本指揮
癸亥贈大學士孔貞運少保諡文忠廕一子尚寶司丞與
祭葬
初署礼部管紹寧以文恪文恭請不允有既無類德亦
無表見等語至是紹寧忽改文忠貞運爲抑鬱語無他
長前無諡對獻

南渡錄　卷三　四三

命再訊紫獄郎中周鑣
鑣叔原任御史維持弟原任知縣鍾疏言臣家門不幸
突出周鑣因與鍾有隙私刻燕中紀事及國變錄等書
自捏勸進表下江南策硬坐于鍾從淮上逃南中致臣
家城邑不能洗此從逆之名且鑣于　皇上登極時首
倡異議另圖擁戴是鍾罪止一身鑣罪在社稷疏奏命
并訊
中子加湖廣巡撫何騰蛟兵部右侍郎撫全省
陞四川右參議王鼎鎮尚寶司少卿

以垂代垂可云妥耶

鼎鎮崇禎時以御史倒將
命提從逆朔觀光等保國公朱國弼誠意伯劉孔昭礼部
尚書錢謙益吏部左侍郎張捷兵部右侍郎阮大鋮所糾
也
時從逆一案雖経屢訊然止欲攻門戶者從逆者雖里
居之方允昌紫掖之梁兆陽家矢交攻亦不甚深求也
至是又合攻觀光等而于原任庶吉士張家玉則曰梓
劉宗周黃道周于逆闖令其求人望以集群黨益以阻
宗周道周也於史可程則曰係閣臣弟友于素篤公然

南渡錄　卷三　四四

從賊下于理益以此逐可法也後家玉起兵廣東與北
師抗遇害
廕内臣馮進朝等子侄一人世錦衣千戶
謝劾勞單中屢経大捷也
命附祭死難内臣王之心等予廕有差
國變後王之心琰因元自縊高時明自焚方正化罵賊
死餘皆就刑者
工科都李清請遷孝康興獻二帝于專廟又請礼孝廟爲
不祧之主命下部議

疏言臣聞禮祖有功而宗有德若祖功則高廟與成廟
當之矣若宗德則各考廟何居今觀弘治十八年間凡
臨民療卿近作寬詠臣且與劉大夏議刪革日洽魚水
欲於君臣何異父子親盡而祧非并有德祧之也若我
皇上即今世宗而恭帝即今獻帝當時張孚敬桂萼
等供力行考獻然皆公別立廟始祀太廟則有祧期而
祀別廟則無遷期也今者專廟之廷議定本此夫以世
所獻皇於遷于祧矣何如俟太廟告成後奉遷專廟與
恭皇同祀則仗與日得長享血食以慰孝子慈孫心赤
縣亦世廟所欣然於在天也且不致使皇可合祀即孝
康亦可合祀何也同一追尊耳疏下部議竟寢
豫陽北衆
丙寅命內臣蘇元德往浙閩借內庫及户工二部一應錢
糧
元德初以造兵及紙至浙窘甚及得此差恐喝官民不
足則兵所買不勝後北兵至於以案付潘中年置江米
江米將士稱之全故高三尺許滿貫大珠將士十三往
送皆盡宗去中年自慶乾沒者不與

南渡錄 卷三 四五

起陞工部主事監之鐵尚寶司丞
之鮮吼以持議與黨氣左故吝志
起復原任户科戴英原官補兵科給事中
英以舊鯆薛國觀門生例將恭英不謫至是回為復原
官非執言媚璫如此
加考功司郎中張捐明太常寺少卿依舊管事
命內臣田成往杭州選擇淑女
京師兩進淑女皆不稱　太后意乃命成出杭郎擇女
耶嫁一方騷然矣
丁卯雪被糾御史黃耳鼎等
從黃耳鼎言也
免辦獸炭
工科都李清以國用太侈言於閣謂此項宜裁閣臣鋒
曰可裁否士英曰裁之易耳次日批免相臣之權足有
為者此計省價凡一千七百兩
戊辰命赴鎮戍兵以鹽代餉從閣臣馬士英言也
每百斤定價一兩五錢已民上疏言不便有今者三軍
方切防禦若鬻鹽糊口何時方完鹽既不為衆兵須轉

南渡錄 卷三 四六

而為尚等訟既泰士英不悅时良工與士英已隱樹兵
矣
加提督王永祚一品斗牛服色
陸伏臣雖也後以侍行辭免
贈太僕寺少卿劉時俊兵部右侍郎廕子
以先朝勤水兩功
以上從吾趾兵湖胡戎政提督營
已巳命議臨淮侯李祖述及朱元臣陸御鴻羅從兵科左
工之晉言也

时諸勳臣持議每以文臣不死難為請及之晉疏出保
國公朱國弼等始憮張狽補糾元臣勳衛御鴻錦衣衛
指揮皆以京師陷同祖述而竄
命户部左侍郎何楷兼工部左侍郎以便鼓鑄
予頓逃伏頌舉進等祭葬贈廕有差命立祠祭京師
殉難等十五人惟成國公朱純臣先被旋餘皆因闕為
北兵所乃與舊補陳演等俱見殺至是禮臣鹿於諸勳
臣累以詞因例請旨下工科御李清言舉進或禁或狗
半済賊死非殉也彼同時文臣中如大學士方岳貢丘

文驄又以士英所升

瑜等何嘗不以狗禁死而衰議相半祠祭猶懸既無死
生之殊亦無後先之斗（翻刻）有文武之異無已将疏內
十五臣附祀旌忠祠不必另建以著民奈至仁也以鄧
國用王俊也以倫生與就死者别而又以慷慨赴義與
顛沛隨身者别王明也一舉而三善備矣部覆如議
衡陽地再震
庚午御史陳潛夫請敕定郎開藩河南命該撫酌議
國子監生將佑聖吳瑞昌各進歷朝實錄
加文選郎中劉應賓太常寺照舊管事

再贈故工部尚書沈儆炌太子太傅河南按察司葛錫蕃
太常寺卿廕一子入監
以為蕩泉指締造　恭皇帝藩府皆也
吏科都張希夏請嚴計處諸臣不得濫薦從之
疏末又云如有究陷者該部明列緣由奏請識者知其
門本塞也
加王道坦左府都督僉事充登萊總兵官
升禾再贈揚郎孔禮部右侍郎兼侍讀學士
一贈再贈皆以子文驄故

草原任禮部郎中周仲建職法司提問刑科梁應奇所糾
也
仲建與故輔周延儒容書呼輔為叔疏指為義父亂光
者過也
命史可程在寓候議
閣臣馬士英代請也
初禮部嚴行各城搜選淑女
壬申戶科吳适請復日講午朝例命候旨行
癸酉命丁魁楚以原官總督兩廣

南渡錄 卷三 四九

魁楚負罪起為總督故楚地人以為錢神有靈
予進士謝于宣發戍十遣亞庭子
予宣太僕少卿已祭子以閹逆刑死
命工部移會興平伯高傑諭李必忠勿留官硝
時工部買到官硝已經傑批放其麾下李必忠留之故
命傑諭放諭辭於古矣
兵部侍郎阮大鋮陳水陸兼防事宜命中傷行
疏以湖口為賊自京口來犯之西路高寶馬為虜偪青
徐賊紙揚之東路以和州為虜關白歸汝颍壽滁淮趋

之遠滁州之中路西路之營以黃斌卿為前矛駐湖口
黃蜚為中振赴荻港皖口鄭鴻逵為後勁駐無采援臣
洲駐江口為援東路之營鴻逵據瓜儀蜚趋龍潭斌卿
駐無采援臣亦駐江口中路之營設水師于江北針
魚嘴為前茅鴻逵自京口赴大勝關和尚港斌卿自九
江下無湖為左右翼於江則駐江口為中權至上江要
害建德接張九江彭蠡為陳家衛為中於北守之則池
太安和門接張饒州浮梁而三道嶺為援路於此守之
則徽寧安神京府皆可以無虞矣

南渡錄 卷三 五十

陞編修陳孔默為左庶子李左春坊左諭德楊廷麟為右
庶子李右春坊編修趙士春為右中允簡討張居為
李景濂為右中允
予贈復降北復任編修〔?〕〔?〕為光祿少卿
貴揚承恩承德承忠各百戶一
余門楊氏所請不知何功
復查廟英妃尊號上謚曰孝翼溫忠淑順慈仁匡天錫
聖皇太后謚建文故皇太子文奎曰恭愍復皇帝允炆吳
王謚悼允熞衡王謚愍允熙徐王謚哀簡曰哀諸公主

駙馬皆授爵狀追封皇少子文圭原王議條
初吉孝錫奇既謫禮部主事張采言於上朴都李清曰
若不念忠宗弟君子乎封爵未追謚號猶懸如昔於諸
侯而新於吾君之弟君子猶缺典也清乃疏言 皇上
紹統以忠廟與代廟並尊且有加謚又有追復典禮明
備矣然就此兩朝中有明未盡明有備未盡備而在母
子兄弟間者一爲景泰之廢太后孫正統十四年代廟
即位尊生母吳賢妃爲代廟稱宗矣汪后亦加尊
爲帝之生母而既削尊號且並削其號可乎則何以慰

代廟止孝之心以爲明備凱欲略于廢太后之仍爲太
夫廢而復之者正也一爲建文之故太子孫建文元年
立子文奎爲皇太子嗣後革除事興所革者年號耳原
未革及帝號則亦未革及皇太子孫今忠廟稱宗矣而
后補謚矣爲帝與后之元子而雅致號不端新謚可乎
則何以慰忠廟止孝之心以爲明備凱欲略于故皇太
子之無謚者夫無而補之者正也一爲建文不以罪降
之親王與不以遜朝之皇次子孫建文元年封弟允熥
吳王允熞衡王允熙徐王又孫建文三年朕少子文圭

出未幾三王皆降封止廢允熥允熞爲庶人改允熙爲
敬寧王又削文圭于大内矣今忠廟之號謚復且孝康
與孝康后亦復爲皇帝而或降郡王或爽庶人又爲皇
少子而不錫王封可乎則何以慰忠廟手足元祀之愛
乾曰孝康有四女其可攷者爲江都宜都南平三主而
其一無攷然皆貶稱郡主是可不復哉曰帝子與帝姬
一也何祀此別以爲明備既缺畧於諸王公主或貶或
罷者夫貶而復之罷而庇封之者正也允上[illegible]俞允下
部議復於吳賢妃應復號又應加謚則如諸生母周太

后以下例于皇太子文奎應加謚則如悼恭哀沖諸太
子例于允熥允熞應復郡亦應加謚則如歐寧王允熈
謚哀簡例于皇少子文圭應加王爵且予謚則如泰昌
諸王以下例以此詔告海内曰典礼明備凡真明備矣
然則建文時之呂太后與景泰時之懷獻太子今既爲
世子者遂可不議乎一則應補而不殉猶與少子后孝
康陵則有無謚可也一則不應立而立主欲照寬皇以
自私則始立終廢可也部覆從之
命左春坊諭德文以原官兼兵科監督衡軍西討

命諸臣不係從逆外餘皆酌末減從督臣如邢湘言也

可法言 先帝以死殉社稷倘在北始應從死

豈在南獨非人臣即如臣可法謬典南樞臣同官士英

叨任樞督未聞悉東南之田旅赴北援即鎮臣高傑劉

澤清以兵力不支折而南走是首應重論者臣等罪也

乃以聖明繼統遂並臣子重辜不問斧鑕未加抑且恩

榮並被獨于諸臣在北者毛舉而概繩之豈散秩閑曹

其責反重于南樞樞督哉宜將從逆諸臣擇罪狀顯著

者數人重處示儆其偽命未污身被刑拷者皆當置勿

問又如管屯管河諸臣諸避賊南來不係受任封疆守

土兵馬者皆當予以寬典即督撫大吏亦當推其所處

時勢以為罪案重輕其餘陷逆北方排徊後至者皆准

戴罪討賊赴京年前因才酌用至于東兵助戰義重復

仇諸臣委曲歸從亦當原其心事總之應罪者罪無為

株連之借照應寬者寬無令人心之解體使天下曉然

知君臣大義不但在北者宜死即在南者亦宜死而聖

明寬過不但在南者始寬即在北者亦始寬必有全身

思報之人為當時除死之計竟以死而報以死或亦情

南渡錄 卷三 五三

張捷一傳見北

理所必至也既而允之

甲戌內侍陞吏部侍郎張捷為吏部尚書

閣臣士英意在戎政尚書張國維惟侍郎阮大鋮意在

捷以國維為言官時紳薦皆其詞也乃傳忽出士英擬

林鶴惜自此意怵大鋮矣先是捷言 先帝未造諸臣

之心皆懷掛同之域自造黨與坦蕩之途横生荆棘有

用捐袂不失之奉公效職而北之結黨行私兼人才亦

不築之任事國法而併之叛同推舉積威所故使人不

知有朝廷並路所歸使人不知有法紀文武遷之格任意

把持封疆功罪之衡全憑頤指以拜搖為趨蹌功令為

然以文並為紛迷應時過地於是舉貪官汙吏之所淵

藪仲伴士之所批逃傾帥驕兵之所淫據投而聚其

毒于民人心既去國運隨之而禍且及 先帝今日救

時急務非盡反前此所為不可閣部大僚至須潛處和

衷盡破方隅舉從前欲蔡寬免亦分別當之或錄之卿

之其不寬者雖宜縣伊之即目前從賊之染汙偽最著

者數人辟之餘逆無株者若干人未減之從此與諸臣

約廣搜蕪遺悉情放下自強作用兵實講求然捷素鈞

南渡錄 卷三 五四

阮鬮及張孫振當大不好

陵、所、行不宜所言也
孫𣗳宗室狱總獄自詳摘京既授行人
先
朝修卧比剝向既已摘奸攻不在定策下又欲授
帝時朱由𣺌推授於桓見者哂之
進工科右給事奇儲超兩廣钱糧
乙亥都督同知李成禎請取三朝典宣付史館以昭信史
救閣
錦衣衛李之皇太后侄也既荐原任礼部尚書錢繼登兵
部右侍郎謝啓光右庶子余煌、給事吳孔嘉乞加環白

南渡録　卷三　五五

言、安典有始此煌紹興人後北兵渡錢塘煌自縊死
起陞順德副使劉孔炤都察院右僉都御史巡撫浙江等
處
初文書房内官傳今旨張孔逢因老部不可入見閣臣
以東員右上意照而上傳耗假托也秉貞後附北為礼
部尚書
丙子内傳改授給方司王事鉞選賦為御史巡按浙江
除授不由銓部、題者不必據薦閣臣士英所為欲布厥
心以籓路王也或曰選賦通内、從取上傳耳選賦既得

哀凡浙紳謝賓、張紹忠紳之跡未敢閉門從命焚其父
誅王𡸁
王𡸁偕名王重假偽為定王至越守陵内臣谷恩珍詰
知為偽以聞殺之
安遠侯柳祚昌疏訐詞臣徐汧等不允
祚昌疏言　皇上中興履運、姦臣陰懷兩歧、聞誰朝衣
從、朝見化節于京口驛前、而倜然捕戮者、詞臣徐汧也
汧自恃東林渠魁、陵社廢法、狼狽相倚、則有復社之允
張采華允誠、至貪至横之擧人楊廷樞、為大允驍則有

南渡録　卷三　五六

極險極狂之監生顧杲　皇上定鼎金陵、而彼且安然
為封金陵檄所云中原逐鹿南國指馬、祈哀大羊分地
盜賊是何等語、乞大奮乾斷、立逮徐汧、革去擧人楊廷
樞、監生顧杲、先行提問、其餘徒党、容臣次第指參、參疏
奔錢、既奏命、已之
御史沈宸荃疏荐禮部尚書黄道周詞臣劉同升葛世振
御沛、為偉繼等者馬上去催
命五城御史及錦衣衛緝逐罪廢諸臣潜京鑽營者從户
科吳适言也時罪廢諸臣投刺白日亦終無緝者

命於弘光元年上辛日行合祀礼
先是礼臣顧錫疇以合祀請已奉旨至侍郎管紹寧署
篆又題合祀票擬者恐不愜也太常少卿沈徵佳疏言
聖祖合祀之礼宜遵者一漢儒董仲舒曰郊嘗以正月
上辛日所以先百神而居最前 皇上改元舉祀礼行
於郊而百神受職以泰壇昭事之精誠聳萬國尊親之
志氣宜遵者一周制建子冬至圜丘適當獻歲不妨迎
陽報天我制備夏正不無地先天祭之始今用歲首開
泰之辰行大報天地之礼孔順孔時宜遵者二世宗遵
詔原有郊祀等礼各稽祖宗舊典斟酌改正之文故移
廟時輔臣献議曰歲一舉合祀奉一祖以並配遵 太
祖更定之例而世宗未安之情蓋分祀者一時改制而
合祀者我朝通行宜遵者三南郊自合祀後北郊遂廢
今欲所祭地壇非地壇也更定方澤功難成而湮祭分
祀于合祀之所非所以為礼宜遵者四况今大壇近拱
宸居逆迪陵狀臣知 聖祖在天之靈必有恐依不合
者仰祈宸發德音仍遵合祀覆從之
命户部發臨淮飲平右若五從閣臣士英請也

南渡錄 卷三 五七

原書缺頁

不謹因此生變也大典委兵時允張如數後吝不與故
兵怨於光先而有此語非光先倡
御史劉瀾按疏糾錢元愨文德翼錢旃又言毛羽健不宜
復官温體仁不宜奪職俱下部議
陞兵部左侍郎解學龍為刑部尚書改禮部右侍郎陳盟
為吏部右侍郎
加寧南侯左良玉太子太傅
己卯升巡按湖廣陳丹衷為長沙知府

丹衷與閣臣士英不容為在擬周鑣致書幣求解未達被
緝故例特先是史科右熊維典疏糾丹衷謂 先帝時
原任泰安曲學時改望貞何故久滞而揚揚安撫名定
何苦丹衷無以辯也
准錦衣旗校補足二千名
命復張國維尚書管侍郎事仍廕子
庚辰復原職御史何綸例轉御史黃耳鼎俱原官
准添註京卿
辛巳改西宮為興寧宮
壬午戶科吳適疏糾總督顧錫疇已故兵部尚書馮元颷
不問
疏言啓睿撫秦數載時局尚方乃養寇趨避事日壞
先帝赫然震怒勒令候職仍復乃立勳農名色借住
燃灰今聞所望闕者何邑之阡陌可安集者何鄉之鴻
鴈所聯絡者兩河之土寨有幾所激勸者一邑之人心
何若公論不容遂飾病回部即今收拾殘土現奉嚴綸
為啓睿者不求騎星趨赴集土若亦當勉效戎行少恭
未誠計不出此忽思引疾中州何地今日何時可令其
濁官直貌乃卸危疆而勿問哉倘疆臣尤而效之即撫

臣越其杰正當借頑毫為窟穴按臣陳潛夫終可以湖
上為逍遥誰復為 陛下任驅馳者若已故樞臣馮元
颷身為株簡將晉中樞徒事恂守籌莫展昨允部疏
殉其陳請予祭葬是使國之臣死生可渺志何怪
後臣之跡賊析將丁啓睿立正典刑以為人臣負國者
戒仍勒部司後論其勿濫卹
命內臣孫呈偉仍為提監同登萊巡撫王溁呈肥赴任從
東平伯劉澤清言也
呈偉以分監南寧閣臣知國等欲罪之呈偉覓劉澤清

既恭請川爲登萊總監開戶不聽然深卒不行呈禎仍
召回其救計也
謝尚友義當黄河水師金聲桓孫楚援勦各總兵官
免行刑
予楚殉難諸臣祭葬有差仍准自行建祠
楚府長史徐學顏長沙推官蔡道憲知嘉縣王良鑑
秆甫漢藩折沿杭州州縣丞然衡陽張鵬翼興都留守
徐壽崇武昌通判李巍英經歷任文燦皆死楚者泰府
長史長尚絅高雍監軍副使奇逢高皆死泰者

南渡錄　卷三　六一

予原任保定巡撫兵部右侍郎徐標等祭葬贈蔭有差
標與郎中徐有聲給事顧鋐彭琯御史俞志虞副使朱
廷焕俱祭葬贈蔭皆死開者也四川死事有知瀘州蘇
瓊妻舒氏史同題皆升河南死事有鄉紳簡討馬剛中
南陽知府丘懋素左鎮監軍主事余爵山西糧道藺剛
中進中死虜有主事劉大年前南科張焜芳河間兵備
道趙珽俱贈祭並又有主事成德父文杜德妾蕭氏卑氏
妹李白文杜贈如子官婦女附祀旌表
之江北祈添四鎮額兵三萬楚撫額兵一萬京衛營額兵

一萬五千餘仍照有差
戶科吳適言當今虜寇巨測中外並額自來錢江淮以
及荆楚黔蜀處處用兵人人需餉而餉何在前此有加
派可言今無可加矣前此有內帑可請今無可請矣前
此猶以全盛之幅員供一隅之輓税今獨以一隅之正供
命四鎮之經費矣然全無術而策何期臣以為今日兵
非不足患選練無方與營伍不實耳請　陛下速勑各
督撫鎮就見在兵丁定加抽練而尤倍當嚴同甘苦乃
能驅指相使緩急相應夫盡人知戰是處可資何用彼
皆沾市兒掛名軍伍以虛名耗運餉乎非藏兵也藏去
其掛籍無用之徒壅去其虛伍冒糧之弊則兵不必增
而用自足矣部覆從之
命未起訓光祿補唐道御史
原以大參不起從
起升原任吏科都劉安行通政司參議劉若金俱為都察
院右僉都御史
安行提督南直浙江沿海開墾屯田市舶魚鹽等税兼
理海防軍務若金提督閩廣沿海開墾屯田市舶榷税

南渡錄　卷三　六二

當時就謂李平仍
寫忠在後遂謂為
不刊之論乎

珠池兼理海防軍務未幾復差二內監共職同且設數
監司各隷所知之
命凡城破自死及病死仇殺不得倚名來邮
甲申准南翰迎撫林一桂回籍
升光祿少卿張作楫翰林院撿討四夷館太常寺少卿
御史聚獄擬既論吳甡鄭三俊和愧仕不聽
起任撫三吳時、與諸紳相見色若不屬張捷、赤捷不悦
孫振之糾人、疑捷意也捷居鄉孝友尤自砥礪、明右亦許
其清執及為冢宰追然東刑前、且、以、諸勳臣、及士、英、大
南渡録　卷三　六三
被為己、一、切推升、悉聽臉撿公論尤之
十一月乙丙朔原任戶部侍郎莊祖誨尚書廕一子
命改折各衛門上供錢糧以定內帑
免議益王
原任杭州推官黃䟽伯疏共不法故也䟽伯亦免究和
事而已
命御史莊妻哲行李戴法事平仍着
時御史李憑美盖左部李沾若于情面以李戴詐非體
也

丙戌廕已故兵部侍郎亞光宏一子
起升原任刑部右侍郎蔡奕琛吏部左侍郎
奕琛先生閱札擬戍有旨禁錮終身永不敘用至是特
起少宰、會推之日、戶科吳适言於朝曰今日乃冢臣獨
推耳、言官任西題、不敢吞敗、何名會推耶同官感其言
皆托故不赴科臣列者、惟戶垣署印陸朗一人
行海也
前原任文華殿中書顧大成
時糾其從逆納銀九千、兇
南渡録　卷三　六四
予故詞臣沈懋學謚文節倪城謚文端
兩人皆以元懋學以阻江陵奪情被黜以抖揭詿誤論
皆淪落不竟其用
丁亥吏部尹伯燾廉薦原任浙撫熊奮渭若遇缺推用
命陳麟書提兵官管理江督標下水師
戊午陞鳳陽副使張如蕙大僕寺少卿
以與閣臣士英共事也
准鄒文光襲封定遠侯
贈少詹閣仲儀禮部右侍郎不准廕

國之將亡必有妖孽
明末諸臣如馬阮輩
皆妖孽也秀閣看亦
讀此當發歎

杜王亮

京師旱，命禮臣錢謙益等祈雨於天地壇

以西花園殿為慈禧殿

命兩浙田籍伏勘

先浙既指楚餉，有怨各兵索餉南下，震驚人民等語，已

扶左良玉自武昌至是以糾馬士英見怒，故提問良玉

陰唆部將，率師欲下南京索欠餉，係救浙江督袁繼咸

為截留江浙十萬，乃虜餉十三萬給之，且既代浙中理

以縣臣併其任另言，士英不得已批免逮，乃已，浙留民

南渡錄 卷三 六五

王準中，竟不歸，說者謂士英之修隙，浙之抗提，皆非也

時繼咸既以累既與當路隙，而徐陳及題用道府等官

供置不覆，故鴻逵五千人既留京口，繼咸以隙乘加餉

銜代鴻逵料理水師，鄭林奇加餉銜料理陸師，供餉闕

既大銀索六千金，始給一年餉，劉必再索六千金始肯

給扎印也，此外白丁用重賂，攢大師者甚衆，京師有職

方賤如狗，都督滿街走之謠，謂將士卒所醒也

己丑，鳳陽乃奏 皇陵災，松柏皆燼

時鳳陽里民遙見陵中二人，一衣朱，一衣青，毆擊甚苦，

哭聞號泣不輟，乃率數十人持杖入，惟一大狐踏走，識

者以為不祥

升原任河南副使張弘道太僕寺少卿

庚寅，命淮上輸餉楚豫督撫嚴備河北

防北兵過河也

命溫台玉環等山三年起科

授閩撫牛覺王文學錦衣衛千戶

以援從徵勞得之

予死事彭大炳典贈，旌建坊，曰一門忠烈

南渡錄 卷三 六六

彭遇颸請之也，已礼部題覆，以太濫不允

壬辰，予死難內臣李鳳翔、王承恩各世錦衣衛指揮僉事

勅慰德魯衛各藩

癸巳，寧南侯左良玉奏恭容石首戰捷

起升廣東右布政使王驥太僕寺卿

甲午，謚吉王曰貞

升楊御蕃一級，廕子錦衣百戶

追叙崇禎時擒李青山功，蓋詰其來降執而俘獻也

乙未，命潞王寓台州寧海

端門外火
其地即社稷門東與太廟門對
丙申予諭祭吳阿衡謚忠毅祭葬廕建祠從同鄉閣臣鮮
請也
阿衡因墻子嶺失事致北直山東失陷七十餘處因死
置勿論可也議廕遂矣
定中宮禮冠價三萬常冠價一萬
時內臣索價三十萬責于戶工部及應天府催討甚急
工部合戶部言今何時耶金甌半缺民力已枯今天下

兵馬錢糧通盤打筭缺額至二百二十五萬有奇戶部
見存庫銀止一十有零耳乞將監臣加恩節省疏奏乃
定議
大學士史可法請剿討賊詔書兼痛陳時事命之
既吉痛自三月以來陵廟荒蕪山河鼎沸大仇在目一
矢未加昔晉之東也其君臣日圖中原而僅保江左宋
之南也其君臣盡力楚蜀而僅困臨安蓋偏安者恢復
之退步未有志在偏安而遂能自立者也大變之初黔
黎洒泣紳士悲歌痛憤相乘猶有朝氣今兵驕餉絀文

恬武嬉頓成暮氣矣屢得北來塘報皆言虜必南窺水
則廣調廒艘陸則分布精兵盡河以北悉染腥羶而我
河上之防百未料理人心不一威令不行復仇之師不
聞及於關陝討賊之約不聞達于虜庭一似君父之仇
置諸膜外近見虜示公然以逆之一字加南辱我使臣
躁我近境是和議固斷斷難成也一旦寇為虜併必以
全力南侵即使寇勢尚張足以相拒虜必轉與寇合先
犯東南宗社安危決于此日我即卑宮菲食嘗膽臥薪
聚才智精神而枕戈待旦合方州物力而破釜沉舟尚

恐無救以臣觀廟堂之作用百執事之經營殊有未盡
然者夫將所以能克敵者氣也君所以能馭將者志也
廟堂之志不奮則行間之氣不鼓夏少康不忘逃出自
竇之事漢光武不忘要蕪蔞薪之時臣願 皇上為少
康光武不願左右持御之臣整以唐肅宋高之說進也
憶前北變初傳人心驚異臣等恭迎聖駕臨蒞南都倏
萬之人歡聲動地 皇上初見臣等言及 先帝則泪下
沾襟次謁孝陵哭及 高皇帝高皇后則泪痕滿袖皇
天后土實式鑒臨曾幾何時可忘前事 先帝以聖明

報慘僭此千古未有之變也　先帝崩于此城恭皇帝亦
崩于此此千古未有之仇也　先帝待臣以禮馭將以
恩一旦變出非常在北諸臣死節者寥寥在南諸臣討
賊者寥寥此千古未有之恥也庶民之家父兄被殺尚思
亢宗斷脰得而甘心況在朝廷豈可膜置以臣仰窺聖
德謝容人除似有初而鮮終臣恐恢復無期而偏安未
可保也今宜速發討賊之詔嚴責臣與四鎮使悉簡精
銳直指秦關懸上爵以待有功假便宜而責成效絲綸
之布痛切淋漓庶使海內忠臣義士聞而感憤也國家
遭此大變　皇上承嗣大統原與前代不同諸臣但有
罪當誅寔無功足錄臣於登極詔稿將加恩一款特為
刪除不意頒發時仍復開載聞虜酋見此亦頗嗤之今
恩外加恩紛紛未已武臣腰玉直等尋常名器濫觴于
斯為極以後尤宜慎重尚待其正戰功庶使行間之鼓
將功兵有所激厲也至兵行討賊最苦無糧搜括既不
可行勸輸亦屬難繼似宜將內庫一切本折盡行催解
湊濟軍需其餘不急之工程可已之繁費一切報罷朝
夕之宴衎左右之進獻一切謝絕即事關典禮萬不容

南渡錄　卷三　六十九

廢者亦宜概從儉約蓋賊一日不滅讎一日不歸即有
深宮曲房豈能宴處即有玉食錦衣豈能安享此時一
舉一動皆人情向背所關必吾皇刻刻在　先帝深仇
振舉朝之精神萃四方之物力以併于選將練兵滅賊
復讎之一事庶人心可鼓天意可回矣時原任左都御
史劉宗周劾疏有聖明必除兇之不逞而在臣子則日日
打亂麻于此時孤忠私之不足而在臣子此人人得誅
褒忠言諸劾者悅之
御史游有倫疏陳國計報聞
疏言　皇上富有四海雖極天下之奉不為過然此非
其時如祀服金玉珠翠器飾等項種種製辦歲計不下
數十萬其所用者眾矣　皇上所必需寧無可裁而省
者乎夫　皇上躬行節儉內臣亦何嘗不仰體上意然
如織造張作織工衣帽等局及御用上衣等監工價柴
米鹽菜之類每月不下萬餘稍而計之已不可量又有
冬衣靴料煖帳等費亦不下萬餘非特部劄以開領則
本明旨以提催此日會典所載嗟乎歲入去其半矣民
力盡兵窮矣猶可執典制為辭乎望議為酌察毋較狗

南渡錄　卷三　七十

卯出亦一兩伴人

所時以有盡金錢供不絕用度也至通計今日財賦用
之內者僅居十之三用之兵者不啻十之七聞有根本
餉之地若而此類蕩焉者聞有稍未入于太倉而歸兵
操捉者庚公卿呼戰守不問裕餉之道何術而可望乎
牧夫荷戈無力黃頹瘦骨負甲不勝是謂弱兵弱兵宜
汰也彩服錦衣翩翩馬上妓童美女酣樂營中是謂奢
兵奢兵宜戢也市人遊戲閭巷較心意潰逃卒闌金色
變是謂怯兵怯兵宜去也紙上能銜按籍則有陣中極
糾核數則無是謂虛兵虛兵宜清也乞嚴敕督撫鎮臣

南渡録　卷三　七二

一一中昭戎閒七種之食或散之弱歸衰毋以數百萬之
餉爲不戰不守之兵坐耗而虛糜之也
丁酉准蘇松巡撫祁彪佳回籍
彪佳撫吳甚得民心迹爲朱統𨨗張孫振所詆遂移疾
去及郡邑失守自經死
命督輔究山東總兵丘磊
磊鎮齊不行妄肆縱掠乃攜家渡河又攜被逮原任保
定總督侯伺同往督下海北歸然後自以百騎回安東
衆倾撫臣田仰時因磊手札有怨憤語故致督輔可法

其恣恣者傷乎以科
得巡按何三所哉

言其不軌狀至是請入撫院第捨下獄事聞命可法究
奏覆獄中
戊戌加總兵鄭鴻逵官級廕子世錦衣衛百戶
己亥貽原任大理寺卿陸世科右都御史廕一子
起[illegible]原官戶部尚書協理府事
參退御史羅萬爵疏糾周鑣著法司究明
鑣抗燕閣有煩言萬爵燕湖人言之甚詳然以糾經故
論誅東林至請己與阮大鋮張孫振等有構殺之人皆
哂之

南渡録　卷三　七三

庚子起原任南京吏科給事中應勳原官
部題原任工部主事徐蘇初改授科員不允
蘇初爲人朴拙而以修復功奉旨允改授及題補科又
以部爲改授祗閣作門報罷人謂不諧閣臣故也
升工科右李永茂都察院右僉都御史巡撫南贛汀湖等
處
時永茂意以謂先巡京營與諸弁爭庭謁禮故附外
然閣臣承擬爲非也除謝閣臣俾以同鄉救之
准孫維城襲封懷寧侯

平良加户部郎中愢起授光禄寺少卿仍理餉務
達揚後在海中起兵受撫不臣同事三百餘人歸鄉於
蘇無一降者人比之田横云
升大理左寺副王文企太僕寺丞
文企爲朴臣崇禎時以言謫
加監軍道宋劼兵部郎中李楠飛供太僕寺少卿
加刑部尚書解學龍一級蔭子世錦衣千户
追叙崇禎時江右捷功也
壬寅祈任光禄寺卿許譽卿乞終養允之

譽卿見時情不合故乞歸去部覆仍昭祈街給與誥命
亦與敕云
謚原任兵部尚書呂維祺忠節給祭葬
維祺里居死流賊難
原任禮部主事周之璵追五級
予故刑部尚書沈演祭葬贈太子太保蔭子
准錦衣衛百户張俞之入錦衣衛職
其後以僉事李向領兵司張戚則子也
甲辰加考功郎中孫朏明太常寺少卿

後與父雲指揮仕北仍爲吏部主事
陞詹事府正詹事兼禮部右侍郎仍管翰林院事沈延嘉
左春坊左諭德兼侍讀劉同升右中允兼修撰陳之遴左
中允兼編修劉正宗管理誥敕
贈原任山東巡按宋學朱大理寺卿蔭子
濟南之陷學朱死無知擬故郎典至此始得時同死提
學翁鴻業子疏請又見敕
乙巳命永禁換授改世有故沒行者許科道糾叅削職遣
遣外永遠充軍

明旨切撰一件揭閣臣擇之宗非也且罪何至永戍
丁未命張鳳翔以兵部尚書兼都察院右副都御史總督
浙直水陸軍務巡撫蘇松等處地方
鳳翔後降北仍爲侍郎
升浙江叅議盧若騰加都察院右僉都御史督理江北屯田
巡撫鳳陽等處地方
加副使馬應魁太僕寺少卿監叅將沈思誠兵蘇赴昌入
川勦賊受督輔王應熊調度
北兵陷宿遷尋以浚剛

兵至則逃去則掠滑稽無如是
予鄭彩廕一子錦衣衛千户
授黄蜚世錦衣衛指揮僉事黄斌黄芳各千户以蔭衛微
勞
授李僦閣錦衣衛百户
河南承差以微勞官
命内臣高起潜提督江北兵馬糧餉沿江水師
起潜先從海至淮命入京陛見至是乃用
罷職方監軍

以多倖濫故也
己酉命九江提兵黄斌卿駐皖池兵用皖餉
斌卿鎮九江須知左良玉難制不肯久駐遂改
庚戌命都督許定國鎮守開封江維
命提問楚撫何謙丘祖德曾化龍及總河黄希憲
御史沈宸荃言今東豫西省所爲提約經營爲王永吉
張縉彦永吉先失机負罪　先帝拔之爲督宜如何效
死爲報乃擁兵近甸不能勤王救敗惟知一逃罪之極
與猶輕縉彦先考選部屬　先帝屢拔爲中樞亦宜如

何效死爲報乃身居帷幄不能固城衛主甦顔苟活加
之寸傑非狂奔蒙　皇上矜含封疆寛恩佚道則二人
者　皇上白肯重用之人可不效曾劑孟明收功三敗
哉奈何永吉覩望逗遛排徊淮海間未聞荷戈先請詰
命爲贖予昔日之罪無可逭新功予今日之功無可録
且何急於榮父母而緩於勤君上縉彦不聞一矢加遺
狼狽罔罔間與東按南來糾迷義勇收拾河北之謂何
豈一隍衣冠貪生負國之心濃出死何以對　先帝於
何以對　皇上與臣民也不固一喬貽誅萬年矣若劚

與昌平皆三輔也永吉罪在難逃何謙更多一失地陷
諸陵之罪至京師失陷　先帝升遐凡在守土皆宜厲
兵秣馬供新君之役仇乃賊塵未揚先去爲望則米撫
丘祖德河臣黄希憲何以自解皆不得令文山頓望廷
尉也疏奏與不列名之登撫曾化龍一并提問
興平伯高傑請翰原任大學士周延儒贈督朱大典翰林
吳孔嘉家免倘不允
大典孔嘉皆餽於財而孔嘉又以合時局議起高傑武
人請既皆憶緣索於春客非其志也

大學士馬士英請敵酒税助餉命戶部議行
總兵杜弘域所陳也官納票一斤納錢一文惟土酒半
文填大小各號例派納〻課後名糟坊為官店免雜差
逆者依擬按律究罪
辛亥起補原任御史曾偶山東道
閏崇禎時逮削
起原任山東巡撫王國賓光祿寺卿
復原任刑科吳希哲原官補工科給事中
希哲先以參戍

城金山關山
京口監軍主事楊文驄請之
命逆結從逆諸臣并以四議為六等
工科都李清言今者從逆一案做唐六等定罪矣然今
法與唐法異何也彼議于東京既復後此議於北京未
平時也或從闖或從虜能令如達奚珣陳希烈等皆洗
足持類大理對簿者然則如之何曰無假之筆耳夫子
之懸筆春秋也豈能盡一時乱賊皆伏而視誅哉止緣
吉栻吉枚不負于武王三寸管而迄今內己久朽骨猶

新瑜則此筆之風霜亦烈矣故臣願今日司三尺法者
吾頭可斷吾筆不可移堅持此筆而已若現在繫獄諸
臣惟有法可議耳夫一身伏鑕血有時枯而千年與毫
與無時洗明有天日幽有鬼神故臣又願今日司三尺
法者無軌此筆亦無枉此筆上者辟中者戍下者配與
杖一以明允為乃耳然則從闖從逆諸臣遂有死法與
生路矣一曰從闖君從闖當為晉顧榮其陷身陳敏
惟曰以函首送款顯逆賊陳敏之名為快於是與甘卓
合計誅敏而索卓歸晉如是者無罪一曰從闖君欲從

闖當為晉苻序其陷身苻堅也從淝淺大呼曰秦兵敗
矣于是謝玄乘其擾亂以八百破百萬衆而序卒歸晉
如是者無罪至從虜諸臣又有別矣夫闖無功若
身爲異域心存天朝則弭兵息民亦所以報也一為宋
王繼忠是故判丈也因兵敗臣虜然卒以適好破任一
為宋祁宰是先以醫術補官者也因汴陷官於金然卒
以誅南伐被殺夫如是死節者矣此臣又於六等外
列為四議以爲從闖從虜者啓一始失身而終報國路
也疏奏命如議逮結

丞于命蘇松督撫祁彪佳會同監臣孫元德清查東南錢
糧
時監生陸佐疏言東南正供錢糧多為丈量侵蝕故也
人以為本元德意
與平伯高傑既為吳甡鄭三俊金光宸姜埰熊開元金聲
沈正宗等報聞
監軍侍御兼兵科衛胤文因傑為吉甡按敦昧泰都面
去思及其挾晉勒餉著功防河無滿晉人尤德之有能
有為有守此所長也獨一生大病在認東林太真高予

南渡録　卷三　七十九

已以君子稱絕人以小人不附己者雖盜跖亦指為伯夷
不附己者雖伯夷亦指為盜跖當壬午癸未時流賊盤
踞荆襄甡奉督師命逗遛一月平生氣概一朝都盡
先帝若錄以抗違誅不為枉寧與一戍此至仁也既幸
逸　先帝之仁則此時更不須追論甡罪扶難濟艱今
日寸無甡惟願甡自今後遇事則從國家起見遇人則
從人品起見切勿以声氣二字排陷把持則不負　先
帝之恩矣三俊清心若水勁節如山但入骨之病亦認
東林太真加之東甡執拗偏聽成僻人曰某是東林則

青心特平

信為腹心某非東林則疑如仇讎至貪如萬狀之吳昌
時亦因聲氣二字破格拔擢識鑒謂何若起李開曹用
操清範三俊其可少哉金光宸經濟遜甡孤高亦讓三
俊而把持門戶頗與相同當周延儒再起時光宸與姜
埰附一手推定仗為己用而後澌激水火此所短也然
才非庸伍守又廉特去其禍心便成佳品埰于昌時起
陞儀部日號催赴京譽為賢聖此畏門戶而不敢不入
遂至昧耳若令儀真十年請恭忠政儀人感之其為
給諫亦號敢言趙之林豈曰憐才臣嘗嘆國家敗壞

南渡録　卷三　八十

皆由在廷臣子全不務做實事東林浙党勝負相爭高
者以有用之精神供無益之口舌卑者以立党排陷之
說為納賄招権之秘東林中君子多而小人亦不少但
東林小人皆借君子名以欺人而人畏之浙党中小人多
而君子亦不少但浙党君子東林亦必指為小人而傾
害之一勝一負相攻不已惟望　皇上明斷于上諸大
臣虛懷于下略其所短取其所長則所裨非淺鮮矣疏
奏得旨切中肯綮部院申飭
復原任御史敷教官駐廟灣將經海上官民

京拔陞以黠聞又從逆由劉澤清薦膝復從降北復為
御史
癸丑逮原任湖廣巡撫王聚奎
以任事已壞兵餉供無逮璣京絲為黄澍所糾復與澍
訐故也
係國公朱國弼等言兩浙財賦重地不宜建藩命禮部覆
議
國弼奇内負定策忌路王近處肘腋故也
甲寅起原任河南布政楊邦翰太僕寺卿

南渡錄 卷三

邦翰老以居里究升文科部依布夏曾向喆文部尚書
張捷之不能答也
右科吳适疏劾監司陳之伸夏時亨鄒正中等下部處分
疏言之伸癸未遷充東道聞警却回方在遠聞乃棄國
變遽言得旨陞用復列監司時亨以處分數分意補狀
邑勸衆知縣逃梅岺題加副使通者飭衆更初聞國變
南逃又營肯鉛差入豫無何牒稱總長借題迎護跟升
江右方伯工中流職州守借危題為名許起授求有監
司曰事條陳竟不至境皆司道不法之尤者又若革職

黄國琦阮溢等監軍宜令削秩圖功許湔前非不效則
二罪俱坐阮屬飭以熟向任吏屬禁以絕效尤庶朝廷
尚有紀綱而臣子稍知法守至于大會逮問之曾應瑞
失地潛逃之樊師孔飾辯巧營濫入章奏均非政體疏
奏史部覆之伸降級調用時亨以僉事圖功正中削道
銜勝與國琦俱奪職充為事官一時與論翕然快之

南渡錄卷之三終

南渡錄 卷三

此何時也方汲汲狂此

南渡録卷之四

大理寺左寺丞前工科都給事中臣李清纂

十二月乙卯予殉難諸臣謚廕世錦衣者命非

有軍功不得與

加兵部侍郎練國事尚書原任尚書白貽清太子太保各廕一子

贈故陝西巡按李應期太僕寺卿罷廕

皆以勤冠功

原任通判副總兵王乂倪乂時乂請追論妖書及三案諸臣命允

之

南渡録　卷四　十一

伯時自稱隨封恭皇帝知前後事最真因既　皇祖神

宗時宮闈内治皆賢文母但冊立東宮稍緩蓋緣孝端

皇后年茂明諭閣臣待嫡若諸臣果從國本起見言非

不正但謂非加之易儲名目則無以為功必欲傾陷孝

寧太后暨恭皇帝於不測讀　皇祖慰皇太子有逆惡

捏造妖書離間我父子兄弟之諭供時泪下皇太子亦

含泪時緝訪雖嚴奈庇護多工終以貫盈劣生皦生光

充數而吞舟巢竟漏網及東宮已立恭皇帝之國可無

他議矣乃秉瘋漢張差突入東宮而王之宷以提牢主

為鄭貴妃翻梓以掮弘光因乃為諸奸洗雪小人之尤

事搆無影杜詞作本犯口供又賴　皇祖聖明召諸臣

於太皇太后靈次太子皇孫並侍於前委曲宣諭有曰

我父子何等親愛外庭有許多議論爾等為不忠之臣

使我為不孝之子可見　皇祖骨肉間俱有不安則奸

黨逞此兇心將置祖后皇考於何地時臺臣劉光復越

班趋進大言曰如聖諭　皇祖怒其狂率兼震驚太后

神位因逮詔獄時龔彥能諫不知所諫何言癡人說夢

大都類此迨　皇祖升遐遺詔令冊立貴妃為太后衆

奸堅執不從隨移居一字號殿賂資什物十失五六至

南渡録　卷四　十二

熹宗初年猶牽諸不休凡能指詆祖后皇考者即稱為

風力即此舉動無非欲誅陷祖后皇考於莫可言之禍

耳臣又憶先年有三大案賢奸顯若如挺擊之案主之

者王之宷何士晋救之者劉廷元岳駿聲楊維垣也紅

丸一案主之者孫慎行張慎言吴甡救之者徐景濂張

捷霍維華王志道也移宮一案主之者左光斗魏大中

救之者賈繼春也今　皇上承統祖后皇考尊崇謚號

若取實録一覧祖后受刑奸陷害身處危疑機之地

者幾三十年今日報復當不在閒賤後應為洗雪速頒

詔布告中國外實錄逆記一一更正野史日抄盡行删
削或另入一篇以揭明奸雄閒之謀仍與 皇祖聖諭
與諸既自供按名追論得旨已經大赦始不深究
丙辰工科御李沛以勞逸相持請申飭中外亟圖自修從
之
既言古帝王中興莫不拓基于自強而畫境于自足故
漢光武有言既得隴復望蜀人苦不知足明知足不可
抑而反以不知足自喻故取於天下者足也若宋高紹
統落脈僅有天下半而說者謂其病於意足以已之未
有為称而不以祖若宗之全有為称故足耳若 皇上

於今外何足之称以河雒為豐沛則恭皇帝宅中之舊
封也為恭皇所已有而不有則不足以金陵為長安則
高皇帝無外之初基也為 高皇所全有而不有則
亦不足恢復之議復何可緩雖然昔人不又云乎內求
諸己而所憂乃重于所喜夫亦謂內者甲兵損蓄積乏
將士惰且驕弱本以固功則功不舉耳臣以為事難試
而志無中斂則爲有味乎子胥之稱句踐也曰為人能
辛苦何謂辛苦則無荒於飲荒於色無荒于瓊宮瑤

文章甚妙
經此時亦以
取文章之工
哉

臺之翫與南金和寶之玩皆此物此志也況今何時乎
宮闕已鞠於犬羊園陵漸蕪於狐兎登城北望慨然流
涕斯正其時且不獨此也臣又嘗歎我朝有二亡惠廟
以仁恕亡 先皇以英斷亡皆不以失德然昔殉主接
踵今從逆比亦 先皇在天之怨恫比惠廟更甚所望
皇上擐甲執戈縛克豎蒜下刺心血以祭先皇陵則
此痛可伸耳昔夫差初立出入必令人呼曰爾忘越王
殺爾父乎其報越何決然究也志懈垂成以荒淫自娛
而句踐乃得以辛苦乘其敝此亦有初鮮終之前車矣
故臣願 皇上時時抱痛刻刻懷恥以此志為中外臣

民倡也不然恭 皇上既弛于上則諸人必逸於下新
亭之血洒淋於東山之絲竹日聞臣忘中原矣望使從
懶於高麗伴誦不呼于河湟民忘中原矣始矜壯志於
上馬謂黃龍之直抵有期終耗雄心於驕驢謂西湖之
行樂可老將若士與忘中原矣試如是將列聖之幽恨
何時舒 先帝之深讐何日復臣願諸臣發一熟省也
抑臣更有請夫宋之南遷猶走李成擒楊么以靖內制
外而今則獻猾交熾兩川危若累卵且汀瀨南贛閩又

以譽聞矣北有既毀之室南無可栖之堂從曰王業不
偏安何偏可遽安猶大言之也乃所恙可幸都奴閣交
關南收不忍網綠未成惟此閘啟若彼擒蛟蚌二界我
歸漁人一擲將乎將乎後將有不及問都此奏命通行
申飭
丁巳進誠意伯劉孔昭東平伯劉澤清皆為侯加監軍僉
事張文煜太僕寺少卿
皆以定册功也文光後降北復為錢塘知縣
禁巡按不許拏訪拏者止許正法不得追贓

先是劉澤清既裁江北按差不允至是極陳拏訪之害
有參之民吹不旬幾背皮包荒擡扛箱等語遂禁之
命督輔所御詞度行間供先發後聞
命左僉都御史郭維經專督五城御史嚴飭保甲譏查奸
究以清輦轂
從户科吳适議也适言維經璧經都城已有成效宜責
成彈壓以從民望因薦黃鳴俊熊奮渭李茂芳堪任督
撫不宜淹抑
戊午升御史鄧起隆太僕寺少卿

加封于蔭旨
陞一日

准原任刑部侍郎朱大啟蔭一子
命明年合祭天地以太祖成祖並配
並配非禮也
授淮縣民白可松錦衣指揮僉事
以獻忠故
錄開國功臣鄧國公鄧郿裔光奕為世外衛指揮僉事
國用與弟勝皆有功獨為不錄 此非急務
己未升工科都黃雲師大理寺右寺丞
復原任右諭德稳徽吹繼原官尋調用

初僞四維從逆已授修撰至是既辟復官忽以忠義褒
工科右戴英言四維 先帝時曾受人千金保舉非類
事發詔別衛門鎖管百計再入木天至從逆一案惟四
維彈射為多乃云與封疏薦三月初十日命下即出都
門夫舊例四月中旬部方以封差遇四月二十六日方
停御領節冊或服物未具儀狀未成尚須守候今曰三
月初十日則去與封時猶閱月整裝出都何其遽也至
授衛瓶文例為言正自有別蓋瓶文祇受刑辱貫未汙
偽命豈得同年語哉疏奏四維復調用

庚申命建文諸臣止予贈謚不得乞廕以濫倖濫
補咸陞御史高允炫雲南道
辛酉命湖廣巡撫何騰蛟以原官總督川湖雲貴廣西等
處務四部管事
巡按山東御史凌駉入劾
廣東僉事唐猶泰自疏加級著晉俸二月
禁錦衣衛僉堂擅受詞狀拿禁平人從御史秦鏞言也
鏞疏言京師重地法行自近今形格勢禁殆非一端如
金吾緝事原有專司今則僉堂等官並侵職掌姦徒竄

役通地方詐冒名恐嚇所在而是詞訟問理巡城專責
今則部司戎政總理都督各處受狀動拘小民牽累誣
枉民與樊風總累皆善若三輔要地亦內地民力已竭
全時寬租薄賦固結招徠乃有無賴之人秉國家之急
假託除吏妄肆紛擾萬一不察誤用其言識爲根本之
憂若南畿以至兩浙亦內也財賦之地不建藩封今南
奔諸藩過市衙直設處供應既累民財過處藩然亦傷
國體至於外戚不立臣豈能悉數始舉其大者如冠之
大體未雪乃安心寢門罪之師　之和議未成乃拱手

讓河北之地將帥人臣已裂土封疆也諸利假便宜矣
呼類之疏日逼聖聽亦宜揭示裁抑如封疆大吏朝廷
命官或委遣不去或召致不來或人有所避趨而朝東
暮西此去彼就綱紀墮壞總兵一官原爲鎮守要地今
不爲地擇人乃爲人擇官勅印紛紛請給副將以
下皆不屑爲監紀一官原以贊畫兵謀兹令文武一體
今則添設多官非假燃灰即闒延化封疆一案功罪略
同何以致虛截罪之名此入爰書之案從逆一途輕重
判別何以一入廷尉之室一登啟事之堂凡此皆不順

不感之大者既奏通行申飭
安遠侯柳祚昌既請以定策功爵賞閣臣馬士英等不允
壬戌興平伯高傑討賊程繼孔斬之
繼孔以衛將作亂先爲鳳撫馬士英擒乘國變逸去復
亂徐州督輔可法與傑密計命將賀獻昌等擒斬捷聞
戶科吳适疏請優叙行間諸臣激勸軍功以速遣防從
之
命各省直提學官嚴汰武生以清學宮
先帝時所立也

刑政五

命有司士民不行輒拘從逆族戚搜㨿家産
刑部尚書解學龍先撫江西用有司拘系文举等家甚
急撫及族戚故詩撫慕淺學龍罷後行撫有司周知適
從矣
癸亥給追贈諸臣章曠仰如德等誥命
贈原任應天府丞嘐庭訓府尹停齋予原任兵部侍郎彭
汝楠祭停贈廕
時乞卹甚多閣臣鐸以為批其廕則自絶然夤緣者又
關贈之故終不止

非綸修吳國華右諭德
革留杭州南關主事林日光職仍提問追贓內臣孫元德
糾其串同部棍加税入私也
元德又查新舊餉缺額一百七十五萬發引價欠三十
三萬於是兵部一應新舊錢糧俱命清察亦閣臣士英
意也
甲子御史事巡撫陳睿謨助餉收贖
罪在失陷衰陵以納銀二萬免
升兵科左玗之晉本科都給事中

後降北為蘇松道旋乞休
起補原任御史馮明玠沈向供廣東道
明玠崇禎時按山西以北兵入削籍向則吳昌時倒轉
者
丙寅御史沈宸荃疏陳禦虜實著命兵部飭行
言虜賊今日皆為國大仇自東藩失事三十年來兵財
盡耗於虜故賊起而乘之及賊逆不容誅復巧借復仇
之名拖有燕齊是我中國始終受虜患也故目前之策
防虜為急賊次之以討賊為先聲以防虜為實著又當
以款虜為虛聲以禦寇為實著何也虜勢已急賊勢已
稍殺也賊罪可聲虜之罪未可聲也故於討賊則以其
師挽吭其師拊背其師犄堅或姑再遣一使陽約為犄
角之勢以大振復仇之聲而其實即以皆為防虜計此
所為以討賊為先聲以防虜為實著也虜明知不受款
矣而我款之亦不妨謀復凡僉人所以愚宋我者用以
愚虜賊見我與虜尚通則必不敢復與虜合賊為虜犄
盡力除虜而我亦得專意防虜虜防既固然後乘賊除
徐圖之此所為以款虜為虛聲以禦賊為實著者也

亮工有重名往北者甚多言者

附祭恭懿皇太子吳悼王衛懿王徐哀王原懷王於興宗
改改謚孝宗張后曰孝成皇后
工科都李清以憲廟稱宗宜入太廟止既請附祭恭懿
又言孝宗張后舊謚宜改部覆從之
欽守河南總兵許定國邀殺降北之兵遂入河南
除週西當塗關以扼闖北守大河至是發言借北抗闖
興北為一北兵遂渡孟津竟入中原則闖歸亦不守矣
丁卯起升河南左布政尹仲太常寺卿升尚寶司卿顧光
祖太常寺少卿

南渡錄 卷四 十一

復原任御史周亮工原官
亮工自北歸錦衣衛解下獄既釋復官閣臣鐸力也
降北為淮揚道
戊辰北兵陷海州
升原任山東巡撫李希沆兵部添設左侍郎
升湖廣參政高斗樞都察院右僉都御史巡撫湖廣等處
築蠏觜堡板子磯堡
二堡皆各水汇歸江流最狹處阮大鋮所云二合也
禁錦衣衛緝校擾民

此至契政令而草何也

時衛訊丁象乾一案内干連數人並吏部書役所昌期
役遂登堂索之尚書張捷呵使退咆哮殊甚捷怒欲參
其横然僅云然不究而已
己巳追銅改閣秩
命戶部議將折定價布示直省革小單抬耗之弊徵完銀
兩州縣經解伺部并裁逐單行月糧免伺役戶科吳适議
也
行稅契法
凡民間田土熟田每畝二分熟地每畝五分山塘每畝
一厘給與知照元年契尾一紙永為世產行一年止

南渡錄 卷四 十二

方司王期昇所請也
改戶部主事武愫於吏部
舊制降謫官無推吏部者愫嘗謫蘇廬州令以陪推黜
入詔閣臣鐸意
廢內臣李國輔侄李守貞為錦衣衛都指揮僉事
以微勞功也
命督撫司道等官有巧竊規部者吏科參來重處
吏科張希夏言臣屢接塘報知和議未成不勝愁慣歎

徧字妙然閑
都有以徧得
之不獨外在
也岳飛之神
徧字

絶當合舉朝精神悉歸併於一路非計兵計餉退虜禦冠之事勿言非忘家忘身孔才大略之人勿舉耳無奈人心謀巧機智横出朝廷為封疆求真才彼遂借封疆作詐局其間亦諭督撫之法逢人說劍談兵到處挾金求薦聽其虛聲真若忠義滿腔甲兵風雲者及督撫到手又別有安排非借需餉而延時日則假條奏以拖逗留迨至事會既失自然擧步難前四京別用正中深謀盜爵禄而欺至尊莫此為甚其次則諭司道明知死灰難燃不得不藉危途以活机軌當其毅然獨任若東西南北惟君所命及其路遥既通則齊擬江淮任彼那移究竟逍遥河上都不聞繳一帶而凌蔑憲法紀彰明之世能容此乎其次則又論推知題雖名曰危疆心實在於別改至於狡猾青衿市井無賴亦思從山公之形弁髦名器貽咲鶴梁寳自近日始矣臣以為伐其萌須嚴其令壯其終當慎其始今後凡點用督撫監司於有事之地皆謝恩後即令束裝就道勿再陛辭勿候領勅餉不妨源源而來勅亦可兼程即赴計其地之遠近定其限之遅速如事尚可為故意遷延比至時移勢殊亦以

失陷封疆之罪罪之若危疆扼知之考何以偏見之布衣諸生製錦何席刑名何事乃可濫投匪人以滋偾實乎即貢監歟亦出仕者亦須緊年力驗才品勿謂人所樂從不前者便可令其快意以往也從之

户科熊維典以民窮差煩恐滋騷擾請停止催餉各差不許

督理蕪采太僕寺少卿宋劼請開採銅陵縣銅鉛以資國用命自行督理

疏言銅鉛之産與金銀不同採金銀則利重而啟速人所必爭銅鉛利薄而啟遲可免覬覦且開採之地必用兵防護今即以營兵轄護兵不更置糧不別增於計甚便從之

命削沔陽知州章曠官職戴罪充為事官赴監督軍前效用

命訪求三朝要典宜付史館又命分別察議逆案量與酌雪皆從通政司楊維垣言也

疏言忠孝二字邇来不甚明以致西賊李賊作幾許赳不忠大不孝之事如張差梃擊一案誰不知其為風癲

而必欲強坐為判案倘差為判案則皇考母家必枉受主使之誅而彼時藩邸亦將有株連之禍光廟既不逆友于之愛而神祖亦且被惑溺之名首此難者一貪酷之王之寀耳只因將一非望之功而使累朝父子兄弟無一可者於忠孝為何等次則李可灼紅丸一案平心論之亦止可謂之無功而不可誣為行弑倘此藥為弑則是光廟不得考終熹宗不得正始不但當時首輔方從哲不能謝責即次輔韓爌亦不宜再相劉一燝亦不宜得謚而 先帝亦又失討賊之義矣首此難者一事

後之孫慎行耳只因逞彼報復之私而使累朝父子君臣無一可者於忠孝為何等次則為李選侍移宮一案夫移宮亦正送往事居之常而不當造垂簾聽政之謗似謂非此移不足建其移見吾功然致光廟不能保其巾櫛熹廟不能酬其撫養甚至照管沖主者不歸之數年有恩之宮嬪而歸之妖濕千外之客氏首此難者為一小臣楊漣耳只因逞王安專擅為群小糾援之主而使累朝夫妻子母無一可者於忠孝又為何等當時大臣不附此則不能保其宗祊小臣不附此則不能躋於

要路不肯者不附此則失其護身之符貌賢者不附此亦不能塞責之嘗試居游行之餘地若不訂從前之誤何以破後來之迷此要典一書退以御製重頒天下事之必不容緩者也但使當年作俑者服罪九原何妨今日代發者稍恕一面伏惟垂察宣付史館又言 先帝勵精主也實不宜有今春三月為其不幸及此實從前不忠不孝之臣害之而始實起合黨一舊輔韓爌也爌為衆推戴毫無建明只造得一本逆案而所庇者出之欲害者入之亦只造得不確不公之案如寧錦之捷

不叙經撫乃叙一巡關御史則洪如鍾豈非魏璫私人乎不入此案者以如鍾有首薦門戶故也建璫祠各撫誰不被譴者獨鳳翼豈非建祠於保定者乎而亦不入案以鳳翼為爌同鄉故也諸類此者尚難枚舉即此而論謂此案公乎確乎乞 皇上將從前逆案重為審定第欲訂之不欲翻之蓋翻者謂此案之全差不但造此案者不服即臣等亦不服訂者求此案之至確不但風此案快心即仍嵩亦甘心夫公乃確確乃久乃可傳之無弊尤所以成 先帝美也既薦已故劉廷元等見存

服云何。洪範代答曰，以毋衣故耳。遂設語欲發兵。洪範曰：「令以發來，發來兵往耶？」懋第曰：「且莫小視我江南。」林不答去。次日有自稱户禮部官者至，摩娑蟒緞，稱兑金銀，獨御書不受，且云應朝見。懋第等以天朝使臣一揖耶？留半月，始遣歸。懋第等請祭告祖陵，并葬先帝，不許。又請留銀二千兩，委官督工，亦不許。會虜丁促之，遂行。懋第等三人與馬間用，每懋第、紹愉乘馬，則不令速行，洪範或乘與。偏間令前行，頗疑之。至滄州，果追懋第、紹愉回，命洪範歸報。初，洪範等次静海，舊錦衣駱養性為天津巡撫，遣兵來迎，與相聯。時順天巡撫宋權，我故給事，又巡撫也。兼養性私南使，蒹職逮問。吴三桂等曰：「惟不敢見。」而懋第又執不屈，語甚堅，故終不得共要領也。懋第至北京，稜麻太醫院，乃咨既言臣所奉勅書首重謝告十二陵，會議謝安 先帝先后山陵事，曰故不受御書。遂至相擦，不能拜呂平一步，惟遥望涕泣而已。至謝安 先帝后山陵，原奉勅諭命謝置盧世淮，會謀乃匿，為虜内院世祖組受勅書，雅穗不敢來。冀臣等自十月二十七日虜兵隨向南行，二十八日次河西務閣

懋第不屈於我，猶可云不讀天命，然在明則其事蹟不虧矣

周吕晋等從公發憤，王永光等奉旨吏部祭奏帳真正，黨惡害人，建祠頌美者不許輕議。御史何綸既糾禮部尚書蘇銘，吁兵部侍郎徐人龍叔閣都督陳洪範使北歸

先是，洪範與懋第等至德州，有使臣所遇弗欽，命來京朝見等語。懋第慨然曰：「吾抵淮一既，業云以死許國，寧死不屈也。」次河西務，先遣使持帖與内院商御書入城，強内院以我故大學士也，辭色甚厲，却帖不納，不得已前至張家灣，遣書攝政王，始遣禮部官又奇庫來迎。故呈迎御書從正陽門入，懋第等隨之，下鴻臚寺。時十月十二日也。次日，禮部官四人至，往索御書，設語進貢。懋第等力折之，始退。午後内院剛林至，踞椅坐，盛氣以待。懋第三人出，欲命席地坐，不從，大聲呼持與對坐。林問令上即位故，又問 先帝遇難，江南何無一兵相加？懋第等對曰：「諸臣剛愎正欲北行勦賊，而貴國先之。恐驟以兵至，疑與貴國敵，今始相酬，并約勦賊耳。」語畢，以不受御書告，通使曰：「因言御書，故不受。」懋第等折之曰：「大明天子何云非御書？」林頻視懋第，色不悦，指曰：「汝袞

实々可傷

相向泣曰此行原為祭陵哭　先帝而來不允何以報
近年儀註並牲品於次日五鼓先望祭　祖宗列聖帝
后隨望祭　烈皇帝烈皇后說羅造次不敢不近禮而
我堂堂祖陵使臣達奉君命而不能一叩首山前是臣
等所痛心悲泣而不能已者也至　先帝先后位社稷
之陽九盡乾坤之正命梓宮極王者未成禮又臣等所
悲號泣血而欲絕者也至　先帝先后梓宮一事沿途
訪問言各不一有言葬田貴妃坟內者有言隧道未斷
完艸艸掩埋者因遣加銜遊擊楊三泰等密往昌平山

南渡錄　卷四　十九

陵一帶採問行共四報內稱　先帝葬處名翠華山原
田貴妃塋坟夫頭江大領夫五十名起工正開隧道又
有監工內官黃高等開土已見石門三泰自稱行商百
姓望石門叩頭數十將隨帶紙錢焚燒流淚不止旁觀
皆感傷隨拉江大道側細問前事江大云四月初一日
流賊用人三十六名舁　先帝柩至此停紅樹內又用
人十六名舁周皇后柩並停昌平州鋪行百姓共斂錢
三十千以開隧道又有本州駐劄戶部主事同知州
共看葬四月初四日入穴　先帝柩在中周皇后柩在

左後田貴妃柩在右今攝政王恐未葬入穴因此開看
便於修造碑亭又採得各陵殿宇皆存祭器物不全
昌平東門外松樹伐去大半紅門內樹木亦砍些須又
說　先帝隧道寬二丈五尺等語臣等聞報慟哭隨於
二十四日五鼓望　先帝山陵率各官叩頭說此臣等
不能親叩　先帝山陵之罪也至東宮二王的耗沿途
訪問言者亦不一有言流冦向山海發兵人皆見皇子
兩位出者有言流冦敗回在通州西門上見一位有父
老跪進履者有言冦西逃時入親見挾一位在馬上

南渡錄　卷四　二十

出城者十一月二十三日守門爽官口稱　先帝皇太
子到禮部隨令人密傳報稱有不認者不認如皇親周
奎太監貢應廣百姓皆痛毆凡認者保者官民十數人
虜皆即殺訖又　先帝公主在周奎家聞年十四為
先帝手及斷一手死而復生又聞自稱皇太子者見在
刑部虜以為假而道路百姓之口多以為真臣等竊聞
此地既不能而問真偽又無從向虜置一語此臣等所
聞東宮二王之消息也時洪範亦有既言皇太子曰虜
兵將至先為賊手弒止挾二王馬上行迎戰永平失利

二王亦受害，與懋第言異，然無實據也
命訊瘋僧大悲
大悲殺人為僧於蘇，忽狂言 先帝封齊王不受又封吳王，命府部科道等官同法司會審
庚午追叙原任巡按貴州陸獻明功，加陞一級，遇缺起用
仍廕一子
閣臣士英貴州人，故私之
命寧南侯左良玉早恢襄陽以通鄖宛
良玉請列銜督撫前，從之

總督張秉貞疏陳兵餉兩匱，時勢難支，命諸臣速行料理
疏言：方今虜虎視於東，寇豕突於西。人但知逆寇未滅，憂在腹心，不知狡虜方來，禍在肩背；人但知藩鎮勢重，不肯合力趨塲，不知藩鎮兵孤，未能獨力搘勦；人但知將士驕縱，方且征進有餘，不知火器短少，正苦防禦不逮；人但知防河急守門戶可以保護江南，不知防江更屬根本，不可稍踈戶牖；人但知兵力單弱，境上實少雄師，不知餉額空虛，冊中先有缺額。民無固志，兵有離心，誠恐又於此危，知朝廷尚何倚，言捷戕哉。乞勅下諸臣內外一心，務求長策，俞之
辛未命黔中漢土官兵文武將吏俱聽督輔應熊節制，巡撫宋聽選用，應加銜各官皆先行後奏
壬申加輔臣士英少師
禁各官薦舉
從刑科右錢增言也
命總督王永吉專防江北，張縉彥專防河南，有警相救
癸酉准內臣馮翔進廕弟男
誠意伯劉孔昭再疏辭侯，許允之

時文武大臣自士英、閣部以下，咸口矜定策功，惟孔昭泣叙成命，時論賢之；後亡命入海，不知所終
命都督牟文綬督漢土官兵與督輔應熊合勦張獻忠
命陳洪範赴師軍前以備譏警
督輔可法疏言和議難恃，戰守宜急，圖復，詔答之
疏言：臣向所望者，和議獲成，我因合虜力圖賊，逆其後仇耻；今北信言旋，虜兵踵至，和議已斷，斷無成矣。向以全力圖寇而不足，矧今復分以禦虜矣！際此時艱，發心斷絕，然歷觀往代衰亡，莫不因和自誤，今虜之拒我正

我所以自恋與天所以成我將在人心一轉耳從來中
興大業不外於君臣一德臣嘗概唐宋門戶之禍與因
廷相終即使所用皆才已廢却一半况意氣相激化成
恩怨嚴為報復近年之事殊堪痛心今時極艱危為臣
不易官之久者其負罪益深位之尊者其得禍更慘有
心之士方以此為危身積疾之場而無識之人乃以此
為快意尋仇之計即使藏怨蓄有深于戕我君父覆我
邦家者不此之仇而猶修睚眦之微嫌快外况於軫較
此之謂不知類矣謂宜虛心平氣遐之大同何人實是

幹濟之才何人實是清修之品無尋嫌目而閧棋蔡之
端無捕風影而肆株連之網務得海內真正才品舉置
鈞衡中朝之紛錯成風閫外之嫌疑自化此臣所望廟
堂之同心者也昔唐室弱與時有李郭宋家再造時有
劉岳張韓諸鎮何嘗爲若當患已剝廢尚以賊貽君父
讒非諸鎮所忍出也然大將所定者惟志三軍所鼓者
惟氣志不齊一氣不奮振雖貴有之雄如秋之衆莫能
用也試思 先帝待諸鎮何等厚恩 皇上封諸鎮何
等隆遇 先帝之罹賊難諸鎮不能救 先帝於難何

等罪過釋此不問自弃干戈是猶舍父母仇尋卿階閒
也今和虜不成惟有言戰戰非諸鎮事誰事必皆以
皇上復仇為心簡乃車徒敵乃甲胄惟虜是風未至何
以伐其狡謀既來何以禦於河上其當危地而我必急
以往援其爭小嫌而我必先以大義田單報燕之日將
卒有死之心士卒無生之氣庶前列頭定交子儀釋憾
泣拜諸鎮豈不聞乎是臣所望於閫外之同心也然閫
外所視朝堂朝堂所視主德 皇上中興未就大仇
在身凡一舉念一開口尤望深痛發憤大渙綸音諭諸

臣以怡堂不可恋積習不可恃在內發籌兵餉以卧薪
嘗膽為生機在外力擇封疆以江北中州為死所撥亂
為治轉弱為強在一振厲間耳時吏科都 張希夏見諸
臣日尋報復亦言當以光復故業為大劃策以蕩滅闖
賊為真報仇然莫能省也
甲戌將刑死工部主事李逢中太僕寺少卿
起補原任應天府尹祁逢吉光祿寺卿
撫寧侯朱國弼既劾舊輔吳甡原任吏部尚書鄭三俊不
問

崔呈秀岳五
六知推用

時曰高傑爲牲等故有此瀆於牲言其奉命護陵逗遛
縱寇於三陵言其以賂用吳昌時潤亂銓樞雖城新襲
滌人皆謂劉孔昭等教之也
詔翰林院編修胡守恆文節廕一子
賊破廬江守恆以城守見害
吏部奏起爲民陳爾翼既而不果
先是忻城伯趙之龍既薦逆滐太常少卿陳爾翼下部
起用户科吳适時署吏科抄參其非之龍怒既爭之适
曰言祖宗典制惟科臣專封駁未聞以勛爵參者爾翼

南渡録　卷四　二十五

傾躬魏忠賢用命而內外諸臣各盡其心所據者欽定
爰書耳若爲崔逆爲本兵爾翼定有是疏則魏臣代供
矣以論魏逆者爲公道將魏逆在今亦應昭雪而後可
即逆者以爲崔逆者爲公道將崔逆在今亦應推用而
後可即逆者録用一三成反覆昭雪而後擢補非謂兩
逆功臣盡當推轂也明旨有云矣正黨惡害人建祠頌
美有實跡不許輕議勳臣獨不聞乎若一經勳臣條列
逆盡登啟事則封駁之省臣與甄別之銓臣俱可罷而
不誅是悖旨自程而弁髦祖制也吏科展布夏言廢臣
入閣明禁森然乃等大胆爲邪最甚抗君父不詔陵不
見朝公然帶金執刺堂門投謁及謀成事就仍復前歸
形同鬼蜮至封駁之任是臣專責竊知駁人之人反爲
人駁職掌争役是非無主然吏部尚書張捷不預也仍
奏起用爾翼時通政使楊維垣孫逆案雪然不欲多雪
每語人曰若不應雪而雪則雪者不忠故爾翼雖題用
終不登啟事也
乙亥命山東巡撫王燮駐淮安府安東縣無警守城有警
防河登萊巡撫王永吉駐淮上以候委用又省原派山東

南渡録　卷四　二十六

餉銀三萬東登二撫銀米三十萬
初燮與滐皆以邪事起擢悅然任行已見北兵漸熾逆
起懷不進屢經科臣黃雲師梁應奇崔泰工科右戴英
又言臣近聞二東人心不忘本朝鄉勇團聚不下十餘
萬若滐與燮早渡河收拾自不難爲我用今督撫重臣
逗遛如此於地方何望臣謂二臣初意原不過謂宦途
官已入手則向兵部索兵向户部索餉向工部索衣甲
器械借題之不能應手之事以曲遂規避而彌事已大
滐臣謂昔輔東省於虜與退也今棄東省於滐與燮也

若不嚴行處治立正斧鉞恐尤而效之未有止息時明
旨屢催竟不行也至是遂決棄三齊飽二人赴淮工科
都李清等言於閣臣士英謂國法宜振士英但曰入言
我憤〻後人當思我蹟〻
用東平伯劉澤清言復原任兵科時敏原官閣屯大壑山
敏崇禎時已例轉金華知府未出都降賊以澤清薦反
復原官工科右戴英力言不可得旨閣屯不發一併治
罪
華愱考平湖知縣陳台孫藏命撫按提追

南渡錄　卷四　二十七

時中書宗灝熟未及恭已從吏部同鄉刑部尚書解學
龍意在台孫灝怒至是以燬監李挺疏糾其欠課遂革
提或云灝中傷之也
丙子再翰侍讀學士丁乾學禮部右侍郎仍命與謚廕一
子
乾學天啟時以程策忤魏璫削奪謚竟廢
復原任給事中戴廷陞御史周昌晉等原官從通政使楊
維垣言也
科臣為廷陞郭如闇楊維垣臺臣為昌晉陳以瑞徐復

攷三案尚欵有遺言於皆君子亦翻三案者或有平論於皆小人亦皆以此立規矣

陽曹谷袁弘勳皆復原官惟水佳胤以御史例轉候京
卿缺用原任吏部主事李嵩庸候服闋起任嚴劉嵩庸
以貪令屢挂彈文故吏部尚書張捷示別也內惟
維垣佳胤與弘勳非逆案廷陞昌晉谷案中閣任餘皆
為民時谷已故
復原任給事中羅志儒丁允元方士亮御史張懋禧李瑞
和蔣拱辰吏部郎中葛含馨各原官
皆言官所薦也拱辰　先帝時疏侵東平伯劉澤清澤
清遣人刺之途以不遇免至是聞其復官出不避語故

南渡錄　卷四　二十八

獨不登啟事鎮臣之能奪銓臣柄如此
命宣城人劉振脩六部志
振生平博學集國史成古今窮年矻〻閉戶無暇晷惟紅
丸梃擊移宮三案。獨云要典謂當非其所借之人。不當
非其所借之說是或一見也。
增南贛兵二千人
山東士民下毗元等起義兵命督鎮相機接應防之
廕死難巡撫鄭瓊如之御各一子錦衣衛百戶
兖撫邱祖德為事官加太子太保兵部尚書廕一子

加刄呲趙兵部尚書
俱因擒劉超功敘蔭與弟啟光夜皆降北謀起官同見
欽
刑部尚書解學龍以從逆諸臣罪案請命再議
有身膺底戎甘心從虜或不忘報效俟二三年後定
奪者、何瑞徵、楊觀光、張若麒、方大猷、党崇雅、熊文舉、龔
鼎孳、葉初春、戴明說、孫承澤、余必溯、劉漢儒、薛所蘊、衛
周祚、趙京仕、劉昌、張鳴駿、高爾儼、黃紀、孫襄也、有一等
甘心從賊應碎者、宋企郊、牛金星、張嶙然、曹欽程、李振

聲、喻上猷、黎志陞、陸之祺、高翔漢、楊王休、劉世芳也、有
二等應斬擬長繫待決者、光時亨、翟、周鍾、方允昌也、
有三等應絞擬贖者、陳名夏、楊枝起、王承曾、原毓宗、何
胤光、廖國遴、項煜也、有四等應戍擬贖者、王孫蕙、梁兆
陽、錢位坤、侯恂、王承鑑、陳羽白、劉大鞏、郭萬象、裴希度、
申芝芳、金汝礪、張懋爵、吳達、黃繼祖、楊廷鑑也、有五等
應徒擬贖者、宋學顯、沈元龍、方拱乾、繆沅、呂兆龍、吳剛
思、方以智、傅鼎銓、張家玉、傅振鐸也、有六等擬杖應贖
者、潘同春、王于陛、周壽明、向列星、李綱、徐家麟、吳泰來、

張琦也、有存擬另議者、翁元益、魯𥨸、郭充、吳爾壎、史可
程、左懋泰、王自超、王之牧、白胤謙、龔懋熙、王皋、梁清標、
楊棲鶚、楊鶚、黎化麟、張元琳、李崇熙、侯佐、吳之琦、鄒明
魁、姬琨、朱國壽、許作梅、胡顯、趙頎、吳嵩胤、劉廷琮、米獵
也、有已奉旨錄用者、張縉彥、時敏、衛胤文、蘇京、韓四維、
黃國琦、施鳳儀、龔彝也、有已奉旨尚未用者、姜荃林、張
正聲、顧大成也、有報已故者、吳家周、魏學濂也、既上得
旨、光時亨等應否仍須緩決、陳名夏等贖鍰果否蔽辜、
侯恂封疆罪案未結、又從偽命、何止一戍、宋學顯以侍

從之臣、授偽通政、吳剛思受偽命、而揚揚得意、方以智
係定王講官、今定王安在、何止一徒、且潘同春等既受
偽官、豈可但擬一杖、至癸未庶吉士為何瑞徵引見逆
賊、人人訐揭、豈可復玷館閣、方拱乾原未從逆、著與雷
躍龍、吳履中等另本擬、皆明旨所及也、然僅僅擬戍家
居、雖仕北、原未降闖、於此案無涉、而要出都已久、又刑
部誤入者、再與要豁、
復御史楊仁愿等原官
仁愿雲南道、徐養心江西道、向北山東道、成友謙浙江

道劉冕章河南道

削應天府尹王庭梅職紋冠帶聽事

以先為浙江左布政餉銀有欠為內臣孫元德所發也

皇太后移居新宮命婦朝賀

戊寅命於和光元年二月初擇日成東宮二王服

禮部以歲初多慶典未議成服而罷

允總鎮彥言定提兵王之綱許定國劉洪起李際遇防守

信地

之綱歸德至寧陵東定國寧陵西至蘭陽洪起祥符至

南渡錄　卷四　三十一

汜水際遇專守河南有急相援後皆以兵降北

魏國公徐弘基卒

贈太師謚莊武蔭世錦衣

己卯贈殉難甘肅巡撫林日瑞兵部尚書蔭一子世錦衣

日瑞死於賊

加鄖陽巡撫徐起元兵部右侍郎湖廣巡撫高斗樞都察

院右副都御史各蔭一子

以守城拒賊功也起元乙酉後降北為左副都御史

命兩廣總督沈猶龍勦汀寇賊

庚辰復原任吏部尚書王永光宮銜工部尚書姚思仁原

職

辛巳改明年郊祀於冬至

御史沈宸荃言祀天不可緩請遵前旨不聽

壬午命總鎮彥以總督兼巡撫歸德開封河南三府督王

之綱許定國李際遇恢勦河北潼關等處越其杰以原官

撫汝守南陽黃州三府督劉洪起黃鼎毛顯文恢勦楚豫

淩駉以巡按河南兼督各鎮兼理河北山東招撫聯絡知另

用

南渡錄　卷四　三十二

升應天府丞瞿式耜都察院右僉都御史巡撫廣西等處

地方

正推為御祀式耜以陪推得蓋忌者陰以是遠之也

後為留守粵省失事與尚寶卿孫同敞殉難最烈論者

方之文信公云

升四川僉事馬乾都察院右僉都御史巡撫四川等處地

方

復原任浙江巡撫黃鳴俊冠帶

升賈登聯都督僉事充四川總兵官

府内臣孫象賢孫珍各弟侄一人錦衣衛指揮僉事
癸未内臣高起潛請沿江設烽堠允行
予徐洪爵襲封永康侯
左良玉奏復公安
總督張縉彥疏陳奴寇孔棘命嚴行防禦
時虜冦方相持河南忽本日午時有蒙澤東南三十里
郭村現大城一座樓堞門扇俱北兵望之亦驚駭踰
二時方滅人以為中州將沸之象
弘光元年正月庚寅補光祿監事丁允元吏科原任兵科

方士亮刑科南禮科揭兆升兵科南吏科郭如闇戶科御
史周昌晉袁弘勳俱廣東道
允元崇禎時以不綴紅本廢士亮從故輔周延儒督師
坐累配如闇昌晉雖以狩論傍時致挂逆案然不闕璫
惡且少附排陷故得雪兆升以京察處弘勳為人輕鄙
与復官溢也後允元降北為蘇州知府
癸巳加盼餉土司木懋行太僕寺卿
升利科都鍾斗太常寺少卿
命河南巡撫越其杰巡按凌駟防守虎牢

時北兵渡河撫按屯穎壽丘聞故促往
命靖南侯黃得功廣昌伯劉良佐率兵堵穎壽興平伯高
傑守歸徐
大學士可法疏言我與虜所隔僅一河耳河長二千餘
里非各鎮兵馬努力捍禦不能周也故高傑欲自赴開
雒而以黃得功劉良佐兵馬守邳徐又知虜之乘瑕必
在開雒無如兵力不能遠及何今虜已渡河則長驅而
來刻日可至黎之河以北艱難百倍矣兵在河上者月
糧屢乏苦飢若寒當歲暮時每名求銀一二錢過節亦

不可得臣標兵如此各鎮兵可知傷心時事有泪空灑
今虜既南渡併力攻冦而兵力及我亦不過兩月間况
虜中傳言又有正月南侵東西並犯之說今攻邳之虜
未還濟寧現集狼嘂馬意豈一刻忘江北哉若非廟堂
上多發糧餉以得功良佐兵堵穎亳傑兵守歸徐大家
齊心勿分彼此臣恐江北之禍即在眼前江北危而江
南亦豈得安枕耶命依行
命興平伯高傑提兵與總督張縉彥直抵開雒進據虎牢
仍命戶部速發糧銀接濟

初傑爭揚州時，督輔可法頗為所窘，後感可法忠義，頗
傾心服從，而請南侯黃得功以傑往，相搆，猶懷疑不解
也。至是傑聞李際遇降北，遂致書可法云：為今日計，似
宜速調黃、劉二鎮，緊防開、雒，則傑可以全力注徐、邳，若
二藩惟於險遠，宜往調赴邳宿防河，傑量撥兵直趨歸
開，鼓勵中州忠義，就近聯合撫虜殲逆，且急圖宛、雒、荊
襄，以為根本，東南一帶方可安枕。又咒佩佩之言之，与書
意略同，內云：臣以一旅飢軍，恐餒恐潰，惟力是視，警欲
收拾人心，再整土宇，近見黃得功有咒，猶介介之角口，臣
警若不聞，但一意以君父仇恥為先，誰實協虜防河，而
較論短長為哉。時總督張縉彥議與傑合，而可法既亦
云傑抵開、雒，後有賊勦賊，無賊禦虜，但所急需者餉勝
之粮餉耳。詔從之，獨得功故意搪塞，未肯還往邳宿，為
傑後勁，而東平伯劉澤清又狡猾難任，故可法調廣昌
伯劉良佐當之，其調劑亦云苦矣。
甲升監軍僉事，秘廷薦力辭，卿衙允之，命以參政管遵義
監軍督漕兵辦賊
升尚寶司丞，紹之鄉應天府丞

南渡錄　卷四　三十五

御史鄭瑜既劾原任鳳督馬士英，報聞
命吏部諸臣慕義來歸者，吏部量才敘用
從御史凌駉言也
雷，命諸臣修省
命督撫差官不許下縣催粮，有司亦不許擅予候解部焰
秋按發
時各鎮請餉不敷，以催漕為名，沿途截留，故命禁之
乙未，降革職四川右布政王夢錫一級用
夢錫　先帝時以料多賍革職，從姓議，吏部尚書張
捷見女戚也
太常寺卿葛寅亮既言懲貪獎廉之法，命部院速議行
既言神廟時甲科官吏皆自飭，鮮計贓遺，鄉科亦多自
愛，惟他途之哀朽汗下或然。今甲科中比比而是，司帑
者出納皆有扣，兑物獄者輕重多以賄成，即掄才之任
交易若市，而地居清要，又或借潤於居間，源之不清，流
於何潔。凡為外臣無不括民膏一塞進取，故衙揚拮据
之下，富則破家折產，貧則貼婦賣兒，怨讟交騰，大法小
廉之風蕩然矣。因法非不知而同氣相引，儼然朋列清

南渡錄　卷四　三十六

華揚々自喜即收惡歸於廠四周美宮室足娛一生人
亦競艷之彼視廠吏可為而不可為者更自揄快附計
而寧復顧國恤也故貪者必宜寘之重典贓欵務悉嚴
追若破法贓重即宜籍沒家資并袁其所自有慈值單
需苦急民力惟艱免加派之煩苛以此相抵實大有裨
於國用至於廠官節介性植取与必嚴固士君子持身
之道宜爾然撟聳驚駭寔人交謫彼以自立殊難故養
廉之道自古不廢乃今俸薪折絹飾業已甚薄且節予
不給而又搜括無餘地將所有多端在貪者僅出餘貲

愈得藉口以恣其貪廉者至損生計莫能資生以成其
廉要惟天秉忠誠者済之不濁而世多中人轉相〻効
冀望天下皆廉官哉是必悉反乎此即俸薪之折務難
速復亦宜量酌以有待　聖祖於遼官貲綺布道里費
及其父母妻子有差著為令曰以養廉奉公無漁民也
而於貪者必嚴法不宥令追贓所得不但有資充餉亦
可俊厚天廉吏抑揚之間所關風勵非小矣
授睢陽民李承祿錦衣衛指揮僉事
刑部尚書解學龍所以從逆六案上蕪請停刑俟允之
學龍既奉前旨將所擬光時亨等各加一等惟六等諸
同春等以候選小臣受偽無據仍照原擬既末請停刑
蓋為時亨与鍾綬須史死也与閣臣鐸密商上批允
有詳慎平允之褒待士英見揭則旨已下矣疑學龍欺
己怒甚訓惰大悲獄阮大鋮与張捷楊維垣等言旦晚
當有處學龍遂移病大鋮入士英幕多識服小覷每學
龍以和衷語進大鋮輒属垣聽秉机中之有以也
加皇親都督李誠銘太子太保
清學田翰銀入官

革雷曜龍方拱乾吳履中等職
工科都李清疏陳新政命申飭行
清言古帝王中興莫不改元渙號与天下更始則顧
皇上中天下而立定四海之民而無徒以南朝天子自
況也昔我　高皇定鼎金陵囊括南北所手勘屏閣旦
側吟哦者惟南朝天子愛風流為戒臣願　皇上力追
高皇共勤撕戒無以賞花釣魚遜後宋宗太平之盛
且以卧薪茹胆時存越王辛苦之心異日恢復功成与
高皇開創並詔金陵有兩聖人爲皆起東南而有西

北敵功懋懋雖然賈生不云乎眾下至衆而主上至
少也所托財器職業萃於羣下也但無恥無苟安則主
上最痛快斯言也非羣臣責而誰責哉夫責諸臣以平
奴殺逆猶曰斯事重大耳若責以斷賄賂無營情面無狥
水火玄黃無起戰隙莅之整飭紀信賞必罰則又誰
不能況乎王猶天也乃甫經申飭忽爾弁髦如監軍監
紀不宜濫設則有飭而題請如故希薦不宜濫乞則有
飭而封進如故賞功酬勞已極優厚不宜再三請乞則
又有飭而上自勳戚重臣下及廝隸末負千冒無厭如

南渡錄　卷四　三十九

禁噤耶撓抗耶大臣如此何以責小臣近臣如此何以
責外臣若尤而效之視為固然則萬一奴冠揚塵中外
並急而呼兵兵不應呼餉餉不應呼將若士又不應天
下事豈不可寒心哉蓋以崇禎十七年為草創之初則
收拾人心一大機括也步太急則蹶故當以寬容并包
者予天下以風和露濡之象所謂人言我讀讀後人當
思我憤憤者以此以弘光元年為中興之始則又整頓
人心一大機括也水太濡則玩故當以震疊奮興者示
天下以雷轟電掣之象所謂不鳴則已一鳴驚人者以

北既奉命遂行申飭
鎮北總兵許定國叛殺興平伯高傑於睢州
初定國久據睢州意懼他徙會河南總兵王之綱鎮
歸德內不自安有言其送子渡河招北兵南渡者適傑
至歸德欲以威攝定國招之會不應沒約撫臣越其杰
按臣陳潛夫等往睢定國始郊迎時其杰以為不可入
城傑與定國縱馬入所飲約定國十六日離睢又取塘
報通虜送子事示定國定國愈疑無離睢意傑促之愈
遂於十二夜伏兵放砲大呼縛彥與其杰等皆倉皇走

南渡錄　卷四　四十

睢傑卧未起擁至定國所被殺先是傑以定國將睢
盡發兵駐縣開封存者內兵數十人而已定國先多蓄
妓選四艷侍傑而以二妓偶一丁寢及砲發一丁已為
二妓擊竟斃次日傑部下攻城老弱無孑遺定國走降
北傑為人深毒獷戾剛其死皆稱快然此行志甚銳欲
有為惜其死者
戊戌補原任御史李瑞和貴州道
先是瑞和為死難左都李邦華糾劾職以按浙不簡也
升吏部主事葉廷秀光祿寺少卿

花道

内臣高起潜請開丹陽練湖所的允行
詔開之為田可變價五萬兩
庚子补兵科左钱增利科都給事中
癸卯命法内地監紀賛畫等官与備名加級各武弁從誠
意伯劉孔昭言也
復已故閣仕太子太保禮部尚書李思誠原官
工科都李清祖也丘志充孫畸崔呈秀為壻孫致削奪
追贓而僕一死一戍猶坐閣仕故辨復
誠意伯劉孔昭既糾御史王孫蕃劉思章命部院看議

南渡録　卷四　四十一

先回御史陳良弼等疏以定策加銜獨孫蕃回病不与
自辨次計咏閣昔嗤內陽再思章以巡閣而歸得還原
官而山東巡按余日新先下獄故孔昭兩糾之然情同
法異不止思章而孫蕃則以糾贓糾也
以大工成錫輔臣可法士英銀應熊銀幣予工部尚書何
應瑞等内臣韓賛周武臣馮可宗等賞賚有差
文臣得蔭者工部尚書侍郎三人俱入監内臣蔭錦衣
指揮者韓賛周一人同知者盧九德等九人僉事者喬
尚等八人千户者李國輔一人百户者盧國泰等三人

甲辰命删三朝要典
原任編修吴孔嘉疏言要典一書史臣持論甚正後崔
呈秀無端附和增入一疏昭然簡端乞行删正允之
議起用原任户部侍郎徐之嵩既而罷之
之嵩為户部侍郎時萬錢益等冀取容門户後為
吏科都章正宸厭落抄參之至是負緣御史孫瑴振黄
弁嗣疏薦求起用終以見惡劉澤清故寢後仕北為户
部主事补常州知府又澤清恩得其正替
起升原任山東参議張時鳴尚寶司丞

南渡録　卷四　四十二

阮大鋮同籍也
起升原任右布政馬思理為左通政
思理先為右通政坐余仲吉救黄道周下獄至是起復
北兵破福建思理自縊死
蔭内臣張師孔侄世錦衣千户
以乞憐微勞得之
命吏部侍郎蔡奕琛以原官進東閣大學士入閣辦事
初奕琛抵任時上疏自辯内言臣向者偶激風聞曾牽
及禮臣錢謙益今謙益休〻雅量盡釋猜嫌引臣共濟

此段指示格阼
格級亦旁粉

方深悼嘆為不可及臣將何心敢忘戒念然當日力阱
奕琛致以受吳中彥時村加恭贊諸益也八兩陋之至
是入閣時誠意伯劉孔昭等欲援國初徐中山王為中
書右丞相例入閣以與論交評而止
准理部右侍郎劉總漕終養
總漕母近九旬懇請允之
乙巳降溧陽知縣李思模五級
時定納貲赴考童生以三兩為率思模言本縣童生大
半赤貧照格降

南渡錄 卷四 四十三

升大理右寺副張淳太僕寺丞
淳崇禎時為工科以累謫
贈原任登萊巡撫陳應元右都御史廕一子
先應元子乞廕不許至是又以黨緣得明旨無黨顯此
贈刑死御史馮登恒太僕寺少卿主事卯逢吉太僕寺丞
予祭廕子
贈兵部侍郎阮大鋮嫁衣
以黃國琦為兵部主事仍監軍
時充為事官之命方新也遽有此授

吾切

丙午户科吳适疏陳徵元新政五事俞之
一曰詔旨不可不信朝廷之有綸綍所以彰示臣民俾
知所遵守邇來事變錯出間多前後懸殊用人之途
慎而總覈絕之典初嚴而終寬恭陳乞矣而矜功誦
冤者章日上重宗實矣而詐廕乞封者望風希○鎮師屢
責進取而逗遛不誅軍需頻督轉輸而庚癸如故欲期
畫一宜重王言臣謂自甲申五月以來新綸美政宜勅
該衙門恭加詳訂舉一切大事有關治要者纔去二三
炳垂史冊令發凡奉明旨務俾上作下應內外永遵一

南渡錄 卷四 四十四

曰人才不可不核人才為治道所從出須者典籍無稽
錢神有經人多躐冶初仕輒與清華官多借題行間每
增監紀起廢而薦牘並進懸缺則暮夜是求以至萬牘
日廣政事日勦果盡從君父封疆起見臣請自今以
往求才務寬而用才務覈寧重嚴于始進毋致追恨於
價轅一曰選材不可不嚴將帥之畧貴必盡出武途如
唐之節度文武兼用而內外互遷蓋備之者豫耳請自
今嚴飭中外蓮幕之彥非韜鈐之略弗講辟舉之選非
軍旅之才弗登技勇騎射貲貲講求無人不奮於戒武

無刻不徵於同伐異材不可勝用矣一曰國法不可不伸人心所以不壞賴有分誼維之法紀振之順者生附逆之徒即盡齊斧鑕所不足惜今聖明紀綱既肅法外之仁臣恐此輩輦金挈帑奸狡不已。漸何可長。亟請嚴飭禁止。即從前計典處分。其詿誤輕者猶可揄洗。而大貪大酷。斷不可開登進之階。一曰言責不可不明。祖宗設官外有六東內有六垣俾表裡相維大小相制是故糾彈之外復有抄發豈六曹庶視封駁而可稱法體乎臣請勅下該衙門率遵祖制重言責即以飭官守更祈陛下亟進讜言凡條奏有當者務措于行毋使批答徒勤而實效罔著凡此五款皆鼎新亟務也

江楚總督袁繼咸陳兵餉實著并請亟毀要典以斷株累

疏言臣竊謂往牒代有中衰成周雖弱難還侯服環拱如趙宋中原雖失興元蹶蜀尚足為江楚屏蔽今秦晉久成寇窟剝襄未歸版圖蜀省始為獻賊攻陷繼又為闖遺叛將馬科蹂躪黔楚江粵為衝劉膚北虜不受我索所乖使臣收孺遲河下判形勢之孤未有甚於

此時者也夫寇不可玩罪在必勦奴不就撫法在必戰然淮陰之略不世出睢陽之節難責人臣以為帝王御人以誠誅賞為全責寧南以勦賊必務寧南以飭使居者行者預有三日之糧責四鎮以禦虜必使四鎮戰守實有可恃南者有以應手北者自不退而南此須廟堂實實打算不可一着虛瞞今者履端受賀人以為拜手稱觴之日　皇上當以為臥薪嘗膽之日已痛念大恥未湔以周宣之未央問夜為可法以晚近長夜之飲角觝之戲為可戒土木之役得已者已之浮淫之費可省者省之更乞勅諸臣亦痛念大恥未湔洗私鬬而同王愾以伐木之和平為可法以角弓之相怨為可戒臣每嘆三十年來只。為。三。案。葛。藤。血。戰。不。已。前此諸臣當分任其過若要典一書久荷　先帝特旨焚毀諸臣即非原附崔魏之心何必復尋崔魏殺人之書臣請書未進者毀之書已進亟毀之至王者代興從古亦多異同昔平勃迎立漢文功在漢室不聞窮治朱虛之過房杜決策秦邸功在唐室不聞攻擊魏徵之非同其君器遠大度亦大臣公忠善謀翼贊其美臣請乘此泰和布政毋

此出稱推但于
其等餅亦可
畏閣有敗得
告者

下究大難新之說解因應赴入之網衡草野株累之蔓
上俞其言惟要典不允
御史李長春既言南運與北運不同請改漕糧為民運仍
減兌費以裕軍餉命戶部奏議
兵部請蔭死難左副都御史施邦曜錦衣世蔭命再議
方言錦衣世蔭原酬軍功此蔭者比〻乃嗣斬狗國一
臣可概也
革刑部尚書解學龍職以保國公朱國弼等糾其庇逆故
也

南渡錄　卷四　四十七

國難言　先帝大變定殉社稷則凡我臣子即當共殉
若復甘污偽命不但恐　先帝更化　皇上是李賊同
賊而從賊之臣亦賊也既已為賊矣又安分差等哉即
強以六等分之亦皆失當如爾庸諸臣姑暫免收擊限
三年定奪足矣其第一等見在從逆者只云候緝獲正
法不言收擊豈從逆之罪轉出爾庸下抑姑留逆孽為
彼交通地也此失刑者一二等仍擬緩決如光時亨周
鍾獻下江南數說諸功當為頌吏之待而仍以緩死
縱之陳於二賊奉而於　先帝薄也此失刑者二三等

擬贖徒云只欠一死非有他賊如項煜欲為李賊之管
仲魏徵是以予斜徒成耳　先帝矣而云無他賊可予
俠桐既負有封疆從逆二罪即宜加等而反以后罪略
前罪是示偽轉為減死之路矣且贖徒如宋學顯等或
足服衆若猶賊之梁兆陽何亦僅麗此款豈錢神有靈
可使中興無法耶此失刑者四至存疑另議一項內開
癸未庶吉士應仔等功授別奏奪職即既前云何瑞徵
受偽命可知即有一二從他官改授者與原官何別豈
猶欲降調用之耶徒開倖門使濟〻臣工與李賊偽官
同朝并奠大為此失刑者五如已奉旨錄用者果其現

南渡錄　卷四　四十八

府事伍尚可以從戮責之如巧立名目今姑為免死之
腳設且為然灰之薪野心滑跡正未可保也失刑者此
六毋亦見彼保救偽節度使武愫者未嘗不讞然風紀
之堂亦未嘗一拄斜彈之以逆敢冒清議為之設使屡
旨詰責恐化宸嚴求於日移天可慎可駭時河南等道
御史張孫振劉光斗等亦言　先帝死社稷此千古未
有舉國相前莘大司寇操此三尺先誅內賊後討外賊
為新朝興復先聲乃推諉半年竟緣百計人〻出脫語

語游移當時請降物進間城献策交鋒分符提兵迎偽
種種罪狀一筆抹殺借口在虜者以為幫援印證奬寵
歸者以為效順要知北來諸人乃賊棄之而來原非棄
賊而來投學龍云只欠一死貴無他故夫從賊之脇何
脇也而尚有甚焉者乎學龍為此語真別有肺腑者也
按學龍云正法南遷何以處未歸而降北者嗟嗟虜廷
豈終不殺乎方將尺組繫頸戕之闕下海魂將何必
借之比例學龍為此說何其輕天朝而小視中國也按
學龍云或可不絕其歸漢之蹊此輩當年在朝重今日

在虜亦不足為虜重絕之不來正是投畀有北學龍為
此語何与若輩戀戀也先是處刑國交録之吳邦策已
隱然為從賊諸人留一地步嗣後援引唐家六等定罪
故事殊不思唐家六等為有君在故寛臣以不死今
先帝何在夫從逆之罪至無等也祗有誅之上可加並
無誅之下可減乃議戊議徒議杖議贖揣輕重雖掩無
法出脫者則指名虜中探在獄不殺無法摒免者則緩
決歲月撩學龍云御坐改元恭和群集為且停刑撩不
思昨年 先帝遇難正恭月也為時幾何而學龍遽忘

之乎按學龍云金作贖刑先是失節於犯者許以紵金
不死已輕東南江山矣今又欲納金許從賊者以不死
不又將舉祖宗之法輕棄之乎嗟嗟賊在封疆猶可言
也賊在朝堂不可言也司寇何容乃以包天之膽恣意
舞文竊於何地乃以障天之手欺心罔上昔黃道周於
伏莽逆子詢其文章義節今學龍愛無君亂臣惜其遺
逆不認何聲氣連而議論合也臣等誓不与賊俱生豈
甘与黨從賊之學龍同列乞勑部院九卿科道從公速
勦皆愈之時諸臣欲去郭維經又欲去閣臣鐸尚書黃

道周救正題与借題並行周新既則副御楊維垣代草
而河南等道既則府丞郭之解代草也惟吏科張希夏
糾既揣疑遂為中書朱統鎮所糾得旨姑不究
省矩崇禎時以選事為厰校羅織自盡其妾亦同死人
役吏部主事予省矩原官
皆究之
車駕迎皇考御容從大明門入百官朝服侍班
加原任大學士錢士升太子太保
蔭原任大學士丁紹軾朱國祚各一子

緇軾為內閣臣与同官馮銓挾私怨究殺経畧熊廷弼
至今恨之
起原任都察院左都御史唐世濟以原官管右都御史事
沾方現住忽起一先任者為逆沾地也時掌道張孫振
貪橫日無堂官文移直達吏部或勅沾既糾以一去爭
之於名高沾不能從
丁未御史沈宸荃以馮原任給事胡周鼐熊仁楨原任都御
史徐殿臣等章下吏部
鼐以請建懿安皇后坊廢仁楨殿臣皆例推先是銓司

南渡錄　卷四　五十一

以復原官擬原任吏部徐石麒命復之
命吏部録用原任山東巡撫邱祖德
印選司所謂賊在蕭邸閣而惡之者乃知非　上意實
同郡閣臣鐸票也景昌後以薦趙北降官參政
給御史加太僕少卿職銜二代誥命
舊例現任加銜升任即停孫振以御史加僕少復援登
極恩例以三品服供職至是又賜封二代功司無敢駁
者
升太常寺卿葛寅亮大理寺卿

革并任經莊陳亨職条書役李續雲七人併沒其家
餉務主事蘇觀生既亨守松江所銀不解書役等作奸
故也戶部尚書張有譽言續雲等未經勘問豈無差別
戶科吳适亦言陳亨仁心惠愛久孚民望請虛公勘明
勿以一眚輕棄不聽
戊申刑科都錢增疏劾張縉彥時敏等俞之
既言法不嚴則無以洩亂臣賊子之憤法不嚴且平則
又無以服亂臣賊子之心若身任中樞全城与殉難俱
虧之張縉彥猶衒列司馬身厠言官先後降賊之時敏
蘇京猶名挂臺省夫中樞何任諫官何職若輩西靦顏

南渡錄　卷四　五十二

不立賜誅族作則謀逆之黨須枉足就訊公庭而此數人
或高牙大纛或紆紫拖赤猶作山頭望廷尉從何以服
之　皇上大震霆斷勅下法司務將從逆諸犯確覈嚴
訊至張縉彥等急須懲奮國功為贖罪誅偽復悠游玩
愒以致賊寇披猖竊君父憂則兩罪並論立膏斧鑕所
當并勅法司明列案本以觀其後功成則宥罪功不成
則正法可也疏奏得旨使過諸臣如無實效自有大法
督師大學士史可法以孔光初元詩教天法祖任賢使能節

用愛人勤政講學以資啟沃嘉納之
己酉改工部主事熊人霖於吏部
人霖原任南兵部尚書明遇子也先任義烏令計處計
處得爲銓部始此
脩興宗陵
內臣稱文工部請易綠瓦爲黃故議脩
庚戌御史劉光斗請汰冗濫仕路下部議
時八座之間多有衰白既內所云向人咲語勉爲鼓掌
拊脣歸對妻孥不覺筋衰力倦又云既在班行之上雖

皮骨兩濕手同行將見田野之中扶顛持危投壁而全
皆實錄也
陞南工部右侍郎張守道工部尚書廕子
命武臣自公侯伯而下非賜有與者遵祖制騎馬坐蟒斗
牛非奉欽賜不許僭用其途次應迴避衙門俱照舊制行
有頂冒僭越的參治
辛亥監軍侍講衛胤文請罷設江北督師
既言既有督師又有提督總督一柄三操不若去督師
史可法而用高傑爲提督或用總督王永吉令督師

選郭文言張縉彥爲店所迫渡河而南兵馬無幾宜另
用
加監軍侍講衛胤文兵部右侍郎總督高傑所部經略開
歸防剿軍務
准戎政尚書趙之龍歸省侍郎李希沆代署京營
贈遼東巡撫丘禾嘉右副都御史山永巡撫馮任右都御
史予蔭祭葬有差
二月甲寅殉贈刑死主事鄒逢蘭太僕寺卿予祭不准廕
命北京錦衣衛各官逃回求改南者曾否從賊不得輕題
允內臣田成既選淑女於嘉興紹興二府

乙卯命改思宗廟號并議東宮二王謚
從工科都李清言也既言臣記泰昌初擬神宗曰恭宗
以恭之取名美耳但因晉隋諧恭帝皆以遜位而謚則
美反爲疵易恭而神變之正也若思之爲謚亦晉人謚
亡國劉禪并一昏庸一英明異行同號雖美亦疵乞勅
部所議或易廟號或以烈爲廟號而謚則另議若謂明
詔既頒難於中改則何不乘此東宮二王將議成服時
而以更議　先帝廟號恭并議東宮二王謚然後同詔

海内矯正前説盛擧亦往例也允之
命京營整理兵馬龍統六師剿捕西討
丙辰升工科都李濂大理寺左寺丞
升太僕卿王雞為都察院右僉都御史巡撫湖廣高斗樞
易用
以斗樞在圍城不能遽出也
升加銜文選司郎中鄭應奎為太常寺卿
時兵部侍郎阮大鋮意氣軒驁侵提銓政門如市輔臣
士英猶叔然亦以銓部為奇貨或有未經考授往補提

南渡錄 卷四 葉十五

知教職有曾經補官合入大選而入急選以便掣缺者
重以應賓者官務時二人為堵塞吏部尚書張捷四
題而已或夜投大鋮門曰閣賊無門足為標行天下元
函有耳一元五犯神京共為人忍若此應賓以郎中加
銜當少不實補而越升非舊典也
補原任南御史徐復陽陜西道御史陳以瑞河南道
復陽以瑞為御史時曾連糾門戶致累累削奪人皆尤
之
浙江巡按御史李挺既糾崔元梁招孟命會同撫按察奏

挺巡鹽兩浙需求無厭招孟初慕不與挺怒捉書役招
孟入見大罵笞之以拳挺猶怫逆之既糾招孟貪挺亦
尋為兵科錢源糾人皆快之將學道張孫振不悦
謚桂王曰端
命宣諭輔臣王鐸入閣
鐸當去輔高弘圖在位時內侍與廠衛甚力又力言蔡奕
琛張捷等不可用每指其文集語諸同志曰吾錚錚自
謝則此桀傳不明夏既亟撃不與同延於溫體仁輩以
貪奸佞呼也及奕琛等柔猾意稍折至是以粟擬從逆

南渡錄 卷四 葉十六

為公既所指摘御史劉光斗又昌言攻之不得已一日
三往見士英調停於內既方留中旋宣諭入閣鐸書筆供
工為人樂易可親凡眾諸臣既皆爾之一日去輔姜曰
廣從容言曰外人以爾同內臣呼如何鐸大怒曰書言
爾有嘉謀嘉猷入告爾后於內亦內臣耶是日諸既罪
爾者尤多
丁巳復吏部尚書張捷子伯嵌原官
伯嵌崇禎時為通政司經歷錯買禁器緣捉故重擬至
是司揭維垣言復

命原任山西僉事錢繼登光祿寺少卿尚寶司丞周瑞豹
本司少卿
行人朱統鑛疏攻江西巡按周燦并及姜曰廣推轂薦等
不問
先是統鑛疏糾曰廣薦及燦燦疏辯詆統鑛為謀夫異
謂統鑛怒言曰廣謀逆證有七不可又為九十七臣中
之不花押者何云諸人言廷爵集兵謀為不軌一以總
文舉在唐可以聲援一以曰廣在上左右可以內應一
以燦為江右巡按無敢發伏其語無稽得旨不究

南渡錄　卷四　五十七

復原任編修吳孔嘉原官
孔嘉父為族人吳養春所害故借魏忠賢以報致挂逆
案論者以此原之
准原任湖廣巡撫王揚基冠帶閑住
贈南祭酒許士柔少詹廕一子
戊午升工部右侍郎高倬刑部尚書轉吏部右侍郎陳盟
左侍郎改戶部右侍郎王志道吏部右侍郎加兵部左侍
郎銜以本部尚書兼都察院左副都御史仍管巡閱江
防

一疏參瑞明

語甚冷僻

升稽勳郎中吳本泰尚寶司丞
吏科右陳燕翼疏陳中興大義從之
疏言臣伏見數月以來躁競成風廉恥道喪士大夫輩
但以浮官為榮而不以失義為辱紛紛進賢即希華要
既辱民社復遍京衙監司之遷轉如流危疆之督撫避
換營盡監紀幾半天下而兵驕將悍所傳如故且多分
厩馬之肥天國金璽填咽巷衢而躍馬橫戈雅謝不能
祗擬長河翳之氣北遣疆臣徒逍遙於河上南歸已
且祿職於新科書佐盡錄辟召何數短簿擢罪撫次

南渡錄　卷四　五十八

第登壇懸畫孟明曹沫無聊不破有夢勝仁意氣亂之
變而人物成如狗不死之節其動忍辱甚尤可咲者黃
扉台長遂閒外為去路爲史請衣望江　為負罪陵夷
既極長此安窮都臣近因皁思慮及而滋有慨焉臣竊
今日諸臣請廕者滿公車必不肯纖毫欲動逗為
彼子孫之謀則忠矣而同此動念東宮二王為處實能
為人子孫保民之保若若何移封移贈者數期取盈必
不忍一念遺忘愈為祖父之計也周知而即與指
一揆望天壽諸陵　先帝先后寢園幽門郊廟之牌栴

妁君何平生歌舞詎不憶歸之人華屋生存用道西州
之路平史下士一盂鈇鉞不忍忘恩一朝握手不替戍
說從未亦十七年來身所代肩建事之舊主一旦變難
如彼其烈而皆三九侍從恩渥諸臣未久已虔斷置
之不復較理乃如之人負恩須藻而尚望其殫忠畢智
事 陛下者也屈指舊臣忽已一年再歷數月漸難
提起一時賢達毋亦惟是詩宮殿聚鬪言詰
賊沒而壞法亂紀譬如人家父母有疾而其子弟
妯娌且相與戟手譁閙田庄一物不均則相與訕辭究
訕謾以怨罵御病哭呼啼遠矣今奴賊相持勝負未決
中國之利正在此時行間將吏不聞一籌一策用間用
奇而但知張口向內索官索餉二十年來用兵敗道壞
襲不痊今日在事諸臣亦須論同論異論彼論此但向
西行盡取一步蹈衢國逆之根更向東來退寄一綫生
禁奴游之命中吳奇男子誰復過此不然要不免因持
活訐偷取一切富貴已耳畋肜相嗟原有風采覽奏命
部院亟行申飭
內臣李國輔請開採雲霧山命會同撫按勘奏

南渡錄　卷四　五十九

戶科吳适疏言七不便且 正統年間採故激成大逆
鄧茂七葉宗留之亂然勘奏如故也因輔時領勇衛營
務及奉命開採士兵以營務題授其次子曙理
庚申淮原任大理寺少卿詹兆恒在籍
發兵破福建兆恒援閩化縣嶺頭山起兵拒戰於陣
見害
升御史李長春太僕寺少卿
辛酉隆平侯張拱日疏糾左僉都御史郭維經命自行回
奏
維經居南都久得民和 上知之至是府丞鄧之麟誕
僉院康與阮大鋮等百計媒蘖適迎 恭皇御容維經以
病未出越二日見劾遂噭拱日糾之有 恭皇往為諸奸
媒蘖維經不欲觀玆盛典猶去年姜日廣張慎言不欲
冊立 皇上等語初聞票議處云必有所覩於御史筆
也
命戚臣世襲侯伯原非典例以後不得濫請
謚楚王華奎曰貞
降營將袁誠一級

南渡錄　卷四　六十

以緞兵餉也
壬戌出文推不至左給事中陳泰來等缺
時户科右陸朗欲轉左言於吏科都張希夏既請出缺
有旨責泰來等觀望命議處內閣時化已任北李如璧
以蜀固阻惟李汝璨不至
命故宦子孫陳乞年遠無稽品望不副者不得一概朦廕
兵部主事蔡屏周請以節制之師省兵以恭儉之規足餉
納之
癸亥准復其誥封鎮遠侯

蔭劉有錫錦衣衛千户
以隨皇太后駕也
甲子起降原任大理寺卿葉紹顒太僕寺卿
紹顒先以京察不謹廢
工科吳希哲請命百官自陳允之
時起用諸臣多耄御史劉光斗請汰衰庸則暗刺易應
昌等而希哲所云捫心椎性末境方銳則又為楊維垣
卸之麟等解嘲也
起升原任吏部員外陸康稷文選司郎中

初禮部郎中吳昌時捉調吏部忌康稷同鄉先革恐以
起舊尼已逆擬外轉至是康稷既言　先帝甄別銓曹
時已奉旨內用特為昌時所阻逆命推補
命脩熹宗與　先帝實錄
先是工科都李清言今日脩史何先惟急脩　先帝之
實錄而已矣　先帝歷年十七而忠蔚歷載以其實錄
易綱耳止緣當時珥筆諸臣拱手草除於是化國書為
家乘而子虛烏有皆佐筆端則史彬致身錄其最也若
非先臣吳寬集內載彬墓誌甚詳而安知從亡之說贋

又安知從亡之數十人皆贋之贋耽今日不舉　先帝
實錄亟行校讎恐淆亂不止致身錄矣且此十七年間
或黑白互淆或玄黃迭戰墻壁堅於廟堂而封疆之藩
籬反瑕則逆閹之伺隙以入正此為僞隙謂宜早成是
錄昭示來茲俾千載後知咎有所歸而不致以啟宮禾
黍為宵衣旰食之聖主咎則暴諸臣罪正以揚　先帝
美也臣所知者惟舊輔蔣德璟精心時政留於筆記宜
令彙集成篇表送史館而此外或採閣揭或搜部覆或
廣彙臺省諸疏章仍遣詞臣行人數員分省搜輯凡郡

邑故籍諸名公鄉副今皆且得致疏奏部覆從之
再舉考選授林有本等科道部屬各官有差
科七人林有本沈應旦張利民韓授祖錢源徐方來莊
則敬道九人黄錫袞劉爽都錦畢十臣王大猷夏繼虞
郭貞一王懩張也熊雕東集之以科姜應龍以道供抑
部而十臣貞一又以部改道皆閣臣士英意也
諡皇太子慈烺曰獻愍永王慈炤曰悼定王慈炯曰哀
吏部議補行人胡麒生科員不允
麒生往附黎氣至是以原擬科員與投舊擬為户科都
南渡錄 卷四 六十三
然雖與疏駁之逆疏訟逆案冤辨故輔體溫仁誣至堂
言路不容站足時閣臣奕琛与同邑弟善也御史都錦
疏言麒生以北閑閑節草職十二載並無考授禮科都
今蒙皇恩還行人原職乃得觊望蜀與猾神鐵途要路
使作奴顔說美官可以戈獲或咲或罵或泣或歌面目
皆不顧己神情若避空庶恥既無官箴烏取疏奏命吏
部核議
乙丑浙江巡按彭遇颽請用遊將招海兵為戰守備不許
時慮其招致流移生投内地也遇颽出都多稱旨矜粟

監收瓶紳弁給以劄付同知通判推官參游守把名色
許之名募受賄不貲又携家杭州出入衙門皆内戚也
命汰衙所班運城操等軍以餉銀濟軍需
丙寅淮兵部右侍郎徐人龍回籍兵科陳子龍終養
子龍初為浙州官曾訊蔡奕琛一案成獄是時奕琛方猾
用側目逆乞侍養歸浚同吏部夏允彝等起兵杭北師
及与吴勝兆謀被縛赴水死
命倪嘉慶以户科新銜察核錢粮仍兼四品服俸
遣禮部尚書黄道周祭告禹陵
南渡錄 卷四 六十四
道周臨行疏言唐室天寶之亂李郭討賊二十五月而
復廣明之難鄭畋李克用討賊二十九月而復若建中
之難李晟渾瑊討賊則不十八月而復所以然者李晟
渾瑊用奇郭子儀鄭畋用正人心之玩憤不同盜賊之
盛衰亦異也今人心盈憤甚於往年賊勢傾離亦途暴
日今欲東收兖濟北略滹河西取應安然後問雒陽之
鐘簴歸承德之松楸上現天壽山曠日持久其道良難
必如臣愚得一沉勢之將簡士三萬春粮一百日出潼
榆常梒東崤破車度臨朐歷博興直上盤山滄洲此間

四百里皆荒墟如升墟邑惟臨淮安丘樂陽信關稍有
屯聚可因糧而食走七晝夜至武至清渡白溝出其不
意從天而下奴有啃指望宣大關門而遁耳然後致
陛下哀痛之意祭告洒掃土十三陵与長安士民拭涕
而覲九廟還分兩道一下臨清以取兗濟一下邯鄲以
取漳衛其用力甚少奏功甚鉅此耿弇所發憤於祝阿
劉裕所歡呼於大峴也燕都已奠陵寢已安然後僣雒
陽之鍾簴掃承德之松楸底定中原如摘襟領而扱衣
帶不為勞也俟虜寇為平從容觀變發東南以取西北

力殫於仰攻志衰於盡守薪胆之勤不知更幾歲月乾
元中和之勲猶未可冀也凡用兵如藥久頓則痛用將
如用刃久頓則鏽以鏽澁之刃付於鈍手痛灶之藥瀆
於下方雖庖丁俞跗無以中其湊會矣念春秋二時閟
巷黎老猶得登陟丘隴洒掃枝基至於高陵三千餘載
猶蒙與朝綫念寵以太牢而天壽諸陵缺然追憶往時
謹從祀官趨趨踣拜何能不悲是臣所不獲已發為東
道出師收復陵寢之說也

督輔可法請高傑部將李本身為提督不允

高傑死可法以傑前鋒部將李本身亟請用為提督朝
議未許未幾黃得功等既至云閣臣不知是何肺腑用
傑部將為督目無督師矣

靖南侯黃得功引兵還儀真　上遣內臣盧九德等諭之
乃斂兵

得功啣傑不已聞其死引兵發儀真名云備傑潰兵實
欲割地也時傑寓揚諸將士數夕驚朝議恐傑部將之
守關歸者頗家奔還致虜寇乘隙亟遣九德等捧諭止
之得功本詔斂兵人以為不遠之役

賊敗郎城為北兵所敗棄西安走襄陽

江督袁繼咸疏言闖為虜敗雖可喜實可懼虜未及謀
我者闖在耳闖滅非江南誰事長江上下宜發為備禦

督王永吉亦言臣近聞西安已破流賊敗走漢中不勝
踴躍繼又不勝憂疑也虜乘虛擊賊所向披靡其氣必
驕而長入內地未逢敵手今見国家新創半年以來未
能出門一步其心必懈驕与懈皆犯兵家之忌若簡驍
勁馬步一枝直走開歸進窺曹單防其抄襲淮陽為正
兵以驍勁馬步二枝疾趨沂濟為奇兵電擊星馳計日而

可復二城若二城既復兗濟臨德從此破竹軍聲一振
青齊豪傑響應土兵民馬就地罩資遠近輻輳羣將解
角攻其無備必建奇功蓋當此內外凋敝時須破釜沉
舟決一死鬪倘欲動出萬全必勝之策實無此策臣不
勝既蹈若此也若謂長河長江未必真將天塹一番挑
激彼必速來殊不知我前虎視中原意欲併吞天下特
與逆賊相持不暇傾巢壓境耳今西安破陷已真虜既
入陝退後入川豈無秦晉東豫荊襄到處進退自踞前
無所牽後無所掣全副精神總在江南縱不挑而激之

南渡錄 卷四 六十七

能保其不投鞭而渡哉臣不勝憂疑者此也乞敕下
部議如當決戰使須秉此機會速挑馬步數萬備辦糧
餉分道進兵若兵馬錢糧不能應急先宜固守亦須度
之堅牢事之着實防江者當代防河者籌畫河如長在
使可作江上藩籬若從晉豫上流渡過鬧雖則徐揚潁
亳俱是平原安得有河可守司餉者當代司兵者焦勞
士馬飽騰則戰氣百倍今長戍荒原所在枵腹一戰積
決更以何兵為守昔齊人有秉鎡待時之說今有勢可
乘無時可待過此以往事變愈多日益比亂矣初永吉

於去年十月遣遊擊賈以禄往京通偵探至是歸稱建
州精騎盡往征關北直山東一帶皆單虛故永吉及之
事竟寢
命兼九江額餉六萬
時閣臣士英戎政阮大鋮皆與江督袁繼咸不協責繼
咸縮兵就餉額軍中偶語起繼咸既爭之不得力求罷
言朝廷既不行臣言又不放臣去臣惟有以身死封疆
第如社稷大計何不報
丁卯住福建巡撫張肯堂〇休命勤賊自贖巡按陸澄源候

南渡錄 卷四 六十八

考核調新升正詹事郭之奇外任用
明奇責其玩視地方專精小廉也之奇忽內忽外有同
兒戲
癸酉聯商樹節翰林院五經博士葛鼎頗議廢
言清難忠於建文然扶義犯蹕得罪文皇故也
予閩陝殉難諸臣贈諡
省城則巡撫馮師孔按察使黃絅長安知縣吳從義渭
南知縣楊暄商雒則道臣黃世清蒲城知縣朱一統榆
林則又有致仕中部知縣朱新髮原任總兵尤世威

侯洪拯侯世祿王學書王世欽王世國李昌齡原任副將尤翟文常煥德李登龍張登陽明見任副將忠顯湯國俊李國奇原任遊擊孫貴尤參昆見任遊擊姬維新陳二典劉芳馨劉廷傑文經國原任守備何煥衛李宗敘見任守備左勉忠謝賀天富楊政孫掌印指揮李文焜等慶陽則道臣段復與知府董琬商州鄉官則原任吏部尚書南企仲誥封副都御史朱崇德原任巡撫焦源清焦原溥山東巡撫王道純山西參政田時震禮部主事南居業蒲州鄉官則原任磁州道祝萬齡慶陽鄉

官則原任太常少卿麻裕成字嶠縣人則朱誼彔內鄉任尤世威閤門皆縊而朱新㙈一未配妾亦投繯死榆林以力抗闖逆為所忿城破自指揮千百戶及士民死者數萬人皆不可考矣先是御史霍達於崇禎末奉旨未及覆至是再請故卿

將甘肅巡撫湯道衛兵部右侍郎加子遇世錦衣衛指揮僉事

云勤爵功

勒禮部尚書顧錫疇致仕

御史張孫振既共居官狼籍持議偏僻也內云溫體仁在政地正色小心七年如一日 先帝御謚文忠而錫疇嗾投逆削遂迎門戶從行與謚繆者莫若矯誣三朝之孫慎行而錫疇何不一啟耶鄭鄤恐心杖母孫慎行引入詞館起用一日幾舁並進震孟結為死友倡和呼招獨體仁摘發功在綱常使可名曰忠乃錫疇于鄭鄤之死友則特謚之而為 先帝執法之臣則削之何也乞將錫疇所就削去濫謚復還體仁謚既奏勤錫疇致仕錫疇先以署從有議為章正宸熊汝霖糾至是又為

孫振與何綸糾而岐夾攻一人而已

轉姚思孝大理寺左少卿升太常少卿沈𦙶培右少卿投監督勤冤太監劉元斌司禮太監王裕民原職與祭英廕弟侄一人為錦衣衛指揮僉事

元斌與盧九德督黃得功剿冦江北又剿李青山於山東頗有功御史王孫蕃嘗為州守及選御史劾其所部濫掠 先帝命逮之斌既辯孫蕃復言風未下科試何孫知應有漏洩禁中語者時 上方怒漏傳遞報乃并裕民下獄死西市至是復

戊辰子北使兵部右侍郎左懋第母陳氏卹典准錄用原
任吏部員外左懋泰
時懋第久留北致投官誓死不許固守愈密未幾又欲
取懋泰至投官懋第貽書力阻惟命矣毋他不及至是
督輔可法為請母卹典蔭錄用懋泰從之懋泰當闖逆
破京師不能死懋第卒抗節死於北
予原任刑部右侍郎陳以聞祭葬
以閩　先帝時祭廢為民
准常沅襲封上饒王
南渡錄　卷四　七十一
准御史李模在籍養病
模見時事日非故決意不出人服其先識
己巳復原任御史李關京原官
關京先為吳昌時所阱被糾議廢
河南巡撫越其杰乞休不許
責其以道臣簡用官至部堂一味諉卸也
庚午加兵部員外耿章光尚寶司卿
原任山西巡撫如杞子
命史議皇考恭皇帝謚從太常少卿張元始言也

元始以恭為諸藩王謚請改并
辛未命有以縉紳士民家產獻媚鎮將及宗藩勳戚等家
者立正大法
以高傑勒詐撫臣朱一馮故禁之
以左諭德沈廷嘉兼洗馬管司經局升簡討賴垓右中允
原任庶吉士張星刘編修
星崇禎時以累閣住後降北為淮徐道
予東平侯劉澤清弟源清謚武節仍加祭
源清戰死
南渡錄　卷四　七十二
壬申禮部尚書錢謙益疏修國史
疏言萬歷中閣臣陳于陛請修全史開局纂修旋即報
罷大抵官多則拜除不一人衆則考覈難精文雜則貫
串無緒古人所以有白頭汗青之嘆也臣壯歲登朝留
心史事三十餘年揚攉討論差有端緒昔宋臣司馬光
編修歷代通鑑以衰疾乞就冗官前後所任聽以書局
自隨給之祿秩不責職業卒能成書臣願比光例即家
開局或書或徑進或按期繳納仍聽閣臣揔裁改定奉
詔頒行疏奏命在任料理謙益志也謙益博覽群書尤

精史學投羅考核修袖苦心八亦以此服之後因亡史
稿盡付絳雲樓一炬殊可惜也
後已故附住太僕少卿徐景濂原官
天啟時景濂為御史以前疏三案倒轉時給事中王志
道獨是其言具疏救之後桂逆案緣此
起户部左侍郎吴光義原官管右侍郎事起鳳督朱大典
兵部右侍郎升左僉都易應昌工部右侍郎
光義鼇而温為鎮臣勒取餉府苦故謀起以避之
升蘇松副使陳洪謐太僕寺少卿廣東僉事吴脩尚寶司

少卿
洪謐為守与松守方岳貢齊名今始升
予錦衣衛劉僑祭葬
僑天啟年掌衛以議獄不肯媚璫至是以糾黄澍故得
優䘏
癸酉升工科左李維樾本科都給事中
淮兵部尚書留左侍部練國事解任尋卒於京
國事方正有持操与魏國公徐弘基先後卒幸也
撫高傑兵四命廣昌伯劉良佐赴防歸德提監高起潜駐

揚州
保國公朱國弼既糾原任淮督路振飛命部院看議後
振飛督淮時闖逆方張上扇舟河干不絶矢石載道卿
之通政使楊維垣久戍淮安振飛其梓里待路亦不快
至是國弼糾其不法且訐振飛鳳陽天子氣一語未幾
行人朱統鏆復糾之供命有議蓋迎合也
日月赤占者以為兵氣
户科吴适既陳吏治五患請嚴行整飭允之
甲戌追贈臣蔡奕琛文淵閣大學士蔭子給誥命

賜吴士奇工部右侍郎兔蔭
授錦衣衛千户趙祥指揮子孫世襲千户
以舊勞也
乙亥追封皇弟由渠穎王謚冲
御史袁弘勳既罪三案命已之
首及已故王之寀孫慎行楊漣左光斗現存吴甡鄭三
俊等敕部院正罪餘附和諸人一併有議末及袁樾
成謂其公然祖述創身怙逆罪甚無將應与案内諸奸
並究得旨事屬已往且經天赦不必追論時閣臣士英

富貴已極惟包攬交結思永圖福祿而已貪。虐。謬。昏。不。
根。人。節。士。與。也。貪。婪。陰。刻。又。忍。殺。人。如。麻。大。奸。也。初大
鋮里居時欲與河南周子生侯方域交却之適左良玉
悍流賊過，託言就餉南京，大鋮以方域與良玉善，誣為
內應，方域以書諭之，內云，北事岐札一動。長伏草莽則
已。若。復。得。志。必。至。殺。盡。天。下。以。酬。所。宿。恨。至是驗。
加督輔可法總督王永吉鎮臣劉澤清高傑銜各一級
以邳州禦寇功也
丙子復原任宣府巡撫沈棨原官仍議卹

南渡錄　卷四　七十五

崇禎時棨私與北盟為內臣王坤糾故戍
補原任吏部員外呂倉簪考功司郎中
為明歲大計地也
准慈谿裴封崇王
更上思宗烈皇帝廟號曰毅宗
署禮部管紹寧疏言謚法廟號不妨互見如我朝有孝
皇帝又有孝宗有仁祖又有仁宗況卜世無窮而嘉名有
限謚用毅
補李元功中府添註僉書

元功便辟攻媚因近侍盧體仁門曾往彈章至是又為
閣臣士英呢人，疏三糾，庸犬
贈死事武臣沈宗奇都督同知子孫襲錦衣衛百戶一輩
丁丑贈死事知府王行儉光祿寺卿予廕祭葬潛山知縣
李毓佳太僕寺少卿廕子
升吏部郎中吳方楷太僕寺少卿
例轉吏部科道馬嘉植等
吏部余颺科馬嘉植道高允茲沈宸荃也颺為阮大鋮
所惡言于吏部勘令例轉嘉植南渡數疏頗錚錚尚書

南渡錄　卷四　七十六

張捷言其居北科時與宦閹逆等一行人也允茲與宸
荃皆持議不附時宰道張孫振忠之故供外時孫振嘗
賄某御史而乞某差，辭二指，孫振以為二千，聞頗諾之
次日二百金至，忽莊容大言曰，堂堂多史，賄差當糾御
史失聲色而走
謚南京吏部侍郎顧起元文莊廕一子
加升內臣韓贊周二級李國輔一級
以弹心營務也贊周性敢直在　上前每多規切及孜
疾私寵士英等並無所憚尚側目國輔謀去之囑所私

戊寅禮部主事吳景亟請開館設局纂修三朝實錄俞之
其說祖三朝要典所由起也
闖賊李自成兵至承天
御史周昌晉補糾漏案揚汝成宋之繩曹容等命法司并
逮
汝成以左都李沾至戚故免議糾汝成意在沾也
癸卯改浙江巡按彭遐飈於江北江北巡按何綸於浙江
遇飈至浙江糾紳弁兵以千計橫甚強市於民民恐之
檄右兵衆忿群噪界前遇飈出兵搶殺死者七十餘人

事聞吏科林有本疏糾遇飈不法狀請逮治士英票旨
與綸互調竟不之罪也遇飈後降北為漳州道
准張承志襲封惠安伯
命戶部未完錢糧仍責成撫按不得濫委閑曹以滋騷擾
命侯張拱日左府孫維城右府鄧文堯前府各本僉書
庚辰禮部失印署印侍郎管紹寧具疏請罪
御史張孫振請改元考察下部院察例具奏
時東林列仕籍者已同抱蔓惟在籍未處雖京察有期
不及待也孫振坐理河南道印欲俟京察方選劉光斗
以聞孫事訊令往浙因輒見外臣疏既請止其行不聽
後贊周見京城不守亦縊死
工科都李維樾請早建太廟命工部議行
命止姚然入援兵
以乞餉故
削宗室監紀朱蘊鐵朱由荻為民
以其說部衙躐入京巧營也
寧南侯左良玉既救江督袁繼咸并言要典宜焚辭解之
初繼咸以江上兵薄鄭鴻逵兵舡不還須更造檄九江

道蒙士彥於江流截買士彥家蕪湖與諸商艤艘撤不
肯買繼咸以令不行劾士彥士彥同年御史黃耳鼎亦
劾繼咸且詆繼咸股弁胡以寧勸良玉立他宗良玉不
從蓋欲間督撫交良玉先不拜監國詔聞之益疑畏乃
疏辨并明與繼咸無隙讒耳鼎受指使末又云臣讀邸
報未見兵何如強餉如何理惟曰門戶曰三案曰要典
昔孔子作春秋而亂臣賊子懼 先帝焚要典而亂臣
賊子亦懼時攻繼咸者遂詆與良玉倡和脅制朝廷矣
繼咸力詆士彥屢疏不休議者亦病其氣盛

表弘勳以資深不得皆恨大約首除異己總歸中立終
則自相齮齕矣
起升例轉御史熊化太僕寺少卿
化萬歷間以察處王之寀例轉累升至參政皆不赴
命逆案無得濫雪從誠意伯劉孔昭言也
孔昭言璫案昭雪為陰行贊導原無贊迹者言之耳若獻
媚有據豈應翻案從之
准戶科戴獻欽在籍養病
後北兵入江西萬象與原任左都鍾炌等五人至南京
皆自誇為孫之獬所薦總洪承疇入朝尋勸回識者皆
蓋之
補川住兵科左虞廷陛吏科左給事中
廷陛逆璫時有要與阮成紛然且忽一既挽救良苦尋
被璫削奪且既糾孫居相而逆案中誤謂糾趙南星尤
枉至是雪
壬午晉首輔士英太保少傅銜加署職方王期昇太僕寺
卿員外耿章光尚寶司卿餘內外部科官加級有差
以篤降賊梁程繼孔也

命部院會議左僉都郭維經保周公叔鳳翔糾其庇逆也
初維經署大理寺刑部以偽防禦使武愫招逆擬初未
解家也次日既上維經既駁之至是因鳳翔言愫受偽命
偽印偽牌票何務何疑維經救愫既中已自吐未嘗何以
懸斷無死法且一則曰可矜再則曰可矜把持要挾直
辨其不可也又謂防禦使印當問甘受與否論命之女
已出命矣又何問其甘論與否執法之官甘心庇逆乎
同愫逮訊命會議
起升廣東僉事水佳胤尚寶司〻丞
佳胤以訟逆案逮察故御史也
更鑄各衙門印去南京二字
加趙民懷太子太保廕一子世錦衣衛百戶
命從逆各犯及惑鎮作一案着法司速行訊結從吏科林
有本言也
既言鎮作不恭不忠宜早付一決

南渡錄卷之四終

南渡録卷之五

大理寺左寺丞前工科都給事中臣李清撰

三月甲申朔上御經筵

命勘議吏部主事顧和敷文德翼御史徐復陽所糾也
兩人以南渡草創從擴禮中補銓然未抵任非其罪
也吏部復二人俱降調先之後北破松江允彝投水死

命看議御史陳潛夫
吏科林有本言彭遇颽猶持斧之勢作蛇豕主盟其出
都也舳艫接於河干其入浙也妻孥頻於境上一輦金
而入幕即有兄弟之稱凡給劄而橫行盡為盜賊之狀
近有自浙來者述其滿當北狩遍地劄弁或寄食諭紙
或派餉巨室明吞暗劫動云親屬更可異者去冬有當
強不費兵餉一疏題薦至四十七人歷來不明蹤跡詭
秘且四十七人外更挾三千餉為以資四十七之擇人
鉞剝浙民幾何堪此荼毒宜以變告也若陳潛夫以
推官入賀當改巡方今又卸肩回道旋丁艱半年司
李儼然請礼侍御當曰之躐改或冀其收拾兩河耳今
故安在疏奏止命陳潛夫看議遇賤不及也

命議諸陵忌祭
時諸陵帝后忌祭皆設孝陵太常少卿張元始言孝陵
正祭從八而諸陵望祭至五十有一前餘未撤後朝暨
王、繼禎蹤道之上非所以嚴昭事也謂凡遇忌辰宜祗
脩牲醴致祭於奉先殿惟遇五節則總設一壇附祭諸
帝后于孝陵從之

御史劉光斗補糾濫柔吳邦臣并及陳名夏方允昌等命
一併提問　光斗已收汝許件人可恨
疏言諸臣再迎西旆旗喚兒犨數月而兩易冠裳一身
而三呈順頰前迹如此後效可知豈宜予以錄用至濫
逆吳邦臣等宜勅諸臣各挨確知補牘入告陳名夏原
述他鄉方允昌逍遥故土若縱而不緝何以服在繫之
心疏奏允之

御史袁弘勳疏雪傳櫆高捷史蓂陳殷張文郁等
蓂按淮揭貪死獄沒產殷文郁俱之部主政以三殿工
超擢部堂京卿故言云不得槩議若櫆連糾左光斗魏
大中等雖謬然糾抑邪汪文言自快人意況以糾逆璫
故致服闋後終璫世不出何云逆案吏部尚書張捷每

發其枉，然不啓亦不當，或曰先經楊維垣糾，意弗許也
原任太學士李標卒
陞吏科都給事中太常寺少卿御史劉昌晉太僕寺少卿
布夏後謀北刑科左以被糾不果充
陞兵科左戴憲偽札科都給事中
志儒後降北為安盧道
乙酉升通政使楊維垣都察院左副都御史
僧大悲伏誅
大悲屢經會訊，語言頗謬，有潞王施恩百姓，人人服之

南渡錄 卷五 三

該與他作正位等語，御史高允茲未例轉時，曾疏言大
悲一案，其狀似瘋似狂，其言如夢如囈，先帝必無十
二年封齊王之文，往王豈有十五年過鎮江之事，且藩
封貴重，寺人驕恣，把內潞工，下位迎接，與李承奉之叩
首陪坐，政不知有蹤影與否，至如申紹芳錢謙益見存
宮啓鄉貳，敢有異圖，且此何等事，而議之孔聖廟耶，或
令潞藩與李承奉並紹芳諸人，明白回奏，以釋群疑，或
三審既明，即○○○○○○○○尤見 皇上定斷，不然
葛藤不斷，弓蛇自疑，一波未平，一波復作，起枘封之危

一貫一奸予奪之義何在

兴以為忘有多緣引示

疑，滋委巷之評論，則藉綱之舉，亦可乎哉，會謙益紹芳
各具疏辨，而 上亦召對閣臣於內殿，皆請包荒以安
反側，遂誅大悲於市，時御史張孫振寓詞有大悲未是
神棍，故作瘋僧，若有主使，線索又未豈是黎丘之鬼，或
為專諸之雄，語多挑激，非 上寬仁，大獄興矣
丙戌改詹事府尚書錢謙益禮部尚書兼翰林院學士
丁亥命復故輔溫體仁諡，原如溫○諡，仍舊不必議奪
命皖撫歸併應撫也，撫改為總督田永吉帶撫淮安衛鵬
文兼撫徐揚

南渡錄 卷五 四

召勳臣朱國弼等、閣臣馬士英等、翰林劉正宗等入見武
英殿，面諭令全府部九卿科道辨驗北來太子真偽
北見去年十二月間，有鴻臚少卿高夢箕僕穆虎自北
而南，中途遇一稚子，狀與冏孝，恭解內衣，燦然龍也，驚
詢，謬云我王子，既益執，乃易語太子，行抵京師，望孝陵
輒伏地哭，夢箕初猶疑，留與語，每言及 先帝先后，則
長號，又問聞賊入宮，何以呼函，稚子涕淚交下，故作益
悵恍曰，見我，問姚姚宮中事，夢箕無以辨也，乃始信之，初
欲疏聞，繼謝此乃 先帝亂出，恐不免，密送杭州宅內

袒于至盐騎、每酣飲則狂呼。聞大吉淵歩、夢莫任不能
禁也。懼、告達夢箕。夢箕亦懼、命載送金華之浦江。然外
人已嘖嘖矣。不得已于正月就閩。上亟遣内臣馮進
朝追回。至紹興方及。至是奉 上諭、朕念 先帝之子
即朕之子。若果係真東宮、朕尚無子、即愛養他。但昨遣
内臣李承芳、盧九德前去密視、回奏面貌不對、語言閃
爍。卿等可會同府部大小九卿科道舊日東宮講讀等
官前去辨驗。時諸講官劉正宗、李景濂等皆言太子眉
長於目、而北使兵部侍郎左懋第客既至、亦言虜中有

一太子、不知真偽、詢之西宮袁妃、妃曰太子有虎牙、腳
下有痣。至是驗之無一合。維問講讀何所、則誤指端敬
殿為文華殿。問講讀先後、則誤以先讀為先講。問講讀
既完、所寫何字、則誤以孝經為詩句。問字寫幾行、則誤
以描摹十大字、自書小字於下為全寫。又問當日講讀
曾問難數次、尚記憶幾何、曰不記。又問講案上何物、曰
不知。雖正宗、景濂亦不識也。已兵科左戴英前問以崇
禎十六年曾廷翰吳昌時擬 皇太子于中左門、何事
何語。又問嘉定伯何姓何名、亦不能對。時衆猶無言。惟

閣臣鞶大吉曰假遊退、未幾左都李沾同數人升階。始
跪地乞憐、自云王昌孫之明、非太子、為未虎所教。于書
付法、遂促寶奏聞。
上召對群臣
即會審之午後也。上曰朕念 先帝身殉社稷、言出
淚落、迸不成語、繼乃曰朕今日側耳宮中、惟望卿等奏
至。若果真、即迎入大内、仍為皇太子。誰知又不是、慨傷
久之。時左都李沾持偽太子手書跪奏者再。上皆不
顧。言已、徐命取視、付法司再審。兵科左戴英疏言王之

明雖係狡猾、然年力尚稚、必有大奸之尤、挾為奇貨將
以聞群疑。凡宗藩之錯居内地、督鎮之分閫外、豈不妄
鼓樂逆、別有一挾制要紳、横議處士、專意造言、不甚
且波、況業有假者在、則更不難文致。切謂此獄宜稍需
時日、使天下共見為假、毋速結頃刻、使天下妄意為真。
即已付法司、而一切提防尤宜慎密。蓋之明之來必有
群奸護至、計此時必潛伏輦轂、暗中探聽、知計不行、又
何顧一之明、不尋滅口之計。乞敕法司嚴之又嚴、若主
使之人、務在根究必得、乃可昭示薄海。疏奏、命法司再審

彦士何孟

大學士可法請召回總督衙亂文命仍舊
戊子奉新推四川巡撫馬乾兼按提閑
督輔應熊糾其淫掠不道也
命督輔王應熊以便宜行事遊翰制者丹賜劍先斬後聞
命滇撫移鎮附近川界出平御建昌兩路黔撫移鎮遵永
出綦江納谿兩路川陝總督規復保順二府楚撫亟投
荊州鄖撫扼守大寧大昌達州東鄉出路沅督扼守平
溪四衛出路廣西協助貴州并鄖陽聽督撫應熊節
制共圖掃蕩

應熊疏言蜀之四境西北與陝西之漢中州縣相比東
北與鄖襄相比而正東則出峽之路抵夷陵荊州矣西
南由建昌畢御以入雲南正南由永寧遵義以入貴州
東南由思南鎮遠以抵辰沅矣今寇據成都已無子遺
若轉而南向則望賸于滇于黔也雲南巡撫必移鎮于
附近川界適中之地而命將率兵出建昌畢御之兩路
貴州巡撫必移鎮遵永之間而命將率師出綦江納谿
之兩路此在部議原題疏內已具其槩矣議者謂李賊
在陝張賊必不北竄然目前李賊所遣馬科自七月入

蜀屢喝保寧順慶官民而制之一旦為張賊驅去則張
賊不畏陝寇亦可見矣臣故議川陝提督臣樊一衡宜
提兵規復保順二府牽賊北顧使不得以全力注於南
臣得提南邊一路滇黔之加相犄以掎其空然無餉則
無兵又苦無一二堪任大將者是以未即舉也賊若不
能南不能北則仍趨夔巫未可料也湖廣撫臣宜急役
荊州以控其衝鄖陽撫臣宜守大昌大寧達州東鄉之
出路以控其東北衝沅督撫宜守沅州以上平溪四衛
之出路以控其東南若貴州事力單薄應以廣西助之

鄖陽撫臣所轄盡夔州之界與川中事體極為關切則
廣西鄖陽應許臣得節制而緩急可以呼應臣尚未見
勅書開載不知臣于川陝總督偏沅總督二臣各職掌
何等但一四川而有三督撫其體統號令所施行將領
兵餉所取用必并然秩然一一能事推一而法紀明事乃
可辦又言秦隴巴蜀天下之首也李賊處秦張賊處蜀
宜以全力注此二寇而徐議制廟當李賊北犯時空壁
而往西安城中賊不滿千吾秦中豪傑有起而圖之者
捷威陽塞潼關而吳三桂之兵山西河南之兵急與之

抄賊無所歸宜授首矣縱之入關使賊轉生路而我坐
失機會可惜也然賊旅損塞尚甚未即至並因此時再集
兵力于蒲坂北河東拒商雒守鄖陽使賊不得東肆時
揭兵亦欲入關搗其虛牽制之使賊不得西截以連蜀
中之毒蜀今一面防陝寇一面制 獻而復竭力與張
賊從事此乃舉天下所不能當之毒盡注射于一隅豈
得不以全力予之若崇 皇上早賜百餘萬之餉十四
五萬之兵以殄此寇則蜀事舉而并力向陝凡山西河
南鄖陽諸路亦并力西向則陝寇可殄而寇平而虜可

制矣疏奏皆俞之
己丑命吏部嚴諸選法
一推升必照俸疾一凡選悉依次序一除授非邊遠危
疆不許破例一司務為九列首領通判係牧民群佐不
宜濫開事例即行停止已選者改授一借銜職方僉事
并內地監軍贊畫即遵累旨嚴汰又以咨者多屬借題
廣文濫及例貢又各官多有應入大選而混入急選者
悉宜嚴禁時吏部選郎陸康稷初任頗加意整剔而閣
臣夾璨曾学選事頗恣詭躲故稟擬詳明一時吏獘稍

清然奴於鎮臣勳臣不得自由者尚十之二三也
北兵至鄆城又抵西平
命五城等衙門緝訛言
命非資深望重者無得濫升京堂
初京卿一席量許添註至是登壯騈肩朝班日增故禁之
贈工部侍郎林如楚工部尚書侍廕
吏部請贈故山永巡撫陳祖苞兵部尚書不允
祖苞 先帝時以失機擬辟尋瘐獄故不與隶撫劉組
祖等同戮先以子詞臣之遴既蚪復官至是又請贈不

允之遴授降北復任侍讀學士
命黔省勤王兵赴督輔應熊軍前入川剿賊
寧南侯左良玉題伏昔急命督臣何騰蛟等道勦
良玉疏言闖賊已過襄陽至承天賊勢急奔虜勢亦急
追應勦賊亦應防虜臣兵合則多分防則寡乞刻發精
兵水陸會勦言甚危切
命內臣喬尚總監兩淮鹽課嚴察兵馬糧餉
所揭中軍外復有理刑鄒良千戶不知何制也
撤浙江佐殿兄錢塘安鄉伯勲衛張國材回京

傷社附頁可
志哀悵手

時清恭盡歸孫元德故撤之
庚寅陞刑部右侍郎朱之臣兵部添設左侍郎太常寺卿
劉應賓通政使司通政使
應賓旋降北爲晚撫
翰林院編修張䁱以寒食屆期請遙祭諸陵又　先帝命
吏部議奏
時城內外編帖云端陽競渡弔屈原也寒食禁烟哀介
子推也三月十九爲　先帝后晦償窅天之日攀髯莫
及吾輩各於部外結社醉酒以志哀悵等語太常少卿
張元始感其言因疏言　皇上允詞臣張星疏擬於太
平門外遙祭　先帝臣愚謂應另設一壇並祭東宮二
王於側每年忌日舉以爲常且斯日何日也三光蔽天
九廟墮地誠與尋常忌辰不同謂應敕天下凡遇三月
十九日止音樂禁屠宰併停士民嫁娶各衙門輕重刑
罰一以誌哉宮悲離之戚一以激中外同仇之憤直待
函逆斷首告　先帝靈而此禁始弛可也疏奏命禮部
併議
辛卯御史張兆羆疏陳致治去弊之法允之

疏言名器至重匪可巧營邇來辨僕雲興似設官專爲
使過之地陳乞螺集豈特恩徒開僥倖之門甚而冗員
猥冠載道欽命紛飭成風今而後請核實而澄汰之可
乎曷名祭極所以褒死勸生何至人盡美謚今千古之
華袞不崇家邀多廡諡一時之簪纓踵接甚至從逆之
子亦得叙功久抒之骨猶市朝榮今而後請核實而嚴
斥之可乎限言稱衣所以竭誠盡職自事權不一因諸
將四起薦啟視爲奇貨武弁亦擬月旦係議修口知兵
子衿咸驕冠裳今而後請核寔而殄絕之可乎天地生
財止有此數邇來開採四出山林恐滋伏莽之奸催伐
分行郡縣徒苦供億之擾今而後請責撫按以杜紛擾
可乎朝廷有一事始設一事之官今典僚添大僚亦添
少卿添正卿亦添公堂無座職掌無關何補匡濟今而
後節議停止以杜濫觴可乎銓曹原稱冰壺水鏡臺省
吏號鳴鳳神羊若先容垢甍疵何以程材指佞邇來錢
神通巧大典不光今而後撤中飭以杜倖進可乎語多
切中將樂
北兵至上蔡

命五城等衙門緝訪訛言從御史王懩言也
懩疏言　皇上斷百大悲不如斷閃燁出經作二人者
妖所由興也夫真主既出海内帖然乃今日號稱某王
子明日號稱某皇后甚有狂妄瞽子希蹤王郎故智覔
由二人議訕新政造嚚宮闈故訛言繁興者不立斷二
人恐浸假而暖藏者狐嗅叢野衆聞竊發末言朱統鐁
天潢一派不忘王室既大觖帝心特簡矢忠圖報劉澤
清作國長城憂深肘腋人醜其言後懩仕北歷升皖撫
命封殉失事諸臣不分存殁俱着法司分別議罪

從兵科沈應旦言也
壬辰升工科左吳希哲吏科都給事中
升叅政耿廷籙都察院右僉都御史巡撫四川
革鴻臚少卿高夢箕職命同王之明來虎寺集百官廷訊
先三日薄暮傳旨訊偽太子一案限次日奏左都李沾
猶循例委御史於是張孫振何綸夏繼虞三御史登大
理後堂先鞫非礼也時虎斯自杭城至未及見夢箕猝
被執孫振搜其懷中得夢箕姪成家書一封内有二月
三月往閩往楚等語孫振遂挾為奇貨亟奏聞乃命各

官鞫之明等於廷官民俱得入視南訊忽指南侯黄得
功捉將前出所刊一疏有　先帝子即　皇上子若速
處治恐東宮諸臣即識認亦不敢出頭取禍於是傍觀
愈惑時得功疏猶未上也
命三楚各有司如期徵解以濟軍需違者着太監何志孔
叅來重處
初志孔同御史黄澍面糾閣臣士英至是反奉温綸蓋
士英欲以諂停左良玉也
命户部行浙直各督撫嚴察所屬有徵漕粮本色上倉兼

徵折色者叅來重處
陞孫昌祚于國賓錦衣衛指揮僉事李天培指揮同知俱
世襲又蔭田惟嘉錦衣衛指揮僉事世襲千户
命禮部將偽太子王之明會審一案同東宮二王謚號速
頒曉諭
從御史成友謙言也
闖賊兵至潛江口馬步甚衆
命内臣屈尚忠錦衣衛馮可宗鞫問童氏
先有童氏自河南至郡云帝元妃劉良佐令其往迎叩

其頗末云年三十六歲十七歲入宮冊封為昔內監時
有東宮黄氏西宮李氏李生子王哥寇亂不知所在氏
十四年生一子曰金哥嘗許為記今在寓家庄語甚鑿
鑿良位要倍之跪拜如見后儀良位素悍妻聞之亦信
童氏由此愈驕凡所經郡邑或有司供饋稍畧輒詬詈
撤桌於地聞有望塵道左者輒揭簾露半面大言曰免
聞者駭咲至京　上以為僞命送鎮撫司鞫初猶云真
及刑拷乃云周王妃誤聞周王作帝故錯認耳說者謂
不訊之禁以而拷之獄中非體也

南渡錄　卷五　十五

癸巳命考江南劉姿升流凡由兵部督撫給札捐不才與
田他衛門濫給者俱為民不法者挐究
從工科楊兆升言也
庚狗雜修撰劉理順郎中徐極一子入監予世錦衣者另
議
先是李邦華王章已蔭世金吾至是兵部為范景文倪
元璐等請旨以為諸臣多閣部大僚謀國無能致茲顛
覆　先帝斷為不祀諸臣延世加恩臣誼何安命另議
命各鎮屯田有效以捷功優叙

命戶部嚴核錦衣衛冗役以省糜餉
旨謂祖宗朝文武廩祿俱有定制不應係給外又加公
費又該衛旗尉校堪服役不應每員更設跟役致入冗
濫餉錦衣衛馮可宗請簪帶役亦不許
肯南安伯鄭芝龍宮衛千銀幣鄭芝豹等加升另有差
甲午罷加納翰林院待詔典籍五府經歷等官供銷郎中書
旨言両部開納事例須照何國體銓規故也
乙未准左僉都御史劉緝回籍
工科右楊兆升科太僕寺少卿錢元慤為元吉等御史劉

南渡錄　卷五　十六

勳疏糾尚寶司御李之椿等命吏部核議
元吉拮据四鎮以劳瘁糾之者過之猶為吏部時徐耀
猶為龍溪令謂貪緣推入銓故也
康內臣高尚義劉進忠世錦衣千戶曹杜石等弟侄世百戶
御史黄錫袞疏參原任刑部尚書解學龍兵部尚書張
縉彥詔勿問
疏言學龍受梁兆陽欺蔽以黃幣破格板縉彥開許
定國投高傑畢騎逃避俱應提付法司報以已有旨
丙申刑科徐方求疏糾原任大學士吳甡光祿寺卿許譽

御寺不問
疏言壯闕　先帝之變謂失德失政宜為亡國之主又
國金光辰獻三萬金於高傑乞其疏薦黎御昔在科把
持史兵有許予不悖理之誅又娶名娼王微聰與舊邪
進飲為貪奸之正人君子人人所共言
准總督倉場戶部尚書賀世壽回籍
工科吳希哲疏言世壽曾署刑部勘問從逆乃伊子王
盛寔以太僕寺丞受偽官何以服從逆之人之心疏奏
命法司察明世壽緣此六

賜掌翰林院官熏銀幣回籍守制
御史郭貞一疏參通政使劉思懿命自行回奏
疏言應貧當　先帝丙子年貪緣掌選黜貨無厭降南
礼曹尋營轉南考功又復謀轉南選御史劉熙祚
所劾　先帝痛旨罷斥然鑽刺之術到老彌工好利之
迷人言不恤自其再燃灰猛重推銓衡有言其縱子及
婿招權納賄者有言其遇大選急選每日於楊中書家
對銀兩者有言其恩例副榜棟擇地方考定危疆依舊
送監者有言前人之推補未截扣除出缺經手之題註

已明兜恣勒索者有言其任子之發僨未必皆著而多
獲名郎者嗟之設官分職所以牧民今其存者不過江
南數十縣甌越諸省數百縣而已年有選月有選日有
選今皆以官爵行賄其何辭之有非錢皆不可得官非
賄之百姓又不可得錢蟪蛄聲聞夜行有虎哀此黔黎
群羊墳首何物可供子大夫之求者以貨賂言之竊恐
為盜以名器言之盜器為衆以盜之名為大盜德四盜
籍貨殘以佐牟燃拔發發以繁盜賊又患可司帝命之
御乎乞諭彼正罪以戒墨吏疏奏人皆快之

命戶部開局廣集心計之臣講求屯鹽漕三項以資國用
兵部主事陳震生疏陳時政缺闕
疏言今日節省之道當自君身始宮殿差掛各工似宜
暫緩由此類推宮中省一分之費即河上受一分之患
況今事例新開有前代行之而本朝從不題舉者如推
酒酤之類是也有本朝未行并前代未聞而創舉者如
納銀准考之類是也事例出于萬不獲已復有增加情急
勢窮則大變將作況中貴出而听用之胥盜者多部務
煩而奉差之監督者衆似宜減清以省需求臣盟稽任

牒無不以粧飾賊賊與後業耗亡燃燈寄去其端乃
威夫民命關之脩也數語劾王
戊戌予禮部左侍郎時尚書羅景濂廢
時已有旨天啟前諸臣不予廕以景濂文章德業冠絕
一時故
定撥李希沆兵部左侍郎
命總兵劉孔昭防池口以固上游
總督張縉彥奏復南陽府
命黃斌卿以原官掛征蠻將軍印鎮守廣西

南渡錄 卷五 十九

試御王是一年五調矣
復山西巡撫郭如杞原官
初如杞為賊方時黨於兵部尚書張鶴鳴力詆經略熊
廷弼人皆尤之及以不拜魏璫生祠坐辟砥節璫璫後
為晉撫以疊響入援駐德勝門而總兵張鴻功兵潰良
鄉坐是同時故雪之
已亥徙崇王於福建福州府諸藩散處吳中者俱別徙
時禮部因崇王自請速徙遂差刑科都錢增奉敕獎諭
以風勵各藩

命頒 先帝東宮二王及懿安皇后謚詔於天下
懿安謚詔至是始頒禮部尚書錢謙益為詔云既怵鋤
以捐軀覆從容以就義稱之云
更謚恭皇帝曰孝皇帝頒詔天下
命覆訊王之明等
時三御史登大理寺堂、安聖旨於中、三法司與錦衣衛
皆列坐、御史坐稍後前此未有也指揮馮由張孫振左
都李沾、雖堂官無如之何、夢箕列、氏以甘言誘之明以
嚴刑加虎、然明旨所云二月三月所成何獄在闕往楚

南渡錄 卷五 二十

欲幹何事、并主使附從定繫有徒等語皆抵死不供也
先是夢箕曾為史可法買醉貴有欲借此牽可法者至
是夢箕一無所及、惟口許之明、仰天嘆曰我為無賴子
所誤耳、然一念痴忠、天地可鑒也乃以提高成等背命
談衛門將王之明加意護養、非欲加刑俟明旨海以然
後法、
庚子起祭處浙江右布政顧燕貽
與察處原任袁州知府宮紀蘭等俱以不謹雪
降御史郭貞一一級調外

吳適之始

劉應賓素與馬士英、阮大鋮等比，恐不處貞一，則言者蜂起。至是應賓既彈，系試貞一，嗇求考選，挾贓妄言摘之。應賓俱如貞一疏，出升臣吳适手，因帳適入參，與大鋮共固擾，從天貞一後出疏辨，左通政宗敷一拒不受。御史以彈貪論奈貞一一人而已。時臺班散亡，惟沈宸荃與貞一，辭不安，荃先以年例外轉。

追封故成國公朱純臣新城郡王，援英國公張輔封王例也。初，毅宗聞城破，傳硃諭王閣，命純臣總督內外諸軍，扶以東宮，命閣臣俱出，遂留之案上，然純臣不知也。已而

南渡錄　卷五　三十一

李自成入見之，故純臣即日被殺。至是忽命贈王，比之張輔。說者謂保子元臣南寓，張慫慂不得襲，故欲崇純臣以自爲地也。又贈穎遠侯顧肇迹穎國公，永康侯徐錫登永國公，西寧侯宋裕德寧國公，定遠侯鄧文明淮國公，懷寧侯孫維藩懷國公，彰武伯楊崇猷安鄉伯，張光燦俱贈侯，南和伯方履泰爲南和侯，襄城勛衛錦衣千戶李國禎爲中軍都督府僉事，外武定侯郭培民陽武侯，薛濂宣城伯，衛時泰清平伯，吳遵周新建伯，王先通等五人以應襲者大五伯另起會聞亡不

命靖南侯黃得功移鎮廬州，與廣昌伯劉良佐合力拒北兵。

辛丑，准前輔□□辭太保銜。

命三品以上京官俱從公糾拾，從吏科都吳希哲請也。

江楚總督袁繼咸既辯袁弘勛，命專意防勦。

疏言：頃接邸報，見臺臣袁弘勛有疏追論安與三案，從及於臣，我神宗皇帝之慈愛、光宗皇帝皇考、恭皇帝之孝友，父子兄弟，欽然無間，前此諸臣雖風影傳訛，立論偏激，然皇上中興，畢海內嘉與維新，弘勛必欲摭

南渡錄　卷五　三十二

羅往事，鍛鍊深文，挑觸殺機，尋釁泉壤，君相寬和之盛美，仲一己報復之私懷，平旦自反，得無甚乎！總之皇上之所關揭者，列聖之慈孝；弘勛所借攻擊者，人臣之私隙。若非聖主徹截爲心，門戶株連之禍，將又有不忍言者。臣始終願皇上堅持聖志，采納前疏，命諸臣後私鬪而急公仇，無以有用精神耗之無根口舌。疏奏，人服其議，然弘勛疏已不行，專意防勦可也。

升應安巡撫程世昌太常寺卿。

往例巡撫無升太常者，因爲民阮大鋮先往，故世昌不

軛巷而送糾故恨王是拧垂心世品北大錢府救解乃
光名升究抑之以為大典也
遣礼科左陕燕冀行人薛元熙册封琉球
晉越兵部洪迦太子少傅賞銀幣
以屢著戰功也
命嚴訊從逆各犯未到與續參諸人俱嚴核
壬寅上祭　先帝先后於奉先殿舉哀群臣皆祭太平門
外以東宮二王附祭
時群臣多哭失聲誠意伯劉孔昭哭畢倡言曰昨駕致

南渡錄　卷五　十三

先帝崩者光時亨今露已移而視息猶存何以慰在
天之悯言已又大哭拧散既大錢始傳呼而至暫聊可
法既言臣聞去年三月十七日賊逼都城　先帝仰天
長號遶殿環走拊胸頓足嗟息通宵大呼内外文武諸
臣誤我誤我吝宜名對人人戰慄無策噤不發聲乃政
事之壞尚在講門戶講恩怨講起用報復講美缺危懸
大抵衆朝之精神才力總不出此數端遂至釀成地坼
天崩之變嗚呼為臣子者尚忍言哉臣待罪南樞于義
應死其偷生以待者亦謂徒死無益不如捐軀頂踵戮

力行間生致賊渠獻之闕下然后一死明赦其今受命
討賊已十月矣征營不為不久事權不為不專責諭不
為不多用人不為不專而心腹之憂轉於指臂之運不
靈林守近畿涅無遠略聞賊來逼一矢未加消夜捫心
恨不即死同念春秋之法凡賊不討仇不復則君不書
葬臣不除服寢苦枕戈無時而終且於未能復仇之臣
予深加貶絕一書再書不諒誠恐久之則玩為常事安
之則無復憤心耳且載觀於書宰紏一例則責相尤嚴
於四年七年特書二時則責大司馬倍深臣謬以相而

南渡錄　卷五　十四

兼掌大司馬職者也聖人于宰紏既降書其姓氏今微
臣敢復列於冠裳在天時尚控削其秋冬在師師敢仍
存其爵位所以者明大仇一日未討則為臣子者一刻
難容於天地間今日首先伏誅以謝天下非臣誰責伏
願　皇上重處微臣以為携様一面明布大義弘張天
討務期掃清氛襪恢復神州庶廢虜逆寇不至笑中國
為苟安而輕朝廷為無人也臣草疏甫畢哀痛不勝追
流窮源因致追恨諸臣誤國之事非一而門戶二字寔
為禍首從門戶生畛域從畛域生恩怨從恩怨生攻擊

所以春秋之始首嚴朋黨之誅而門戶之名竟結燕都
之局試問山陵安在 先帝后梓宮安在血胤安在猶
敢爭論朋是朋非孰利孰害哉覆轍在前可為炯
鑒伏願 皇上申戒諸臣毋講門戶講賄賂講起用報
復講美缺危坐合內外文武大小臣工一心專講春秋
復仇之大義若此後文臣猶愛錢武臣猶惜死頑耽心
報恩蛾為如將天道必為降罰而國法亦難曲貸矣
癸卯升應天府丞鄒之麟都察院左僉都御史
吏部推江督袁繼咸刑部右侍郎不允以陪推原任浙江

巡撫羅汝元為右侍郎
時疑繼咸比左良玉愛號與時俗抗抗為均勞逸之言
欲移之內並將倡其入而甘心也 上不允越數日再
推戶部右侍郎終不允遂用汝元汝元先撫浙以海賊
劉香為亂失機處
永平伯鄒潔澈奏李鄴敬自北歸
明曆嘗聞逆入都實校委後任北為禮部左侍郎其謚
先帝懷宗端皇帝係十六字又謚周后皆所擬也已以謚
逐逆泛海南歸既中所言闖敗後廣逆勒入朝見廣酉

不外報效投幸乘閒渡海逃歸者皆飾詞也既抵南都
與同志託大鋮等酬飲城外數日竟不入覲識者非之
澤清疏言明曆不附逆發乃自北而南隱名更素附聲
氣乃自南而北遂奉旨察參削名更入北已為吏部右
侍郎
加巡撫湖廣王驥提督軍務兼理糧餉銜
命三法司覆審王之明等
高成已自杭郡解至從嚴刑鞫所言閒甚含糊而已回
癸命再訊夢箕帳請死是日夢箕與之明始刑時 上

恐諸鎮心疑命其提塘官馮茂斌等隨審又命舊東宮
伴讀太監丘執中往認之明見執中亦不識也于是群
廷稍解然御史張孫振等猶持閣甚語甚堅獨大理寺
卿萬寓亮客言曰公事處鄭逆兵加能聲左良玉鄭之
龍之罪而制其死命乎若其供也含忍即無法搜剔則
激變耳孫振等始微悟言之閣臣士英自此不復究矣
初刑部尚書高倬擬稿必背正院寺三御史亦性獨孫
振繼平塗抹手自為稿入告皆其擬也
命兵部著鎮臣黃得功提塘官將得功原疏五疑以絕奸

嫡故有仍前僞言者兵部撿好正法從戶部侍郎何楷
言也
初王之明以僞太子至楷同睢時見阮大鋮等軒翥狀
密語工科都李清曰若輩目無人主矣太子至其惧而
少戢乎猶清流幸也至是貿見之明假方防燬得功列
疏刑科都錢增亦言十惡之條莫大於無將悉聡之法
莫慎於制審初者驗於衛臣私寫則之明之詐冒已灼
再會審於衛司法堂則夢箕之勾導愈彰手書現存百
喙難解今讀　聖諭云朕痛念　先帝身殉社稷血胤猶

南渡錄　卷五　二十七

存當體天地祖宗之心加意撫養仁哉聖心乎若果係
先帝青宮相見一堂其執手抱頭一言泣數行下者不
知如何酸感宮府夢箕欲遠送僻遠爲存活計是誠何
心哉明視朕爲殘忍寡恩之主斯諭一出夢箕何地可
以自容伏以國法立刑何辭乃　皇上猶以爲一日成
業棄不如千秋信史爲確也文武大小諸臣之質審不
如薄海內外愚夫愚婦之所傾爲公也茲既公矣既確
矣臣愚謂之明猶可休須臾之死而夢箕斷難偷一刻
之生今試再詰夢箕如果是東宮伏當奏聞朝廷安頓

撫養如何要送僻遠所在既論天言必於何處說去惟
有點頭耳且自夢箕陸誤敗而一番訊奏則一番詔諭
難石頑亦蠢亦當頻聆慈受聖諭而恍若有醒況在血
氣心知之倫能無感動伏冀勅下法司剋期定案盡斬
葛藤再傳示閣部諸臣亟行采錄宣付史館仍鋟板成
帙頒布海內皆從之
甲辰封黃九鼎雖中伯加黃金鼎都督同知
俱故后戚也
寧南侯左良玉再遣使告急命衣維咸並顒兵將相機應

南渡錄　卷五　二十八

援仍詔黃得功劉良佐并應屹二撫俱戒嚴以候進調
時聞賊犯襄陽至潛江渡口離省僅四百里左營遊擊
簡友接見兩岸中流皆賊馬步走回仙桃鎮良玉恐犯
武昌乞亟發各路援兵合剿益已不支矣
乙巳再叙殿工加督輔可法太師首輔士英太保次輔鐸
少傅又加蓄輔弘圖曰儼各太子太傅工部尚書何應
瑞少保餘部科加級係有差內官盧九德等俱各賞銀
幣不等
祭思宗孝愍皇后及太子諸王于興宗陵

以太廟未建又奉先殿不設位故帝后皆附祭於陵二
百餘年一祭而已
存問原任南户部尚書于仕廉誠意伯劉孔昭請之也
仕廉在籍去不能舉火
丙午復故輔温體仁官階并賜雪故輔薛國觀号
從兵科左懋第言也國觀性執偏與門户相仇故為吳
昌時所陷然無贓跡追贓則過當國亡不果雪
加兵部右侍郎解學龍尚書兼都察院右副都御史巡撫
恩安等處地方

後北兵破金華大興自焚死
命工部勒限造奉先殿琉璃瓦
命以王之明童氏二案當明暴節宣布中外
初二事紛紛人皆言　上之薄誾臣為内臣之逢迎至
是劉良佐復言之有太子　先帝遺血童氏　皇上宮
闈所係趙涕泣保留等語旨言朕前后黄早夭繼妃李
殉難俱經追謚且朕先為郡王何有東西二宮至　先
帝與朕初無嫌怨豈有利天下心害其血胤但　太祖
天潢　先帝遺體不可以異姓頑童淆亂宮闈風化所

關豈容妖婦闌入因令法司以畧節播告時　上慈寡
斷内外群小日横難流言喧民間故一太子至皆喜而
二三民望言足徵信如高弘圖徐石麒劉宗周輩又無
在朝者故愈疑愈辨愈疑　上不得已發士英留中疏
昭示臣民蓋初聞太子至議係全誥也然亦無信者
丁未准罪廢諸臣输納復官
北兵破歸德巡按御史凌駉及其侄潤生死之
初駉不肯附賊倡義臨清從求昌一麻北兵破關援兵
科駉何間南歸授御史初按東省已非我有再改按豫

抵任未一月叛帥許定國李際遇等已勾北兵抵歸德
群官皆迎降獨駉不出欲飲毒北帥宣言不生致凌御
史屠城駉嘆曰與慷慨而死及小民何如從容而善全
大節遂單騎往見任潤生亦義形於色執轡相從北帥
諭之降誓不許拘於别寨駉慷慨謂潤生曰吾與老親
危偪匪獨欲據此一塊土為江南藩籬今已矣乃遺書
北帥言節不可虧武不可黷宜斂兵江上畫為南北不
爾當率坐向馬飛渋濤以擊爾軍後作絶命辭百餘言
與潤生同縊北帥曰忠臣也禮葬之而府道兩官之降

者皆以不忠被斥。潤生儒服從戎，人尤義之。尋命俊恤
以國士不果。
戊申，左良玉舉兵反武昌。
先是江督袁繼咸咨道户部侍郎何楷、户科倪嘉慶等
言言良玉督戍時直罷遣不騷黔者所難，朝廷宜稍加
督撫推示相維繫。二人言之，當事漠然也。至是因偽太
子一案喧傳楚地，有言薊國公吳三桂送太子於史可
法，可法又將送與善寺者；有言上遣二監韓贊周、盧九
德往識認，見即叩頭，獨馬士英往視以為偽者；又有言
窩藏份方挾亂出喋息發幾浮罷者。然可法定無此事，
而士英則借諸臣視非獨視若挾亂，又士英遺書阮大
鋮自蘇州召認，亦未以喋得罪也。良玉聞之，疑，疏言此
事未可決于二三左右，應決於國人天下，仗太子不失
王封，皇上不失至德，群臣不失忠蓋等語。及再疏至，
乃云東身赴闕，代太子受罪，雖錄亂詞以示疑，自若也。
適下錦衣衛州鞫審詰之旨之闕狀，中外曉駭，謂大獄
將起。時黄澍在楚，心叩士英，而良玉諸部將又畏闖逆，
力賛良玉反，遂借太子為名，焚武昌東下。

南渡錄　卷五　三十一

户科王士鑅疏參工部右侍郎易應昌、太僕寺卿楊公翰，
命已之。
應昌素負輿望，至是耄矣。初抵部，外户科戴英糾之，不
辯，亦不抵任。至是為士鑅所糾，次日遂謝恩，亦不辯。人
以為風憲之衰。
命軍機進大事情，方從文書房封進，餘仍由通政司。
命禮部將各藩散處浙直者與另議他徙，其藩祿額數并
酌定具奏。
命總兵方國安掛鎮南將軍印。
命户部將催餉各官勘符中等陋盡行撤回，其催消者一
併參裁。
蓋慮其擾民也。惟督餉官紀騰蛟等暫留，仍令該撫按
察其有無騷擾，俟差竣奏奪。
御史劉嶄疏糾在獄光時亨等，命速行問結。
疏言：臣捧讀「大仇未復，無路可辭」之旨，知皇上創鉅
痛深，志梟冦虜。而今疆場之事日復一日，展不及於室
皇東，不及於蒲胥宮闕，久違二東，望絕以中包疾號之
師，蹈高光興翔之轍。臣恐刺氣日銷，兵日將偷，日虛器

南渡錄　卷五　三十二

械日頻羸馬日損偷更閱歲時師老財匱何以追復至
封疆使過自贖之臣失之東隅則當收之桑榆昔者桑
甲而來不問卯滌今則交綏而至濘役虎兕若夫兵不
先人功不立奏以時罪為瘐死之地畏首畏尾身其餘
幾甚至呼吸時不再來比臣所以痛念從伏願效他山
也抑臣猶有追恨焉　先帝廷議南遷閣臣將行而光
時亨力阻不果乃　先帝以堯舜之資議作太王之避
國有惘乎不得已者阻之誠是也然天崩地圻丘灝淵
宮衣劍弓裘曾無正寢而時亨不昔以一死謝　先帝

星移物換罪人未誅在天之靈目將不瞑況今山陵未
掃一望陸沉俯今思昔涕盍繼血乞敕封疆諸臣奮力
同仇日切先帝之思伏過諸臣斧鉞在頸且切後時之
懼并嚴諭法司明刑飭法立正逋誅之典疏奏俞之時
諸臣皆以阻遷罪時亨獨謂不罪其阻遷而罪其不以
一死謝阻遷洵乎許也
命吏部將京職五品以下官員照嘉靖萬歷元年例會官
考察
時廣寇交廷國已畢卿部院拾遺御史張孫振言以京

此疏有奏之勢作少為有數語不知何所本也

察請來平侯澤清疏請已之報聞
安遠侯柳祚昌舉原任尚寶司丞范鳳翼哥卓下所司
林翼與禮部尚書錢謙益薦欲起用吏部尚書徐石麒
疲之至是又以祚昌疏薦
命於次月初二日辰時頒發宗皇帝孝皇帝及東宮二王
諡誥
命督輔史可法會同靖南侯黃得功將漕米羨餘散濟儘
屬餞民
督輔可法疏請諸臣亟化朋黨共圖征討大計俞之

疏言屬者天方降割逆闖亂真主挺生中興啓運經
綸密於草昧多難易以興邦海宇欣欣想觀盛治乃歷
時七月徒煩宵旰殷憂未有廓清勝著今北伐言旋敵
兵踵至和議已斷斷無成矣向以全力圖寇而不足者
今復分以禦敵矣際此時衆憂心欲絕然歷觀往代衰
亡莫不因和自戕今敵之非我正我所以自奮與天所
以成我之時特在人心一轉耳從來中興大業不外于
君臣一德內外一心當此危急存亡之時可無同舟共
濟之誼臣嘗慨夫門户之禍竟與國運相終即使所

用皆才已廢却一半況以意氣相激化成恩仇恩怨一
生醜成敵逆近來之事殊堪痛心今時極艱危為臣不
易官之久者其負罪益深仕之尊者其得禍更慘有心
之士方以此為危身積禍之場而無識之人乃以此為
快意尋仇之計即使藏怒宿怨孰有深於戕我君父覆
我邦家者不此之仇而猶修睚眦之微嫌快升沉于轉
轂此之謂不知類矣謂宜虛心平氣還之大同何人定
是幹濟之才何人定是清修之品無尋題目而開媒蘖
之端無捕風影而肆抹殺之網務得海內真正才品舉

而置之鈞衡中朝之舉措咸宜閫外之嫌疑自化此臣
所望於廟堂之同心者也昔唐室削興時則有若李郭
宋家再造時則有若劉岳張韓拔其勲名悉垂天壤今
之藩鎮何多讓焉若當患已剝膚尚以賊貽君父諒非
諸鎮所忍出也然大將所定者惟志三軍所鼓者惟氣
志不舒一氣不奮不揚雖有賁育之雄如林之衆莫能用
也試思 先帝之待諸鎮何等厚恩 皇上之封諸鎮何
等隆遇 先帝之罹賊難何等苦慘諸鎮不能救 先
帝于難何等罪過釋此不鬪自奚干戈是猶舍父母之

仇尋鄰階之鬪也忍乎今 和敵不成惟有言戰：非諸
鎮之事誰事必皆以 皇上復仇雪恥為心簡乃卒徒
秣乃甲胄朝營夕莫冦敵是圖其未至也何以伐其狡
謀其既來也何以禦於河上其所當者危地而我必急
以往援其所爭者小嫌而我必先以大義田單報燕之
日將軍有死之心士卒無生之氣廉藺刎頸而定交子
儀釋憾而泣拜諸鎮豈不聞乎此臣所望於閫外之同
心者也然閫外所視者朝堂朝堂所視者主德我 皇
上中興未就大仇在身凡一舉念一回事 二祖列宗

鑒之恭皇帝烈皇帝鑒之尤望深思痛懷大渙綸音諭
諸臣以怡堂必不可安積習必不可狃兼此敵誰叵測
我武未揚在內宜庭[illegible][illegible]以臥薪嘗膽為生機在外
宜力捍封疆以江北中州為死所古人有言不本人情
何由興復今之人情已大可見撥亂為治轉弱為強在
我 皇上一振厲間耳
命法司行所在撫按嚴緝原任提督伏惆及其子方夏從
東平侯劉澤清請也
疏言惆巨貪淋網降賊通誅復令伊子方夏交通於已

連賄賂故命并辯之
戶科給事中張利民疏糾科臣時敏命逮之
旨言侯興屯不效議罪
御史王大捷疏糾原任鄖撫陳鶴誤楚撫王聚奎沉撫李
乾德命究其奏旨言鶴誤聚奎當荊州失陷時尚未抵
任乾德現理餉俱不深求
己酉升光祿少卿錢繼登都察院右僉都御史總理兩淮
塩法兼督江防運務罷巡塩御史
營大善殿

晉黔國公沐天波宮銜二級仍廕子入監
左良玉疏糾總兵方國安敕諭解之
時國安側身閣臣士英每至京輒酣飲其弟至是良玉
參其假己旗號力攻之蓋欲借為兵端也
命嚴飭各督鎮監軍監紀等官以後不許妄題
贈興平伯高傑太子太保廕一子世錦衣百戶
工部尚書何應瑞請加派錢糧以資濬河不允
旨謂一經加派便相沿為額祇供官胥役蠹故也
庚戌補考選黃鄉仰禮部儀制司主事

贈光祿寺卿史所工部右侍郎廕子入監
命大理寺左寺丞李清祭南鎮光祿寺卿王應華祭南海
禮科都羅志儒請定毅宗陵名命禮部酌議
時志儒商之大理左寺丞李清〻曰既改新廟號宜以
故廟號名陵曰思。陵志儒是之
辛亥贈故輔李標少傅廕子尚寶司丞命予謚
以國亡不果
復原任御史劉呈瑞原官尋補廣東道刑科徐方來所薦也
呈瑞崇禎時巡按順天以北兵入削籍

升太常少卿張作楫光祿寺卿王應賓太常寺卿提督四
夷館
作楫後降北為光祿寺丞
命臺省疏薦諸臣須加嚴核不得濫行添註
御史陳以瑞疏言故輔溫體仁之清忠與延儒懸殊即
當天啓朝故輔魏廣微亦自矜〻固逆璫遠楊漣諸臣
於詔獄獨揭救璫怒拂衣去亦豈得與甲織頭東林同
日而語疏末又為黃承昊陳献策郭必昌等俱奉旨嚴
核初以瑞當天啓時攻門戶甚力御史張孫振欲復其

至昇以掌道至是對御史喬可聘深悔前過擬振嗾糾
皆不應怒而止
壬子淮督輔可法辭免太師
命廷試貢生仍分送國子監不得照崇禎例授官
命設官蘇松海口以收洋稅
從輔臣士英所請也
廕左良玉一子世錦衣
廕丘磊一子世錦衣指揮僉事
北兵破潁州太和縣

陞都督劉邱安一級廕一子世錦衣千戶
士英署兵部蔡視金吾不交敵祿濫請者甚衆不能救
舉也國安為士英私人
加李本身太子太保左都督
以九璽頻劾命督輔可法也撫徐泗
四月癸丑朔革御史王孫蕃職為民劉思章法司提問
給死難諸臣中任楓等三代誥命
減臨淮侯李祖述祿三之一以祖券免死罰朱元臣條二
年

加淮寧侯孫維城太子太傅襄衛伯常應俊太子太保應
後仍廕子
准高傑子元爵襲封興平伯
衛楓文欽孫高營心故請之
命嚴緝從逆侯恂
劉澤清糾其從子求解由財貨緣故也
杖犯人應有道一百仍立枷三月
以擅闖宮門口出穢言
革錦衣衛僉事趙世臣職李班等提究

時僉書等官淮杖拘人兼以人役詐騙先有旨詰李錦
衣衛馮可宗至是世臣復淮杖故糾之
丙辰忠安伯張承志疏糾文選司郎中陸康稷詰責之
康稷李銓執與臣千請不遂嗾承志糾語甚毖
命兵科右吳适回奏
先是督臣楊鶚撤回蓋鶚可仍撫剿兼督黔蜀有旨
與鎮臣良玉惟然同仇共扶戎輔諸輔臣奏探崇古回
奏時付良玉已久故也
准徐文爵襲封魏國公

左良玉兵破九江是夜死

時江督袁繼咸閉關戰南渡恐由岳犯長沙則袁吉危乃以鄧林奇郝效忠陳麟三將守九江自統副將汪碩畫李士元等援袁吉已發舟矣聞良玉反復旋九江移諭將家入城繫兵心諸將列兵城外拒戰九江士民環集言衆寡十不及三激之禍不測不若俟良玉至諭以理諸將斂兵入守相機而行繼咸曰入城示弱不可乃逆升郝效忠則已不待令隨家口先入矣良玉舟抵北岸書言願握手一別爲皇太子死九江士民泣請繼咸

往舒一方難繼咸曰寧南蹤跡頗舉動與前殊往必墮計士民請益堅遂同監紀余有灝會良玉於舟中良玉言及太子下獄事大哭次日舟移南岸繼咸以良玉入城不使同各鎮以兵將從良玉袖出皇太子密諭劫諸將盟繼咸正色曰密諭從何來　先帝舊德不可忘今上新恩亦不可負良玉志有灝陰躡繼咸足遂不復言與良玉成賓主礼別約不破城繼咸歸集諸將城樓泣泣曰今誅非正晉陽之甲春秋所惡可同亂乎已說寧南易檄爲疏屯札候旨矣時繼咸方約諸將堅守而效忠先陞與良玉約部將張世勳又故與良玉部將張國柱善潛巾其兵夜入城縱火世勳與效忠遂夜半劈門出諸將慨罪俱出城與良玉營合良玉兵入城殺掠婦女財物俱罄擄去繼咸正冠裳帶將就死黄澍入署拜泣曰寧南無異圖公以死激成之大事去矣副將李士春密曰隱忍到前途王陽明之事可圖也繼咸以爲然出城面責良玉良玉疾方刺望城中火光大哭曰予負袁公嘔血數升是夜死秘不發喪兵推良玉子夢庚留後急移舟東

北兵陷泗州

初北兵破歸德猶盤桓未下徐州兵民咸驚潰總督王永吉急調閣標及甘肅團練救之忽奉密旨急撤入衛於是各兵徑趨江上徐州寂然矣乃上言北兵已入虹縣距泗州二百餘里爲一泗河不守則闖入盱眙查盱眙東南一路從都官堂可達淮安正南一路從建塘可達揚州西南一路從天長可達六合至浦口不但淮揚難支且向江干問渡矣乞勑總督衛胤文提督劉澤清等以全力守徐泗保全江南尚存門户却以江南全力

防冦防敵庶不至四面受敵也至是失
命兵部尚書阮大鋮誠意伯劉孔昭帥師禦左良玉
良玉兵既下方國安時鎮池口會皇報良玉反既大鋮
速張示於外極詆良玉父子濟惡良玉一面舉兵一面
遣諜士兵止辰數日內疑信相半也大鋮與孔昭請師
師出而黃得功札至亦云悖逆大鋮出以示人人
心稍安然皆不知良玉死也
丁巳命子原任都御史劉廷元等贈謚祭葬廕子徐大化
等贈廕祭葬有差

南渡錄　卷五　四十三

時現存居世濟等已次第起用左副都御史楊維垣復疏及
死者謂宜亟卹於是吏部尚書張捷言欲白從案之臣
罪先明前案之臣忠前案者何三朝以來有飛差李可
灼王安諸案是也後案者何魏忠賢伏誅案內有真黨
惡與害人者是也自神祖中年東宮未立言國本者自
是忠愛至論及國本既定言者不止有君老附世子之
嫌不避也猶可言也標我之名必毀人之名躐我之位
必傾人之位始於一時之風影成於衆口之吠聲上誘
君父下誣同朝不可言也其曰某趙並某許止本無是
事群附和以寔之其曰某建祠其誦德原有的確而扯
及無干則誣矣今前後案所翻與門戶所擯如逆臣楊
維垣疏列劉廷元呂純如等皆可誣為亂賊指為群党
豈知紅丸議起正終正始之論止有三疏議單百數十
人不阿時論者十餘人而已劉廷元首以風魔定張差
案其為舉朝側目者此二字其善處先朝骨肉者亦此
二字呂純如叅閩藩時內臣高寀手劍叔撫臣驅車馳
至徐把臂奪劍遂定其變忤時齋志與論惜之黃克纘
領命之際以親見折紅丸之謗霍維華玉几之際熹廟口

南渡錄　卷五　四十四

稱信王維華為發承吉出召　先帝而社稷定徐景濂
紅丸移宮一疏明目張膽發舒三朝慈孝王永光為太
宰鐵腸冷面燈熖時一疏數千言侃侃論列許爲臣為
考功亦做此意振晉時終日馬上殺賊多俘勳功徐紹
吉綱羅三案勒成要典分別諸臣功罪最著至于徐大
化徐揚先章光岳岳駿聲范濟世徐卿伯以至惡臣疏
所未及尚有楊所修劉廷宣姜志鱗陸澄源王紹徽徐
兆魁喬應甲懋皆獨立不懼不倚門戶臣也而章光岳
清修勁骨尤稱表表楊所修正色昌言罷官居家罵賊

遇害臣竊有進焉者前争國本與辦悪諸豈非同忠於
光廟而何以判分左右意也前罪王安與後罪魏忠賢
者豈非惡惡同污而何以仇若敵國又怨也王德完持
國本之論於廷杖之下大呼中宫安則皇長子安皇長
子安則天下安侁身後之卹典未備可無念其人乎軸
臣薛鑾以頭命親見折礼卿組年聽乾宣付共疏是非
遂定後來定逆案雖非然前疏所開不少今實録未採
可察其言乎惡臣為諸臣發憤或未暇及此故臣等敢
平心拈出補此一段公案時全予者廷元純如維華德
完允贊永光所係允岳紹吉景濂准贈蔭祭葬者大化
濟世贈官祭葬者揚允廷宣鳴臣駿聲鄉伯應麟俊原
官者紹徽兆魁應甲澄源共二十二人廷元所修紹徽
兆魁紹吉維華純如濟世駿聲大化應甲皆案中為民
而應甲撫秦貪又不列原疏人以為溢
左夢庚兵破建德縣
升廣西按察使葉重華太常寺少卿廣西僉事林銘鳴光
禄寺少卿
加誠意伯劉孔昭太傅

命御史劉超陞巡按應安
超疏乞令懷寧阮大鋮所雕也故用之後降北為安慶
道僉事
戊午更授梁雲構兵部右侍郎起升原任陝西巡撫李喬
兵部添設右侍郎起原任光禄寺少卿周宗文原官
喬先撫陝西以按臣斜成雲構後降北仍為兵部侍郎
命江督袁繼咸以訊王之明實録昭布中外
初繼咸以太子一案見疑左良玉恐召大釁乃疏言太
子真偽非臣能懸揣真則望行良玉言偽則不妨從容
審處多召東宫舊臣識認以解中外惑疏未達而良玉

已反王是方達故即命繼咸昭布蓋疑之也時督臣何
騰蛟亦同時言之然無深求者
左夢庚兵破彭澤沿途殺掠甚衆舟揖連二百里
命提童氏隨後解京訊質
初傳王童氏者為庶吉士吳爾壎王是命提訊因放用
督輔可法軍前為贊畫衷街伯常應俊隨上藩邸一
疏童氏皇嗣絶無影響然外疑愈甚初閣臣士英開童
氏至曾擬疏欲上言　皇上元良未建竊究宗藩尚慷

覲覦若果真當迎童氏歸宮審令河南撫按設法迎致
皇子以消奸宄若謂童氏流離失散不使母儀天下則
當置之別宮撫育皇子昔漢高祖開基英主也呂后為
項羽所獲置軍中者數年唐德宗母為亂兵所掠終身
訪求不得宋高宗母韋氏后邢氏皆為金擄韋氏終迎
歸邢氏亦遙加后號古帝王遭時不造如此等事多矣
況童氏寄居民家何嫌也既成以從龍諸臣皆云詐僞
且潛邸宮人無生子者遂止至是復刊其疏欲自明人
終不信也

己未升光祿寺卿祁逢吉戶部右侍郎兼都察院右僉都
御史總督倉場
逢吉素與周鑣隙逢人肆詈故得遂又說兵科王士鑅
糾史可法郭維經韓贊周等武沮之乃止贊周識大體
雖司禮首員然以從龍虽尚忠等橫持之不得移病而
已
左夢庚兵破東流縣
加湖廣巡撫王驥兵部右侍郎
時甫離京師也

沒守制太僕少卿張如蕙貪充餉
如蕙聞左良玉內犯倉皇出都資裝甚盛守門內臣發
視珠璣燦目群裝之立鎣匣以銀七千兩聞各衙門原
解印封尚在然以東惡頡頏與閣臣士英共事故僅沒
銀充餉而已於是內臣以查家為奇貨日肆搜求矣戶
科張利民既糾如蕙被劾
命兵部尚書阮大鋮會同黃得功堵勦左孽
時督輔可法亦集兵策應未幾渡江將抵京師會傳上
游事詎可法毋留京師咫尺不得見說者謂士英首輔

自命恐可法至則遂班行也
命慈館門禁
庚申准張國材襲安鄉伯
棄光時亨周鍾武愫於市
先數日御史張孫振鞫時亨與鍾命苦之時亨等曰殺
則殺可辱耶孫振大罵重杖三十幾死至是因左良玉
叛人心洶懼忽傳
聖諭光時亨因李明睿不同聲氣
力沮南遷周鍾以詞臣降賊仍敢無礼于
先帝武愫
受賊僞命為賊任事牌示有擬者即照原議會決其餘

擬斬的發雲南金齒擬絞的發廣西地方充軍各終身
軍罪以下為民永不敘用有將罷薦用者以本犯原擬
之罪罪之三人逆黨誅後北兵入南都孫振亦迎降過
市市人詬之曰君非前訊周鑣等捶面號呼為逆賊罵
不已而攘者耶今亦作此面孔何也孫振無以應
賜周鑣雷縯祚自盡
旨言其結黨亂政謀引外兵別圖擁戴故也先是左良
玉內犯疏言臣提師在途恐百萬之衆發而難收震驚
宮闕且發逆賊馬士英罪狀正告陛下曰 先帝之變

士英利災攘權事事為難逆案 先帝手定士英首翻
之要典 先帝手焚士英復修之罪一越其傑以貪罪
遣戍不一年立陞部堂張孫振以贓污絞犯不數月賁緣
僕少袁弘勳與張道濬同趨獄爾罪借起廢徑復原官
他如楊文驄劉泌王燧黃鼎等罪等叛逆皆用之當路
罪一已為首輔用償心阮大鋮為添註尚書又募死士
伏皇城說名禁衛動曰廢立由我罪一陛下即位初恭
儉仁明士英百計誑惑進優僮艷女傷損盛德罪一引
用大鋮睚眦殺人如雷縯祚周鑣等煅煉周內株連要

引尤其甚者借三案為題將生平不快意之人一網打
盡令天下士民重足解體罪一目今皇太子王校受分
明士英大鋮一手握定抹殺的識認之方扶軌而信刑
誅之劉正宗忍以十七年嗣君付諸幽囚凡有血氣皆
欲寸磔士英大鋮等以謝 先帝此非臣私言諸將士
言亦天下忠臣義士愚夫愚婦之公言也伏乞立肆市
朝傳首於犢士英等大怒故兩人及禍臨命時五書
先帝遇臣四字於腋乃自盡初少詹吳偉業以奉旨行與
戎政尚書阮大鋮斷大鋮曰上仁柔主一切生殺予奪

惟予與數公為政耳歸語聲氣諸君猿鶴夢穩定不起
同文之獄也又曰周鍾先時亦自有公論周鑣無死法
惟雷縯祚當正大法耳又御史張孫振以必殺時亨鍾
為志曹言之刑科都錢增兼及於鑣增討曰鑣非從逆
者孫振曰當以門戶誅增心不平故以乞差行朝行而
數人暴及
命督輔可法督李本身北盱眙進守徐州劉良佐駐臨淮
守壽州以防北
貴得功渡江防勦

旨云上游急則赴上游敵急則禦敵亦岌岌矣

辛酉命黄得功暫駐兵於荻港舊縣三山俟有警再進

時左兵進破郡邑猶無確報或言左或言弁文欽兵假

先左兵搶掠遠御史黄耳鼎傳自武昌至潞云良玉坐

艦如故士英悅請假祝生辰或嘆曰若此則先一日光

時亨等不死矣蓋以為佶然也

命新赦梁兆陽赴靖南侯黄得功軍前白衣自效

得功請之也新旨不復問矣

癸亥進封郡王常淓為衰王封潘氏為王妃

南渡錄　卷五　五十一

升刑科左楊兆升戶科都給事中

兆升崇禎時為南礼科因南垣將糾北垣後合糾史部

左侍郎張捷薦逆案獨兆升不從故察至是捷決意子

環點吏科都張希夏抄泰閣恤也不月餘遂推今官後

以請發薙髮為北來知府宗灝立操死

改兵部主事李氣新試兵科給事中仍管職方司事

甲子准原任樞督楊鶚以原官留駐常德開屯并聯絡土司

擇十五日選中宮礼部尚書錢謙益請并選東西二宮命候旨

乙丑准原任推官周之夔復原官仍候考選

之夔先為蘇州推官以太倉滔狼與同年庶吉士張溥

原任臨川知縣張采左引日疾歸里延按福建陸清原

糾其不法列款甚多之夔號吉清原本吳昌時社黨為

溥等仵除故門巳內云祖宗三朝孝慈仁聖尚敢進本

無之事上諳宮闈我　皇上天與人歸大統攸集尚敢

懷二心持異議詆危社稷党人手段若此況臣之微臣

哉時御史張孫振清原房師也數言清原之糾非是故

之夔勝

赦逆案戍犯李承祚罪准還京

從礼部尚書錢謙益請也承祚故豐城侯請加魏璫九

錫者　先帝改斬為戍已年矣今赦還

故𣪠廠兵破安慶

時併黄澍從亂匙撫張亮于杭城中殺掠甚衆閣臣士

英方擎觴忽聞危墜地

命刑部速判王之明情辭付審訊招供臣速郡宣布

從御史張兆羅言也

丙寅南安侯郁遍源為國勳請還祖爵命吏部察核

遍源父子兄弟與以功勳且殉節量予恩非濫惜國士

南渡錄　卷五　五十二

不果

復原任為民吏部侍郎林栋隆原官

栋隆坐故輔薛國觀累為民

命欽遵及赴任各官俱請旨驗放商賈小民不禁

命兵部尚書阮大鋮偕安總督朱大典等速抵河口相機

援勦

廣昌伯劉良佐入衛

戊辰命責江北總督袁繼咸

時繼咸既言左良玉擁兵堵止不得故責以身為大臣

兼擁重兵何云不得

北兵分道南下總兵李成棟棄城走督輔可法請召對命

已之

時北兵已迫或言廣或言許定國叛變假充北兵中外

猶泄泄也按何綸既正文艇閣票云鬼語四大不雅

不奇一時漢人胡語識者以為胡讖

命移潞王於湖州

時以輔臣總憲皆湖郡人絶私伺也

命移周晉二藩於江西廣東擇郡安頓又名忠王并桂王

于安仁永明二郡王赴近畿居住

初諸臣日憂潞王聯聰且以東林不忘擁戴借題芟剪

惟工科都李清以但移忠桂二藩於近畿以待皇子之

生若其未生有親藩在彼既藩耳何聯聰亦何擁戴時

皆然之王是乃行其言會國亡不果

新升廣西總兵黃斌卿迎破叛兵於灰河大同等處以捷聞

斌卿聞新命趨九江忽聞左兵叛以旅舟逆上斫約故

將隊趙蔡欽等鼓以忠義身犯之自初一至初五連戰

皆捷前後焚舟百餘溺死千餘人并獲其奏檄書牘甚

衆内貽礼部尚書錢謙益一牘有廢置語斌卿初欲奏

聞恐為諸人禍乃止遂具疏報捷颺舟赴廣西

廕總兵劉洪起一子錦衣衛百户

庚午撤總督田仰回以王永吉為總督兼河道巡撫淮安

鳳廬等處以鹽法都御史錢繼登兼巡撫揚州

仰後降北

加御史鄭崑貞尚寶司少卿仍舊

復已故為民左庶子丁進原官

進陰縣以南關累

送原任河南巡按陳潛夫於法司
潛夫以京城破歸里後北兵破紹興潛夫沉妻妾於河
投水而死
復已故行人韓敬修撰
辛未加兵部主事黃國琦試兵科給事中
起升尚寶少卿范鳳翼為光祿少卿
贈工部尚書張輔之太保廕子
左夢庚兵攻池州拒却之
初夢庚擁揔兵任佯語江督袁繼咸曰先父不幸亡今
至池州候旨繼咸曰如此尚可為抵池處亦得朝命容
以疏聞道梗不得達諸兵将果從攻池郡以拒却言者
飾也
晉黄尚寶衔一級
壬申詔暴左良玉逆狀罷止大懲脅從罔治
吏部尚書張捷奏請之也疏并及袁繼咸指為同謀時
同鄉太僕少卿萬元吉亦寄語御史喬可聘曰有之一
時無以辨也
贈原任南贛巡撫洪瞻祖兵部尚書廕子

良佐所泊江北六安孟只辯降耳

癸酉上召對群臣
時南北交急大理少卿姚思孝御史喬可聘成友謙皆
揚人也奏左良玉稍緩宜亟急乞無撤江北兵馬固守
淮揚控扼潁壽 上曰劉良佐兵還留江北固守士英
時立御前戟手詈曰爾輩東林猶藉口防江欲縱左逆
入犯耶若敵至猶可議款若左逆至則若輩高官我君
臣獨死耳臣已調良佐兵過江南矣寧死敵無死逆衆
朝為失色有賈似道棄淮揚之誚時 上雖憂形於色
猶顧友謙曰若成某耶蓋往者搖徙時曾飾上于危也

命罰六科都給事中俸
時九卿十三道合糾左良玉公疏已上尚得旨惟六垣
疏未上吏科都吳適哲初大吉曰今日所重不在趨班
出公疏糾撫按并諸國守江淮然遠巡未敢也已以防
江公疏上有旨責六垣無疏討良玉故罰之
予原任礼部尚書吳山廕仍與謚
准礼部左侍郎管紹寧回籍
紹寧始失部印繼遂為同里主事賀儒修所攻故去枝
為北當關知府宗灝所旅

總兵鄭鴻逵奏敗亂兵於江中獲馬千匹船二百餘隻
時許定國以北兵至高傑妻邢氏率其子以兵三千走
泰州餘兵於十四日盡焚瓜州營趨鎮江敵故所掠者
而更掠鴻逵象其先渡者十七人高兵盡以糧艘載錙
重婦女南向鴻逵復拒之砲沉其舟者半半西下入海
北兵入瓜州
高傑兵潰民方返故居忽北兵至遂入城揚南北皆敵矣
甲戌命巡北江岸及漕河官民船儀真盐艘於南
中樞籌江之策如是而已

命靖南侯黃得功移家蕪太平一意辦賊
進靖南侯黃得功左柱國廕一子錦衣衛指揮僉事賞銀
幣
得功奏大破左兵於銅陵解其圍故也時左夢庚部將
季國英縱兵打糧與官兵格鬬夢庚兵多傷遂以大捷
聞諸將憤憤將合力趨蕪求表繼咸曰如此是終欲為
亂也回斥黃澍等恨恨駁諸札詈以大義不聽則赴江
流水死中有恵登相者係繼咸撫卽時招安是其言諸
鎮將乃議還師閏日劉使王方知北兵已陷泗逼儀揚

矣
命總督王永吉救揚州
乙亥起原任廣東左布政姜一洪太僕寺卿湖廣按察司
悱陬初福建左布政胡爾愷俱光祿寺卿浙江按察司
王夢錫太僕寺少卿各添註回礼部尚書錢謙益辭求
生御
北兵破揚州知府任民育死之甘肅鎮總兵劉肇基逆
戰及原任兵部侍郎張伯鯨俱遇害
揚城頻堅督輔可法在馬北兵從西北隅以大砲擊破

遂入城死者甚衆肇基抗敵力殺數人無繼者遂見殺
可法或云見執叩之不應見殺或云不知所之民育衣
冠坐堂上兵至不屈碎其尸伯鯨誓守危城不出遇害
陞御史劉光斗大理寺右寺丞
後降北後為行人司司副
丙子留任滿巡盐御史李挺於浙江命都察院無懲推鈇
旨云李挺任內欠餉銀二十餘萬不許離任還底之也
丁丑命諸將有縮朒逃竄一舸窺江者不論兵職立行掃除
揚衷衛伯常應俊內臣高尚義宴出師

戊寅升浙江參議李日芳光禄寺寺丞
追贈故兵部尚書于謙臨安伯
時于之奐以贊緣幾肖伯爵御史喬可聘等以非謙系
無画題者遂止追封謙初浙有三大功臣劉基誠意伯
王守仁新建伯于是謙復贈伯
升御史徵遼都察院右僉都御史巡撫常鎮等處
進後降北仍為御史
命内臣盧九德救揚州總督劉永故鎮臣劉良佐劉澤清
等合兵援揚
南渡録 卷五 五十九
揚州已破三日兵系吉發降北為大理寺卿
己卯升尚寶司少卿王國鎮應天府府丞
兵科右吳适疏列組揚戰守機宜報聞
進保國公朱國弼祀孝陵
以忽紀也從此做祀矣悲哉
革兵科右吳适職命錦衣衛監候
适言頃聞足德來流失守是賊是兵是為誰氏兵未有
確據也适按塘報云荆楚平文綫兵又云銅陵西閣之
焚掠南陵城外之閭坡是方國安兵文綫鄭國大帥沿
途觀望者後報掠尤屬非法國安受國厚恩無馭勒有
焚掠罪非是進保乞勅監軍按臣確察是否而鎮兵馬
再有侵延懲以失伏軍機律疏秦閣臣士英以不糾良
玉而糾文綫國安撥吉功責之至是輔臣英深劾适黨
奴遂下獄次日御史張孫振復補糾言适為東林衣鉢
傳社渠魁又交宏孟姚希孟的派宜立正西觀之誅皆
阿輔臣意也初張希夏為吏科都時題适代守吏科如
揚兆升戴英等不宜以察處賜深适泰陳爾翼不宜以
薦崔呈秀為本兵縣用皆希夏命題而适擬稿然希夏
六十
不認也故衆怨咸積于适其賄禍以此又适為浙江刑
官時與陳子龍會訊秦曼琛一案按臣左光先題覆将
嚴吉永戍故御史張光先适為最力
庚辰贈孫江都御史唐際盛兵部右侍郎底子
升常鎮道副使馬鳴霆尚寶少卿
加錦衣衛馮可宗左都督進宮銜一級
辛巳升鴻臚卿徹以范光祿卿
後降北仍為禮部郎中
加贈故戶部尚書畢振康右都御史

命户部右侍郎申紹芳督催江南糧餉
五月壬午朔升原任吏部郎中李彬都察院右僉都御史
廵撫河南
升兵部郎中楊文驄都察院右僉都御史廵撫蘇松等處
文驄先為江寧令、御史詹兆恒疏糾其貪、革職以輔臣
士英内戚、特起兵部、升常鎮道參議未及受事即有是擢
升御史徐復陽太僕寺少卿
丁亥北兵自瓜洲犯鎮江總兵鄭鴻逵力禦之
越二日鄭鴻逵捷京口與北兵水戰大捷戎政頒賞有差
六一
加揔兵劉鄭蔡二級廕子錦衣衛千户
庚寅北兵潛師渡江我師潰鄭鴻逵楊文驄遁
江上相持者三日命是日大霧北兵乘霧自七里港渡
霧斂見有兵駐江上未知是何兵及飛矢如蝗群驚曰
北兵至矣步兵名卒列陣甘露寺前北兵以騎突之悉
潰走閩浙步兵焚掠至州陽入浙鴻逵等以舟師入海
辛卯車駕夜狩太平府從靖國公黄得功也
初北兵南侵保國公朱國弼等屏人密奏　上慨然曰
太祖陵寢在此走安往惟死守耳至是早北兵渡江信

此時藩鎮未成狩不能行亦未必皆行也

至中外大震　上倉猝開通濟門倉皇出狩百官猶不
知但夜聞甲馬聲次早猶有入朝者見内臣紛紛四竄
始知駕已出宮先是四月中督輔可法屢疏告急士英
惟票旨下部故金陵寂然及揚州破大江中無一舟渡
南北聲絕遲至二十九日兵部始得報民間猶未知也
朝廷方恃長江天險將官予廕若無意然兵科右吳适
曾諮兵部尚防江大計職方王期昇各言長江之險北
兵決難飛渡何足深憂适向同官嘆息而已至是城守
無備一朝狼狽遁國恨之時士英見事廹亦恨阮大鋮
六二
張孫振誤已孫振佐見比不納然無及矣
壬辰馬士英出奔亂民擁立王之明于京師
上之出奔士英猶不知惟戎政侍郎李希沆先知遂行士
英猶後之也凡擁家者皆總卿不能作初之明屢訊百
官皆知偽然民間猶嘖嘖真也至是二三劣衿為首率
亂民擁立之御殿三日又群往遮之龍騎邀百官入朝
之龍手斬為首劣衿三人乃退執之明繫獄廣昌伯劉
良佐無拒北意惟南門外縱兵焚掠百姓恐攻城徹夜
驚呼乃議推保國公朱國弼為留守官之龍塞道伏渡

江督迎北兵時諸臣猶不知集議禮部尚書錢謙益所
謙益太息曰事至此惟有作小朝廷求活耳擬啓迎送
之龍之龍置不用內庫銀絹米豆服玩弓刀之屬皆被
掠盡撫馬士英及群黨家又合力剿士英標下川兵幾
盡初輔臣王鐸青衣謀逃識者指罵曰若賛太子辜
先帝恩群擁之髮髮盡禿挾至之龍處洶洶欲撲殺之龍
佯言下之獄故免室內所蓄書畫極多與皆俱盡矣張
撤擬悵及禍極詈士英黨與自免人皆笑之
中午北兵至大教場北營城外文武官俱迎降吏部尚書

南渡錄　卷五　六三

張捷刑部尚書解學龍左副都御史撤縉垣禮部主事黃
端伯戶部主事吳嘉胤中書龔廷祥皆死之
時劉良佐兵方肆掠城外望北兵至倒戈降惝伏不敢
動文臣錢謙益張㨾張孫振鄒光斗宗漵等五人武
臣趙之龍先迎後皆續往時兵部侍郎李喬大理少卿
姚思孝已薙髮為僧之龍亦勒之出同詣豫王賜食飲
席地啖之龍背雖功臣趙義後至是首啓門降誠意伯
劉孔昭獨率麾下兵先斬關出走豫王勒各官具花名
手本高郎不到者搜捕咸加皮鞭點名而大學士王鐸

維垣傷死說詭記之

迴非實錄

逮盡可羞

然數璁也惟維垣先命二妾投水一妾從之一妾不從
狂走命追執之亦沉井正衣冠自縊端伯安坐私寓不
報至兵至先執其妾面搖之端伯傲然不視曰殺即殺
替不投部被殺嘉胤已至五出部聞北兵渡江復走東
出城外僧寺上書求復明社稷是請不達及書上命二
僕攜冠帶至鄉門外方文正公祠前整冠四拜縊於樹
一僕欲解救之一僕曰不如命主人盡節遂死廷祥遺
書與子誓不事二姓又引高世奇劉理順兩節死節自
勵詩云以老母為念言不及私遂投武定橋下死投初

南渡錄　卷五　六四

聞變擬積薪自焚已不遂後走雞鳴寺俾以北豫王
將入京左右侍郎約俾出迎不從縊於新徽州監生吳
可箕題詩明志亦自縊吳鴻猷不繳印爲蒼頭所告見
殺一兩都趙詩鄭鳴寺自縊死
戊戌北兵進守皇城
豫王先遣兵千餘命禮部尚書錢謙益等詣之搜宮方
入坐定即問宗補太子安在乃出王之明于獄與並坐
指語諸臣曰此真太子也已見內外俱定乃屏不召時
謂之明之南乃北廷所遣以攪惑臣民也

北兵奄至太平府靖國公黄闖功總兵翁之琪戰敗死之
上遂入北營
初豫王至城外、即馳遣騎兵數千往蕪湖襲駕無一人
知者時　上已至太平猶寂然求大典阮大鋮入見舟
中與入閣得功見　上誓力戰報、未幾得功兵四出掠
民家、北兵突至、得功倉皇出戰初中一矢猶不退縱矢
貫其喉知不濟自刎死副總兵翁之琪亦投江死中軍
田雄入　上舟挾　上降北馬士英已先期奉皇太后
走浙矣　上至南京城外諸降臣頓首　上前請無死

南渡録　卷五　六十五

且求往見豫王曰惟弗行君臣禮可矣時　上戴僧帽
着藍布衫騎馬尋入城、諸臣往見上、揖一叩首而　上對
諸臣泣衆皆泣尋北行
左夢庚挾江督袁繼咸叛降北
初馬士英以封爵啗諸鎮賄黄澍諸鎮益不平陰畫計
降北袁繼咸於舟困蒙執中命人語郎林奇景與汪碩書
李士元移舟避皖湖中陰遣人迎袁繼咸時逆升郝效忠
方與惠登相合營俱以登相意遣使迎袁繼咸赴其軍云
入江省爲後勵繼咸信之乘風往將及湖口夢庚遣悍

继咸给事文
夫
黄澍可殺

暢

并李致和挾舟行甚迅距九江三十里則北兵營在焉
繼咸見八王子不肯屈曰某國重臣受累朝厚恩豈肯事
二姓乃拘以北職方李猶龍以署皖鉞行黄澍以署潯
道行矣繼咸候至燕以不屈遇害
九月劉光斗黄家鼒以北安撫命至江南招撫揚文驄道
是時蘇松等處各邑多起義者文驄勒兵入蘇擒家鼒
斬之尋見北兵大至仍遁入海
原任浙豎閣員外獄良淵被殺
良瑞右春坊正撿父也南京破未解任先薙髮降以原

南渡録　卷五　六十六

官留閩時士民方以起義爲名良瑞遂被殺
長洲諸生顧性之觸服投泮水死
甲子北兵至杭州潞王及巡撫張秉貞以皇太后迎降錢
塘知縣顧咸建被執死之
士英挾皇太后渡獨松關沿途肆淫掠至廣德州人拒
之攻入城知州趙景和被殺死者甚衆杭州民聞之懼
撫按等先遣官往迎以駐兵外請士英至窩臨湖小瀛
洲五月二十八日皇太后駕至以城中總兵府爲行宮
群臣及潞王往朝人見儀衛蕭條疑爲士英母所假潞

暮城中豈寧太平二坊民競以炮竹投樓外士英方宴
驚走以樓船賊湖心亭至晚入朝用精甲百許自衛請
太后出服請一紫衣女官侍命官吏士民皆入見朝罷
傳旨召用在籍諸臣獨不及劉宗周章正宸時北江既
按甚逃賊適奔抗命以僉都御史募兵兩浙錢粮悉取
用皆士英意也翼日宗周與熊汝霖入朝汝霖見士英
詬罵駕安在而爾來此士英無以應然猶聆上江捷不數
日阮大鋮朱大典方國安俱倉皇到則得兵功敗死乃以
次日請潞王監國不受太后召王泣拜終不受惟迎太
后入府從張秉貞陳洪範等討迎款而已范蠡一舸國

南渡錄 卷五 六十七

將軍慟哭解衣冠投地去時楊文驄鄭鴻逵亦自海入
錢塘請王入閩王終不許至十三年北兵突至士英等
方與撫按飲江干急渡錢塘按臣何綸益臣李挺亦行
惟撫臣張秉貞總城入偕王出迎貝勒錢塘知縣顧咸
建亦偕迎旋道執王迎之降不從見殺懸其頭城上方
恐地無朵者越月餘貝勒挾太后潞王等北去洪範與
北迎許割地封王故王爲所欺而降也初 上既失國
咸恨不立潞王時太常少卿張希夏奉旨獎王御語太

讀畫未必出此亦有云尚書先是吾衙不具讀畫同志失於更也

理寺丞李清曰中人耳未見彼善於此王居杭時常命
內官下郡邑廣求古玩又指甲可長六七寸以竹筒護
之其爲人可知矣大理寺少卿沈胤培常曰使王立而
錢謙益知其改操與馬士英何與初殺身於天啟七年
即位一日召諸臣入內殿密諭云今日有一異事清晨
某內官來報說其殿柱上置一黃袱取視內一紙云天
啟七崇禎一還有福王二十七此妖書也合根究閣臣
揭請焚之乃知時來宗道爲閣臣揭現存家所云崇禎
一福王二十七者以十七移置崇禎名下則福王止得

南渡錄 卷五 六十八

二也王自崇禎十七年登位至弘光元年滅凡二年與
亡之兆蓋有數云

閏六月清攝政殺大明使臣兵部侍郎左懋第及其同行

五八

初懋第抵燕議見攝政禮總兵陳洪範等皆言欲全國
以全身非屈膝不可獨兵部司務陳用極毅然曰我輩
千秋氣節皆係於此俄建屈膝之說者皆巾幗也時懋
第亦以勅書內有不膝屈即爲不辱命一語故持初議甚
堅及王追回改館太醫院懋第題其院門曰生爲大明

忠臣死爲大明忠鬼至是聞南都已陷想第等皆哭盡
哀然攝政亦無意殺之也命中軍艾大選先薙髮叩勸
想第早降想第怒叱殺之其同謀監俑傅濟惺告想第
勾引孫冠謀危京城攝政遣入院勒諸人剃頭降想第
大呼曰我頭可斷髮不可薙時用極與遊擊王一姓都
司張良佐王廷佐守備劉統皆不屈遂下刑部重鎖三
匝旋移水獄七日不飲食逼降不應執見攝政想第仰
脈毋惡偕用極張與鄭面坐攝政數想第以僞立福王
及勾引孫冠狀想第曰我先皇痛罹大變以親以序當

南渡録　卷五　六十九

立福王山東豪傑皆忠義有爲前就見我時俱勉以大
義亦非土冠既又歷數攝政不郊迎使臣不以龍亭出
接御書罪又言艾大選薙髮勸降應誅曰我血性男子
到此有死而已攝政指用極曰爾何人亦不跪用極曰
我兵部也三尺童子叱拜口口况我大明人物也攝政
怒命摘其頰用極噀血呼曰士可殺不可辱攝政復從
容曰汝等不怕死信忠臣也然降當不失富貴想第曰
薙頭不如斫頭攝政令左右推出復遣降臣勸曰先生
慨乎想第曰無聊我獨不慨王聊若輩羞不羞王頗城

門又遣滿官以封王咲之想第曰我寧爲大明鬼耳將
刑顧謂五人云何一賊等皆曰願從死想第曰但恐有
悔用極曰求仁得仁又何怨想第南面叩首泣曰臣心
畢矣遂被執五人皆爭就死忽沙风四起屋瓦皆飛捲市
肆於雲際觀者近萬人皆流涕
七月唐王即位於福州改元隆武遥上帝尊號曰聖安皇
帝
二年五月帝遇害於燕京潞王等數十王俱見殺王之明
亦伴死

南渡録　卷五　七十

上燕居深宮每徘徊詫嘆謂諸臣無肯爲我用者於聲
色罕近也然讀者必章奏未能親裁故内閣外垣相倚
爲奸皆歸過於　上如端陽捕蝦蟆此宮中舊例而加
以織言且謂孌童季女死者接踵内外喧謗則辨也及
國亡宮女皆奔入民家歷歷吐狀始得其寔又舊輔吳
甡寓居溧水曾見一大璫詢及宮府事言　上飲酒宴
樂有之縱淫方藥等傳聞非確惜爲大學士馬士英所
抉耳蓋緣士英爲御史黃澍所糾容踞言　上之得立
録臣及四鎮加其餘諸臣皆意戴潞藩今日彈臣去明

日且擁立潞藩矣。上信其言，爲雨泣久之，以後一切朝事俱委士英。又言士英與阮大鋮奸謀，欲以三朝要典鬧擧事，興黨人之獄。上獨不知，亦可想其爲人矣。

附録牧齋詩二首

一年天子小朝廷，遺恨虛傳覆典刑。豈有庭花歌後閤，也無杯酒勸長星。吹唇沸地群狐力，勢面呼風蜮鬼靈。奸佞不隨京雒盡，尚餘流毒螢丹青。

鄉人唱曉未曾停，倉卒衣冠散聚螢。執熱漢臣方借箸，畏炎北騎已揚舲。（乙酉五月初一日召對講官，奏北馬畏熱，必不渡江。）刺閨痛惜飛章罷，（余疏揚自出督兵，然留而罷。）講殿空煩倒坐聽。腸斷覆巢池畔水，年年流恨繞新亭。

南渡録卷之五　終

同治戊辰上元日節庵學人手校一過，時客星沙

南渡紀事

（清）李清 撰

《南渡紀事》二卷，清李清撰，據清鈔本影印。

李清有《南渡録》，已著録。

本書專記南明弘光一朝事。紀事起於崇禎十七年（一六四四）四月，福王自淮安府到南京，迄於順治二年（一六四五）七月，唐王即位於福州，改元隆武。因作者服官南都，事多參决，故所記較他書詳細，有一定史料價值。本書記載當日奏疏頗多，尤其是李清本人奏疏，叙四鎮高傑、劉澤清、黄得功之事極多，對於明朝史料不無補益。作者持論公允，較少門户之見。在黨争紛紜的情况下能就事論事，不以恩怨而異同期間，被稱爲『記載核而不誣，褒貶公而不謬』，『記弘光一代時事最爲詳允』。書中還反映了弘光君臣的活動，並交代了當時政治人物在天啓、崇禎朝的立場，及入清之後的表現。本書以『其紀元於甲申仍用崇禎年號，於乙酉用福王年號，中多空格，核其上下文義，皆指斥之詞』，而被列爲禁燬書目。

（王　柳）

南渡紀事序　楚新餘

嗚呼，國運之興衰成敗，在乎人，人之賢否，又繫乎儀史之國政，是以君子係未嘗不謹其微，歎其兆，思其漸，誠嗟乎天步之艱於其人謀之失，以致天人俱失，何可勝道！嗚呼痛哉！前明肇基江左，繼宏光而後之復醞，其作宣嘉靖之易，儀典運陵夷之將士，其依所可得盛矣。股肱之臣致援閹黨，無敵黨，終見死，猶接其黨增光。一時之忠臣烈婦死國殉難之徒，之者其遺民勤王，廉，又破家殺身，死亦不顧者，可得而建焉，之其人者，深而思之，文之下，帝雖得其臣，徒而無益，不守于南京以割賣其臣，援立先帝之意以取旅，未顧在可興少康白水未睹，不可起光武帝之一日明，從而稱臣一日，在位臣不敢負先帝之心，即位臣不敢負太祖高皇帝之之遠何無皆無，烏合將兵，殺臣保護行首殺戮，使伍四維，之師防虞，道勝之功不成，羣華奔潰，于畿，歷前屆敗瓦于肆兩世斟酌之餘，將可以興明之文師可召諸島之戰可艦舶之帝，是雖不大可成之才，亦莫能爲國武之壯，是虞何之哉！！！設使駕馭之方，俾自用其之謀士，英之觀可勝，誅乎一旦，遂至一敗塗地，振興偉績，俱歸逝乎，後之人之利。嗚呼痛哉，其是可謂以明之藏之而知以後之學者，司馬遷述國史，人之者當

於光之年聊自自序

南渡紀事卷上

大理寺李清校渡述

福王諱由崧神宗次子福王常洵子迎大行皇帝之兄也神宗生五子長光宗次福王常洵次瑞王常浩次惠王常潤次桂王常瀛

神宗二十九年冬十月己卯俱受封至四十二年福王先就國洛陽熹宗朝賜予祿入惟福王最寵

崇禎十四年李自成陷洛陽福王常洵見殺

十七年李自成逼京師南樞史可法督兵勤王四月十二日聞京師陷烈皇帝殉社稷南都府部科道等官會議推戴討賊時瑞惠桂三王道遠難至而潞王福王各避賊舟次淮安潞王倫序比四王爲疎而人望所屬福王素遺物議于是有推立潞王之説

鳳督馬士英素善黄得功劉良佐北都初陷高傑南奔劉澤清亦至瓜州士英並與之通殷勤及議推戴士英遂聯絡二劉高黄爲己助以恫唱南都諸大臣遣其私人來言于可法曰立君當以賢倫序不宜固泥可法信之答書極刺福邸諸不道事意盖在潞藩也士英得書忽奉福王至龍江關廷臣錯愕可法始知爲士英所賣勉强出迎嵩呼定策其寔答士英書可法雖列名而爲首則詹事姜曰廣也

二十七日集廷臣會議朝堂署禮兵二部侍郎呂大器獨後至議不決而吏科給事李沾誠意伯劉孔昭司禮太監韓贊周等力持之議始定

大清順治元年甲申王師敗闖賊于山海關中原底定而江南遂以福王告廟

五月一日王入京以内守備府爲行宫各官朝見是日有兩黄星夾日而趨盖太白與辰星也御史祁彪佳奏言早須大號敬天法祖諸事允孔昭請即正位之各官退議宜先監國後登極祁彪佳言監國名極正益彰賢德且示謙讓使海内知無因以得位之心俟發喪擇吉登大寶布

告天下為當衆議以為然
于是以初三日監國十五日僭即僞位改明年乙酉為弘光元年用可法日廣及南儲高弘圖為閣臣從物望也
當是時可法寔秉中樞高姜居中宗擬張慎言為大冢宰劉宗周為總憲九卿大臣各得其任冉匀馬士英及南禮王鐸為大學士士英曰定策功鐸則藩邸舊恩難並相登庸而苑枯有別矣
初士英督師淮左四鎮皆其腹心既而士英擁兵入朝假援中官請留撫政于是有内外均勞之議可法乃請督師江北而士英專國陞吕大器吏部左侍郎李沾太常少卿郭維經應天府丞進韓贊周司禮監秉筆餘各加恩有差起徐石麟都察院左都御史張國維兵部尚書協理戎政周堪賡戶部尚書顧錫疇禮部尚書黃道周何楷張有譽王心一何應瑞高倬解學龍賀世壽各部侍郎劉士禎矦峒曾鄭瑄許譽卿各卿而一時人望建言科道章正宸熊開元姜埰莊鰲獻裘愷馬近義楊時化詹爾選李模張瑄鄭友玄高可聘李日輔李長春等原官起用徐沂曹勲吳偉業俱以少詹兼侍讀陞左懋第僉都御史巡撫應安田仰僉都御史巡撫淮揚調總兵官鄭鴻逵黃蜚駐守鎮江鄭彩分管水師吳志葵駐防吳淞黃斌卿駐防上江勅御史祁彪佳等分行安撫江浙
初史可法等議分江北淮揚徐泗鳳壽滁和為四鎮以總兵劉澤清轄淮海駐淮北海邳贛十一州縣隸之經理山東一帶
高傑轄徐泗駐泗水徐泗宿亳豐碭十四州縣隸之經理開歸一帶
劉良佐轄鳳壽駐臨淮壽潁等九州縣隸之經理陳杞一帶
靖南伯黃得功轄滁和駐廬州巢無為十一州縣隸之經理光固一帶
每鎮額兵三萬人本色米二十萬折色銀四十

萬悉聽各屬自行徵取
晋得功侯爵封傑興平淮清東平良佐廣昌俱伯爵得功表忠勇建功河北與寅南伯左良玉先得封良玉恢復湖廣并晋侯爵傑字英吾降賊也有驍勇名稱翻山鷂舊與闖賊同夥闖掠得邢氏貌美嬖之屬傑護內營傑與氏通挈之來降陝督洪承疇撫御有恩能得其用及孫傳庭繼任傑破賊于曹頭塬傳庭因令傑與白廣恩為前鋒二將各不相下

又一年而邦縣潰潼關不守傑率其部下李成棟楊繩武等十二起兵四十萬衆渡河大掠晋中鼓行南下抵泗之間驚曰高兵至矣居人奪魄時分鎮詔未行而軍候報高兵先驅至江浦賴守將張上儀巨砲遮擊之始却職方主事萬元吉者故武陵相監軍也亟請行扁舟徑造其壘曰吾欸犒軍其將出元吉諭以截兵聽朝命柰河索渡其將曰吾規方欸寄家元吉曰公等進取淮北而毋孥淮南甚便過江逼天子輦轂地先自潰亂非公等所以為魚國家故也諸將皆佯應曰諾顧獨屬揚州意傑以徐州苦寒揚州富麗甲天下其地有新舊二城城外列肆子女瓌寶累萬萬傑乃放兵劓掠屠膾日以百數揚人嬰城不納

淮撫黄家瑞守道馬鳴騄集衆議事江都進士鄭元勳推負才望為鄉里所服且憂拒守而城未必全銳然出身為游說兼以早自異無隨俱死傑聞元勳至則大喜置酒酣飲達旦厚金帛遺之且陳所以定居揚州非有它意當與揚人約結而後入

鄭自詡得高要領氣甚揚為言于當事曰高帥來勅書召之也彼手馬相國聘禮以相示且言入城當鎮撫父老以安動苟如是即南京且聽之入況揚州乎揚人聞之叫呼而起曰元勳與高反賣城以市德不殺元勳城不可守遂碎其首臠割之治盡高恨攻益力

初四鎮分藩可法獨留揚為督輔囘翔之地且

與四鎮交疏至是以三千騎渡江誓師高傑以揚人暴骨載道慮閣部以為非法趣其下窅坎而埋之及閣部至傑庭謁閣部平易朴誠人〻慰勞傑大喜頃之傑以元勲死無罪請公誅首患開城門納兵其可法句許傑乃困可法于軍中以要之甚矣分可法左右以隸麾下寄可法于善慶菴日以親信者仗刀侍其側可法談笑不為動徐草奏與以瓜步城已而可法徵服為道者得脫

黃得功亦助之稍能自立乃復按部淮安傑亦服其開敦布誠竟移駐瓜州恭謹受命泣陳王事反成握手之交傑跋扈非常一變而為忠勇亦良將也

劉良佐開鎮臨淮士民不服亦至互訐而黃得功初駐儀真及調廬州心薄之將與傑爭揚二鎮水火幾成兑用全忠之禍

登萊總兵黃蜚之南調也道出維揚俱為傑所脇蜚素善得功貽書請以兵迎得功乃以輕兵三百騎會三义河傑聞而愕曰是殆將襲我遣將率出半道別遣千人走襲儀真而得功不知也至土橋解鞍下馬作食傑精兵伏道旁者猝起得功角巾紱裝出不意亟環甲而飛矢雨集所乘馬值千金戕中矢踣乃騰而上它馬以去傑之遣兵也曰若擒得功必生致之戰既合有十七騎者逆且及注槊木下黃大呼反鬬發腰所餘七矢殺七人矢盡揮長刀復殪其三乃及于大軍以免惟從行三百騎皆沒傑所遣襲儀真者夜至守將卯鉞馬岱偵知設守令軍中且食且休于城外恭置炬火為疑兵高兵望見不敢進又疾趨半夜力竭矣馬岱開門出擊盡殲之得功還聞之益怒引良佐為之助誓必與傑一決傑曰曩千人多維揚猾少吾故驅之假令吾之士卒詎至于敗黃不足擒也萬元吉側身請解令故將張文昌李棲鳳以其眾請于閣部曰兵交緩吾偏置橫陣以止鬬即閣

部亦不得已于一行
會得功有毋之喪可法入弔立而語之曰土橋
之豐寡無智愚知其不義今將軍以國故親故而
躅戲怒是歸其曲于高而將軍收名于天下也
得功色稍和尚以亡失三百騎為恨
閣部命監紀應廷吉陸遜之入高營曰請南聽
我矣我何愛數百騎而害大事于高如命入馬
馬氣多病死閣部自以三千金償之又令傑出
千金為黃母賵亡恨之誚暫以成睦猶未也
當是時興平最強閣部銳意中原念非高不足
以委任雖伉暴然慷慨識撝變可說而動有僧
德宗談禍福奇中高傑亦折節稱弟子常與閣
部及陸遜之四人者同坐傑謂僧曰他日弟子
得免于禍乎僧曰居士起樓䑐今歸朝為大將
為通侯此不足為居士重惟卑從史居士儒家
所稱聖人我法所稱菩薩居士與之一心并志
可謂得所歸矣徒以問老僧無為也傑不覺斂
容服

傑之妻邢夫人饒權智傑嘗語人曰邢有將略
吾得以自助非貪其色也邢見閣部出至誠學
為調護爺傑傾心閣部喜曰吾誠得高而馴擾
之大事集矣
因命王相業監其軍并奏李成棟賀大成王之
綱李本源胡茂楨為大將曰速驅之可以專制
河南傑曰傑既以身許公而將吏妻子暴露野
次非所安內顧也敵終以揚城為請揚士紳聞
之復震動守土以未除館為辭閣部遽遷于東
偏虛已府以為之舍邢夫人約其兵聽節制士
民安堵無恙
吏部張慎言疏薦舊輔吳甡冢宰鄭三俊詔赦
甡罪陞見三俊候另議
二十二日早朝劉孔昭約諸勳及九卿科道于
廷大罵慎言謂雪奸除兇防江防河舉朝臣子
全副精神宜注于此乃今日請推官明日請陞
官所薦吳甡有悖成憲又言慎言原有二心告
廟定策阻難奸辦不可不誅慎言立班不語

御史王孫蕃訐孔昭曰先帝裁文孫江歸武孫
江亦未見作何事業且吏部職司用人除推官
陞官外別無職掌喧爭殿上〔司禮有叱〕
高弘圖言家臣自有本末何遽殿爭明日孔昭
補疏糾參慎言具疏求去
李沾又言孔昭擁戴有功文臣啟事屢登武臣
封爵未定所以有殿上之爭兩解之
于是高弘圖姜曰廣相繼乞休言文武官各有
職掌即文臣中各部不得奪吏部之權今用人
乃慎言事孔昭一手揑定非其所私即謂之姦
臣等皆贅員矣慎言薦牲勳臣知為不可臣不
能知票擬定出臣手
又三俊清剛係五朝人望臣終以為不可不用
是罷臣不減慎言竊念朝廷之尊〻于李勉天
子之貴〻以叔孫臣忝輔弼坐視寘陛幾若訟
廷悅死無地請賜罷斥各奉諭留
由是朋黨勢成門戶大起而討賊之事置之蔑
聞

六月命禮部鑄國璽以金代之
史可法馬士英各疏奏吳三桂殺賊功封三桂
薊國公世襲遣海運中書沈廷揚運米十萬石
銀五萬兩濟其軍既而聞王師南下始召原任
都督陳洪範應天巡撫左懋第加洪範太子太
傅懋第兵部侍郎賫國書于燕京通好以經理
河北聯絡關東給路費銀三萬兩以往而命僉
都御史程世昌巡撫應天
時山東河北殺偽响應德州〔諸〕生謝陞與原任
遼撫黎玉田御史盧世㴶貢生馬元騄等殺偽
防禦使閻傑等十八人
奉宗室朱帥欽擁稱濟王淮撫路振飛巡按王
燮擒原任河南參議偽官呂弼周王富率士民
射殺之又擒偽官胡來賀宋自成李魁春沈之
河又擒癸未進士偽官武愫解京宿遷百姓殺
偽將董學禮濟寧都司李允和殺偽官劉濬尹
宗衡孫門行傅龍等九人因原任兗西道副使
叛官一世英解京俘獻開封府推官陳潛夫寨

學等過知劉洪起等各殺偽官南附原任河南
御農兵部尚書丁啟濬命參將丁啟光俘獻偽
官陳奇賞士俊尚國俊許承蔭孫澄范儁郭經
邦等二人陛見青州府衛藩宗諸生驅殺偽官
請從內地
四川巡撫劉之渤奏報合江不懷擒殺賊楊騰
鳳張見陽等擢王燮僉都御史巡撫山東邱磊
充山東總兵加謝陞少師黎玉田兵部尚書盧
世㴶上部侍郎時訛傳德王起義以謝陞為謝
陞也
改潛大巡按河南改濬河南安撫賜遇知洪起
總兵官敕之渤下部紀錄振飛尋為馬士英論
罷燮初任祥符令三守范城才識膽力無不超
絕其按淮時極著勞績與振飛鼓舞官民殺偽
使碎偽牌賊騎過河上躑躅不敢前民間彖兵
集亦一二十萬聲勢之壯有若長城人共倚
之
初士英之入也其心亦欲為君子而可法一去

天下皆斥為奸雄
呂大器等舉起而攻之于是士英疏薦阮大鋮
以知兵謂在廷諸臣無出其右為阮仕咎任怨
無所不可遂賜冠帶陛見舉朝大駭謂大鋮一
出則逆黨盡翻逆黨一翻則上且駸駸問三朝
舊事諸君子將安所置足〻于是一呼百和眾
議沸騰
高弘圖請下九卿會議士英曰會議則大鋮必
不得用弘圖曰臣非阻大鋮舊制京堂必會議
也惟願陛下愛祖宗之法因愛先帝并愛先帝
之綸綍
呂大器奏言先帝血肉未寒愛書凜若日星而
士英悍然不顧請用大鋮不唯視吏部如芻狗
抑且視陛下為弁髦
御史王孫蕃疏有曰樞輔以大鋮為知兵乎則
燕子箋春燈謎抗上之陰符而床頭之黃石也
燕子箋春燈謎阮所作傳奇蓋褻詞也
御史詹兆恒疏言欽案諸人久圖翻局幸先帝

見欽案掀翻又愧無能豫寢遂使先帝十七年之定力頓付逝波陛下数日前之明詔竟同寢而梓宮未冷增龍馭之凄凉制墨未乾駭四方之觀聽惜哉維新遂有此舉臣所惜者朝廷之典章所畏者千秋之清議而已

郭維經奏言案成先帝之手今寔録将修若将此按抹殺不書則赫赫英靈恐有餘恫非陛下所以待先帝若書之而與今日起用大鋮對照則顯顯令旨未免少愆并非輔臣所以愛陛下

乃于大鋮更光明士英曰臣非受其賄何所不光明弘圖曰何必言受賄一付廷議國人皆曰賢然後用之耳弘圖出即乞休

士英復為大鋮奏辨言魏忠賢之逆非闖賊可比且攻弘圖曰廣諸人護持局面謂于所愛而登之天者即曰先皇帝原所無成心也于所忌而錮之淵者即曰先皇帝定案不可翻也欺罔莫甚

已虞奏言臣前見文武紛競旣斷無術調和近神明内斷確不可移陛下踐御龍江痛心先帝異變與諸臣抱頭號哭百姓聞之莫不洒血椎心原思一報近聞燕齊之間士紳皆白衣冠籲先帝而呼天驅殺偽官各守險隘此誠先帝德澤在人國憤非常有以激發其忠義耳今梓宮夜雨一坏未乾太子諸王六尺安在國仇未復而忽召見大鋮還以冠帶豈不上傷在天之靈下短忠義之氣

懷遠侯常延齡太僕少卿萬元吉御史陳良弼左光先兵部郎中尹民興給事中羅萬象等皆連疏糾之不聽

大鋮召對稱旨用為江防兵部侍郎

初士英為司禮王坤所厄請戍因延儒再召阮大鋮以士英託之遂起為鳳督故英德之甚而鋮之阿璫削逆也閑住十有七年嘗自署其門曰無子一身輕有官萬事足及得召遂覬覦樞席士英亦即以佐樞處之

大鋮嘗謂人曰我非不願為君子他人不許吾

為君子且若使金川門下袖中有刀便當引決
其詆欺皆此類也
吏部張慎言工部程注乞休去
贈慎言子舉人履旋為御史履旋以罵賊拷銀
義不受辱貽書慎言謂與其虧体以辱親不如
殺身以明志投崖而死者也
陞何應瑞工部尚書徐石麟吏部尚書
召劉宗周為左都御史宗周每疏論時事不署
職銜稱草莽孤臣首言大鉞進退關係江左興
亡又言討賊之法
一曰據形勢江左非偏安之業請進而圖江北
今淮鳳等處各立重鎮尤當重在鳳陽而駐以
陛下親征之師東扼徐淮北控豫州西顧荊襄
而南去金陵亦不遠以此漸恢漸進秦晉燕齊
當必響應兼開一面之網聽其殺賊自效賊勢
益孤賊黨益盡矣
一曰重藩屏地方之見賊而逃也總由督撫非
才即如淮陽數百里之間有兩節鉞而不能禦
亂卒之南下至淮北一塊土拱手而授之賊尤
可恨者路振飛坐守淮城反以家眷浮舟于遠
地是倡逃之寔也于是鎮臣劉澤清高傑遂相
率有家屬寄江南之說尤而效之又何誅焉按
軍法臨陣脫逃者斬臣謂一撫二鎮皆可斬也
一曰慎爵賞今天下兵事不競極矣將悍卒
驕已非一日今親陛下請征所至亟問士卒甘
苦而身與共之乃得漸肖騰飽徐張撻伐一面
分別各帥之封賞孰應孰濫輕則量收重則并
奪軍功既挾軍法益伸左之右之無不用命矣
以左師恢復也而封高劉敗逃也而亦封又誰
為不封者武臣既濫文臣隨之外廷既濫中璫
從之臣恐天下聞而解體也
一曰覈舊官燕京既破有受偽官而逃者有在
封守而逃者有在使命而逃者于法皆在不赦
急宜分別定罪而至於偽命南下徘徊于順逆
之間者寔繁有徒尤當顯示誅絕行此數者討
賊復仇法略具是若夫邦本之計貪官速酷

吏當誅循良卓異當破格旌典則有安撫之役在而臣吏有不忍言者當此國破君亡之際普天臣子皆當致死幸而不死反膺陞級能無益增天譴除濫典不宜概行外此後一切大小銓除仍請暫稱在行少存臣子負罪引慝之誠

又疏言賊兵入秦踰晋直逼京師大江以南固晏然無恙也而二三督撫曾不聞遣一人一騎北進以壯聲援賊遂得長驅犯闕坐視君父危亡而不之救則封疆諸臣之坐誅者一

既而大行之凶問確矣數天痛憤奮戈而起決一戰以贖前愆又當不俟朝食而方且仰聲息于南中爭言固圉之策卸兵權于閫外首圖定策之功督撫諸臣仍復安坐地方不移一步則封疆諸臣坐誅之者二

然猶或曰事無稟承迨新朝既立自應立遣北伐之師不然亟馳一介使賚蠟丸間道北進或檄燕中父老或起塞上義王共激仇恥哭九廟之靈奉安梓宮兼訪諸皇子的耗苟效包胥之義雖逆賊未始無良心而諸臣計不出此也又不然亟起閩帥鄭芝龍以海師直擣燕都今九邊督撫卷甲卸枚出其不意事或可幾而諸臣又不出此也紛紛制作尽屬辭句天假之灵僅令吴鎮諸臣一奏燕京之捷將置我南中何目于何地則舉朝謀國不忠之坐誅者三

而更有難解者先帝升遐須行表詔何等大典而遲滯日久距今月餘未至臣卿在浙如此遠省可知時移事換舛謬錯出即成服祇成名色是先帝終無服于天下也則今日典禮諸臣之坐誅者四

至罪廢諸臣量從昭雪自應援先帝遺詔而及之乃一槩竟用新恩即先帝誅瑞鉄案前後詔書蒙混勢必彪虎之類尽從平反而後已君父一也三年無改之謂何嗟乎已矣先帝十七年之憂勤念念可以對皇天而泣后土一旦身殉社稷罹古今未有之慘而食報于臣工乃如此

之薄仰惟臣之不職者始
於是四鎮合疏糾宗周黄得功又疏辯合未與
聞馬士英巵之不得上
福王諭以憲臣平日以議論取重蓋亦刺宗周
也史可法以廷臣論是非疆臣論功罪以解之
　起錢謙益陳子壯轉黄道周各禮部尚書
謙益之起也以家妓為妻者柳如是自隨冠插
雉羽戎服騎入國門如昭君出塞狀都人咸笑
之
謙益以彌縫大鋮得進用乃出其妾柳氏為阮
奉酒阮贈一珠冠值千金謙命柳姬謝且移席
近阮閣者絶倒
補華允誠吏部員外夏允彝吏部主事 允彝蓋
籍家産以助餉討賊
授黄文煥楊廷麟翰林院編修文煥以道周建
言被杖罪閒廷麟以忤楊嗣昌降謫軍前替畫
者也
御史李模疏言今日諸臣能刺刺認先帝之罪

臣方能紀常勒卣蔚為陛下之功臣夫擁立之
事皇上不以得位為利諸臣何敢以定策為名
而甚至輕加鎮將于義未安鎮將事先帝未聞
效桑榆之收事陛下未聞立汗馬之績按其罪
亦在戴罪之科倘謂勸進有章足當夾輔然而
名寔之辨何容輕假願陛下敕諭諸大臣立志
以倡率外中力圖贖罪勿但炫功必大慰先帝
殉國之靈庶堪膺陛下延世之賞一概勲爵俱
應辭免以明臣誼主綸有辭勿因大僚而過
繁拜下宜嚴勿因泰交而稍越繁纓可惜勿曰
近侍而稍寬
太僕少卿萬元吉疏言主術無過寬嚴道在兼
濟官常無過任議義貴相資先皇帝初蒞海宇
懲逆璫用事斲削元氣委任臣工力行寬大諸
臣狃之争意見之空黄略綢繆之桑土寇入郊
圻束手無策先帝震怒一時宵壬遂乘間抵隙
中以用嚴之説凡告密廷杖加派抽練新法備
行使在朝者不暇救過在野者無復聊生然後

號稱振作乃中外不寧國家多故十餘年來小人用嚴之効彰彰如是先帝悔之于是更從寬大迺反前規天下以為太平可致諸臣復思競賄賂恣欺蒙每趨愈下再攖聖怒誅殺方興宗社継殞蓋諸臣之孽每乘於先帝之寬而先帝之嚴亦每激于諸臣之玩則以寬嚴之用偶偏也昨歲孫傳庭擁兵關中議者俱以為不宜輕出出則必敗然已有逗撓議之者矣賊旣渡河臣即謂急撤關寧吳三桂俾隨路迎擊可以勝賊先帝召對亦曾及此然已有蹙地議之者矣及賊勢薰灼廷臣勸南遷勸出儲監國南都語不擇音亦權宜應爾然已有邪妄議之者矣由事後而觀咸追恨違者之悞國設事幸不敗必共服議者之守經當局者誰敢違衆獨行旁觀者必敢彈人從我私意徒滋冥看未諳國事曰之大壞莫救則以議任之途太暗也

又疏言賊今被創入秦挑精選銳由淀東南轉盼深秋出商漢則徑抵襄汝出豫宋則直窺江北而毒兵民積怨深怨于斯時民必爭迎賊以報兵兵更退疑民而進畏賊恐將士之在上者游却而趨之下在北岸者急而渡南金陵重地武備卑弱何以當此臣竊窺人情類皆積薪厝火安寢其上居功者思為史冊之鴻謟見才者不顧公論之注射舌戰徒紛遝俟未諳一旦有急不識置陛下于何地得毋令三桂竊笑江左諸人功非功而才非才乎

吏科馬嘉植疏陳立國本事一改奠梓宮一迎養國母一訪求東宮二王一祭告燕山陵寢亦言今日在君父力自貶損尊養原非樂受在臣子痛加悔艾富貴豈所相期茅茨雖陋可勿翦也有以勞人費財進者勿聽經武以外可槩節也有以聲色衒進者勿聽

刑侍賀世壽疏言刑賞宜慎如吳三桂奮勇血戰李郭同功拜爵方無愧色若夫口頭報國豈其遂是干城河上擁兵曷不以之敵愾恩數已盈勳名不立冒濫莫甚疏上俱報聞而已

释鳳陽高墻罪宗七十五案凡三百四十一名
為庶人
逮太監王肇基督催閩浙金花銀兩肇基原名
坤即崇禎朝肆悪淮揚者大學士高弘圖等諫
止之
上先帝尊號曰思宗烈皇帝周皇后曰節孝皇
后
議者以為周思之後絕無此謚周思又非賢王
而忻誠伯趙之龍亦言思非美字改為毅宗
尊建文君為惠宗讓皇帝景帝為代宗景皇帝
復懿文太子為興宗孝康皇帝
尊皇考福恭王為恭皇帝尋改孝皇帝立專廟
允禮部顧錫疇議
削温體仁文忠謚尋復之
謚大學士文震孟文肅劉一璟文端賀逢聖文
忠禮侍羅喻義文介詹事姚希孟文毅兵部呂
維祺忠節山西巡撫蔡懋德忠襄隨州知州王
燾忠愍懋德謚尋奪之

湖廣巡按御史黃澍同詠天守備太監何志孔
入朝求召對既入澍面糾馬士英奸貪不法志
孔復言無上諸事
士英稱疾出直而以金幣餽福邸舊閹田成張
執中等為言于福王曰主上非馬公不得立爺
逐馬公天下皆議主上背恩矣且馬公在閣諸
事不煩主上可以優閒自在馬公去誰復有念
主上者福王默然即賜諭留
澍復連上十疏稱自古未有奸臣在朝而將帥
能成功於外者必陛下內秉精忠外採輿論國
人皆曰可殺則殺之毋因一時之才情博辨誤
信小人使黨羽既盛禍患驟至又云正人君子
乞陛下師事數人以樹儀表使輦轂之下貪污
結舌邪侫閉氣無所容其樹黨庇奸之私而後
討國門以外之賊無難又云自魏璫窺竊神器
以來寔釀今禍附逆之人與薦逆之人皆有賊
心乞陛下懸諸日月以除魍魎福王屢諭趣澍
赴楚乃去

先是六月初二日我
朝傳檄至濟寧一固山額真為傳奉事奉攝政
王令旨各調兵馬前往山東等處所過地方官民出郭迎接違者以抗師治罪一平西王吳為安撫殘黎事稱攝政王簡選虎賁數十萬南下牌遞山東等處速〃投誠等情至是七月初二日又有部文索取冊籍時山東服欵盧世漼降李建泰謝陞馮銓皆歸
皇朝為大學士濟王走死而畿輔重地兵民不輯鎮將于永綬駐鎮江會與浙江鬬殺浙營守備李大開中矢死之邉民林民居數十里邉兵有言四鎮以殺搶封伯吾輩何憚不為事聞命赴史可法軍前核治

興平伯高傑疏言目今大勢守江北以保江南人〃言之然從書卑渡則黃河無險自潁歸入則鳳泗可虞猶哉曰有長江天塹在耳若何而據上游若何而防海道豈止瓜儀浦采為江南門戶而已乎伏乞和盤打算速斷速行中興大業庶有可觀傑發總兵李朝雲赴泗州參將蔣應雄許占魁郭茂榮李玉赴徐州防守

寧南侯左良玉報稱副將蘊廣遊擊朱國強斬賊四百餘級獲偽官江一洪俘獻京師

又獻賊遣偽將馬科至四川招安保寧一帶原任兵部主事部獻珂起兵戰于梔園賊兵潰追獲偽將宋朝佐斬之

遣御史陳蓋募兵雲南廣西巡撫方震孺松江知府陳亨給事中李維樾與兄僉都御史李光春先後各措餉募兵入衛而建陽知縣蔣棻捐俸資造火器募勇〃小千動劉鉄背等三請勤王其詞有曰幸而邀天之幸迅掃狂氛指日奏凱社稷之福否則惟有斷脰決腹一瞑而萬世不視以明國家三百年養士之報以無負三十年讀書之志論者壯之

命總兵王之綱迎太妃于河南郭家寨

以僉都御史劉之渤巡撫四川范鑛巡撫貴州

時獻賊在川陷涪州再陷瀘州順流下重慶破
取壯男子去耳鼻及兩臂驅至巴州揚言
至而次行[illegible]視此但殺王府官紳以待秋毫
無犯由是所至如破竹
巡撫龍文光及舊撫陳士奇重慶推官王行儉
俱死瑞王蜀王闔門遇害總兵趙光遠降賊士
英猶請降勅獎之
考選遊有倫朱統鈴趙進美沈宸荃沈應旦吳
春枝吳鑄吳适林沖霄劉大斗左光明蔣鳴玉
湯來賀李日池胡時亨為科道部屬官
起補張采禮部主事　熊汝霖户科給事章正宸
吏部給事
正宸疏言兩月以來閣大史錫璽矣不聞獻俘
武臣私鬭矣不聞公戰老臣引避矣不聞敵愾
諸生捲堂矣不聞請纓如此而曰興朝氣象臣
竊恐知其未也臣以進取為第　[illegible]
傑必不堅比者河北山左忠義響應各結
營寨多殺偽官為朝廷效死力不及今電擊星
馳倡義申討是靡天下之氣而坐守事機也宜
急撤江北四鎮分渡河淮聯絡諸路齊心協力
為之聲援使兩京血脈通而後寇井陘絕其牽
據潼關以攻賊右臂賊不難旦夕殄也陛下又
何不縞素親師六師于淮上但陛下親征豈必
冒矢石履行陣哉毅鑾所震人切同仇虎豹貔
貅勇情百倍也
中旨傳陞吏部侍郎張有譽為户部尚書中旨
用人自此始蓋有譽清望素著士英借以開倖
門也正宸封還力爭不聽
魏國公徐弘基等薦起原任吏部侍郎張捷為
吏部尚書封太后弟錫存義為大興伯福府千
户當應俊為襄衛伯補青浦知縣陳爊為中書
舍人予王鐸弟鏞子無黨世錦衣指揮使以兵
部侍郎解學龍疏荐内批陞原任户部主事葉
廷秀為都察院堂上官監生涂仲吉生員諸永
明為翰林院侍詔應俊者本草上值福王出亡
應俊負之履雪中數十里脫于難與鏞縹無黨

各巽衛有功者也廷秀仲吉永明者皆先帝時申救道周下獄杖戍者也初烈皇帝震怒道周舉朝結舌獨涂仲吉以孤重擔囊走萬里外上書北闕以明道周之冤故學龍疏薦焉補陳子龍兵科給事

子龍進慎名器疏曰陛下開閫南還從官幾何衛士闌尹寥寥無幾今大位既登來者何衆不過其流何所底止必將人誇翼贊之功家切從龍之念傷体害政非福國夫勸功諸善惟在爵賞一為輕濫後將無極豈沛故人文墨小吏自昔為嫌朱紫盈門貂蟬滿座尤乖國典立政之始願陛下慎持之嗣後果係服勞有功但當賞之金帛不應授以爵位以貽書風不稱之譏犯大易負乘之戒疏入不聽

大學士姜曰廣疏言祖宗會推之典立法萬世無斁科封墨敕覆轍具在臣觀先帝之善政雖多而以堅持逆案為甚吳先帝之害政亦間出而以頻出中旨為亂階用閣臣內傳矣用部臣勳臣內傳矣選大將言官亦內傳矣他無足數論其尤者其所得閣臣則逢君殃民奸險刻毒之周延儒溫楊嗣昌偷生從賊之魏藻德等也其所得部臣則陰邪貪猾之陳新甲等也其所得勳臣則力阻南遷盡撤守禦稚狂之李國楨也其所得大將則紈袴支離之王樸倪寵輩也其所得言官則貪婪無賴之史䇹陳啟新也凡此皆力排衆議簡自中旨者也乃其後效亦可覩矣且陛下亦知內傳之故乎揔由鄙夫熱心仕進一見擯于公論遂乞哀于內庭內廷但見其可憐之狀聽其一面之辭遂不能無借動聞以其事密聞于上又得上之意旨轉而授之于是平臺召對片語投機立談取官有若登場之戲臣昔痛心此弊亦于講藝敷陳但以未及揚語至今猶存隱恨先帝既誤陛下豈堪再誤哉天威在上密勿深嚴臣安敢事事而爭之但願陛下深宮有暇溫習經書間取大學衍義資治通鑑視之如周宣漢光之何以竟恢遠烈晋元

宋高之何以終狃偏安武侯之出師征蠻何惓惓以親君子遠小人為説李綱之受命禦敵亦何切切以信君子勿間小人為言反覆思維必能發明聖胆黜破邪謀陛下與其用臣之身不若行臣之言不行其言而但用其身是猶畜歎以供人刀俎也

御史祁彪佳進時政疏曰洪武初官民有犯或收繫錦衣衛高皇帝見非法凌虐二十年遂焚其刑具移送刑部審理是祖制原無詔獄也後乃以鍛鍊為功以羅織為事雖曰朝廷之爪牙實為權奸之鷹狗口辭從迫勒而求罪案聽指揮而定即舉朝盡知其狂而法司誰雪其寃酷慘等于來周平反後無徐杜此詔獄之弊也洪武十五年改鑾儀衛為錦衣衛尚事且駕侍衛等事未嘗有緝事也迨後東廠設立始有告密之端用銀而托事件得賄而營刑章飛誣多及善良赤棍立成巨萬招承皆出于吊拷怨憤充塞于京畿欲絶芑苴而芑苴因之愈甚欲究奸究未能稍清此緝事之弊也若夫刑不加于大夫原祖宗忠厚立國之本政于逆璫用事始有去衣受杖者刑章不歸司敗撲責多及直臣本無可殺之罪乃致必殺之刑況乎朝廷徒受拒諫之名天下反歸忠義之譽蓋當血濺玉階肉飛金殿陛班行削色氣短神摧即恤録隨頒已魂驚骨削矣是豈明盛之休風大失君臣之分誼此廷杖之弊也伏乞陛下嚴行禁革

馬士英阮大鋮授旨于建安王府鎮中尉侯考吏部朱統鑙疏誣姜曰廣織跡顯有逆謀詞連史可法張慎言呂大器等礼科袁彭年據祖制爭之云中尉有奏請先令長史司具啟親王參詳可否然後給批賫奏若侯考吏部則與外吏等應從通政司封進今何徑何竇直達御前微刺顯攻捕風捉影陛下宜加禁戢臣礼垣也事涉宗藩皆得執奏史科熊汝霖通政使劉士亨皆言統鑙何人揚波噴血飛章越奏此真奸險

之尤豈可容于聖世皆不聽
高弘圖亦揭統鋤應究治福王召入厲声責弘
圖把持弘圖又具疏辯尋予告去
時例轉科道陸朗為僉事黄耳鼎為副使忽内
批留用徐石麒言朗耳鼎交通内臣倖留非法
朗耳鼎疏攻姜曰廣徐石麒刘宗周結党欺
君把持朝政無人臣體曰廣石麒宗周各予告
去曰廣之去也陛辭曰微臣觸怒權奸自分萬
死聖恩廣大猶許帰田但臣去後皇上當以國
事為重福王曰先生之言是也士英大怒曰我
為權奸汝且老而賊也因叩頭言臣從滿朝吳
議中擁戴皇上願以犬馬餘生帰老貴陽請避
賢路皇上留臣〻亦但多一死曰廣厲声曰擁
戴是人臣居功之地邪士英曰〻廣〻定策時意
在潞藩福王曰潞王朕之叔父聰明可立〻先
生毋傷國体內廷之争不可向外人道也姜出
馬從之復于朝堂相大詈幾至老拳相向一時
喧傳〻相閙朝

士英嘗賦詩曰蘭蕙才名千古絶陽臺歌舞世
間無若使同房不相妬也應快殺竇連波盖以
蘭喻姜劉陽臺喻阮也
吏科給事熊汝霖疏奏朝廷之上文武交戰不
諦固圍阨境之術唯舌鋒筆鍔是務以匿帖而
逐舊臣矣假以疏藩而叅宰輔矣繼又喧傳復
厰衛而人心皇〻矣輔臣曰廣忠誠正直海内
共欽乃公廢小臣為誰驅除為誰主使且閭上
章不由通政納結當任何途内外交通神叢互
借飛章告密墨勅斜封端自此始事不嚴行詰
究用杜將來必主人〻可為叛逆事〻可作営
求縉紳㤐禍所不必言小民雖犬亦無寧日先
帝十七年憂勤曾無失德而一旦受此奇㤐止
有厰衛一節未免府怨臣民今日締造之初如
育嬰孩調護為難豈可使行摧折陛下試思先
朝之何以失即知今日之何以得始先帝篤念
宗藩而閭冦先逆誰死社稷保舉推授尽是俠
民則今何以使躍治不萌而維城有頼先帝隆

重武臣而元綏敵愾十無一二叛將跋扈肩背相蹱則令何以使賞罰必當而恵威易行先帝委任勲臣而官舍遝練一任飽颺京營銳卒徒為冠籍則令何以使文書有用客氣是屏先帝簡任内臣而小忠小信原無足用開門延敵且喋傳聞則令何以使柄無旁挠而恩有餘地先帝不次擢用文臣而邊才督撫誰為捍禦起迁宰戟羅拜賊廷則令何以使用者必賢而賢者必用疏入内批重處

以祁彪佳巡撫蘇松用御史鄭友玄言削故輔周延儒諡國觀梲昔熊文燦官銜廕子復予渊黄巡按刘熙祚諡忠毅宣大梲督盧象昇諡忠烈復御史毛羽健原官贈吏侍業成吏史部尚書

户科錢增疏請修水利言蘇松常鎮杭嘉湖七郡之水以太湖為腹以大海為尾閭以三江入海為血脉盖自吴淞淹塞東江微細獨存婁江一脉而婁江之委七十里曰刘家河乃婁江入海之道東南諸水全恃此以歸墟不至横溢泛濫者則帯水壅長之利也勝國時刘河深廣運艘市舶之集于此近日漲沙于塞于是東流之水逆而西涸〻不入淮泖無貣愚之歲〻苦乾平疇龜坼人牛立槁雖復枯据如林何從乞灵海若而救此涸轍之民乎然此猶就旱暵言耳萬一大浸稽天七郡洪流倘河倒峽震澤不能受散漫横流勢必以七郡之田廬為壑而城郭人民盖不可問東南數百萬財賦尽委逝波其如國計何哉

蘇松巡按周元福亦疏請濬工部主事叶國華又疏請濬吴淞俱下該撫察議

八月命錦衣衛都督馮可宗遣役緝事

礼科袁彭年疏言高皇帝時不聞有廠相傳文皇帝十八年始立東廠命内官主之此不見正史唯大學士萬安行之亦不聞特以緝事著嗣後一盛于成化然西廠汪直踰年輒罷東廠尚銘有罪輒斥當時不得稱純治矣再盛于正德

卯聚谷大用等相継用事得倚逆魏瑾煽惑釀十六年之禍天下驚然三盛于天啟逆魏之禍几危社稷近事之明鑒也自此而外列聖無間夫即厰衛之興廢而世運之治亂因之冋先帝朝亦嘗任厰衛訪緝矣乃當世決無不當而得之官中外自有不脛而走之睛故逆絰之方即從冢經之地而布作奸之事又資蔡奸之人以行始犹帕儀之際為人臣所有之常後乃賍賄萬千成極重莫返之勢豈非以奥援之途愈秘而專傳送之閑愈曲而費手究竟刁風所煽官長不能行法于胥吏徒隷可以迫脇其尊上不可不革疏入謫浙江按察司照磨

時太妃來自河南福王諭户工部限三日内搜刮萬金以給賞賜工部何應瑞侍郎高倬苦無金無術懇祈崇儉不聽

又諭選内員及宫女閣卷驚然科道李維樾陳子龍朱國昌各疏諫亦不聽

加翼戴恩史可法少保馬士英太子太師高弘圖姜曰廣王鐸太子太保徐弘基劉孔昭朱國弼柳祚昌太監韓贊周盧九德各陞蔭世襲

又加南臨恩可法少傅士英少保弘圖曰廣鐸太子太傅特陞李沾左都御史晋國弼保國公張文光太常少卿以定策功多也换授朱統鋗為行人以自陳逆曰廣故

赦從逆來歸兵科時敏開屯大瞿山中允衛胤文兵科給事監興平伯軍以原未從逆南來

遠劉總督王永吉經畧山東河北兵部尚書張縉彦總督河南勸農縉彦饒經濟初國破即自縊死復甦賊使牛金星説降縉彦罵不從賊乃加刑拷挾之西行縉彦潛結義人張一方蔡元吉救之于途脱身走龍泉閑及太原賊追之急縉彦走共城聞福王立遂南渡為賊尉馮國寧盤獲于芝蔴口申報李自成拘之新鄉

縉彦召族姓姻友誓以大義尽散家財潛結太行諸雄是月六日義旗集矣而偽將勒馬貫矢出門縉彦疑其有变乃命張一方刺一人奪其

馬射死數人前突之盡殺其黨執府縣諸偽長隨軍縞素登城歃血乃奉義旗于合河吉崗同時奔事者有都司藴見樂秦衍柱茅閒鳳來歸者有輝縣吉士式部郵修武李之焕郁攀桂獲嘉李青良時亨原任推官解居易知縣李昇郁英總兵曹宗孔不期而會者萬人其遂為声援有河南許定國山東張大翼等殺賊先鋒賊勢頗却渡河而南上奔義旗復仇疏昇以原官力辭不受惟循盡殺賊以報先帝經營諸寨四百八十九處運籌決勝心血為枯拮据無成君子惜之

以浮海來歸順天巡撫楊桂總督川湖雲貴廣西

羅浙撫黃天俊及按任大成以許都餘黨渡叛處分未定故也昇議前任巡按左光先罪光先光斗弟也故與大鋮有仇又首劾士英故大鋮借事陷之

吴撫祁彪佳上疏申辯于是大鋮并切齒彪佳

陞解李龍刑部尚書改兵部主事凌駉為御史巡按山東

南渡紀事卷上

南渡紀事卷下

大理寺李清校演述

起丁魁楚巡按襄承陛王潆巡撫登萊越其傑巡撫河南各參都御史其傑士英妹夫也故起之以保國例

晋東平伯刘泽清誠意伯刘孔昭侯爵孔昭不受又封福建總督鄭芝龍為南安伯賜蟒衣

錢謙益心艷揆席阿士英旨特薦欽案楊維垣為通政使遂進使過一疏

維垣之起也馬士英借謙益以用羣奸而愈疑謙益反絕揆望

内批補張捷吏部尚書趙蔡奕琛吏部右侍郎

張孫振掌河南道孫振劾蘇撫祁彪佳貪奸且定策有異議詞連吳甡鄭三俊刘宗等彪佳罷去以易應昌為副都御史郭維經僉都御史

起葛寅亮太常卿成勇一福建道御史文安之詹事刘同升侍講趙士春編修賀世壽督倉尚書王志道户部侍郎申紹芳督餉侍郎以大學士王應熊督川湖雲貴張鳳翔撫蘇松

九月謚北都殉難諸臣閣臣范景文文貞户尚倪元璐文正左都李邦華忠文副都施邦曜忠介戎政侍郎王家彦忠端刑侍孟兆祥忠貞大理凌義渠忠清太常吳麟徵忠節庶子周鳳翔文節論德馬世奇文忠中允刘理順文正簡討汪偉文烈太僕丞申佳胤節愍給事吳甘來忠節御史陳良謨恭愍陳純德恭節王章忠烈吏部員外許直忠節兵部主事成德忠毅金鉉忠節觀政進士孟章明節愍立祠賜名精忠

贈理順妻萬氏妾李氏德母張氏淑人鉉母章氏妾王氏偉妻耿氏恭人世奇妾朱氏李氏良謨妾時氏孺人建坊旌表

又謚勳戚南安伯張慶臻忠武襄城伯李國楨貞武新樂侯刘文炳忠壯左都督刘文耀忠果駙馬都尉鞏永固貞愍太監王承恩王之心忠愍李鳳翔恭莊鳳翔以降賊被殺者大同巡撫衛景瑗忠毅宣府巡撫朱之馮忠壯總兵吳襄

忠壯特贈遠國公周遇吉忠武工部主事王鍾
彦經歷施溥中書舍人宋天顯各予祭葬
贈刑部郎中李逢中太僕少卿諸生許琰翰林
院五經博士布衣湯文瓊中書舍人又補予開
國諸臣德朝死諫天啓朝死璫灘建文朝死難
諸臣謚皆允給事中李清請也
又補謚右都沈子木恭靖工尚沈儆炌襄敏副
都張瑋清忠礼尚董其昌文敏閣臣何如寵文
端孫承宗文忠太常少卿惠書繼忠節
大理寺卿姚存鄭瑄蘇松兵備程珣會珣通卿
宦彭　祥妾杜氏事敗乞諸閣于士英即于疏
杖重處
杜贈珣詩云爲憐青客芳心醉欲訪仙郎帆影
遲時人傳之
中旨扳福建副使郭之奇詹事補梁應音給事
中王懩鄭瑜御史白晰降献賊錦衣都督劉僑
來京仍補原官
初左良玉恢復蘄黃送馬士英赤金三千兩女
樂十二人士英咲曰此一物足以釋西伯遂訴
先帝復戍至是用之
以謝德溥爲礼部右侍郎余颺文選司主事晉
何騰蛟兵備侍郎撫湖廣加淮撫田仰兵部尚
書世廕錦衣指揮使仰屢疏請餉福王以東南
餉額不滿五百萬江北已給三百六十萬豈能
以有限之財供無已之求命仰與刘澤清通融
措辦
士英請免府州縣童子應試上户納銀六兩中
户四兩下户三兩得赴院試
又詔行納貢例廪納銀三百兩增六百兩附七
百兩又立開納助工例武英殿中書納銀九百
兩文華殿中書一千五百兩内閣中書二千兩
待詔三千兩扳貢一千兩推知銜一千兩監紀
職方萬千不等
時爲之謡曰中書隨地有都督滿街走監紀多
如羊職方賤似狗廕起千年塵扳貢一呈首掃
盡江南錢填塞馬家口

又有謗曰都督多似狗戚方滿街走相公祇愛，錢皇帝但嗅酒
又署士英門曰兩朝丞相此馬彼牛同爲畜道二党元𣁽出刘入阮豈是仙宗
奉化布衣方翼明抗疏上言政祈免終看送刑部問罪
又有布衣何光顯疏請誅馬士英刘孔昭詔戮于市籍其家
是月高傑趨裝行初十日祭旗疾風折大纛西洋砲無故裂
又廟門告災鳳陽祖陵叠火地一日三震有声如吼自秋徂冬日烈如火往往地赤
而福王深居禁中惟漁幼女飲火酒雜伶官演戲爲樂巷談里唱流入內廷執國子弟教坊樂人出入殿陛諸大臣呼爲老神仙夤緣求進有接踵而至亦閒喜丹青士英嘗進沈啟南画一卷福王親署款事士英亦跋一行
時羽書倉皇士英猶與門下僧利根談禪鬬蟋蟀人號蟋蟀相公
初高皇時以循殿餘材置諸南工部庫且朽矣一時佞人稱爲神木指爲嘉瑞遂大興土木修興寧宮建慈禧殿乃賞賜宴樂皆不以節國用匱乏搜括乃與佃練湖放洋舡瓜儀製蓝蘆洲升課税及酒家每觔錢一文
蓋馬士英貪濁乱政內則曰成西官外則楊阮諸奸兼以鎮臣則與平東平遥制內權勳臣則忻城撫寧侵挠吏事還嚮日逼而主不知大小名流相繼告歸詭即宜寺之有人心者如韓贊周四十疏乞休
盧九德殿前慟哭而群小充庭以累卵爲厝薪之逞事之武和戰僅安史可法一人而已是月可法進掃陵疏遂統兵抵白洋河
十一月十二日王師入宿遷可法救之隨拔營去是月鑄弘光錢時廟門災
十四日高傑進疏渡河抵徐州
先是十月十二日

皇朝發兵一往山西一往徐州一往河南豫王將從孟縣渡之

傑聞之乃與刘澤清書曰清朝發一王子領兵號二十萬實七八千齊駐濟寧近日河南鎮撫接踵告警一夕數至開封上下北岸俱是兵众問渡甚急惟恐彼一越渡則大勢失恃長江以北尽為戰場時事到此令人應接不暇唯有殚心竭力直前無二于萬難之中求其可濟以報國恩而已

澤清以傑書聞且言

清虜從河揚方丹屯兵宿遷鑄造鉄條為縛筏

用士英称清兵雖屯河北然賊勢尚張不無後慮豈遂投鞭問渡乎況強弱何常赤壁三萬淝水八千一戰而江左以定況國家全盛兵力萬倍于前郎清底定願諸臣剋勵之也

清人至夏鎮邢由濟寧南下又從洛陽渡河攻海州圍邳州

史可法高傑刘澤清等俱告急不應

十二月十八日都督陳洪範南还

先是洪範與左懋第等至德州

清人撫臣方大猷示以攝政王令旨有来使不必敬語止許百人赴京朝見

十月初一日至張家湾懋第欲先謁陵後進見攝政王不許乃遂祭先帝

于十二日入京館鴻臚寺越一日内院刚林来登堂上責懋第等江南不應更立天子懋第不屈洪範降

懋第請祭告諸陵改葬先帝皆不許乃陳太牢于寺堂祭之

二十七日放歸

十一月初四日至滄州復遣兵追执懋第等北去改禁太醫院放洪範至是歸稱清兵萬分緊急旦夕南下士英惡之曰有四鎮在何慮爲士英方贖貨無厭賄賂千名百品日令門下僧利根次其高下從寬字沾進帯處士英不之重也屬利根譽為至賢士英轉以獻福王亦屬中官

貴其非常福王無東以視朝始以議和遣使也士英曰和則和耳既而和議不成士英曰不和則不和耳

時賊竄安禹州襄城等處各鎮擁兵不進唯高傑提兵二萬與張縉彥直抵開雒之間縉彥睽絡寨勇鼓銳進取乃分寧陵以東屬王之綱寧陵以西屬許定國祥符以西屬劉洪起河洛屬李際遇各斬偽殺賊有差

洪範請加恩北使勞臣兵科戴英劾之言洪範出使無功正使身陷北都下後群聚晉爵天下聞之退哄然窃笑也乃止

加左良玉太子太傅予世蔭指揮使開藩武昌養子夢庚都督僉事掛平賊將軍印

先是楚宗朱盛濃疏誣監軍御史黃澍跋扈擅劾宗貪賍激變內批刑部提問澍不至反是士英薦授盛濃池州府推官

二十日刑部尚書解學龍上從逆諸臣六等罪除在北京何瑞徵等二十二人俟三年後定奪一等應磔宋企郊等十一人二等應斬擬長繫秋決光時亨等四人三等應絞擬贖陳名夏等七人四等應戍擬贖王孫蕙等十五人五等應徒擬贖沈元龍等十人六等應杖擬贖潘同春等八人存擬另擬翁元益等二十八人朱國弼等合疏糾刑官六失御史張孫振又言刑官貴法侮文学學龍賊以高倬代之

是時張捷秉銓沈大鋮把持部務而選郎以貪穢濟之獨科道吳适涉駁伉之

慶遠知府郭儀鳳疏言掛冠勤王且誣巡按方震孺貪狀科參郎守無勤王之例掛冠非入援之名儀鳳不俟憲檄非奉明綸擅離職守飾詞妄瀆察撫臣清執有素儀鳳穢跡著聞必俱勘參先行反噬自應嚴究以杜刁風

光祿署丞張星疏求考選科參張星初以縣令躁進降處又掛察典不唯望斷清華之夢亦已身絕仕進之階乃無端幻想僥倖上賞欺君孰甚若不一為懲彼闖門大典不几為燃灰之地

向躍之門耶
保定侯勲衛梁世烈請襲祖爵科旅國難以來
雖王侯貴戚咸餞伏狼華冑重臣志羅鋒刃而
其脫身圖存埋名涸俗者固亦不乏該勲何以
逆料其家之必繼而忍以子嗣乎萬一本宗已
馬來歸將奪諸該勲以授子柳姑存之且兩封
之乎豈無此法紀也該勲世受國恩誠慨復有
志何難倡諸勲舊破產從軍自當直援燕雲上
為先帝復仇次為諸勲雪恥亦時訪問本支有
無存否然後請諸勲朝命光復祖爵不亦休乎
昔李晟收復長安下令軍中曰五日內無得輙
通家信今長安未復殊非諸臣問家之日也
遂安伯勲衛陳濬疏請襲爵料旅自都邑變遷
河山阻絕無次無冕卑詞莫信業奉明旨嚴核
該勲一請再請若不能待直視五等之封祇同
土塊之亡亦與菜傭都督一辭告身為可乘時
拾芥而攘取乎況遂安勲衛今或遁跡闕闈或
從容歸國安可懸坐兇錄使後來鞍馬遺裔執
途人而可稱攀孳孤忠裂本支而他續也除夕福王在興宮色忽變不怡韓贊周言新宮宜歡福王曰梨園殊少佳麗者贊周泣曰臣以陛下令節或思先皇帝或思皇考而乃作此想耶
順治二年乙酉正月朔改偽元為弘光元日：
有歆之吳适上言維新五事信詔旨核人才儲
邊才伸國法明言責疏入不省
都督李際遇降清高傑冒雪防河疏請重兵駐
歸德東西兼顧聯絡睢州許定國以奠中原傑
遣定國銀千兩幣百疋許定國太原人以故總
兵赦罪出獄收兵縱掠至是以總兵駐睢州毀
家養士負其功不得封上書訴高為賊高由是
怨許常曰吾見許必手刃之
可法之遣高圖中原也爭之經年始見從定國
懼討賄書閣部求自全計閣部語其使曰許總
兵何地不可居而必睢州乎
十一日高兵至睢州定國先數十里跪迎馬前
高扶起之曰若總兵亦何行此禮頃亦庶為在
許故懷其軍以觀見高喚之曰亦有此軍何不
以此開藩乎居明日召詢之曰若豈不知我之

將殺汝而不去何也許頓首曰定國故知公之怒也然不知其罪高曰若累跡名我爲賊安得無罪許曰此定國之所以不去也定国目不知書倉皇中假手記室而代者誤入公名定國不知跡中何等語也若以此殺定國不亦冤乎高索記室者姓名許曰彼知公之怒也先期遁跡之不獲彼先去而定國不去以明向名公者非定國意也高爲人戇見其至誠且憐之間護語以爲無何有千户者遮馬投牒云定国謀公傑故以示勿戢馬前笞之六十送許誅之遂刑牲約爲兄弟定国飾美妹進傑屏不御笑謂之曰軍行無所事女子第畜之俟我功成後以娛老乎定国唯唯迨時傑大營去城二十里懸王命旗于城闉曰非有令不得入從傑入者止左右驍健三百人

十三日夜定国開宴張燈厚具樂以飲傑令其少弟飲傑親將于别所婦女賓客皆襍坐酒半酣許弟動静失常度坐者覺起而耳語傑曰今日之宴視其弟志竟有非常得無謀我傑推之以手曰去夫何敢親將退而意亦安之三百人皆沾醉傑所居爲睢人甲第恒高且重廊複室繞四週定国于壁後置人將卒俱休息别所傑卧榻畔止二三治文書者及傳事小兒滿將殘闃屋上歷然有聲驚出視則壯士踰垣屋者數十輩傑有備身銕杖亟索之已失之犹奪他人鎗刀鬭而後就執從者三百人皆同斃一人未下伏直扑箐陷而免定国喋血向南坐曰三日來受汝屈辱已盡今定何如傑大笑曰吾乃爲豎子所羞呼酒來當痛飲死遂遇害

明日日中城門不啟李本深王之綱郭虎攻東門而入定国已渡河北去睢人知其事皆已行諸將致疾于睢人環睢旁二百里皆屠之

可法至徐聞之大慟哭曰中原不可復圖矣乃退師以救根本揚人聞傑之死也酌酒相賀

初定国守河南賊奄至矢如雨定国立敵樓以刀左右揮之矢皆中折高與身等笑向賊曰若

泛乎急歸人障一版來受洒家箭賊挾版至定
国射以鉄箭技皆貫人于版死馬賊驚遁
定国嘗與众少年飲众請曰欲觀公神勇許曰
可忽躍起懸身手攀屋前椽左右換手走長屋
殆遍而顏色自若至是殺傑乃帰降于清
傑妻邢夫人率子元爵請卹福王命所部將士
仍聽邢氏統轄
史可法請以傑部將李本深爲總督福王不允
曰其平有子朕豈以兵馬汎地遽授他人乃贈
傑太子太保許其子襲爵再廕一子錦衣衛百
户從優議與祭葬
黄得功攘袂而起曰固當以此送我引師臨揚
適可法自徐州還令從同知曲從其中軍馬應
魁入得功營問故得功曰吾爲国大將功最多
僻處瀕江一小邑高傑有何功績而食數城姑
念其不終割以三縣足矣餘地非高有也閣部
日吾豈不知將軍功又非愛高而故右之也彼
士馬多而不令一今日一奪而明日必亂；且

曰首難自將軍始其事之也黄輝其兵姑少卻
會福王遣高盧二監諭之曰大臣當先国事而
後私恨得功若向揚州發高營兵將棄汛必歸
從敵渡河罪將誰任命可法鎮撫之得功乃退
得功字虎山京營名將也初起陝蕃爲商人執
鞭入都經山東值响馬党商人俱遁得功獨持
梃而前擒響賊所向披靡後立功河北封靖南
伯嘗敗張獻忠于潛山之方角殺萬人獻忠几
擒而遁
得功爲人戇而忠所部不過三萬兵戰自先衝
突勁疾若飛江淮人詫爲無敵呼曰闖子得功
受將林報国每用兵報国輒爲前驅左金王老
回回革里眼等畏之無于得功革賊設伏以待
報国賊有趙虎者佯北報国恃勇深入陷其伏
中殺之提報国首登山罵請得功得功單騎突
陣斬南將首級祭報国賊有少年勇將號無敵
將軍呼于陣曰汝曹何怯也吾爲汝曹擒黄將
軍以來賊皆擐甲視之無敵大將軍大呼躍至

得功前得功立檎之横置馬上左手按其肩右手策馬馳去群賊丧氣相戒曰須避黄闖子休寍汪耐安曾拜得功門下當高傑引兵爭揚汪時從得功飲盤列生彘肉割啖之帳下驍將能飲者以次坐人浮巨觴有並挖兵弟辭不能飲得功怒欲杖之挖兵目汪〻大咲得功問故汪曰生咲卯守倫腿不及杖粗也得功咲而止俄報高兵在十里外將至矣得功咲飲自若又報距五里又報僅三里飲如故又報抵城下得功乃上馬俜一卒授之弓執在手又一卒授之鎗掛于肘又一卒授之鞭跨在腿下一卒授之鐧跨右腿下背後五騎〻負一箭筒〻箭百隨之往抽箭射疾于雨箭尽擲弓继以鎗〻貫二騎折旋又擊死二騎須臾擲鎗用鞭鐧双揮之內而墜众軍已凱歌矣踏而豪飲如平時

廣昌伯刘良佐字明宇故東撫朱大典之舊將後督淮揚再隸麾下從護祖陵衛草左賊再後收永城號花馬刘者也

東平侯刘澤清字鶴洲家在曹縣幼時曾習舉子業試時遣拳死二隸遂跳應兵部將材奔天下第一後渡河救汴壁壘未成輒遁走其人好赧色將略本無所長初科臣韓如愈糾澤清澤清持金帛賄之如愈呼使謂讓反其擊澤清銜之後上遣如愈督江浙餉澤清遣兵徂擊之于東平戴家廟韓捉〻不撓惟以幼子不宜見殺劫者曰無與小兒事舍之去澤清自云先帝已行封而詔不達故與廣昌與平拜獨進侯人莫得而辨也及駐節淮濱乃大治邸第備四時之室壯擬皇居取美人鐘鼓以充之嘗搆一水榭費千金諸生爭献歌詩頌功德澤清晏然休兵淮水置討賊事于不問嘗誇于客曰我二十一投筆三十一登壇四十一則土竟不知二十年中所作何事澤清向將以計厚與平聞其死乃與二鎮謀曰我維儒于不足立固當分其众將之馬士英持不可曰彼所部忠勇輕偈人亟假諸將以軍號待元爵長而迷之嘗澤清進侯時

值其母賁初閉入哀稱觴極一時之盛後澤清之降而殺也賁初流離道旁無以朝哺

進吏部蔡奕琛東閣大學士通政使楊維垣請重定欽案又請書須三朝要典左良玉疏言要典治亂所關勿聽邪言致興大獄太祖成祖亦以為言福王曰皇祖妣皇考無妄之誣豈可不雪事關青史非存宿憾群臣當体朕意矣孔嘉又奏三朝要典須備列當日奏議以存其寔允之

陞維垣副都御史監生陸濬源又借題三案疏糾光祿少卿許譽卿譽卿疏言當日諸臣以翊戴光廟為正今日諸臣以翊戴陛下為正俱從倫序起見光宗母子無間先帝身殉社稷何嫌何疑而小人無端播弄假手濬源先帝久任侍仁養成釀禍使得生榮死寵竊謚文忠陛下追削萬口称快濬源滿口頌其平章之功甚矣君輩之敢于党奸欺主也

陞阮大鋮兵部尚書賜蟒服

雲霧山即名禁封山縱橫數百里北通厳池南連八閩東抵衢嚴西界信州唐宋以來每為盜藪其間深谷窮岩虎狼接跡險阻極目無徑可攀且地接祖陵龍脉為神京右臂歷朝禁止樵收封禁所由名也

英宗初年遣官採木于是地方訛棍互相煽惑而狐假之輩因之懷奪小民抬引匪類大肆劫掠兼多內外官屬供億之費數邑坐困民不聊生近山良民逐鳥獸散大盜鄧茂七等聚众數萬藉以為窟攻城殺令合四省兵力討之十四年乃戡定奉旨照舊封禁往禍蓋可鑒矣臣竊以為不便国輔亦疏請中撤俱不聽既而馳視如適言根罪国輔係韓贊周養子贊周寺中正人也傷心時事杜門休沐國輔時在宮中每有臣救士英視為眼中釘因属所私以開採事詠國輔具疏請往其寔士英意不在開採也因輔提督勇衛營操練禁旅及奉命往浙士英竟奪營篆授其子馬錫以乳臭兒綰兵柄時事可知

矣适號出士英遂切恨之
起瞿式耜撫廣西刘良佐等薦米大典為兵部侍
郎大典父任鳳督毀家起兵屢著戦功御史鄭
瑜劾其侵贓百萬福王以大典創立軍府所養
士馬豈容枵腹詔勿問
張國維予告歸御史張孫振劾在告礼部尚書
顧錫疇險邪有治秩宗以其請削溫体仁謚而
謚文震孟也
命錫疇致仕去禁宗室入京師
又奏據供稱高陽人王之明係駙馬王昺姪孫
家破南奔遇高夢箕家人穆虎故以詐冒東宮
又于東宮行囊中得周公輔成王五字犀 奸僭
此為獄端
福王諭王之明自南京取道䕫杭直至浙東是
何主使孟栢諸清流也刘正宗給事戴英各具
奏王之明偽假太子非稚年所能辨必有大奸
挟為奇貨宜勅法司根究御史陳以瑞奏愚民
覘聽易惑道路籍籍皆以諸臣有意傾先帝之
血胤
福王諭將王之明好生護養勿驟加刑俟正告
天下愚夫愚婦皆已明白然後申法
越三日集文武百官舉監生耆老于午門外
鞫之夢箕穆虎皆具服如之明言遂下之明刑
部獄或題詩于皇城曰百神㩦護賊中來會見
前星閉復開海上扶蘇原未死獄中病已又誰
猜安危定自関宗社忠義何曾到䣊台烈烈大
行何處遇普天同向棘闈哀
初三日又有故妃童氏自越其傑所來命付錦
衣衛監使初福王為郡王娶妃黃氏早逝既為
世子又娶李氏洛陽変又亡童氏本周府宮人
避乱至尉氏縣遇福王于旅邸相依生一子已
六歲賊破京師福王南奔各不相顧太妃與妃
各依人自活太妃之南陳潛夫奏妃故在福王
弗召至是妃自詣越其傑所來福王弗悅也童
氏在獄細書入宮日月相離情事甚悉求馮可
宗呈覧福王弃去弗視尋命屈尚忠嚴刑酷拷

氏號呼詛罵士英為无妃進揭称童氏供有金哥一婦人不足惜然皇嗣甚重苟非主情所関誰敢與陛下称敵侍宜迎童氏帰内家諭河南撫按迎致皇子以慰臣民之望以消奸宄之心不納既而左良玉具疏請保全東宮以安臣民之心謂東宮之来吴三桂寔有符驗史可法明知之而不敢言此豈大臣之道滿朝諸臣但知逢君不惜大倖前者李賊逆乱尚錫王封不忍遽加刑害何至一家反視為仇明知窮究並無别情必欲輾轉誅求逐使陛下忘屋烏之德臣下絶安裘之義普天同怨顧陛下二三奸臣保守天下無是理也親親而仁民顧陛下省之有旨東宮果其當不失王封但王之明被穆虎使冒太子正在根究奸党其吴三桂史可法等語尤係訛傳法司將審明略節先諭該藩

黄得功疏言東宮未必假冒各官逢迎不知的係何人辨明何人定為奸偽先帝之子即陛下之子未有不明不白付之刑獄人臣之義謂何恐在廷諸臣諂徇者多杭頻者少即使明白識認誰敢出頭取禍不殺則東宮為假殺之則東宮為真皇上雖以大公至正為心恐臣下逢君之恶臣受先帝知遇之恩不敢不言

刘良佐疏言王之明童氏两案未協輿情懇求曲全两朝倫典毋貽天下後世口寔

工部侍郎何楷言鎮疏東宮甚明湖撫何騰蛟奏言太子到南何人奏聞何人物色取名至京馬士英何以獨知其偽既是王昺姪孫何人奔發内官公侯多北来之人何無一人確認而泛云自供高夢箕前後两疏何以不發抄傳此事関天下萬世是非不可不慎

江督袁繼咸疏言太子居移養氣必非外間兒童所能假襲王昺原係富族高陽未聞皆害豈無父兄羣從何事隻身流轉到南既走紹興于朝有何関係遣人踪跡名来詐冒從何日起望陛下勿信偏詞使一人免向隅之恨則宇宙享蕩平之福

福王終以王之明自供甚明命法司將審明略節各論之童氏尋亦病死獄中

初五日南都皮儒啓有道閣空中有声曰汝可至宮中尋子忽者為物所凴遂直叩東華門冒稱恭皇帝立枝斃之

又有刘祥者神附其身自稱玄天上帝

御史刘光斗阿旨疏稱聞東宮兩王尚在人間不勝大駭今已知真殘臣心始安

十九日設壇太平門外百官素服望祭先帝獨阮大鋮後至哭呼先帝而來曰致先帝殉社稷者東林諸臣也不盡殺東林諸臣不足以謝先帝今陳名夏徐汧等俱北走矣馬士英急止之曰徐九一現有人在大鋮曰与維垣計必欲盡殺東林復社諸人大獄將具尋以上游告警姑緩須臾或夜半書士英堂中曰閣賊無門匹馬橫行天下元凶有耳一兀直搗中原求其人不得

倉場尚書賀世壽僉都御史郭維經告病去經維江右正人羣小指為南昌私党大鋮密遣兵于江中劫之

以何騰蛟總督川湖雲貴廣西時楊鶚撫湖南士英訐言處其人情不調疏令回部

鶚抗疏言人情極調且臣与良玉旗鼓相當英雄本色丈夫肝胆青天白日伏乞以後申飭臣工收斂精神用之勦禦彝此不必然之疑首此不必然之事若知之不明處之不當聽細人之薄労苦功高之士識者灰心人人解體殆非所以翼朝廷而鼓忠勇也科臣吴适亦以為言皆不省

許定國引清兵入儀封復入考城尋掠歸睢按臣凌駉死之姪潤生自盡駉遺書于清人云息堅盟好勿輕南下否則揚子江頭凌御史即錢塘江上吴相國也事聞贈駉兵部侍郎潤生御史清兵逼江北下徐顏總兵李成棟南遁

四月初一日命盡去各衙門印文南京二字初南都有擁戴潞王之議刊名苦無符印遂訪南

礼部印〻之及士英既入欲執議以起大獄議乃止後管紹寧署礼部事大索三月印卒不獲至是士英乃請改鑄另給焉

初四日寧南侯左良玉舉兵東下初左客胡以寧獻計令偽太子手書血詔付左〻佯受詔爲壇而哭洒血誓師心惮江督袁繼咸在九江胡以寧舊与袁遊即遣以寧持偽太子首紛袁會師部署三十六挖兵而東以江西属其部将金聲桓良玉乃馳疏列士英十大罪狀又具檄以曉諭四方

又沿途張示稱奉潘春太子密旨率師赴救士英等大惧京師戒嚴

江督袁繼咸疏請赦太子以遏止之中旨切責時左兵由九江安慶至建德順流而下

士英調黃得功刘良佐離汛遣刘孔昭阮大鋮方國安朱大典同禦之大鋮誓師江上衣素蟒圍碧玉見者共笑爲梨園装束

陞大典兵部尚書國安掛鎮南将軍印刘澤清亦托勤王率兵大掠南行揚泗徐邳勢同鼎沸

史可法連疏告急福王曰上游急則赴上游北兵急則赴北兵自是長策可法曰上游不過欲除君側之奸原不敢与君父爲難若北兵一至宗社可虞不知輔臣何以蒙蔽至此乃移書士英懇其遣将添兵大鋮疾呼士英惟以左兵爲慮不應可法又請留朝廢於東宮以息衆辭罷

福王諭西督方急卿專心料理侍奏凱復見可法嘆曰奏凱二字談何容易誠如上言而君不知在何日矣

又連上二疏一勅各鎮擁兵糜餉一勅李成棟避敵南奔士英亦不應

福王惟以選淑女爲急先是應天選進三名及司礼監選進六名俱無可意者将遣内監田壯國往杭州選到陳氏王氏李氏三人着于十五日進元輝殿命戶工部各委官一員採辦中宫珠冠礼冠三萬両常冠一萬両

殺從逆光時亨周鍾武愫又殺武德道僉事雷縯祚礼部主事周鑣々与鍾從兄弟也自時譽與阮大鋮有隙士英尒鍾從逆謂鑣當坐縯祚亦与大鋮有怨光時亨者阻駕南迁者也故與四人同死

時清兵已狥徐碭下亳泗兼程渡淮如入無人之境

十九日召对馬士英力請亟禦左良玉大理卿姚思孝尚寶卿李之椿工科吳希哲等俱請備淮揚

福王諭士英曰左良玉雖不該與兵以逼南京然看他本上意思原不曾反叛如今該守淮揚不可撤江防兵

士英厲聲指諸臣言曰此皆良玉死党為遊説與言不可聽臣已調得功良佐渡江矣寧可君臣皆死于清不可死于左良玉手瞋目大呼有異議者當斬福王默然

礼部錢謙益言陳洪範述該收他福王諭國家何嘗不收人只是收來不得其用希哲退曰賈似道棄淮揚矣

給事吳适疏尒弇文綬本無寸功驟列大帥乃復縱兵薛椋權陷建德東流大偈非法方國安受國厚恩乃銅陵西関南陵城外聚兵攻擊焚于何辜遭茲塗炭益之深熱其与叛逆何異陛下宜加謹飭

蔡弈琛等票旨文綬久在南康困安現在剿逆吳适謗言亂政為逆臣出脱是何肺肝

次日奕琛具疏特糾逮适下獄先是左光先按浙會鞫吳瑗一案适時為衢州司理与紹興司理陳子龍共成是獄及奕琛入相与阮大鋮同心排擠光先以敍褫逮并及于适

御史張孫振疏糾适為東林嫡派復社渠魁宜速正兩觀之誅

二十四日清兵犯揚州史可法禦之薄有斬獲攻益急血疏請救不報其明日可法開門出戰清兵破之屠殺甚慘可法死之

原任兵部尚書張伯鯨被執不屈自被殺創自刎死妻楊氏媳郝氏從之

左兵下破安慶尽殺阮氏大鋮遂謂與左兵之来不若清兵之来我且用清人以殺左氏欲殺王之明以絶左兵之望聞揚州急遂不得行

明日福王召肇臣問迁都計錢謙益言不可馬士英請調黔兵辦走貴陽工科吳希哲力諫乃止召黔兵一千二百名入城命住雞鳴山房

初左兵至九江袁部將郝效忠郭雲等大掠左兵附之良玉見城中火起聞報曰左兵也即其舟中頓足嘔血而死左死軍益乱其養子夢庚叔袁兵破安慶東下采石為黄得功方国安所敗遂引兵还捷聞

封得功靖國公并進大鋮大典太子太保餘加叙有差

五月以巡漕御史霍達監軍僉事楊文驄分設鎮松常鎮巡撫初祁彪佳撫吳裕軍儲八萬以二萬充可法軍餉而貯六萬于京口庫中及文驄監軍京口欲漏其賦而無詞遂以築城金山之説由是京口無軍儲高傑潰卒之渡江也鄭鴻逵掩而殺之不下萬人餘卒北走而降鴻逵乃露布告捷璽書褒封靖虜伯世襲蟒衣金幣京口民皆頂祝且為建寺峙碑自前月二十五日至是月之朔日報虛捷軍門鼓角將士凱歌聲沸江濱鴻逵開藩京口民争以牛酒犒師

午日百官進賀福王以演戲不視朝忽有中旨命乞子捕蝦蟆為房中藥時日爲蝦蟆天子

士英傳令各門下閘辰開申閉王師既破揚州沿江閱渡

初七日鴻逵軍中大晏歌舞喧閙而清兵來間遣二百餘人潜入金山寺

初八日夜大霧四塞王師編筏張燈向京口而别由上游大盛洲老鸛河渡黎明尽抵南岸遣襲破鎮江鄭兵尽弃軍資揚帆東遁

初十日都門晝閉大風猛雨午後抚集兵圍入内演戲福王與群小褋坐酣飲二鼓乃与屈張

二閹單騎出奔黄得功营五鼓士英入朝駕已先出矣遂白黔兵奉太妃走浙平明宫門洞啟宫女襍走于是各官争竄

十一日忻城伯趙之龍開各城門以待清兵居民竟殺城内外黔兵無有遺者于剩有監生趙某率市人出王之明于獄擁入宫中登殿鳴鍾百官莫有至者吏部尚書張捷死之副都御史楊維垣以重按之明獄鬩都城人擁立之明遂賸戰自經妾朱氏孔氏從之

王之明粘示皇城略云先皇帝不承大寳京惟臣與同共甘苦胡天不祐忽罹奇禍凡有血氣裂眦痛心況予小子分宜殉国思以君父大仇不共戴天皇祖基業汙血難易忍垢臣遊國雪國恥幸文武先生迎立福王予惟先帝之哀奔投南都冀欲嬖陳大義不意臣奸障蔽至攖桎梏予雖幽獄無日不痛絶也福王聞兵遠遁先爲民望其如高皇帝之陵寢何況予小子又老人民闔抱出獄擁入皇宫予自負重寃豈稱尊南面之日乎謹此布告在京勲舊文武先生士庶人等念此痛懷勿惜會議予當恭聽其扶皇猷勿以前日有不識予之嫌惜尔經綸之教也

十二日欽天監挈壺官陳于階自經是日福王駐太平府二十里外黄得功阮大鋮朱大典方國安等来見欲入太平太平民不納

十三日往蕪湖總兵官黄斌卿遁登中軍翁之琪舟

十四日将往浙時

豫王已薄都城趙之龍挟王之明出降豫王加加之龍與國公賜金鞍鞍馬貂裘寳帽設牛酒于軍中宴之王鐸錢謙益張孫振等皆降

十六日豫王入京百官朝見王鐸等南面而坐數諸降臣名至卯之麟不應王鐸急欲㭍之張孫振爲錢謙益曰此係老先生同鄉同籍宜爲周旋錢頷之卯得無恙張孫振每对人誇云非我卯衣老幾矣出来卯厚酧之而卯犹揚揚自稱不屈

豫王出示曉諭畧云福王僭號稱尊沉湎酒色信任僉壬民生日悴文臣弄權只知作惡納賄武臣要君惟思假威跋扈上下離心遠近仇恨云〻

時刘孔昭走浙刘泽清入海惟刘良佐降奉豫王命引兵追福王至蕪湖于十五日反之且名黄得功得功不從良佐伏弩射中得功喉得功創甚拔劍自刎後金陵有人忽奔真武廟中高跳舞大呼曰我靖南侯也上帝命我代岳武穆王為四將岳已陞矣言已手提右廊岳像于中而已立其位作樫蹡狀良久乃甦是日良佐挟福王去之琪投死水福王見豫王于内守備府豫王責其僭位稱尊荒酒好色及謀害太子等事福王默然隨囚于江寧縣刑部尚書高倬戶部侍郎刘成治署中自經

十八日國子監生吴可箕雞鳴山関廟中經死

二十三日中書舍人龔廷祥投秦淮河死其死不知日者中書舍人陳爊及子舉人陳伯瑜戶部主事吴佳胤死不知名者投秦淮河中馮小璫百川橋下乞兒也小璫以色幸卒以身殉乞兒題詩橋畔曰三百年来養士朝如何文武尽皆逃綱常留在卑田院乞丐羞存命一條礼部郎中刘萬春主黄端伯以不朝斬之豫王分兵略定各属而命御史王懩刘光斗鴻臚丞黄家鼒等分往招撫家鼒至蘇遇害蘇州諸生顧所受服儒服罵文廟投泮池死原任少詹徐汧沈虎卯後溪死玄妙觀前賣麵人夫婦对經死常州石生及青扇毆姓者投西庙池中死又一鄉民鬻薪入城聞安撫使至躍入文城壩南龍游河死五牧蓄鵝鳥者薛叟以薙髪自經死常熟諸生徐慊以剃髪自經死諸生項志寧不食死武進諸生董元哲痛罵死至各處起兵見殺則貴池諸生吴應箕宣城諸生麻三衡武弁陳有功余元宣萬會吴國楨而蘇州原任遊擊魯之璵及武弁韋龤俱戰死

嘉定原任通政使侯峒曽城破与子諸生玄演

玄潔被殺進士黃淳耀与兄淵耀及舉人張錫眉龔用圓俱死常熟諸生徐守質戰死崑山貢生朱集璜城破被執不順死故將王公揚年七十戰死諸生陶琰城破自刎原任狼山總兵王之佐才爲亂兵所殺一門被慘松江原任中書李待問博羅知縣章簡城破被殺吏部主事夏允彝投水死總兵吳志葵黃蜚駐兵直隱浜被執解至南京殺之華亭教諭眭明允被執不屈死常州諸生吳福之徐安遠入太湖從黃兵、敗福之投水死安遠被殺諸生張龍文率鄉兵薄郡城見殺江陰婁攻不下至三月乃剋遂屠其城典史陳明遇闔門投火閻應元不屈遇害訓導馮某縊明倫堂中書戚勲合家焚死及兵下嘉湖吏部郎中錢棅戰死于震澤原任吏部尚書徐石麒自刎其僕祖敏徐錦從死南都之陷也

潞王監國于杭州及清兵之杭潞王即以城投順杭州原任行人陸培刎死錢塘知縣顧咸建不順被殺某縣知縣梁于涘縊死其前遣使臣左懋第在北聞江南陷七日不食攝政王召見蘇衣孝巾草履向上長揖南面而坐攝政王数以僞立福王勾引土寇又投国書擅殺總兵當廷抗礼五大罪懋第抗辞唯請一死命剃髮堅不肯於閏六月十九日殺之題絶命詩云峽圻巢封歸路迴片雲南下意如何寸丹冷魄消难盡蕩作烟雲總不磨祭謀兵部主事陳用極遊擊王一斌張良佐王廷佐劉統等五人送死忽風沙四起捲市棚于雲際屋瓦皆飛起一時罷市

清兵既破江浙尋執福王王之明潞王北去袁繼咸隨福王北其中軍都督鄭林奇死之所夢庚馬紹愉率所將士皆剃髮降

時以聞至南十二月魯王聞之大慟追謚福王曰赧皇帝謚太子曰悼皇帝謚潞王曰潞閔王

南渡紀事卷下

[illegible]

明史雜著

（清）李清 撰

《明史雜著》一卷，清李清撰，據北京大學圖書館藏清鈔本影印。

李清有《南渡録》，已著録。

此書爲李清考辨明代歷史的專著，含論、辨、書後、傳、記、序各體文，共七十六篇，成書於明亡後。李清史學研究功力深厚，尤長於明史，從此書可見李清見識之獨到。如《高皇帝設衛所論》，論述明太宗朱棣改制對衛所制度造成的嚴重影響。明初朱元璋設衛所制度，軍事力量强盛，至明末衛所制度崩壞，軍力衰弱，原因之一即爲朱棣分開國衛弁與靖難衛弁爲二，一嚴一寬，一弛則兩弛，『惟靖難偏重耳。偏重不已，繼之偏護，以致廢其比試，此高皇帝法所以究歸蕩然也』。《崇禎失事諸臣論》，論述崇禎皇帝對戰事失利官員的處置不當之處，首言『昔人知愛惜人才爲社稷計，而先朝獨不知愛惜邊才爲封疆計，故其亡忽耳』。既而述及袁崇焕、熊文燦、趙光抃、盧象昇、陳新甲之遭遇，言處置不當對戰局的影響，『取敵人剪滅不盡之邊才，而恣懸刀鋸以代之行誅，是敵所禱祀而求也，誤矣』。

（周　忠）

明史雜著

興化李清著

論

開國功臣論其一
開國功臣論其二
高皇不封三皇孫論
高皇建宗藩論
高皇帝設衛所論
滁陽王之祠祭署論
李善長論
齊泰黄子澄論
漢王高煦論
丘福論
石亨石彪論
張孚敬論
繼統不繼嗣論

乙丑立夏後五日得於廠肆 盛鐸

穆宗遷方后論

鄒元標建學壇論

崇禎失事諸臣論

辨

洪武實録誤辨

辨南京太常寺志

辯劉基傳

辨韓成雲奇

辨明通紀弇州别集誤

辨名山藏

耿炳文不死真定辨

惠宗出亡辨

惠宗來歸辨

辨史仲彬致身録

嚴震直不遇惠宗辨

文皇帝廟號辨

嘉靖大獄辨

書後

書高皇帝紀後

書奸黨録後

書逆臣録後

書李善長傳後

書李善長傳及德慶廖永忠傳後

書徐達傳後

書湯和傳後

跋傅友德追封三代廟碑

書沐英傳後

書陸仲亨梅思祖傳後

書郭英傳後

書王弼傳後

書何真傳後

書常昇傳後

書廖鏞宋瑄耿瓛傳後

書陳鏞傳後

書卓敬傳後

書徐妙錦傳後

書靖難之變

書遜國記後

書靖難功臣傳後

書僧道衍傳後

書高煦傳後

書柳升傳後

書張輔傳後

書楊士奇傳後

書于謙傳後

書吴后傳後

書羅元世祖廟祀後

書興獻帝紀後

書張璁桂萼傳後

書楊一清傳後

書曾銑傳後

書左光斗傳後

書懷宗紀後

書内閣輔臣傳後

書宦官傳後

跋明戚事述

傳

傅友德逸傳

閔永傑傳

韓如愈傳

喬可聘傳

記

洪武首科會試録記

宋頴二公記夢

記三案召對

謁先文定祠記

序

吳甡奏議序

明史雜著

興化李　清著

開國功臣論其一

嗟乎明開國諸功臣幾盡二錄中矣一見昭示奸黨錄一見逆臣錄夫此二錄者魁以御製附以獄詞豈不重且悉而讀高皇御製集與高皇實錄當年史臣或削其文弗載或刪其名與事弗詳又若重疑其未確者何也豈第史臣疑其未確即高皇亦若疑其未確奸黨錄中如傾時陳德等如王志揚璟薛顯等又如仝朝興郭子興等陞贈美謚槩弗追削而吳禎塑像功臣廟則血食至今弗絕果胡黨乎何寬議乃爾若夫曹泰與常昇名絓逆臣錄一則曰終見於國史一則率兵見於建文或曰昇誤記耳然泰兄不誤也如果係藍黨即遇春與良臣猶在忠亦從謀逆不宥例而胥聽此兩逆嗣延喘牖下哉高

皇法不盡行而録獨存傳信耶抑傳疑耶然則諸臣盡冤乎曰不盡冤亦不盡不冤也吾於劉三吾等獄僞之三吾等所坐閱卷弊耳乃云其胡黨其藍黨如指諸掌以風馬牛不相涉之事而猶多牽合則當年不無羅織可知也韓彭醢而絳灌不染蕭相國繫而樊酈不侵今胡藍二黨乃株連如是夫以知人善任如高皇者猶腹心惟庸而爪牙玉而徒取一捷談一促膝間概指諸功臣為黨二録之纍纍無乃有司深文乎蓋至天象告變警占北方環顧諸老將鮮有存者於是捍御干城欲求一猛士不可得不得已舉大將象伐景隆乳臭子而建文因之遂血殺回濡終於金陵一焰噫豈獨從黄子澄一薦誤哉[illegible]非高皇本意也耆考致仕武臣一宴猶舉于洪武末且諭之曰同歷艱難致有今日一時人皆感泣獨是諸功臣艱難百北乃生作

虎臣翻編衆籍死為厲鬼猶鑄魑形是豈高皇於偏裨厚而於元功薄乎懿文須太孫弱如快快非少主臣何淨泣行誅與君集訣知高皇之對斯録也尤重譏唐宗之淚矣

開國功臣論其二

予讀洪武實錄而竊於奸黨逆臣二錄不能無疑也。夫以高皇手書函案，今既貯内閣，昔嘗付史館，胡永樂諸史臣率意去取乃爾？且亂臣賊子誰敢諱，豈一修再修，文皇猶未寓目，而於諸史臣所去乃略無譏訶，何也？噫，其故亦可深長思矣。今試取奸黨錄與實錄較，則所存僅五公李善長、侯陸仲亨等耳，而餘則皆遺。有止言犯禁死，絕不及反之辭，而遺者胡美也；有麤言生平過，獨不知反之辭，而遺者朱亮祖、薛顯也；有徑言已死，不知其反之辭，而遺者顧時、華忠、王志、俞通源、郭子興、吴禎也；有略言反之辭，謂朝廷於禮無欠，而遺者陸聚、黄彬、金朝興也；有詳言反之辭，或同或不同，而亦遺者陳德、楊璟、梅思祖、鄧鎮、鄭遇春也，而外之都督於顯等又雜縷指已。今再取逆臣錄與實錄較，則所存僅十二侯曹震等、伯何榮耳，又文臣詹徽等、武臣黄輅等耳，而餘則皆遺。有自立功封見陳垣等招而遺者曹興也；又功封見王誠等招而遺者常昇、孫恪、桑敬也；有以功嗣侯爵，一見孫翼等招，一見何榮招，而遺者曹泰、韓勲也；有先死胡党，今復坐藍党，雜見各招，而亦遺者葉昇也，而外之都督湯泉等與故侯子周與、胡玉等又雜縷指已。果存悉而削乎？抑存信而削疑乎？何疎略至此！尤可異者，以先案頃時等與傅棐、徐司馬等雖早死亦同逆耳，胡史臣筆敢抗天子詔，而或揚殊勲，或表懿行，見之實錄津津也。予嘗嘆宋穎輩之殞，雖共憫乃蔵，然猶幸超然二錄外，故後人得追訟前功。若二錄所載，則名負射天而光絕見晛，痛矣。夫以胡相之陰、凉國之悖，胡纍纍功臣翻褰裳以就？忽而從逆，異矣；忽而羣然從逆，更之異異矣。則不能無疑於聖王曲諒法吏深抵云耳寔録之删意微哉觀文皇論史臣曰建文所修任其私見或乖詳略之宜或昧是非之正凜哉王言知鑒前轍矣乃于高皇手出內案一聽史臣弁髦何也是耶非耶詳耶略耶噫其故亦可深長思矣

高皇不封三皇孫論

惠宗之亡於燕也人皆識齊黄之謀國誤吾獨惜高皇之謀孫疏何也秦晉諸王皆地擅膏腴挾三護衛自唯高皇為已樹子獨不為太孫樹弟其疏已甚夫自懿文殞太孫立而局又一变懿文兄也以兄臨弟則順々則虞外輕故宜强藩屏以制天下太孫侄也以叔承侄則驁々則虞內輕故宜強手足以鈐制藩屏則有弟允熥允熞允熈未封而應封者是夫懿文帝則允熥等王曰皇子太孫帝則允熥等亦王曰皇弟若以高皇時封直郡王耳然以建藩者固本則他年分內事何目前而靳之封既王矣謂宜以重地畀以重臣輔以重兵委不如是豪王耳緩急何賴允熥長宜王北則請都燕之保定允熞次亦王北則請都齊之濟南允熈稚獨王南則請都楚之襄陽且文臣擇謀武士簡力予以左右

手而三護衛之設則與諸王埒蓋諸王雖多強項而裁抑太過則詘子以安孫亦非人情惟廣樹允熥輩俾嵩埒而有齊體近而翼張則布置妙於裁抑而諸王之睥睨自消胡高皇與齊黄輩皆謀不及此不立於洪武之季亦不亟定於建文之初即且諸王猶易與惟北平勁敵其王又智勇若保定有藩濟南有藩其誰敢動〻則保定以三護衛徑搗北平虛濟南以三護衛阻河與保定應一搗其腹一扼其喉北平雖強能無返顧憂故不獨齊黄之削諸藩也躁即卓敬之徙燕亦淺削因傷薄徙亦憂動但當以兩藩靜錮一燕耳然則襄陽一藩無乃贅設耶夫襄陽金陵上游以是壯本亦以是備變若金川兵迎呼風而迎彼或楚或蜀閒猶有惠宗之車轍馬迹焉未必一蹶以亡如是也痛哉賈誼言乎曰萬年後傳之老母弱子將使不寧今日誰使孀婦孤孫子無所倚者蓋自棄居昇以封太侈一議坐離間甃獄故郡臣皆咋舌無復敢以封允熥輩請者高皇之明遂蔽一眚矣獨智不可運天下信夫

高皇建宗藩論

予嘗謂古帝王官天下之意至明而盡夫與子則始夏商封餘子則始周專王已餘子而不王他姓子則始漢皆家也乃云盡於今何夫明以前元子建則爲王餘子然自親王外皆以才遴而祿不槩及謂吾子子也吾民亦子也均子則無令肥瘠不均耳獨明藩封之説則不然天子之次子封王之次子亦封而郡王始與王並延

或曰是亦漢之景帝王梁孝王五子曩事也然彼特間畀以明恩而此則普及以定則宗祿之濫觴寔昉此且將軍以三等既祿之中尉以三等又祿之女主女君以五等并祿之而庶人輩之延給不與焉故曰官天下之意至明而盡循是道也雖以高皇二十餘子歷數百年亦坐困天下而有餘豈以一王承一王有限而以一王裂爲數十百郡王無限且析爲數百千鎮國與中尉愈無限也況支以及支諸嗣帝皆然能無重困支困民非人主之本念也止緣藩屏寄重挾小則不威故壯宮殿戚與衛設甲兵以勉戍之吾之所重而不暇計之民之所困若郡王以下衛王家半抑衛王家以轉衛帝室半奈何使之聚食致疊困吾民爲也且食女主女君不已又旁及儀賓嗟乎誰娘子軍自標與男兒對置幕府以共藩帝室而兼食乃爾予考高皇初制約歲給親王祿五萬而後則減萬是當畫一之始已早遇變通而迨其垂爲祖訓則不載天不輕載變通之言而首行變通之事欲後王神明其意也不則國計之窘與民生俱殫將安給之故始苦民繼苦人主而究也并苦諸宗有日困耳且夫姬周之綿祚雖祖若宗積累使然亦緣東遷後其地俾九其君贅旒故天亦若鑒其食報之未豐而以過曆報若豈〻一尊已奄九有

而吏革此數十萬宗室以坐吸民膏則用物取精無乃太豐以天下為大罷則偏而不周以天下為歉罷亦淌而必覆也變通其事是在後王哉則請以半楚淮陽之說進曰施錄親始

高皇帝設衛所論

世之以亡國咎惠宗也謂其改門名易官制而不知太宗之改易視門名官制尤甚即以衛所比試一事言之夫高皇帝初設衛所法密而意嚴故其著為令凡騎射俱習方襲否則雖授職亦給半俸待三年復試不能者謫為軍高官在前而重譴在後故一時武弁子弟無不爭自摩厲飲羽追風極一時之選自太宗起兵外藩入纂大統遂分開國與靖難為二跡開國而親靖難於開國諸衛弁題為舊官舊官襲則比試於靖難諸衛弁題為新官新官襲則不比試寬嚴判然此一弛則兩弛之漸也譬如人家嚴父延致明師其初訓非不嚴且一也迨其後毋愛子抱雖明師呵責有時不得行以故一子弛而衆子皆弛二視故耳且不獨諸衛弁即功臣亦然當年古北口之出曾以故燕王與傅友德趙庸

王弼諸勳偕共蒼櫛風沐雨之辛而無封襃求裔之眷雖長興江陰輩亦暫録旋革存者有幾獨靖難諸勳森如也乃衛所諸弁見于兵部往牒者亦靖難纍纍而開國百不一二故予謂革除一語非獨建文且及洪武惟靖難偏重耳偏重不已繼之偏護以致廢其化試此高皇帝法所以冗歸蕩然也官弛猶爾軍弛可知年復一年所謂軍者餼羊耳卒也南倭北敵皆衆弛以起而求將于衛所諸弁不得則易選將求兵於衛所諸軍不得則易募兵然究竟將易選兵易募而衛所弁軍又安頓與割棄俱難安頓則養癰割棄則決潰兩害安避而國與民交困前代苦養兵明則若養軍而又養兵名循高皇帝初法時加試勵豈應流弊至此〻皆太宗變法使然孰謂變法獨惠宗哉夫謂惠宗以變法亡而太宗又以變法延昔人之致慷于目論有以也

滁陽王立祠祭署論

祠祭署者乃滁陽王郭子興五世孫琥欲比徐王例一體立署而以是請之張太常苟也當高皇從戎初首走濠梁謁子興幾爲門者執害賴子興以免上曰郭公吾生父也念高皇功高于萬古則當念生高皇者恩深于一人況寵以館甥而妻以總兵國家肇基寔源子興雖做徐王立一署詎足云酬乃苟俞之羅欽順阻之何也或曰琥之爲子興裔無乃僞與子興生老舍老舍生謙〻生昇〻生信〻生琥吾學編名山藏諸書世系炳然的非僞也然則張來儀奉旨作滁陽王碑乃稱子興無後何夫當高皇時逐鹿新定其稱有爲無以絶成方遂王郎之詐固其宜也而獨聖子神孫又當從無核有以昭追本尋源之厚則高皇名老舍與高后教老舍辭官賜以牛馬送歸山中復其家此事豈不足徵乎

黎淳敦名行乃尼景帝復謚號欽順研理學乃
尼滁陽王立祠祭署賢哉二公亦誤哉兩事

李善長論

高皇之位置諸功臣也以功塞天地之徐達而令李善長攙其上非真謂善長功果高於達也亦非謂善長功果工儷蕭何而與為頡伉也高皇顛之倒之妙吾駕馭其在漢高功人功狗一喻乎漢世諸功臣半皆推埋屠夫一旦汗馬功成或偶語或擊柱猶故態也急繩以法則傷恩於是漢高獨引一故刀筆吏冠諸將上曰若功人也若功狗也抑其傑驁不馴之氣使帖然伏于其下此蓋不以法而以權也高皇當日亦見諸功臣或擅還如勝或專殺如顛或不奉主將令如子興恃功而驕直與漢等與其制之於既溢毋寧制之於未萌而欲行裁抑斷從首將始此所以舉首功之名予善長而不予達也夫以文臣為發蹤指示者善長與劉基耳基指授方略心計百倍善長若善長止負長者稱著有芳

勳比之蕭何位徐達上果稱乎哉武臣立功文臣立德兼居其勝則漢無中山獨支其難則明無酇侯此定論也善長雖功仰成算且曷遽當此高皇不過曰達古元功猶不以介胄士先文墨吏而況其下者權亦如是而已然列位則善長先而給祿則達厚高皇又隱示之意矣善長於此將居之不疑耶即辭之無計惟有體高皇心無與權相重將淡交高皇允喜彼胡惟庸之締姻陸仲亨費聚等之結友胡為者噫善長獨不聞蕭何故事乎薦信者何紿信者亦何辜負故入無負明主高皇所期于善長者未必不在此其如善長不悟何迨至寄眼心于善長不得始移寄湯和而所懷猜欲殺者即善長借兵起第事蓋下詩從容乞骸為諸將倡而已知其心乎高皇者微矣獨善長意足而智短惜如也能無及哉雖然以言乎從逆則非也夫高皇偏裨善長儒生皆魚服侶耳力辭主將名堅依真主其不以二心事君也今昔何殊焉故欲次善長之不從惟庸當從不赴滁陽召始惜王國用一疏未言及此追謚褒恩停其贈王後王之酬功過也當哉

齊泰黃子澄論

明之齊泰黃子澄其猶漢之晁錯乎吾謂意頗忠而籌較密特天亡耳夫兩人入事豈盡無誤禁諸王奔高皇喪則非孝諸王無三不朝罪而遷移六師則不親是誠過舉然太宗雄才大志豈以人臣老者觀惠宗改元詔至即曰名與諱同不祥小子行敗夫自天子為小子是癡人何似之說也且入朝則登陛不拜逢高皇小祥則遣三子至京曰今朝廷弗疑計決矣周王執齊王幽湘王焚因變即不如是亦變豈盡激之使然然則韓郁罷兵與高巍分封之說可行乎曰否夫使有言可行必如巍上太宗書或縛首謀或獻葭衛不則愛子質耳若斯語苟從則以無殺叔父之仁豈是魏怡周贊忍苛太宗於颶憲而何以不從至所云分封亦主父偃推恩策耳然賈誼所謂衆建諸侯而少其力胡漢文先不行蓋漢武行於七國兆摧後則易而漢文行於諸國冀張時則難況今燕難方熾而忽以分封大事取高皇帝約束紛更之則改藩制孰與改官制重且也親王帝則郡王亦王甚至帝亦可覬覦甘抉手掌之地以區区一小侯自娱者故曰難也計惟戰耳若白溝河不風則李景隆終勝夾河不風則盛庸又終勝夫庸寔健將若景隆之罪惟罪在攻北平則止瞿能前啟金川則同谷王迎耳脫大風無起不折大將旂則太宗矢盡劍鈌急走高隄勢安能支恐乳臭景隆亦附亞夫之驥尾以自標而況於庸乎其為天亡何疑焉不然則泰等首燕亦豈率舉者置余逢辰葛誠於内而肘腋宫列張昺彭貴等于外而爪牙張又召 騎指揮關童入京并調北平官軍於彰順而腹心虚況君庸以余瑱懷來以宋忠大寧以劉貞遼東以吴高楊文其布置已周

而耿炳文之三十餘萬李景運之五十餘萬又非嘐蹴至也故泰等圖燕則高皇撤屏蔽斷羽翼以徐取元都之策而太宗舍支郡不攻秉勢抵留鑾則又常遇春直擣元都執孱主以令天下之策也泰等用高皇策敗而太宗用遇春策勝天乎天下雖然使宋賴猶存則內師勝否曰亦敗夫二公之暴殞乃天與高皇特愛其名也二公其瞑矣

漢王高煦論

予嘗論唐秦王高祖功臣也明朱文正太祖功臣也漢王高煦又太宗功臣也然言乎報則異大人知功惟秦王最不知報亦秦王最始儲君繼天子賞蔑以加矣若文正之死雖緣獲譴而靖江續王首啟洪武是嘉靖續六王后之嚆矢也文正其瞑乎獨不能不為高煦嘆夫高煦一叛王耳萬死何辭然以言其功則淇成二公之並駕也以言其親而又功則廣平冨陽二侯之超乘也記浦口一戰太宗曾撫其背而遣之曰太子病事成立汝雖權語乎然與唐高之允唐宗曷異焉大功非比肩而謬希踵武則不順若止以帝子王分內耳於酬功何與謂太宗嗣立初宜亟表高煦功班功臣首且名下一詔曰朕奉高祖訓罔敢以支易嫡若云時平先嫡長國亂先有功則守城艱哉惟世子功均功則先嫡

均庶則又先功合命所司稽乃古採漢梁王武
周齊王憲故事以聞趙王無功弗預若是者高
煦必心服第不知從梁王例乎從齊王例乎夫
王膏腴四十餘城侈矣出入建天子旌旂僭矣
侈而僭是教亂也無已或倣周録平齊功進齊
王憲子貴為王例以一王還帝子之素分而以
兩王並建者旌帝子而功臣之殊勳於高煦稱
矣若云一國兩王祖訓不載則請以長子世漢
封而以次子應為郡王者倣國初靖江王故事
高宮崇墉備官置衛一與新王埒云酧功耳縱
止叛未卜其終或怨少戢乎胡太宗謀未及此
而自世子暨淇成輩亦無代言者夫賡平富陽
兩駙馬耳猶以守城功侯而戰功不與守功並
敘帝子不與帝甥俱優乎乎不平乎封雲南不
行封青州不行卒以怨成叛亦激使然哉噫彼
亦幸而爲帝子又不幸為帝子掩功臣名耳胡
作靖難寔録者獨於高煦戰功寂寂也設以樂
安踵北平績長驅正極恐他年誇擬史臣必謂
太宗再駕而此戍彼敗胥壞迫判致功煦與逆
濠並擬故予獨悲感流連表而出之不敢以其
功而恕其罪亦不忍因其罪而沒其功也然則
文正之功遂可云償乎追王靖江子中謚如魯
荒王例則功罪分明矣以功掌靖江封不以功
膺靖江贈無乃與高煦之目尚俱未瞑哉

丘福論

嘗怪丘福以靖難戎首爵成公朱能上及考諸實錄功寂如也自下九門以至破金陵所殫何畫所摧何堅將無以北征失律掩乎而吾以為皆漢王高煦累之也按永樂實錄成於宣德時高煦以不軌敗福故善煦且先以立儲請史或微竄仁宣仁帝俱心嗛焉不敢盡錄高煦功故亦不敢盡錄等高煦者功耳且也爵削矣家徙海南矣式微式微誰為作佳傳者今試以武定侯郭英涼國公藍玉證夫英之為功平平耳又當擅役軍士私縱家奴微妃戚殆矣胡家秉與國史交而既叙其豐功復稱其謙德擬之汾陽津津也無淇公世家而有武定侯世家此揚抑所繇迥別也若玉之征雲南原以左副將軍居西平侯沐英上白石江一戰與大理再戰皆云英謀始從下流潛渡拔劍督師者英也繼自死士卒策孤騎先涉者又英也噫玉安在乎無乃碌碌袖手廿為英年後者胡國史又云雲南萬里皆入職方玉功居多也以家之興替為功之增減武定與西平獨過情而玉與福幾沒實可慨哉夫人主所行者一時法耳史官以一時法并沒千載功寸毫之菹醢痛於三尺也至若成公朱勇之敗於土木也迹與福埒雖一削爵一贈王旌罰未免過畸然勇紈袴之子其兵又不狎戰故為逆閹脅以倉卒取敗而福手握將篆盡護微侯且所率者靖難之新銳顧以愎諫輕敵故致舉十萬雄師盡膏敵吻誰強誰弱恐未可與勇同論也王弇州所云覆敗同軌賞罰殊勢者於福少貸哉無貸後罪亦無沒前功可也

石亨石彪論

石亨之死宜哉其第一罪案在陷于肅愍於誅而岳正之戍次之楊瑄張鵬等之戍又次之然予獨惜後人不追詳始末而既沒其功又誣以反致與曹吉祥曹欽而逆連類而共稱之也夫世共稱曹石不過曰起事同受寵同獲罪亦同耳然亨功豈吉祥等比哉安定之戰彰義之戰清風店北之戰亨寔與猶子彪偕繇伯而侯皆以功也其種種罪狀大約皆奪門后事然奪門一舉不可謂有功於社稷而不可謂無功于英廟何也當景皇不豫時群謀復故東宮無言復太上辟者且爾時内外諸臣或沮迎駕或導易儲初猶以獻諛固寵而究且以懼禍生心覬王文蕭維禎等於復故東宮猶難之何况太上李賢所謂郕臣誰不願請何必奪門者然乎若謂亨等事覺置陛下何地有之矣然吾請以靖難與奪門相提而論成則燕王帝不成則漢王囚成則丘福張武輩或公或侯不成則王斌朱恒輩或磔或族大福所集即重禍所胎上賞所加即嚴誅所倚此兩案者亡而一者也若曰倡奪門者罪則導靖難者亦罪吾故曰有功於英廟也設迎駕後亨辭公而彪辭侯惟自言罪過有負景皇無功英廟若是則誠善乃不出此而益以驕横罪坐是矣顧云反何也彪反則亨亦反亨不反則彪亦不反彼大同之保感寧海子之城與石王之羅拜孰是彪反證者蓋自李賢既下獄復入閣后怨深矣故英廟蓄疑當不止一簏而一時附會諸臣如逯果輩遂矚機而發獨怪堂堂司寇口啣天憲顧不比律分明使兩人得死之情寔而或逢執政或比金吾輒云大逆怨深甚矣夫國家所守者三尺以亨等驕横不悛宜正告厥辜三尺不汝貸法止矣而顧以莫

須有羅織致罪入而功臣者横被惡名以死無乃過情矣乎善乎朱國楨之言曰石氏恃功驕恣無人臣禮有之安敢反涧平議哉然則石曹兩案分乎合乎論功無合言石曹石功在破敵曹無與焉論罪亦無合言石曹〻罪在犯闕石亦無與焉今而後平矣

張孚敬論

自繼統不繼嗣之説創於張孚敬而始考興獻繼稱睿宗入太廟其初當而其終濫皆孚敬為之夫當何淵請宗請廟時賴孚敬諫以寢至後之復舉由豐坊疏時孚敬致政已久而吾謂皆孚敬所為何也夫孚敬以一新進書生破千古膠説挫舉朝朋議所云繼統不繼嗣當甚然竊有規焉謂爭禮也非爭爵也其授翰林學士之初猶慮群譁方熾非藉聖明特擢則無以鎮物情而申明吾議若大禮定矣興獻考而章太后母矣擢詹事則應辭遷兵部侍郎則應辭越授禮部尚書兼大學士則愈應辭非矯也誠恐二三熱中輩見其眷顧隆而除拜驟則大禮已定務必迎合上意借稱宗入廟之過舉為新題而吸〻未已故宜自為之防示吾爭禮非爭爵云爾且以孚敬博學清操侃侃有執綸扉其所必

至但無蹈唐人四時仕宦之譏而循宋臣積勞後遷之語當使洲坊喋舌宗無稱而廟無入何也以不見利則不為也孚敬拜官而二人耽匕矣若早知稱宗入廟後越授與孚敬殊當不啾啾若是世宗用其言而詘其官此所以為至明也然稱者已稱而入者已入一時皆嘆議禮之流弊遂至於此而不知寵拜官之流弊使然則非孚敬為之而誰爲哉

繼統不繼嗣論

自興獻議禮而繼統不繼嗣之議創自張孚敬吾謂不獨世宗然也漢孝平與魏孝莊寔似之然當時議大禮者皆不之援以二君弒故諱耳則請先言孝平可乎夫孝平止繼統而先孝平立之孝哀則統與嗣並繼者也曷異乎以孝成無嗣曾預養孝哀為子耳若孝平之續立則非養將與孝哀共繼孝成為嗣耶抑僅繼孝哀為統耶故吾謂繼統不繼嗣於孝平近是問父中山孝王子幾止一孝平問母衛姬子幾亦止一孝平是亦興獻止生世宗難絕其后而后孝宗之說也問初繼孝成者誰曰孝哀生子之問再繼孝成者誰曰孝平死又子之是亦孝宗既有武宗為子今強欲世宗重為子之說也問中山孝王誰祀曰以宗室子成都祀問衛姬誰養曰以宗室子成都養夫以孝平嗣孝成而又以成

都嗣中山與衛姬是亦世宗父母安可亘易之説也若當日者追帝中山王而迎衛姬於王邸太后之一如世宗帝興王后蔣妃例甚順彼孝成故伯也仍伯之耳而惜乎不當絶而絶致母子睽離衛姬泣而孝平怨傷哉幸世宗與蔣太后猶不及此也若云非絶不嗣非嗣不統請更以魏孝莊証夫孝莊伯孝文則世宗亦伯孝宗伯同孝莊兄宣武則世宗亦兄武宗兄同乃所異者惟宣武后又繼以孝明耳夫以統則承伯承兄固統即承侄亦統若越侄與兄而嗣伯何名障也則含生父彭城王勰安嗣然則勰之以肅祖文穆帝尊且祀太廟可乎一舉而逼三君不義以祖宗興獻於廟而上抗孝下僭武猶一轍然臨淮王彧之諫以此夫以孝文子宣武又孫孝明比孝宗僅有武宗為子異況帝泒雖絶而若清河若廣平京兆諸王餘支猶綿〻也不絶安嗣且令莊帝果嗣呼文穆叔耶抑呼本生父耶誰之嗣而若是謂孝文有子則難嗣有孫則愈難嗣且絶於嫡支之孫而不絶於旁支之餘子則愈難嗣也故吾謂繼統不繼嗣于孝莊又近是夫統與嗣之議漢魏閒已格格難合然未有豁然筆舌如孚敢繼統不繼嗣一言者則謂千年暗室至明始明可也

穆宗遷方后論

善哉穆宗之遷方后別殿而改陳后以祔也夫陳后本世宗元配當年合元配而祔繼后失耳此一改也非獨矯正世宗前失蓋明示情私而理公如是類者能暫以嚴威格輿論而終不能以大權滅正議若後王知此其有懲乎雖然猶有憾世宗之祀獻考太廟也非正若后可遷別殿則獻考亦可遷別廟而諸臣所致疑者父道之類改故隱寓其意於遷后以為遷考導幟曰吾需後人乃後人罔知变通致獻考迄今猶踞武廟上故君子非之然先臣陸樹德清祧洪文衡又請祧獨宗伯鄭以偉疏出則援里人章潢言謂祭尚感通閒則否自孝宗至武宗乃一體也自武宗至世宗則有閒也獻考正當父子兄弟閒相與一堂以偉且廣其說曰既考獻可弗宗乎既宗獻可弗太廟乎既廟獻可逆祧乎蓋至是而獻考之祀始牢不可破矣當張塤請考獻時非之者遍中外迨桂萼繼陳而議始行行則是之當何淵請宗獻時非之者亦遍中外迨豐坊繼陳而議始行行則又是之夫是塤猶是而是淵則非何也曰取言亦相其人而已彼以塤詆淵以唐胄斥坊其人猶足貴重而襲淵與坊之說者惟嚴嵩乃以偉不從塤胄樹德文衡之見而獨本淵坊及嵩以立言言之外也吾視其所來矣或曰潢處士耳言何私予曰彼朱德懋亦士也嘗讀其勸鄉人王治曰獻考以臣僭君子禮違子胡不諫然則德懋之言獨非耶夫塤輩之與舉朝爭大禮也當黑白紛爭時猶難猝辨獨兩士於飈廻浪急後徐理陳說其是非易決耳顧方后遷而獻考不遷吾重惜隆慶時諸臣不奮然行之以留此一憾也

鄒元標建學壇論

鄒元標以理學氣節一元老欲於京師建學壇黄侍御尊素曾咨規之謂歷考宋時諸名儒無建學壇京師者京師非講學地徐丈貞已叢議盛世矣侍御者即為逆璫拷死先贈冏卿后予謚請特補謚之忠端公也然則朱童蒙郭允厚郭興治三給諫亦同此規乎曰是不然逐陷黔警固非從容論道時然而元標之舉迂也猶正也彼咨規而此顯攻何為者且論其事亦何可詆其品元標之品何品也使三給諫者果能砥行他年不言學而所行皆學猶不失為元標亡山乃或為魏璫建祠或為魏璫頻請田土又或逢崔呈秀意旨彈劾臣而荐匪類甚者相率奪情戀棧不去彼元標大節錚錚正以攻張居正奪情一事童蒙乃攻之耶且壇撤祠興叛倫蕩檢愈趨愈下是甘以其身為陳賈輩牛後而益升元標於紫陽之百尺也噫不講學乃爾乃知尊素咨止講學其為超然孤見也已元標力辨講學數疏其為凜然預防也已

崇禎大事諸臣論

或問于予曰懷宗何以亡也上有英君下無才臣斯亡矣曰然矣而不盡然昔人知愛惜人才為社稷計而先朝獨不知愛惜邊才為封疆計故其亡忽耳夫自國家以帖括一途錮人才于謭陋彼一二功名士舍俎豆而談軍旅間也謂當以封疆為賢相才館録而奈何以封疆為獄吏例竟門乃不愛惜而概誅耶按國初無此律以武臣律例文臣自嘉靖始然楊選戮楊博宥猶收其後效若熊廷弼之誅惜哉後遂援為故事而踵誅不已昔吕子明云兵有利鈍戰無百勝即偶有誅以明法亦不才則誅才則不誅誠貪其用也彼楊鎬王化貞誅猶以儒若袁崇煥縱敵脅款當誅然先守寧遠功足録熊文燦撫賊滋蔓當誅然先降閩寇功足録乎分功罪從荷戈律以策末效而勵郘心誰云不宜乃竟駢誅之無乃過耶夫危疆功名不使感奮志氣以趨之而使亡失心膽以就之還道也且首事與因人異首事者謂完局頓自我壞因人者謂壞局難自我整非可概誅也乃以慷慨赴難身支決裂之趙光忭而與縱敵入口之范志完同誅又可哀也已說者謂賈庄之戰盧象昇不以身殉則勤恩之前功亦必弗録而惟與顏繼祖等同誅耳追其末也遂延及中樞致有才而負罪之陳新甲就戮而馮元飈繼之將何以支且新甲亦受事於既壞之後者功過之不準而難易之間分日取敵人剪滅不盡之邊才而恣懸刀鋸以代之行誅是敵所檮祀而求也誤矣然則以楊嗣昌之才而負罪浮於新甲獨得漏誅可乎有說於此其入相則非而奪情可原夫嗣昌父鶴之新任三邊也以事繫特因嗣昌宥生其父則上以奪情責報而嗣昌亦不得不以奪情

代父報故曰可原也其陷親藩難宥而死應免追議夫嗣昌之初督師也敗張獻忠于馬腦山幾獲而最後乃陷襄藩若偷生則當重論其罪而身死則當不没其功故曰應免追議也若此者豈寛諸臣哉封疆之重重於門户不以封疆為門户外衛而以門户為封疆偏袒不忠孰甚且無令為國受法之諸臣猶啣悲於失平之苛説也

洪武實録誤辨

予讀錢牧齋洪武實録辨誤曰辨哉然實録非誤也以經可訓而權不可訓也夫高皇帝諸善政未易枚舉獨矯元弛情以大烈孤行此權也且後世聖子神孫方奉首君為大師惟實録是式而彧緩々盡書誤認權道為經道謂宰相可夷功臣可戮又朋黨所緣染甚至此屋可波及則作實録者懼焉懼斯諱矣明知汪廣洋之死乃遣人追斬其首載御製集甚寔也而實録則曰自縊明知廖永忠之死坐党楊憲誅載庚午詔書甚寔也而實録則曰上賻遺甚厚以子權襲爵明知朱亮祖父子皆死杖下又載御製集甚寔也而實録則曰病卒明知李善長坐胡惟庸事逮且同親弟侄命九府會審載奸党録甚寔也而實録則曰上撫諭流涕歸乃自縊且高皇追叙善長初見之態相從之久皆艱難事耳

胡在奸党録則書二十三年謂為辜恩帳語而
在實録則書十三年謂為赦罪好言似不實然
高皇以事赦辜故法行風霆史臣又以言赦辜
故筆濡雨露若後世展讀奉為世則不以泰典
雜明制猶周忠厚而宋尊敬以食報靡艾此作
實録者之志也不然彼奸党一録冠以御製煌
〻天言史臣何徑改而人主又何一修再修略
無嚴詰乃知文皇為聖子神孫計至淵遠也且
高皇祖訓首章不云乎朕法外施刑乃權時處
置頑梗奸頑非守成之君所宜用若推而廣之
彼夷宰相識功臣與明党之波及又何用為史
臣之變書慎権也無乃祖訓教之也夫然則收
奇辨誤可遂廢耶是又不然存實録以存厚存
實録辨誤以存實存實以明讀書之多識而存
厚又以明立言之有救並行焉可也

辨南京太常寺志

予讀陪畿太常志曰異哉吾所聞于懿文太子
及秦晉二王則云李妃生于文皇則云碽妃生
視實録玉牒所載均高后出者何皆匙也噫此
豈稗官野乘流以相承舛耶尤可異者碽以妃
獨側御坐西而諸妃皆側其東予閱志未信及
往視寢廟果然豈高皇已知文皇允膺大寶而
既卜其子先别其母耶又豈此座定于建文而
更於永樂故以位三之党毋越坐不可群坐不
可而特以獨座示殊耶誠如是則何不以皇太
后追尊也且先嗣位之建文已歷四載何又不
以皇太后追尊李妃也且既尊懿文為孝康皇
帝復尊常妃為孝康皇后而何不毋以子貴致
婦反姑踰也太常志所載無乃終舛乎予請以
祖訓證夫祖訓中自帝后以及藩封皆名稱森
偹然獨于嗣帝之生毋不及明予庶不並嫡振

古如玆無容更議耳其以皇太后與慈懿皇太后並稱則創于成化彭時等之權也其以慈聖皇太后與仁聖皇太后並稱則甚于萬曆張居正之媚也皆非祖訓意也生無並尊之文而死有追尊之詔哉雖然不並可也諦者何無乃高后當年攻苦食淡備歷艱難且德邁蘇斯而種絶麟趾高皇之所重且憐也故諦之乎修史何準準志近是而又有以不及周王所生疑周王獨高后出者若果高后出如寔録玉牒所載則繼統兄歸之而不繼明非嫡吾猶及史之闕文也或曰高皇曾命周王為養母服斬衰三年無乃非養而生其即孫貴妃也歟

辨劉基傳

班固之作東方朔傳也謂後世多以奇言怪語謬着之朔故傳其可信乎於劉基亦然除奇言怪語雜見稗官家無庸置辨外乃有見之王世貞鄭元錫史傳似可信而又似未可盡信者既云基遊西湖見慶雲起謂天子氣在金陵矣胡先仕元為高安丞又為江西行省掾史無乃湖未遊而雲未見尚不識金陵有天子氣故然耶忽勝國而忽天朝豈未聞忠臣不二君之義其不解一也既云基見天子氣知英主當出金陵且謂名世兄我矣胡繼仕元為元帥府都事旋為行省都事又以都事力持方國珍撫致奪職編管勸咒欲自殺若非門人力阻則名世其已矣英主其孤矣自負忽自輕幾蹈匹夫婦之諒其不解二也既

云基知自為名世且因王師下處州指天象告人謂真天命矣胡見之總制孫炎傳者謂炎以禮聘基〻自以仕元贈炎寶劍告絕已炎還其劍且為書苦陳乃遂幾就見基自懸乎抑炎飾說乎若其飾也則執劍執〻書以冏基將何辭背初心拂與情以并抗天命其不解三也若夫兵法天文皆已盡知運籌料敵有若神樣撲鋭頻見史傳矣曷為不知淡洋之幾徐不可設〻則凡叢議又曷為不知胡惟庸之藥不可飲〻則凡隕軀明天〻於文而暗於人事明於談兵而暗於防身吾愈不能為之解矣若其它奇言怪語存而不論可也

辨韓成雲奇

韓成之以代高皇投水死也或有向雲奇之以救高皇析臂死也寔無益國史載鄱陽湖戰不過謂我指揮韓成等亦戰死耳若所云服高皇龍袍冠冕對賊衆投水死則起於開國功臣錄紀載然耶但不知漢史何私於紀信國史何惡於成而獨不表而著之也吾疑之則第曰戰死而忠節已皎然矣以投水死固烈即不以投水死亦烈無好誹可也若奇之死則國史不載且其所告謀逆丞相未知誰指而舊碑乃以遼濶之胡藍二党兼言豈胡相藍亦相乎無已則新碑所定胡党是然其說亦外惟庸以所居湧醴皇聞高皇往觀奇既走衝蹕道勒馬言狀而何以涂節一告復見國史尤可異者謂高皇聞奇言登城眺傾見惟庸第內壯士衆甲伏帷屏數匝夫衆甲與伏帷凡不可望而見即有其事何

又云劄以惟庸陰事告命群臣更訊乃吐寔又何不懸首藁街以明大僇而僅云賜惟庸死夫使惟庸吐寔賜死及群臣更訊與劄告变皆虚舉所謂寔録者無足徵信則奇不贋否則贋然惟庸邀高皇高皇幸惟庸第贋奇衛道言逆状致掊臂折死贋甚者某監少監之贈鍾山之賜葬與有司春秋致祭亦贋何多贋也且不獨此彼世宗因内臣王堂等請加贈樹塋又贋耶曰有故蓋緣當年大禮議起意主翻舊始黜姚廣孝祀継進功臣劉基郭英祀終又易至聖先師孔子祀故二三内臣亦欲以新奇迎時且為同類先不稽國史而徵荒碑有以夫其贋何疑焉若成則以國史之戰死存真而以功臣録之代死存疑可也

辨明通紀弇州别集誤

予給諫陪幾晗錢宗伯牧齋出其所編開國功臣事畧見示予受而卒業擬録作帳中秘牧齋曰無庸吾行付梓矣不意絳雲接一炬竟成煨燼惜哉卧病經年猶心存梗概因舉是編内所載奸党逆党二録姓氏吁僮子稠前約畧書之雖略亦備矣陳建皇明通紀曰吉安侯陸仲亨南雄侯趙庸坐藍党死仲亨與庸皆胡党非藍党王世貞别集曰永城侯薛顯航海侯張赫追論藍党除南雄侯趙庸臨川侯胡美東平侯韓政坐藍党死赫無過與藍党無涉顯美皆胡党非藍党與庸同高政有贈有謚辛巳又且坐藍党者乃政子勲非政故予特附功臣録為諸勲臣辨誤且并辨宋公馮勝穎公傅友德定遠侯王弼守之不列藍党而或誤指為藍党者

辨名山藏

夫明功臣殃及其身而高皇亦謗流于後如何喬遠名山藏一書所載馮勝傅友德之死是也一謂勝居家爲酒邑召人與父戲陳其金銀罌盈與戲令瘞之與父既得難勝曰兄千金乃還勝怒走訟太祖與父亦訟勝曰場下瘞兵罌太祖予勝酒歸遂死一謂傅友德因藍玉誅内懼會冬宴從者徹饌不盡一蔬太祖責友德不敬且命召二子友德出衛士傳太祖語曰携其首至頃之友德提二子首入太祖驚曰何遽爾忍人也友德出匕首袖中遂自刎夫明簾陛間至肅也安有與人樗蒱求金銀罌盈不得而敢訟之嚴主勝之說真齊東也至友德云云更爲無稽夫以上公崇封自刎于朝昭昭也寔録不爲李善長自縊諱何獨爲友德自刎諱且出匕首於袖中者詎止梁冀之帶劍無忌之佩刀雖死猶宜聲罪而寔録更爲代諱哉况友德二子見於吾學編者子忠尚壽春公主爲駙馬都尉子讓爲金吾鎮撫夫歐陽駙馬之販茶干禁也自作之孽僅賜死耳至李善長自縊不及子駙馬李祺陸仲亨誅死不及子駙馬陸賢忠何罪獨嬰酷乃爾耶予又嘗見廣彙記所載謂常遇春以中毒死湯和以漏舟死夫遇春卒於柳河川馬未盡而亡何由識免未死而狗何由烹以中毒言誕甚至老疾無猜如和生則撫摩死則寵錫言溺亦誕也即遇春等之誕而勝與友德之誕可知雖然二公之暴卒遂略無據乎不過曰懿文逝太孫弱藍玉誅恐悲興狐兔者非少主臣耳吾不謂卿有罪然吾不能獨死請子先之勝與友德之死其以是哉

予幼時讀一書偶忘其名載宋潁二公死甚悉宋公失記惟記所載潁公云高皇賜以新

第幽閉之潁公不得出以餒卒此與寔録所載先書賜潁國公傅友德第於鳳陽而繼書友德卒者近之

耿炳文不死真定辯

予每讀國史至不絓藍党之宋潁定遠輩皆以嫌死輙凄然嘆而豈料謝嫌以獨生之耿炳文翻為不幸也炳文於靖難師起敗而降〻而縊視宋潁定遠之死孰幸孰不幸明甚所可疑者真定一敗或又云死之耳嗟乎彼永樂中爲陳瑛輩劾者豈無是公也予不具論〻其秘一爲鳳陽新書夫新書何秘爲以人所罕讀則秘之

其言曰當炳文征燕敗還嘗上疏力爭謂燕王陛下嫡叔父不如誠信親迎使受顧命援以國政臣可保其無他若是者顏厚吾不信然即不信而炳文之不死信一爲炳文遺次子瓛書夫遺書何秘焉以予所獨見則秘之其言曰先皇晏駕燕王作亂吾以征　大將軍連戰不克召還京師自愧朽病恨不滅此朝食汝當努力無負我心急除亂燕若是者志堅吾信之誠信之

而炳文之不死愈信噫死何微大言迎燕與除燕甚相反然相反極于二書而合之皆不死又何疑于真定之死耶乃論者猶謂功甚長興軀膏真定爲君子成人之美貢以新書與遺書其說乃詘予獨怪新書一編竟屬誰筆而困嘆無名予意毒幾類陳瑛謂以瑛之俾文隕身而以無名予之媢章泯志其害炳文均也向非遺書一紙猶藏耿裔爲予所手錄則異日者不爲代請矣興國之贈武愍之謚猶褒功與後書並忝也夫雖然使以殉惠宗死則贈謚若何曰贈猶是謚易之者武去愍非鄭則烈炳文之不獲膺是也惜哉

惠宗出亡辨

予嘗謂明有兩異以秉旄向闕之親藩而敢運龍圖此千古一大新局也以繼統負扆之真主而脫身魚服又千古一大疑端也夫當年焚與亡誠不可知若世俗所傳出亡皆齊東耳吾於實錄所載程濟事徵之按永樂三年濟爲唐府長史以犯夜獲罪是惠廟出亡時所伏爲左右手也而見之國史若此則所謂從亡者誰所謂每遇艱阻輒以術脫者誰又所謂相從數十載復隨至南京者誰嗟乎以龍鐔困晉府豪遽見於永樂元年十月而諸書猶載其不屈死以湯宗歷仕三朝官至大理卒以宣德而諸書猶載其論死誤豈獨一濟哉或曰濟異人也將無分身若左慈隱形若冷謙一隨帝而一從王故以此示不測乎則曷爲乎祭碑也夫徐州一碑乃建文時諸將自詡戰功耳濟既預知文皇之見

兄怒怒必推又兄按碑族則何不毀而祭且既遁矣又能化身而隱形矣祭何為者夫龍之鳥猶虞羅羈耶脫網之魚猶畏罟制耶何若免之又若神之云濟名姓正推脫處得免種種判謬數言可折猶謂濟從亡猶謂有從亡日記哉或曰是則贋矣嚴震直遇帝真乎否也夫震直建文隆臣也以官則工部尚書謂使安南誤以卒則燕京謂至雲南遇建文吞金死誤所可疑者獨胡濙一訪耳然爾時故主焚忠臣族吁嗟之意深於歆舞或借濙之一行以下群心向背若云訪亡則帝長身巨鼻稱名未已又見題壁如世俗所傳非終匿影者濙安敢知而不言以乞尺與十族為方文正續哉鄭端簡吾學編之概狀誤已而從遂為史仲彬致身錄之贋若非吳文定集內載彬墓銘甚悉則非從亡而從亡有典程濟俱訛耳大抵建文帝之亡非獨千百世所樂聞尤靖難君臣所樂聞何也湯放武誅猶云慚德何如成祖正極惠宗遠遯安其位者更避其名哉出亡之說無乃本此雖然究竟安據夫以為不亡而焚與以為不焚而亡皆二百年後臆說也燭影斧聲猶懸疑至今何况惠廟以焚為實錄以亡為存疑得之矣

惠宗來歸辨

惠宗之出亡猶疑也而來歸更誕吾於寔錄所載楊行祥事知之按正統五年有僧自雲南至廣西稱建文天子反解京會鞫則云楊行祥以洪武十七年度為僧者當年鞫獄始末已瞭然矣彼諸書所載或云七年歸或云十二年歸始迎西内卒葬西山者一與二與抑前之為惠廟贋後之為惠廟真與抑一事而兩說特好事者稍加緣飾而後人遂訛以傳訛與夫謂宮有篋ゝ有度牒度牒為楊應能高皇遺而惠廟髠皆僧楊行祥之踵說也亡亦懸揣而况於歸然則吳亮見而識ゝ而哭ゝ而自經又豈無因者無乃與嚴震直之合全死同一歸說乎售乎王弇州言曰當時三楊皆故臣豈皆不能識而獨一亮識且建文果出亡亦必不肯出既危地此言得之矣若云出者真也去猶潛龍來非化鶴豈一二故老遺氓獨無指故長安天子而欷歔流涕者何寂ゝ也亡可痛者以半生漂流為一丘零落死葬西山不封不樹此故君耶諒為義士意氣動矣况時又解網明冬青一抔鮮移識者昔忠臣車載今義士登音吾未之敢信也不故鄉金陵而故鄉燕京一疑也不首丘南國與孝陵相依而首丘北土與長陵相望二疑也吾欲以王弇州數言决疑而更以英廟肆建庶人一詔破疑按詔内有云憫兹遺孤特加寬貸噫此誰氏遺孤耶非即英廟正統初以僧服歸之建文耶則何不稟建庶人釋後更下一詔述當年來歸故且勅所司曰其訪西山故塋以聞倘依孝康東陵例一體葺祀甚盛舉也况建庶人釋將往鳳陽有朝咫尺西山猶膝下也今嗟遠離矣則又何不并勅所司具牲帛往奠庶人辭哭如禮且以君恩告誡若是豈止如昔人所悲以

一盂麦飯灑明宗陵者乎何英廟與群臣俱未議此不猜生猶猜死即不猜入闇六尺之孤猶猜地下一抔之土耶行其所難行而反不行其所易行何也昔宋遣巫伋使金請欽宗歸國金主亮曰不知歸後何處頓放伋語遂塞君惠廟果亡亡又果歸獨不計何處頓放乎吾故曰誕也

辨史仲彬致身録

明之不幸有靖難也當以成祖入城惠宗闔宮與后俱焚爲正乃疑其事而爲出亡又新其説而爲來歸且諸書所載地異事異又姓名詩句各異究竟安據故史仲彬致身録之贋遂踵于此吾苐取彬墓表見之吳文定公匏菴集者生平有梗概寺終有年月與是録所載從亡絶不相涉則誣案定矣夫其身誣而所傳之人與書亦誣矣以王良抱印赴火失節甚烈且成祖云朝廷印信良擅毀不得無罪而今忽云從亡豈捐一身以殉國又分一身以依主其誣一也以楊應能度牒爲太祖藏而惠宗啟遂祝髮以出此稗官私記耳而今忽云從亡方疑其事何遽寔其人且寔其人不過影其事其誣二也以葉運之坐奸黨論死牛景先之走蕭寺死又以梁中節之棄官爲道士死梁田玉之髠髮爲僧死

梁良玉之術書為業死宋和郭節之同貢卜客死俱禩載諸書較若列眉而今忽皆云從亡將死者為誰遁者為誰從亡者又為誰其誣三也以雪菴和尚之疑為葉希賢見於本傳而今忽云郭節以巷補鍋之疑為黄直見于拊膝録而今忽云王之臣以衣葛河西傭與馮翁之初無姓名而今忽指衣葛為趙天泰又指馮翁為馮催事愈詳而名益多其誣四也尤可異者河洲之與宋和郭節友善相約為筮人客死全身遠害力固首陽其為士大夫何疑忽云太監果何所謂大抵好事者為之也然則從亡之程濟與從死之嚴震直吳亮見於吾學編者又可盡信乎夫程嬰公孫杵臼左傳無其名而史記列其事所載始末判若秦越此容齋隨筆一書所以正駁也若濟為唐府長史見永樂二年而震直以工部尚書卒靖難初從亡後死皆誤也則請

以正史記之訛者并正吾學編之訛而致身録又無論已

嚴震直不遇惠宗辨

予嘗嘆人臣身繫國傾皆以偷生為恥而獨嚴震直又以贋死為懟在史概則曰震直當永樂時往山西宣諭卒於澤州此死而沒沒者在吾學編則曰震直奉使至雲南遇建文君悲愴吞金死此死而錚錚者然皆贋也予讀太宗實錄載震直以建文降臣官工部尚書卒於京及予給諫陪京時其後人但述洪武時政績欵為請謚而不及吞金予召詢之亦云無夫震直死澤州與否無足置喙獨雲南一使果遇惠宗吞金死則御滑之窜自羅永菴之題詩與長身巨鼻聲如洪鐘之現跡皆可借一事證數事之真如其贋也則皆疑矣近讀帝京景物畧又有云金山口北一碑題曰天下大師墓或謂建文君墓也噫傳非故老識無冬青何據且惠宗來歸皆言在正統時而英宗之送建庶人於鳳陽也方且六尺囹猜猶猷廣生者之血胤而胡一抔者忘獨不摽死者之朽骨則誕可知矣王鳳洲疑出亡而信自焚以是夫

可也

文皇帝廟號辨

文皇帝之易太宗為成祖也自世宗始乃予讀黄道周近號謂太祖太宗稜擢腥羶光還日月而不言二祖竊疑之已躍然曰吾得之矣得唐太宗而解夫太宗雖嗣統寔創業歷靖外難功而文皇獨以靖内難功且太宗又不嘗靖内難乎胡唐太宗稱宗而成祖稱祖也宋高宗之初議稱世祖時維父不稱祖已見尤袤駁議若宋

文帝與父武帝並祖齊武帝與父高帝並祖皆稽古無臣貽君父誤舉何嘉靖諸臣均默默于改號也夫以仁宗為文皇子三揚為文皇臣或情深毛裏或恩結腹心豈不能二祖並尊揚功德於巍煥乃不祖而宗想爾時必默有所體矣謂抗太祖以並尊便貽成祖以不安然則後聖之稱若何上奉仁宗成命中稽三揚定議下恭道周微詞詔海内而更寔録仍曰太宗文皇帝

嘉靖大獄辨

予少讀皇明通紀謂桂萼等辨大禮是而反大獄非確如也已讀嘉靖諸臣所緝諸書而又有疑以反大獄爲非者黄鳳翔大政類編其首而陳建通紀如之以反大獄爲是者支大綸編年史其首而吳瑞登續憲章錄與沈越嘉隆大政記皆如之已王世貞首輔傳出謂張寅即李福達與否竟莫能辨已朱國禎史概出謂張寅即李福達有正德七年一案甚明噫後人何以定請證以徐學謨識餘錄〻于張桂所議大禮則多駁于張桂攻費宏則揚一清諸事則極詆獨大獄則否既云馬錄等互相影射無一指實又云萼等獄辭頗詳而挾所駁與所詆在彼所許在此吾反因所駁所詆之嚴以信所許之公謂大禮是而大獄將無是雖然請弗辨張寅李福達獄而辨蔡伯貫案與都御史龐尚鵬疏既云嘉靖四十五年妖人蔡伯貫反鞫稱師事李同而同自稱爲李福達孫世襲白蓮教遂擬同坐斬奏首從之是世廟自反大獄以有此首乎抑爲穆廟嗣位之十二月以得此首乎疑一也既云尚鵬因李同事感慨于曩時衣冠之禍疏請追奪郭勛等官爵穆廟從之夫勛當嘉靖時業擬辟死獄何官何爵尚煩追奪且所云勛等等安指即署三法司之桂萼張璁方獻夫等是而已奪官又隱名乎疑二也既云尚鵬一疏僅見奏疏類抄而國史不載兄張居正倫覆削去夫所云削去莫須有耳且以萼璁獻夫首議大禮前後入内閣爲嘉靖時三重臣豈有紛〻追罪聳動耳目而國史從之非稗官皆從之者况穆廟以子改父寧不臚列三重臣罪狀以昭示天爲而僅置黑獄乎疑三也尤可嘆者以璁疏覽大禮諸臣見之文集而議者猶責其不發一言

以璁請輦輿守內臣見之十四年科臣嘗懷理疏而議者猶謂非其所為皆緣璁與二臣居官太驟尋怨太明芟鋤諸異己亦太廣故一時朝野持異議如蝟以沿襲至今此大禮一議所以究歸於是而迄今猶是非各半也則推之大獄可知矣

書高皇紀後

善乎韓信之言漢高也曰陛下不能將兵而善將將夫自古以能見能則漢光武與唐太宗其次為後唐莊宗以不能見能或授成律或賜陣圖則宋文帝與宋太宗惟漢高獨以能見不能此能所以尤超也且不獨信言之即漢高亦自言之連百萬之衆戰必勝攻必取吾不如韓信不如者不能耳漢高不見其能而信始以能顯信以能顯而漢高愈不見其能其能將將以此石勒謂朕遇漢高當北面事之朕遇光武當並驅中原蓋勒之覷漢高以能見不能者深也勒北面事信南面爭耶當年不用蒯通謀無乃英雄所見略同歟後之媲美漢高者惟高皇耳高皇親平武昌後皆身不在行間惟恃將將然籌姑蘇冀中原猶自見其能豈盡與漢高同乎然而同也夫不考異曷徵同一考之代蜀實錄載

高皇言曰此行必直擣階丈門户既潰腹心自潰而劉三吾著傳穎公廟碑則曰公奏今師之行雖揚聲金牛寔陰取階丈一鼓可克上從所奏何異也一考之平滇實録載高皇言曰今取之之計當先進兵曲靖曲靖下然後以一軍趨烏撒大軍直擣雲南而劉三吾著傳穎公廟碑則曰公與兩將軍議曲靖已下宜就此分兵公等將其半征雲南我將其半征烏撒又何異也槩此二事類推乃知實録有不盡實者噫史臣推功高皇僅同光武太宗之以能見能而又令以能見不能之漢高上下千古無其匹又何淺之乎視高皇也若云漢高實不能彼兩奪信軍弄若轉丸能乎不能乎通古雖長信氣已短故不反嗟乎明藍玉等氣短久矣獨云反耶夫將達將遇春又將文德高皇之能也若文皇北征以誤將丘福敗致身犁北廷者五卒無成功不能將將而遂將兵又無乃以能見能之累哉

書奸黨録後

予讀奸黨録而竊悵然於廖永忠之死也無論平閩平粤平蜀臣功足贖微罪即不然于法亦止一死而何云三罪一謂永忠況韓林兒于瓜步上惡永忠不義後誅之者寧王所著通鑑博論也一謂永忠坐僭龍鳳不法等事處死者劉辰所著國初事蹟也一謂永忠黨比楊憲人各伏誅者是録也永忠將何坐焉夫滁陽既已早逝林兒安得久延脱令步不沉徑抵金陵將令高皇執挺為諸將長稱臣階下乎意諸臣中亦必有入馬發蹤指示希以行權教永忠而未可獨以為其罪也不立誅而后誅吾知之矣至黨憲云云果何據耶抑劉辰之言或近是耶嗟乎以胡廷瑞坐亂宫死而復曰胡黨以朱亮祖坐鎮廣東不法杖死而亦曰胡黨以葉昇既坐胡黨誅而因與藍玉姻又以胡党絓藍黨他如陸聚黄彬等則云朝廷於禮無欠又如顧時王志等則云不知其反之由無欠者黨不知者又黨耶此數功臣者當分明原委使諸人各死於情寔而奈何盡以黨名之當道有所行人溺焉若以黨為所以功臣為行人其又何所不溺矣黨之為禍烈哉大漢唐宋之黨皆起於末季而明之黨獨種於國初吾是以為永忠等嘆而又不止為永忠等嘆也雖然永忠究何坐焉當大封時所司論永忠當封公而高皇侯之且平蜀後高皇仍侯之無乃以猷皇誅而所坐之三罪皆借哉

書逆臣録後

予讀逆臣録一序而竊為録外諸功臣戚懔於不寒也曰禍其胎此乎觀序中有曰有等愚昧不才者一聞陰謀欣然而從有等無義公侯雖不為首謀危社稷任他所為坐觀成敗又曰族滅者族滅容忍者容忍此御製也數語安置哉則試問爾曰諸功臣自藍黨外所餘有幾公餘三信耳又宋與穎耳侯餘六長興武定耳鳳翔定遠耳又宋乎崇山耳信與長興武定皆以蕭曹舊勳許史戚故得求堅心膂若鳳翔耄且鮮掀掲功題之標榜以不才終幸哉然則所謂坐觀與容忍者皆與數公無涉而究竟誰疑端不外宋穎二公與定遠等三侯矣嗟乎謀逆何事顧何坐觀坐觀何罪又何容忍蓋雖菹醢未加而餘次所濺猶令人骨戰不剖金藏之心徒抱懷恩之足有終歸於盡耳夫欒布訟彭越則曰以苛小案誅威王國用訟李善長則曰大謬不然々漢高與高皇皆不誅誠不歸過也史臣之歸胡為者於宋穎書卒於定遠又書卒歸也於宋平言坐法死而不言所坐何法于崇山言有罪伏誅而不言所伏何罪亦歸也史筆自諱天語原明宋穎等所以死已約略可識彼名山藏之誕愈本紀事之舛皆蛇足耳雖然諸功臣死矣所畏者惡名耳以藍黨一獄幾網布瀰天而此數公侯者事不掛於逆録名尚烈於功當亦云恩矣諸功臣之幸猶高皇之厚哉

書李善長傳後

昔張释之之對漢文有曰人主立誅之則已廷
尉天下之平亂法不可大非尊人主以誅而甚
言人臣不可附人主以誅也人主行意則以意
廢法而法猶存人臣織法則以法附意而遂法
亡予嘗有李善長獄徵之夫善長一案經王國
用剖析者盡矣獨怪獄詞內十年前之點綴猶
泛十年後之文致彌織毋乃法官之或有所承
乎因竊嘆高皇之嚴於韓公猶厚於宋頴二公
也宋頴之死雖均書暴卒然一時天子無罪詔
士師無讞辭蓋高皇特以惠廟仁柔預知其不
能駕馭諸傑故忍斷臂之痛為當戶之鋤而亦
不自諱其過今兩功臣獨蒙惡聲於宋頴猶厚
哉胡韓公一案獨多臚列也火者有招妻妾有
招善長亦有招豈非法官寔甚耶嗟乎自此案
一成而後之嗣為法官者遂以廢法為固然奉
意為常律是故于忠肅以功誅則云謀反楊忠
愍以諫誅則云罵父近楊忠烈左忠毅以忤內
誅則云交結朋党紊亂朝政始也以意廢法究
也以法附意皆緣開創時諸臣守法之力奪於
畏威而其獘遂沿至數十世不解吾不能不追
慨於善長一獄矣

書李善長傳文德廖永忠傳後

慨自功臣誅戮之慘，肇端韓彭而至晚世尤甚然皆意興飛揚有加無已如昔人所云吾妻又夢舉體勢耳及觀明李善長等之禍始為咨嗟竟自代畫一自全之計而不得也夫善長借兵起大第則亦與廖永忠之奢僭傳文德之請官地為圃皆倣昔人全軀之妙策而踵行其智者也非徒功成櫛沐逸樂是躭亦以此白於人主曰吾志如是止耳然皆以為罪卒不良死誠如是則是蕭鄭侯當以賤買民田繫郭汾陽當以窮奢極欲侈而韓蘄王之私買新淦官田當不以御札賜而嚴勅責也夫高皇之對文德不云乎曰爾貴為上公食祿數千而猶請地獨不聞公儀休事耶是欲盡諸臣而公儀之也夫公儀子相而文德輩將相起家文墨非清謹無以範躬將起家韜鈐非逸樂無以明志執相律將吾未之前聞且以何與子儀世忠前轍謂可下殄郡猜上釋主疑者而行之適以隕軀然則何適而可也其將棄韜鈐而文墨如李曹公之延致儒生逡逡書史乎乃又云非智非謙幾累社稷身不免而自終何也雖然諸公不見徐中山耶財物無所取婦女無所幸卒以功名終諸公近法中山可也

書中山王世家後

徐中山之於胡德濟也，猶以罪未甚耶？夫擴廓勍敵，若一折不支，全師殲矣，猶械而不殺，何也？蓋達所愴然念者故功臣大海，且知高皇所愴然念者亦故功臣大海，而特以請為宥也。軍中法重，若犯而遷宥，何以警衆？故熟計而審籌之，倣衛青囚蘇建例，陰赦而陽械。高皇既念死功，必恕生罪，請則赦矣。達因以大海卜之也。且高皇豈不解達意者？今觀墨書所諭，諄諄以衛青不斬蘇建，此夫建以自贖，德濟以父贖，均功也。乃書中止及德濟信州諸暨功，而於垂念大海意則默焉不發，若曰達固解我意者，無令後人聞此恃父功以重予過云耳。此高皇意也，達知之矣，而亦不言。若德濟者，聽其或解或不解可也。

書湯信公傳後

予觀湯信公所以生，則悟周江夏侯所以死。噫！彼何近舍信公，遠倣伏波將軍也？據鞍顧盼，矍鑠哉是翁！是亦豈功名終者乎？德興何倣焉？無論以百戰列五等，宜思功成身退之義，即同時諸勳如顧成、宋晟輩，其勞深而爵絀，撫劍長鳴者猶比比也。征蠻一舉，正宜留此功名餘地以待后人着鞭，老而請行，無乃添足。一轉瞬間，遂以帷薄不修誅。蓋功愈高而禍愈速也。斯義也，雖宋、潁諸公皆未知，獨湯信公知之。美哉！年高歸故鄉一語，令終基是矣。且當平蜀時，信公宴大將軍乃椅階文，下成都則前將軍功，克瞿塘、平重慶則副將軍功，惟信公若以大將為木偶，而人却亦却，人前亦前，不羞巾幗之服，又學邯鄲之步。湯將軍未老，何怯也？彼誠見傅、廖二將銳甚，取蜀猶拾芥耳，吾奈何專功自喜，漸蹈不賞故寧以是功歸二將而已若因人成事碌碌無與焉者蓋即後日乞骸意也不然胡平蜀文之旌不及而信國公之爵旋加彼豈無見哉然則他日之跋涉海上築城增兵者獨非功乎曰五辭其戰其而任其不戰者臣主俱安矣徐德興之以年老請戰何居

跋傅穎公追封三代廟碑

夫明之典也一時奇男子多與漢類是故韓公與鄧侯匹誠意與留侯匹韓成與紀信匹虢定而峙半岳鬚眉若中山開平輩其偉績亦匹淮陰而穎使溧美擅美前代是一代之雌眸獨盲也及得傅穎公追封廟碑讀之始躍然曰有當公淪落不遇為人傭保媿櫝之妻毋虐之以視晨炊蓐食醬相英雄之亭長妻盎淮陰一而穎公二獨隣媼高氏者憐伊病而藥之且曰子貌非庸人胡久鬱婦人手當乘時奮身取萬戶侯於是公始決意從戎而究也位大將爵上公洵媼言力哉予嘗嘆淮陰本大將材然國士無雙知之者獨蕭何乃漂母先之又嘆穎公亦大將材然可當一面知之者獨高皇乃鄰媼先之是淮陰兩知已一相而一母也穎公亦兩知已一帝而一媼也吾故表而出之作兩朝佳話曰漂母

飯而隣媪藥或曰公曽丁義毋憂哀毁踰禮是媪非媪耶予曰必媪藥石生我甘旨乳哺是足以毋噫此之為媪千金報也優哉

書沭英傳後

沭晟之以沭英裔議襲也朝議謂英故西平侯若黔國公爵則進自英子晟耳晟非晟裔仍冒嗣英侯獨守臣爭之謂侯晟恐為南人輕乃爵以公予謂應公而侯之是無罪貶爵也應侯而公之是又徇情濫封也然則晟公耶侯耶曰應公高皇之與諸功臣約也生侯則死公主公則死王英既以侯終曷以越公而贈王蓋明示英平黔莫黔厥績殊偉應公而中夭爵不酧庸用是破例以王贈彰英之贈王定晟之襲公夫又何疑焉乃主爵者不申高皇微旨而徇守臣曲請外已雖然英亦豈以侯輕者

書吉安侯陸仲亨汝南侯梅思祖傳後

予讀奸黨録見高皇帝之坐陸仲亨梅思祖叐也一曰非家奴覺告朕畧無所知一日事覺於家奴噫過矣夫奴殺主者戮則遠有竇建德奴縛主者烹則近有何真告去殺與縛一間耳況唐太宗於奴告主則斬以徇而高皇獨聽而家叐奴坐功臣以死當不其然其必法官意在傳會羅織勲舊而叐奴曰得肆其毒也若能申明分義罪奴叐則不得罪主叐宜立決奴而二侯停推以徐察其後非黷法也正教與大戒並埀應如是焉耳若不若是其不以家犬吠主日狺狺睥睨致功臣人人自危也者幾希雖然此猶其下耳夫功臣以奴為奴而人主以宦官為奴觀高皇制馭宦官法甚嚴而其后一二傳法漸以弛王振繼以劉瑾劉瑾繼以魏忠賢皆挾天子戕百僚而國之元氣大傷奴之為禍一至於此未必非狗奴以螫功臣一事有以啟之也噫不咎法官誰咎哉

書武定侯郭英傳後

予讀唐胄一疏謂英不宜配享太廟而歎其裔孫勛之請者是夫配廟隆典自諸死節臣與六王外俱不敢望何英之及至謂太祖開基二年已立功臣廟祀而合生死以先定者殆不其然嘗考太祖之大封功臣也列李善長於徐達上又列馮勝於鄧愈上此洪武三年事安知二十六年善長必以累死又安知二十八年勝必以嫌死而惟達與愈定祀二年也果有是胡祝先而封後且所封與所祝異嘗考太祖之榜列功高八人也耿炳文守長興吳良守江陰其功相埒又列炳文於良上此洪武二十三年事安知炳文也以永樂年又死安知炳文放永樂年間必以陳瑛讒死而唯良定祀二年也果有是胡祀先而榜後且所榜與所祀異他若華高之以微功祀也或以無嗣書良臣之以中功祀也或以殉敵安從逆卜其無嗣又安從早務其殉敵而預定之也哉不獨此也夫穎川侯傅友德與永昌侯藍玉皆進封公當友德之未卒而玉之未誅也何以功日隆爵日進而祀終靳設太祖先定之二臣自請之何辭以拒然則富日之祀如何曰於其卒也而論功々大者祀之功小者弗與華昌侯郭子興之以妃戚不祀是也於其卒也而兼論功過功大而無嫌者祀之有嫌者弗與韓國公李善長穎國公傅友德宋國公馮勝德慶侯廖永忠之以巨績不祀是也若云預定則方責其功安知其罪且既進其爵何靳其祀孰謂駕馭鼓舞如太祖而有此膠柱之見也吾故曰先定之說非也

書定遠侯王弼傳後

王定遠弼勇將也惟捕魚兒海一戰獨以謀著徵弼謀則諸將旦晚旋軫耳穴地而炊無使見煙火卒成奇捷勇而能謀矣然吾不喜弼之能謀而喜大將涼公玉之能用謀也玉之能用謀與穎公友德等當白石江一戰揚聲欲渡而以兵潛從下流渡掩其背此非沐公英謀乎友德用之勝玉用之亦勝彷彿類此究竟謀出於人功歸於己以平滇進公者非英而以平北進公者亦非弼也若淇公福以不用李遠王聰謀致全師俱殲身名兩敗奚利之有是故不貴勇而貴謀者將也不貴己謀而貴人謀者大將也傳藍二公得之矣弼故非藍党有御製逆臣錄可據又王弇州別集云以事賜死家至籍見楚昭王行寔然考行寔亦不載濠國之贈武威之謚以旌捕魚兒海功當哉

書何真傳後

何真之烹王成奴是矣而未盡是何也當成攜亂自固時真募人能縛成者賞鈔二千于是成奴縛成以出求賞真以奴縛主大悲烹之或曰不賞可也烹則過矣昔滑州刺史王執不附竇建德其奴殺之以降建德立斬奴君縛之罪猶差于殺而烹之刑已過于斬何以處夫殺主而甚者予曰否否真誅意誅不事則縛與殺等且主僕猶君臣然寧誅意而過無比事而不及烹豈過哉獨其迫奴妻炊火也則過爲奴妻者君賢而知義或竟以身赴火或請以軀試湯慨然願代夫死涕泣陳辭曰妾夫當烹謂皆所天然奴視主爲所天而妻視夫又爲所天君妻可炊夫則奴可縛主使妾勉從公命炊夫致死將以背所天繼烹乎抑以從公命免坐乎兩者奚居爲噫真何辭對故比予光武之謬封子密則真

是而比於建德之義斬王氏奴則真又未盡是也夫烹者奴而炊者非奴妻斯得之矣

書開國公常昇傳後

予讀高皇御製逆臣錄謂藍玉之誅也常昇以渭陽故約全寧侯孫恪起兵為玉報讐昇罪甚哉夫高皇之戕諸功臣也猶過防若謀逆而宥於國法安居且諸功臣券文不云乎除謀逆不宥而況於其子昇誅奚疑然則弇州傳所云建文末以抗靖難師得罪安置雲南之臨安者果起死而肉骨耶抑高皇以遇春勳特曲法活昇而惠宗又以母孝康后戚故還爵而筦兵耶不則弇州傳所云恐誤也昇裔懷遠侯延齡嘗具疏崇禎時謂昇子繼祖安置雲南而不云是昇昇安歸乎其誅奚疑獨怪洪武實錄內歷載藍黨而不及昇無乃所坐亦莫須有但以甥舅故及之故為高皇諱為遇春諱而不欲坐功臣之子以逆名乎夫諱可也由諱而誤不可則請易昇為繼祖易建文末為洪武季曰是安置雲南

之臨安者以祖原孫不以父累子高皇於遇春
厚哉

書廖鏞宋瑄耿瓛傳後

予之擬贈建文諸臣于崇禎末也廖鏞侯德慶宋瑄侯西寧皆治祖若父故封而獨不及長興侯耿炳文子瓛何也夫鏞以廖侯嫡子受學方孝孺收師骨後株及其身平贈可耳侯之疑過然鏞父權與祖永忠皆侯而永忠于開國有臣功〻並見而過不明觀高皇陰戕其身猶顯紹其侯以再及于權則當年惓〻惟蓋可知矣故予奉高皇遺志于永忠酬功于鏞旌義一舉二善誰云過者若瑄以晟嫡子先助內師抗燕力戰死已晟立功永樂封西寧侯迨其沒也所司列瑄子名上請獨文皇追怨前事含瑄子而及瑄弟瑄之應侯而追侯為死忠吐氣也然則瓛何以不侯當文皇踐極徐輝祖以文皇內戚抗而瓛父炳文以惠皇近戚降瓛為駙馬又不能與卑瓛懷慨殉國而委蛇惶戚李氏免誅瓛之

應侯而不追侯爲偷生靳恩也且其父先敗於
眞定應傳侯敗而終降愈應傳侯璿一死而不獲
正死又應傳侯噫獨鏞瑄爲可貴耳

書臨江侯陳鏞傳後

予於明開國功臣内僅得一家焉父功而子節
則臨江侯陳德嗣子鏞以陷北死之是也然高
皇賻以粟帛止耳彼肇封之宣寧侯曹良臣以
陷北死乃贈安國公謚忠壯何也彼襲封之蘄
春侯康茂材子鐸首丘牖下與捐軀殊乃贈蘄
國公謚武愍何也於良臣正典於鐸濫典而於
鏞缺典哉曰予昔請開國公臣贈謚矣乃及死
事汪興祖而獨不及鏞又何也予忙然久之嘆
曰鏞眞數奇哉

書卓敬傳後

卓敬之死於僧道衍口毒哉獨怪讀書種子無令遽絶一語何於方孝孺猶庇而於敬獨傾也既乃嘆曰知敬哉道衍乎夫當建文時諸臣皆決策討燕而獨敬早計徙燕移北平於南昌則禍本絶九齡先見微敬孰推成祖欲殺復止而以從朕非害朕解憐才哉夫憐之則死生之生之則又死用之此練子寧若在朕當用之之說也敬從乎志節掃地矣若不從幾何不踵孝孺十族故凡爲敬祈生皆以害敬也敬言若用陛下豈有今日敬由此而死乎由此而不死矣爲文信公之王積翁非信公知己則殺敬之道衍真敬知己也予嘗讀建文諸臣傳殉者雖比比獨鐵鉉之才與卓敬之識可方駕耳然一死一生悲南朝李侍郎終有子立之歎則今之偶節張許固敬志亦道衍力哉吾因之爲盛庸惜爲庸東昌一勝視它將差強人意或戰死或罵死不則丘福未能輩繼道衍吻又早以搆死有功與名並着耳胡醜顏崩角安置山東而卒縊死庸不爲徐輝祖而比于何福平安敬不爲尸昌隆而比于方孝孺鐵鉉誰幸誰不幸則謂知敬者道衍可也雖然道衍欲生孝孺是又不知孝孺者矣

書徐妙錦傳後見名山藏金陵志

徐武寧王達有子輝祖也而又有女妙錦異哉當妙仁孝后崩文皇聞妙錦美而賢欲聘為繼后以病且陋固辭雖遣女官拜請亦不顧文皇未嘗薄天子不為而妙錦乃薄皇后不為忠矣乎文皇生則為尼而崩則返初服明志也若拒文皇而遠之者然其返初服后語人曰靖難師至上當端坐殿上以俟燕王苟不讓則死之何自焚為亦明志也若難文皇而若之者然噫似而兄輝祖矣輝祖以不屈靖難獄死然輝祖四而妙錦尼文皇之優假妙錦也過輝祖誓志彌堅以處子老忠且貞矣故吾謂妙錦而私謚也與而兄齊呼彼稱一門二公孰若一門二節哉雖然更有取焉予嘗論惠宗每謂焚多於亡與王世貞言合今以妙錦所見聞皆主自焚如吾學編傳疑與致身録造偽咸言出亡何居班大家操舡而妙錦立言皆閨閫信史也夫

高皇帝視諸功臣太貴若人人將為李嗣源郭威又視諸皇子太賢若人人能為季札子臧惟疑功臣太貴故掃除鮮遺類惟信諸子太賢故封植多踰分鮮遺類則根本弱多踰分則枝葉強此所以一傳而有懸藩之禍也或曰若諸功臣不死獨無禍耶曰不然彼黥布僕固懷恩之叛畏禍耳此外幾龐萌叛又幾侯君集叛孰謂功臣善叛哉若七國變而八王搆孰謂諸王獨不善叛者

書遜國記後

吾學編之以遜國名建文記也何徵哉彼箧之留溝之道與壁詩之題皆野記飾耳詎足徵然則惠宗安歸無乃宮中燼骸為宮人內侍所指者近是若云馬后尸則指者誰豈一時掃除之役巾幗之女皆有方練心故以偽指后尸者為故主諱遁而誓死無洩乎不知內庭中保無璵瑺輩為漏言否若問後尸將又誰指況灰燼之餘不辨非后安辨非帝且又安辨其所指者為非帝是后故惠宗之焚也多於亡予嘗嘆晋懷愍辱宋徽欽亦辱而獨有明以轟轟烈烈慨然殉國之惠懷二宗有光今而後請大書續綱目曰燕兵入京師帝及皇后馬氏皆死之一同懷宗帝后例而於分註內則載或云出亡或云者示疑也是故不獨題遜國誤即謚讓帝亦誤遜之讓之斯不疑矣當懷宗之殉一時內外喧傳

謂帝后俱亡至天津宦者十餘騎從已乃知訛惠宗不焚而亡無乃類是吾故謂野記之亡可疑而寘録之焚可信不然彼方孝孺胡爲貶斬衆號慟闕下哉

書靖難功臣傳後

予給事掖垣時見開國諸勳裔落落也獨靖難鉊綿蟬連赫奕朝端亦何功畀而報長若是耶既而曰不然朱能以征交夭死丘福以陷北戮死且首謀張玉父隕軀内師而甚也餘波所濺致功冠四朝之子輔亦死土木難子孫榮而父祖殃彼蒼於昨情徙爰内未嘗不曲寓儆戒則後人其亦可思也已不然彼羽翼高煦之王斌常達等與羽翼宸濠之閔廿四淩十一等亦可安享成功巍綿其爵與靖難諸勳埒足也哉今而後乃知大福不再大倖亦不再也

書僧道衍傳後

予悲建文諸忠之慘酷也，輒切齒恨璞，而今又移恨僧道衍。謂從容造膝，能為諸臣解網者，獨道衍耳。乃始猶救方文正，而繼遂阱卓忠貞，其他可類推矣。迨其派殃也，惠宗有呂太后無依，今亦有懿安后；惠宗有三皇弟俱盡，今亦有三皇子。且廟號之上，贈謚之加，自二帝二后以及東宮諸王與前後殉國諸忠，皆駢集弘光，若一寀然。異乎異乎！此豈烈皇所致乎？吾故以恨璞者恨道衍，謂張波鼓燄，有璞而廻波撲燄，無道衍也。於今為烈，其以是夫。

書高煦傳後

惠宗之死以火，而漢王高煦之死亦以火，其猜難戎首報耶？獨念惠宗焚宮後，太宗為哭為葬祭，皆明載實錄。彼覆缸餘燼，今不知飛揚何所，誰哭而祭葬之者？乃嘆宣宗之愛叔不如太宗之愛侄。既免惠宗遣兵北伐也，曰：「無使朕負殺叔父名。」而高煦以足勾宣宗仆，幾叵測，乃嘆高煦之愛侄又不如惠宗之愛叔。故吾欲以厚太宗者先厚惠宗也。雖然，使三皇弟不廢不暴卒，與皇幼子不幽，太宗其猶不失為厚也已。

書安遠侯柳升傳後

嗟乎丘淇公之目不瞑矣非不瞑於朱成公勇而不瞑於柳安遠升之敗同而賞罰異也夫以勇北征失律論似與福埒然福所重者專征而勇偏師也福所統者勁旅而勇孱卒也福所仰稟者明天子命而勇逆閹也此而同之猶有異爲若升輕敵同僨諫同隕身同陷副將同喪七萬衆與喪十萬衆亦同安南之不守罪豈北征下哉福之爵削而升不削幸矣福之家徙而升不徙幸矣融國之贈襄愍之謚子孫之世延何爲者設以兩人功罪相提而論更下諸廷臣平議問應贈否則稽司銓者問應謚否則稽典礼者問應追擬否則稽掌邦禁者福與升何異焉恐亦舌撟而不能下矣然則將從功乎抑從罪乎若從功則縣如升例取福而贈焉謚焉又延其爵焉非然則不服若從罪則升應奪贈謚且并削故爵亦擬如福例非然則又不服同而異之異而同之是遵何法哉竊有一平議於此以前功弗奪爵免贈廕而謚則瑕瑜不掩撑其中者可也彼王弇州所謂福與勇覆敗同執賞罰殊執者蓋猶有間吾以言福與升云

書英國公張輔傳後

楊文貞公等之以安南擲也，曰漢元棄珠厓見笑前史，夫元帝庸主耳，珠崖數郡地耳，若安南富擅一國，勞收百戰，且以宣皇神武，摧兀良哈如拉朽，而況黎利一豎，棄之何説哉。及讀張英公輔傳，而始知文貞等之議棄有以也。當成祖下安南時，亦叛者再，以沐晟往則敗，以輔往則勝。為今日計，惟遣輔為上耳。然一敗再敗終不遣者，何非不遣也，以遣則必勝，以勝則必鎮，以鎮則又必如沐西平例，於其身并於其子若孫，而後安南以安。然宣皇憚輔威名，解其兵柄，肘腋之間猶心猜焉，若欲土地是資，甲兵是助，俾作吾外屏也，難矣。不過如永樂間故事，旋遣旋召耳。輔朝返棘，安南夕操戈，是不能以一人制安南，而反以安南苦天下，故決計議棄若甌脱然。非棄安南也，疑輔而不欲遽遣，與遣輔而不使永鎮，則安南終叛，何如早棄之之為得也。然則文貞之議棄非過乎？曰：過矣。以輔忠貞素矢，首縛高煦，使豈以安南作南越者？況膺茅胙土，周漢舊制，且有沐西平近例在，與其餌賊，孰若酬功明主，可與忠言，遽議棄何，無乃滇宣皇者失哉。雖然，此不徒宣皇失，文皇已失。當輔三靖交南，膺鎮守命，不召可也，否則不代可也。

書楊文貞公傳後

三楊明輔臣冠也而楊士奇又三楊冠此以功言耳說者以其不同周是修死建文微詈之吾以為死生事重道亦有不必盡同者其失獨在負是修約耳呂忽語管仲曰吾為死臣子為生臣而仲亦曰吾不死一糾一死一生較然不與若以士奇與是修較亦一忽一仲也使當日者是修願為忽士奇須為仲人間地下持此相質鬼神在旁吾不食言死者復生猶不媿也而奈何既誓死又貪生致是修獨以節殉是食言矣士奇何辭焉雖然彼飼豬之胡廣獨不一置喙乎吾置之吾乃以彼為非人也

書于謙傳後

誤哉廉頗之送趙王入秦也曰三十日不還則請立太子為王以絕秦望向使王果不還太子果立則置父何所若如楚項襄之不迎懷王宋高之憚迎徽宗烏得無罪故明于謙當英宗北狩獨識頗言誤不立太子而立郕王蓋太子立則敵必挾英宗為奇貨曰父也郕王立則敵僅抱英宗為空質曰兄也郕王立斯英宗歸矣故吾謂謙有功于英宗尤在郕王之上否則當如頗言徑立太子棄父不可急父以重敵又不可難矣若謙者不予憲宗以甚難是又有功於憲宗者也功在三朝而僇及一身傷哉

書吳后傳後

自宋仁宗以無罪廢郭后而一見不數見乃嘆曰切哉孔道輔范仲淹之諫乎雖呂夷簡外主尚楊二美人內煽罔恤也故此後諸帝僅一哲宗廢孟后踵誤耳而明則異是夫明家法之首正由高皇而漸敝由宣宗當胡后之以無罪廢也惜無道輔仲淹輩犯顏力諫其後遂數﹅見代宗汪后廢憲宗吳后廢世宗張后又廢汪后與張后之廢猶易知一以諫廢上皇太子故一以方后不兩立故其無罪甚明獨吳后之廢一則曰吳后輕浮粗率何以克終耳則曰太監牛玉偏徇已私朦朧請立然皆借也當考之國史於后初廢則書或傳後宮先有擅寵者被后杖責故及於萬貴妃卒則書吳后之廢寔繇妃故曰借也若爾時內外諸臣做道輔仲淹故事叩環大呼則后廢其輟即不然或杖或謫內外諱然憲宗與貴妃尚有顧所忌何至他日王后跡孝宗毋紀宮人亦戚故諫無論行與不行止責有能諫者而奈何依回展轉遂至長且逢耶以北臣孫繼宗等則指吳氏係先帝所退且有過不可共承宗廟以南臣王徽等則指玉故違先帝成命欺侮陛下請加以死罪夫繼宗輩詆后其詞內昭然若徽等侃﹅持議以去國博攻閹名而高其名遂沒其寔噫懲玉可也懲玉并寃后而近鼓貴妃專房之焰遠啟後王效尤之端不可也當日在廷無有起而爭之者擿緣胡后一廢批鱗絕響故不特以廢后為故事且以不諫廢后為故事汪廢而吳繼之吳廢而張又繼之噫宋踵仁宗之過者一而明踵宣宗之過者三乃知道輔仲淹之諫果功也

書罷元世祖廟祀後

予嘗謂明帝王廟獨向隅一少康夫既與漢之光武以中興齊駕而祀光武不祀少康何也乃後人不聞議增止聞議罷、者誰謂元世祖耳而予竊嘆世宗之罷固不若高皇之祀尤厚也請借晋唐為喻夫晋所承者魏而魏承漢然爾時習鑿齒一議曾欲越魏繼漢以黜曹氏於三恪而卒不黜唐所承者隋而隋承後周後周又承後魏然爾時李林甫諸人嘗廢魏之韓公與周之介公隋之鄫公以另議三恪而無幾又復所廢曰厚其所代矣厚其所遞代耳夫厚故國而為恪與厚故國而為祀則輕重殊厚遞代之故國而為恪與厚徑代之故國而為祀則遠近又殊謂高皇之祀是乎非乎况當年崇禮俱一封即晋唐俗恪微意止緣父子殊地非入情故歸買的禮八剌于沙漠而存世祖于廟祀者封之甗羊耳若閏元耶則魏隋亦閏若外元耶則拓拔宇文亦外晋唐居厚而獨明處薄皆由世廟時諸臣未參會及此耳不然以高皇為君劉基宋濂輩為臣豈不知其宜罷而顧留此以待後人更置哉

書興獻帝紀後

張孚敬繼統不繼嗣之議言雖闢新意亦準舊則晉哀寔啓其端矣夫哀帝本成帝子然不遽傳哀以康繼成是弟及也以穆繼康是子述也而哀則從康興穆後以成子復嗣夫明世宗以支子續嫡故統與嗣分而哀帝以嫡子續支哉統與嗣合所異者此爾至當日諸臣所言或主繼康或主繼穆又或主繼成固與有明持議者均一紛〻也若如江彬等四十八人言則專言嗣謂閔僖兄弟也而為父子宜嗣穆是以明世宗繼武宗嗣之說也其於嗣兄弟也若如王述等二十五人言則專言統謂康帝受命成帝纂承之序宜繼康是以明世宗繼孝宗統之說也其於統叔侄也若如謝奉等六人言則兼言統與嗣謂繼體之正須歸天屬當嗣成以修本統是以明世宗仍繼興獻嗣之說也其於統與嗣父子也夫以統則先後接耳若云嗣則嗣伯叔猶順嗣兄弟何倒且魯之以逆祀譏也謂躋僖於閔上是猶欲以兄弟廢君臣而父子安擬故明議禮諸臣亦盡發彬等言而於世宗嗣武宗議絕不置喙惟孝宗與興獻兩議作鬨庭訟耳吾安從曰從其嗣興獻者夫述等雖言嗣康而奉等獨言嗣成已示我矣且奉等之議雖意專於成謂嗣統俱歸究竟康統穆亦統豈容中斷哀帝之繼統不繼嗣引而不發躍如也故言嗣於今日則以興獻方成帝近是若謂興獻外藩耳非類此統議亦廟議也彼他年之宗興獻於廟而既逼孝又僭武安居噫是不知秦符堅祀伯健於明堂以配上帝之義也夫堅以健猶子戕健子而代之位安嗣若追帝父雄是嗣父也昌不父配而伯配謂嗣雖歸雄而統寔承健今觀健諸子之謀反也則泣涕行誅然猶為主後夫

既為立、後則偉自有嗣若配偉則繼統說也雄非繞故不與乃興獻入廟不已復配天噫是知不許堅若矣夫謂堅猶公則誰謂世宗私哉故繼統不繼嗣一說當以張孚敬等創議為正曰有晉哀例入祀太廟一說當以何淵創議為禰而仍以張孚敬等闢議為正曰有秦堅例夫是晉不得非明而是秦又不得黑是明者理也

書張璁桂萼傳後

禮非從天降也非從地出也人情而已矣當世宗入繼時所難者人情耳不難于位置興獻而難於位置章聖又不難于位置章聖而難於位置有子子無子季之章聖也自為天子置其母於陌路必非人情且以世宗後孝廟復以他王後興獻世宗曰父母可互易若是耶大禮不在多言祇此一言可決矣彼張桂等之紛紛皆緣指也然予又有說設武廟上升而興獻生存立興獻乎抑徑立世廟乎曰立興獻設興獻先繼而世廟再襲後興獻乎抑追後孝廟乎曰後興獻父帝則後父不帝則不後父應帝而不及帝則亦不後於人情安於大禮協耶故當年持議者弗徒曰世繼武後而但下一轉語曰若興獻繼武後世又繼興獻後議禮者君何則孰考孰伯彰彰矣雖然以孝廟之沉仁而再世遂絕是

可爲欷歔流涕者也

書楊一清傳後

唐裴度以平章討蔡爲千古出將入相盛事明楊一清似之時故相劉健獨謂今日戴兜鍪異日何以復簪冠令主上輕吾輩自若始嗟乎國家當羽檄交馳時爲相臣者僅以調燮美名文其牀下之代簪冠之爲主輕也孰甚若慨然任君父憂如度平蔡故事斯也時百官郊迎天子勅勞而吾乃奏凱陳俘服兜鍪俟命然後徐降王言曰卿功懋哉其服簪冠如故爲主上輕乎抑爲主上重乎相臣何取爲故健之刺一清或別有所指乃若其言則必不可爲訓也

書曾銑傳後

予嘗謂世宗有漢武土木神仙之遂志而無其征伐之雄心彼曾銑請復河套孰為之主獨不覩邊半疆事乎以遼東兵變則撫以大同兵再变則再撫且遼東一案乃銑為直指時所定雖以按律正法奏因閣也內英猛而外不柔尚不難戢赫怒於叛軍而安望張撻伐於勁敵乃銑不以撫大同鑒又不以已所親撫之遼東鑒而輕言復套將安恃乎才雖大志雖高而識則闇矣昔宋神宗將復幽燕曹太后諭之曰吉凶悔吝生乎動得之不過南面受賀而已否則生靈所繫未忍言也吾又惜銑不知此若欲坐銑罪當以曹太后一諭為其爰書耳雖然銑未成功亦未僨事竟以誅死何哉

書左光斗傳後

或問於予曰子既為左光斗補謚又為傳攄辨誣將欲冰炭而水乳之耶是不然夫士大夫退處下僚則已若當衆銓握憲時豈無用人行政或誤或外求於一往之快心而不覺此所宜却虓毒而拜藥石無疑也若光斗與魏大中自清流汪文言自狎狎奈何以清流暱狎狎使奔走公卿間攄之納文言當引咎自乃護惜愈甚標榜亦愈高此外壬內奄所以借為口寔而卒歸浥瀾也故予不非攄以此至楊左不並謚定自姚希孟豈曰無因然李杜齊名寔李高于杜而終以同罹璫酷連稱今之不得外左於楊猶昔之不得别杜於李也乃有忠烈而無忠毅可乎予之請補意本是爾然則希孟不謚繆昌期周宗建黃尊素李應昇又何居宗建以力伸王德完與大中相詆故疑工毀相爭如虎非即昌期

此言可斬劉葉向高武太激而光斗於李選侍以垂簾相傚夏允彝亦病其過痛深言戇何獨外之君尊素應昇吾不知之矣其均補謚宜哉

書懷宗紀後

嘗嘆明代宗守燕而燕固懷宗守燕而燕傾有故乎曰有夫英宗之出塞儇也先也如數蒼頭廬兒挾我家郎君入外盜窟乃自投非受攻而門庭自完好戶牖自牢寇卻則防寇入則拒猶故如也故徐珵言遷謬而代宗主守安若李自成犯燕獨反是録晉録秦録邊地録畿輔以直逼神京如崇黠內盜從門庭入戶牖漸且探胠篋此金因遼元因金而又金元因宋法也故在代宗之不可棄而在懷宗實難爲守雖然燕之不守蓋天也亦人也昔蒙古先後攻汴京宋欽金哀皆親出故人猶感奮吾謂諸臣之當閤過也宜力請奉輿時登城察勞俾望御蓋者皆踴躍呼萬歲以鎮民心而鼓士氣且宋臣張師雄不云乎非常之亂不可常法治謂宜吏出帑金數十萬頭置通衢能斬賊一級賞無

靳若遇賊不戰縱兵故賞罰重而衆戰力衆戰力而敵勢推相持數日則撤寧援京之邊兵至矣惜無上告者故曰京城之不守天也亦人也

書内閣輔臣傳後

昔哉秦主苻堅之思王猛也曰朕得丞相書謂帝王易爲是丞相爲人主左右手亦在得其人耳乃明因胡惟庸專横誅逐罷丞相不設無乃太祖起自艱難才雄而識練故以帝王兼丞相易乎然以例後聖則過矣以英明如太宗豈不能獨制自爲何内閣創制而中書又開端是猶然丞相也然是時鑒惟庸覆轍猶制甚嚴不予以丞相之名終無丞相之權是以英宗繇沖齡踐極權遂内移以張太后存亡爲王振戢横而三楊袖手不能制夫三楊豈碌碌者哉亦其權輕故也至世宗而内閣之體漸重則又陰有丞相之權而終無丞相之名故以攬權則曰我相也以援艱則又曰我非相致六部帝司禮張而人主孤弛廢之流弊更甚於專横孰謂非無丞相使然哉噫得丞相則帝王易爲苻氏言可思

也

書明宦官傳後

明宦官一横于王振再横于劉瑾至魏忠賢乃甚竊謂高皇制法之嚴何流弊乃爾夫非高皇法制未備也徒以繩下過峻制宦官嚴而制群臣亦嚴及其後也法止行于群臣而終不能行之宦官也程顥之言曰接賢士大夫之時多親宦官宮妾之時少蓋衆正在側則群邪自退今明制御朝時非僂則跪雖咳嚏亦戢猶曰吾以肅觀瞻耳若夫密室召咨謂可濟威於促膝而其嚴自若謂何漢高云吾今日方知皇帝之貴亦初肆禮殿上時則然若習此不已則上下扞格勢不得不移其親且愛于宦官矣賢主防其弊故君臣相得笑語無嫌益奪宦官之笑語以句臣都斯臣都迩而宦官踈明則反是此宦官之禍所繇滋乎無論聲色狗馬其導引甚設而傾訪無猜懷之心思抑有可悅之色視群工臣

對時執適耶人生意向每舌拘而喜放習之所近權斷移之振之横理與忠賢之横皆以此

跋明威事述

太宗文皇帝之北狩也五而世僅三之若張定興輔三平交南是賊三平獨怪王鳳洲明威事述止及定興平交而不及平滇平滇者誰則傅麗江友德是麗江初以潁川侯行征南將軍討雲南生擒梁王平章達里麻繼以潁國公行征南將軍討諸叛蠻平々越嶲麻哈苗蠻楊孟等又以征南將軍討東川諸叛蠻降其酋阿資若是者三定興初以新城侯行征　將軍下安南執偽虞上皇黎季犛子國王蒼繼以英國公行征夷副將軍執偽越上皇簡定又以征夷將軍執偽越王陳季擴若是者三之王之平滇平交也皆三矣而威事述乃存一不著二何也

傅友德逸傳

予爲刑垣時，嘗以傅穎公贈謚請，奉有俞旨。當事者韋於禪宫南渡方決，偶淮陰李公得陽司訓公卿，以公追封三代廟碑見示，因採其軼事爲吾學編、弇州史傳、開國功臣録所不載者，作穎公逸傳。

傅友德，宿州人。嘗避河患，從穎之横澗村。會穎上兵訌起，公念吾惟老父耳，奈何坐沸釜中爲所魚肉，奉之還宿。賊芝麻李陷徐，得功非所志也，去抵碭山，爲人傭保。還家不見禮於嫂，贅槀庄程氏，外母復遇之不道，憤悒成疾。獨隣媪高氏憐而藥之，謂子相必貴，胡久欝婦人手，直虎步取萬戶侯耳。功不激不奮，子鬚眉如戟，而爲巾幗辱，正激則思奮時，子行矣，無虎而鼠伏。公感其言，始從戎。初爲大盜李喜喜所得，喜喜敗，歸明玉珍，不能用。嘗行次田舍，夜夢金甲朱衣者曰：若往金陵矣。洒然悟。會漢陳友諒將余指揮聞之，友諒爲所留乜夕之夕，復過道士魚鼓竹簡而前曰：吾從廬山來，公幸弗留此，留則禍至，若往金陵無患矣。無何，金陵戰艦西上，友諒命公冊師先發，至湖口，部下劉信德說公行往安豐耳，胡躊躇居此。公曰：徐之，彼相待厚，若不復而去，負心哉，且汗顔矣。已漢自從戰敗，兵從至蘄水，信德復申前說。公念吾所夢所遇皆曰金陵，乃控詞籲天，以意東向，推風是占。始爲風猶東，俄轉西，揚帆翩翩，迅不留矚。公喜曰：天符予領，何疑哉。時上爲吳國公，駐兵九江，伏謁，大悅。與揭容倅丁普郎取安吉，掠鐵木山。普郎妬其獲多，流言有異志，召還。公自陳曰：友德所將皆降卒也，若不與之利，各鳥獸散耳。上坦懷待之，公益感奮。公功最著者，如縛李二、奪高冠山等戰，皆備載他史，惟平荆、平蜀、平北三議尤出入意表。當議平荊，則上即吳王位之歲也。徐達時為左丞相，丞相欲自荊南始，公曰不可。荊南諸郡自起兵後，心實助勦孟，與協心攻蜀，俾受我節制，則諸郡兵可坐而全獲矣。不從，荊守將姜珏果疑遁。當議平蜀，則洪武三年庚戌也。徐達時為征 大將軍征 欲乘破王保保勢徑下蜀，公曰不可。蜀道險運艱，且所收降兵皆旗靡轍亂之餘耳，新敗難鼓，宜安養需後用。不從，及過徽州一百八渡，兩漲，舟糧弗繼，雖奪踞陽關，擒蔡平章，卒以大軍饑阻白水江，退兵長安。當議平北，則洪武五年春也。徐達時再為大將軍，大將軍採諸將言，欲分三道征，公曰不可。沙漠道遠，糧運難，若我三道往，彼并兵拒，其不能首尾互應明甚。夫飽待飢，聚攻散，危道也。不從，果中道之糧，大將喪師和林，南東道傒書公轄亦多饑死，能居河之右，惟公出西道，副宋公

以食羊馬，戰有功。九年春，命溯江入蜀，閱重慶諸郡城，辟且窺南詔。諸道公在播，建學宮，修祀典；在貴州，新營含條利便。獨其初至重慶也，察司以官買馬事株連平民數千百，公諭司宜與中理，脫著數千，尤為惠政。十四年秋，廷議討雲南，以公為征南將軍。公初抵沅州，即與諸將議，欲擇其向化者馳使招之，俾義聲先路。迫招之不從，始攻々之，又不服，始屢攻，卒屠大理、鄧川二城，而爨僰服。是舉也，勳與取蜀並以俱見他史，故不詳載。凱旋，進封今公。十九年，命公佩征南將軍印，征沅州棠山等處，計獲級萬餘，獲糧六萬餘。二十一年，命公佩征 將軍印，率甲士十萬征棘夯。初，别將與戰弗利，自往督戰，與士卒同甘苦，乃大破其衆者再。計歷年三，先後斬獲不貲，而棘夯遂定。夫王公世貞之述明威事也，止記公以征南將軍平滇，又記公以征 前

將軍平蜀耳而此二事獨不記々廟碑是年命
公練兵沅州遂立隆興鎮遠二衛師旋中道疽
發背遣醫星馳九江舁還上親臨視疾撫慰寵
錫甚（以上碑）至逾月瘥二十四年命再以征 前將軍
從燕（以下實）王北征公諜知故元太尉乃兒不花所營
身先士卒晝夜兼程直擣之王継率馬步一萬
至迤都乃兒不花惶懼出降獲其全營此公寔
録也波洪武實録載諸將欵止而王獨議進幾
掩公矣公血戰廿餘載功甚夥然平蜀平滇最
其平蜀也實録謂聲金牛擣階文皆出上諭而
廟碑謂出公奏公奏令師之行雖揚聲金牛是
陰取階文出所不意一鼓可克上從所奏其平
滇也實録謂先合攻繼分戰皆出上諭而廟碑
謂出公議公與左右兩將軍議曲靖已敗宜就
此分兵二公將其半征雲南我將其半征烏撒
兩將軍是所議要之廟謨得將畧而成將畧稟

廟謨而尊一耳公曾祖宗善祖安父榮並贈穎
國公妣毋氏王氏汪氏並贈夫人獨鎮北平時
丁義毋憂哀毀踰禮或疑即高姬云（以上廟碑）予三
讓孝忠女一晋王濟熺妃讓官金吾後衛所鎮
撫孝嗣弟文仁選入錦衣忠尚壽春公主殺
産毙忠哀不食死自後子若孫皆家於晋弘治
中公玄孫瑛以常李鄧湯後皆授世錦衣因啟
晋王乞比例量加一級奉先祀王為轉奏崇禎
間予又奏贈謚公皆中寢福王嗣位金陵予中
前奏贈公冕江王謚武靖給三代誥命塑像祭
功臣廟而唐王立于閩復命求公與李善長馮
勝廖永忠後將議續封未幾亡矣
水東氏曰高皇帝榜列勲臣稱公有機謀善戰
而王鳳洲亦稱公双不虚下筴不虚畫乃歷繪
戰功而予公獨畧今讀其前後議机謀見矣雖
然有功無過身殉髙微將無李將軍不候乃屠

大理鄧川使然乎作廟碑者誰明翰林學士劉三吾也

關永傑傳

關永傑號人菴陝西隴西人與予同籍同官又同地一司李東揚一司李明州相望也初見時為愕然神貌如世所繪關壯繆侯像乃從容問曰君氏關又籍關中是關侯裔耶曰然予曰史載龐會隨鍾鄧滅蜀盡滅關氏家君又其裔何也曰請以爭事證當予附驥時以韓蘭未撤與諸舉子閒步壯繆祠忽一道士前堅詢諸姓氏衆疑問故對曰昨夢神喜動顏色云吾家一人入彀矣今諸君誰氏關者故問耳時衆咸指目予已果捷斯非其證乎何云盡也予聞已笑曰侯亦世情耶乃由今思之而知侯之喜又非世情也後君以司李有聲越擢中州兵憲與流賊屢戰捍危疆甚力已賊入嚼齒噀血罵賊死噫似侯哉侯蓋知君必捷又知君捷後不以牖下死而以危疆死侯之喜其以是乎是真侯後矣

君長身赤面踈髯豎眉望者皆知為侯後也

外史氏曰史載劉豫以濟南降金殺其驍將關勝以勝不從故或曰勝亦壯繆侯後然則關氏之以忠義著也侯及勝永傑而三

韓如愈傳

韓如愈號退如揚州興化人登辛未進士公起家縣令再進梧垣且以非命死於名位不甚高而予以同里同籍又同官知公最深故獨傳公

公初謁選得貴州安化令地遠且僻吏部堂司皆謂公必以易地請公慨然叱馭弗辭也已奏最擢兵科給事時江南北兩相君在位同鄉諸臺諫各有所依附公獨大書廳事壁曰見地一分南北便是小人脚跟不着東西方為君子味斯語也公志見矣曾應遴本垣都諫也公見其翩翩揚薛周三相間疏糾之周廳建言宿望也為鄭家宰三俊所倚信公聞其性頗忮愎善排陷邑里疏糾之陳道暉公同門也以計曹遷廣平郡守公知其人朴拙非二千石才復疏及之公從君國起見一無顧畏凡公所為極難耳會山東總兵劉澤清屢失事遣人刺取兵科章奏公

既發奸狀下其人於獄澤清恐遣使持書幣嘗公公麾其幣詈其使澤清遂大恨甲申春奉命督餉澤清遣其麾下張國柱害公於道公死而帝亦殉矣初帝御極時臣僚閣擢浙黨而省臺兼容東林蓋欲其相持無偏勝以去中朝黨者并去河北賊而廟堂與封疆交戰卒不解以迄於亡昔人謂明黨能亡人國詢哉言乎此予所以撫今憶昔悲憤流連而終有味乎麗事之大書也公奏牘有另梓其他留中諸牘予已詳三垣筆記中故不贅公死後數年澤清降旋坐法誅死

外史氏曰予之偷息有年也言曷足為公重憶劉公念臺於南渡後既劾澤清有曰陛下不見科臣韓如愈之死於非命乎迄今無問及者良可痛矣念臺生著寧聲死堅餓節其人其言俱足以重公噫公不死矣若澤清則死而死矣

喬可聘傳

公諱可聘字聖任揚之寶應人也舉進士起家中書官至河南道監察御史晚節退而耕于野歷三十載自號拓田逸叟以没云父份有厚德嘗拾遺金於道坐還之母沈氏年四十有八而生公世業農至公獨好學晝夜講誦儕有屠者雞鳴時常就而乞火十九補諸生同邑劉公永澄一見器之以德業相期許永澄明萬曆間理學世稱練江先生者也辛酉舉於鄉壬戌第進士授中書舍人時魏璫秉政遂告歸姚學士孟長欽其風節家居有志聖學每移日分直如諸生時以其餘力旁及經濟他年謀王體斷國論暨暮景纂述悉本此服闋補前官以給事吕黄鍾違例欲陰奉左侍郎吏部張捷為尚書疏糾之大指謂大冢宰缺例應推五部及掌院而右侍郎其又以擢自翰林不與黄鍾乃請黜少宰

一人舍張捷其誰黃鐘遂水轉以中書彈給諫去此數百年未有奉使過滋陽邑令成公德郊迎數十里公驚問故曰前讀糾呂黃鐘疏不識公面耳德後死闖賊之難考選授御史上官守言責疏莊烈帝加御圈六十四宣付史館戊寅奉命巡浙舟行抵金華水發舟不前索挽者於縣令不應公遂遵陸去遇雨病痁者舁舟人意令且得罪公顧喜其強項薦之武康令以墨聞公將糾烏會邑紳陳乾陽時官左副都而公為其屬吏乾陽屬公薦公卒糾乾陽不能救也公為人公忠彊直少偏黨其事上遇人一切務持平愛憎無所徇請寄無所聽當公之以中書列考選也或惎公一見相君省垣可立致公曰吾若此何以謝呂給事及為御史詞臣項煜以彈文嗾公上公曰吾為天子耳目臣事當言即言奈何受人指使為訖不上及其巡浙也有發紳士蔡奕琛私書以聞者下按臣勘奏奕琛故與舊輔溫體仁善而錢侍郎謙益以闖訟御溫乃使人居間欲公文致奕琛罪以及體仁公正色曰吾奉天子命以三尺法從事顧不惟其平乃殺人以媚人耶且發人私書前賢所恥宗伯讀萬卷書所見寧後於可聘乎訖不許錢用此恨公兼詆公匕就議如初其他多此類不緣是非毀譽少有所撓也然亦以彊直見怒於權要不得久居位復命未幾謫官去時浙有左布政姚永濟者故給事也與浙紳吳希哲相惡希哲亦給事永濟為布政久以幹材見稱故公薦永濟而希哲乃以貪劾永濟時署都察院事者為左副都乾陽緣此遂劾公猶以前貪令故公首言永濟以九年繫獄舉而出之復其官者希哲也今復糾之臣所不解又言臣一官不足惜但恐將來臺官皆以臣為戒勢必奔走紳士仰其鼻

息從此流毒地方誰為皇上彈壓之者言甚切并及乾陽嘱貪令狀竟鐫級以帰朝士寃之公既歸愈究簃昔所有志者造益深先後補官皆不就甲申燕都陥公設位遙哭莊烈帝弘光初用署都察院事賀侍郎世壽言復公御史兼掌河南道公亦以時方多故非人臣辭難之日乃就職適内傳下厰衛以緝事申飭公請收回成命且歷數崇禎時緝訪諸獘以聞左都御史劉宗周為高劉又嗾避位去而先為宗周例轉之黄御史耳鼎僉人也疏言掌河南道不興開款以刺劉而間公公言宗周社稷臣耳鼎連疏蔓引甚非朝廷之福請即將耳鼎所推瑞南道廻以授臣以熄喧譁耳鼎大慚不能出一語自崇禎之季東林四明如水火弘光初馬阮當國黨益甚公中立其間常引大體忼慨過竟郛官正固極多調護意有所不可雖其生平師友如宗周輩亦不盡相附會崇禎壬午吴公甡入閣飛書勸駕公高卧自如鄭庶常鄤見稱黄學士道周公歷言鄤無行錦衣衛劉僑以貪糾黄侍御澍下院看議宗周初欲雪澍公言澍貪不宜雪其於諸君子亦不苟同如此乙酉五月師入金陵公以老病歸田惟與同郡吴閣學甡李給諫清以尺牘相還往益潛心理學自中書給假初以姚江為質的既乃研究程朱晚年專志性理近思考亭文集諸儒語録等書凡吾儒力行致知居敬窮理洎理一分殊之學無不旁通罵肆而會歸於有極其所著讀書劄記卧榻隨筆陳員外龍正葉主事廷秀極推之曰吾黨自高忠憲遺書王文成傳習録後亦見此書日坐高樓焚香習静當事以人材薦不就門生故吏造廬請弗見夏日冬夜終其身與周程朱陸相晤對而已年八十有七卒於家噫人知公之風節在

服官而不知其在巖耕之日人知公之理學在投老而不知其在筮仕之年跡其或語或默或出或處或同或異殆無一不本乎學亦無一不合於道凡其所坐而言立而行者皆是物也使人盡如公不射利不近名不因愛惡為譽毀不因嚮背為進退集群思渙黨議則朝中之黨可去而河北之亂自平壬午甲申兇燄張角亂天下黃巢陷京師之禍其如穀雉之鬭跛眇之笑愈進而愈甚而國步隨之卒使公齎志以殁論者不無遺憾焉雖然拓田逸叟之目是即向之書徵君稱處士者公以一代偉人乃竊比於田父野老以自況予與有言吾得正而斃焉斯已矣公之以逸叟終可謂得正者也其不愧劉黃諸賢以此其不愧閔閣諸賢亦以此復何憾矣哉公有子五人邁英萊徵蓋邁早卒萊以康熙六年成進士亦由中翰起家與公同

洪武首科會試録記

是録也明高皇帝定宅金陵故士南宮之第一舉也彼諸士側名是録者與登仙何殊且金濤以高句麗士而厠宋欽又以拓拔故種類一殊地而一殊姓尤奇予於給諫刑垣時獲見之矣垣故以摹本易而藏之今猶巋然予家也録與今録不同五經各一四書疑一為首場論詔誥表各一為次場策一為末場而知貢舉官則汪丞相廣洋胡丞相惟庸主文官則陶尚書凱考試官則詹學士同宋司業濂此其大凡也餘子碌碌故不書

宋頵二公紀夢

宋頵二公之入功臣廟也，議創自陳給諫卧子予言於錢宗伯牧齋，色弗許也。因念想像入廟皆司空事，予工垣也，何他請題允後擇十月之望入廟，予尚未知也。是夕予稚兒忽以夢告，夢云何？云有自稱功臣廟來謝者，喜動顏色，拱而俟。一軀長而微，亦予與所見宋公像頗似；一軀稍短面圓，未知與頵公像似否。亟走詢，果是日入廟。異哉！夫此兩功臣者，墓田之藁蒿可薪，子姓之豚犬不肖，予乃爲題贈、題謚，又題入功臣廟，不憚煩乃爾。二公其以稚兒作牧人也？夫何想亦何因，夢斯神耳。時葉水部白泉過予，予具以告，爲驚嘆移時，既而曰：子將續夢矣。予曰：何謂？葉公曰：當建文諸忠議謚時，獨遺予里龔公翊。時儀部張受先亦里人也，其惜予語受先曰：卓忠貞不以私謚作公謚耶？龔公私謚安節，頵此莫若於銓部題贈時援忠貞例題明便得矣。吏部如言請，龔公遂獲謚。兩功臣靈，一忠臣獨昧耶？請須後夢。予曰：否。公言之，予應之，如是而夢，非想即因耳。烏乎神？乃知稚兒之爲夢，獨神也。雖然，何獨神之有？昔謝疊山宿辛棄疾墓側，有聲大呼若鳴其不平，疊山亟秉燭作文祭之，文成而聲息，已乃訟其功于朝，贈太師，謚忠敏。若是者非神耶？或曰：二公無吁解謝，必解吁。或又曰：棄疾無謝解吁，必解謝，以同爲奇。又以同不必盡同爲奇，故吾以匹二公。然二公之功豈然矣。宋公王寧陵，武壯其謚；頵公王麃江，武靖其謚。

記召對三案

吾師倪鴻寶之請毀三朝要典也謂其議不必不萬行其書不當不速毀而夏彝仲近箸幸存録亦有執中無偏黠吾疑焉然與其旁參群議之猶歧終不若仰稟天語之為定也予同籍喬侍御可聘里居與袁文宗維咸晤繼咸述莊烈帝天語於此三案皆有辨辨挺擊謂挺擊一案實係風癲朕記為信王在宮忽片板自上墮中弋戟森然時欲奏聞已思曰此或以宮禁深密須備不虞故儲自先朝耳命内官掩完今如故若遽上奏蔓同挺擊矣云何剌非一辨紅丸謂紅丸一案實皇考欲進進而稍效又命再進時方從哲亦言此熱劑不宜輕進皇考慨然曰朕疾已不起僅幾倖此藥否則待斃耳先帝與朕俱聞云何栻非一辨移宮謂移宮一事尤屬不情當日皇考以朕與先帝俱早失聖母命李選侍撫養渠愛如子亦事如母所謂氣敵垂簾皆外臣不知内庭事故然且魏忠賢固元凶王安豈善類若得志等耳繼咸南渡疏内言諸臣風影傳訛以此獨惜予生也晚未能移耳聞為目擊以面定一是然兩忠持平而一王决議則後之疑說三案者其當確然知所朝宗矣或曰信如是將前者要典之毀非乎予又穆然思及宣城劉振之語也振留意史學其語曰彼要典一書當非其所惜之人不當非其所惜之言然孰與琅琅天語得之親聞者火之以削魏璫之私書口之以箄斯氏之信史此莊烈帝所以繼尼父而稱聖也

謁先文定祠記

歲庚午予謁先文定祠因思宋史中有巧合三事此王鳳洲盛事述耶抑奇事述耶亦盛亦奇烏可無述宋李迪繇狀元為宰相謚文帝壽踰七十盛矣先文定如之姓氏同科名同宰相同謚同壽亦同此一奇宋王溥以宰相致政父母俱存盛矣先文定如之故歸田勅云繇狀元為執政馮京不愧予科名以宰相而養親王溥見榮於當世夫從狀元登執政非難獨致政後正見孫濟濟不能盡識時而猶父母俱存為難此二奇也宋慶曆癸未科入相者六為呂公著王安石王珪韓縝韓絳蘇頌盛矣先文定主試隆慶戊辰科入相者如之則沈一貫朱賡張位趙志皐王家屏陳于陛于慎行七人也此外八座十五人卿試三十八人開府二十人方伯十九人餘衣緋懸金者通計百五十餘人若以節義文章事功著又不在此類此三奇也亦盛亦奇二美俱俻乃笑鳳洲分述盛奇猶隻美而非雙美也雖然吾又因家榮而憶國慶矣

吳鹿友疏序

古大臣以一身任天下艱難而幾令殉事之高名與僨事同譏非惜身也蓋殉事者謂封疆之臣死于封疆耳乃彼僅繫一隅存亡此獨繫天下安危而輕言殉事是宗社生靈之不不幸也故與僨事同譏而惟貴事克有濟若吾邑吳公鹿友督師所謂事貴克濟者也夫當公奉命時賓繼楊嗣昌與丁啟睿諸人後亦云岌岌矣君於將無籌於兵又無籌而慨然叱馭此責唐顏真卿韓愈之言而非責公之言也蓋真卿與愈以解繹叛鎮行其名曰宣慰故所憑止三寸舌而公以掃除叛賊行其名曰督師故所憑在將與兵此公所以徬徨籌邊樓惟克濟是圖而未可遽語于真卿與愈之叱馭也或曰公所督者左良玉一旅耳其將其兵皆取之唾手而他胡籌爲噫是徒知闖獻爲賊而不知良玉之跋扈覦望與闖獻相持又相倚者乃鎮其名而賊其實也故公之任非真卿愈之任而良玉之心則李希烈王庭湊之心乃欲調其吻齒而柔之使爲我羽翼難矣哉而今獨以公任其事若以公爲裴度能使良玉具櫜鞬拜道左如李愬否曰不能若以公爲余玠能使良玉受他將代而歛手伏鑕如王夔否曰不能是故明其爲賊賊乃可服者闖獻也隱其爲賊乃可驅賊以圖賊而猶憂其未必即服者良玉也則請無遠喻而近喻夫嗣昌出師倚良玉若指臂然十調十不應遂憤恚死至啟睿之代則往來依違爲良玉調遣文書時呼左府幕客若令公單車徒手往赴其軍於兩人奚取爲夫啟睿猶督耳嗣昌以閣部兼是任其權位尤重而卒制一良玉不得公益深思其故而知悍將怯實不怯名故必將選兵厚陰制良玉以實而乃能制良玉以制賊昔

伙青討儂智高而其副將乃孫沔余請其所請
之兵乃西邊蕃落騎是公故事也以肩重任則
與真卿及愈殊以龍騎師則與狄及夔殊以呼
將將不應呼兵兵不集則與青中外協心殊然
青之為智高一而公內制良王外制闓獻則為
智高三此度與玠當之所為失聲而嗟難也公
敢言易耶乃一時輔臣與疆臣皆本白面書生
為蓍蔡而或言臧此朝食或言不介馬而馳甚
者以逗遛自公嗟乎公邁而賊遂殲矣並至燎
原不已繼以射天將潰兵亦潰誰念九齡有先
見者獨予與公今日以同邑而孤臣相遇于元
田野草間說天寶舊事而因序其蹟稿若此益
諄諄引咎以未酬先朝殊遇者公之心而歷歷
陳寔以無誤後人直筆皆予之言也

南岳繼起和尚語録

（清）濟璣等 編

《南岳繼起和尚語録》十卷、《三峰和尚年譜》不分卷，清濟璣等編，據上海圖書館藏民國影印本影印。

繼起和尚爲弘儲，濟璣爲其弟子。弘儲（一六〇四—一六七二），又作洪儲，字繼起，晚號退翁。清興化人，一作通州人。俗姓李。禪宗臨濟宗第三十二世僧。早歲出家，師事三峰和尚，後歷住天台國清寺、蘇州靈巖寺、衡州南岳寺等，在明末清初間影響巨大。

《南岳繼起和尚語録》輯録弘儲在多座寺院上堂説法等的言論，由弘儲的弟子濟璣等整理。卷首自序，卷一至卷六收録其在十一座寺院的語録，自常州祥符寺至漢陽興國寺。卷七、卷八爲《靈巖廿一録》上下，卷九、卷十爲《南岳正續録》上下。卷末《退翁自銘塔》。語録内容爲傳法心要、參悟驗證、互相問答、詰難辯論等，真實記載一代宗師的哲理名言，是非常重要的佛教文獻。有些語録内容精煉，語言傳神，文學性較强，如卷一『上堂，江月照窗，風吹永夜。清霄何所爲，行盡東西廊，幾多人未歸，堪悲爲著誰』。

《三峰和尚年譜》不分卷，末附三峰和尚書信若干通及《三峰藏和尚語録後序》等。三峰和尚即汉月法藏（一五七三—一六三五），爲禪宗臨濟宗三峰派創始人，弘儲爲其嗣法門人。年譜詳細記載三峰和尚生平經歷，尤重記載其對佛教的虔誠之心及對佛理的不懈追求，非常令人感動，其與同時高僧的交往答問等記載，亦是寶貴的佛教史資料。三峰和尚在江南等地傳道時所受歡迎的盛況，其與當時名士交往的記載，對明代文化史研究亦有重要價值。

（周　忠）

南岳繼起和尚語録

葉恭綽題

南岳繼起和尚大宗堂錄彙自序

庚戌長夏病榻山中念行脚高士囊鉢蕭肰不獨古人語錄不能購與我同生此世者尚不得讀我全書秖因卷帙浩繁慨肰於諸會錄中取其語之簡直者釐為十卷曰大宗堂錄彙其實如樹泉報慈甲辰湘雲館散錄堯封後錄皆於古人說不到處盡心而出一字不可捨者無以得此失彼反使老僧賺卻闍黎

壬子九月霜降第一日退翁自序

南岳繼起和尚語錄總目

卷之一
住常州夫山祥符寺語
住台州天台國清寺語
住蘇州靈嵓崇報寺語
卷之二
住蘇州靈巖崇報寺語
卷之三
住蘇州靈巖崇報寺語
卷之四
住蘇州靈嵓崇報寺語
住蘇州堯封寶雲寺語
卷之五
住蘇州虎丘雲巖寺語
住秀州金粟廣慧寺語
卷之六
住衡州南岳福嚴寺語
衡州花藥寺語
高峰理山寺語
武昌東巖寺語

住漢陽大別山興國寺語
卷之七
靈巖廿一錄卷上
卷之八
靈巖廿一錄卷下
卷之九
南岳正續錄卷上
卷之十
南岳正續錄卷下

南岳繼起和尚語錄卷之一

嗣法門人濟璣等編

住常州夫山祥符寺語

到寺陞座舉臨濟大師初住鎮州一日謂普化克符二上座曰我欲於此建立黄檗宗旨汝二人成褫我二人珍重下去三日後普化上來問和尚三日前道什麼濟便打三日後克符上來問和尚三日前爲什麼打普化濟亦打師曰寰中天子塞外將軍古之旣爾今之亦然我欲於此建立萬峯宗旨諸上座不得向三日前後躲根即今作麼生成褫良久大喝一喝下座

上堂舉雪峯和尚曰望州亭與汝相見了也烏石嶺與汝相見了也僧堂前與汝相見了也師曰看看三千大千世界被這老子一時搖動祥符只是不保管他齊楚燕趙千里萬里來底直饒過得太湖登古竹岸了尚不知什麼處是夫椒山即使從水平王廟前一遶西來到寨前灣了不知那裡是祥符寺極靈利漢子入門看額認得祥符寺真了行得三兩步又被堵泥牆擯御眼睛及至僧堂前知客接着放下腰包引上方丈掛侍者通報尚不許你相見等閑容你途路邊躭閣驀亞身曰且道即今與諸人相見也未衆擬議以拄杖旋風打散

結夏上堂山前麥熟現前可以忘飢甕裡蠶繅將來可以適體何消萬慮撓其神千憂苦其志非不非是不是燈籠三露柱四然燈佛授記三月安居九旬結制直待中元那日蠟人無纖毫過患方與你坐草自恣

上堂舉僧問瑯琊清淨本然云何忽生山河大地瑯琊曰清淨本然云何忽生山河大地其僧有省師曰雪裡送氷不無他瑯琊可惜這僧月明簾外不解轉身

至今猶坐在光影頭邊殊不知琉璃殿上行撲倒也須粉碎喝一喝曰將知此門中事不是等閑

上堂問一月落清溪千峯凜寒色時如何師曰壁立萬仞此心真進曰撥破面門天地黑剔開耳孔海山傾心在什麼處師曰倒懸千尺瀑花新進曰恁麼則衲僧巴鼻草頭風師子爪牙空外電也師便喝僧禮拜師曰金鐘玉漏相酬酢疑殺滔滔天下人乃曰江湖無礙人之心時人過不得卻成礙人雅埠到這裡有什麼阻隔佛祖無謾人之意時人透不得卻成謾人山僧心膽在舌尖上何曾覆藏鐘作鐘鳴不襯鼓

響鼓作鼓響不襍鐘鳴透得者如賊入空室透未得者無繩而自縛忽有個衲僧出衆曰道也太煞道要且無祖師西來意山僧呵呵大笑曰盡從這裏去

上堂先師道三峯門下一隻箭撩着透過髑髏有甚神力拾得全身師點胸曰這個漢子當年於箭鋒上三廻九轉你看還損得他一毫毛許也無而今冷地思量直是通身汗血若不是個老子什麽人下得這副手山僧出手也你若活得身來便安在六纛旗下驀召大衆衆回首師曰看箭

上堂山僧不敢平地陷人大衆切忌望空啟告此個寶華王師子座上若一微塵許證驗不過豈惟遭人笑怪亦且善因而招惡果拍禪牀一下曰三十年後鼻孔撩天謾人眼不得

晚叅七十二峯各住本位三萬餘頃去不至方我輩林下人月聽其自白風看他自清一向申申夭夭樂此太平時節有粥有飯諸人還甘也無若甘去驀地卒風暴雨如何避得過若不甘無事不可生事千個作團萬個作塊我也不敢錯怪你你也不要錯怪人

上堂盡乾坤剎海都盧是個自已而今撮向眉毛眼睫上因什不絕毫絕釐如山如嶽去往往桑樹上著

箭梛樹上出汁喝一喝曰和尚子莫妄想

上堂舉汾陽曰識得拄杖子叅學事畢溈潭曰識得拄杖子入地獄如箭射師拈起拄杖曰壁立直條拄杖子强生節目山僧自先三峯手中接下年來放在冷壁角裡動也不曾動者諸人道是識得識不得叅學事畢也未將來入地獄否簡得出汾陽入地獄如箭溈潭叅學事畢點不出拄杖子在汝眼裏爲災爲祟爭得如金鱗透網游泳波瀾俊鳥離籠翱翔碧落夫山有個方便遂拗折拄杖曰大衆即不得話作兩橛

普請上堂諸方老宿盡道接物利生開門七件事尚不知來處又爭知匾擔脚籮一向在襍收寮裡喝一喝曰夫山今日一齊搬出手親眼辨底接得便行千五百人善知識不愁不隨他去其或縮手縮脚怕寒畏熱無位眞人在鼓聲裏惡發莫怪

上堂地搖六震既不爲祥天雨四華亦豈曰瑞夫山門下來一個衲子與他七尺地鋪横也繇他竪也繇他但只是夢中不得與人交頭接耳喝一喝曰好人家男女肯逅相說夢

上堂舉鼓山上堂曰鼓山門下不得嗽咳有僧出來

咳嗽一聲鼓山曰作什麼僧曰傷寒鼓山曰傷寒即得瑯琊拈曰雷聲甚大雨點全無師今笑曰天大底病你還作小小看承夫山若遲到一刻幾乎幾乎良久乃搖手曰不妨待伊出身白汗了再看

上堂有句無句如藤倚樹斫得倒是好手忽遇樹倒藤枯扶尚扶不起說甚句歸何處館驛裡撮馬糞漢趁向無尾巴隊中不怕伊不甘要問大衆御使潙山笑轉新若還具眼麼衆無對師呵呵大笑歸方丈

上堂舉僧問曹山雪覆千山爲什麼孤峰獨露曹山曰須知有異中異進曰如何是異中異曹山曰不覆千山頂瑯琊和尚曰曹山慈悲濃厚接引羣生要會即不可山僧這裏不肰如何是異中異片片梅花飛落地師曰一釰揮盡始得和同那許你異中有異墮在語滲漏裡雖則慈悲濃厚未免巳命自傷設問夫山雪覆千山因甚孤峯獨露但向道偶爾成文不惟令他不疑亦省得諸方盡把格則以致究妙失宗機昧終始即今但有透過語滲漏於不變異處端的得下不論曹山瑯琊夫山大展三拜

上堂舉僧問風穴寶塔元無縫金門即日開時如何風穴曰智積佐來空合掌天王捧出不知音如何是

塔中人風穴曰萎花風掃去香水雨飄來瑯琊拈曰風穴若無後語大似紀信詐降師曰猛火不藏蚊蚋大海那宿死尸饒伊後語驚羣爭如先機撲倒

上堂舉僧問三峯先師如何得眞慧現前奮曰聞板聲喫飯又問如何得法性空奮曰洗足上眠牀師顧左右曰學般若菩薩須是不滯玄解始得法性寬波瀾濶纔有毫忽異見奴緣未斷爭能觸處閒閒而今要透前兩轉也不難聞板聲喫飯太煞不尋常更擬玄解會洗足上眠牀喝一喝曰大哉三峯師巍巍法中王

上堂舉五祖演和尚上堂曰舉則公案事事成辦向外馳求癡漢癡漢師曰若是夫山肯恁麼道有什公案抵死要辦頂天立地須讓個漢

上堂江月照寒風吹永夜淸宵何所爲行盡東西廊幾多人未歸堪悲爲著誰

因事上堂舉趙州和尚曰不閑過念佛念法念僧師曰原來討事做夫山即不肰但閑過不得無事生事設有衲僧出衆道和尚貼鬧殺人但合掌道某也幸苟有過人必知之

上堂永日蕭肰坐澄心萬慮忘欲言言不及林下好

商量原來古人大有商量夫山孟孟浪浪只恁麼一直頭一字是一字一句是一句他時後日撞著個俊辨衲子問著三峯屋裏事小脫空尚自打不來何況大脫空驀召曰大衆試請驗看衆倅易師曰笑來只是一直頭使得快遂打散

上堂舉演和尚上堂頻頻與汝不歸家貪向門前弄土沙每到年年三月裡滿城開盡牡丹花師召曰大衆五祖師翁惟恐汝輩樂著嬉戲將好日子等閑送厺太煞不惜兩片皮若是夫山撒沙撒土尚討不得閑有什工夫頻頻相與三月四月牡丹落盡少不得有個回頭當爾之時與你個隨流認得性快樂永無憂底妙訣喝一喝曰莫蹔速

上堂舉龍門和尚上堂曰山僧今日與諸人同叅一個眞善知識便下座師拈起拄杖曰住住眞善知識來也爾輩到處行脚討個什麼若向赤水求珠珠沉赤水就荆山覓玉玉隱荆山討方便討厺門討安樂耶眞善知識者從無一厺與人那來安樂厺門與你方便久叅上士聞與麼說自肰心死初機後學又作麼生卓一卓曰怎奈何

上堂舉百丈一日侍馬大師山行次見一羣埜鴨子飛過大師曰是什麼百丈曰埜鴨子大師曰什處厺也百丈曰飛過厺也大師遂把鼻頭扭百丈負痛失聲大師曰又道飛過厺也百丈有省龍門遠頌曰草裏尋常萬萬千報云飛厺豈徒肰鼻頭是什閑皮草十字縱橫一任穿師曰衆中還有鼻孔端正者麼試自家摸看大師手裏底龍門口裡底與你面門上個是一樣是兩樣人人只顧撩天不信大頭向下未到透皮徹骨爭得出入息內承事恒沙諸佛無一空過者夫山今日雖與你換轉鼻頭還須照顧眼下以拂子驀直指曰埜鴨子犟擊一下曰飛過厺也復頌曰娘生鼻孔一模脫出氣宇如王阿誰委悉

元旦上堂拈香祝聖畢喝一喝曰此是庚辰年最初第一杓惡水潑得着底一花開五葉潑不着底結果自肰成且覆蔭天下人這株大樹新新無住一句作麼生復喝一喝曰路上行人口是碑

上堂問千聖不到處萬厺用無虧拈卻拄杖請和尚道師便喝進曰塞斷咽喉又作麼生師曰不靠你一個進曰老老大大全無準的師曰失口道着乃曰失口道着天下無敵塞斷咽喉有什準的萬厺用處無虧千聖齊討棒喫喝一喝曰這副手脚什處尋覓

上堂舉僧問長沙如何轉得山河大地歸自己去長沙曰如何轉得自己歸山河大地徑山拈曰轉山河大地歸自己則易轉自己歸山河大地則難有人道得不難不易卻來徑山手裡討棒喫師曰只是個自己轉一轉便說難說易棒又教阿誰喫長沙轉自己歸山河大地可謂將此身心奉塵刹這僧轉山河大地歸自己何得將常住物歸衣鉢下夫山也不管你轉得轉不得且山河國土與自己是一個是兩個速道

上堂舉黃檗見僧來乃曰諸方老宿盡在我拄杖頭上僧便禮拜僧後到大樹處舉前話大樹曰黃檗與麼道曾夢見諸方也未其僧卻回舉似黃檗黃檗曰我這話已行徧天下瑯琊拈曰大樹與麼道大似有眼如盲黃檗一條拄杖天下人咬嚼不碎師曰若據瑯琊太煞高黃檗門風然未免討他棒喫當時大樹豈無出人之眼一旦以非罪加之何以服諸方之心曾不聞咬人矢橛不是好狗管他嚼得碎嚼不碎驀拈拄杖卓一卓曰我這話已行徧天下了也

許定千中丞斷七陞座大人具大見大智得大用天下老和尚一氣道我在這裡還諦當也無若果具大見則不受人謾果得大用則不受人欺秖如釋迦老子初從母胎墮下氣宇如王爲什千餘年後遭他跛脚阿師劈頭一棒這裏一氣拽得轉始好說個天上天下獨尊底大人果然具無師大智打瞌睡也是繫興大用若言達磨西來事久多變不消恁麼只要才能足機劃自然逢著有通塗莫誓速楊岐栗棘禪且置一邊權借南公下平實禪一問撥草瞻風秖圖見性阿那個是諸上座底性識得自性本脫生死眼光落地時作麼生脫既脫生死便知去處四大分張向什麼處去三句作一句道將來你若道生也石火電光舉必全真滅也玉轉珠回通身無影祥符門下有棒到你喫麼莫說他日奮大機顯大用提從上正印印天下叢林善知識要望我山主定于居士八千里未是遠在居士自由僧言下打開個安樂法門所以捐館之際如脫敝屣澄澄湛湛不動不搖舒卷以時去來無礙至於功業書於竹帛遺德在於生民又是他第三四頭底事山僧恁麼道還是提獎大眾還是欺謾大眾直饒一時透過千七百則總作個切脚我要問你本文在什麼處喝一喝曰千古萬古與人看

上堂拈起拄杖曰諸方盡謂這上座近傍不得各各

瑩崖而退今日實情説向你你等皆是祥符門裏人臂腕肯向外曲隨卓一下曰只有這些伎倆

住台州天台國清寺語

上堂僧問何時得聖人復起師曰難爲國清也不消如此僧作禮曰某甲罪過師曰奉勸兄弟以後不可隨人言語走乃曰佛㳒二字不道難不道易但於一切處尋著勘著無㳒住處直下將㳒王根㳒王苗一時斫斷誰不道你是㳒王良久拈起拄杖曰不是國清今日特地勘驗兄弟且道㳒王還喫這個麼隨卓一卓曰便請

上堂當人分上各有什麼事這裡道得一句國清以後不消得開口也良久曰諸人旣爾堅秘不發事不獲已道一句落座乃曰白大衆國清方丈不比諸方容易出入

上堂天上天下自古自今僧出曰如何師曰總不得如何若何良久曰不知是不是是即也大奇

上堂僧問四大分張計將安出師曰計將安出僧曰爭得不辜於已師曰岸谷無風徒勞瞪目僧曰與麼即不勞究竟也師曰驀地僧問如何是先佛本意師曰這裡即易僧曰在學人分上大難師曰如是用心

眞實難得僧擬議師喝出乃曰鬭行則十萬八千也是輪鬭坐則寸步不移也是輪何況這裏那裡四大分張尚圖別生計較豈先佛世尊之本意欲得不負先佛不辜已靈究竟非什難事喝一喝曰這裏驀地則岸谷無風何勞瞪目

上堂大衆已集師厲聲曰山僧今日大以爲不肰此後更不得依諸方樣子施行設㳒不嚴道化日見凌替罪歸阿誰未若衆中得一人出來眞贗虛實向這裡定當得下活活底虛空搖杌不動何患天下不太平一僧巍巍堂堂而出師曰不是你便落座

先皇帝諱日上堂拈香已就座良久乃起立曰年年此日不得忘卻下座

上堂舉鼓山和尚因僧問如何是西來意山曰石人筆下看師曰大哉從上之心髓又問如何是作家山曰你行脚爲什麼師曰亦不是戲論僧曰與麼即某甲不疑也山曰你何處得作家師曰亦不是亂塞人口良久長聲歎曰追遠之誠何可忘也隨顧一衆曰汝等從前所作殺盜婬妄諸罪一一如湯消氷應念化成無上知覺苟或毫末不靈秖因聽響各流傳又從今日起跳下座旋風走散

住蘇州靈嵒崇報寺語
到寺上堂靈源獨耀千日蔽其光輝一岳盤空萬象失其相好大丈夫秉慧劒般若鋒分金剛㷊非但空摧外道心早曾落卻天魔膽釋迦已過㕘彌勒猶未來如來正法眼藏委在今日捏聚放開總繇這裏放開也無量諸佛國土一時現前且聽諸人飽足觀光捏聚也天下老和尚鼻孔一串穿卻又向什麼處出氣喝一喝曰巍巍乎惟天爲大惟堯則之蕩蕩乎民無能名焉卓拄杖下座
上堂僧問上來納個不審作家禪客下㕘賞個珍重

本分宗師秖如雲興百問餅瀉千酬底當得何名師不荅僧曰欲得不辜來意更請别轉一機師亦不荅僧曰某甲也是譬如閑師哂之乃曰三世諸佛說夢有事有理六代祖師說夢無黨無偏靈嵒今日說夢黃連未是苦黃柏可爲隣何故近來世界大非昔比行脚高士朝也妄想暮也妄想收得安南又憂塞北那討閑心情來聽說夢縱饒勉强築在他耳竅裏生門易過死門難出今日也恁麼明日也恁麼雪竇道得好第三第四不問你後五日事作麼生說到這裡未免二乘膽戰十地魂驚老漢更不與你方便直待驢年諸惺惺著吾行爾隨吾嚬爾應一隨一應無少無剩
上堂舉趙州和尚示衆曰金佛不度爐木佛不度火泥佛不度水真佛屋裏坐師曰至道無難惟嫌揀擇選佛場開是聖是凡一齊來心空及第所作所爲絕猜忌不見石頭土塊草木叢林以至蛛略飛搖我皆令入無餘涅槃而滅度之況乃具正徧知底大聖人無往不自得而不能入水入火入大爐鞴老漢今朝豈敢掩是飾非將佛法當人情秖要他隨處出生當處寂滅金佛入爐根塵一如木佛入火彼我無殊泥

佛入水全身歸父屋裏真佛一場露布百念歲個老古錐直得手足無所措靈嵒病叟沒伎倆閑把虛空缺處補喝一喝曰報諸仁舉即顧無差互
上堂衆集嘿然經食頃乃曰諸仁不是畏縮不將來老僧不是悋惜不祇對擊禪牀曰坐了這個位次不與諸仁說難說之法教你一個個直下作師子兒㕘成佛成祖㕘入如來藏㕘反教你如鄉頭保正耆長大戶叅襍在資生產業裏㕘祈神告佛打入福利門頭㕘如是則袈裟下多藏毒藥把諸相完具底活佛沉埋向穢廁坑裏將來老僧頭破作七分如阿梨樹

枝也不足償其罪過卽今世事如麻空門路縣布裙一截泥努出藤荟子看這老和尚說什難說之法復擊禪牀曰今年桃李熟一顆值千金

上堂舉達觀頴和尚住聖因一日陞座曰諸方釣又曲餌又香奔湊猶如蜂抱王聖因這裏釣又直餌又無猶如水底捺葫蘆舉拄杖作釣竿勢曰深水取魚長信命不曾將酒祭江神師曰尼山夫子世間聖人猶自罕言利命頴老出世祖師乃爾怨天尤人尚得謂之達觀哉靈喦今朝不圖翻局要見得失平懷良久曰郷絮隨風自西自東本無定法遇緣卽宗取得

魚來還自放羞憑鈎餌立奇功

建侍者母氏三十周年請上堂僧問佛法二字總不敢問着秖如臈月三十日到來如何打筭師曰好向人前恁麼問僧曰不意和尚見到這裏師曰老僧有口也難開僧曰今日可謂小出大遇師曰且待別時來僧問既肰黄檗佛法無多因什臨濟不肯得少爲足垂老更思一頓師曰上人慣自生鐵園上尋縫僧曰眞個那師曰老僧爭肎虛空鏬裡釘橛僧曰和尚大似不知語未竟師便喝僧亦喝師曰學語僧問香嚴道子啐母啄子覺母殼如何是子師便喝如何是

母師曰正見起處不得作麼生啐師曰哀哀作麼生啄師曰舊日事不須提起僧無語師曰老僧患聾闇黎患啞乃舉臨濟大師曰你一念心疑被地礙你一念心愛被水溺你一念心瞋被火燒你一念心喜被風飄師曰據老僧看來大師正欠悟在學道人眞到不疑之地自謂脚脚踏實豈非地礙縱饒恩愛全消如髑髏裏眼睛乾不盡豈非水溺驢踐馬踏刀斫斧砍木石泥土相似見瞋心如芥子許不可得秖這不可得底無明忒煞豈非火燒喜識盡時自謂消息盡也豈非風飄果眞達得四大如夢如幻隨處解脫疑

心愛心瞋心喜心總是你屋裡眞佛顯現底心光把得便用卽是殺人刀活人劒一任人間天上縱橫自在應物無拘隨緣得妙一人如此衆多亦肰生者如此死者亦肰今生父母多劫父母盡達煩惱結使如空無所依向這裏還歇去得麼你若又引將大師道一念心歇處喚作菩提樹喝一喝曰和根截倒

契侍者請上堂僧問曹山佛未出世時如何曰曹山不如出世後如何曰不如曹山後來我演祖拈曰若以世諦觀之曹山合喫二十棒若以祖道觀之白雲合喫二十棒師曰老大祖師這回救不得也道樞

綿密智域因深底曹山好以世諦責之前來二十棒
自領出㕘朕曹山老漢亦不無大智人前三尺暗若
於出世未出世觀佛爭能截斷情塵裂開見網要得
類中混跡炭裡藏身猶未在何況青天轟霹靂陸地
起波濤遠之遠矣今日設有問靈嵒佛未出世時如
何道不曾貶剎諸方出世後如何道一任諸方貶剎
若更以世諦祖道論量七十二棒且輕恕一百五十
難放君

弟子祝本圓莊嚴先慈請上堂僧問一不得有二不
得無新年頭佛法作麼生商量師曰空裡忙忙書卍

字僧曰還諦當也未師曰是眞草是隸篆僧曰謾某
甲一人卽得師喝曰從不謾人僧作禮曰分明舉似
師曰切不得作永字八法僧問見得滿地黃金何妨
卽此用離此用明知通身錦綉因什觸不得背不得
師曰且讀本文僧曰陳年底拈過一邊斬新底再請
垂範師曰莫尋註脚僧作禮曰某甲且自領話師曰
身上著衣方免寒口中說食終難飽僧問一冬燒不
盡春風吹又生未審湖南草作何顏色師曰昨日鬧
閧閧僧曰大有人疑著師曰今朝靜悄悄僧曰何妨
細而詳之師曰果是俊快衲僧定不回頭轉腦僧曰

不是某甲幾被惑亂師曰大唐國裏老婆禪一等與
君注破了僧問大衆也如是某甲也如是和尚作麼
生師曰直得天雨芬陀華僧曰還著得這一句也無
師曰試看玉階長瑤草僧隨顧左右曰今日看破這
老漢師曰一年一度春風來僧一喝師曰大地何人
眼不開乃曰一年一度春風來大地何人眼不開空
裏忙忙書卍字青山拍掌歎奇哉且讀本文莫尋註
脚身上著衣方免寒口中說食終難飽昨日鬧閧閧
今朝靜悄悄天雨芬陀華玉階長瑤草子母各不相
知事理依朕兼到卓拄杖曰大唐國裏老婆禪一等

與君注破了

祖侍者請上堂大覺滇長老出問若有欲知佛境界
當淨其意如虛空虛空來連架打某手不如脚還有
畣話分也無師無語滇曰早知與麼悔不與麼鄧侍
者問某甲不問話和尚作麼生師亦無語鄧曰果朕
三寸甚密師仍無語鄧曰三十年後此語上碑㕘在
乃曰古德道橫按鏌鎁全正令太平寰宇斬癡頑何
異靈龜負圖自取喪身之兆大似鳳縈金網凝翅霄
漢以何期汾陽無業禪師曰佛法在日用處在著衣
喫飯處在迎賓送客處屙矢撒尿處美則美矣未盡

善也著衣但著衣喫飯但喫飯佛之一字尚不喜聞更起法見展轉不堪況又道個舉心動念便不是了也尋常向汝等諸人道舉心動念華雨四天逐惡隨邪香飄塵刹貪欲瞋恚是植種德之本邪見煩惱是嚴佛土之門擬心學佛學法便不是了也經中謂地獄餓鬼畜生盲聾瘖瘂世智辨聰佛前佛後北俱盧洲長壽天爲凡夫住事八難靈嵒道禪宗亦有八難真佛真法真道三塗也不見一法名爲北洲念念心不間斷如長壽天權實照用是世智辯聰獨脫無依乃諸根不具石火電光同佛前佛後所以楞伽曰斷

二根本名害父母諸使不現名害羅漢斷彼異相諸陰積聚和合名爲破僧斷彼七種意識身名爲惡心出佛身血以此行五無間業不墮無擇地獄今日祖侍者爲父圓慧居士三十周期特請老僧舉揚實際莊嚴報地不惜口業破盡從上家私汝等諸人倘能不斷無明直見真父不滅貪愛直見真母行於非道通達佛道則老僧箭不虛發其或尋逐古人言句心念一起不惟自被波句撲倒和老僧一時打入鐵圍城也

南岳繼起和尚語錄卷之二

嗣法門人濟璣等編

住蘇州靈嵒崇報寺語

松陵屠居士玄樞爲母屈太君壽請上堂喝一喝曰其用廣大寬廓無邊其文深其旨遠與凡聖爲依是衆法之本其信之者窮盡法性以之覺親慧命無涯以之自覺智源罕測啟悟勞生破諸塵妄無待漸趨薰習誠非小事不可輕心取於流轉復喝一喝曰倘善知時節吾今不再三

席恭人六十初度上堂金風一夜鏗鏘黃葉四山錦

繡滿目秋光爛不收莫釐全露法身倒涵兩岸楓顏搖蕩長空雁影遠天霜翠青無極震澤橫開笑口誦來一道聰明兕唱作千秋白石歌但得圓通證無漏不須石臼念摩訶曩謨佛陀曩謨達磨曩謨元和伏願弟子玄信福隆壽廣子孫多普天知識長惺惺脫卻籠頭卸角馱

快雪上堂以拂指庭中曰雪雪能使枯者榮穢者淨烏者白缺者盈瘠者肥隱者顯熱中者不得不冷奔馳者不得不歇險阻者不得不平濃艷者不得不澹道渠一切處寂寥枯澹他卻莊嚴諸品道渠一切處

光明燦爛他卻文彩全無他能葢覆一切一切葢覆渠不盡他能穿透千門萬戶千門萬戶牢籠渠不定本非神通亦非法爾道個夜月流輝澄潭絕影盡屬比擬之詞何也不消轉句使乾坤大地無纖毫過患猶是渠本有風光待到紅日出時不見一色始是半提要知渠全提時節麼老僧三十年前在萬峰會裏有一轉語舉似諸仁良久擊拂子一下曰溪澗豈能留得住終歸大海作波濤

靜輿禪人為母氏請上堂夫學般若菩薩無甚日旋三昧斬然將無始來火伴盡情交斷義絕他日山邊水邊冷地撞著只是交肩過令管取十方世界一時銷殞設或兜三惹四不知不覺依舊走入他路裡萬劫無有出期更作意廻避伊又添上一個也約略與什麼作火伴佛是法是菩提涅槃是真如解脫是要斷絕他須還上流臨濟德山雲門溈仰是真下流現前那個和你是生冤家費這許多氣力生這許多計較顧左右曰老僧三十年不忍說到這裡今因檀越信心不覺肆口隨指口曰看牙齒在麼

襄祖憲退平川通濟弟子玄仁玄森玄淨等送入山請上堂僧問天上無雙月人間只一僧指左右曰因甚有這許多師搖首僧曰不可辜負來機師哂之乃曰自來不慣强差排今日無端閑著力若將佛法當人情懇哉屈哉諸知識秖要你識取父底識取住底百年三萬六千日日日朝昏十二時身上著衣方免寒口邊說食終難飽青山白雲落花芳草父底既不倚勢欺人住底爭肯無本可據不見三峰先師曰德山忤逆往哲臨濟輕薄來學兩個沒量大人病入膏肓不覺什風吹到三峰門裏知事分付緣左先左腳緣右先右腳仍前熱亂莫怪不輕發藥師乃呵呵大笑曰目前師僧盡出自三峰門裏定然頭正尾正傍面三拳且不問你連腮七掌還徤脾麼良久擲拂子曰若要無事時歸衣鉢下坐

海虞光聚大德請上堂觀色即空成大智而不住生死諸方共聞觀空即色成大悲而不住涅槃靈曲不然兩片頑皮包個舌一雙耳門藏兩竅欲得不招無間業莫謗如來正法輪有什曠發舉動越絕孤應闢天人深域振今古洪謨而不視同爛本心之藥斬法身之斧拈起拄杖曰這一隊漆桶莫怪連卓三卓下座

吳興弟子靈資請上堂適纔鼓聲急忙忙一點一點

鑽入你等耳門裏老僧急忙忙一步一步趕上來擬爲你拔出竭盡伎倆下手不得須你等自作浛莫待貫髓入腦便救不得也你若計窮力盡老僧只得將錯就錯鼓聲無能入之心耳門無所入之跡心跡既無彼此何礙無礙眞宗居谷盈谷處坑滿坑無底籃盛他不漏黃金索鎖他不住取殊裁於妙手照用齊彰不稽度於往哲理事兼到豎窮三際橫徧十方塵沙諸佛天下祖師盡在裡許頭出頭沒通方之士自不怪我言無一定老僧尋嘗見掌鉢盂向香積世界無出身之路底挑日月於拄杖頭上有眼如盲底總不與之計較者乃捧腹曰秪得這副肚皮寬更有容得老僧底下座禮他三拜

宣州青林明虛律師率諸弟子請上堂僧纔出師便喝僧擬進語師又喝良久乃曰持寶奉君君不識令人空憶老南泉要得遠離衆緣豈止千年一遇教中道一切障礙卽究竟覺不是大作家爭得橫身不怕侵泥水離凡聖底嵩山安國師用凡聖底南岳讓和尚終日牽無絲傀儡當得勞而無功麼老僧這鋪功德成就多少時也逗漏遺蹤實無走路難免被他捉著直須千言無一中脚下到長安復喝一喝曰徧乾

坤動天地底是什麼驢漢

能仁光長老三周忌辰門人徧顒備仁請上堂世尊三昧迦葉不知老僧得知四十九年說底是沒心肝話行底是沒心肝事度若干沒心肝底人以譌傳譌直至今日十字路口深山角落據高位享厚供那一個是有心肝底流到食腐爛衣糞掃還道是他白毫相中光明非他底連聲弗也是他底滿口善哉如是之人不待見之者心生輕慢聞之亦當嘔吐若是老僧三昧總不曾謾昧諸人三十年來說底在諸人耳裡行底在諸人眼裡所度底人諸人盡知盡見老僧兩道眉稜如劒戟討甚白毫相光照顧兒孫非我底增我意氣是我底長我慚惶深山角落他也不曾孤負我十字路口我卻不曾孤負他據高位享厚供是他底祿衣糞掃食腐爛是他底福請譌任他請譌顚倒由我顚倒大衆這兩段公案什麼人判得良久曰有也有第二子同光號辨菴住靈石能仁兩刹三年前此日說偈坐化今其脚下兒苦要老僧說幾句殘言剩語反討得這椿沒頭腦底官事要渠定當少間聞三下鼓諸人靜聽

上堂佛浛不是小事夫說浛者須是六種成就第一

安立成就第二目前成就第三自巳成就第四智智成就第五本末成就第六平等成就六種圓具洊洊歸宗一種有齡言言昧旨上根利智自肰一六互收淺學初機切忌循途守轍卓拄杖下座

上堂夫臨機轉握共有八門定亂致平難拘一洊或奇正之縱横或陰陽之紛錯九天九地一死一生擒賊擒王射人射馬所以決勝要在臨時神符貴於轉換門門有路步步通途過量英雄不煩指點自能排身直入其或不肰靈嵒爲汝打開八門拈起拄杖曰第一剎那該攝門第二主賓成立門第三當機生洊門第四予奪自在門第五輪機善用門第六全提正令門第七諸根普攝門第八太平無象門卓拄杖曰這是那一門衆罔措遂下座旋風打散歸方丈

謂雲敏聞二上人請上堂腰軟背酸難立久纔近繩牀瞌睡來面前大好山脚下俊衲子一齊攢簇着如逼債相似抖盡肚裡零星究竟收拾不下再三無計可施畧與諸人評議一不得截生死流二不得踞祖佛位三不得互分賓主四不得馳騁問荅五不得曲順機宜六不得平懷當實豈不聞纎芥不留猶是交爭之洊拈拄杖卓一下曰漢家雖有三章約爭似靈嵒六不容

靈瑞符道者請上堂僧問如何是道中人師曰一步緊似一步僧曰道中人相見時如何師曰工夫各自忙僧曰設遇虎狼師子憑誰相救師曰也只是個自巳僧曰有個自巳難免炤管師曰伶俐也乃曰三峯老和尚若在聞山僧與麼提唱通州做得來底布靴和氊襪底一齊頓下三十年叅禪到此一些氣息也無當年末後句子無人提得也休休山僧仔細思量我此門中爭好胡亂教壞人家男女良久曰古今盡道說禪難沾著些兒心膽寒若是本等赤金體傾入紅爐一任看喝一喝下座

中游後堂五十生辰請上堂八萬四千深洊門無門平坦骨什崎嶇只要插得脚入釋迦老子和身放倒有什十方虚空而不一時銷殞肰後在天同天在人同人更不須拖鎗帶甲披蓆把盌元豐條紹與令有智若聞則能信解其或幽旨旣融玄機未泯雖有萬德千身輪足無智疑悔則爲永失爭如長松下白雲鄉吟鳥啼猿盡道場隨分水草地久天長

江陰蓮道人壽日請上堂汝等繞四天下行脚盡謂我求心且道心是何物老僧於無數量中畧露些文

彩心是日處空照有無定跡心是月光涵寶鏡清高絕心是星運斗旋箕稟曜靈與麼昨朝則有今日則無也不肰心是雨花木普滋含笑蕋心是風錦繡山川披拂中心是雲舒卷乾坤越樣新心是雷發蟄一聲幽谷開汝等這回還識心麼直饒量取河沙筭他過去未來現在無有窮盡臨濟先祖又道真正學道人念念心不間斷噓噓心之一字刀刁莫辨魚魯難分便下座

弟子重荷請上堂赤肉團上一物盡道西天儘有此土全無未必肰也焚香擇火昨夜蹤跡不著開單展鉢今朝迴避無從始信近日叢林吐出來底是埜狐涎非師子乳一衆聞我道未免驚疑此輩不獨堪悲亦且堪笑驢鞍轎若是阿爺下頷因什一切人坐在骨臀底輕重囫辨香臭弗知春山亂青春水漾碧寥寥天地歎望何極良久左右顧視曰具超方眼者自當憐我開眼造罪合眼受災肯同兒戲敲香几下座

大悲道場開啟弟子玄信請上堂夫宗師唱道不屑以智遣智肯以智遣惑事不獲已向道六門虛靜萬法咸如肰非心月孤圓爭見神珠炳煥臨濟大師道但能純一不雜雖十地滿心求你蹤跡了不可得所

以天龍歡喜地神捧足十方諸佛無不稱歎老漢過矣現前一衆那個不是金毛師子等閑一言半句誰道不是大悲心無礙大陀羅尼神妙章句惟諸大德抖擻精神豁開胸懷豈止除滅千災成就萬德正所謂識取摩訶般若光萬古悠悠是今日喝一喝下座

淨居庵主宗本斷七上堂雲門大師上堂曰劃斷卽不可大衆甚好言語固不可以一朝風月昧卻萬古長空又豈可以萬古長空不明一朝風月掩勝潛奇黑漆桶裡黃金色秖爲一人斟酌皮髓遂致後代較量親疎因而凡聖岐分悟迷派列奔馳七趣汨沒四流欲期插脚曹源豈止隔洋子江在果具把定世界函葢乾坤眼目觀淨居菴主八月二十消息如掌中物無有絲毫錯誤其或未相委悉敲禪牀三下曰老僧表而出之來無三言兩語去時一笑而已不明向上個竅生死那得由你靠拄杖下座

大悲道場圓滿洞庭席文輿居士伯仲爲母夫人玄信請上堂高聲曰大悲菩薩在什麼處良久曰不欲得商量諸和尚子各各欠少個什麼雖肰莫謂如今說底便是纔有個是早有個不是大悲菩薩豈有兩個近日諸方不是坐定你便是走作你二六時中折

旋俯仰思衣念食種種襍慮是從大悲心中流出是不從大悲心中流出靈岳直下老婆心與諸仁個圓滿著喝一喝曰此老古錐心不負人

若拙洤師請上堂喝一喝曰山河大地由茲建立三昧六通由茲發現隱顯無殊明暗不昧近日多見諸方說心說性遂致喪家失計往來莫辨開遮匆靈故學道者如恒河沙見道者難得一二豈不聞剋巳求眞修行大錯直須褊衫不盖體赤脚踏倒崇報門把主人翁曳下曲彔床落脊棒打不歇手然後老僧合十指爪而說偈言假使心通無量時歷劫何曾異今

日

癸卯正月四日上堂三日前有一男子來前申問新年頭佛洤諸方競鑄金石之言各垂山嶽之訓此間作麼生老僧叱曰合取狗口記得尚書度支員外郎明覺禪師墖銘有曰噫蠢愚背本源一念異生二根從上相傳心印看看掃地盡也老僧既不能為他扶起刹竿又肯隨邪逐惡而今不比前兩年也人困馬困未是困露柱困來眞是困心憤憤口悱悱要得老僧佛洤流通只恐不能矣

東山燈明道人八十壽請上堂喝一喝曰上來講讚殊因非知方俊眼出格上機舉一明三並同邊淺欲求大寶莫局時代製辭申頌惟仁善聽湖光翡翠青洞庭春草綠中有百尺松枝枝垂屈曲映日拔雲霄從風戛金玉周髀小數術難將歲月卜

雪竇老和尚訃至上堂嗚呼哀哉洤門不幸人從西園來卻得南廣信報道我洤叔杏山老人遽爾歸眞不信不信這老子人天眼目洤苑權衡聆其謦咳承出四流承其指揮高步三界誰不掌恩誰不仰德忽然日月沉輝乾坤失色不信不信嗚呼哀哉人亡絃絕知希守嘿三緘其口正是時也莫逆於心何可忘

乎大衆道乎情乎情牽生死道絕去來道非常道情豈常情嗚呼哀哉洤門不幸掩面哀哀曰不信不信

三峯檗菴志省覲請上堂有個人家兒子其父覽而神之無心心心合妙有口口口道火一切臨時建立從不逐旋包裹拈起拄杖曰而今風和日麗直教天下人一時成佛成祖阿誰出來敢道個不可卓一卓下座

鹽官行輝請上堂舉眞淨和尚曰此個事教不得學不得傳不得須是當人自悟始得師曰我不肯這老子春風靄然春水蕩然春山儼然是誰不然

弟子玄信六十生辰水陸大會圓滿請上堂僧問祝融峰畔萬年松枝枝撑著月東山水上行因什向北斗裏橫身師曰稀逢難遇正在此時僧曰老漢慣自虛空裏烜彩師曰錦上鋪花別資一問僧曰是伊報恩有分師曰三千八百未是住頭在良久乃曰若有欲識佛境界當淨其意如虛空遠離妄想及諸取令心所向皆無礙靈嵒道若論佛境界那一處不徧開眼也著合眼也著舉足也是下足也是一切障礙卽究竟覺窒礙不是佛境界地獄天宮皆爲淨土惡道不是佛境界得念失念無非解脫妄想不是佛境界

成㳒破㳒皆名涅槃謗毀不是佛境界智慧愚癡均爲般若分別不是佛境界無明眞如無有二理襍染不是佛境界若信得及虛空本自廓爾佛性從來湛然風動雲披驗發天眞妙用凡情聖智全提本分雄機揭杲日於天中幽潛掌曜扇眞風於劫外枯槁回春粲不萎之心花花聯影奏無生之梵曲曲曲離情灑甘露則一味無餘霈慈霖則三根等潤能使嵒居穴處皆依智炤神光水泛空飛咸入義天性海嚴戒定之室築福德之基有感斯通無求不遂非闗異術豈假他緣秖在一㳒界中雖欲迴避時直是無迴避處故曰應眼時若千日萬象不能逃影質凡夫只是未曾覯何得自輕而退屈又曰貪欲卽是道瞋恚亦復然於此三事中有無量佛道拈拂子擊一下曰這便是一條入佛境界底通天大路果若脚跟得力便請平步丹霄隨寓而安無往不適正恁麼時且道還有向上事也無更垂一偈作個註脚水陸齋筵已告圓如空福德利無邊斗克佛座量難盡歷劫長存般若緣

射州甲牧謙請上堂僧問吞盡三世佛底人爲什開口不得師曰我若開口又道暴露已長僧曰照破四

天下底人爲什合眼不得師曰我便不開口也得麼僧曰前頭著後頭著師曰麁心者隔乃曰好鋪功德被人問著莫謂公卻麁緣便照見一切長短方圓而今與你門路不自欺不欺人個是靈嵒山裡佛㳒也東林和尚曰世間名利閒榮辱雲雨紛紛手翻覆悲歌相繼不堪論棒頭無眼黃粱熟個些話作道理卒難會方來兄弟幾曾體得謹白謹白要得光陰不虛度亟問取他家脚下人

晩衆舉趙州和尚上堂曰兄弟但改往修來若不改大有著你處在師曰西天人事至此老輕薄盡也含

齒戴髮巍巍堂堂說恁語話捋靈嵒面光咄也大有著你處在一僧出師曰趙州合著在什處僧曰別處著伊不得師曰不改往修來底漢僧曰不可著在別處師曰但改往修來也大有著你處在便下座

上堂僧問曹溪鏡裡絕纖塵不立因什眼裡有睛底打鼓看來猶不見師曰甚不肯你此問僧曰為什如此師曰依肰走入識情裡也僧曰若不上來焉知端的師曰猶未得決肰僧問一日打眠三五度也消不得許多閒口除喫飯合作什麼師曰且放冷着僧曰不可教伊上壁忝也師曰衷斯自家裁斷僧曰近日諸

方錯怪人師曰可當得禪道麼乃曰老僧看定諸人了也還知麼良久復曰知之一字也不易言知之一字衆妙之先鋒知之一字凡惑之帷幄洗脚處用巧不得著草鞋時安排不得朝陽戶口夜月堦前不可總為諸人注脚春忝秋來三百年拄杖至今猶靠壁

早忝上堂舉智門綱宗歌曰昆明池裡失御劍曲江池內撈得鋸䶒䶒齖齖且過時莽莽鹵鹵河沙數糲竭節曳露布伶俐衲僧通一路師曰夫出家沙門不行異路乞食自活取那一路衆崙不契乃卓拄杖曰可惜這一路

小師越祖範銅寫師像供慈受閣請上堂空山中得似人者而喜好段語話要且難搆善說無生淤底道只是生銅鑄就聖從何來靈從何起若打從大爐鞴裡鎔盡氣質決不坐著這個見地此椰子一軀不慕諸聖不重巳靈讚譽勿喜殘毀勿嗔眼擳一切而影不留耳透一切而聲不染為他是佛模子裡祖模子裡脫出故諸象繁興那伽常定饒你在面前作多色伎倆渠不見不聞無盡諸方聞得未免笑靈嵒兩口無一舌咄咄保老兄未徹在

吳江弟子定洪密珠請上堂儂家自有同風事千里

蒼茫御肯伊天地河海風雲草木虫烏人物月之大小歲之餘閏古人道無知者無所不知無所不到起心解會則便隔也今日與你約斷一件事若要忝離泥水活人眼目舉唱激揚喝一喝曰細看前話

早忝上堂果是個解事師僧不待靈嵒到你面前橫豎巳知老漢鋪張佛意祖意在這裡多少時也你道我與諸方差幾尺地一曰近日此話大有商量一曰放待冷來看一曰闔國咸知一曰我不可作靈嵒弟子不得一曰某甲叅堂忝也一曰打鼓普請看一曰某甲不敢造次一曰直不藏曲師乃起身曰一總是

開眼尿牀
晚叅謹白叅玄人光陰莫虛度如此老所說天下宗師盡是喫飯漢子衆中有高過石頭底試請下語一曰不料和尚問到這裡一曰上來下厺總不徒肰一曰耑爲流通一曰別有商量師曰到南廣囘來一齊定當
弟子元信大藏圓滿請上堂古德道一大藏教是個之字三峯老和尚道一大藏教是個日字山僧道一大藏教是個席字三人行必有我師焉之字下薦得生來造化承斯力貴胤天肰世莫羣日字下薦得一

句當天出葢纏縱横妙展無私炤席字下薦得覿面千殊一體平水上東山青不盡諸人擬取那一字宗乘露布建立由人若非事理圓融能免觸途成滯當此之際須明古人血脈有隨自意語有隨他意語有隨自他意語一等出世尊宿個個道鼻孔吒沙眉毛卓朔纔據祖令總須茫肰勝事將成九仞山僧肯惜一簣喝一喝卓拄杖下座
晚叅舉雲峯悅和尚一日謂僧曰汝問訊了一邊立地是什麼道理師曰未必善因而招惡果復曰靈嵒今問大衆汝等禮拜了兩行立地是什麼道理一曰某甲若說道理遭人怪笑一曰也不較多一曰不可見戲一曰肯以小緣妨於大事一曰是上古風規是今時樞要一曰不得作佛法商量一曰耑爲流通一曰衲子難謾師乃曰眼目洞肰是誰不肰更擬踏步落花滿前
平川弟子王本讓請上堂靈嵒三昧最省力舉起一念事事畢高來低厺盡奇祥屈伸進退咸饒益臨濟入門便喝德山入門便棒逐妄所生不能自在老僧指出底可與祖佛爲師信及底肯走到人天路裡我於一切處而無所行他拘我不得曩謨觀世音菩薩

曩謨大慈悲菩薩心主釆集不是佛智多嬌詐不是道何況執著文字限量良久曰你且聽厺好
弟子靈秀請上堂良久曰大衆總集也聽老僧說話又良久微笑曰任你江南江北各自有禪各自有道吾不喜聞三十年前在萬峰刷印寮見兄弟都道纔有是非紛肰失心不圖他能讓千乘之國簞食豆羹便見於色肚裏忖量道何必及踏著安隱一片地從夜半子到人定亥一切智智清淨無二無二分無別無斷方省古人道舉一則語教汝直下承當早是撒矢向汝頭上也喝一喝曰將此身心奉塵刹是則名

爲報佛恩

弟子靈善靈玉請上堂古德道不信菩提涅槃是則解空第一喝一喝曰丹鳳自騰霄漢众寒鴉猶噪夕陽西從上諸聖浩浩商量都要傍省事徑捷一路走直至如今計較未成多少倚長松臨綠水感恩無地大事本來平等反作多種奇能役役趁過光陰大衆流言止於智者二時開單展鉢逐日屙矢迸尿盡將業識作流傳此道今人棄如土

月朗大德請上堂曹溪一路大不淨坑自古自今掘了一丈又一丈何時得息浪停波更有一項左手把

水如光與鬼倒掛瞳人顛覆肝肺據實理論而今方來兄弟能有幾人瞥智觀薄機衡斥逐正洽眼抹斷涅槃心覗無相實相如瘡疣溲勃老僧今日不圖分雪三十年後人間天上一回撞著高聲曰豈其然乎

早叅舉趙州示衆曰金佛不度爐木佛不度火泥佛不度水真佛屋裡坐師曰智有邪正道無淨染擎拳豎指瞬目揚眉是羙精魂鬼總不與麼快便將來如何是屋裡真佛一曰莫要潑水麼一曰不可錯祇對和尚一曰心不負人面無慚色一曰痛領一問一曰口是禍門一曰不經一事不長一智一曰某甲無侍者祇對和尚一曰不可口似鼻孔也一曰動則風生師曰市食齋僧不見好

晚叅古人道若是陶淵明攢眉便歸众師曰滿目溪山一帶烟众便休何用攢眉一曰病入膏肓一曰深懷恐懼一曰肯掛脣齒一曰是伊救不得也一曰深領師良久曰看見了也便下座

早叅自點胸曰此老子一生口硬慣說硬禪也無他只是做禪和子時不輕易喫人家三個胡桃兩塊餳而今禪和子能有幾人挿花不入昔僧問雲居如何是道中人對曰如死人手道中人相見時如何對曰

如死人眼這兩語到我臨濟家濟得什麼邊事不解自持白刃斷其命根每日說千說萬總未契得木上座在多見時流妄作主宰請個古人爲你證驗有能與佛祖作得生對頭底出來道兩語看僧出師問如何是道中人僧曰雪深三尺道中人相見時如何僧曰特地一場愁又僧出對前問曰獨掌不浪鳴對後問曰兩掌鳴嘓嘓一僧曰脚跟不點地次曰把手上高山一僧曰舌拄上齶次曰絕倒旁觀一僧曰待問即對次曰益贍毛一莖兩莖還遮覆得麼衆僧競出師曳拄杖下座

南岳繼起和尚語錄卷之三

嗣法門人濟璣等編

住蘇州靈嵒崇報寺語

上堂喝一喝曰前聖所知轉相傳授能滅億劫倒想成就無量慧身離此章句別有商量水牯牛欄裡又添一頭靈嵒不獲已且作死馬醫將知你一生行脚只是泥裡摵椿看人喫飯一法若有毘盧墮在凡夫萬法若無普賢失其境界你道街頭巷尾敲鐵磬沿門念高王經底親見妙覺也無灼然諦當得其樂不可量打笑不下最苦莫過此也復喝一喝旋顧左右

曰洞山古佛道得好成佛作祖越此不得不得伊何要你消磨

松陵陸懋之居士求嗣請上堂從門入者不是家珍一朝親自得來是眞獅子兒何怕不大起家聲驀拈拄杖曰不見釋迦小厮纔出母胎便手指天地目顧四方曰天上下惟我獨尊當爾之時如珪如璋誰敢相著所以道一人得之則位齊諸聖一人失之仍是凡夫人雖不殊得失逈遠古德眞切之言誠堪信受隨卓一卓曰務求必得而後已

晩絫舉思益梵天問佛世尊何謂菩薩名爲有慚佛言知見內法何謂菩薩名爲有媿佛言捨於外法何謂名爲菩薩徧行佛言淨治身口意業師喝一喝曰慚愧釋迦老子不顧亂卻天下人眼何不與伊本領今日設問靈嵒何謂菩薩名爲有慚對道裁衫錯卻領何謂菩薩名爲有愧對道把針失卻線何謂名爲菩薩徧行對道衲僧破草鞋又道五戒不持大衆提將鉢囊千里萬里行脚莫待閻羅老子徵你飯錢肰後搜刮腸肚上來山僧共釋迦老子各出隻手爲你分取一半且如何得知見內法如何得捨於外法何法能淨治身口意業衆畣不契乃曰指望灑灑地爲

宗門中出口氣如斯爭得能搆歸方丈侍者問如何得知見內法師曰不食空王俸如何得捨於外法師曰何假雁傳書何法能淨治身口意業師曰昨朝栽茄子今日種冬瓜

知殿慧圓請上堂位天地育萬物聖人之道可謂大矣也只好向無佛處稱尊若撞到宗師面前尚費手脚不肰禪和家三千五千一萬里地盤水陟嶺難道總爲一羹一飰老僧不是抑人揚己秖爲不甘你一衆貿屈你輩盡道慣自於古佛出頭不得處鐵石崩崖霜弓劈翦我且問你諸佛如來說一切衆生身中

具有三大體大相大用大較他聖人之道孰大良久曰李將軍有嘉聲在不得封侯也是閑

荆溪周居士請上堂驀拈拄杖曰祖師不曾西來各有一片田地以時作息誰敢差之毫釐既來東土卓一下曰中心樹子屬我也謬之千里何所不宜雖然如是白雲橫谷口迷卻幾人源所以道語不離窠臼安能出蓋纏現前諸人有能於祖師命脈上眼目人天試請道一句助喜青池居士圓滿報恩功德良久曰三十年後此話大行

通州幻往聞長老遣門人音圓徹省覲請上堂如今

直下信道老僧不能替你作活計須是各各自解作活計始得而今還自解作得活計也未且返思自解作活計底人在見今見古見屋見樹處見在行不見行坐不見坐處見又作麼生說個見底道理有人問你又作麼生道先和尚當時說得好如今悟得底向前迷時在什麼處如今正迷也悟從什處得來恁麼說話罕有人說得山僧當時道佛法是個省力易會法門今人甚看得難了秖如僧問趙州學人乍入叢林乞師指示州曰喫粥了也未曰喫粥了也州曰洗鉢盂去其僧言下省悟趙州是自解作活計人家兒

子開口動舌全不費力迷時底人還喫粥還洗鉢盂麼個個喫粥個個洗鉢盂迷悟如何分若分不得趙州未開兩片皮這僧因什不悟纔說個喫粥洗鉢盂這僧便悟去佛法無迷悟無來去平生所作所爲總是這個活計解作底人三毒四倒五蘊六入十二處十八界二十五有無不是活計自不解作活計則菩提涅槃真如解脫盡是死路僧問岳頭起滅不停時如何好岳頭便道是誰起滅老僧在萬峯槽廠豈止喫過七棒八棒一朝低頭登時看破他自解作活計底也不是自解破家散宅底也不是畢竟如何擲下

拂子左右顧視曰還要注脚

佛誕上堂道大不有功成不居作無所作爲無所爲善哉釋迦老子當年一出母胎得聞此語或不至莽莽鹵鹵開這張乳臭口遭他跛足雲門驀頭一頓今日老僧若不說明諸方依然放渠不過大衆法無成相生殺由人近來巧唇薄舌克路塞巷試請爲二老定案良久曰古人道得好你若肯我我卽辜負你你若不肯我我卽不辜負你

雲間錢太君爲令嗣寶汾求功名請上堂毘盧頂上人識者既少舉者尤難也別無奇妙我見世間之人

隨情起解情解方起名相是與咫尺之間常樂浴身而作無明幻相爭知他本自無表無裡不欠不剩風雷咳唾烟霞塵垢呼吸萬靈叱咤羣品皆其嘗分禪和家聞知是說呵呵大笑道我會也我會也念茲在茲安樂長壽老僧更助汝喜良久擊拂子一下曰好上大人還會麼他家大有兒孫在頂天立地通人愛

小參實謂此事如王字不加點巍巍乎誰不承恩誰不仰德纖毫違犯身命殞亡蓋謂不輔非忠不順非孝爾等其善體悉

早參實謂此事如王字不加點有大智人以三要印

當頭印定是他家親子親孫何愁不眼枯腸斷苟非骨血靈牀前一分爭得應時及節隨擱口曰鬼話便下座

晚參實謂此事如王字不加點在天天中尊在人人中尊少他一下食者難消

建大悲道場秀州世益禪人請上堂實際理地撥轉天關良哉觀音快逢其便經律論三藏五乘十二分喝一喝曰我所得智慧微妙最第一參玄上士味道高人何不直下打開自己寶藏運出神通光明共靈品老子對個平交成辦現前佛事枉被識情安排工

夫造作過去諸佛現在諸佛未來諸佛各與三十巳自領出汝等諸人幸早各爲之計

南豪弟子張雲升爲母六十壽辰請小參驀卓拄杖一下曰西天人事盡情交割了也可笑臨濟洞山各得聖人之一體便乃高竪三玄橫張五位天下之不見大全也久矣老僧今日復還舊觀不圖炫耀已靈秖期仁人孝子各各曉了本生父母原自諸相完具旋顧左右曰且道以何爲驗良久復卓拄杖曰面目現在

早參實謂此事如王字不加點乃呵呵大笑曰加一

點又成什事此一點體非大小位列高卑加之上位指揮萬象不逐四時者之偏位秖恐不是是眞大奇爲君既不易爲臣良獨難鹽梅不是生知功勳非關夙具大凡學道人須知有轉身處始得復呵呵大笑曰撲在散衆位中餧得來赤凍紅地無有出期

侍者山庵請上堂舉明覺曰祖師不到處時人知有時人不知處過在祖師乃曰山高水深豈盡人力使之時人伎倆往往多於祖師夫爲祖師者又常常平地遭撲雖人皆得而賤之何所不宜時人不知處又歸過於祖師拗直爲曲使之正令不行豈能服其心

哉雪竇當皇宋中葉正宗鼎盛無丈夫氣槩乃爾靈嵒幸無偏照剛有不明敢問祖師不到處時人知有個什麼良久曰共相着力底試人前露爪牙看

早叅舉風穴問眞園頭會昌沙汰時護法善神什處去也眞曰常在闤闠中要且無人見穴曰汝徹也妙喜曰風穴徹也未師曰風穴道底是第一句你若會去是第二句妙喜道底是第二句你若會去是第三句眞公道底是第三句你若會去是第一句臨濟若在必肰道誰知吾正法眼藏向這瞎驢邊滅卻老僧笑道卻做得靈嵒半個兒孫掌有神珠白晝示人巳無遺餘大家看見自信父子領諸檀越遠擎香飯餉我山衆依法料揀是第幾句禮云禮云玉帛云乎哉樂云樂云鐘鼓云乎哉先聖道法性海中親認得現前人人都在法性海中且道認得個什麼噓常恨言語淺不如人意深今朝兩相覩傾盡百年心

弟子靈簡靈楷靈冶請早叅舉五祖和尚上堂曰庭開金菊宿根生來雁新聞一兩聲昨夜七峯牽老興千思萬想到天明師曰演祖天下宗師據此亦不足肰天下之望出家沙門作佛弟子含齒戴髮巍巍堂堂行盡水雲脚求悟本來心待其未踏船舷痛與三

十庶幾不忝門墻乃作許閑言冷語衒耀巳靈耻他先作直饒說法者無有能說可說聽法者無有能聽可聽出得離間語落在和合語裡要稱臨濟下尊宿且聽靈嵒處分隨喝兩喝曰冷地忽肰覷破笑殺無數旁觀

晚叅舉撫州龍濟和尚問僧什處來曰翠嵒濟曰翠嵒有何言句示徒曰尋常道出門逢彌勒入門見釋迦（師注曰二不成雙）濟曰與麼道又爭得曰和尚又如何濟曰出門逢阿誰入門見什麼（師注曰一不成隻）僧於言下有省（師注曰好與劈脊便棒）乃曰二老宿頭白齒豁不指望出兩轉壯觀宗門緊緊抱着佛脚一步不敢動據此何能入魔靈嵒今日要與二老爲師教渠竿頭更進直道出門逢馬面入門見牛頭問話師僧暴得人身豈遂甘心必肰冷笑道金毛跳入埜狐窟也隨撫掌三下

早叅舉僧問首山如何是截徑一路山曰或在山間或在樹下師曰老漢耄矣登危陟險繞棘攀荊爭得徑截靈嵒卻有一條截徑路頭快便師僧速請進步一僧鹵莽衝出師痛打一頓趁之復就座良久回視一匝衆無對乃曰土曠人稀便下座

晚叅道吾眞禪師孤硬具大知見與楊岐會和尚俱

有重名當時慈明會中先數二大士爲龍象肰開洂皆遠方小刹衆纔二十餘輩諸方來者必勘驗之往往望崖而退甚多或問眞如何是佛龕曰洞庭無蓋寂音尊者頌曰洞庭無蓋湥殺洂身趙州貪食牙齒生津異哉擔雪旣愛眞公龕話又愛尊者頌語遂不顧惜舉止之醜惡效顰頌曰洞庭無蓋托出洂身吞吐不下空自嚥津又曰洞庭無蓋走卻洂身東西南北苦殺問津二頌忝尊者遠矣有小洞庭者拈四句使寂音擔雪不自知其首之俯幸哉座下競頌師復別曰洞庭無蓋上載下載杜撰禪和多見未在

早忝舉僧問元叟端公如何是實頭一句端曰刀斫不入師曰非也老僧今日要與元叟相見忝玄上士撥草瞻風動踰千里萬里秖圖個入路若據高論辛辛苦苦盡是夫虛實頭一句如何道良久曰將屎塊驀口塞好恠我沒道理

晚忝舉僧問趙州世界變爲黑穴未審此個落在何路州曰不占僧曰不占是什麼人州曰田庫奴師曰田庫奴當此之際救你頭是救你脚是燒香禱告觀音忝良久曰觀音觀音可奈何

小忝曠大劫來覓不得底出息不涉衆緣入息不居

陰界禪和家長連牀上客春開眼半晌聽不着晚粥梆氣急殺人三十年來辛苦事觸磕何曾不遇緣

晚忝月首座問佛祖不能到處敢問和尚師曰三千條罪莫大於不孝曰肰則小子領命矣師曰也知勢不容不下也曰何必痛而後伏師噓噓良久乃曰今世道人多溺文義不務大道人類相乖尚能刺足於佛祖永明不曰若但隨文義所解只是陰識依通當逆順境時還成滯礙老僧痛心諸人其有過量乎喝一喝下座

晚忝年窮歲逼大小事都有個結笑我也要清楚你你也要清楚我一僧出師打曰一併清楚與你僧擬伸問師連打曰更欠少你什麼趁出

晚忝古之人有截人脚跟者有换人眼珠者有忝人匙箸者有拈人鼻孔者總非善洂靈齒且不肰盡乾坤將來如湮星點只要你喫喫得下了又要你吐得出而今且先說喫僧纔出師驀面唾僧將進師曰不得喫我吐下底

楚潼泉俞昭汾長老省覲早忝請上堂僧問一人知有道不得一人道得不知有那個在偏那個在正師曰若此者非老僧所能知也僧曰好一轉可惜引人

語路師曰人各有知有不知僧曰和尚還知面門一突是他通氣處麼師曰子欲我强不知以爲知乎僧曰倒是某甲罪過師曰非也僧問百種多知不如無求最第一也因什又向大庾嶺上以網取之師曰其言則朕僧曰既無依執云何名傳師曰汝意謂何如僧曰還塞得他口住麼師曰古之人則不如是說僧曰原來共某甲說道理師便喝乃曰老僧之意諸人知之乎知之爲知之不知爲不知三十年辛辛苦苦只圖幾正知正見之人布之四方使三峰道法有傳人則盡在見聞章章之道如之何喝一喝曰在人

師到三峰祖庭法子檗庵志主席率大衆請陞座僧出問師皆默然乃曰此片地長如許長濶如許濶我老和尚於此得道養道行道我兄弟子侄子侄之子於此得道養道行道摧頹老子特地又作個什向當良久曰天地覆載日月照臨物以曲成情忘向背斷斷靡他尚與大振於後來喝一喝下座

晚參理無相狀事有形段一報身中善善惡惡如何得事事順理一曰嫌什麼一曰還容某甲杜撰麼一曰一切總由和尚一曰只宜拄杖子一曰洎合打破蔡州一曰家醜不可外揚一曰巢知風穴知雨師曰但念觀音

病起早參見到古人見不到處底禪和我有兩問問你用過古人用未到處底禪和我有一問問你乃問老病尋常發龍鍾無較時如何首座曰近日荊州玉泉請和尚師曰始見望朝又已念日西堂曰有手不彈指師曰無限世間心問雨歇農方作天空蟬盡鳴時如何首座曰堆藍堂中坐臥亦不惡師曰或若當此一問靈嵒門下將何如西堂曰往往如斯師曰圖他力盡問臨濟德山不足標牓信得及麼首座曰和尚行時某甲腰包師曰將作奇特商量西堂曰某甲經了多少寒暑師曰故山歸路笑羊腸

晚參老漢不肯亂塞人口明取自已明取目前底交馳天下總之賞他個熱不係師法祖佛句子道來一曰近日諸方大有商量一曰某甲不敢安生節目一曰也曾他家簷下過來一曰專爲流通一曰今古罕聞一曰恐不愜和尚意乃顧侍者曰寡不敵衆打退鼓

晚參老僧崇禎二年到萬峰見老和尚有兩句話往來於懷三十六寒暑怕爛卻今晚舉一過上上人不撥自轉下下人千撥不轉衆無對乃曰兩肩扛一口

枉續牟尼子孫後
早叅平旦寅狂機內有道人身喝曰欲得不招無間業莫謗如來正法輪老漢難道定要與這不是人養底打對有法得菩提道實大可畏你等既不問老僧而今老僧要問你正聽經時禪在什處正叅禪時經在什處代前曰展脚縮脚代後曰合眼開眼孤峰長夏命闍黎論法華助顯
千華法侄守緣和尚請上堂僧問一字根要是何之說師曰將謂俊偉之機曰依依對看師曰能爲來者之益曰果爾殊特師曰無以當意曰得盡之也師曰

收僧問上來置個問端和尚定有以畣之師曰早巳備悉來意曰便恁下去也師曰實爲希有曰其一有所當乎師曰家裡人說家裏話曰也要大家知師曰珍重乃曰反覆丁寧輸誠苦口是南泉睦州大機之用我濟上之所秘也今遇大方事難久韞隨仰手覆手曰過去如是如是現在如是如是未來如是如是得親故用親行到故說到有時威行雷電有時靜穆淵澄皆不計較而得良久左右顧曰有當高懷也無便下座
虎丘回上堂僧纔出師以拂子截住曰我不汝欺乃舉雲門和尚一日行次以拄杖打露柱一下曰什麼處來自曰西天來復曰來這裡作什麼自曰說佛法乃喝曰欺我唐土人又以拄杖打一下便行師曰捉住捉住浙西路裡淸水白米與你喫了亦是一種善知識底事撞到露柱也扯葛藤一上莫是欺他外國來麼誰信你老僧昨夜從虎丘到靈嵓有問侍者和尚來作什麼者曰說佛法諸兄弟若道有佛法可說是欺靈嵓大衆若道無佛法可說又孤負他遠來檀越這裡道得個平展句子老僧分半院與伊爲檀那植福靠拄杖下座

緰岸二侍者丐盛川回請上堂我宗無語句不是無語秖是無祖佛語無人天語亦無自語一味應機發語昨日有僧問盡大地是學人一坐具地佛出世也侵他毫釐不得擬著和尚向什處老僧道生平行脚到處只晉九十日爲一期僧曰還得觸處自由麼老僧道如方木逗圓孔中僧曰始得無過老僧道多少聱訛大衆未識者識取習學謂之聞絕學謂之隣過此二者是爲眞過上來個道眞言三玄收不得四句豈能該若不挈其綱領百年能幾許走殺亂山靑眹今日兩侍者請說法當用何等語良久曰鉢盂安柄

新翻様牛上騎牛笑殺人
上堂拈拄杖卓一下曰妙用自通不依傍物冥會至理非見聞緣但有語句數量盡屬法塵盡同諸漏祖師門下春非我春秋非我秋夏非我夏冬非我冬伶俐衲子隊隊盡入僧堂裡喫飯那個不曾提將鉢袋千山萬水親覲尊宿知識來幾人於美盤珠上撥得著聖僧年庚月令子平局上若不具有正官正印爭能一坐千年永臻祿養這裡看徹當住眞心待山前麥熟特磨麪作頭須彌山様餬餅拉取東西南北坐曲彔木底同共一筵大相讚頌良久顧大衆曰不得道靈嶽慣説長遠話
瑞嶽若長老省覲請上堂本色住山人將臨濟隨身七事鍛作柄钁頭開得一畝田種得一籮粟百年三萬六千朝沐日浴月總無虛棄底時節祇麼不信更向外求須知向外無法内亦不可得直下歇卻便是清淨身界心肝五臟頭目髓腦未嘗屬與別人汝諸仁還有眼麼有則便合乘時識取拈起拄杖曰即此物非他物從上傳持無少別打雨敲風只等閑卓一下曰何惜今朝重漏洩
誕日上堂今朝二月初八正是山僧五十七年前撞

出母胎底時節其紀年萬曆其歷三十有三其歲乙巳其月巳卯其日壬子其時癸卯只這現成本命元辰錦繡雲霞也絢爛他一點不著晦冥雷雨也掩覆他一毫不得直饒斗牛女虛危室壁奎婁胃昴畢觜參東方發紅炤底在周天三百六十度上打一個轉天干地支不曾移易弟子聖堅向依雪峯故事服瘁叢林銖積寸累指以營供適當諸山畢集名宿滿前特求山僧乘此良辰舉揚法要山僧料揀微軀秖有清淨本命可以上對佛祖可以下示後昆可以無愧高賢可以率先來學一時和盤托出了也若是佛法且待別時
一如禪人領弟子靈昇靈受請上堂四來諸禪和三千五千一萬里地披風吸露捱他冬月赤日只爲不大肯於諸方只爲不肯小視自巳要決擇萬劫千生事故攢簇高山頂上希逢難遇正在此時出來對衆美一解果然言如雷火始見宗乘不墜叢林有人莫憚靈嶽格致錯愕旋生退縮有麼如無老僧理葛藤去也喝一喝曰我教你歇你不歇教莫著忙你著忙可惜娘生兩板脚空向閻浮走一場
梵因副寺首七上堂古人謂無眼耳者是得力小師

老僧三十年來畜得頗頗一個中途忽遇卒風暴雨
打失了拈起拄杖曰一向拖拖曳曳撐撐拄拄全靠
渠而今貧恨一身多并渠亦不要還有用得著底一
任領公衆無對師曰全副送在你屋裡不解使令此
後莫妄想
密因薙染請上堂各請停思思而知是鬼家活計智
不到處衝口道出如炬破冥如霆發蟄如篲浮雲如
斧枯木如師子王獨步衆會如寶鐘杵羣聵震動開
化剛强如草覆地瘖瘂疑昧如日中天隨喝一喝曰
宗門旨要爲當秖恁麼別更有奇特乃起立曰第一

願願剃度沙彌作止無礙第二願願現前貎衆動靜
光明第三願誓便下座
侍者粹益爲同事子木樾請上堂僧出請益師不顧
良久乃曰亭亭霜後竹落落鏡中絲俛仰乾坤小誰
堪話所悲一衆還知古今坐曲彔木者麼盡是無猒
足貪夫可憐達磨這厮十萬里程從天竺來秖帶得
隨身兩脚人人盡指望受他人事開個鋪面販茶底
讃茶香賣餅底誇餅熱三斤麻一疋布竹札木屑盡
情擔出人前尋個出脫甚至乾矢橛和兜率陀天底
一秤賣卻猶不自滿志割空裡春山剪意中秋水高

擡聲價不圖你燒旃檀沉乳作七代先靈供養反要
他提水挈漿洗甚驢脚馬脚有個血性漢子眼不忍
見耳不忍聞穽廿打入異類不與同中國一夳三七
日杳無消息現前大衆俱有半面之識試爲我與轉
看衆佇思猛擊案曰缺七種相底不是
別峰三關大師七十初度遣弟子設齋請上堂喝一
喝曰若是開口便吞佛祖底決不嫌齒牙礙塞未生
前巳生後豈有兩副面嘴零分細剖供人點染杖頭
明月頂門具眼方寬笠下清風胸次無塵始覺用時
似雷翻瓦行處如火銷氷菩提涅槃一筆勾下朗田

舊閣吐湮觕來於險惡爲橋梁不惜度驢度馬於昏
黑爲燈燭從教鑑地輝天花簇簇錦簇簇一本同條
聯葩並馥耳順放觀音入理之門從心處普賢歸源
之府黄金奕葉劫前香碧玉廻環言外旨山僧今日
慶讃因齋期於此老別峰相見拈拄杖曰看看要識
趙州庭柏樣直須連夜長新枝卓一卓下座
惺悅禪人領琴川衆檀越請上堂僧問若人識得心
大地無寸土即今大地巳無寸土且道心在什處師
曰三代以上底不是僧曰幾人說到這裡師曰又來
錯品題僧曰直得寒毛卓豎師曰依肰打入骨董箱

裡僧曰日上月下總不徒然師曰轉見誵譌乃曰有一物博古圖中收不得宣和印記打不着縱有個慣說大話底自言我是威音王已前領過勘合來秖好信一半唐虞三代秦漢六朝蚩尤饕餮翡翠朱砂也總是糢糊品題何故蝌篆文無口欵識不靈從來骨董箱原是誵譌窠窟除是實情大方賞鑑家不消揣按自然分曉即今衆中還有恁般人麼喝一喝曰試請定價

師到當湖化城院主是公領諸檀護請上堂僧問即言定旨不敢上來過化存神願垂方便師曰破夏謀

食可是好僧僧曰敢為流通師曰令我攢眉僧曰大衆一時記取師曰也是徒然僧問湖波逗日玄沙眼孔撩天竹擊清風香嚴耳門著地兩段不同試請料揀師曰事非草草僧曰已出白汗底徒煩指注師曰汝又奚為僧曰永明下截底如何甄辨師曰千里萬里僧曰可謂入石之言師打曰也是不得已也乃曰宗師命脈久遠來在汝諸人赤肉團邊設驗入關施活人句幽鳥語如簧柳垂金線長緗緗素素滿眼滿耳不立文字高賢爭肯多求妨於至道喝一喝曰今日老僧把汝手上高山大行闊步又在識浴者自驗

戒珠道人領檀越靈智請上堂僧問仰山道盡大地人業識茫茫某甲道盡大地人心光湛湛還是仰山道底是某甲道底是師曰你但將手向鼻上指看僧曰和尚過為巧說師曰不可流入意地僧作禮曰曩謨觀世音比丘某甲從今張口只圖取喫飯也僧問向上一路寸草不生脚頭只顧步步登高底還知草鞋跟斷麼師曰當年六祖在大庾嶺頭與明上座說什麼話來僧曰與麼道即易相續也大難師曰古德誠切之言實大可聽僧曰而今而後師曰休將玄妙掛心頭僧問無底籃盛將來底大家知有佛祖說不

到處願請提綱師曰莫被他識情驅使僧曰實謂罕稀師曰現今種種念慮交割下落也未僧曰千古萬古師曰一朝踏著實地歡喜不了也僧曰驗取師曰讓第二位話行僧問觀音入理之門聞鼓聲橫趨而太超佛越祖之談因什胡餅塞來猶不住師曰末法比丘僧曰而今秖恐不然師曰但得心平等高低路坦夷僧作禮曰謝和尚師曰老僧肉戰問東海騰波南山疊翠大家聞見分明因什問着口吃師曰老僧替你不得僧曰有恁麼心行師曰他日也須自得太僧擬進語師曰莫將閑學解埋沒祖師心乃曰不消

開口道福壽總從心現前諸菩薩助我轉浤輪摩訶衍深復深絕憎愛一古今須知五色燈光肯所成三昧性海名身句身但除其肯莫除塵堂堂大丈夫不用佛扶不用祖扶肯道挾帶挾路通宗通途親切最親切鉢盂或瓦或鐵一日兩度周旋秪要肚飽卽歇

南岳繼起和尚語録卷三　王

支那撰述

南岳繼起和尚語録

葉恭綽題

南岳繼起和尚語錄卷之四

嗣法門人濟璣等編

住蘇州靈嵒崇報寺語

月朗大德請上堂虎豹文章笑來西天儘有麒麟頭角難道東土全無巿簡木杓處處堆山積嶽錢貫井索頭頭焯地輝天拈來蓋色騎聲放杰風行草偃聊聞舉著已瞥地翻起便行何俊哉若向意根下妄自穿鑿豈但分踈不下直是撞身不起一年又一年一月又一月拖到彌勒下生也未得成辦時節有句誠諦之言惟在諸人料揀擲拂子曰自是不歸歸便得五湖烟景有誰爭

雲間弟子靈耀薦嚴大拙居士大悲懺期告圓請上堂乃顧視左右曰觀世音菩薩先進於禮樂後進於禮樂草木爲之稽首土石因而放光一朝摩竭魚鑽透清淨寶目須彌山壓倒母陀羅臂三十二應十四無畏諦當甚諦當敢保老兄未徹在有個漢子揚眉魚龍得游泳之方瞬目鬼神無行走之路摧折刀山不用文殊妙智消滅地獄不用普賢三昧法性如此徧圓心源如此湛寂今日若不證據後來如何趨進乃合掌曰現在可驗

上堂奇恠諸方老宿盡道善能切磋朕則靈嵒門下直是好笑禪和子是木頭是土塊就使是木頭土塊穿鑿將來還解語麼苦哉汝等禪和深受屈抑我此時若不說個快自指口曰枉生這兩片皮也諸德如今泛其波者甚多窮其源者極少總道宗師家本分爲人劈面兩掌有什麼過饒你見機而變其間有得有不得拈起拄杖曰毒藥醍醐千載龜鑑卓一下曰我與麼及你漆桶敢道不得爲天下宗匠

淵侍者請上堂僧問百尺竿頭進一步方知海濶天寬萬人叢裡奪高標秖要手親眼辨威音那畔卽不問昨日說不到底略通消息師曰出草之談卽不與麼僧曰原來師曰若要重話老僧與汝洗脚也不中僧曰豈敢造次師指鼻曰你擬安著他向什處僧曰直得退身有分師曰得恁沒下落僧問佛法要妙不在多言因什今朝三明朝四滚滚無稗記師曰見解偏枯底過一邊僧曰幾人得似和尚師曰恐有妨礙麼僧曰出草之談卽不與麼師曰與你飯喫底人還具眼麼僧便喝師曰罪過良久拈起拄杖曰這一個那一個一一被你俱勘破卓一下曰而今誰肯放你過玄素不殊宮商同度色色正觀聲聲天鼓截耳避

聰閑聹佯聾依肰混混沌沌帝江之舞爭知雕心鐫髓鏤肝鑄腑將謂尖新番同莽鹵不假音容直還太古肰後可以壓量佛祖連卓兩卓下座

浴佛日化士有隣領海虞弟子金本長請上堂舉僧問趙州狗子還有佛性也無趙州曰無五祖演和尚道也勝猫兒十萬倍師曰昨有問老僧佛還有狗子性也無曰有演和尚若在又不知下得個什麼語可惜在今天下罕有美大旗手底尊宿帶累老僧下此苦心佛若無有狗性爭肯離兜率降閻浮狗子若有佛性那得證涅槃成正覺古今佛法人秖知狗之爲患不知佛之爲患大矣哉所以無災無難活到百廿三歲底老古錐有竈門大兩隻耳朶不喜聞他一字設有個漢子出來道靈嵒靈嵒老僧不待打二十棒即時貶向鐵圍山裡何故鞞他決定與佛有一分情面隨顧左右曰有不平底及早說衆寂嘿肰師大笑曰且喜天下太平

當日秋佩大德領郡城弟子本容本珍請上堂佛之盛德難盡讚揚昃朝如是如是而今如是如是如是之法親從佛聞依文解義作三世寃違離一字墮於魔說近來江南兩浙河北關西盡道心是根法是塵

兩種猶如鏡上痕痕垢盡除光始現心法雙忘性即眞與麼會貶向崖州多虛不如少實千語終歸一當要使法界有情同悟如來無上喝一喝曰誰信黃河源頭濁六十八傳盡作惡

深棲寒松請上堂達磨傳來角印老僧連日粥飯頭不了事不易提掇果肰慧珠奮彩心月飛光底漢子不待放下柴擔早已迥出六塵之境直造一相之門今時學人多分出家不肯入家若入得家隨他拈起塊土敢道不是祖宗家業好處便認惡處即不認是疑栴檀林中有穢草爭能不嗅餘香荀了根源終非他物隨其色相一鏡傳輝喝一喝曰露

行修道人請上堂先師嘗說個譬喻近代禪師大似鄉里小兒其父一日携至郭中小兒一向空腹見城門口點心鋪裡有落籠饅頭趁熱捉住兩個滿口塞其父劈手奪曰莫忙遲遲到主人家更有好過此者連數幾色青州柿餅棗子胡桃甜底甜香底香小兒死不放手其父數不住口大衆胡桃棗子世間極平常物事不曾見慣尚自信不及況珍奇百怪遠方異品而今衆學人久久用工忽於冷地裡悟得個自己便覺飽齁齁不見有天不見有地不見有人不見有

自諸佛出來他也只道是光頭百姓又有一種於聲色邊悟得個目前便覺硬糾糾見琉璃瓶打破琉璃瓶見十丈珊瑚打碎十丈珊瑚達磨出世他也只道是洗脚奴子大衆悟有我者不復認我所悟非我悟亦如是此兩種人大悉不明悟見未銷金剛眼睛衲僧巴鼻諦當甚諦當敢保未徹在不見百丈未經耳聾馬祖訶道雖有兩片皮爲人不得雲峯和尚判一棒打殺釋迦老子餵狗底雲門還道秖有定亂之謀且無出身之路諸方禪師要望前兩種能有幾人更說什未後全提豈非對飢人而誇王饍先師是個大

富長者動便揮金如土靈嵒是個小本經紀一向借路徑過驀出兩拳曰且趁熱喫個饅頭

弟子理輪爲令師清泰大德植般若因請上堂僧問八萬四千波羅蜜門一時踏倒從上諸聖什處去也師曰老僧百不會僧曰和尚天下宗匠因什討他頭腦不著師曰爭似闍黎能幹僧曰眞個師曰若更抑逼將來只得放倒渾身僧曰和尚也著甚緊某甲也著甚緊師曰且讓第二位說看僧問清風匝地愛日方長未審犀牛兒生也未師曰三十年來曾不將涕唾與人喫僧曰莫有好使用底麼師曰聞說諸方儘

多僧曰若朕徒費老力師曰也只看得僧一喝師哂之僧問未打鼓前落二落三某甲上來落七落八和尚老老大大爲什隨人脚跟轉師曰聞所未聞僧曰人無遠慮必有近憂師曰肯說一半與老僧麼僧曰且不得作佛法道理商量師曰謹領僧顧第二位曰澤廣藏山理能伏豹又僧問三登投子九上洞山則不問鰲山店上一句作麼生道師曰壯僧曰今日與師覿面師曰莫僧作禮師曰依朕錯乃曰今日也相似七出八沒溫恭儒雅向來盡道須知有聲色外一叚事果朕總是這個時節受用信施如洪爐上著片

雪愁他消不得若效近時死老奴慣坐曲彔木牀上教習後生小禿丁接涕唾嚼說鹹說淡有滋味沒滋味空披衲衣何益爭知道德山用底是釘尸骸底橛子臨濟用底是散魂魄底業風曹洞法眼扭揑娘生鼻孔痛不徹溈山大仰差排阿爺下頷拍不上三門在露柱頭上朝行三千轉暮走八百回只是沒計較老僧不惜念則古頌爲伊指南拍手一下曰聽取雲門聳削白雲低浪急游魚不敢棲入戶早知來見解何勞更舉轢中泥

開化堂主請上堂擔佛著肩上行不是力量漢子上

來下厺爭得通塗通轍著衣喫飯屙矢放尿喚作徧行三昧惟其不守住聲聞不隨於劫數故福智二嚴一念畢備如鏡無象所以萬象森然不見道正法不從佛聞引經說喻分別前塵似向別人屋裡數更籌忙忙達旦灼然日午打三更阿誰肯信古者有言學道先須識得自己宗旨方可臨機不失其宜問大衆如何是自己宗旨乃輪掌曰日值壬子最吉祥開公

五十請陞堂鉢盂大小皆充滿匙上挑來粒粒香

玉峰弟子玄緯薦嚴夫子崙生居士請上堂春風如刀春雨如膏衲衣下事坐久成勞獨有無位真人不畏泥塗滑滑繞徧天涯了無蹤跡收得劫初鈴子輕輕一振動雲雷卓出水上紅旗眨眼空中飛閃電迅機同鷂不可羅籠了義非言如何捉摸驀豎拂子曰譬彼名花萬種惟采優曇大寶千般先求如意自然到處稱尊隨方受用若待跋涉化城方升寶所正有商量擲拂子曰飲光冷眼自開合良馬豈用珊瑚鞭

二月十九日弟子本德領金陵二居士請上堂早來報鐘一聲觀世音菩薩抖擻屎腸爲汝得徹困不甘作辜恩負德者各出一分老僧領袖卓拄杖三下曰山中人事朴實菩薩莫怪

禪人有隣惺悅人憲領常熟衆居士請上堂凡有咨問一俱打退乃就座拈起拄杖曰老漢若一向拖泥帶水慣了汝輩有朝拈得把得用得老漢性命也不可保卓一下曰自古先輩披這張皮不是希圖到處覓取一口飯喫秖要後生小阿師不被他世界搖動試請返觀只是一個父母更有何物將軍不上便橋勇士徒勞挂甲古今日月依舊山河師子兒善能哮吼龍馬駒自然踍跳

住蘇州堯封寶雲寺語

到寺上堂顧視左右曰這裡不得說臨濟主賓雲門事理溈仰父子曹洞君臣何以法眼家裏秖言一切現成老漢爭肯將無作有教你修禪習觀改斷變常起寺造塔鑄像印經終日傍家走盃老漢未離鄉土街頭市尾早已看破諸方有大名稱尊宿確知萬峰深處有個無面目頑賴老子天下人咬嚼他不上所以不避拳踢不顧性命入他槽廠遭他毒箭直得從頂至踵三百六十骨節八萬四千毛竅都是毒氣你若沾著些子眼底便不見有老漢何處更有他三世諸佛歷代祖師惟不知有故堪與祖佛爲師稍或受他言句蘊在意識下也太險復顧左右喝一喝下座

副寺道祥請上堂喝一喝曰禮之用和爲貴先王之道斯爲美諸方知識不知青松白石是山家之顔色紫陌紅塵滅道人之威光矢口罵人古儀安在生滅横起薄俗可憎臨濟德嶠恥其死拙之不肖洞山潙仰冷笑歪倒所從來堯封不能抛擲㟁阿混於沙石決之東則東決之西則西大用未必天眞喜怒何曾過量看他從上統領三界號召四生底聖人一個個敵悟勞生破盡塵妄可憐實是可憐慚惶端的慚惶其意果何爲哉今者圓頂方袍之士孰非希聖希賢成佛成祖相習舉枉錯直背是證非如是展轉流傳

將來有何所益堯封記得一隻古頌特特舉似諸仁棒喝齊施古佛宗三玄三要絶狐蹤白雲消散青山在明月蘆花對蓼紅惟願仁者從始至末盡善盡美將此深心奉塵刹是則名爲報佛恩

上堂他人住處我不住臭烟蓬㶿紅談熾肰他人行處我不行坑坎堆阜高下不平不是與人難共住彼此不著便大都緇素要分明增一毫不得減一毫不得遂顧左右曰且道什麽年中有此一人他本生父母什麽處居住欲識其父先觀其子若識得他家兒子盡大地草木叢林一時成等正覺若識得他家父母虛空世界一時成等正覺出沒三界如日處空流轉六趣似雲掇蟹眼睛裡放光現瑞耳門裏出聖入賢不捨十惡業不墮五陰身那來煩惱障可除涅槃心可證毁禁可憎持戒可敬如如向上沒可安排更說什三句外會取六句外省去有何交涉雖肰理則如是事又不肰難道今日大德薦嚴二人便與麼撥無因果凡也無聖也無修也無證也無天堂也無地獄也無三乘十地五果四向一切總無不見道一處有滯自救難爲觸處皆通方名導師畢竟這些子藥頭在什麽處喝一喝曰從上幸有恁般體格如何略

不著些眼腦看

出山上堂太陽羞與螢光並魚目敢同明月流出入烟霞輪老象等閑水草不如牛卓拄杖曰且逐東風吹大埜漫言四海一時收

到郡城裴居士時萬請對靈小叅具徹底之慧眼始見生老病死如空中鳥跡得離念之明智方知生住異滅似水底魚蹤睹色聞聲了無過咎若欲拂除宿障修復本明何異駕篩太虛掃清花影苟不穿鑿異端直下逢緣不借取信於巳自肰契文殊妙智宛是初心入普賢行門並無别體且道即今當薦姚孺人

一靈安在驀竪拂子曰時人只看絲綸上不見蘆花對蓼紅

上堂淮南北浙東西走兩轉來便見是隔年隔歳寒雲散盡遠郊和氣纔生枯樁擬作寶雲境話未免錯了時節當下即領深旨知是幾生辛苦强項後生都笑老漢話欛咄要敵生死還同霄壤

上堂閉御僧堂門荒御祖翁田雖然未當全提庶幾稱自本懷倘或四月五月黃梅雨連下不斷柴没得燒米没得煮不容你怨天尤人如何過活咄小家子没肚量不堪共語

上堂舉僧問首山如何是和尚不欺人底眼山曰看看冬到來僧曰畢竟如何山曰即便春風至師曰有問堯封如何是和尚不欺人底眼曰有一丈還你十尺有半觔還你八兩設問畢竟如何但道銀是十成錢是足百

上堂粥後打鐘知是堂頭陞座只麼散去不道你不是一員慣常使没意智一著子底倘遇著個舌覆金錢語帶玄而無路者横該抹將來更買三二十緉草鞋行脚何以故不傷物義一句不容易道

上堂山河大地同一舌萬象森羅同一音千差萬别同一質世出世間同一心聖凡善惡同一機日月星辰同一照驀拈拄杖打地曰木頭土塊又何嘗不是同一用即今有同氣相求者麽良久曰百鳥不來樓閣閉秖聞夜雨滴芭蕉

上堂僧問齇齇齖齖人謂我惡是是非非我謂人莫除卻是非人我了因什庭前柏子夢不醒師曰聞之悚然曰般若餘力師曰老大不契曰白雲風卷虛空濶師曰出氣不得直是苦曰根本添中留不住師曰空王佛焚燈佛曰帶累殺人師曰大雨方歸屋裡坐乃曰拈椎竪拂不惟諸方瞬目揚眉常笑自巳上上

根人了心如幻中下之流識性難空一時吹取入門來吽吽劔閣路險夜行人多近來膽大心麄

上堂舉首山示衆曰諸子漫波波過卻幾恒河觀音指彌勒文殊不奈何師曰烏蠻藥箭中者立死無脱理非三十步不發不能及遠也今觀首山施用大略近是堯封從中助一籌得麽喝一喝曰費半他人而功必倍之

上堂所謂叅學人豈偶然哉不知其所重不在鼓山頭上雲成蓋不在石霜霜水清如鏡不在新豐洞裡伸脚眠伶俐底試道看叅學人所重在什麽處良久

曰兩現前禪和相顧而不肯出口是無特達之志也有三患不可不知一患識短二患氣短第三患患其無所料揀不肰何退休至此侍者纔出師曰患老僧奮你不得話那便下座

上堂喝一喝曰浩劫有窮斯文不泯彼石上栽花虛空釘橛徒費心力遠者不過一傳再傳而滅安能久乎惜其皆不合乎古道也雖數數措置規畫未免過計叢林自古號多雄傑所在賢俊肯留意其大者復喝曰慶快平生不止今日

上堂我宗門素不擇人而教你有兩隻眼擡起頭來看老子可是當大事而獨斷底你有兩隻脚踏步向前來下一探竿試老子可是以細務責人底凡一言有當雖衆說不得以沮之尚無一人敢前其故何哉爲你不明古人所謂平常無生句妙玄無私句體明無盡句透斯三者一切處如鏡對鏡其誰不能若還未信古頌證明乃曰莫於言上覓切忌意中尋疾㗇過風旨思量海岳沉僧出曰三千劒客獨許莊周師曰跳不出良醫之門曰聊且安置師曰更待看過曰學人乍入叢林師曰何不早說曰不敢便作叢林殃害師曰老僧汗流脊背

上堂堯封長老生緣廣陵三十餘年備員法門懷有所見不敢不盡謹條三事如左一官人相訪不得非時引見一禪者來叅不得機鋒唐突一上堂請益不得褒詞獎譽炫耀已靈一僧出曰不敢不以實告若不反覆詰問難見胸懷師曰每次出衆見你破費煆煉曰法門大計事難草草師便喝僧曰遂不與禪子接哉師曰非細故也曰天下幸甚師曰肯道爲益不小便下座

上堂僧問如何是無位眞人師曰四王擡不起曰面門上爭容得伊師曰趁向水牯隊裡曰甘麼師曰不怕他苦死曰善知識如是乎師曰如是如是僧問如何是佛師曰飽叢林曰如何是法師曰險路設橋梁曰如何是僧師曰常常獨坐妙高峰幾見洞庭青又黃僧曰會也師曰就地拾得黃金將來未必是寶僧問三尺杖子攪黃河則不問如何是和尚居山底事師曰絲髮諸訛迅風霹靂曰始從迦葉直至今日師曰到處踐踏嫌他勞苦曰寃哉師曰老僧住此山多年也乃拈起拄杖曰指天指地人不知放下曰青山白雲徒爾爲卓一卓曰四遠問之盡大驚良久擲下拄杖曰終日跣足躡階行看看秋風漸老滿地盡黃

金喝一喝曰臨濟七百年掃不盡底傳到而今
上堂僧問雪點紅爐請師驗的師曰千行書不盡曰
恐相孤負於人師曰臂長袖短手難申曰他時後日
師曰割御胸頭肉輸君手段强曰何必師曰不必曰
爭奈何師哂之僧問古人見桃花意作麼生師曰眼
睛似眉毛玄沙道諦當甚諦當敢保老兄未徹在又
如何師曰舌是搗虀椎曰照破兩家心師曰未必是
好心曰和尚蹔師曰大街拾得金僧出曰莫怪某甲
觸忤師曰牛老難得乳曰何得名播寰宇師曰三時
雨滿河曰快快師曰宛宛曰能大肚皮師曰難保久

長僧擬議師連打兩棒僧問師唱誰家曲宗風嗣阿
誰師曰賺卻幾多人曰南屏嫡子太白真孫也師曰
兩頭盡脱空曰始終作主師曰驢漢不會休亂統乃
曰街頭巷尾不是闍黎轉身處結角羅紋難好賺你
著力親切一段事拈拄杖卓三下曰同道者方知
上堂僧問新歲將臨舊歲終歸何地師曰尋頭腦不
著曰和尚方便表示師曰來年來年曰打點迎新得
麼師曰鵲鳴不可便喜乃曰不論古話秖説目前若
果高下一顧萬類等觀許闍黎入得門也且道堂奧
中事又如何良久曰惱亂春風卒未休

上堂舉南院因一僧纔入方丈便以手指曰敗也院
拈拄杖度與僧擬接院便打師曰我道僧問和尚曾
道什麼來師便打僧曰敗也師直打出復就座曰幾
乎敗也便下座
上堂閻羅老子來也你這隊漢沒法也并老漢坐不
定也有什方法出來說一僧纔出師便打曰肯與你
說鬼話
上堂僧問慧珠何日奮彩師曰闍黎老不歇心曰敢
造一相之門希賜一行之旨師曰念子遠來放你三
十曰不信道師打曰七十二下不爲多僧出顧左右

問曰楊岐和尚道一衆盡是古佛兩行師僧還甘麼
師曰好言語曰一齊散衆時如何師曰好師僧曰待
某甲舉似諸方師打曰一併供出乃曰面皮厚三尺
出語誠不遜既許爲大衆說法肯爲說第二義便拗
斷拄杖下座
上堂還有不報四恩三有者麼僧曰久嚮和尚師指
露柱曰他與老僧同參曰參什麼人師曰問取燈籠
僧作女人拜曰燈籠燈籠師打五下又僧出曰這僧
不解尊意師曰尊意如何曰某甲三十年前撞著大
蟲直得肉戰師曰老僧三十年後未必不肉戰僧舉

手作捏勢師亦打五下又僧出未及咨問師亦打五下乃舉雲門大師曰若問佛法兩字東西南北七縱八横尭封則不肰若問佛法兩字來者賞伊五下何故嚳若約入水之義不可記時記節便下座

上堂法身喫法身三藥十二分教那一時分收良久曰開口舉來全不是開口送出未見全來公不離皮兩片法身幢盡話方圓

上堂僧出曰語路分明在請尊着眼看師曰夜鳥投林曉即飛曰紅白靈雲見未眞師曰還踏玄沙舊路尋曰蒼天蒼天師曰小失大怒曰風來水面盡文章

師曰郭象註南華曰分來按指法莫訝不成音師打曰萬水千山似鏡明乃曰風信饒他十月多洞庭吹落千頭橘是事從來不久長殷勤報汝毋輕忽三十三天拍帝鐘大家同念波羅蜜

上堂金字茶六百錢一斤一半奉他睦州尊宿一半分供雪峯古佛歲時伏臈不愁郡縣不置禮處祀今日之舉一則私恩未報一則使今之學其道而背其德者皆有愧恥而古道可以漸復於天下矣隨起身曰春寒料峭伏惟法身報身眼裏耳裡見聞不昧乃若化身猪肉案頭卵坑蝨子横三豎四七縱八横一切由他物物皆眞現頭頭總不傷

上堂十丈長珊瑚高樹琉璃瓶雲在青天沛肰變色面赤何如語直報君知最可怪底是堂堂白日入春來陡添幾十刻無舌人語多虛不如少實說取一丈何如行取一尺天中天聖中聖一切輸與南無佛南無佛纔到胸襟便着賊功德法財一五一十盡歸烏有先生之室咄咄緩緩日展華巖一帙看盡大地是君家放身命處何事分他你我討他得失

上堂舉僧問汾陽如何是學人著力處當曰嘉州打大象如何是學人轉身處當曰陝府灌鐵牛如何是

學人親切處當曰西河弄師子乃曰若人會得巳辨三玄更有三要語在切須薦取不是等閒師曰不是等閒汾州親見首山宵亂走他人墮坑落塹作薄福業其所論情知不墮荒唐脚跟下到金剛水際宛轉復宛轉還著得力也無善來文殊到即不點盡大地熇熇熾熾轉身向什處公有一句最親切咳嗽一聲曰乃若高低嘗應前後無差老僧今日將三要語盡情說出且三玄作麼生辨良久曰他時臭孔撩天切忌辜負老僧便下座

上堂欲有所白恐論說不巳具行脚眼者自不落將

息寮簌跟寶雲泉連賞兩既禮無不畜速具威儀道
一句來良久代曰大意除實
一日曰大意除實不假流傳方便道中稍可推校不
詳年甲請通名良久代曰少時巳能誦四韋陀典稍
長善天文地理悉通百家伎術
一日曰大羅漢卽成聖道得六神通尋以大法付之
明日寶雲院裏齋祖師那位先到代曰必除我慢
上堂僧問弓折箭盡時如何師曰見底聞底是什麼
曰根塵相離又作麼生師曰難得闍黎曰如何是老
僧師曰今年五十四曰親見和尚師曰老僧與你不

是宛家僧出曰七珍八寶一時拏又如何師曰放下
手來看乃曰漫將聞見强針錐聖鳥凡禽一等飛鹿
鹿冗冗遭一跌胸中寶惜眼中灰
上堂師召僧某甲僧出曰來時無語然亦無聞師曰
莫落邪途又召僧某甲僧出師曰一物著不得什處
安名字曰徒生逼迫師曰何處少你一坐具地又召
僧某甲僧曰恐驚天上師曰愛惜皮毛僧低頭歸位
師顧衆曰良哉三人分緊抱根頭意驀地事來臨難
討轉身計
上堂舉曹溪六祖問讓和尚什麼物與麼來讓曰說

似一物卽不中祖曰還假修證也無讓曰修證則不
無染汚卽不得祖曰卽此不染汚是諸佛之所護念
汝既如是吾亦如是師曰小心趙州宗門之賊念佛
一聲漱口三日堯峯老子大膽忒殺惡毒罵人恨不
得三句一口出乃有偈曰具區三萬頃難洗念佛聲
惡口罵人底刹刹現全身
上堂舉僧問馬大師如何是修道祖曰道不屬修若
言修得修成還壞卽同聲聞若言不修卽同凡夫師
曰城頭開船北風起帆輕直過南湖觜上水歡呼下
木嗟龍王廟前准燒紙良久乃嘆息曰今之以賤役

貴者朝釋迦夜彌陀驢年驢年驢年夢見馬大師喝
一喝曳拄杖下座
晚叅看他眞佛天生不以筋骨爲能的的眞法肯把
言鋒角勝所謂眞道近不離於方寸遠則十萬八千
驀地撞著個漢道是第一句薦得底老僧打退鼓有
分又一人道第二句薦得且分半院與伊乃若第三
句下薦得者雖不好輕易相許又爭好埋沒得他何
故倘或一撥便轉未必勞而無功老僧秖恁麼未審
到臨濟大師分上又作個什麼良久曰吽吽特舍兒
切忌擔枷過狀

南岳繼起和尚語錄卷之五

嗣法門人濟璣等編

住蘇州虎丘雲巖寺語

到寺上堂拈香曰此一瓣香天上天下獨尊世出世間至貴爇向爐中耑伸供養始祖釋迦文佛大和尚恭願

一人有慶慧命無疆萬國同風智嚴不昧此一瓣香拈出則遍相恭敬收來則各自成家普同供養飲光以下六十八世先祖大和尚伏願在筵尊達當世名賢會衆德成一德晋天階爲道階此一瓣香說破則

頭上安頭不說恐相辜負今爲供養當山隆和尚暨歷代開法祖師惟冀諸山尊宿遠近檀那闔院耆英新舊兩序精勤衛法共報佛恩末上拈香曰此一瓣香黑漆盒子不曾打開鼻孔端正底人人願聞及乎落在這廝手裏誰敢把眼相覷第十回爇向爐中單爲供養先淨慈堂上三峯老和尚以酬法乳翠堂和尚白椎曰法筵龍象衆當觀第一義師隨聲喝住曰我意不欲與麼道個個英雄丈夫兒肯走人家熟路善劈生機者出來跨跳看（是日聽衆雲湧叅請者不得前）乃曰垂老重新入鬧籃自添纏縛笑春蠶誰知身是浮雲片來

太隨風總信緣聞山僧與麼話豎點頭底有一半橫點頭底也有一半獨是可中亭點頭石不曾橫豎全歸肯諾何也只爲未受雕鐫元無滲漏色聲叢裡峭巍巍是渠不解隨人走復喝一喝結椎曰諦觀法王法法王法如是下座

次日諸護法請上堂僧問打開青嶂大恢佛祖風規換轉白雲鏈鉫古今塗轍一衆上來請施法印師曰老漢也不敢草草僧曰是眞語是實語師曰你還知虎丘入院有十二種奇特麼僧曰一點也謾不得老漢師曰第一不得記持言句僧問我意不欲與麼和

尚還自信得及麼師曰搆得底自不如此僧曰正與初心相應師曰從前草鞋錢什麼人償僧顧第二位曰還聽得這老漢麼師曰遠走不如近匍匐僧曰謹領慈旨乃曰天上無雙月光非私炤人間只一僧道不虛行今朝舊店新開恰值中秋時分彈絲品竹人籟共天籟齊聞梵唱淸謳佛心與凡心並顯不勞揀擇一串穿來擲向面前各人辨取擲拂子下座

謝本山耆舊大德上堂喝一喝曰瞌睡虎翻身也直得風生大壑威鎮長林狐兎潛踪魍魎遁影擬向這裡露個面目布個爪牙但可惜罕逢匹敵乃拈起拄

杖曰看看山僧今日入虎穴探虎子去也有大膽不顧危亡底能步一步趨一趨麼良久擲下拄杖曰要得驚羣兼敵勝直須連夜化爲龍

廣陵余君啟居士請上堂老僧病不開堂日久無端被人推上祖庭既做他脚下兒孫又爭肯喂刀避箭舍己之田耘人之田不妨借君拍板門槌助我逢場作戲天人攢簇處看破從上綱宗貴賤未形時識取本來面目始信生公臺畔風月常存短簿祠前林巒依舊更問佛法因緣何似平添鉢柄卓拄杖下座

古月上座領山前衆檀越請上堂舉潙山靈祐禪師上堂曰老僧百年後向山前檀越家作一頭水牯牛左脇下書五字曰潙山僧某甲當恁麼時喚作潙山僧又是水牯牛喚作水牯牛又是潙山僧畢竟喚作什麼卽得仰山出禮拜而退雲居膺代曰師無異號資福寶曰當時但作此◯相拓呈之新羅和尚作此(牛)相拓呈之又曰同道者方知芭蕉徹作此(初衣)相拓呈之又曰說也說了也注也注了也悟取好師曰這一隊漢各各得座披衣乃有如許心行眼見潙山古佛打入異類不肯援之以手只管畫影圖形及乎遮抹將來全不相似若是虎丘老僧但喫檀越飯著檀

越衣百年之後決不作水牯牛令人道熟處難忘設使翻轉面皮行於非道也只喫檀越飯著檀越衣終不標名立字看他後生晚輩還敢圈圈點點也無隨顧左右曰且道因什得與麼自在秖爲索頭不在别人手裡

謝華山見和尚齋上堂僧問秋聲歷落闔閭塚上碧蘿寒雁影參差短簿祠前黃葉亂金風吹玉管那個是知音師曰人天衆前不欲造次僧曰恁麼則盡大地昂頭側耳去也師曰虎丘不是泥做底僧曰老老大大不可雪上加霜師曰這回若不下手盡道其聖不靈和聲便打僧纔出師便打僧曰作麼師又打僧曰老大知識不解與人話師直打下乃曰優波離梵行最尊須菩提解空第一一個喦中晏坐天雨四華一個振錫昏衢地摇六震等閑撞著各剖襟懷一曰心清淨是渡海浮囊一曰無所依是濟河寶筏生法師定中聞得進前致詞二尊所論其義甚深某甲今日欲呈管見闡提有佛性闡提無佛性是教意否山僧曰是狗子有佛性狗子無佛性是祖意否山僧曰是法師合掌讚言希有希有善哉善哉諸宗門戶從此融通列祖淵源一時濬發自古至今未之有也

於是點頭石通身慶快跨跳上天揚聲高叫大道絕同任向西東是禪是戒遇緣即宗放出南山律虎趁起臨濟大龍恣海汪洋從變化深心相與顯家風喝一喝下座

闔山耆舊請上堂僧問和尚高據祖宗之座作麼生行祖宗之令師拈起布毛吹一吹僧曰當初有此一機也無師曰總記不起僧曰賴遇某甲師曰今日直是感子不徹僧曰豈止今日又僧問不行心處路蹤跡難尋不掛本來衣真嘗體露佛恣省要處請師一籌師曰問訊了過一邊立地僧曰莫便是和尚相為

處麼師曰你若不聽教詔莫怪老漢麁糙僧曰某甲爭敢師隨聲便喝乃舉恣眼和尚問永明教中謂隔壁聞釵釧聲比丘破婬戒現前金銀合襍朱紫駢闐是破戒不破戒明曰好個入路後來琦楚石拈曰若真得個入路錦上鋪華不得個入路眼中著刺師曰依語生解即落魔界衲僧家眼裏著得百千萬個須彌山耳裏著得大海水清淨恣眼這些子也著不得又從長計較致令踏佛脚跡漢子不解自尋個出路驀地拶著把從上墻壁一時推倒遭他東鄰西舍你指我摘當時虎丘老僧若在見他父父子子狼狼籍籍但與冷笑一聲或不致宗枝掃土還要問他楚石個漢金銀合襍朱紫駢闐是錦上鋪華不是錦上鋪華更自出出入入著剌眼中隨顧左右曰大衆豈是老僧頑賴不近人情若秪一味炫德掩疵希圖讚歎雖是善因未必不招惡果隨卓拄杖一下曰不信長連牀上疊足坐了仔細咬嚼看

梁溪倪霞章居士薦室請上堂彈指作天地發生之氣實情是佛祖之末伎咳唾抉含靈顛倒之心何足為衲僧之能事但只把從前叢林學得底言語一總拈卻諦審今日茶飯是何滋味如是我聞要道有什

麼難獨有信受奉行一句子須是我與你葛藤拈起拄杖曰看看金色光明雲青色光明雲一時虛空裏紛紛紜紜不可道盡為當薦亡靈而有此也恁麼則成世諦增語汝等半生行脚肯自相辜負隨卓一卓曰這裡點得頭下一時作禮而退

何太翁誕日諸道侶請上堂古釋迦今彌勒面上眉毛一樣橫口邊鼻孔都來直終歲忉忉說度生等個人來知何日伎倆做盡幾般般依肰大家赤骨力上根利智眼對眼中下之機識莫識威音到今數百秋西來大意底消息吳雲千頃冷光飛古槐三樹清風

集紫芝白石競談玄那更多方恣饒舌有一語藏不得此日何吉祥天香散瑤席聖徵老居士今朝正七十咄

晚叅問畬罷乃曰千頃冷雲描就無邊妙相一聲南雁叫破不二圓宗人人口裏包個舌頭尋常撒玉拋珠因什達磨老臊胡猪偷狗竊這點見解論年論月向別人牙縫裏討今晚幸朕無事滿擬絮絮聒聒盡情說向諸人常住油火艱難不能久坐莫怪

晚叅兼謝淡心居士舉永嘉大師曰江月炤松風吹永夜清宵何所爲佛性戒珠心地印霧露雲霞體上衣大溈喆和尚道江月炤松風吹永夜清宵何所爲牧童嶺上一聲笛驚起羣鴉遶樹飛師曰一人理上著一人事上著若據本分推敲總負此清宵永夜虎丘日來困於酧對事理兼忘旣遇高賢不禁技癢有個火柴頭話用借續貂江月炤松風吹永夜清宵何所爲自汲澗泉煮雪乳愛閒踏月有誰來

覺如大德請上堂僧問水肅霜清風高木落無位眞人如何行履師曰放得過且讓這遭僧曰臭孔裡一轉何不秖對某甲師曰十分逼拶將來只得倩一轉打發僧曰依舊依舊師打曰親證其事朕後知其義

良久乃曰自從撞到這箇門裏來口邊白醭旋積旋銷人人都道多言不如少說我也知毘耶一嘿占盡便宜爭奈一衆貪心未朕各各千里萬里打疊兩隻耳朶來盛新鮮句語我若只念自巳氣力劣弱全朕不順人情你生生怨悵我在有極省心智個著一憑將太用得著用不著我也管你不了你是人家爺孃養底我也是人家爺孃養底難道煖肚皮也不留口氣噓兩聲展手下座

至日上堂僧纔出師曰大冬第一朝問話不草草僧曰今日領這話不得師曰賴遇老僧道過僧黙胸曰某甲蹩師曰汝若知時節我今不再三僧一喝師打曰這囘御住手不得也僧曰如斯爭奈何便歸衆乃曰日來天氣寒冽一滴水便是一滴凍恣報化身不可秖收攝在一處擁毳負暄固老僧樂事且道書雲管筆又分付阿誰如我意者不妨各顯神通普使陽囘硬地花動枯枝從他有眼底一時看煞殊大快事卓拄杖下座（節後委諸頭首次第分座故云）

泉輝禪人領衆請上堂舉雲門和尚曰從上來事且道是個什麼師呵呵大笑曰猶自斟酌從朝至暮橫說豎說誰敢道個不字腷腷膊膊枯葉落尖尖曲曲

後夜月惺惺寂寂坐禪僧髼髼鬆鬆麁布衲佛亦不作祖亦不屑肚裡一字不著畫絕伎倆罔規則脚頭脚底熾然說無間歇瞌睡虎鎮日耳熱睡不得咄

靈瑞符道者請上堂寂是汝王根動是汝王苗動寂齊彰是汝王華動寂俱泯是汝王果拈起拄杖曰秖這一株不屬動寂那辨根苗華開則世界馨香果熟則光明燦爛現前還有識得生緣者麼卓一卓曰分明說與無人會更向靈山問世尊

分衛上堂一九二九相逢不出手想他古人倉裡有糧故說得自在話若像我虎丘一飡趕不上一飡面皮尚惜不得何況手脚驀展兩手曰老僧出手也要求福底快便將來倘或不自肯且俟第二番曳拄杖休去

薦巖請上堂舉起拂子曰推倒這個非惟玉戶抽關升於堂而入乎室正如寶舟到岸獲大富而濟有餘理事全超自他兼利或彼或此豈不綽綽然有餘裕哉無奈覩影反馳尋光失趣茫茫煙水無知己一點落梅悲故鄉虎丘有片婆心以苦言激發苦勝黃連以甜語勸掖則甜逾白蜜要渠自解生活方知上天入地總不在別人脚下現前一衆盡是其中人因什不了其中事何不與我放下皮囊解開五蘊看無量劫來主人公是何面觜擲下拂子曰人間雖有千般樂爭似今朝一事無

通州宗錫胤道人請上堂南泉道盡大地是王老師檀越山僧道馬家八十四人中不合有這漢若是虎丘盡大地只消一人檀越有個漢子出來道三峰十二人中不合有你這漢山僧雖老拙要奪這話有什難但汝等既是虎丘門裡共鑊喫飯底也合代出口氣報他檀越良久乃曰若約至理還是山僧自道較便叵奈舊病頓作連日舌頭硬如生鐵

解制甘露大師請上堂今朝上元日佛面添喜色笑他諸禪和草鞋各收拾聚散固有時行止論損益省親天倫情訊師端本立或者眼未開百城尋知識閱歷煙水愁盡我行脚職江南春寒塞北秋熱智者於中善揀別從來孤嶺拔天高肯把青蠅點壁白老倒豐干性枯僻短髮垂垂雙手赤從今伸脚臥空山塞竇不教羣籟入秖有松風也怕聽賣與人間消毒熱丁寧眼底箇玄人出門浩浩非容易千劫沉淪不足悲蒼茫岐路眞堪惜繹絡車塵馬足間祖師滴盡傷心血咄豈不聞天然尊貴榮辱絕不信證取甘露滅

住秀州金粟廣慧寺語

師在靈嵒受請上堂兼謝黃坡蔡子穀居士及本山耆舊拈香畢居士出問三十年前迎老人進金粟也是五月初六三十年後迎和尚住金粟也是五月初六且道這個時節因緣爲復汝爾爲復天然師曰我不可作金粟弟子不得士曰與麼則密雲瀰布靈嵒頂漢月重圓金粟天師曰居士證明士曰也要兩堂證明師據座乃曰鹽官三佛地金粟大禪林乃祖翁開法之區實先師分座之所山僧今日既啗釋種須紹門風問汝諸人諦審先宗是何標格驀拈拄杖曰這裏得個入路西天此土草偃風行四聖六凡龍驤豹變其靜也羣星拱北其動也萬派朝東擗支流吞衆曜皆吾心之嘗分非有假於他術然雖如是不藉一人指南爭得令行吳越

到寺據室這裏翻得個筋斗轉果然天上天下獨尊若接不著打盡天下人底拄杖難得老和尚笑口開驀拈拄杖曰看看卓一卓曰三世標致盡在這裡

結制日能鑑上人請上堂迅速鋒鋩總是癡頑萬里無雲青天猶在希罕什佋用同時人境俱奪十二時中莫亂斟酌會與不會都盧是錯你若又畏避不前

一味長連床上作好人實惜三寸急忙怕上人鈎巨浸沉身秖成泥伏佛不虛傳祖不虛受彼彼丈夫盡時解脫老僧有棒到你連聲喝下座

上堂下地穿上鞋上牀脫下襪五十七年來除此無別汝若搜遏將來肚裡直急殺龜生三丈毛兎長八尺角古人恁麼說我也恁麼學南無觀世音菩薩南無大慈悲菩薩好好放我落座公勝造真如七級埨晚叅遠遠破夏來此佛法沒得半字禪和早晚叅請一味皮下挑剌切莫到處宣傳有汝超生脫死胸中不掛一絲此是真實提撕

上堂披三十二相者喚作如來著二十五有底喚作菩薩三塗六道如游園觀底喚作什麼合掌曰希有希有善哉善哉即今來也省他達磨老子九年在冷壁上捱

上堂十二時中直須事事如方木投於圓孔始能心如墻壁忽然石壓筍斜出崖懸花倒生雖然情不附物難免作境話會卻要得語言情見絕滲絕漏方好與衲僧齊驅並駕是則固是若到金粟門下還要與你倒斷一月三次擔糞莫嫌小當你

上堂拈起拂子曰拂子吞卻汝身老僧將作死馬醫

還倩什麽人下藥良久曰這回活也有一般病痛底衲僧請及早來醫乃拱手曰莫怪

上堂喝一喝曰總是這隊埜狐精佛法不到今日三千年黃河一度清若不爲你徹困將來開眼尿床老僧豈得無過諸佛競出頭來決不以丈二釘八尺楔楔在你眼裡

爾微禪師領諸弟子請上堂拈起拄杖曰一向未見而今見卓一卓曰一向未聞而今聞既爾聞見洞然直下聲色無剩恁麽恁麽趙璧無瑕不恁麽不恁麽隋珠絕纇到這裡盡力放不下着力提不起滿祇盛天華原是自巳底拄杖子然後涌身虛空以清淨天眼普觀大地一切眾生自威音以前到婁至以後於其中間理無不圓事無不具老僧應西天懸讖傳東土大法不惜眞實説向你良久以拄杖擊禪床曰要與祖佛爲師不得離卻這裏

上堂拈起拄杖曰諸方盡作奇特商量老僧乘願力來荷擔這一事單單直指根源未免笑他揑怪將身衛險固非作者躲避無聲板頭上肯安著你你有沒量罪過我也沒量罪過連卓兩卓曰我既惡發你敢惡發

掃天童老和尚搶上堂至高莫若於天至厚莫若於地先天地而獨立者豈高厚之所能攝投機便轉氣宇如王滯句不靈風規殆喪欲荷非常之事必待非常之人故我師翁於赫日裏證得涅槃心我先師於月落後滅卻正法眼實相無相微妙法門今日被我家兄弟一捏百雜碎掉下地來底零星粒屑諸方揀拾得去猶堪饜飽飢腸卓拄杖曰你諸人若於空名上又作實法會莫謂扶竪這老和尚不起將來喫土也難銷

晚叅師同眾坐香起乃曰汝等尋常道佛法徧在一切處又道佛法在日用處欲明斯事當以譬喻且道佛法如什麽相似一僧曰如明鏡相似胡來胡現漢來漢現師曰忽然翻轉鏡背又作麽生僧曰恰好師曰未在一僧曰如行貨相似東頭買貴西頭賣賤一僧曰如山門相似撥動機關東扇西扇一僧曰如青天相似但有路可上更高人也行師曰一總不相似僧曰和尚又作麽生師曰如禪和子瞌睡相似行也在裡許坐也在裏許僧曰即今你師曰正見他起處不得

臘八日寶雨道人請上堂祖師門下從本無稟曰迦

文老子二千年前夜半瞌睡醒來剔起眉毛睜開眼孔一點星光落在見不及處雖則輝騰今古始終出自偶朕後來有輩依樣畫猫兒底一味學步邯鄲只會刻舟求劍老僧恐失祖宗本意夜來將太虛面目一時翻轉直得黑雲靉靆寒雨飄蕭仰不窺天俯不覷地諸人於中見個什麼良久拈起拄杖曰而今盡大地光明燦爛了也且道又見個什麼卓一卓下座

丹丘神鼎雪章和尚五十生辰諸同門請上堂維那白椎曰法筵龍象衆當觀第一義師曰第一義不必他求金粟山霜葉標霞白鷗灘浪花鬭月遂使獨柔

鼓塗毒齊轟千人井曹源並冷秖向康僧橋上望刹竿未見門風濶大直須彌勒殿裡看正位方知地脈綿長佛佛出世各有神足各有侍者今日老僧於鹽官界分廣慧堂中坐寶蓮華成等正覺將次說法饒蓋有情且道神足爲誰孰當侍者汝等肅恭聽我記曰聯篇白雪妙伽陀穿過元和與達磨百億蓮華同一舌馨香豈止徧娑婆 雪西堂二十年侍師始得記

侍者萬宗古林丐西江回請上堂僧問三陽交泰萬象維新未審古廟香爐添他多少光彩師曰此是活法僧曰正要應個時節師曰不可認爲實法僧曰是眞語是實語師曰何曾與你一法僧作禮曰也不得放過師曰看你也是沒法乃曰楊岐老師嘗說我這裏如鬧市裡上刹竿相似是人皆見設你眼得麼師曰父母所生清淨寶目何苦下這一釘佛眼曰現前日用是大總持門一一親得其力如斯之旨事可量哉師曰拓一靈於萬有此老其庶幾乎隨顧侍者曰諸州丐士辛苦歸來春朝茶湯老僧相陪

弟子盡復請上堂一僧出就身上拈起一莖布毛曰秖這個不從行脚箱裡帶來即是鹽官土物敢請和尚定價師曰諸方慣自穿穿鑿鑿僧曰家醜不外揚

師曰喫卻施主飯將何報畣僧曰七棒對十三師曰看你驢漢僧顧一衆曰莫謂浙中清水白米是容易喫得底師曰這回省也僧問如何是和尚心師曰或凡或聖僧曰寘寘一公杳杳何知師曰莫是闍黎底心麼僧曰清淨伽藍爭容得伊師曰濕土坐著難奈伊何僧曰天靈蓋至今痛師曰或者救得不定僧曰感謝和尚師曰遇明眼人舉似乃曰本末須歸宗聳甲用其語利劒擲虛空大棒打老鼠演老固是山僧二十三世祖前兩句說得著後兩句說不著太虛不痕徒勞心力鼠子微物著什死急眞實光宗耀祖他

不鬬劣總說新鮮佛法金粟一向慣說陳話開口只
數兩個舊人記得威音王已前亦有個元旦一時考
鐘伐鼓長老升堂簇簇上來異口同音曰皇圖鞏固
帝道遐昌天下太平法輪常轉古今天地古今日月
佛佛道同心心符契直到婁至佛已後少不得亦如
是說伏惟頭首知事兜前大衆各各法身寥廓正眼
洞明光揚祖道模範人天老僧曷勝慶幸之至

童石副寺四十生辰請上堂香至王三子脫珍御著
弊垢輕泛流沙高逾葱嶺跨脚東來單爲一事不爲
別事是什麼事也秖圖覓個不受惑底叵奈神州路
狹劈頭撞著個少笑計底師僧至至誠誠禮了三拜
連忙誑他道汝得吾髓在這老子急於脫貨不論行
情且道於個漢分上是受他惑不受他惑這樁公案
千餘年來無人斷得諸人要會卓拄杖一下曰問取
堂前宏副寺

延令醒熱粹崗使省覲請上堂的的祖師苗裔爭肯
南斗七北斗八墮人顛倒不見舒州投子和尚初叅
翠微問如何是祖師西來意微瞪目正視投子欲進
語微曰更要第二杓惡水潑投子從此識情超諸三
昧古今據大庭號召羣衲善知識自命者莫不以謂

家原自有語麟鳳産麟鳳花猫不生鼠更有末後句
惟孝則順惟忠則輔

上人亭香錢雪丐檇李回請上堂僧問鉢裏飯桶裡
水某甲不敢重添鹽醬今日供養何似昨日師曰如
斯請益自問有過無過僧曰是何心行師曰阿那個
所在更著此語僧曰若不上來洎合虛消信施師曰
不肰棒了趁下山好怪我得僧問脚撥不開底從他
明來也得暗來也得手扶得起底因什橫又不是豎
又不是師曰著什緊要來這裡送性命僧曰蘇州紙
貴師曰莫有苦屈事麽僧曰恁麽長安路上正好商
量師曰老僧不能多多久立乃據座曰諸方宗師有
用佛語底有用祖語底祖語上口不得佛語鑽頭不
入看你吞透艱難不若自用自語你等各各見色有
眼聞聲有耳齅香有鼻了味有舌畢竟喚什麽作自
語莫是冬至寒食一百五麽莫是錢塘公國三千里
麽莫是雨來山色暗麽莫是著衣喫飯量家道麽日
月易流光陰迅速如斯傳播深抑巳靈老僧不避斬
身之斧枝辭蔓語編聯互出肯不急急救取一半旋
額左右曰但願明年蠶麥熟羅睺羅兒與一文

壬寅歲朝香林上人吳江回請上堂諸方此日鬬勝

凌躋從上往往刻深畫細妙失其宗乃若翠微可謂直焉而不迂明焉而不昧但標榜太高兄弟到這裏難搆老僧添個註脚拈拄杖卓一下曰直截門風誰不仰剛要節外强生枝

弟子玄昆超正領道友許聖生請上堂門前屋後底禪羞見內裡真佛有胸襟男子盈筐盈籠到處檢刮得來可惜娘生兩板脚驀劄地踏著關棙子方知從前不名不物底是第八魔境界你道頭頭物物無不具足是安樂田地實大可畏把取翻覆思量看及早擔出本色咬豬狗手脚勦絕得從上露布不辜他先

覺不負伊後來師長父母具信檀越獲益無限旋顧左右曰直須自著精彩老僧替不得你

弟子行宗嶽嶙嶽嶒請上堂初心未覩大事動輒舌頭尋路濁智橫流形蹤未泯要得如金翅鳥飛騰虛空自在翱翔二六時中無拘佛界道界不背一物不向一物自然滅絕始終之患艷聖疾凡展轉何益老僧三十年以此驗人盡欠個眼目事難久秘索性說破喝一喝曰體而行之是肉身佛

解制日旭庵上人丐平川回請上堂山僧初參天山老和尚於萬峰記得這老子解制日分付道去則直言去住則直言住到我口裏討去住去不容你去住不容你住冷地思量直是恩大難酬山僧敢不善學老和尚今日亦有分付教你去時不肯去教你住時不肯住山僧口門不著鎖一個半個關不住而今去亦聽其去住亦聽其住只要自家定去住

江上穀庵英到山省覲請上堂雲門大師道遇人即鼻孔撩天老漢耄矣什麼劫中鼻孔不撩天捏聚則面門無路曳脫則指節生風衲僧伎倆在有破有居空破空南來北來總湊泊不上其有欲親而叩之就而明之老僧回身三界內向道性是弟子若見老僧

是真見性倘有個爍如雷火底道沒這閒工夫撫掌曰這回卻稱老僧意

魏塘弟子靈彙求嗣請上堂玉樹槎牙麒麟頭角錦霞燦爛虎豹文章不獨春信藉梅傳更喜韶光連草發即心即佛明月照見夜行人非心非佛海神知貴不知價所以道一語歸宗萬機來赴神通游戲底迥脫規模田地穩密底全超滲漏然此猶屬門庭施設且一子親得阿誰證明拈拄杖卓一卓曰杖頭突出人爭羨始信風流出當家

嘉禾弟子靈鶴請上堂未達境惟心起種種分別達

境惟心已分別卽不生隨豎起拂子曰是拂子卽屬分疏不是拂子卻成葢覆到這裡如烈燄亘天那容湊泊凡情聖解直下乾枯所以曰學道須是鐵漢著手心頭便判直趨無上菩提一切是非莫管拈來便用寶藏無虧追得便行鰲頭獨占不風流處頓見風流有意氣時平添意氣你若情存毫忽早涉糾纏境立纖微終成窒礙直須如神龍出海靈鶴冲霄不受樊籠豈封溝洫且道此人畢竟如何鐵石不磨肝膽在自然光彩耀寰區

魏塘弟子靈彰靈淇靈契靈皙請上堂佛是家裡人法是屋裡事千僧萬僧心同眼同有椿陳年爛葛藤在飯籮邊自從金牛這漆桶抖亂了其間多少明眼大匠出世只是分析不下直待我先師老和尚住三峰時一日到烘堂左右熟視曰這堂師僧總消他施主飯不得一齊念佛念法雖則互相擎展猶較他金牛十步程在大衆山僧今日不是狹小金牛扶豎先師秖期諸人各開論定古今眼目至若金粟又且不然我這一堂師僧盡消得他施主家飯更不許念佛念法何也彼彼丈夫兒終不借他力良久顧視左右曰好麼便下座

上堂大衆雲集師良久拍案長歎顧視大衆衆仰瞻師曰所謂丈夫者鬚眉云乎哉所謂道人者語言云乎哉有古閑庵主其人乃得名道人乃得名丈夫在處滂滂隨所磷磷三四十年討個作用不曾得大遭逢憤憤之心何時而雪今日是渠三周忌辰老僧要與伊倒斷大衆心不知心眼不見眼如何倒斷昔有僧問古德如何是祖師西來意古德大驚曰你問他西來意作麼何不問你自己意又左右顧視曰大衆你諸人大半生行脚何曾有個問著自己意底老僧今日若再加些言語到你分上反使你意想不息物境不融不爲省事要知省事法子一切處看良久曰苦樂逆順動靜寒溫隨處得宜道在其中矣曳拄杖下座

當湖嘗明禪人請上堂昨夜三更過鐵門但見四溟無浪月輪孤手握金鞭欲問歸客長安道上布滿苔花一自威音老子草鞋搭上雙印歷如許如許歲月踏他脚板底直是稀罕長嘆曰我若別劈徑路恐增兄弟罪過聊且以智遣智喝一喝曰實謂苦屈之辭

回奚上堂老僧廿七年來坐這個座子希望有個人將一把沙撲面撒在眼裡巳後也省得東照西瞿大

家袖裡有雙手聽你胡亂充不肯拏出而今思量個道理且自眼瞎腿今日這裡明日那裡絮絮聒聒一任如風過耳頻婆娑龍王總是自作自受好怪別人得

靈岳冏寶雨禪人領弟子靈稷靈儀請上堂僧問南山日日起雲北山日日下雨因什祖翁個片地上綉花樣底秧針盡力插不入師曰過在阿誰僧擬議師曰也好怪得老僧又僧出師止之乃曰一竿一笠好山好水眼不解觀耳不解聽忍曰人境俱泯忍曰人境俱絕忍曰人境俱空也別無甚奇妙仔細看來好笑打從正月廿六日離了這裡纔方插脚那裡東隣西舍轟個晴空霹靂嶽秀千枝盲聾不辨諸仁者無過此時也然亦不過丹霞燒木佛院主落鬚眉拖到今朝還知一段真實事麼龍門曰若知得永超終始之患十二時中安樂無事也

得雨上堂夜雨滴芭蕉身心當下消圓通門大啟不用更勤勞

退院上堂一言截斷千江口萬仞峰頭始得聞首山不忝一代宗師風穴若在必然大笑曰何不看念汝華下語金粟看來猶屬商量在具參學眼底暗地點頭道老漢過矣良久曰不然各各家風事不同便下座

南岳繼起和尚語錄卷之六

嗣法門人濟璣等編

住衡州南岳福嚴寺語

到寺周中丞衡齋居士設齋院主佛頂請上堂維那白椎師攔住曰一千年舊例打放一邊自家孫子走到祖宗屋裡晉領祖宗家業一千年心同眼同道同之孫子非常之孫子一千年心同眼同道同之祖翁非常之祖翁今日之事一千年非常之遭逢乃喝一喝曰豈肯草次雷同又肯烜耀珍異像他擬置證修單行污染中聖中凡中天中人似佛似祖似古似今情存向背理涉偏枯卽今座下有懼法塵如畏三塗底龍象同聲念摩訶般若波羅蜜多良久高聲曰請觀法王法法王法如是便下座

掃最勝輪墖弟子信辨請上堂拈讓和尚香曰舊吳嶔崎孫子出身三峰脚下水陸四千里程敢道來添聲價遂揷香曰一眞能敵千假乃就座僧纔出師曰猛虎便騎僧卽下忝師曰有鬚便捋良久舉讓和尚住此山日示衆曰一切萬法皆從心生心無所生法無能住若達心地所作無礙非遇上根宜愼辭哉師歎息久之曰爲人後者而不發揚先宗何補哉不見

臨濟上堂曰大凡演唱宗乘須一句中具三玄門一玄中具三要有權有實有照有用無一人不上根覗之無一辭不向上愼之一句中不具三玄則語有路人根立見偏情滲心生法住所作不能無礙好道心地洞達敢言三玄三要是決定少不得底敢言三玄三要是決定少得底所以我二十五世祖慈明禪師唱讓和尚之道於茲直得草木叢林是佛蠢動含靈是佛遂見音聲鳥飛鳴般若臺前娑羅花香散祝融峰畔又經五百來年我首座賦德山繼住縱橫放肆羣觀目眩一日上堂曰若用一毫氣力支撑是邪法非佛法也摧頹老子來撑個破院尚肯藉筋骨之力翻阿郞舊案於祖宗田地加一坏土𨻶起立顧衆曰莫謂行道三十二年敗缺愈甚

法孫得坤厚請上堂喝一喝曰佛草料喂馬老漢面無慙色小智未免驚疑有嫌佛不作者倂這一分亦不受奇哉奇哉莫輕莫輕古塚堆裏未必盡是死人不虛從九馬嘴惡浪顛風過來佛佛祖祖你道可是住得手住得脚底時節

德山都寺信慧請上堂是義學是玄學請過一邊立地我家禪和子麁糙手脚猶自可眼光橫起百千諸

佛來也沒些情面家人過犯罪坐尊長倘或無理待老漢分疏早遲八刻也坐在曲彔木上一味搬弄古人閑家具全不照管自巳又不照管目前人情之外別有佛法不不下座

侍者敘殊華掃師祖山茨和尚靈龕請上堂松根石上四顧寥寥看雪竇老子胸膈間似有一段說不出底話五百年後得個知巳乃自點胸曰今日爲他說出驀拈拂子曰相見從容莫等閑人天景行存高躅他若不能忘情道此話當年說出也擲下拂子曰山茨和尚若在必肰笑曰不過逢場作戲耳遂顧左右曰還信得及麼便下座

衡山邑矦王輔子法名本廉請上堂風雲不次第日月有恒常賓則始終賓主則始終主連喝兩喝曰擔個險將蜜果換苦葫蘆供客不嫌異常者自肰知得主道周匝執一不化者難得不訝酬酢乖離乍入叢林望之尚遠久親名匠謂老漢何又喝兩喝下座

嗣法龍潭超請上堂謹此奉聞釋迦世尊巳成正覺彌勒大士當來下生舊吳老李與杖笠南來放開肚皮長歎一聲水中石子青赤山頭木葉紛披尚有一端曾未舉昭麟灘大巖灘一連過了若干灘不得聞

鑼灘子力如何免唱行路難

下太翁孝旨居士請上堂衆集師曰近前來老僧共你葛藤一衆擁上前師曰來則來也看你爭生奈得衆默肰師曰古佛古佛葛藤到這個地位尚要討添驀拈拄杖曰穿破天下人髑髏一著巧說不得只在心傳卓一卓曰觀世音菩薩若無遺蛇手㦬殺世間人隨即旋風打散復就座曰妙喜老人說得好度體裁衣量水打碓毫髮不差且居門外

明日衆請上堂不得入門在門外莫貪落花紅滿地須知芳草碧連天切忌動著動著三十棒何故今朝若不盡法他年爭得話行

閩山諸尊宿請就中山禪院上堂驀拈拄杖曰虛空撲下來急忙地偃身縮項秖爲不曾踏得著別峰地面卓一卓曰這個所在日月照臨之不加明雲霧籠罩之不加暗象龍騰踏不爲喧人烟杳絕不爲寂從來與般若相爲表裡所以有隱有顯有榮有衛且今日風定氣澄主賓投洽個段綢繆從什處得來復卓一卓曰蒼蒼舊閣閑田地一度看來一度新便下座

前一日迅風特甚

尹太僕爲庵居士莊嚴實際上堂喝一喝曰是如理

句是依浤句是依智句眼色眼識性無依住耳聲耳識性無依住鼻香鼻識性無依住舌味舌識性無依住身觸身識性無依住意浤意識性無依住是句依浤依智不爲證小浤爲如來大解脫之門不消瑪瑙爲樞赤珠爲柱玻璃爲扇黄金爲閫然後稱是如事句所以靈嵒門前路往復行大步踏得如理句生也不道死也不道踏得如事句佛亦不拘祖亦不管爲庵居士向及靈嵒之門痛領靈嵒毒棒毒喝今日人天衆前肯復造次便下座

陳觀察頡仙二七上堂顧視左右曰汝諸高流尋常打笑佛是何者名浤是何者事禪居何地道行何路心作何顔性作何色相似表顯文字差排則不得也大丈夫自家屋裏物有什麼難見喝一喝良久曰哭倒湖南百萬家觀察清名在天地

指南觀侄禪師請上堂大喝一聲曰劒刃上拾得全身何患一切處不解脫不成立乃於空中作世△字曰必待安住如是三浤名爲涅槃恐大迦葉笑顔不開何故蹔正浤眼藏卻成剩局了也良久呵呵大笑曰正浤眼藏涅槃妙心相公一丈相公五尺苟以丈尺論量是爲實相是爲無相驀豎拂子曰我此微妙

浤門秖爲一代時教管攝他不得方纔出得身拈得起踏顧左右曰喚作拂子則觸不喚作拂子則背速道旋放拂曰不是氷稜上度過九鞠來未免視爲入道之初章復喝一喝曰笑兮哭兮百丈師舌吐黄檗非真若擲鉢老僧冷眼看他家跳出戴角虎

到湘潭護浤衆居士請于碧泉禪院上堂喝一喝曰是甚生次第事長沙路湘潭路迢迢出入無門戸妙語不多親言舉似管他稱釋迦之談誇毘盧之句若論人十方蹴踏忘回互若論境風巖巖逼崢嶸驀若論浤日用紛綸何曾錯老僧大宜秘伽陀受持靈驗超諸數復喝一喝曰千經萬論繡烟霞冬到寒食一百五

衡州花藥寺語

到寺院主文周請上堂繼起繼起寒天著火向妙喜妙喜夏月取凉行天山口頭箭佛果殿角風聲價千年定遭逢一日同眼光籠翳客徒自話西東三卷正浤眼人天俱絶工一軸單傳表祖佛一門通作凡作聖爲雹爲風南岳而下誰曰不中而得不得其在而躬若謂不然且聽吽吽擲拂子下座

衡州諸護浤宰官請上堂僧問石古苔紋絲林疎殿

角紅風致宛肰敢請料揀師曰領在衆聖之前曰作
境話會得麽師曰莫見解入微曰看取從上師曰不
爾依位住曰別展機權光彩異師曰且恠老僧不得
僧問一句當天是說取行不得底如何是行取說不
得底師曰速展驥足僧作禮師曰漫馳小道曰不易
師曰寧容可否之間乃曰萬般施設只如常又不驚
人又久長驀拈拄杖曰俊哉俊哉佛出世來不爲別
事祖祖相傳至南岳老宿施設此土八百餘年到老
漢手裡卓一卓曰不覺不知尊者葢見其尊貴者葢
見其貴凡情勿使安甲聖位宥容矜大敢加名曰禪

敢加名曰道又卓一卓曰秖要明取這一竅呼之禪
也好呼之道也好呼之凡也好呼之聖也好又卓一
卓曰恢廓無涯妙門肹伏河沙智境是渠能扼領要
下座

花藥衆檀越請上堂僧問伸正義於千載之下何格
式師曰立其綱後者加勇曰爭傳誦之師曰汝豈不
是聞鼓聲來耶曰合先意否師曰抑想餘風曰幾人
知歸師便打僧問便與麽忩信是金毛師子途路迂
廻底肯與他拄杖麽師曰遂爲常曰肰則主賓不易
師曰明陳其故提於一朝曰葢見歲寒之色師曰如

其不肰紛紜何葢僧作禮曰個是衡州花藥山裡段
話師乃就座良久曰將本道公驗驗天下衲僧副眼
目隨喝一喝曰歲月將闌天光普寒汝水東來黙滴
是東飛騰直上三十三不消鎖斷奔馳不離當處常
湛肰推過來作個甚語話派下令行義例常準格外
風氣吾亦要知龍蛇走玉石分緇素别猶豫決受用
可常保復喝一喝曰非此可能哉

佐領程護忩請上堂有一句不出山門天下共聞其
有一人不聞老僧得大過患而今南南北北大家小
户若高若下若長若幼誰不知臘月三十日到也何

嘗從花藥寺解脫門般若門涅槃門傳出忩當下得
旨則内心安裕外相雍穆現前坐取宴逸將來動遨
福慶百年千年年年處解脫之場千日萬日日日行
般若之路敢對人天廣衆不惜肝膽秖圖先宗有據
吾道葢明擲拂子左右顧視曰久立不當便下座

丁未元日上堂兼謝花藥院主支周山學拈香畢乃
就座曰一向不存軌則底到這個時節少不得拈一
片安放爐内兒孫雖在途中祖父無非家舍一番新
一番舊佛忩人事相資成就遂起身曰看看主賓風
味一堂好歡肰舉目千峯秀

供白雲老和尚上堂一口生下十多子兒是第三我第九憶得庚午在萬峰新年佛洖各出手推倒座上蘇老翁打開𡡉兒張笑口傾來栲栳沒帳底如珠磊落盤中走個叚風華壓古今嘖嘖叢林誠罕有屈指春光四十番白雲篆埀荅花厚瀟湘鼓柁老懷榮我父我兄知我者神山遠豈在天上杖短不及悲哀朽袖中一瓣付阿孝相期此日鳴厖缶驀拈拄杖卓一卓曰供我人天大導師匝地盡作金毛吼（南臺孝姪補住白雲江頭別太瓣香寄供期正二日爲上堂）

長山李居士誕日請上堂僧出曰其事云何師曰秖可稱揚曰雲幢月蓋盡演梵音師曰徒爲剩量曰祝融峰還點頭麼師曰看後五日乃曰一松一竹一溪雲好尊古佛樣子只可起而稱揚若爲從而剩量五岳峰巒羣生覩見虛空演踰隨地彰名饒伊辨若懸河智如流水洖身邊量分疏得孤眞頴秀報化之緣添餘得五彩橫飛祖師西來宗門舉令不可將爲小小日月旁照三天下正照四天下九九八十一須知色香外別有叚事六味三德供佛及僧豈徒肰哉卓拄杖曰據仁者分上宜作禎祥永爲盛事

上元日羅總戎君錫洖名濟顯請上堂驀豎起拳顧

視一衆曰未識識取旋放拳曰前聖所知轉相傳授心性未起是如來大智慧光明心性起時是祖師大智慧光明汝諸人於拳作拳想非拳作拳想如來大智慧光明祖師大智慧光明盡成世流布想一切聖人有世流布想無有著相所以不壞世間相而能談實相卽今天上月圓人間月半天上人間流光不斷達磨大師來震旦後橫機諸大老各各闡揚宗旨有一不視超諸位何能眞際平提神通各露復以拳擊案曰日照月臨天長地久匪異人任

到寶安洖孫賔日請上堂一衆集定師曰將謂惠汝三昧良久曰肰則今時尊宿朝暮以曠險辭意爲飛爲伏唐突黍承平塗學黨何心哉請試甄別指踰非指馬踰非馬知汝不甘心心是佛智智是道肯諾全否開得一片田九夏勤勞收得一籮粟三冬受用老少相依上下歡悅達磨免泛重濵神光省埋深雪天下本自太平將軍何妨施設卓拄杖一下曰獲大富而濟有餘只在現前升於堂而入乎室寧須異日顧視左右下座

次日監院直指原石同山隣諸護洖居士請上堂急切相援待擘開兩片脣皮方使慶快平生驀拈拄杖

曰上上根人自肰發笑良久曰若執自肰卽屬自肰別倚因緣又屬因緣個上座本非因緣且非自肰卓一卓曰一衆覩見盡攢眉有甚寃家難解免看他伎倆御如文光錢買得陳姜二兩單單一味生辣難於上口肰而在賔全主在主全賔於理理合於事事圓復卓一卓曰演出波羅蜜恰似天邊月

高峰理山寺語

師誕日洤子雲蓋豫請上堂秪知今日明朝不知明朝今日不知明朝今日爭知今日明朝今日溪山明朝雲月溪山雲月知則天長地久雲月溪山不知則

岳拔河流岳拔河流忘觀照泯實相天長地久圓萬象攝森羅一切處示人以無示而分別不行毫忽間聽之於無聽而歷肰如對敲禪牀一下曰會麼要知明日會取今朝

衡齋居士生辰洤中諸昆慶誕請上堂拈起拄杖曰一衆總有分付處願得雄偉之羆以彰祖烈爲來者葢慶快莫大布詞展意若論佛千年常住輪今日據我洤不磨智勇超前烈至於道卓拄杖兩下曰重岳疊秀看兼到賔主忻逢師賁奏妙曩謨佛曩謨洤曩謨僧眞實道復卓一下曰珍重仁者綿亘古今卓立羣品千聖同音

嗣洤智度勝請上堂隔江望見樹影道盡是祖師指出底彼彼出家彼彼行脚這裡是理山寺入得一重是硯子居終日侍從底是擲鉢老僧脚下物何勞他無齒漢子指手劃脚肰後外息諸緣內心無喘喝一喝曰我臨濟兒孫肓借鼻孔出氣

湖南藩伯郎定庵偕檀護紳士陶客庵諸公主人破愚鐵目請于萬福禪院陞座旋視左右曰今日一會何異靈山設有道孟浪無過和尚老僧點首曰好怪汝良久曰信受如來不思議身信受如來不思議音

聲信受如來不思議智自肰典起正勤不怯不退拈拄杖卓一卓曰在耳曰聲在目曰容聲應乎耳可以聽知容接乎目亦以儀覩發揚蹈厲以拓其智上下交融進止有度總之開發顯示諸佛正眞之道再拈拄杖卓一卓復舉三聖道我逢人則出出則不爲人興化道我逢人則不出出則便爲人白雲端和尚拈曰二尊宿各有一處打得著師曰若論據欵結案不道全無銖兩肰則難逃五祖師翁說他語拙夫舉一隅不以三隅反則不復也臨濟家洤是你涯際得底是你刻畫得底是你汗漫得底昔人盡其機智列門

庭製要訣不過彷彿皮膚絕非骨髓依稀名相何關旨意二尊宿是入室真子不同門外遊人只消此兩句廿一個字亍有的而奪有準照含用而用挾照正正堂堂何啻八面禦敵但見波濤湧不見海龍宮老僧操柄萬枝拂大蹈步四千里豈圖掃盡竹木精靈稍稍令方來知有且道今日是出不出爲人不爲人乃復喝一喝曰毫釐之差天地懸隔

到華林浛孫定山會領監院實刊請主席上堂老漢茲者不是時中出入游戲切實爲諸人一段大事因緣既不肯埋沒後學又爭敢刻剝古人大空小空使

得慣不怕不聽教詔禪和家天長地久日子何在熱忙單刀直入不嫌鹵莽放一線路未必箕是紆回顛言倒語底我說此人應與他交椅坐應時及節底應與他板櫈坐理喪情亡底應與他綉墩坐知恩負恩底應擬選三十人伶俐侍者日日燒香供養他昔僧問忠國師如何是本身盧舍那國師曰與我過淨瓶來其僧過淨瓶與國師國師曰御安舊處著其僧安置淨瓶還來問如何是本身盧舍那國師曰古佛過去久矣未曉之徒看老子向紫羅帳裏撒真珠雖肰如是曉者還稀良久曰收便下座

到嘉魚麻邑宰颺言諸當事任刺史仙孟諸縉紳文學衆善信居士諸山大德請就浛華寺上堂拈拄杖曰嘉魚一丸地從來出生撐天拄地無情面漢子在儒在佛總不肯囊藏頭角老僧往返八千里特特到來爲他點開光明又肯檉境藏形畏刀避箭說凡了凡說聖了聖驀卓一卓曰試請詳觀良久復卓一卓喝一喝曰鏗鏘燦爛洞人天倫序安和萬象宣大智當筵難隱覆只教領攬在機前

到簰洲廣賢院主端次同諸護浛檀越請上堂惺惺惺惺莫待老漢惡罵有頭角兄弟不是老漢不解麼

捋你溫撫你開張這惡潑門户見兩度三度呼喚不回呆呆地坐看北斗立覷黃河有三言兩語難爲出口驀卓拄杖曰盡乾坤人口到這裏百襍碎衆中有一人大肯太安樂太猶是傷機之患我言雖重奉勸思存

武昌東巖寺語

佛誕日汪觀察悔庵程經也夏孟紹蕭培元諸居士請上堂遂拈香瓣在手曰擔水河頭賣人見盡怔笑家業祖宗傳不奉終非孝插香曰此日天下同幾人通此竅就座曰仰瞻頫視地久天長擎香無貢高之

過散花有無盡之懷駿奔祖廟端頌無疆顧視左右
曰請衆置問看老僧荅僧出遂下座曰可有少分相
應
竟陵死心道人本覺請上堂僧問點著便轉早成鈍
置三三四四爭免郎當師曰我一向在湖南曰忙忙
者匝地普天師曰不是一日行五百里順風難得這
裏相見曰恐成途轍師曰礙我行令曰莫將泥水滯
春風師打曰速退讓好人出頭乃拈起拄杖曰總不
敢與這上座齊肩並躅者卓一下曰蓋爲他機軸出
在臨時饒你縱變無方又卓一下曰他肯守定一路

更問如何是他正主擲鉢老僧替他放一線南岳一
宗震耀天下諸方因甚各說異端良久曰老和尚麄
心轉盛復卓一下曰不是一類秖可旁觀
陳居士華卿請晚叅會取會取驀豎一指曰俱胝好
宗師接機慣用此不知死去見閻王可能與今日相
似連忙放下手曰我且收起這一指看你諸人眼睛
烏律律地知他是活是死
天眜智光二禪宿領法華社居士請上堂僧出師曰
是從天降下是從地湧出曰道看師曰今日一會未
是小緣曰有人領話師喝曰支離鉉辨辱我宗風就

座良久曰諸法從本來常自寂滅相上則在天下則
在地中則在人左來左中右來右中僧問疎山如何
是法身山曰枯椿如何是法身向上山曰非枯椿眞
金須入火他未彰名余不能取汝諸人道古廟香爐
靈從何來聖從何起喝一喝曰如此遭逢肯受欺
丁未四月六日上堂今日廣陵李仲連先生元配金
孺人四十周忌請南岳福嚴老和尚就于江夏東巖
同眞堂上堂且道說什麼法佛眼和尚曰今時人須
自尊自貴自成自立方有個休歇處記得丁卯四月
六日先生於南通州李家寶儉堂發眞實菩提心自

誓從今身直至佛身爲清淨大沙門故四十年中得
遇眞善知識得眞實透明佛祖綱宗十年居學地眞
實事師三十年行道於天台南岳江淮兩浙敎化眞
實大衆而得正因出家正因行脚眞實明道之士嗣
其法實始於孺人放身命底時節大衆要識昔之仲
連先生麼即今說法之南岳和尚也南岳和尚所說
之法即仲連先生始終一貫之法蓋和尚開堂歷三
十年說法已四十年何故長阿含經載佛佛出世有
家室有子孫有神足有侍者則家室一法也存亡法
也修短法也苦樂法也舍諸法一法也何事非法何

往非汝今所說之汝一汝也此汝强會不得緣差不得用力取不得有意舍不得時節若至其理自彰所以一切處尊貴一切時成立卓拄杖一下曰不得個休歇處光陰莫虚度

山隣弟子李勝宇黃見之蘇文元陳瑞伯等請小參就人揀辨還當得本參底事麼老子不是泥捏底聖僧忍見諸仁進前退後古人事不獲已齒鎛縫落出一段兩段本自峭絕而今阿誰弱過伊肯與折開只管隊隊上來就我商量老子事不獲已也和你商量二十榔栗棒辯脊擋來你但領下明朝看消息

弟子魏厥修汝名本初請上堂今日大似在賓全主令豈知達磨未西來父母緣生口便不肯挂上壁諸人也曾打從知識叢林過來曲彔木上早晚提段㠜屼話也未近日南方動則揮拳撒掌鬬打紛爭約至理論便恁麼太䧟下麄心阿誰救得若或細針密線煖室裏商量只恐黃面傷心看他汝久弊生何忍脇肩諂笑良久曰向後踏著正脈莫辜負人好

汝子汾俞昭請上堂一夜作竊不覺天曉鳴鼓陞堂盡情說了卓拄杖曰白拈一派源出獨猿二株獨挺於朱陵五葉孤秀於萍實又卓一卓曰子承父業孫重祖華復卓一卓曰接人之際不竭心力而與者非夫也擲拄杖下座

嗣汝九峯紀率園院大衆請上堂臨濟初住河北首唱斷際綱宗於人境汝不止三致意葢爲運老輕觸大中善夫爪牙殃及兒孫若于建立擲鉢老僧兩手空索索張口乾嚗嚗新九峯咳唾掉臂風動雲從曾不借力於父祖肯學他臨濟架險憑空老僧今日力疾上來又肯餙詞褒獎炫子之長喝一喝曰誰爲臨濟誰是臨濟者

次日山隣衆弟子請上堂僧問東西林下烏一段好

音聲出入耳門還有關節師曰老僧不欲亂天下人眼曰如斯爭奈何師曰你有一問答你一轉曰不才謹退師曰若有疑慮不難方便僧問花開本有風光鳥語全提妙用前僧已納敗闕某也敢復支離師曰老僧敗缺尤甚曰幸是師曰且看支離曰流布諸方恐難收拾師便打曰始終作主師又打曰勿使外人聞此麄語維那白椎曰汝筵龍象衆當觀第一義師曰且說個什麼卽得旋視左右曰非但昨日今日連賊捉敗亦不爲遲遠近隨風而奏都道擲鉢老僧兩日在九峯上堂各各塵劫段不思議事可得當下明

白若使無所關領而汝辜負遠來不易若道且坐喫茶這個是驢前馬後事曳過旁僧又非公境界隨卓拄杖曰劈腹開心別處卽不說也下座

到洪山長老明若同諸院大德請就本寺上堂擲鉢老僧三十年千言無一中豈單單不上人鈎此時乘聽衆未出三門與他明白一下隨喝一喝曰實謂如斯北卯山下千坵萬坵滹沱家汝曰第一句薦得堪與祖佛爲師第二句薦得堪與人天爲師第三句薦得自救不了不欺人眼底看此翁言之當否福嚴直謂不肰第一句他家無你話論處第二句勸你擔出

看第三句軟嫩嫩地實情無力良久曰肯自領過但請先行便下座

到白鶴院住持玉芝同衆護汝居士請上堂千年一遇正在此時乃震喝一聲衆懵肰師曰疑情未息如何遣撥良久曰諸苦所因貪欲爲本若滅貪欲無所依止大大上大人在處勞勞隨所鹿鹿豈但誌公不是閉和尚隨自點胸曰且道他畢竟圖個什麼復震喝曰鈍根阿師下坡不走快便難逢

住漢陽大別山與國寺語

到寺文山弟子客粹同居士蕭文遠請上堂今時叢林中兄弟那個不自承當低昂佛祖陶鑄人天老僧樂與羽儀肯走作你肯抑捺你既承當得下肯受人抑捺肯聽人走作有兩句說話三十二年不曾輕易擔出到這裏忍不得也喝一喝曰一倒順時祝贊決非宗門建立卓拄杖下座

劉方伯元伯請上堂盡大地人各各置一問問各別秖消寶應道個好字直得天下歸仁且道節文在什麼處今時學般若菩薩例皆精緻關對希圖𠢐寵佛祖福嚴分明舉似臨濟出四種料揀四種照用七百年來不敢廢著是叢林向上關若人蹈著喜無量

今日有僧出來道請老和尚領話也盡力向道好其或進曰過分教令向道好好驀拈拄杖曰木上座尊意謂何良久自代曰好心得好報

半園闍黎請上堂有段話問師僧家據你胸襟吐出來看若起解會心便塞斷胸襟了也胸襟是你自已底胸襟什麼人塞斷得他你又何苦要塞斷他胸襟有什麼所在停蓄得纖毫恁麼則胸襟究竟塞他不得是凡是聖是染是淨是汝身是般若是解脫但吐得出便是大火聚便是太阿劍不消用力只貴臨時而今是各展胸襟之時喝一喝曰若是師子兒自肰

莫歷他門户又道纔有纖毫萬劫不如爲什麼臨老眼花屈膝妥尾一至於此雖然莫聞我與麼説話便坐定在空劫裏許不見三峯老師三十年只教看個竹箆子話道喚著竹箆子則觸不喚著竹箆則背有什麼人向什麼處安排他正大修行人著衣喫飯屙矢放尿闕一不可纔擬作佛太費心力喝一喝曰佛眼法眼盡打睡天眼肉眼何足貴西來大意久浮沉不早舉似恐後悔

本山定姪禪師率監院嗣宗同護法衆居士請上堂今日齋飯較細良久曰阿姪定興國稽首方丈曰先白雲出世二十餘年掌叢林者七非人類精奇不敢登其門一時王公貴人循循巾鉢此山實爲發源之初地伏乞和尚垂念同一佛生披露微言爲世信式老僧道我師兄久矣爲天下信爲天下式我何能信式我師兄記得白雲乘和尚住此山日僧問如何是一句底賓乘和尚道黄鶴一去不復返僧曰如何是一句底主乘和尚道白雲千載空悠悠僧曰錢是足陌乘和尚道今日齋飯較細師乃召衆曰來來四十年前齋飯較今日齋飯何若體理得出非父不生其子體理不出非子莫顯其親夫沙門者播揚大法須增勇健僧問名不干事事不干名依執滯名於他玄隔是耶師曰更有伶俐者曰有一句未當情師曰既墮中流須早憤發曰恐亦未到玄源師曰非究理也

本寺監院嗣宗同徒瞻初請上堂若肯欺聖罔賢埋没諸人便依根布葉狎獵紛披去也既不爾者釋子聚會不可作世諦流通如此則將何饒益請法聽法諸賢究竟將底消結今日這段公就喝一喝曰你行脚之士須開行脚之眼夫行脚眼非慧眼法眼佛眼所能較得況天人之肉眼而能窺竊得畢竟要我説與你只要你一信可不省力

佛林庵無染禪者請上堂在昔有個老和尚一日示衆曰不得閑過念佛念法念僧會中出一員不帶伴侶底禪客近前曰某甲單單只念自巳老和尚痛叱爲驢據福巖看這老和尚原不曾輕視此僧但不知此僧可看得這老和尚上眼也未今日平心與兄弟商量這老和尚是誰便是有佛處不住無佛處走過底老趙州打從十八上破家散宅了到處孤迴迴峭危危過平常日子一旦年老心孤無事生事教好人家兒女緊靠著三寶過活不道他無業性將來撲在人天位中下淚謝過巳遲八刻也這米囤子一向道

從自巳胸襟流出方纔葢天葢地白雲和尚等閒吐一句子一回思想著豈止一傷神大千俱壞此句不壞其有不信而式者可不道今日齋飯較細

李學使元仗請上堂端天下英異之士之所趨向使之望風而馳不失尺寸非是各自有禪各自有道此外更有何法亦非椿立意根收其奔放之心曲制潛匿然後謂之克巳復禮請觀古人之所對者而發之昔有僧問禪師自心他心得相見否對曰自巳尚不見他人何可觀又問罪福之相如何了達得無同異對曰絺綌不禦寒今之學者謂自心非外有妄盡而

自返禘自既灌而往者吾不欲觀之矣直趨祖佛之域頓獲聖人之心有故也卓拄杖曰舉似天下人

饒大叅型萬請上堂睃顧一衆震喝曰能使王公貴人聞聲而悟瞻顏而證非宿具深慈眞願雖親見尊宿如汾陽趙州有大聲價秖高虛氣那得收實效於意言之表而光遠他耀今者慧業文人虛懷問道空腹老僧難爲酬荅普請大衆各施神用良久曰盡乾坤是當人自體形著影出聲呼谷應學者囿於見聞使聖人光大通變之道反膠瑟柱然則禹之治水孔之聞韶然乎不然乎復喝一喝顧衆曰叅

卞太翁孝旨居士請上堂舉汾陽先祖道汾陽門下有西河師子當門據坐但有來者即便咬殺作何方便入得汾陽門見得汾陽人師曰脚下孫子嘗閱臨濟正宗記從南岳讓祖而下中心悅服者只得十一世至我祖無能尚矣今日不得不有說焉老大宗師自不解作主容個畜生不識好惡觸忤賢良所以自到興國每日打開兩扇門大坐當軒凡有來者不用方便亦無揀擇個個許他升其堂入其室親見其人他若是個人語也著嘿也著四威儀中何處不是他放身命處最可笑者疎山矮師叔他道咸通年巳前

會得法身邊事咸通年巳後會得法身向上事乃高聲曰菩薩子不信打鼓普請看我孝旨居士永昭今日較昨日差幾尺地良久曰前三三與後三三落得身心從此閒

婁孝廉南石居士法名于衡請上堂淨智爲天正智爲人智智流通曹源一派便展轉相續去也所以向上人不可思議而今但一切時中超超然于等妙二覺之表決定不流至第二念一不拘滯於佛境界一理一切理一事一切事一心一切心一道一切道別無照顧別無曉了別無趨向別無保任天地河海風

雲草木盡是助顯你思議不及一段事但得現前兄
弟點首歡喜老僧得也
上堂舉僧問洞山初和尚如何是道官禁不容濺屎濺屎山曰
卓睡來還合眼麼僧曰擬向如何亡僧還喫飯麼山曰失卓竟不向上道與
他後僧持此語問徹和尚洞山意旨何如伏聞鈍置人者遭人
鈍置徹曰虎鬬龍傷嘗言達磨大師缺當門齒乃曰洞山相承因言
曉人之旨吐詞如磚塊鐵屑非有所造也徹公重㕘
薑椒益使食者難于下咽致令多少旁觀拊手大笑
良久曰嚼得碎者自不如此
法子嵒頭徹請上堂佛佛出世有諸人一坐具地南
北東西橫豎不出佛地位三身四智露冷風寒八解
六通泉飛石麗目前旨略不怕諸方取則更有一格
莫作等閑咬人火急者宗脈未露見你氣息取辦圓
頓恐覓個出頭處不得何也卓拄杖曰大統綱宗中
事別處往往放過
德山副寺泳明請上堂作者相見何用煩詞苟不盡
意殊難爲懷佛祖大意淺而易見故作崤函老僧罪
過旋視周匝曰天高而居上地卑而居下中間黑白
貴賤趨趨翔翔不待緣木求魚各各見義勇進或不
至勞而無功拈拄杖卓一卓曰豈是强生節目

什邡院主念純同衆護法居士請上堂僧問併却咽
喉請道一句師曰有恁麼心行曰事須斟酌師曰昨
日不得已白鶴院裡曾小小納一上敗缺曰意不至
此師曰今日不過更要我大大納個敗缺僧作禮曰
爭敢師不顧乃就座掀髯一笑曰人人總道個老子
竿木隨身逢場作戲誠如所言佛滅二千歲比丘少
慙愧卻成授記老福嚴了也禪風日下從迷入迷者
自甘流轉知識出世如救倒懸那討閑心游獵州縣
摭拾山水而今誠實說向有事近前決擇無事潔淨
心地莫心生閑草卓拄杖曰非常人物領之一字也
不消得便下座
王大參茂衡請爲令兄節推對靈位陞座古來有華
尊宿秪教人心同虛空法如枯木石頭法如寒灰死
火法據擲鉢老僧猶自內身外䟦岐而爲二不達如
來意枉服大乘藥無邊身菩薩不見如來頂相無邊
身外別無如來若見如來則有二如來也所以道但
無諸見即是無邊身外道樂於諸見菩薩於諸見而
不動如來者諸法如義如即無生如即無滅佛身無
爲不墮諸數敢問即今節推王公之靈安之聖位耶
安之賢位耶安之天上安之人間不見道內見外見

俱錯佛道仙道俱惡以故祖師直指一切衆生本心本體本來是佛且不假修成不屬漸次一句如何通信喝一喝曰我今爲汝保任此事終不虛也

南岳繼起和尚語録

葉恭綽題

南岳繼起和尚語錄卷之七

嗣法門人濟璣等編

靈巖廿一錄卷上

和尚建大法化吳越三十年至甲辰得二十會復有請爲廿一錄小師果成記

長蘆簡石西堂莊嚴母氏請上堂法身無相無相法身之母觸之不得背之不可握節當胸實爲沉屈撒沙向人眼裏還搵手得起歷驀拈拂子曰有句無句如藤倚樹隨放拂子曰樹倒藤枯也本生父母臥在荊棘林中如何相救喝一喝曰三十年後知老漢徹

底婆心

薦嚴陳太僕皇士請上堂僧問如何是佛法的的大意師曰莫顛倒僧問乃至蠢動含靈未曾於此一分眞如中有些子相違處是否師曰可惜光陰曰直下承當不勞功用是否師曰賺汝皮囊曰請師提獎師曰苦死人僧問三界智人未出母胎神用何在師曰我許你此問曰誰入法界師曰你多少時在老僧這裡曰不肯便離人天去也師曰卽不辜負你僧問朗月當空時如何師曰何待月落後相見曰果然高過古人師曰古人高朗月高曰平出師曰老僧不及上座乃起身曰卽將此段問荅進之皇士太僕太僕有靈爭肯撲在人天位中隨顧衆曰我鈍置你猶可你鈍置我太煞便下座

上堂山僧今日就你身上割一塊子似與你驀出兩拳曰是皮是肉試請分疏良久擊香臺曰木頭何異畜生何異袖手下座

晚參山僧今日就你身上割一塊子似與你你若知得是自身上肉定不縮手縮脚瞪目凝眸銖銖兩兩較精較肥若見得血滴滴地反自生疑生怖不但忘卻自巳亦且錯過目前豈不辜負山僧個副驢肝腸

弟子方新請小參饅頭從你咬新麥麪少喫僧問肚飽無力時如何師曰再喫一頓曰顯揚宗教時如何師曰念上大人僧點胸曰某唯一巳師曰可知禮也僧問如何是心地師曰不長無明草曰多少分明師曰看時不見暗昏昏

衆檀越請上堂僧問丹霞燒木佛意旨如何師曰恩義盡從貧處斷僧問如何是佛師曰不拘小節又問古人道狂機內有道人身如何是道人身師曰潦倒不堪又問如何是學人自巳師曰自從別後見君稀良久顧左右曰也不屈著你便下座

都寺徵聖五十初度子徒佛基上䕃請上堂僧問將弘永圓必布新令顧俯羣情師曰老僧口頭覓得底當不得曰進以禮退以禮其所由來尚矣風度詳閑卷舒惟道師曰一等行脚莫敎錯曰將寄陶鈞尚思末掖師曰奉勸趁色身强旺爲衆竭力叅乃曰汝等見聞覺知之性原不附物老僧四十年披究宗乘見叅學兄弟大抵有三種不易轉煩惱入菩提易博地凡夫成佛易所謂不易者言必信行必果好賢惡不善若人透得百年三萬六千朝咳嗽一聲曰秖有這漢較些子

晚叅今時學者盡道但易慮於可作之初革情向悞爲之後念嚮佛底人家卽得這裡卽不得客司近前作禮師曰有客且叅便起身

長至檀越請上堂震聲一喝曰兩行立地師僧便道高座上老奴不肎歇心盡力掙一口氣要發揚幽滯振拔伏匿隨點胸一下曰伊秖是依而行之古人沒轉變但言盡卻今時句前句後是諸人難處是諸人易處總之你自作崤函分天限日一線長長一線復喝一喝曰無人話歲寒

受荊州玉泉主院三學湥師請上堂正湥眼看他北鬱單越南贍部洲事同一家情塵一翳如隔須彌老僧合水和泥說向你你又將作壁立千仞老僧壁立千仞說向你你又和泥合水會叅開御路祖師來也卓拄杖一下曰南方一棒作麼生商量有朝聽得玉泉寺裡鐘聲鼓聲是老僧和盤說向你時節也且先與道回文又卓拄杖曰樓閣凌雲疊翠層皓公諸老舊儀型而今出手還相接迎笑名藍別起亭

小叅僧問如何是眞佛師曰相見何曾不注脚如何是眞湥師曰豈是閒開兩片皮如何是眞道師曰勸君不用裁荊棘如何是第一句師曰一盲引了衆盲

行如何是第二句師曰御笑癡人閑費力如何是第三句師曰洗脚處更不安排又僧問如何是眞佛師曰似此之輩全沒心情如何是眞湥師曰闍黎致問老僧有荅如何是眞道師曰寘寘一叅杳杳何知

莊嚴堆山太守上堂一杓兩杓不輕易三杓四杓如何當僧出師曰欠你一個餬餅不得僧作禮曰幸是某甲師曰灼肰難得似上座者乃曰一切無心一時自徧號爲秘密若待將一塊矢驀口抹了更咬人手直饒演出妙中之妙殊無利益喝一喝曰日用總持門淡而還有味

晚衆年殘歲逼無暇說祖宗長話舉一隅不以三隅反則不復也三峯的要舉似拈竹篦曰看此老子肺腸僧問不傷物義敢逮請旨師曰幸對人天曰庶使先宗有據師曰肯向眼睛上下一釘曰苦切之言師曰又奚爲僧喝師曰何故因循至今

除夕小衆臨濟說有七事靈嵒那來一事而今漫有商量豈是無事討事乃咳嗽一聲曰如此甚生可畏說與你後生晚輩

乙巳元旦正宗上人請上堂在孤峯頂上年年歲歲從不曾分劑心量飲食衣服討甚潛行密用來黃梅四百九十九人盡會佛法尚有盧公一人不會佛法當時稱他是過量人靈嵒過量堂裡人人過量所以不將他眼作自已眼肯似諸方敎他旁家舌上取辦打頭年朝第一日無事珍重

梁溪楊弘生松生請上堂僧出禮拜師曰如何是眞佛曰且無蓋覆處師曰如何是眞法曰三千條罪莫大於不孝師曰如何是眞道曰每日與和尚道師曰拈卻三句又如何僧作禮曰有度敢禮三拜師曰總是現成公案又僧出如前問僧答第一語曰曾不夜行第二語曰投明剛到第三語曰不是大死卻活爭

敢草草師據座良久曰於佛未生時靈嵒亦有三轉權作供養不中兄弟若論眞佛老漢笑他高頭強項至於眞法一衆聽他胡亂指注秖有眞道老漢與大衆同時喫不同時屙何故聻多年脾胃不實

晚衆舉臨濟大師曰第一句薦得堪與祖佛爲師第二句薦得堪與人天爲師第三句薦得自救不了僧出師問如何是第一句曰某甲秖向和尚道第二句師問如何是第二句曰朗州山澧州水師問第三句曰四海五湖王化裡師曰三句作一句說又作麼生曰今日十四明日十五又數僧出次第問答已未後拶一僧出問如何是第一句曰道得不道如何是第二句曰苦苦抑逼人作麼問第三句曰卻請和尚道良久乃曰第一句不審從什處起第二句老僧荅你你還信否第三句忽肰出得頭與你作自救不了得麼其餘祖佛爲師人天爲師喝一喝曰更嫌什麼

堯峯耆舊柏泉入室諸弟子請上堂男兒鎖子黃金骨儘你拋擲亦不狼藉更若函蓋相應向什麼處覓他縫罅來縱橫十字則光被萬靈同心一儀則廣荅羣品有不棠斯利者老僧拄杖拗作兩橛隨卓一下曰不假風雷自有奇通身鱗甲何爲者從教斫額望

千峰正正堂堂可知也
晚衆南泉道我十八上便解作活計趙州道我十八上便破家散宅老僧十八上直是影子也摸不著你等十八上作何勾當僧曰某甲兀兀癡癡秪恁麼過了一日咬盡生姜呷盡酢一曰東頭買貴西頭賣賤一曰苦兩片皮師曰事事遭人鈍置便起身歸方丈
一僧咨和尚南泉十八上作底是什麼活計師曰隨分曰趙州十八上破家散宅了如何遣情師曰摘楊花
香象宗道者率門人鏡善鑒請上堂古今榜樣論人則老僧弗諱兄弟莫久立堎稜贔屭六朝色殿鏵琅璫太古聲境作麼生奪喝一喝曰臨濟來也普化克符成則是衲則是良久曰三日後看三日前看
鏡善鑑率諸弟子請上堂僧問鎔餅盤釵釧作一金即此用離此用師曰訛言亂衆曰春寒料峭惜口較他縮手師曰驢唇先生決定不是馬簸箕曰多處不消添少處還加減麼師曰老漢誑汝自得大罪曰善體此意總不煩照顧也師曰猶肰自作崤函僧問三日前有一問今日不可諱卻師曰今日是初六不是初六曰單襟狹量未易窺測師曰若斟酌得厺也不

虛親到靈山曰欺人者人亦欺之師曰有什麼共語處曰某也幸師喝退乃曰費甚老力破汝憍慢增汝智慧撥開自巳古路脚跟下蕩蕩地東來西來快哉快哉喝一喝曰不信吾家正徧知論劫莫能成正覺
師誕日開化堂主請上堂今日本分說向你六十年槳水錢討頭腦不著等閑肯曲順人情赫日裡爍破闍黎面門不甘棄隔殊勝急索抖擻精神喝一喝曰臨濟下火發能容得你打開骨董箱子
晚衆僧拜起曰咨和尚臨濟祖師曰大凡演唱宗乘須一句中具三玄門一玄中具三要有權有實有照有用如何是一句師曰信彩道看如何是第一玄師曰有口原來道不得如何是第二玄師曰而今御道得也如何是第三玄師曰道得道不得與他甚相干如何是第一要師曰執事原是迯如何是第二要師曰染理亦非悟如何是第三要師曰別後都城舊知巳暖烟斜日又黃昏僧復請權實照用之旨師止之曰老僧三十年坐這板頭上扯無數葛藤總不曾提著這件事難得上座今日問到這裡不覺狼藉如許雖肰要領得以上言句莫道老僧開大口在今屈指得著底知識不道無只是少

次日上堂潦倒江湖上竿頭事可哈一回浮子動又是上鈎來五州管內秖得個老子是真實會三玄要底其餘舉揚竭力甚見乖張儘你説到十成難搆佛慧何故推一下便倒了也昔年有個同叅問老僧如何是第一玄答曰同門出入如何是第二玄答曰宿世冤家如何是第三玄答曰上士聞之笑未休中流特地生疑惑當時兄弟家大半不伏善老僧冷笑曰古人剛地成多事展事投機累後人屈指三十年來要尋當年個不伏善底兄弟實亦罕得瞻顧左右曰畢竟這事如何良久曰轟轟一掌連腮下眼目從教什處開

青浦民望吳居士得子請上堂僧問麟龍產麟龍華鳳生華鳳未審拄杖子生個什麼師曰如是信解如是長養曰後代傳授將何指南師曰如是度脫如是成就曰和尚不虛受人天供養師曰不其然乎曰猶自不信師曰是你僧問春山疊亂春水汪洋顧鑑之機如何辨的師曰不大稱老僧之意曰雲門師兄肯諾全也師曰何能副檀越之心曰大衆還知跛足阿師今日受屈麼師曰非老僧過督曰嗄師曰宜知之乃拈起拄杖曰若要報佛深恩卓一卓曰聖聖相傳如是信解如是長養如是度脫如是成就而或不然老僧拄杖向什麼處閣南來北來東來西來賢愚共相出入聖凡眼見耳聞這回放過後會難期良久復卓拄杖曰又爭怪得古人望影而心馳

嵩江朱公恊居士求嗣請上堂僧問目前無法意在目前庭前柏樹幾時生子師曰恁麼來老僧早爲你助喜了也曰某甲見不到這裡師曰別有生機益見光彩曰衆角雖多一麟足矣師曰增上慢比丘你是第一僧問楊岐正脉較他密室真子如何是密室真子師曰問得恰當老僧答你曰三翦銜鋒四雄踞地

師曰喫卻施主飯將何報答曰棒頭迸起玄中要千古家風讓阿誰師曰向上還有也曰大衆看取師曰速速乃拈拂子擊香臺曰這漢忝繼先宗續明後燄正令全提各須靜聽天中來底菩薩朱秦尤許人中來底菩薩何呂施張一一舉措看他上流將來與我蓋天蓋地直饒臨濟大師高聲連喝螢光難比太陽德山和尚熱棒痛施蹄涔敢擬滄海何故聻復擊香臺曰浩劫有窮斯文不泯

小叅僧問恁麼來者著向什處師曰諸方火葬我這裡活埋

梁溪弟子聖傳莊嚴舅氏愼言上人請上堂老和尚打鼓升堂並不把斷要津東來西來聽你自來薦得斷老和尚舌頭不虛一來設有一人放過老和尚又不失卻本命符子我說此人有一事奈他不何顧左右曰是什麼事僧問剪斷天下人舌頭底爲什被夾山擒下師曰達磨大師所傳心印掃地盡也曰會得無舌人解語底還扶得起麼師曰眞個要扶起那僧一喝師曰以後切忌作如是話僧問若人識得春萬劫元一春立夏五日也春在什麼處師曰多見時流錯會曰僧堂裡底寮舍裡底師曰對僧堂裡底說對寮舍裡底說僧作禮曰孟夏漸熱伏惟和尚起居珍重師曰客話僧問靈光獨耀迥脫根塵所薦先亡當居何品師曰這露柱成年不醒曰偏正不拘時如何師曰下堦兩三步看僧不審師曰愼言這廝笑你便下座

晚叅可憐生僧問膏肓頓起時如何師曰更加鍼砭曰何時而巳師曰臈後看僧問作何行業報得四恩三有師曰我坐你立曰與麼則目視不勞也師曰猶掛三寸僧問不是心不是佛不是物是個什麼師曰立在衆人前曰如何是超毗盧越釋迦之句師曰萬

千無一中曰便恁麼去時如何師曰依舊可憐生

晚叅僧問如何是堪與祖佛爲師底人師曰口掛壁上曰如何是堪與祖佛爲師底句師曰不消收下僧一喝師曰其爲人也而好犯上僧問如何是學人自巳師曰不啣嚼曰今日落便宜師曰好

楊靜山太史斷七上堂爲檀越修福也僧出曰某甲初心師曰對衆說僧拈香曰曩謨三漫陀沒多喃師曰此國土他國土曰還到西天麼師曰又去那裡作麼僧作禮曰特謝重重相爲師曰吽發乃曰發揮古宿機語聊表二十年道舊昔楊侍郎與唐明嵩和尚問答問南宗之旨北土大興未審誰恩力嵩曰不入蓮池浴懶向雪山游楊曰清涼山裏萬菩薩師曰一句當天八萬生死門永絕楊公扼其要領嵩老眼光爍破四天下也照不著若能如是體得方與向上人同也不然喝一喝曰又要從頭起

新安江天胤居士同令子之白請上堂僧出師喝住僧退師曰從來姿韵愛風流良久乃曰上上人一撥便轉不自謾昧向諸人作一場佛事麥秋時至日永風暄樓閣清高雲山縹緲道遠乎哉聖遠乎哉前佛性命後佛紀綱何曾在別處一念相應刹那萬劫拈

拄杖卓曰若能委悉對衆商量如或不肰老僧與孔夫子下個註脚爲人父止於慈爲人子止於孝

懺罪祈嗣請上堂舉三祖璨大師叅二祖可大師不言名氏聿來設禮而請懺罪祖曰將罪來與汝懺良久曰覓罪了不可得祖曰與汝懺罪竟宜依佛法僧住師曰固樂爲說璨公不將祖宗言教貼額上足稱香至王子當家種草可師指南一路大似人家兒子觸目皆乃父賫本肯取他家用度所以綿遠至今四十餘代雲日麗天光耀祖烈雖肰靈㠋更有進焉夫自性非外來幾返而脤長我正法眼藏其在利根善自保任

萬壽萃孫請上堂僧問玄素不殊宮商同度云何舍於外法知見內法師曰上座能奇能異曰非耳目所可到耶師曰老僧省徑省心曰願有進焉師曰未必不併見於此時僧顧左右曰當如是淨治身口意業師以拄杖卓地一下僧問茶芽麄欵筍角狼芒厨庫山門添得幾多風彩師曰向你道什麼卽得曰若肰者水牯牛飽足觀光也師曰而今卽得曰某甲今日也是齒不關風師曰豈更甚於老僧僧問山門前破草鞋尋常臭孔撩天只是無人顧著因甚趙州一見便乃頂戴奉行師曰大大長篇更希惠教僧一喝師曰伎倆如此僧問古者云一飽忘百飢因甚又嫌渠無力師曰總提不起曰吐得黃金時流所重如何又道終是不貴師曰曾見幾人來曰坐斷頭尾一句又作麼生道師曰後五日乃曰祖令當行爭似今日決定決定笑破人口在賓全正令立主要須圓波隨月沉影逐日移入州不看官路光陰非旨趣朝襟人烟暮慙雲鳥一條濟水射透新羅正當與麼時犬吠虛聲切癡心望遠帆靈㠋老拙諸色不會惟我一衆自肰弗恠

晚叅僧問德山如何是宗門奇特事山曰我宗無語句實無一法與人師曰與老子茶喫睦州和尚一日喚僧僧回首州曰擔板漢師曰與老子麩喫僧問忠國師如何是本身盧舍那國師曰與我過淨缾來師曰與老子飯喫僧問先三峯和尚如何是學人自巳和尚曰不可坐取安佚師曰與老子方便何故聻近代尊宿牙齒盡不關風有問自巳必肰道喫茶底喫麩底喫飯底咄喫飯底我宗無語句實無一法與人是什麼奇特事盡其神力要喚轉這擔板漢直饒過得淨缾來未必契他本身盧舍那流言止於智者德

山堂頭近日遷化陳觀察有紀異一篇禪和子聞說盡作奇特事每日口吧吧地不可坐取安佚學道人一切如當門按一口劍相似管他火燄裡身光徧界牙齒壞不壞種種神異卓拄杖下座

晚叅舉佛眼和尚曰如今直下信得道是也已名不喞𠺕者況更不能直下信得又堪作什麼也師曰靈岳擬與你商量惟恐龍門見笑靈岳不與你商量猶恐龍門見怪拍禪牀曰情旨不錄

端午龍牙提長老歸覲請上堂僧問蒲劍拂清風晝斷諸方話墮師曰大好時節曰洎成錯過師曰適於

衆口底可別拈出曰實不相謾師曰依舊入枇杷樹裏去也乃曰浴蘭湯兮沐芳華以登上藥以蠲諸毒是上古之遺型非今時之急策四溟東海流般若波羅蜜我輩林下人取之不竭用之無窮五風十雨松窓木榻聖心凡意一爐香季運二千年遠旨我家風景出尋常

上堂拈拄杖曰秖此一端深遠莫倫悠長無際祖師門下確乎其操邈乎其度說什棲眞蕩穢離俗遺務日用活計千聖相傳自立自成特尊特貴去此外修似較辛苦莫聽他人說龍門老叟曰黃金爲骨玉爲稜莫聽他家此日尋多少從來悟心匠盡將底事繼威音末上又曰咦師隨聲曰咦不假尖新自然奇特

毘陵楊狀元百日令嗣太史伯仲請對靈座座聽無事是貴人誰人無事卽今靜山太史有什麼事目前孤明歷歷似地擎山不知山之高峻處處不滯通貫十方如石含玉那知玉之無瑕所以三界自在入一切境差別不能回換山僧今日逢佛說佛設有疑者此清淨光亦能透過十方良久曰便與麼信得一時著便若論玄微老僧不會

到毘陵太初院主席涂姪覺堂允率衆請上堂僧出

師曰住曰風以時也雨以時也莫言禾黍不陽艷麼師曰我今爲汝保任斯事曰於古可於今或不可師曰莫疑人曰信斯言也何患古風之不振師曰更與一隔曰一場快師曰住又僧出師曰住曰日上月下山深水寒還假時人功幹麼師曰是你到這裡還住得麼曰眞個那師曰住之一字也不易言曰實是某甲疑處師曰住乃曰但有來者向道住也將謂是者我不是你將謂不是我卻是你秖如今是不是處薦取一一轉向佛未生時亦不是你住處此外別求展轉失照夫我沙門每日區區端爲何事若不將爲事

不干老僧事
毘陵天寧聲白律主同陸護汯喬梓請就本寺上堂僧問今日特地降尊爲是不住相以垂慈爲是橫身而育物師良久僧曰忙忙者匝地普天師曰莫是要一念萬年麼曰未到這裡不妨疑著師曰莫是要純清絶點麼曰與麼則易不與麼則難師曰不信僧問天地同根萬物一體指香臺曰秖這個何似陸亘大夫家中一片石師曰適纔答這僧話還有過麼曰人天衆前不欲造次師曰此是對家裡人說家裏話僧喝師曰誰是家裡人曰吽吽元來共我作道理師曰

天寧主人笑你乃拈拄杖曰吐得黃金諸方間有依倚一物靈嵒絶無饒渠不作個解會亦未許渠在何故聻顯照底人卽易得顯巳底人卽難得不見道悟無念汯者諸汯盡透悟無念汯者見諸佛境界悟無念汯者到諸佛地位孝標居士以無念之汯三十年中游戲神通淨佛國土今七十大誕令子令孫請山僧一語以永慧命隨卓拄杖喝一喝曰一喝一卓清風生角眼若放過耳裡不落堪愛堪愛眞實意中眞實意行深般若觀自在
梁溪秦護汯莊嚴太夫人請就北禪寺上堂僧問五月賣松風錫山縣裡甚麼人酬價師曰從來此事少人知曰時値不諳空相馳突師曰汝知之否曰教某甲口掛壁上不得師曰知卽辜負老僧不知埋沒自巳曰天氣炎熱伏惟珍重師便打曰可憐門大開而人不肯入曰世出世間所有言句還該攝得麼師以手畫一畫曰但隨老僧手看曰恁麼則過去現在皆承恩力師曰寥寥千古幾通津僧問文殊三處度夏迦葉正令全提未審有當世尊大意否師曰待問世尊卻來相報曰老大宗師慣自剪人語路師曰世尊不答曰莫謂此會無有尊者師曰無以小智妄測大

方乃曰謹護蠟人九旬禁足乃祖宗教旨老僧不守本分中夏猶在這裡如斯之作尚可量哉朕從上諸聖悉所稱歎非常之事必待非常之人卽今現前人非常人云何是非常之事喝一喝曰可知所以有生滅解舉方能忘取與光明寂照徧河沙愼勿於中論爾汝卓拄杖下座
梁溪保安主席汯子太息濵率諸檀護請上堂僧纔出師便喝僧亦喝師又喝僧亦喝師曰一等是聲無限意有堪聽有不堪聽僧掩耳而出復上前問父母所生眼悉見三千界烏那靑靑黯黯處莫是九龍峰

麼師曰有一手土不肯撒你面上曰是卽是可惜許師曰恐驚一衆曰不是大方事難殷鑒師曰別具隻眼尚不嫌遲隨聲便喝曰他時後日謾人去在師又喝僧問一切處是個句七出八沒温恭儒雅齽師曰連日客事匆冗無暇精製好語曰趙璧本無瑕師曰一轉兩轉則可曰但自莫相誑師曰三轉四轉不可知也僧喝曰有什麼過師連喝兩喝乃舉僧問投子和尚如何是沙門立足處子曰若有立足處不名沙門師咄曰這賣油漢一向道油油油慣了口門全沒關鍵夫沙門者不合一切不共一切教化一切若自

無立足處一切人向什處成立辦事每日向道不凡不聖時立凡立聖諸見不生通身紅爛無我相不作大始名出塵師子斷得世間來往定生兜率內院若不斷世間來往爭免人家做兒子何故一切處不作模樣所以一切處是他住處設有問老和尚纔離了蘇州靈嵒到常州或太初或天寧離了常州到梁溪昨日北禪今朝保安畢竟那裡是立足處聽吾偈言老兒無定迹到處插隻脚聞鼓聲上堂肚裡直急煞便下座

香庵禪者領檀越請上堂僧問如何是大道之源師曰打二十棒了再來曰和尚莫使人尋流師曰無風往往生波曰亦不是源師劈頭打下曰恠老僧不得僧問生死沉淪如何得出師曰什麼劫中起頭曰肯自沉溺師曰什麼劫中出頭曰不昧真機敢請直指師曰依舊淪溺乃舉指話會頌曰洞山語孤孤言淡人難措舉目會宗風辜負西來祖師曰此句中玄好看好看若還更說無端無端

悼許子上堂顧左右良久衆罔測師長歎復顧左右曰庶庵許子以中丞庭訓師老僧庚辰庶庵方十五補博士弟子員中丞遂捐館舍明年老僧一杖撥天

台雲錢塘濤惡不隔庶庵音問知貧笈從二無慰余遠望乙酉老僧四月出天台兵阻夫椒舊隱庶庵竟剪髮朝夕侍隨循循衲子丁亥長歌痛哭送余歸天台未幾太夫人命改初服從此放浪烟雲詩酒直踏倒華山五千仞不覺全身放下吹到老僧耳裡哭一場笑一場幾番哭笑今年五月過毘陵不見庶庵乃見鄭子素居率其四子拜于塗當時伸出巨靈擘太華之掌特與扶起通身粉碎華山頭笑語空驚天上秋扶起英靈平白地廿年離合一機酬復顧左右久之下座

南岳繼起和尚語錄卷之八

嗣法門人濟璣等編

靈喦廿一錄卷下

玉峰徐太夫人五十初度令嗣原一彥和公肅三居士請上堂僧問飯炊香積壽聳須彌知恩報恩當於理否師曰善哉語者別與一位來曰不是某甲幾乎幾乎師曰古人到這裡因甚不肯住曰三十年後師曰三十五十未肯住在乃就座喝一喝良久曰幸有如此廣大門風插得脚入乃至彈指合掌皆是正因萬德萬行纖悉同流所謂無滲智不思議智無有始終安有限量神用自通任運乃爾故此一門稱無量義又喝一喝曰妙旨敷陳豈關情見心心相接佛佛稱善復喝一喝曰請驗

李孝敏先生二十周忌上堂宗師血脈眼底有滋釘者十二時中麤言細語揮拳掉臂往往不相貫通日上月下未免傷心靈喦揭開腦蓋告之曰坐食都不問你開眼合眼順古人違古人一等是人家兒子西天二十八祖唐土六祖天下老和尚慣將木槵子換你眼目道一切地水是你先身一切火風是你本體生生無不從之受生打寬帳過日子豁達空撥因果

莽莽蕩蕩招殃禍驢年夢見你本生父母座下有個伶俐禪客出前請曰畢竟那個是老和尚本生父母弊他既認眞我敢虛誑乃說偈曰二十年前一雪舟肝腸嘔盡飽庄頭鳴戈隔斷還鄉路返覆捶牀苦未休（時孝敏先生捐館日觸目傷懷捶牀而逝和尚舟阻武康飽庄嘔吐一日夜）

新安江居士經伯之白伯仲奉太翁命請爲太安人對靈陞座上大人不能言拄杖子謹代與語仁者還知麼各各具有天眞自得之妙不着尋討不着整理不着修證此是千聖骨裡髓一名無位眞人一名函葢乾坤把住則截斷衆流放行則隨波逐浪常時面門出入行脚人喚作袈裟下事此事不了生死不了三細六麤動則有苦除是直下回頭就尾敢保安樂無虞不見江太母朱氏之一靈不住過去不住未來不住現在正是時流難措入處昨晚令嗣之白問老僧和尚當時留心幾年得個消息老僧對曰直至而今尚不得個消息士沉吟老僧曰居士方便與我個消息士曰是由外生也老僧曰娘舅在什麼處士又沉吟老僧曰依舊遺言許外甥今時叢林兄弟似總不提到這裡復拈起拄杖曰仁者還知麼外甥放過目前娘舅難謾自已更擬打瓦鑽龜佛法直錯到底

謹白我上大人拄杖頗頗知禮卓一卓下座
雪庵聽大師二十周忌西堂狀伊請上堂良久曰是你諸人盡曾三十二十年叅方行脚豈是一等無知無識者還親曾撞著作家來麼我所說作家不是地連金屋家藏銅山花蕊拂日玉帛盈庭亦非耳目無根色聲絕影一室虛明三空圓啟又何在重臣皈禮宿將投誠果爾遇諸緣洗然若虛容萬象曠然若谷活潑潑勿根株擁不聚撥不散方可眼目人天領就龍象山僧崇禎初年落在萬峰槽厰見得板頭上有一人言言火聚着着氷稜頓然心折乃竟不聞謦欬二十寒暑矣今朝是個老子全身顯現底時節隨召曰大衆齋到影堂大申三拜看我羯磨阿闍黎畢竟道個什麼侍者手中接坐具下座（大師狀西堂受業師）
顧母楊太君大殮令嗣請對靈陞座撲破菱花光影絕掃除蝶夢色聲亡不須露柱重饒舌看取燈籠自放光閨閤中物徹底掀翻宛有丈夫氣槩佛法邊事盡情颺下益見道者擔當莫測神機倒揷牙梳鴉鬢後無師妙智別穿玉綫虎鬚旁在世何殊度世生方不定西方識陰空而涅槃天曉心源湛而般若蓮香固是太君之本有何藉老僧爲舉揚雖然若非指踪

畫跡未免對境迷方擲拂子喝一喝曰今朝函蓋相應多是兒孫得力
愚庵和尚訃到上堂匪雷匪霆聲名常在人耳非廓越先宗者不能也故洞宗三十三世雲門愚庵和尚生平指示心法潤大沓奧如嶽立雲興如電出星沒其作略有時類我家慈明有時類泉大道有時類政黃牛顛倒天下名宿如擲瓦礫氣節所在身命以之獨到擔雪分上刻苦相愉如手與目如聲與響如木與石如水與氷相對也忘寒暑相別也等朝飢一字相及紙不爛不忘懷袖嗚呼三兒不顧盟約先我而亾一向多情此回太煞縱不念擔雪能不念洞宗嗚呼三兒迢迢獨自往古路少知音擲拂潸然下座
無我大德虎林歸因事上堂袈裟浮漾水竹杖點寒雲不入洪波夫潮爭見關山重叠一千五百人善知識也無甚神通妙用尋個別擔子挑法爾不爾俱爲唇齒千說萬說不如一決諸人聽山僧一頌縱橫南北是尋常捱到頭來自抵當露柱燈籠何必笑祖翁原有古良方靠拄杖下座
晚叅僧問一則三三則七近則不離方寸遠則十萬八千咨和尚如何是禪師曰晴不感日雨不怕天曰

千難萬難師曰百千年滯貨擔得到人前曰通身是命師曰石爛松枯尚忍言乃曰如今奉勸兄弟禪不用纏道不用蹈語短言長遭人怪笑乃呵呵大笑曰吉凶不辨多尤甄別須明個竅

師到江上香草園主人嗣法元雪章請上堂僧問塵刦來事秖在於今領攬得下還肯南斗七北斗八麼師曰汝助我機僧點首曰與麼與麼師曰我發汝用曰不與麼不與麼師隨聲便喝曰爭敢穿穿鑿鑿師曰利害在什麼處僧問滴水滴凍佛心祖髓直得七花八裂老和尚切忌干戈相待師曰巧來妙会老僧

不與曰不展鋒鋩時如何師曰實情道得許汝問話曰不圖錦上鋪花且自應個時節師曰貴數多底衲僧請過一邊乃曰智不到處行得三轉此人不由他方世界而來實實打從靈山會裡來從佛口生從法化生故得佛法分豈同佛滅二千歲於楮墨文字上窺得旋陀羅尼半面便自驕矜炫喜所以到處靈音落落殊應章章不狥凡情不沿聖路設有問如何是第一轉曰玉階春色滿徧地彩雲香如何是第二轉曰淨練澄江地餘霞散綺天如何是第三轉曰行為佛行坐是道場若於三轉外更請一轉喝一喝曰而今停話靈山月掀轉竿頭待錦鱗

邵仲木卒哭小叅僧問不問盧陵米價高師曰且向途中息草庵僧問智眼開明風急似箭時如何師曰好曰體明無盡雨擊寒窗時如何師曰惡曰好惡任從分付去回途石馬未降心師曰怪得乃曰學般若菩薩鵰眼龍睛亦遭枵駁緒餘珠霧肯流落人間心地既明現儀皆法觀者震掉莫測其涯縱橫放肆不在今日香殘火冷益見精神旁不甘底為仲木別展看良久曰高堂子舍壹天真

晚叅舉僧問三峯老和尚喚作竹篦則觸不喚作竹

篦則背峯曰初五十四二十三縱有好風莫過江師曰不屈宗乘遭逢有據

上堂老僧在此中一坐三十年皮也摸不著恰好你來大言道得他髓神光未遇達磨難道腰也不曾屈上智哉舉身相為順世間情乘境出來不避喪身失命庶幾不相辜負

虞山宗伯生忌門人請對靈陞座驀拈拂子曰卽此物非他物天上下獨尊徧大千共仰是竺土大仙之心大宗伯牧齋錢公之一靈對三賢十聖說法身以為極果其實不無緣起不有緣滅道是近十方世界

求不可得道是遠秖在目前心既如是汝亦如是一漚生波瀾始六入十二因緣十八界乃至八萬四千法門有什麼限際喝一喝曰子期去不返浩浩良可悲不知天地間知音復是誰

上堂今日盡是衲僧一僧從西過東從東過西了中間立地曰不信道師曰易開終始口曰難保歲寒心師曰去去楊朱路不差曰又得重理草鞋師曰風俗至今流傳不斷又僧出曰適來上座辜負婆心師曰賴得僧嘔吐數聲曰肚脹師打曰我不頭痛醫頭第三位出曰入得靈山事事奇人人盡入不思議師曰

豈人力使之曰某也幸乃曰三個囫圇鐵餕餡一衆從教滋味無便下座

早叅踏著正脈者難一僧進前三步曰也不見得師曰陸地矢塵行曰我不敢毁善知識師曰你道老僧還是娘生底麼曰饒他乾坤倒覆更不敢開口也師喚第二位曰草鞋不入市你且屋裡坐

上堂驀豎拄杖曰祖師心印拈向太虛空裡一印印定具大志操者直下模範祖佛號召人天横機撥倒精靈全心荷擔魍魎僧出師曰昨夜東風又發狂滿地不知何處去

上堂一等是行脚人一僧出曰隨方就圓諸方罕聞師曰萬水千山明似鏡曰堂中聖僧至今不惺惺師曰猶是舊時習氣曰三日後看師曰不免口過第二位出曰翻身師子威雄大爭敢當頭露爪牙師曰敗種且不發芽曰卻是真個師曰苦益菜下飯又僧出曰爭怪得伊師曰諦當之言時人知有曰賺殺他家子師曰亂度量乃曰古人道因汝顛倒知見方有往來誠實苦哉你道老僧還用侍者麼卓拄杖曰秖宜說一句

明日上堂秖宜說一句僧問某甲也好一員禪客師

曰將軍自有嘉聲在不得封侯也是閑曰御樓看射獵不是刈茅田師曰老僧賣身去也曰莫不大幸師曰悠悠之徒貪生過日曰豈盡學人之咎乃曰秖因忘前難怪失後便下座

晚叅未說之法林中之葉僧出曰山雲拂薜衣師曰圖度絕矣便起

上堂如何得無道理去僧出滑倒一衆失笑僧爬起曰世間有多少宗師師曰老僧至誠相勸曰對某甲對一衆師曰無過此時好便下座

上堂千里萬里去一僧便出法堂師曰去父母未生

時明取本來面目僧問三峯老和尚不許人提著本來面目和尚尋常不許人提著本來面目因什今日又要這上座明取本來面目師曰哀哉恣門不幸便下座

上堂僧問和尚無病緣侵體某甲無住持于懷終日眉毛攢簇何也師曰莫走作曰格外之說時師那知師曰恁麼也只是識路中人曰敢自欺師乃曰正宗澹泊異道縱横鬚髮已蒼肰眉毛那惜得

上堂智隔千重鎖如何擘得開僧問諸方爲什麼各說異端師曰不知是何說話曰面前一味背後千般

師曰三白大衆曰天性不擢炫師曰不虛這一轉僧問古寺幽閒何門可入師曰肯說這邊那邊曰則克已求眞也師曰聽人言語曰能辨邪正尚乖道體師曰山門前兩個笑上座曰與麽則學人得入也師曰到老不惺惺一僧出曰請和尚歸方丈師曰幸有闍黎便下座

晚叅道非色相僧問是和尚誠言師曰眼瞥僧指揩下草花曰一株能黃一株能紫師曰幸得驗破便下座

上堂你且出來禮拜起了商量良久曰你若執意不出老僧別有個商量把你娘生以來胸中所積底推向一邊老僧有個驗處推得盡情底眉裁眼上推不去底臭挂口邊眉眼口臭還了你位次畢竟如何辨優劣良久呵呵大笑曰說向了半日尚不分別生

上堂雲中屋角摩星斗得大總持者到處成就佛事成就道場一種語二種語若向空谷流聲討他千般萬樣悠悠萬古何怪知希

天童老和尚百歲誕辰上堂舉則公案震旦國中有大洤王從世廟嘉靖丙寅降生筭到今朝準準三萬六千日了也謂之生壬午七夕已般涅槃謂之死現

前一衆各各來慶百歲則這老子生死他不得是非他不得名狀他不得裝點他不得染污他不得秖許親子親孫酌花獻水瀹茗燒香供養他讚誦他願這老子脚下兒孫一個個正因出家正因叅學眞實悟道眞實爲人心地光明出處端確不致爲名聞利養之所移換失自本心昧自本性虛僞施設忍壞門風驀拈拄杖曰老和尚來也連點首曰繼起繼起此段話句句搔著我癢處遂起身曰師翁萬福子孫萬福便下座

晚叅若究理而坐三十年二十年直得板齒生毛不

受整理者掇轉過量境界米麵柴炭之屬無論現成不現成哮吼一聲知你是師子兒大開府藏差珍異寶憑伊所好臨時取用喝一喝曰莫謂入荒田不揀堆山太守週期上堂僧問爲什麼如此師曰事不孤起曰和尚今日有事也師曰若非證入莫曉宗猷僧諾諾師曰難保歲寒心僧問如何是至近之言師曰開封府統轄三十六州縣曰老子一生口凋師曰未到靈嵒盡道窄乃曰廓清五蘊底人明知生死去處了又不能忘情於生之天死之日一切不忍之情又不能生他死他凡情晦昧俱道他居究竟地住本覺場隨呵呵大笑曰共至靈前沉思觀聽浩肰落肰何方出沒良久撫案曰山河大地日月星辰心到手到布之文字非太守之能事乎

上堂以世諦觀之老僧出諸人一頭以祖道觀之諸人出老僧一頭諸人高過老僧無人孟浪過你老僧高過諸人往往自打退鼓良久曰世諦不辭山路遠祖道何曾一步移

上堂明頭合暗頭合唱道之機事雖切怛學般若菩薩不相埋沒豈無方便之辭其或不肰老漢自難袖手拈拄杖曰共你葛藤肰終不敢撒矢着你頭上卓

一卓曰盡大地一時明得恐無轉變又費手脚速退速退

晚叅有志不假年高無智徒勞百歲幸肰老僧猶在今時諸方尊宿走天下禪流秋風樣急談眞則逆俗順俗即違眞秖爲慣用智着若是無智靈嵒何消愁負不悅

上堂天地與我同根萬物與我一體肇法師大似分疏不下拈起拂子曰這個安他天上不得放他地下不得那裡是他生根處他無我亦無人云何體物天地萬物總被靈嵒拂子折倒汝等頭頂個什麼脚踏個甚麼汝等眼見耳聞是個什麼乃召衆曰汝若點首我即辜你你若搖頭我即不負你快下去

上堂老僧記得在先和尚會裡聞一老僧曰登天不假梯徧地無行路當時不知出在那經本上不曾對他而今思量何不道個可憐沙塞雁嗚咽與春期

上堂山僧分上無有不是者僧出曰莫便是事上覷得自後無有不得者師曰你在寮舍裡洗脚祖師還嫌你臭氣麼曰輕輕問著便惱害人師曰含齒戴髮巍巍堂堂曰更要第二杓師曰節記門庭僧問作麼生得無法爲對師曰我向癡頑汝能伶俐曰歡喜情

懷古今病痛師曰說理者多曰拂意之談動天地師曰年來年去冷颼颼僧問轟轟出白雲時如何師曰顏容皎如玉曰盡將底事繼威音師曰使我眉頭蹙晚叅拈拄杖曰驗盡當行家僧出作禮三拜依位而立師曰若無錦繡文何堪論嘉藻次僧出嘘兩嘘師曰不負平生眼目僧擬議師曰秖見一人上座出去僧問適來兩上座都不合和尚意師曰不知後來有什麼人合著僧一喝歸衆師曰芥子納須彌良久顧左右曰無病之藥老僧不用便下座

上堂三世諸佛擬何宣僧作舞而出師曰有年無德

僧問曲爲今時時如何師曰渡河須用筏曰秖恐古宿不肰師曰到岸不須舟曰如何是正令行底句師曰千頭萬頭僧問此事如何辨師曰我說你聽僧側耳師曰佛在日一切衆生皈依佛曰佛滅後蹔師曰你說我聽僧擬議師曰一切衆生皈依什麼處僧又擬議師曰若不改往修來大有着你處在良久乃曰高而不危滿而不溢風鈴有韻真堪聽聽得絲來曲不成便下座

上堂信邪倒見死入地獄僧出曰相救相救師曰困曰停機罷想智者不爲師曰惺惺曰白日天傀儡師曰槁骨連山僧問放一線道師曰穩便卽收取曰則有損有益也師曰更自有函有號曰爲什麼人設師曰莫漫擬無僧問近來師僧只愛說禪說道師曰這個是什麼人語曰和尚慈悲放某過師曰如何是第一句曰從不說第二句師不保隨顧左右曰打鼓打鐘上來畢竟不是教你負屈底事良久又曰末法時代禪社交馳各須仔細

元旦嗣法九峯紀嵒頭徹請上堂丙午首日法王令新若以詞陳埋沒宗旨有扣弗應遺斯機候赫定厥初萬口相慶步古驟今遠杜岐邪氣全力果揚變聲

律愚及智就可動而起傳世垂後出於正始爾紀與徹登登持久喝一喝曰南岳而下實式臨之

第二日上堂諸方慣把佛法當人情老僧不取靈嵒一向道卽人情是佛法諸方不信把佛法當人情古人謂轉山河國土歸自己則易卽人情是佛法古人謂之轉自己歸山河國土則難汝等諸人還知從上尊宿那個是轉山河國土歸自己底那個是轉自己歸山河國土底千七百家不具論五宗諸老把來細細審詳看這裡定當得方好定當今日公案山前包孝廉朗威二十年高風遠懷人人共知從己丑學靈

㟧之道十七年中根純畜厚又非人人所得而知居士上年誕辰山家疎曠竟不曾聊表一分人情翻設飯飽我一衆都道法輪未轉食輪先轉食輪法輪有以異乎分疎兩路人情生矣情生智隔如何說得卽人情是佛法老僧今日考鐘伐鼓團集大衆見見聞聞盡知是說佛法佛法不是鄭州梨青州棗如何把來當得人情五祖老師曰會卽大富貴不會空對面昨日元正啟祚今朝萬象維新居則應時納祐動便慶無不宜驀豎拂曰誠言不謬是老僧掀髯一笑在

居士

眞藏主請小叅昨提轉山河國土歸自已則易轉自已歸山河國土則難尚不曾明言難易之故古今唱導知識互相不肯豈盡是生滅人我之心秖緣悟有淺深見有同異明自本心見自本性當人未嘗不以爲極則不知單明自已不悟目前有足無眼雖飽無力棒棒見血言言截舌世人未嘗不以爲徑捷會得目前不明自已有眼無足堪作什麼葢此二種人雖各悟一玄理無礙者不能事無礙事無礙者未得理無礙進此則頭尾宛然理事無礙然動便傷鋒犯手爲人不得卽使照用兩忘事事無礙至於舉揚則各有重輕如楊岐黃龍同出石霜之門盡得石霜之道後來施設則又逈乎不同易之所以易明自已易透目前尤易所說所行人皆易見難之所以難忘人難忘法更難所說所行人難得見諸方取其易者而爲之故到處欣欣三峰老人獨爲其難而人不知肯所謂難易之故若盡古人而言之則老僧又獲罪於古人自亦不忍今略以譬喻申之孔子三十而立四十而不惑不過明得自已五十而知天命方始明得目前轉目前歸自已還在耳順之年到從心所欲不踰矩庶幾轉自已歸山河國土矣臨濟謂第一句薦得

堪與祖佛爲師如何是佛地位如何是祖地位祖佛有何不到尚須師承堪與祖佛爲師底人當具何手眼聽吾一偈轉他自已作山河業識茫茫好大哥只轉山河歸自已從來煖室睡偏多直出他家尊貴路閉心枉費日蹉跎擲拂子卓拄杖下座

上堂當人分上各須分曉僧問目前有路如何下足師曰乾坤不跨曰不如休去師曰莫不辨清濁曰不得已作死馬醫師曰還反仄麼僧無語師曰因什麼到與麼地隨顧大衆句裏相闘實不敢欺下座

小叅僧問秖知今日明日不覺前秋後秋師曰短袴

長衫白苧巾曰洛陽路上相逢著盡是雕欄畫裏人師曰是昭覺是佛印曰要打便打師曰我不及古人僧問步趨端的準何人師曰待得回頭月巳西曰莫執一時見便忘千古音師曰萬福大王乃曰飽叅衲子莫笑靈岳一味扶古人古人骨巳朽清風月下守株人涼兎漸遙春草綠昨日是十七今朝是十八而今幸對山青水綠

梁溪龍護庵慈月妙歸二禪者請上堂佛法因緣浩肰充塞秖在臨時揮霍色色現成若待轉位拔機方稱快辨古佛過去久矣活物不定傍來不紹欲得以手撫之須是不自謾昧拾來物安放口中消不下吐出難堪迴避不及處恰好展手猶自玄路鳥道上論量濶狹阿爺終不得出頭可憐生過量漢肯自把蛇頭求歇驀地擗眼打來何須照他是觀音彌勒是牛馬畜生直下旁生柴頭相似一刎劈將來何曾劈在自手上良久復自點胸曰看這老子面上還有甚色麼便下座

賓余儉公六十初度請上堂萬古長空不是揷脚所在一朝風月撞得著大快平生觀自在菩薩行深般若時不圖顯覩照之功亦非徵實相之力當明中有

暗勿以明相覩當暗中有明勿以暗相遇道遠乎哉體之則神聖遠乎哉用之則靈所以入我門來事事奇聞聲見色不思議山青水綠元無事仁智從他各樂之

書狀于節請上堂老僧記得佛未生時有一人知識對我道心常顛倒不是佛智多矯詐不是佛直待眞佛出世時清道泰梗叅莩了方纔心不顛倒智不矯詐三十年做長老不曾向人說著而今說著設有理路清爽底禪客出來道老和尚莫信他佛未出世時清道泰出世後形與名立所以近代知識多教人把住佛未生時過日子咄癡人眞佛討什麼出入

天寧巨渤和尚訃到上堂蹕翻教海定禪波正脈雄開接濟河二十年來旗鼓濶瀰天聲化歎弘多浛姪巨渤禪師靈隱克家長子天山紹志眞孫謦欬五宗共響宛轉七事圓融與物作則似火屬天應根發機如水赴壑列祖於焉生色諸方為之氣索不忝妙喜歸宗共指青松白石方期立挽古道將見籍沒澆風遽爾歸眞豈勝痛悼寧後起之福涼抑先宗之祐薄斯人云墜衰老悲傷卓拄杖曰痛哉廣陵千古調難忘

丙午二月浮湘出山住丹丘瑞嵒若嚴白請上堂舉趙州和尚游天台路次相逢寒山子山指牛跡問州曰還識牛麽州曰不識山指牛跡曰此是五百羅漢游山州曰既是羅漢爲什麽卻作牛去山曰蒼天蒼天州呵呵大笑山曰作什麽州曰蒼天蒼天山曰這廝兒宛有大人之作師曰寒山安排五百羅漢於牛跡終不以趙州這廝而外之覩其一往更唱迭和盡足以副本懷而拓宗趣大凡爲人其有旨哉復説頌曰打伴山間與水間放他胡亂此生閒游人何事追根脚又把時流見一班

到五牧薛太翁漪石率諸令嗣請爲太君對靈陞座拈起拂子曰靈嵒上人今日將作一頭供供養薛太夫人高氏之一靈曰古亦如是今亦如是生亦如是死亦如是如是之㳒不與㳒縛不求㳒脱不關久習不限初機硬剁剁爲祖佛之師活卓卓開人天之眼何待三要印開主賓分別擬窄照之諸訛辨淨光之變奪以致漂流諸聖壅塞玄關喝一喝曰佛子速成佛老僧坐地看

南岳繼起和尚語錄卷之九

嗣㳒門人濟璣等編

南岳正續錄卷上

㳒子謙卑牧請上堂覩史天上各各以天福力五百聖堂裏雖則雲蒸霞蔚虎驟龍驤禮樂文章珠輝玉潤畢竟上無私蓋下無私載因甚指天指地五言七字底秖安在第三位高唱摩訶衍迥絕於百非底安得在第二位不舍道㳒而現行凡夫事者有何功幹定該他是第一位隨左右顧曰近日學者都不究所從喝一喝曰他從我口生他從我㳒生他得我佛㳒

分不信且聽古佛懸記驀拈拄杖曰報爾鏗鏘一句長天山老子㳒中王兒孫個個薄尊貴卓一卓曰歆續燈聯讓大方便下座

小參爾輩來到這裡參老僧底禪即如老僧親生下來底兒子無別古所稱禪子是也今特至誠相問爾輩腰包行脚以來風風雨雨頂穿幾斛笠踏碎幾芒鞵忍飢虓渴觸熱衝寒情知爾輩端不在真如解脫菩提涅槃三賢十聖五果四向亦不在鮮衣美食涼簟厚茵精緻玩物契好朋黨何以故佛心菩薩心尚不許爾起何況起於世間之心肰而説㳒不時盡成

非泛近來叢林所在不患無久修不患無積學不患無施設不患無文彩葢重於此則輕於彼畢竟禪子所重者在什麽處老僧見今之師資盡皆輕其所當重重其所當輕究竟所當重者在心術所當重者在人品苟心術不端人品不卓雖禪道揚於面學問充乎腹如將寶物盛之穢罋見者將掩鼻惡心誰肯敬重敢道禪子今日實實所重者在心虛在廣量在恕已在容物所忌者在不張大德而證小非不矜安富輕視寒微不炫勤謀交滅閒懶不挾浮談欺誣眞人不恃前行侮慢後哲不躭學問擬置謚修文字之學不足以洞當人之性源甘露滅嘗遭昭穆之訓不可不愼又不得誤聽少室浮談孤負巳靈若道內不放出是教人胸負大寶澤不及於來學若道外不放入則穿甘虛腹不飲醍醐何況心如墻壁我相牢封毫無竅穴道從何入小叅者家訓也我若不擇先後重輕徒負虛聲教汝不務實學如患危症之人不急治其標一旦死亡徒曰固本一例罪歸參苓則醫非良醫師豈眞師呵呵曰汝等切實說來禪子所重者在什麽處撲案曰道道

上堂衆中有一人出前噓得兩噓是個漢子若秖背

地裡話短長有一聯奉贈乃敲香几曰殷勤送別瀟湘岸歸到家鄉喪卻心

上堂不得平地喫交僧曰稽首讚嘆道難及師曰迢迢十萬程僧拂袖便出第二僧出曰從此屏絕閒緣隨隨昔昔倘有合於尊意師曰刻木作鷄曰特地下脚又遭錯師曰何爲哉徒肰至此僧亦拂袖出師曰若之技止此爾良久熟視左右曰諸方所說非不美麗也下座

早叅舉古德曰君但隨緣得似風飛沙走石不乖空但於事上通無事見色聞聲不用聾師左右顧曰竊自謂有可以助萬一敢塵聽覽

上堂舉羅山和尚曾問石霜起滅不停時如何霜曰直須寒灰枯木厺一念萬年厺函葢相應厺全清絕點厺羅山不契卻往嵓頭處如前問嵓頭曰是誰起滅羅山於此有省師曰羅山困急不得不從乃若嵓頭臣愚不敢不服用其言至於石霜區區未嘗不心愛其言肰不敢爲之諱其迂愚之責斯三人者皆未見其不可不敢曰可昔人可今人胡爲而不可之昔人不可今人亦胡能而可之願且委之太虛空聽其觸著磕著

堂舉演和尚上堂曰子丑寅卯辰巳午未申酉戌亥終而復始有肰有愛畢竟如何但嘗熟念師曰民之不見兵者二三十年矣

晚叅老僧當年在老和尚會裡嘗有兩轉三轉語可敵他古時尊宿而今總記不得今早五更半睡半醒矇矇朧朧憶得老和尚有兩句合乎古未必合乎今看他冬日示衆曰松秀寒姿桂榮貞質學道人言眞實行眞實脚脚步步貴眞實南岳不才客寓兜率也有兩句奉答繁霜降當夕悲風中夜興寂寥段滋味何苦累兒孫

早叅言下脫生死效在什麼處曰爲之嗚咽流涕師曰不孤正眼便合歸堂曰丈夫作略甘施於此便出堂師曰拾著蜣蜋糞彈第二僧出師卽起身曰終無了日

早叅夜來一總睡不著今日勞倦之甚實是無能爲也汝等既肰簇簇上來奇名恠相肚皮裏窮窘無聊不待言矣朴實頭底殆將不免若一味嘿肰下去肯犯衆人之怒而忍行此危事委實今日勞倦之甚又嘗聞之古尊宿主法之義當死効力法門不當深閉固距一切處一切時宜盡力明示使一切聞知喝一喝曰但勿與諸方文字一處商量

徑山老和尚斷七上堂驀拈拄杖卓三卓曰顛仰天壤疇知此者隨顧左右曰此個不可說不可說又不可說轉山僧自巳巳臘月至今臈月幾四十年矣如飲食一日斷不得如衣服一日離不得嘻笑則嘻笑連晝夜怒罵則怒罵忘爾我千里萬里親同一室一室同心千里萬里師法則刻刻爲命祖道則事事共憂猛擊香案一下曰豈我一人之傷大雅淪亡良久復左右顧曰你等作麼生體理你等作麼生消繳你等作麼生忘情乃長聲曰嗚呼痛哉下座

晚叅鬧市紅塵煎熬不少還自忙忙貪生至老僧出曰秪這亦是錯師曰事無一向曰出家人端爲何事師曰不爲別事曰畢竟何事師曰子期別後空千載霜月落崖流水寒

佛成道日上堂世尊於周穆王三年癸未二月七日入正三昧至八日明星出時廓肰大悟迄今二千餘歲西國東天依様猫兒者不啻什伯孰不欲窮工極巧希圖光揚厥祖究竟不仁之辭紛紛異說遂使眼目盡失其眞老僧不惜筆墨希望今日返正若不從長計較難好下手星者五緯列宿之總名又曰星散

也列位布散也一落比量即屬外塵眼爲六根之一星與眼根塵相離未經瞬息大其聲曰奇哉奇哉其誰信乎鹵莽又曰一切衆生具有如來智慧德相但以妄想執著而不能證得支支離離吾惑滋甚直待楞嚴會上稍見長進道見見之時見非是見見猶離見見不能及叵奈後來依稀相似之徒又從而附會曰見不及處江山滿目不覩纖毫花紅柳綠白雲出沒本無心流水滔滔豈盈縮不知烏焉成馬拈起拄杖卓一卓曰老僧伎倆止於此請大方高鑒果契世尊當年所見否脫或未盡頰上三毛竊取孔氏之意以補之曰道也者不可須臾離也可離非道也又卓一卓下座

早叅不可亂作次第祖宗綱要不肯揭牓於門入國須問禁旣放下止靜牌因什又探頭探腦俊快底點著便行遲鈍底推挽不動放你在兩路有千佛旨說一句打個合同暗喝曰兩個扯來作不得一個

小叅萬里無雲罪不止於喫棒青天無處可逃身拜言紅日影明朝緩緩到窓紗堪嗟行脚兒最苦是不見自巳尚恠底是他

晚叅埜寺嫌無事雪飛念遠人豈是衣單薄連年共

苦辛良久曰開眼夢不到胸襟何日論卓拄杖下座

小叅逃悶不能入底師僧近前來衆無對師曰古劔髑髏前

小叅衆兄弟個個是一尊古佛秖是不肯承當擻下至重至愛遭他老秃奴帶累今朝天台明日南岳不肰苦苦來這裏圖個什麽情知兄弟不是游山玩水看州府奢華難道單爲片衣口食至愚之夫弗信也幸審思之幸再思之蹇蹇澁澁來這裏死伴著老秃奴究竟圖個什麽若希圖佛法佛法不在這裡若從我學問老漢是賢劫佛中第一尊沒學問底尋老漢好處他六十三年來在家出家從不要討人說個好字尋是非老漢生成不落這兩路捉他底敗缺他卻通身是個敗缺你擬向眉毛上尋你擬向眼睛上尋向上尋錯過向下底向下尋錯過向上底若在皮膚上尋切莫認著老漢著底衣擬學乖巧乖巧莫若兄弟擬學朴實兄弟不甘朴實擬學直心兄弟家底心腸難得直曩謨觀世音菩薩曩謨觀世音菩薩你道一總不爲這些畢竟來這裏圖個什麽直饒道絲毫無希冀之心咦謾這老賊不得老漢也不肯孤負於你你但不得道如來三昧辟支佛不識辟支三昧阿

羅漢不識我師南岳三昧我豈識乎咄你不聞是三昧者心不生滅住大慈力遞相恭敬其至此者乃可識之不肰苦苦來這裡圖個什麼良久曰叅

小叅擬舉個古人因緣相問恐障卻闍黎良久曰迷生寂亂悟無好惡得失是非一齊放下是好言語卓拄杖一下曰記取

晚叅無爲而爲神而化之三家村裏無事漢子庶幾近之你道決定是先哲之本原學道人自巳佛性老僧那得不趨而避之起身便行

晚叅舉鹿門示衆盡大地是學人一卷經盡乾坤是學人一隻眼以這個眼讀如是經千萬億劫無有間斷師曰喫飯嚾眠屙矢撒尿是序分是正宗分是方便是流通擬議思量是妄想默而識之是昏沉終日在妄想昏沉兩路直饒千萬億劫無少間斷不但孤負如是之經直是孤負這一雙眼鹿門老宿如何分解咄咄癡人前不可說夢話

上堂舉雲門和尚上堂曰遇人即臭孔撩天便下座師喝一喝曰豈深計哉

兜率兩序侍寮諸職請上堂文字殊勝不得活祖師意一往孤明本無形段差別智中求錯卻屋裏佛幾

多矣光影觸目成窒礙手上出來手上打口頭出來口頭打是我臨濟家法果肰跨竈兒孫喝一喝曰好好共你商量莫道老漢惡發

早叅就人揀得不如明取自巳僧出曰今後方知本來無事師曰䟦嗄之驢曰紅塵路上那討閒客師曰更須三十年著力

上堂有平地上陷人底手脚也便不好驟自先發要當知其隱匿所在而後無所恐再加之振刷磨淬使彼勇氣消耗一躩躩開蔡州城百來個天大底吳元濟不愁不束手就擒四方强項禪和自肰喪膽震慄底不忝於臨濟門墻喝一喝下座

上堂喝一喝曰業識茫茫底漢子有耳還同風過樹敢道他公古佛巳遠他若視同金剛王寶劒逆上三十三天望無色四空天隔十八重梵天在老子徐與之議詞理若不甚乖謬復喝一喝曰想定不作齋後鐘聲又喝一喝曰你將謂天下之人皆不可以激而壯也

晚叅離卻上來說處前不讓德山後不讓臨濟更弱於阿誰饒他高座上老奴作風作顛不消打笑直下擔出兩個看家底難道他便恬恬靜靜喫你底待他

轉計時枯木生花別迎春色
小叅鉢裏飯桶裡水一是檀信脂膏一是行人血汗一齊掇向堂前道菩薩子喫飯來飲水慙地而你且問他是喫得底是喫不得底若謂應喫又道施主一粒米重如須彌山若謂不應喫又道日食三兩黄金不爲分外豈不聞別人説話是聽不得底你只要飽便休
晩叅有一句子極難信我今日勞倦之甚忽聞叅堂考鐘伐鼓胸頭猢猻子横衝直撞直跨跳上三十三天見兜率宫黄金銀殿闕巍峩高敞鳥飛不入中有百千帝青珊瑚諸寶之座座上各有天人人人寶冠之上飛大寶輪如帝網交羅日光晃耀花影周身又各各閉目藏睛游戲禪定如泥揑底聖僧相似如是八萬四千獅子寶座中虚一座猢猻子隨敷座而坐秖以几案之上無量無數珍玩之具絶無照管惟恐有力者夜半負之而趨只此凡情一起便從天降下仍落在老僧胸次看他安怗怗地別無餘想秖待禪和子各啟雲興之問不知見得今日勞倦甚底那裡太也隨四顧周覽曰相識滿天下知心能幾人
明白庵早叅極明白底爭你等因甚反不明白千歲

寶掌和尚周威烈十二年丁卯降神受質於中印度唐高宗顯慶二年入滅實一千七十二年其在此土蓋歷四百餘歲是第一段義向留大慈常不食日誦般若等經千餘卷有詠之者曰勞勞玉齒寒似迸嵒泉急有時中夜坐階前神鬼泣是第二段義游五臺復南歷衡岳黄梅匡廬尋入建業會達磨入梁就而扣請悟無生忍述偈曰梁城遇導師叅禪了心地飄零二浙游更盡佳山水是第三段義此三段義明者則本無生死何妨示有生死昧者則白犬青猿往來無已更有甚不明白所以在天台榜其居曰明白在南岳榜其居曰明白在靈嵒金粟榜其居曰明白無論天上無論人間語默動静無有不明白者今寓射州兜率叅子式謙同居士李友蘭別設精舍以居之自丁未冬至戊申春始終明白示人仍題其居曰明白庵有售吳沙門弘儲謹白
晩叅禪子所重者祖宗叅門將來之用也今恐置之不問盡教之以名稱教之以利養教之以鬭諍教之以欺妄將來爲害於祖宗叅門不可言也老僧深爲痛惜爾輩相從於寂寞之濵苟不教之以先宗之道則是棄汝之甚隨問何爲先宗之道無對喝一喝大

拍案曰豈是爲他閑事長無明
晚叅僧問不謬本叅乞師方便師曰家家觀世音曰
豈不是和尚與麼道師曰念言語漢曰全不顧旁觀
師曰觀世音菩薩次僧出曰觀世音菩薩師曰念千
徧念萬徧曰紅旗徧埜白骨連山師曰老僧不惜又
僧問不惜不惜個什麼師曰不惜你曰斬草伐木掘
地墾土師曰不定僧作禮曰是第一之說師乃起身
曰第一不得亂說便下座
小叅有限色身詎免榮枯之歎不惹泥水道得一句
未必善因而招惡果

早叅衆集默然而立師曰慚愧老僧不能爲兄弟接
羽翼而天飛過去諸佛已滅未來諸佛未生兄弟及
早使一衆束手畏服而去鷄足山裡老比丘二千年
來又得一破顔老僧幸甚
小叅黜聰明離形去智風雪震薄危然而不少懸稍
稍具一分行脚樣子丈夫過量境界明月堂前進得
一步庶幾可望古澗寒泉孤峰獨抜灑灑不滯於人
境勿規繩處承言領旨不失其宗點一盞松蘿與伊
濕口知事人不爲破費常住老僧何必大惟小驚扣
已而叅者聞其風去其所重卓拄杖一下曰大可加

賞下座
因雪上堂雪雪聽說我儂祖居在滇南鷄足山高數
十仞公公乳名叫飲光冷坐此中二千餘歲一向囊
無半文秖爲天性孤絕倘或積起十八九尺丈來雪
如何支遣得過臘月雪雪莫恠老子孟浪說現前血
氣兒孫幾個不搥胸賊屈若還都似那輩千方百計
抹殺祖宗去門我也何消得苦苦告你說雪雪
晚叅舉僧問黃龍禪以何爲義黃龍曰以謗爲義師
曰黃龍古佛不直提大雄正續之道而用最下之策
凝人聞之恃爲長城天下老師其勢危矣不可不追

而悔之也設有問南岳禪以何爲義但道嘗竊恠其
不以大經大本而以奇險教人子弟卒不至於死亡
者無有也諸人謂何如良久曰太平後園驢喫草世
亂小魚吞大魚
上堂看看春到來好好問將來一點不來我便劈頭
打來若還寒澁又一下來你道老漢只是這一來拈
起拄杖曰你敢近前來更若問春之時義大矣哉正
月十三見他與麼來因甚而今臘月廿三依舊與麼
來和尚大慈表示將來連打兩棒曰莫待別時來
晚叅舉寶誌公和尚一日問一梵僧承聞尊者與我

作屠兒曾見我殺生否曰見誌公曰有見見無見見不有不無見見若有見見是凡夫見無見見是聲聞見不有不無見見是外道見未審尊者如何見梵僧曰你有此等見耶師曰老僧若作寶公但道是待他擬議劈面兩掌曰你遠遠從西天過來全肰沒一分本色隨後再與兩掌曰前兩掌你自喫了後兩掌好好爲我寄與世尊他若省發了早早報我

除夕小叅舉僧問三峰老和尚如何是臘月三十日到來底事老和尚曰寒林無宿客僧曰來日又如何老和尚曰四海聽龍吟師曰小子於諸昆中受恩至深與衆獨異故敢於老師分上往往大膽放肆老漢處叢林無恙之時常慣說太平禪而今設有問南岳如何是臘月三十日到來底事向道勵志扶宗報佛恩德更問來日事如何向道正是時良久歎息曰二三百年之間卒未有以大慰天下禪子之望秖爲自完不暇何能有所成立建明果能時時有相持之憂皇皇不安於寢食何患楊岐正脈不大光曜於後五百歲哉復嗟歎久之下座

戊申元日上堂五祖演師翁一生念聰明兜唱太平歌廣於簡篇五百年中領其旨者千萬有餘山僧雖是他家屋裡孫子質性魯鈍朝朝暮暮千兜萬兜只是不得聰明至若太平歌向來亦曾咿唔上口近來見人心不肯太平一總提不起而今客聽主裁未免由不得自巳且天道以四時成歲歲成萬物此日爲一歲之首山川草木飛潛幽顯舉首觸目各露新格又嘗聞歲豐則甘草先生拈起拄杖曰看看甘草生也豈非豐稔太平之象乃長吟曰一松一竹一溪雲時有清風伴月輪窓外泉聲長似雨逈肰居者不知春良久曰座下設有個刻薄禪和义手近前曰老和尚此是昔日嘉隱堂詩咄癡人在老僧今日豈不爲嘉隱哉秖要天下太平人情和悅管甚他底我底更有兩句奉贈人生幾度逢春景樂得於中種福田

早叅青天敷翠色朝日含丹輝東西南北得路者二三馬後驢前失道者八九熈春寒往一番更新守典奉法不致違時失候師勝資强亦何至於傷春上大人顒望高流如飢若渴尒小生展鉢開單毋忘自巳

晚叅舉藥山齋時自打鼓高沙彌捧鉢作舞入堂山便擲下鼓槌曰是第幾和高曰是第二和山曰如何是第一和高就桶舀一杓飯便出師曰無人孟浪過你何不分明與和尚說了待老漢倚勢欺人肰後與

他手腳不肰師弟子之禮衆人面上不好看相南岳三十三年做長老孟孟八八似高沙彌一樣底千千萬萬有飯到他喫有鼓聲到他聞如此大膽手中鼓棒放得他過隨後喝曰不落二三請闍黎和

諸山尊宿請上堂久矣夫弗敢造次今奉來命何所畏避諸高德願少留聽喝兩喝曰前一句舞文巧詆之夫揮之糞草堿中炫睛奪目之作掃向搕𢶍堆裡南山鱉鼻恣意提向上之機東海鯉魚放膽展無邊之用後一句紛紛異相不能烜赫於外的的一真尚容肆驕於內天肰古佛之槩一衆難奏之緣又喝兩喝曰若不改往修來這兩行安何地位秖看打頭一步果能翻轉面皮盡大地覔纖毫過患不可得日燒餅香黃熟香供養他從陳年尾直到新年頭何足爲分外進此不假方便亦無漸次赤灑灑沒可把波旬久矣失途燃燈悚肰避席三劫三千個漢孰不中心悅服備員巾鉢仍前依根布葉還復暗裡抽枝叮嚀恐損君德大棒驀頭楔來方顯退院長老家風元在以後大事駟馬至於門亦逡巡不敢入

小參綠篆苔文在湘水帝青光射石鼓嘴朱陵後洞門大開傾出南岳三斗髓擬作新年段人事承當得

下問是誰良久曰堪愛堪愛好幅青山沒錢買

南岳兩序同侍司請上堂盡大地無有空缺是長生實地句推出虛空不討價是日用體盡句方圓無底函蓋正偏是如如善生句乃抖擻衲衣曰盡十方總沙界沒纖毫許不是老僧線縫裏颺下底今晚一總悟亾從前叢林學得底玄中玄妙中妙切忌擔到人前諸方聞之惡心嘔吐佛法身心放不下將來入地獄如箭凡有請問不得不對通褒貶底句不落青黃吐出來看良久曰不再問

人日上堂直下便是是卽大錯千錯萬錯絲毫不錯人日天晴大家慶賀千個萬個臨墮類墮相逢不舉手方顯尊貴墮住住兜率門中第一句新創叢林多種樹

穀日上堂佛殿前燒香山門頭合掌三吳兩淮宗師之所聚也而閩越江楚學家所恃爲歸托也昔有士大夫問一禪師安著禪和子以何爲先對曰米穀爲先而今豈不肰哉穀日晴天下豐朝栴檀暮沉乳礚破髑髏有什麼說

上堂僧問師唱誰家曲師曰直不藏曲僧曰天童眞孫師曰三峯嫡子僧曰以何爲驗師拈起竹篦曰於

此可驗僧曰放不下師劈頭打下曰上中下乃曰一道曲子兩番勘驗你牢不肯放下我便上中下一時打下

晚叅拈起拄杖曰他卻素守本分你若不守本分他將出個本分莫怪他不守本分卓一卓曰不可道禍不入謹家之門

上堂西天鬍子全無孔竅內不放出外不放入非欺人之語心頭一堵墻壁可以入道那討這副好手底泥水匠沒影子底事便從這裡做起老僧依樣胡盧掇出來看須彌山踍跳入你鼻孔因甚口裡出氣不得噓噓無味之談可是妄說底

小叅脚踏實地底自不惜草鞋之費瞻星望月底那顧露濕袈裟醫師大有割股之心病夫罕見不嫌藥苦以後惡發不作無明會者是真丈夫

晚叅新羅國裏打鐵火星燒著蘇州人指頭香水海雖濫觴究竟遠而難救拈起茶盃滴一滴曰消得多少

上堂山門不來礙你無心能容萬物你不厺礙山門有心皆得作佛有心無心二俱作佛山門與你將來合作得個什麽唧唧繇得阿誰 又曰著甚來繇

南岳繼起和尚語録卷之十

嗣法門人濟璣等編

南岳正續録卷下

上堂韶陽跛師放針眼裡魚演師翁下水船上唱一曲不是閑人閑不得閑人不是等閑人擲鉢老子恒對夕陽細把蛛絲穿日影不甘心坐他第三把椅子每夜分乘涼月沿溪看水折方圓以試珠玉唐宋以來禪之傑者未便是馬大師隨顧座下曰後日對機設教月白風清幽關難出

上堂剛道無人撲帝鐘南山雲起鬧烘烘春風莫訝春花老閑煞華亭釣雪翁沒計較有變通過了三四五月來十里荷香從從容容少什白白紅紅眼界中下座

晚叅從容顧視兩行曰借有疑不以衰老鄙棄而易之倘不足當大望亦不致竟孤來意良久曰舊好不盡難得決臻佛地從上各有想各有念各有見各有聞各有名各有字終始不被名字見聞想念所溺者他善何旨趣猛擊案一下曰依前是舊時鼻孔不容不泣向枯桑淚漣漣也便下座

小叅斷取百丈曰秖如今但不被一切有無諸法礙

亦不依住不礙亦無不依住知解是名神通不守此
神通是名無神通師顧侍者曰卽喚晉右將軍王羲
之用黃金爲地青玉爲字大書特書於篇尾曰忩苑
靈寶眞經
上堂僧問如何是善知識眼師曰鷄足雲高萬里青
曰還鑑物也無師曰秦鏡不存私鬼面難藏醜曰如
何是道師曰松因有節千年老花爲無情歲歲開曰
教外別傳也只恁麼師曰千里萬里僧出曰我會也
師曰刁學士夢牛僧一喝師曰水聲轉嗚咽僧又喝
師直打退乃曰進得一步子不見父退得一步全身

歸父不進不退愈見露布善觀時節出身有路靠拄
杖下座
晚忩諸方未經結斷底蘸奴白牯一齊扱到當下與
你斵絕豎起拂子隨擲下曰巳後不致枉受人天供
養
上堂僧問念異不生遇人弗著時如何師曰埜老爭
知黃屋貴曰三尺杖子師曰扶不起曰某甲虛心忩
學師曰僕夫迯道曰見山知路近師以杖擊之僧擬
議師曰沒見識底乃曰榔榇一條衲衣三事雲散千
山翠烟深隔雨鐘道人行脚日何處不相逢

小忩舉永明曰心者信也謂有前識忩隨相行則煩
惱名識不名心也意者憶也憶想前境起於妄並是
妄識不干心事心非有無有無不染心非垢淨垢淨
不汚乃至迷悟凡聖行來去住並是妄識非心心本
不生今亦無滅師喝曰抽釘拔楔手段什處去也有
收得下臨濟底拄杖子方好開如此惡口你念佛人
家亦出此惡言所以老僧此間卽以本分事接人僧
纔出師曰太無猒生便下座
弟子海澄請上堂僧問拽脫向下鼻孔塞卻向上一
竅將什與他出氣師曰使得底別尋一路曰往往陸

地生波師曰依肰舊時鼻孔曰難得作家師曰翻得
轉面皮有三十下賞你曰人無遠慮必有近憂師便
打僧問正與麼時妙網光舒香流馥發是種種變化
摩尼王雲是周聞十方摩尼王雲師曰要老僧顯發
也不是難事曰疑辭耶決辭耶師咳嗽曰何必倩人
相助曰方來兄弟類如此消繳師曰七年八年忩也
漸成家活曰還得瞻聽離聞見承攬自超絕麼師喝
一喝曰與你個樣子乃就座大咳一聲曰錯恠人者
有什麼限不是老僧語路嶔崎不與方來冥契道如
展手佛似握拳佛道忩人原自不遠但於展握之際

毫釐有差便與他懸隔直饒厺住自繇出入無難眼睛珠上有絲忽聖凡玄妙往來望道未見要得行路平正大不容易一問二問三問托得開佛不干理道不涉事意句全消人境俱奪天上人間他方此土呵一口氣祖師命脈悠久長遠接續得厺復大咳曰老僧方可不虛喫他信心檀位上一口飯

闔邑縉紳請上堂僧問大鵬金翅奮迅百千由旬十影神駒馳驟四方八極言未竟師便喝僧曰幸是見慣師又喝僧曰春寒料峭師哂之僧問拂盡露布連雲節角敢請錐劄師曰隔林笑倒曹家女曰紅爐燄

上摘楊花師曰搏風千萬直過南州曰等閑踏到北俱盧師曰不謂山門爲你開乃曰曠劫以前不異今日七佛儀式智者合知欽僧伽黎旋視左右曰一縷非輕九鬥非重三十年不孤負行脚眼高天厚地洞鑒於中有一人終不自瞞擺動精神乾坤大地微塵諸佛悉在指麾之下三千八百誰敢塞住你口不消熱發洪機歷掌良久曰諸方尊宿暢說葛藤南岳老僧豈容露布乃合掌曰巽諸大方同錫點首

大雲甯長老花甲一周請上堂僧問多子墖前所談何事師曰一馬生三寅曰梅花雪月交光處一笑閧肰千古傳師曰從此春風日漸多曰不消求證於延壽師曰可僧問金鷄抱子歸霄漢玉兎懷胎入紫微是同安家風如何是南岳家風師曰萬年松在祝融峰曰現成受用也師曰山河大地肯與你證明麼曰伏惟珍重師曰莫道老僧勝過你僧問佛法正論乞師指要師曰仁者壽曰乾無事底難領師曰我對屋裡人說僧諾諾師曰一重山又一重山僧問厺就十分如何起家師曰不扶自直曰有是哉師曰桃紅李白薔薇紫問著春風總不知曰萬幸師曰不可曰但觀文彩未生時畢竟佛法無多子師喝曰台星臨照

乃曰南岳沙門打從威音王世尊最初開堂第一會須彌寶座之下以父母所生之眼親聞一句智智清淨無二無二分無別無斷無上上無等等最神最明越格越量因而囊以錦繡蘊之金玉秘而不傳直至今日有一項緊要人事只得打開金櫃攤向衆前惟巽仁者宜聞震旦利濟天人壽之永久廣爲福田旋視一衆久之咳嗽一聲曰離婆離婆帝求訶求訶帝陀羅尼帝尼訶囉帝大家好生擔厺

楊元戎玉廷都閫曹元佐劉騰蛟諸護法請上堂僧問千古段話敢請布旨師曰要用直須用曰則一切

處是句也師曰眼目莫定動曰咬釘嚼鐵原不容易師喝曰舉措看他上流曰某甲著什緊和尚著什緊師曰莫漫隨於庸鄙僧問一個上來一個下叅都道請益佛法是否師曰宗門奇特事難將聲色求曰爭奈肝腸已露師曰直須吐詞如刀鋸僧指口曰豈是閉挂壁底師曰筭不上第一句依稀御似第二句曰未必勞而無功師喝曰不可坐住第三句僧問諸方未經結斷底椿話敢請和尚降尊就卑師曰眼目於今誰辨真曰看某甲有幾莖蒜膽毛師曰莫來背地安疎親僧作禮曰可謂小出大遇師喝曰不信道旁

僧亦喝師曰停停與你喫乃曰一花未發五葉茫然山長水遠白日青天理事兼備福慧兩圓達磨西來尊之曰禪迥然獨脫秘密幽玄山林廊廟到處喧傳聖凡仙佛並躋齊肩金敲玉戛武用文宣卷舒有據神化無邊信脚踏叅一念萬年喝一喝曰大哉日用之樞紐信矣利濟之舟船卓拄杖下座

德山原直堂頭諱日小師秀倚鳴請上堂僧問笠子拄杖拈放一邊也針筒鞋袋弊師曰不堪不堪曰則謀臣勇將總用不著一毫氣力也師曰向道不堪不堪乃就座曰老僧常說端的要明第一義第一莫來

惱亂我而今反把椿極可惱事來惱亂我大拍案曰不堪不堪晨朝未及下床秖見孫子警秀再拜曰今日本師和尚三周忌辰細簡行脚箱囊並無什物可報恩德願垂一語增崇品位老僧嗚咽流涕曰巴陵有舊樣秀曰有段話恐不契先師意老僧示以偈曰打開急著暴露聲光死生父子誰較短長隨顧左右大拍案曰不堪不堪斫不開底何日忘靠拄杖下座

晚叅拈起拄杖曰都道三世諸佛秖替黧奴白牯下得個註脚那知黧奴白牯秖替木上座下得半個註脚隨遍拄杖與侍者曰且莫問他那半個註脚快請

出本文來看侍者茫然師咄曰依舊是前半段註脚良久又曰端居而念焉已矣乎其終能復古乎

早叅僧問翻然其心勃然其色天下勇夫無以過之合於道乎師曰張打油李打油不打渾身只打頭僧作相撲勢師縮身害怕僧擬議師直打下僧出曰鎮日上來下叅著什緊師曰說一衆說老僧曰仁義道中師打曰若是仁義道中則輕上座不得也又打三下曰無端無端師又打三下曰有據有據僧一喝歸衆師曰分付維那定牀曆安這僧於第八條席上一僧出便喝師曰安你在第七條席上僧又喝師曰不

聽知事敎詔者出院乃曰此三段義領得則善觀風雲不領則難別氣色老僧受叅上來爭得不說兩句擊拂子一下曰自從春色來嵩少三十六峰青可憐
下座
張尚書大圓居士八十初度兜率堂頭同長蘆永嘉宏覺十六兄弟請上堂僧問祇融峰畔花香般若臺前鳥語是塵說是刹說師曰一門慶快曰更請添籌師曰錦上又鋪花曰天柱峰頭月而今分外明師曰齊看春風拜高竹曰九十一百又來也師曰三千不爲多八百不爲少僧出提起袈裟角曰別處人事不敢出手此是鷄足山中將來底師曰八千里八千里曰一分壽老和尚一分壽大司農師曰萬年松在祇融峰曰則不至勞而無功也師曰無數茫茫爭得知僧問蓮目瞬時千界靜金容笑起百花新文字非關豈屬笑數師曰出口入耳曰辨似懸河智如流水也則讃歎莫及師曰低頭冷笑曰錦屏天上有光國世間稀師曰張尚書李僕射僧問提須彌筆點香海墨向萬古長空裡大書一切智智清淨其得是三昧者固樂爲說乎師曰春日晴黃鸝鳴曰赫肰大勃於今兹師曰阿誰不樂聞曰愚及智就可動而起也師曰

鳴玉鏘金十百春曰豈不見淨練澄江地餘霞散綺天耶師曰一句是一句僧問空中書字文彩全彰當道青松甚年種得師曰遠不在威音以前曰又見清風匝地忙師曰還葢覆伊得麽僧問指南一路智者知疏約什麽體格商量師曰不羨他家氣力曰因甚九天雲垂四海水立師曰赫肰大勃於今兹曰不無有巢於將來師曰急速發憤曰猶是依根布葉師曰但莫押獵分披曰曩謨觀自在菩薩師曰蘸墨塗空一場好笑曰不可不謂超越之作師曰也著分付得人僧進前叉手曰雲在碧岳千仭翠月當霄漢萬溪春都道爲青暘尚書花鋪錦上是否師曰不止此也曰多多益善師曰善哉僧出作禮曰古德道三藏十二部一切修多羅總作一句呇和尚某甲擬將十兆九萬五千四十八字作一字得麽師曰得曰承當慈兇只作一壽字用壽天下有道有德高人是否師曰是僧再拜曰從今爲始一切處縱横放肆任運施爲誰敢道不是文殊普賢大人境界師曰且莫得少爲足僧出顧兩行曰尚論此事須還和尚師曰老僧不曾有捻土到上座分上曰情知不同今日誇多鬭靡者師曰是誰信你曰卽將此段用祝青暘壽同實掌

誰曰不信師曰而今且信你一半僧作禮曰宜宜聞於天下師曰三十年後乃曰觀自在菩薩行深般若時縱橫放肆任運施爲九天雲垂四海水立千峰盤曲一道洞明貫色通聲馳空驟響直饒文殊普賢變幻倏忽彌勒世尊機局斬新不美他家氣力未免薄視諸宗審其勢定其歸十兆九萬五千四十八字廣福延年則故是不可以爲超越之作喝一喝曰三千八百年後孰敢道南岳之言不當

華嚴道場圓滿山主爾馨居士率令子玉燚再請上堂僧問有一句高廣莫逾請尊慈納師曰西天梵語此土唐言曰日朗風清甚時節師曰一宿兩宿千山萬山曰走徧大唐國難覓有心人師喝曰相對猶如不相識僧問雲興餅瀉葛藤窠裡浪得大人之名口似磉盤磨盤底威音以前當居何位師曰觀音觀音曰在這廝分上也無這個消息師曰請退請退僧作禮曰且留與後人貶剝師曰麁言唐突幸亮不文二僧競出前僧指後僧曰聽你納敗便歸位後僧曰一著高一著一步濶一步是他還摸著邊際麼師曰拂動雲外蹤打脫月明前曰一衆瞻仰師曰高樓馳玉馬何如急水打金毬僧作禮曰恩大難酬師曰上來

禪師道你敗闕僧問一隊一隊總被鼓聲撥上來也爭樣打發師曰如斯之旨尚可量哉曰鼓寂鐘沉什處著眼師曰毘婆尸佛早留心直至而今不得妙僧擬議師喝住乃曰打開空劫琉璃殿擁出威音自在王五十三家舊生活登時卷疊在當場無限精靈纔嗅著臭頭裂破眼睛黃獨有淮南李長者一回展拓一回香喝一喝曰從容踏得衡山路以後逢人不著忙

二月八日王鈞長居士暨同社諸名家請上堂僧問寶掌千年因齋慶讚主賓相見請師大展風規師曰賴遇問著老僧曰秖如旁觀喝彩還當得佛法也無師曰別處放你不過曰三千里外一道同風師曰此回卻放你不過也隨聲便喝乃曰佛之心天高地厚祖之髓玉潤金堅天下老和尚眼目電光莫及四海禪和子口角石火罔追拈起拄杖曰秖有這廝無狀一例放膽云爲單已弗能照顧庶事何力周旋尚論法門奬寶究竟不盡襟懷鍼砭方來痼疾何曾減損纖毫一旦髮白面皺倏焉耳聵眼昏師法漸次唐喪祖道浸久荒蕪成年虛耗檀信論歲破費招提卓拄杖曰幸而有此一著庶幾聊謝殷勤惟貴承當直截

自肰超格越倫
是日闔邑緇素復請上堂舉僧問三峰老和尚十二時中如何用心卽不違於先聖老和尚道見善不得生忻見惡不得生肰僧禮拜曰大善知識老和尚道何用知識僧曰弗信老和尚道是你應得不信師曰曉起睎天宇風雲漸不同不知後起者云何話此宗某愚不克先意量其事勢倘得不減師德足矣敢望見過於師今日設有問十二時中如何用心卽得不違於先聖向道進一步不迯其理退一步不失其事其僧若作禮曰大善知識向道匪關心識若曰弗信向道焉用你信他若擬議向道一日一日一年一年如斯輩類萬萬千千

利生禪德同宋燦肰宋人傑二居士請上堂僧問盡大地撮來如粟米粒因甚江國春風吹不起師曰與你道理曰夳七拈一也要商量師便喝僧曰不圖絕毫絕氂師曰從來利劒不如錐僧一喝師曰諱不得也僧問一音賛和聲傳天下乎師曰不堪錐劄曰驚天動地師曰何用鈎爲曰往往如斯師便喝僧亦喝師曰巳在言前僧問昨夜推倒今朝扶起總不干他釋迦彌勒窯奴白牯因甚面紅面赤師便喝僧曰著什來由師曰自古先德皆有出人之路曰爲他閒事師曰不可總作泥捏底僧問擊碎乾坤金粟踞象王威猛旋廻天地淨慈縱獅子爪牙忽地掀翻祖窟底不辱沒渠父家風否師曰不可惑衆顯異僧摵坐具一下師便喝僧亦喝師曰老僧和你平實商量隨聲又喝僧連喝兩喝師曰未許大膽乃曰達磨所傳心印一向諸家印空印水印住印破拈起拂子曰無端落在老僧手裡擊一下曰輕輕擊開玉匣便見文彩芒射上有兩行白字未必是大令草書不敢惑衆顯異暫時高閣一壁放下拂子曰且與兄弟平實商量我是退院僧在吳在楚初無兩樣除佛方便說無事莫漫他求自古先德皆有出人之路驀出兩拳曰請諸上人趲前幾步看這個因何喚作拳無對良久曰一衆眼烏律律地勿個血性便下座

佛誕日矦都護公言請就北固山甘露寺上堂僧問甘露門開也世尊臨天下以福廣天下耶以慧啟天下耶師曰什麼時節好開第二義門曰莫是報化之緣添餙他不得麼師隨聲便喝僧亦喝曰不可不謂超越之作師曰何不早道僧問指天上下小兒秪解播美目前自巳聱師大喝僧亦喝師曰且喜聽人言

語僧又喝師連喝僧曰始終不被名字見聞想念所
溺師曰佛法不是無通變底乃曰僧徒雲集月中仲
呂此個門中話不是容易說出底天上下獨尊底老
子秖爲看得不打緊於九龍口邊使一下蠻手脚兒
孫家都走上這個臺子盡道隨緣設教到處提綱喝
一喝曰三千大千世界一時震動復喝曰宜大展布
報佛恩德
師到長樂寺法子狀伊致率李雲生請上堂拈起拄
杖曰佛記仁者紹隆聖教巍巍乎眼見蕩蕩乎耳聞
顧是鼻嗅抑亦舌嘗身觸矣焉哉意思而所以六根

夫眞如六塵大解脫六識盡菩提十八界總般若二
十五有皆圓覺汝行與道會何復記終始欲報於恩
德卓一卓曰直心道場耳靠拄杖下座
古歙汪左人居士請上堂維那擬白椎師冷笑止之
曰住你肚皮裡可曾劃兩劃今日可成個法筵會中
有幾人龍象一雙眼懞懂地兩隻耳朶緊塞著第一
義長多少濶多少將什麼觀揵椎一鳴龍天聳聽你
總將作兒戲最後那禁得再三再四諦觀諦聽說死
話謂法王法秖如是教他兩扇板門上坐底爭當得
隨顧一衆曰老僧看得佛法極重大擅信不易受禮

拜如泰山崩也要打笑我是法王不是法王如何又
帶累你犯大妄語成你輩禪和子一向沿習將太熟
聞不察卓拄杖一下曰特地說破（師自此說法廢白椎）
通州莊心維居士三十周忌上堂千說萬說只在一
決此兄三十年前吐雲山岳三十年後漾月波光吐
雲山岳不昧見聞漾月波光皎朕萬古南岳敗缺至
此心維之心天長地久轉個身來還替出一臂力麼
拈拄杖卓一卓曰吾尚可遲汝
道深禪者請上堂一句該通五千餘首不是漢魏六
朝三唐兩宋分疆列土作麼生淺聞深悟深聞不悟

龍濟師兄逃逢達磨或者有之然法炬以燭幽運慈
舟而廣濟當日有人讚過你後來寄語秀華宮使又
圖個什麼不可道已有人通信了也從上諸聖盡是
聽信教詔底今日一會非聖卽賢卓拄杖一下曰有
恁一件事何故無人得知從上諸聖莫不是爲法求
人底今日一衆非聖卽賢又卓拄杖一下展對敷陳
何故埋沒古先老僧不顧辭旨幽奧難爲曉達把西
天東土傳來叚事攤向當陽承領得下速請速請復
卓一下曰勑黠飛龍馬你卻出頭來
晚叅卓拄杖一下曰臨濟來也僧出問大師道大凡

演唱宗乘須一句中具三玄門一玄中具三要谷和
尚如何是第一玄師曰進一步何難會取二玄僧曰
如何是第二玄師曰退一步且領取第一玄僧曰如
何是第三玄師曰一主一賓一進一退庶幾乎此話
可圓僧曰如何是第一要師曰不足當上人一笑僧
問第二第三要師止曰古人悟心布於道㳒驗其偏
全而操權實照用之衡吐一詞出一句如疾行者不
能逃其影乃有此段文字若板實不化抑豈臨濟初
心喝一喝下座
毘陵惲正叔居士爲薦令嗣岳正請上堂慧照禪師

首住鎮州以三㳒爲宗曰佛曰㳒曰道山僧承其㳒
爲天人祖佛之師三十年中凡有來者隨其根性各
令解脫秖如今日當薦岳正應以何㳒而度脫之乃
大喝曰會麽第一句下薦得毘盧師㳒身主兜率宮
中荅玉宇第二句下薦得堂堂正坐令方行觀音彌
勒齊起舞第三句下薦得囊謨佛南岳遠來拍板和
一曲彌天響入雲曼殊讃善承恩大隨顧左右曰成
佛獻荅等是升合擔語嘗聞第一義空以上所說能
合玄旨否復喝一喝曰不務神變可名游戲自在菩
薩擲拂下座

曹溪稚圭金居士請上堂僧出師不保良久乃曰佛
㳒二字不是小可昔有僧請益趙州和尚如何是祖
師西來意你看他何故問到這裡趙州道庭前柏樹
子雖則倚老賣老也須審定利害所以這僧特地上
來老僧不輕製畬經歷六十三年更翻幾多事業身
相終屬四大心相還歸六塵討甚閒情奔馳言句舉
論是非旣掌四衆傾誠敢具一轉塞責設問祖師西
來意向道幾年以來無住持千懷無病痛苦惱秖見
方來師資於本分事全不明了遂致㳒道澆漓正宗
澹薄感時歎世不無奮激且道此段話較柏樹子孰

古孰今孰輕孰重借古德四句爲諸仁頌出頌曰根
問本人何所適途割等平忘順逆有爲雖僞性常眞
㳒㳒無依稱善吉
梁溪弟子濟密同上志莊嚴聲庵居士如伊請上堂
僧問祖佛奈伊不何底到處撒風撒顛卽今知他在
那一天師默然曰秖恐知之者寡師仍默然良久顧
左右曰眞誠從上佛祖無一人不是撒風顛漢子見
十丈珊瑚打碎十丈珊瑚見琉璃瓶打破瑠璃瓶此
是小風顛阿師脇下犁拳火燒師翁禪板几案始是
大風顛臨濟家風昭昭日下而今三百五百一千傍

邊二衆提著佛法兩字面赫赤地如啞鐘相似要在
他家門縫裡稱忤逆孫子隔須彌山在我家有個風
顛漢一向唱過頭啱引無腔曲左之右之眼底總不
見有佛祖聖賢安有諸方猖猖狂狂十五六年趁老
僧蹈到最勝輪下他便睡一下險不假雲梯從空大
步待老僧回頭與伊圓案喝一喝曰舉似天下人
讀石門文字禪當時僧寶傳成親炙寂音若干人
多濡筆和墨手錄副本投鉢袋寂音不惜各爲題
識以賞其重法之勤蓋八十一祖精神命脈所在
宜爲後來所奉重庚戌夏余於廣錄中剔取十卷

名之大宗堂錄彙所謂一時杜田說話而南源晟
子七十以上之身不憚鐙窗風雨楷錄一過字若
蠅頭不啻昔之錄僧寶者余甚慙于古人退翁書

退翁自銘壙

序曰崇禎八年乙亥四月先師三峰和尚定臨濟正
宗記付弘儲而記之曰藏于龍雲用出師乩貴宗旨
有繼而起也命名弘儲命字繼起爲臨濟荷擔之嫡
子既而自號退翁退者何於法運於自揆皆不宜進
而宜退故以退爲安曰翁自老之也物老而衰衰將
至而自老之者自悲之也自銘壙者何門弟子爲翁
營歸藏之地而翁憂其身後之文之不獲翁心也故
自銘蓋自世有諛墓之文于是有諛壙之文身後之
文往往文過其實翁恥之况槁立山林不應煩當世

大位君子經畫筆墨臨濟歿七百餘年綱宗未墜于
地弘儲躬承祖父提命不敢惜肝腦自暇自逸憂勞
四十年上覲千載下覲千載如印印空庶幾無慚稱
南岳宗孫爲三峰嫡子當臨濟三十二世生平無他
伎能銘不餘及銘曰

達磨之孫　不重禪定　解脫匪存　廟貌嚴靚
壙勢雄尊　弗闢性命　循末討論　夙夜柄柄
羸立疲弃　請觀前聖　直截本根　四顧空淨
横竪併吞　天衢絕徑　蕩蕩不痕　大機全勝
大用雲噴　斷際超倫　提祖父令　旋乾轉坤

潙仰聲應　五宗始藩　我祖秉正　照用煌焞
機對飛橫　則有雲門　兩支雙勁　同源崑崙
洞水澄泳　綿密粹溫　心王顧命　法眼開屯
藥因救病　茶苦戴盆　天關不迸　大哉宗原
單提古政　東國赤幡　多羅懸證　河注重翻
霧罷開瞑　手拂朝暾　視者徒瞪　扼要弗煩
大方無諍　大文無掄　大聲無競　上報師恩
吳山青亘　具區可捫　向當斯定　爰有後昆
心心智證　乃真達磨之孫　辛亥夏孟　于罍
惑軒　自銘壙竟

支那撰述　退翁自銘壙　二

三峰和尚年譜

葉蕃續題

三峯和尚年譜

吳虎丘山雲嵓寺嗣法門人弘儲編

神宗顯皇帝萬曆元年癸酉

臨濟大師唐懿宗咸通八年丁亥示滅距明萬曆元年癸酉歷七百又七年矣和尚降生東震旦國古揚州無錫蘇氏蘇氏宋著族和尚曾大父隱居蘭泥鄉譜闕不能考父老皆稱爲白雲尖蘇氏和尚父諱蘭母周和尚之生月紀十日紀七時紀巳庚午和尚誕日下座錄淤語畢笑謂弘儲曰我生在霜寒木落之時年運在癸月亦在癸寒水堅凝

我能合時宜乎弘儲對曰不與世心和合寂音爲今日道

二年甲戌

和尚二歲江南俗尚揸周和尚四顧不取一物唯笑而已

三年乙亥

和尚三歲

四年丙子

和尚四歲

五年丁丑

和尚五歲方剝栗食聞父先生爲門下士講孟子至浩然之氣投栗而起神思慨然父先生𢢔然曰恐蘇氏不能有此子父先生自號鏡湖居士

六年戊寅

和尚六歲

七年己卯

和尚七歲積雨水暴至河魚大上村墟蕩蕩成江河是年和尚始出就學論語章句家人求和尚舘中不見俄見和尚乘一大龜龜緣文星斗章衝洪濤而來因迎之艇子鄉曲神之弘儲住虎丘臘夜

與南潛語及先世告潛子曰我見世間祭廟有樂章我欲起傳淤祖堂祀歷世祖至汝祖祀汝祖我欲草創禪祖樂府九章其第一章曰乘龜來汝素長樂府以我言爲當乎（狀云五歲誤）

八年庚辰

和尚八歲

九年辛巳

和尚九歲日茹菜不忍傷物命爲食有蘇氏先輩見之曰孺子欲爲蓮池耶學其放生和尚因此語偏索雲棲放生禊文讀之流涕曰不與我意

十年壬午

和尚十歲

十一年癸未

和尚十一歲就醫五木德慶院德慶院僧雲居和尚從舅氏名醫也和尚嬰瘵疾往來德慶院其初至德慶院也方禮佛投地心如洞開宿疾忽瘳後和尚語敞侍者曰我其時如子得母如久客還故鄉不覺悲喜交集

十二年甲申

和尚十二歲是秋和尚作出家好歌有秋懊惱秋懊惱青山待我回頭早之句鏡湖先生見之裂其紙和尚慟哭

十三年乙酉

和尚十三歲家居慰其父母讀書深思

十四年丙戌

和尚十四歲家居

十五年丁亥

和尚十五歲冬十月和尚辭父母出家德慶院鏡湖先生泣而從其志曰汝儒者子不能乞食道途也授之田名其田曰湯藥之田又曰灑掃弟子職也汝羸弱慮不能荷擔爲置一行童師彌堅即欲爲和尚下髮和尚曰茲大事我不欲同俗草草乞三年學出家法受名法藏

十六年戊子

和尚十六歲

十七年己丑

和尚十七歲

十八年庚寅

和尚十八歲鏡湖先生曉出突遇和尚于門先生曰歸乎和尚曰歸矣歸行冠禮入告其母即日爲

和尚冠冠而拜祖先拜父母畢曰我三日後脱白矣德慶院失和尚三日矣一院疑駭午鷄鳴和尚突如來高冠峩峩見其師投地稽首曰今乞剃草矣所以歸而冠者童眞入道吾教所重朕往往有未成人徑爲大僧者凌節而登終未盡善時國學薛公敷教聞而奇之爲鬻僧牒

十九年辛卯

和尚十九歲春禮部牒下得度按晉說云我十九歲剃髪德慶塵勞滿眼未知此事中心耿耿若有所失

二十年壬辰

和尚二十歲

二十一年癸巳

和尚二十一歲薛太僕敷政寓德慶院謂院衆曰此天駃騠勿累鹽車時和尚有咏蟬詩曰素志本非干露澤清標那肯混泥沙

二十二年甲午

和尚二十二歲和尚旣高自負目前無當意寄適吟嘯和杜拾遺秋興和李青蓮登高丘而望遠海有海濤秋紫三山青冉湖怒拍飛龍背之句

二十三年乙未

和尚二十三歲徧發笥中書讀之于古經訓各有參同而猶研慮于易推高發隱窮賾析微粘河圖洛書于壁嘗語人曰十河九洛象數總持須從無文字道理處求之直指錢公一本自任易學與梁谿顧端文高忠憲諸先生倡道東南品衡海內見和尚後貽書曰見公如見麟鳳後論孟參同學庸究授門人梵伊致巳行世五經參同授門人惲日初

二十四年丙申

和尚二十四歲修耳根圓通

二十五年丁酉

和尚二十五歲錢薛二公一日搖艇子到門偶舉楞嚴圓覺諸經論問和尚和尚曰楞嚴云諸可還者自然非汝不汝還者非汝而誰瞿曇如將名品荔枝和皮核么盡送在人口裏多不解吞又云但能轉物卽同如來臨濟德山又豈能過之圓覺云知幻卽離不作方便離幻卽覺亦無漸次而今諸家浩浩說禪爭能許便捷顧二公笑曰恐當日寂音詮註二經猶不及我三段義隨問二公楞嚴中

說一人發眞歸元十方虛空悉皆銷殞論語中說一日克巳復禮天下歸仁試說二宗差別錢顧薛曰議論變矣

二十六年戊戌

和尚二十六歲先是創虎谿後社于開利寺當時名彥爲作蓮社高賢後傳副之以圖傳遺亾存其圖圖後留三峰闍黎耳圓應未脫白見而爲弘儲言之

二十七年巳亥

和尚二十七歲書法華經矢于佛曰願早遇至人

示大乘道當是時和尚名益高四方士大夫問道者屨交錯晉陵梁谿道學淵藪和尚左提右挈儒釋馳驟時會通華梵著揀異上下二篇後住萬峰夏夜乘涼蔡雲怡侍坐和尚顧諸弟子曰焚書以前聖學乃分焚書以後聖學乃絕絕而復起漢而襍至宋而晝至我明而復合

二十八年庚子

和尚二十八歲夏四月夜夢觀音大士語和尚曰我心中有一物你爲我拈卻和尚夢中應曰某甲胸中一物倩甚麽人拈卻遂覺曉起悒鬱經行山門前樹下憮然曰宗乘中事我自問理會也理會得説也説得只是一事未在敵他生死不得遂決意腰包行脚

二十九年辛丑

和尚二十九歲走雲棲乞戒宏大師曰朝廷戒壇未開姑先受息慈戒和尚拜受命壽登雙徑晤寒灰老宿于喝石嵒則紫柏老人上首也灰熟視曰此事無人做得公且持偈夳持偈滿夏念非行脚初心乃造白雲會虛公移錫弁山造弁山虛閉死關復造霞霧大山訪無欲老人又值遷化或言有慧禪老硬禪客抑之亦復影響于是陟天目泛雲谿山巔水裔不見一人有禪者指見車谿無幻老人云是斷橋下爲同行所尼不果往旋返德慶篇囊中得雲棲新刻高峰語錄讀之如逢故物曰吾今得所歸仗矣

三十年壬寅

和尚三十歲閉關看萬法歸一一歸何處晝夜不放參

三十一年癸卯

和尚三十一歲走荆谿見禹門傳和尚夜宿龍池下院院名白龍壁掛傳和尚像傳和尚自讚和尚題數語于後徑返

三十二年甲辰

和尚三十二歲再上雲棲乞具足戒不果按與古德法師書云以辛丑禮大師得沙彌戒越三年求進具大師仍以戒壇未開辭求改名大師曰皇恩得度名不可改

三十三年乙巳

和尚三十三歲徧購古尊宿語錄讀之至前哲悟道機緣師資抑揚處涕泗交頤因于初祖前然臂

香誓曰倘得徹悟願不惜身命力弘祖道是年弘
儲生
三十四年丙午
和尚三十四歲
三十五年丁未
和尚三十五歲新德慶大殿和尚走檇李謁岳大
司馬元聲司馬嘆曰堂堂我輩中鉅人被釋門束
之以袈裟信儒門澹薄耶慨然一力爲和尚完疏
和尚住蘇州北禪岳公來見累宿而後别見和尚
勤苦浛命近古無儔嘆曰眞天人師我二十年前

不曾失卻一隻眼也
三十六年戊申
和尚三十六歲登雙徑禮大慧杲禪師塔見明月
堂舊址愴然泣曰我不及與彌光萬菴輩同懷香
入此室哉
三十七年己酉
和尚三十七歲古心和尚開南山法門于金陵靈
谷寺和尚始得圓具按爲蘊空律主升座云昔偕
律主從靈谷受戒比時四方禪風絕響禪和子相
見不敢提著本分二字又按會說云靈谷受具回

受業鍵關把從前解會盡情推開以日及夜拚命
究尋
三十八年庚戌
和尚三十八歲遊海虞寓東塔寺一日至虞山北
麓見烟一穗起深樹間和尚曰此有隱者撥草而
進谿流遶門鏘鏘然古院沉寂主僧曰師氣宇非
常人三峯集東南靈秀師宜住此山和尚曰我亦
樂之院久廢和尚携四五苦行如風穴當年按會
說云三十八住海虞之三峯虛檐鋪壁草屋蘿墻
床下水流堦前草沒麥麩豆滓掬水補衣或搬石

磊墻或操鉏種地徹夜蒲團上脊梁節節相拄單
看一歸何處
三十九年辛亥
和尚三十九歲五乳弟子包福明十餘人破家爲
三峯成叢席時有八安僧者不知何許人卯齋自
律詰和尚曰師肉人此骨山無久留向後傍水成
居三百異姓子隨學去在按會說云憶少年時言
我到四十決悟道如捉得手中相似今三十九矣
愈參愈難轉究轉遠便欲捲卻衣鉢不受十方茶
飯

四十年壬子
和尚四十歲二月朔與朗泉大德相期入百日不語死關才上蒲團忽眩暈嘔痰一斗遂放身熟睡如墜千尺井中求出相似手足都無攀攬至第五日巳間方深睡窓外二僧夾籬拗折大竹聲若迅雷頓見虛空粉碎大地平沉人法俱消一眞不立盡大地覓纖毫過患了不可得無有譬喻能喻揭開從前文字但見紙墨義理了不關思端坐終夜如彈指頃無思惟中觸著趙州云我在青州做領布衫重七斤凡古柏樹子乾矢橛新婦騎驢阿家牽八角磨盤空裏走至雲門扇子踍跳上三十三天種種三昧一時現前因勘破向來橫說豎說行棒行喝總未是向上全提在所以雲門道盡大地無纖毫過患猶是轉句不見一色始是半提直得如此須知更有向上全提時節倘臨濟不曾見得黃蘗佛法無多子德山尚疑天下老和尚舌頭何能棒下成等正覺喝下成等正覺行者當白見和尚顏色異嘗問如何是和尚得力一句荅曰下床踏匾蒲鞵口

四十一年癸丑
和尚四十一歲作證心歌高峰大徹底人本脫生死頌

四十二年甲寅
和尚四十二歲昔臨濟大師上堂曰大凡演唱宗乘一句中須具三玄門一玄中須具三要有權有實有照有用汝等諸人作麼生會這副眼目自釋迦始祖全心委第一祖迦葉尊者至玄祖越二千餘年如新興化大覺見而知之風穴汾州通變不倦豈僅聞而知之至覺範隔二百餘年艱難而得之悲夫和尚既悟門廣大復深研玄要之旨從梅蓓蕾閉關疽發于背不自覺推窓見黃梅墮地千門萬戶劃欣天開偶抽架得覺範所著臨濟宗旨如對面親授于五百年前歎曰我以天目爲印心清涼爲印法眞師則臨濟也後名三峰之院曰清涼院

四十三年乙卯
和尚四十三歲禪者問臨濟大師有三句咨和尚如何是第一句曰洗鉢盂如何是第二句曰食堂裏是粥是飯如何是第三句曰一飽便休隨舉南院問風穴曰臨濟有三句當日有問如何是第一

句臨濟曰三要印開朱點窄未容擬議主賓分風穴隨聲便喝又問如何是第二句臨濟曰妙解豈容無著問漚和爭負截流機風穴曰未問已前錯又問如何是第三句臨濟曰但看棚頭弄傀儡抽牽全藉裏頭人風穴曰明破即不堪南院深許之後神咒謳舉云若人問神咒如何是第一句曰蒼天蒼天如何是第二句曰有什麽驢漢如何是第三句曰近前來向你道才近前便打若恁麽會得也不孤負祖師西來若是從頭一一問過幾時得休佛法不是磨稜合縫底道理似這一脉說話須

是久在他門風始得直是嫌佛不做嫌法不說方可如是子細珍重三峰道謳公可謂妙得其家風者且道臨濟當年一期說話實有與麽事否若道實有成得什臨濟若道實無面目現在此三玄三要之所以建立也宗師家若以實法與人喫土也難消若秖是個儱侗土也沒到你喫只爲學者見有差殊隨時設藥雖非有爲不是無語大師當初明明向道第一句薦得堪與祖佛爲師第二句薦得堪與人天爲師第三句薦得自救不了你道無位眞人還了得也未如今孜孜不分底盡道會得無位眞人便了三峰道自救則得欲與人天祖佛爲師何異見彈思炙既不能與祖佛人天爲師爭算得個了事人一句中具三玄則句無階梯一玄中具三要則玄絕品位以玄銷玄以要銷要三句一句一句三句皆是空名而非實有所以道識得無依佛亦無良久云還識臨濟大師麽卓拄杖三下喝一喝夏

秋

返三峰按董宗伯其昌塔銘云厥初寺名破山隱同貧子

四十四年丙辰

和尚四十四歲張孝廉九服來請益做工夫和尚曰居士大根人不于言下悟去那復說起工夫二字山僧秖以見聞近沾著高峰習氣參話頭做工夫鈍置了十餘年九服稽首固請和尚乃令看首山竹篦子話兩目有省當是時儒林嚮往嚴天池王季和李長蘅諸公並雲棲弟子往來座下荅嚴邵武偈和錢太史佛性頌趙承德琦美扣易旨和尚示河洛究一篇後季和疾革延和尚手爲薙染也曰誓生生爲入室弟子

四十五年丁巳

和尚四十五歲示衆舉雲門大師曰禪非意想道絕功勲汝等諸人怎麼生參乃云日升之時明徧天下日沒之時暗徧天下虛空死活也不知過在阿誰隨打露柱一下云諾惺惺著又舉雲門齋次將胡餅一咬曰咬著帝釋鼻孔帝釋害痛乃笑云且道三身中那一身覺痛人中來底菩薩終隔一層天中來底菩薩試道看衆無對一齊打趁云得恁不識痛癢憨山大師自五乳至雙徑旋抵海虞和尚與錢太史迎至三峰爲門人梵伊致在可證

項目徹淨心玉輩說心地戒大師讓曰我作羯磨公爲教授本師和尚仍是迦文後名三峰草亭曰毘尼亭徑山浛席久虛寒灰聞谷二老宿同諸士大夫迎和尚和尚辭二老各持書勸駕聞師書曰徑山浛席爲天下名刹東南祖庭至今猶有力參者今繼峰主事與合山雲水極欲重開浛席再振頹綱沉思諦審僉謂非師不能發此悲願荷此重任敢請曲循羣機垂慈慨許特爾斬新條令喚回上古風規庶浛堂前不致草深一丈耳寒師書見唱石集中作初祖贊示淵充滋浛語

四十六年戊午

和尚四十六歲春遊廬山踐五乳大師約也由牛首金焦還三峰四方來學益衆提唱無虛日不正席不升座和尚曰威音已後不許無師恐將來未得謂得者倚我蔑古浛我罪深矣寒灰老宿聞和尚道望率弟子一默顛夷輩來謁寒嗣紫柏度于五乳與袁中郎蘇雲坡吳本如董玄宰諸公同學二十九年辛丑晤于唱石喦請益者也至則迎居正寢寒年已六十七矣遜居弟子列復力參逾年和尚一日舉十智同眞至杲徑山頌云兎角龜毛

眼裏栽鐵山當面勢崔嵬東西南北無門入曠劫無明當下灰隨後道白玉無瑕卻有瑕寒言下豁然會荊州袁小修邀往吳門書謝和尚云三十年來事今日自肯未幾殁于瑞光張九服書來云此老平日藏鋒未後肯用劒刃上事大是快人後請和尚作傳見寒自叙行實有末後得力三峰之句和尚抹去三峰二字爲圖一○相云我敢鈍置此老哉冬錢皁成持毘陵人士請住夫椒祥符帖來和尚以桑梓堅辭

四十七年己未

和尚四十七歲示衆舉盤山和尚云光非照境境亦非存光境俱亾復是何物乃云直得露柱立地放尿一日到供堂左右熟視曰這堂師僧總消他施主飯不得一齊念佛念佛作諸說會通工夫辨禪病偈作參禪偈自大信以至服勤住山凡四十首末總頌云歷過通身便放憨舊來方信是奇男一般碌碌塵沙界數樹藤花斗大菴題斷崖和尚書像有云這回跳入死關要打高峯一百紫柏孫半偈禪師以邢梅陽居士書來請住廬山歸宗五乳大師亦尋有書來言虞山亦人間世耳道人深

藏莫如廬阜和尚戒行錢太史以書抵半公曰敝邑佛法衰微賴漢師力振宗風衲子中始知有本分下事今聞邢公與師將遂邀往匡廬一二有血性男子空拳而行是不特撤三峯法席并撤此方佛法也且匡山有憨師及吾師在龍象雲集獨不憖遺此一老以慰虞山之靈乎復詣山堅留和尚作辭歸宗書太史書稱漢師者和尚法字漢月又自號於密老人

四十八年庚申

泰昌元年

和尚四十八歲宋崇寧間寂音尊者作智證傳直究綱宗行祖令四百年少有洞明此書者萬曆丙辰和尚結夏三峯對衆日提一則旣而病或越四日五日一提甚或越月至庚申痛念法門強爲卒業自言收覺範狼藉之夜光復胎明月首座聽石敏錄成帙曰於密禪師提智證傳

天啟元年辛酉

和尚四十九歲復五乳大師書次唐人嘗建第三峯詩作三峯三十咏示圓覺社法語題釋迦出山相初祖渡江畫像讚

二年壬戌

和尚五十歲蘇州北禪寺住持量虛惠公同山主徐彭蠡居士將文太史震孟姚太史希孟周選部順昌諸公疏來請和尚許以九夏示王覺我法語荅嚴子山南泉斬猫頌作離心意識說示參徒冬和尚過梁溪至華藏寺慨然曰我舊遊也留數日五木父老相率曰蘇家四郎今巍然爲大禪佛到處說法若不一到里中我屬之恥也則共迎和尚至舊德慶院里中父老及緇白數百人羅拜請曾說和尚爲留數日而各其在德慶也說法下座與

里父老坐父老曰禪語深不解求和尚明白幾句和尚笑曰歸笑作賓推上客不知何處是吾家還三峰和隱眞子勸修偈三十首作宗旨頌像象說

三年癸亥

和尚五十一歲示衆南嶽兒孫一個鼻孔時有升降左右出氣設有不準病也六祖問什麼物恁麼來南嶽曰說似一物卽不中豈不從應無所住而生其心來底正如子午交加渾肰一氣玉洞雙開江西曰卽心卽佛又曰非心非佛或左或右一龍一蛇至獨坐大雄峰底直是奇特驀肰曰靈光獨耀迥脫根塵體露眞常不拘文字心性無染本自圓成但離妄緣卽如如佛還知他鼻孔今日痛麼道個大機大用總是渠父子作孽會則江河無礙人之心不會佛祖有謾人之意雖肰此事不是說底你看舌頭不著地底黃檗好好問他佛法的的大意便麄麄糙糙打了六十仔細看來大似教猱升木致令厮兒于臨濟小院裏終日喝風喝雨謂是建立黃檗宗旨大覺三聖使盡偷心盡情推到興化身上紫羅帳裏撒珍珠跛脚阿師依舊說得行不得諸人試各各自看鼻頭裏還有氣息也無

良久云你等擬向三峰兩筲裏討那曳拄杖便行

一日室中與問石乘濬子垣淵克滋云嘗見學徒呈解吐得一句子出連忙追他是何意旨眞正有個悟入處他自肰擊首知尾不說死語古人道且喜師兄會得活人句也活人句不是會得三玄三要旨趣道不得三玄三要卽一句底旨趣參學人先要識得言句差別當時水潦謂百千法門無量妙義向一毫頭上識得根源么識得根源了又要識得百千法門無量妙義無量妙義百千法門世出世間大約有三種說話有聲聞一種說話有佛菩薩一種說話有凡夫一種說話如何是佛曰麻三斤如何是諸佛出身處曰東山水上行狗子還有佛性也無曰無以至廓肰無聖新婦騎驢阿家牽雲在青天水在瓶體露金風心識不到處句身有差別用處無兩般所以一句當天八萬門永絕生死臨濟說三句是在學人見地分上說雲門說三句在師家運用上說不見道句中無意意在句中又道意不在言來機亦赴顧佇停機早成窠臼有什處所安排他今之人往往向句中作意沒溺殺人只為不會透過語滲漏語脉若有滲漏則情

有滲漏見有滲漏而今罷量遠不及古人苟或模糊放過過在阿誰是夏開戒䜳禪定弘戒㳂儀又著梵網一線方屬蘂殿中佛頂湧出異光數道貫天衆賀和尚謂是得佛心之瑞和尚呵曰三百來衲子總無個有氣息底

四年甲子

和尚五十二歲海虞令宋公賢詣和尚問道拜請曰吏事紛沓輿一言自治和尚曰寡欲則簡累公顧僚佐曰頻伽音也夏舉古德諸訛公案拈頌示參徒座下如聽石敏梵伊致一嘿成問石乘在可

證頂目徹濬孑垣淵克滋剖石壁碩機聖圓印海無壞㳂擴南宏鏡融聞三十餘輩皆㳂門龍象初毀院中襍祀立武安王護伽藍至是夢中乞和尚讚作關侯讚謁悟和尚于金粟廣慧寺請升座示臨濟宗旨來源悟和尚特上堂舉黄檗見百丈丈舉再參因緣黄檗不覺吐舌丈曰子以後莫承嗣馬祖么麼檗曰不肰因師舉得見馬祖大機之用肰且不識馬祖若嗣馬祖巳後喪我兒孫丈曰如是如是見與師齊減師半德見過于師方可傳授子甚有超師之見故臨濟三度問佛㳂大意三度

被打濟後出世惟以棒喝接人不得如何若何秪貴單刀直入和尚出衆便喝悟和尚曰好一喝和尚又喝悟和尚曰汝試更喝一喝看和尚禮拜歸位悟和尚復瞪顧和尚舉僧問古德朗月當空時如何德曰猶是堦下漢僧曰請師接上堦德曰月落後相見且道月落後又如何相見和尚便出堂即日請和尚居第一座制完辭行悟和尚手書從上承嗣源流幷信拂付囑和尚過嘉禾衆迎至祥符寺留三日舟抵金閶湛持太史請作文信國祠堂記祠在德慶院還山荅雲門和尚書荅趙叙州

隆美問宗鏡書示崇川居士姜劔河莊心維李仲連㳂語弘儲居家時自號仲連居士㳂語末後云如金剛鎚擊破萬法那時來見老僧猶當三十年給侍在

五年乙丑

和尚五十三歲春正月受吳郡鄧尉天壽聖恩寺請寺爲和尚十一世祖蔚和尚道場至有詩紀事云千喦正脉國初來聖祖恩碑石半苔列嶂擁身屏畫展具區臨檻硯池開鐘敲響雪三洲浪閣浸空香萬壑梅多世定曾湖上住埜雲邀我又重回寺有聖祖碑夏著五宗原冬十一月悟和尚壽六

十和尚先受毘陵寂光請九月率弟子頂上金粟衆請小參和尚辭

六年丙寅

和尚五十四歲吳郡北禪請開堂專使請命悟和尚悟和尚手書報曰漢月藏公于甲子季秋來金粟山廣慧禪寺謁老僧相見室中即請堂中領衆爲第一座中間徵詰並不存知解窠臼已見于鄧刻中至臘八解制書從上承嗣來源并拂一枝委付返海虞三峰舊歲仲冬值老僧六旬復領徒衆來無一言惟禮拜徑去今春奉姑蘇檀越請主城中北禪特命行圓上人持書及新刻至老僧目之曾說數紙一一精明誠堪克紹至于書尾述昔年得力于古錄語下之尊宿及以老僧炷作一爐燒卻以免遺害將來老僧道秖恐不是玉是玉真大奇更復何云至期和尚曰前古尊宿開堂奉朝廷命令也今當事奉行駭聽矣辭不開堂然提唱不廢室中握竹篦以驗方來衲子遠近咸曰三峰和尚今之汾州也荅德藩問道書荅崇明令熊開元問道書示通州王夢叟居士聽石敏擴南宏法語荅姚太史王觀察法空長老書荅傳山六雪首座

二十問天台華頂講僧大道六問各繫以頌冬開法杭州安隱寺始爲悟和尚拈香（寺先請雲門湛和尚結制湛曰能致新北禪爲第一座我來北禪不允我不來武林護法合詞來請北禪一衆不悅和尚行和尚曰嘗以戒事請益諾之抵安隱則雲門先一日化去浙之士大夫緇白踊躍曰雲門有深意）

七年丁卯

和尚五十五歲金粟悟和尚專使送僧伽黎至手書云老僧年邁不能領衆說法了也舊衣一頂惠與代勞耳制解和尚上金粟禮謝留二日回北禪結夏告香入室壹依百丈舊規立濬于垣爲參首麓屏貢總院事當時參衆爾敦艮祖印證四弘願具德禮于磐鴻破關扶自復圓直方偉朝宗昱（後改名忍）江月源慧超權森如朗津超拔劒石慧時權瑺虐錟熾然吳郡賢士大夫都家居問道和尚垂涕曰國事日非矣諸方大法不明宗旨淆混法運亦日下矣古人有言舍我其誰於是極力提唱忌者益深叢林幾陷返鄧山有感時詩云秋風林石總成悲烈錟滔天國勢危三百年來恩莫報空山雙淚滴穹碑是年十月付梵伊致住三峰

崇禎元年戊辰

和尚五十六歲作草堂元日詩云白日雷霆國運

崇登庸盛事喜躬逢千秋莫訝天難補四海眞看日再中二祖列宗威德在山川草木感懷同石樓一炷香拈罷萬竅窣聲動曉風夏浙人士疏請安隱寺開堂升座云新天子登極廓矣無爲舊安隱重來頽𪜶尊貴夜犬吠花梢之月那識太平朝龍噓石洞之雲豈知神用老僧秪解著衣喫飯何勞舉拂拈槌回山高麗僧曇晦來參

二年己巳

和尚五十七歲海虞天寧春制解四月到萬峰熊開元諷吳江建說法堂請和尚開堂後開元居諫垣得罪遣戍武林序和尚語錄略曰集都人士營建說法堂勸請老和尚不倦開演如是甚深之法開元獨聞孰與夫一天下人共聞萬世天下人共聞耶和尚嘗上堂云日日日東出日日日西沉是聖是凡劈脊摟那管一棒一條痕空劫已前無自已眼目人天是什麼人上上上上到最高高處望望見青山起白雲小參云六月二十一教我如何說良久云秋風枕上涼如拂便下座秋金粟悟和尚入山掃祖塔和尚率門弟子頂目徹等請上堂祖孫父子先後唱酬時趙中丞士諤周居士秖踊

躍座下曰旗鼓相當風雲各變三百年來所未見也周留山中參旬日有省冬梁溪錦樹院開爐至前三日付囑一嘿成問石乘在可證頂目徹翌日士大夫舉北禪寺迎葉尊者瞬目龍山出四雄玉兎爲付法瑞應請上堂云四雄玉兎出龍峰泥塑頭陀亦眼紅拂子四枝分付汝好花何地不春風是時弘儲始出家越二十五年熊開元授弘儲剃度納戒于靈嵓法名正志字檗菴又五年得法又三年住三峰

三年庚午

和尚五十八歲春正月立胤禪萃（易字三關）總院事耳圓應曇舸航主院規迮頂目徹住三峰歸毓鹿城次婁江留王璽卿時敏東園三日從時敏請也郤漢陽蕭方伯并諸士紳請住大別興國書答西空道人問道書答王觀察志堅問道書答嚴司寇一鵬問道書答金太史聲問道書答蔡學使懋德問道書并十七問各繫之偈示許光祿譽臣偈及令子之漸法語和吳儀部鍾巒四偈吳夢門人李應昇飄飄舉身雲中而感于死生今昔者也（李公死璫禍）荅陸戢夫穀三玄偈（穀長洲人後遇敗舟趺坐水中死和尚痛惜）荅章

美臨濟綱宗書作離心意識辨作悟秋集序

四年辛未

和尚五十九歲春正月迭悟和尚住鄧山回立具德禮爲參首夏山中結制江南北浙東西黑白英靈附座下者百餘人周居實渾仲升巫友湘蔣西磬王雙白莊心維保順齋白棘生保式宏徐如竹徐漢水馬楚侗金貞度顧彦英王靜宇汪子瑜咸在耆舊蘊空鑑公量虚惠公衲子則空谷了閑炎雪克宗初第中輿戒初淨啟慧朗四維仁啟辨菴笠筠臨渠萬木安行古疑涵之鏡空内外省悟者

一十七人中元作蔚和尚告文復磬山修和尚書冬赴揚州天寧朗契鏡請道毘陵太守洪周祿迎入官衙升座張副院瑋董方伯承詔金孝廉印棨惲聞人日初等請天寧寺升座孫宗伯慎行來謁問道畢從容請曰早從錢薛二公知慕和尚願和尚提唱之餘不忘聖學抵揚州士庶擁道十一月浙人士復疏請開法安隱靈鑑法主到上堂云客從臨平來貽我一編雪字字古人心讀之寒凛冽喝一喝云當年第一座早已爲君徹（丙寅冬制法主曾領衆安隱云）晚參弘儲出作禮和尚問萬法歸一一歸何處儲曰今朝早是臘月初三又問古人道青州布衫重七斤與你是同是別儲曰一滴水一滴凍又問如何是奇特事適殿上開靜儲曰鍾聲敲破七條上堂秀初居士才出和尚問昔大溈道有句無句如藤倚樹你作麽生會士以手橫一橫云劃破虚空一條血路曰忽然樹倒藤枯畢竟句歸何處士云拄杖依然亘古今曰溈山呵呵大笑歸方丈聾士云重疊關山路和尚連打三棒曰也不屈著你良久復曰大溈空裏釘樁安隱兎頭截角雖然總是尋常事千古輸他手段高和尚三應安隱張秀

初馮儼公翁季祥江道闇兄弟朝夕座下秀初法名濟義後剃染納戒于靈隱繼嗣顯寧出世皋亭遷雲居今住揚州慶雲寺十二月還山荅姚太史思孝書薛進士寀書

五年壬申

和尚六十歲鄧尉湖山窈邃和尚雅尚高古屏絕外緣時枝葉盡退相從皆貞實之士能寒苦都似遠錄公在葉縣時有度歲偈云百僧饑看老僧闕湖自青椰自灣厨火宿留無粲栗梅花愁絕滿空山弘儲兄弟輩散廣陵嘉禾諸郡募置參禪田

朞歲得沿湖葑田三百餘畝于寺之西和尚率衆入田構茆鑿池刈榛疏濬名之曰大義庄弘儲住靈嵒日作靈嵒募田疏曰盛時各寺皆有欽賜田畝隆萬以來禪宗式微兩宮欽崇特舝肸慕鮮華者潛入敗羣所至叢林外克內瘠相沿百年先師三峯和尚憂之嘗作募田疏特命山僧走江淮正告海內今玄墓僧田是也和尚從弘儲請自題頂相云說法不用舌齋僧不見米怪爾老禿胡赤貧眞到底空著眼梅花裏那知我是你冬十月和尚誕日四來弟子慶賀悉不受別貯爲造殿爲修閣

是年邛州孝廉劉道貞參請歷二百餘日機契臨行書法語拄杖授之揚州梁孝廉有書候和尚和尚因事上堂僧出問如何是萬峰境曰庭果色驕秋半雨田禾香落夜深風問如何是萬峰人曰從人笑罵任我縱橫問人在境中境在人中曰開田說義家嘗話磊石爲龕自在窩僧問向上還有事也無曰一聲孤雁秋風遠無數亂峰寒日斜

六年癸酉

和尚六十一歲春立擴南宏總院事卻海陵天寧之請荅洪太守周祿梅邊十二問詩寄文宮詹鹽官郭孝廉疑之請題教外別傳及五宗語錄序夏遣候天童悟和尚書荅成都吹萬長老書蔡雲怡備兵杭轄集同學闓子將嚴印持嚴忍公董請于湖南淨慈寺開堂拈香云一縷蒼烟祝聖明九州四海盡昇平南屏老漢閑無事白棒掀天破丸生才就座居士劉道貞出云兩峯雲起蒼烟迥一道湖光玉鑑懸領取眼前玄要句塔輪尖上吐香烟和尚便喝貞拈香云這一瓣香爇向爐中供養本師堂頭和尚伏願逞師子之全威現大人之作略和尚合掌云曩謨無量壽佛貞云法界曾薰無鑄

縫爍破毘盧老面門和尚又喝明晨上宗鏡堂享永明智覺禪師是日上堂舉永明云孤猿叫落中嵒月埜客吟殘半夜燈此境此時誰會面白雲深處坐禪僧僧問如何是永明旨明云更添香著僧云謝師指示明云且喜沒交涉僧禮拜明云聽取一偈欲識永明旨門前一湖水日照光明生風來波浪起又問學人久在永明爲什麼不會永明家風明云不會處會取僧云不會處如何會明云牛胎生象子碧海起紅塵和尚曰老僧則不肰乃云窠影落殘崖際月煤花爆盡佛前燈禪衣破薄不

禁冷多少依依牆裏僧設有問如何是南屏旨向道晝夜一百八若言謝師指示向道串斷了也待他禮拜起亦示一偈欲識南屏旨山頭雲乍起一縷入錢塘微茫作海水若問學人久在南屏爲什麼不會南屏家風向道宗鏡堂前霜葉乾更言如何會取向道鐘過千佛閣塔下萬工池隨顧左右云永明大師恁麼道南屏老人恁麼道且道是同是別有判斷得出者麼道道時緇素省發者自豁堂嵒燮雲璣前後二十五人上雲棲埽宏大師塔衆請升座和尚特示禪淨大旨衆飲光耑使請法

語荅新安汪明府萃默書汪年八十二矣宗門宿學壬申秋在萬峯山寮力參兩日夜有省庚午禾郡人士請和尚住長水眞如寺吳門人不從至是朱大理大啟李太僕日華諸公力懇和尚解淨慈制住眞如到寺禮斷際禪師像偈曰昔時曾受三通棒此日重逢麁行人天下至今承大樹兒孫欲把舊窠伸寺奉斷際爲開山祖李太僕呈解和尚不肯午後來室中呈偈云三十年來事未平眞如喝下氣崢嶸宗師與我眞方便安國安家不在兵和尚笑曰笑殺紫柏太僕曾見紫柏來制中日提

寂音尊者智證傳助顯第一義上堂法語別見有同李九嶷遊南湖一絕云筆床茶竈盇筠蓬落盡丹砂遶岸楓憑誰雙画雲山衲共載江南烟雨中題天童和尚像讚裴相讚示惲聞人日初法語示朱大理曹侍御譚工部虞給諫項別駕諸公偈

七年甲戌

和尚六十二歲正月初五眞如解制舟抵吳門大雪留頂目徹瑞光丈室三日士大夫舊依座下者咸集歎曰臨濟大師沒七百餘年正法眼大光明于江浙淮海豈易得哉豈易得哉抵鄧尉西來羅

漢請上堂云十萬里來不說一字依稀像達磨彷彿同眞諦芭蕉柄上書梵字蝌蚪蟲文不相似拈起○相問伊又手睜睛直視老僧點頭道從前不是這回恰是問大衆是不是良久云寧說阿羅漢有三毒不說如來有二語便下座圓戒上堂云靜主達賢住此山有年破屋半間蓬塵積尺行鍋無葢黃盌不全或七日忍饑或逢緣一飯口如木突衣若鶉懸曾圓具于先靈谷和尚茲復請說菩薩戒法謹白問如何是釋迦如來口放戒光曰風爲掃地使月作點燈娥問如何是孝名爲戒曰竈裏

生青草鍋中吽碧蛙問如何是亦名制止曰忍餓
長盤脚開齋過別峰問如何是向上一句曰速道
具德禮問戒光頂聚輝千古覿面相呈事若何曰
與我過蚤囊來具云衣文結角交加處明眼緇流
失御眞曰二十五條掩著地具云滌盡無餘存潔
白戒珠燦爛黑光寒和尚便打具云未後令行尊
貴旨棒頭有眼炤人明和尚又打四月結制與讓
社諸子一時騰踏意氣勃勃隆起和尚一日三上
堂曰萬峰不同諸方閉門入室此事如擊石火如
爆龜文機變無心吉凶立見那容低頭定奪背地

思量肆意綱宗有提盡古人未到處諸方益驚謗
議競起和尚作五宗哭詩上堂云觀風化物無一
定之機因語識人有差別之智會得總非死句活
人貴在通方韓𢡟逐塊非敢望于今日俊鶻摩霄
唯貴乘此一時解制日和尚歎曰物盛而衰固其
勢也身當後五百歲猶欲復上祖極盛時正令我
過也夫于是具德禮住靜越州剖石壁五洲山潭
吉忍潭東碩機聖江西都散處和尚戚然念先人
墳兆未安遷葬百花墩毘陵諸久參弟子張二無
瑋吳霞舟鍾巒惲道生本初顧伯平澹生惲仲詒

穀初許我調咢元巫友湘大章蔣西聲秋惲仲升
日初王雙白廷璧顧孚尹元交朱師黃冠采許儀
吉之漸迎至白沙圩放生三日維揚梁飲光于涘
疾篤介同社姚徵君文台請升座廣福院梁如夢
而瘤卽愈歸萬峰濟文祝髮請上堂海岸居士黃
端伯來參請上堂和高皇帝贈無念學禪師詩荅
唐孝廉元宏書李侍御模書劉大參錫玄書時劉
自斷髮爲僧示王居士廷壁法語示金太史聲參
禪偈寄別眉方偈有老夫何人不惜年之句方辛
未見和尚廣陵天寧壬申春散席易服上萬峰參

請六十餘日機契後住蕪湖吉祥有袁梅一葉行
世玄墓一名袁墓也乙亥和尚示滅前一月方說
偈坐化和尚歎息曰可憐生作這個去就長至日
上堂下座曰弘儲來汝具舟檝具舟檝曰將詣郡
城一院皆驚至郡視姚現聞學士疾過北禪晤量
虛長老次徐彭蠡次嚴子山兄弟次管乾三次徐
元歎次張異度次朱德陞遇舊交皆談笑竟日時
蔡雲怡李灌溪徐勿齋沈太疑劉公旦李仲木姚
文初瑞初文孫符朱彥兼請就準提菴晉說顧岳
叟楊維斗各迎至其家對靈說法十二月復天童

悟和尚書辛丑弘儲住金粟荅堯峰潛月函書云世出世間事總非人意識所能到當你師翁役天童老和尚書實實出不得已方七書出時不獨天下人不知老和尚之意卽家裏人亦不知老和尚之意只據荅磬山老和尚一書是擡你師翁是搦你師翁林埜和尚在嘉興孫園曾對我言之闢之一字實不出老和尚意你師翁因爲不知者有圜悟高安之請立言未免過激是時書成瑞光和尚同蔡雲怡居士候問至侍寮細商之我瑞光謂兄能止其不發我俯首曰是我意也蔡雲怡曰是不能老人一生剛大不愛身命唱明綱宗諸方橫說監說總不與之較計獨爲天童諍子者秪與天日一開雲銷霧散今若苦苦遏之不上我知老人不能生矣且父子間無論是不是有話要說盡但使後日不流布諸方于理原不害故瑞光與我竟不敢驟言你師翁嘗謂我曰古人傳持道法所貴久遠不在熱大汝輩綿遠傳公我身背上事畢矣你師翁之意豈有他哉所以我三十年來出一語動一步悉體你師翁之心故事事退讓諸方恐不知者妄謂你師翁好辨當湖馬培原每讀我書輒喜

曰三峰老和尚一片大孝大慈之心非和尚幾埋沒矣這說話我也不敢當但今之爲人後者爲師長立言要當囘心自看衆生現行無明易于流走若勝心不除久久打入魔界不得好師好友教之以正總不自知覺你師翁大恩我慮今生不能報矣但願你後來立言一體你師翁之心師翁之心佛祖之心也蔡雲怡以世間之宰官觀其一往事你師翁我輩有愧心止據雲怡三年家居于你師翁分上忘尊貴曲爲甞住猶爲瑣末犯風雨寒暑奔走道路以事你師翁你師翁示寂之先調湯藥候聲息旣寂之後愼法命視同門如一體甚加意于第二世古今有幾人哉皆你師翁有以感之也你平昔知我心你師翁這段心事今日不說起你輩爭得知

八年乙亥

和尚六十三歲春正月吳江士大夫迎開堂聖壽寺和尚慨肰曰臨濟大師至于今七百餘年我鞠躬盡瘁死欲倡明其道而終不能大遂我志今老且病安能僕僕對世人費口舌哉終不忍其請人日到寺告香明日舉弘儲及潭吉弘忍立僧輪贊

制完還山董宗伯其昌見和尚于證心堂自陳于臨濟無位眞人語有省和尚别發痛露宗伯躍肰再拜出而語弘儲曰如出雲霧四月朔命侍司佔倡衣鉢設十方晉會齋趨詖爲最後辭衆上堂十二日書從上源流付囑澹子垣剖石璧于磐鴻慧刃銛潭吉忍具德禮及不肖弘儲七人各副以衣拂碩機聖遠在西江留信衣法語命弘儲繼萬峰席成就諸人道之晚者弘儲拜辭請代後五日復議立繼席三關萃力推瑞光弘徹和尚書招瑞光作别道中居士蔡雲怡熊魚山周居實劉墨仙巫友湘蔣西聲惲仲升王雙白翁季祥馮儼公張秀初江道闇北禪長老瑞光竺璠及問石弘褧書久依座下如四弘願耳圓應三關萃擴南宏曇舸航津超拔笠雲筠臨渠霞仁啟儒熒雲璣什菴叡古凝玄逐鷗枱巨冶敎氷鑑朗剖玉璞三目淵舒光曦月航緇英偉悟各囑以最後法語又以偈囑中輿範利根慶湧白明明夏時劭圓琚箨菴繩眉光正歷公辯葦當是時四方來候諸賢求一言爲終身寶者和尚雲行雨施不煩應接如惲仲升王雙白翁升宇王湛寰龔若滋延賞目見和尚步履如

嘗飲食如故皆大歡喜和尚猶無恙五月朔和尚就證心堂設死關自榜曰歇處又自題云佛法有人說天山好自埋天山和尚晚年自號也四方一切往來書問盡委弘儲六月十一日瑞光弘徹以郡人固留入山辭明日啟關復申大司馬用懋胡度支如淳顧侍御宗孟李侍御模徐太史汧沈刺史幾書舉剖石璧繼席萬峰書囑蔡雲怡始終護法七月初舊嘗州守洪周祿自楚黄希使求法語和尚疾書二百二十餘字曰我自此斷世間應酬筆墨矣後葉慶繩觀風粤東尹西友宰甌閩文湛持始相各馳書萬峰候和尚悉命代荅十四日示微疾十五日早鳴寢堂鐘集衆入室臨機提掇應發不倦皆和尚平生力荷綱宗之驗也自十五日至二十日五日之間應機外吟笑自若絕忩世間言語廿一日凌晨大風拔木疾雷迅雨法堂崖石崩適蔡雲怡致醫來方禮拜和尚吐舌示之醫曰舌破那和尚笑不應請診視和尚出左手曰不可道手破也時至戌侍者濟曦問如何是身後事和尚曰床頭老鼠偷殘藥壁上孤燈照舊衣曦擬問和尚曰放下幔子著熟睡至初更闔黎耳圓問汾

州頌三玄語曰直出古皇前如何是古皇和尚曰草衣木食少頃瑞光弘徹蔡雲怡居士至和尚曰衝風雨夜來我不安言畢復䠞睡衆環擁中夜起坐左右熟視以手撫膝泊然而化十一月八日奉全身塔于證心堂後夜素光從塔起直上如虹亘天茂苑相公祭文云浩然剛大佛祖咸在其陶鎔動若風雲凡聖疇知其變化倒日廻天七百載宗綱未墜茹荼集蓼六十年辛苦自知讀者以為得和尚生平之槩也

三峰和尚年譜終

附與毘陵人華禪師書昔人謂雲門跛師奇偉傑茂其辯慧渦旋波險如河漢無極余嘗謂先和尚之全機大用眞不可得而名狀每中夜禱佛前願我兄弟中有操董狐筆者載其生平成一歲譜豈不光耀前古啟廸後昆屈指廿七年來盡寶惜不輕出手今春宿安大已齋中聞見異嘗秖慮此案未圓對大已唏嘘哭泣倘此番不死仍復因循如前則來生定不得生人道尚得濫厠法門故中元後扶病七日而卒業然以身徇法其本願力不止星一漏萬即當時賢士大夫問道無虛日秖據其事書其人而遺亡者實繁前輩如貫里沈湛源尚寶錢梅谷司農薛又損方伯鄭太初儀部父子梁溪何天玉太僕馬素修洗馬華鳳超選部秦圓海觀察顧白於孝廉令子子疑子方子克鄒木石太守叔介孝廉堵㵂生孝廉海虞魏仲雪方伯叔子孝廉趙景之太史全之刺史嚴子張樞部吳郡申勗菴比部青門少司農汪孺石方伯文啟美中翰嚴開之孝廉令子仲日周子佩兄弟寀陵沈宏所中丞及令侄君善孝振周季華太嘗令子安期安仁安石麗序皇方伯吳燕勒中丞吳茂申孝廉婁東王閎仲父子孝廉黃子羽刺史東皐冒嵩少大參石季玉范汝馨諸居士崇川范太嘗勳卿張完樸大參顧元善都諫姜荆璆太守潘玉函太守陳弗如太嘗虎林翁周埜方伯馮知白節推乃弟季白侄去凡當湖馮茂遠孝廉武塘周君謨孝廉諸公皆摳衣問法諦信無疑至于望影知歸確誠弘護者又殆不可勝數座下依老師最久知老師最深老師易簀時嘗貽書左右諄諄相托有所記憶幸明以示我

復慶雲仁菴禪師　吾宗來東方第一祖六人之中

有尼總持自後諸大老如昭穆有空室徑山有妙總妙道餘不暇悉舉先和尚出世八坐道場稱臨濟中興見鞭影而馳者四衆甚有其人去秋編集歲譜略而不見者山僧無長才有病心枯力瘁但約舉綱要而遺忘實多即吾兄弟悟道機緣謂將來輯國清祖燈錄各見諸章次故不敢屑屑於年譜中也如尊慈定光道人堂堂女中丈夫不惟見地穩實大有補于先和尚道洤者此中豈一日忘哉歲譜初成之夜室中話及當年顧左右侍曰甚矣老和尚法運之盛也即如今慶雲仁公母定光道人洤名弘瑤者昔天啓丙寅叅先和尚于安隱其勇進于堂中數百衲子齊艱並苦有所見老和尚不輕可道人亦不自肯迨崇禎癸酉老和尚住淨慈仁公迎和尚至飛仙里宅中齋茶次老人舉茶甌問道人喚作茶甌則觸不喚作茶甌則背速道速道道人擬進老人以茶甌劈面擲其孫元坊纔五齡從旁喚云婆婆以後不可將茶與這老和尚喫道人纔舉掌打元坊忽有省後世緣垂盡危坐自叙平生叅請始末瞑目脫去聞子媳哭聲復開目舉竹篦徧擊云恩愛斷時生死斷汝輩侍我

久猶作這去就遂手握竹篦而逝道人乃武林黃學使貞父之女也左右復問如定光道人者幾人山僧復屈指云甚多秖據一時憶得者荊溪濟廣道人吳中翰宅吳郡胡虔支之姊修雲棲教叅老人于萬峰時濟廣患目老人命日以大盌貯水几上坐而注目覺一念起以箸擊水一下至第五日猛擊一下豁然有省又湖州恭道人者吳江趙中丞藎庵之女適閔氏精通教義往來土橋佛日歷十五年秖以大事未明同其姑隨父中丞來叅老人示以本色鉗錘二人于言下一時得大安樂齊作禮恭曰古人謂泗洲見大聖遠客還故鄉非欺我也老人勘之亦爲助喜姑則忘其名氏矣余已丑住靈嵒其兄欽仲結冬山中長君秖之來省侍坐次舉道人巳巳秋在銅井山居一日朝氣澄爽聽中丞彈琴驚謂秖之曰祖翁不能長撫子孫矣明年庚午秋中丞捐館舍豈尋常人哉外此亞僧中如西池盧靜遠聞朗重燈若而人其事跡皆炳然在人耳目也歲寒接手罨暘然打合山僧一日不敢忘之心惜乎已斷手于老人降生之日定光遺事及諸道人秖有室中追歎耳至老侄讀譜而有

補天浴日之喻增予愧悚金石鴻文發揚先德老人寂光未嘗不深望于慶雲也

與靈隱禮和尚書我老和尚乘塵刹至願下生閻浮當正法艱危之日天童老人爲之父我幾兄弟爲之子夫豈偶然六十年中河漢之口雷霆之舌佛祖之心聖賢之行躋之唐宋自稱傑祖乃弘儲幼失業眼不獵經史長而四方錄錄不暇補學幸而獲侍老人于風雨寒窓朝申夕請譬如磈石堅頑小有空明之一隙以是之故平生自誓自信于古今著述之事不敢躬承秖爲我老人巍然一生

道行不以此時草創編年後代子孫欲準歲月而無所憑依所以强扶枯骨觸暑成編援已寢之筆拂久棲之牘然急于先德或疎于支裔出于胸臆或限于見聞知我罪我則聽之千秋敎之誨之深望于骨肉弘儲以枯木朽株之語爲風伯爲雨師洒道揚塵前驅以待從此碑版大文麟麟炳炳使後世知天童有克家之冢嫡臨濟有振祖之眞孫我兄弟有父也如此我子姪有祖也如此七百年應運之人豈弘儲所能贊一辭哉弗兄誰告

堯峰潛月函讀年譜復書詑闕里者曰凡域中之山皆發於崑崙至爲都會山必西峙水必東流闕里之山北南東皆山環抱若人冠冕佩玉端拱正揖惟西向廓然淺壠平阜而水內爲沂爲洙爲泗外爲漕爲洸又外爲汶爲濟大抵皆西流會於今之濟河蓋其勢逆夫黃河排積石入中國衝潰突厥非岱嶽諸山東障則青徐之境與碣石俱淪唯山水俱逆實啓中原元氣之運故岱於五嶽稱宗而庖犧八卦始斯文孔子六經終斯文實在茲土亦萬古人心之障也我三峰老人則禪宗之岱嶽也臨濟宗滅七百餘年難起之綱宗三峰老人不

惜肝腦塗地以力挽之其勢實逆而和尚所垂示年譜則眞闕里之山水也讀年譜而得文章之訣曰提則挈本末之全也曰轉則變首尾之迹也所以善用其逆也曰縱則運其幽閒曰持則謹其樞紐所以善藏其奇也千秋萬古讀和尚之文見三峰老人之道于三峰老人之道會通從上之文此所以爲至人之文也

三峯藏和尚語錄後序

身中有生老病死念上有生住異滅荊山汴水埜火斷雲何故何新何憂何慮有截斷天下人舌頭底手脚不能教無舌人解語入不得夾山眼況我臨濟門風高多少濶多少三賢十聖望影神迯諸佛祖師聞聲膽碎你道甚麼人纔能于中自在縱横神通游戲我三峯師翁所以未離天上天上震驚纔下人間人間搖動咳唾修羅絕種掉臂佛影無踪尚有葷鈍根阿師道棒喝闡佛祖之機玄要絕狐狼之跡我師翁笑倚長案閑臨寒水濟濟威儀蕭蕭動止六門虛靜

心月孤圓萬法咸舒神珠炳煥如此說法豈有言路可尋如此利生那來功勳可立千古爲物作則惟此

洊王大寶歲辛丑八月望堯峯嗣法孫南潛稽首拜
言

後序

三峯師翁開物成務之功振興摧闢之力發諸語言被諸行事嶸肰以應身大士來支臨濟其無師樂說之智辨如雲門其始終化迹又如雲菴雲菴天縱自肰定宗旨於黃龍師翁欲振起楊岐乃定名於金粟其悟門廣大說法如雲涌川決筆記者莫能殫書肰猶裒聚成錄得法語三十卷廣錄五十卷顧命時親持藁本以結集屬我和尚我和尚再拜而受祕重大法藏笥篋者二十餘年庚子中秋住雲嵒慨肰念滹沱大宗定于隆祖隆祖得眞子應菴與玅喜並驅不

再傳漸見衰落其間雖有仰山天目崛興爲一代龍門瞿肰視其後終不甚昌大逮金粟悟祖與我師翁一虎步于前一龍驤于後從上綱宗致廣大而盡精微莫之有加今據大宗之庭宜事結集卷軸浩繁摘要四編曰三峯和尚語錄蕝取渾金璞玉不事雕鐫應物垂慈楷模百代若夫險崖慣揆鋏壁孤撐或淼肰如雲漢之高或浩肰若江湖之決波騰浪蹴魚龍盡迯其方地轉天廻鷹隼旋失其勢海水一滴全用百川于此入門堂與斯在嗚呼我和尚之心亦苦矣雲嵒當四衡八達之衢接納煩劇未竟厥緒今辛丑

夏來金粟始克成之命予小子叙其後不敢辭乃再
拜稽首志其歲月靈嵒嗣法孫曉青盥沐敬書于金
粟首座寮

秋星閣詩話

（明）李沂 撰

《秋星閣詩話》一卷，明李沂撰，據《昭代叢書》本影印。

李沂，字艾山，號壺庵，揚州興化人。明故宰相李春芳後裔，與李清爲族兄弟。自幼失父，依伯父李信求學，李信全家抗清死難。明亡後，歸隱山林。其子李驎罹乾隆時文字獄「《虬峰集》案」。李沂所著還有《壺山詩集》若干卷、《鸞嘯堂集》九卷。

此集約兩千字，乃作者晚年旅居維揚時，與諸子論詩，爲初學者啓蒙而作。集前有張潮之小引，集後有張之跋。小引駁正了「善易者不言易」的説法，稱李沂工於詩，更應作詩話而傳之於世。詩話凡六則勒爲一卷：一曰八字訣；二曰勸虛心；三曰審趨向；四曰指陋習；五曰戒輕梓；六曰勉讀書。八字訣即「多讀、多講、多作、多改」；勸虛心之編勸誡作詩者切忌自滿而應「虛懷清益，祛其瑕疵，歸於純粹」；審趨向編歷數漢魏以來詩之盛衰，指出學詩應學六朝陶潛、鮑照和盛唐之詩，摒棄空疏浮泛艷麗的糟粕之詩；指陋習中略舉有五，即不擇題、限韻、步韻、濫用和犯古人成語；戒輕梓編告誡爲詩者應謹慎將詩文印刷出版，而應「詩穩而後示人」；六曰勉讀書，爲詩要「識高」、「力厚」、「學富」，終究離不開開卷讀書。覽其所論，皆爲初學而發，未免失之膚淺。然其間排斥時人剽竊，糾彈作詩者之陋習，如謂多讀非剿襲，亦非偷用字句。又如謂「限韻、步韻皆所以窘人，不求詩工，祇誇韻險，牽扯湊合，梏人才情」之類。其言皆切近不失，深中要害，足資後學，發人深省。張潮跋謂其所爲詩話，皆踏實可以遵行，非虛譽也。

（畢研哲）

秋星閣詩話小引

李唐之世無所謂詩話也而言詩者必推李唐詩話之興大約在宋元之世而宋元之詩不及唐人遠甚然則詩話誠不足以盡詩乎夫唐人無詩話所謂善易者不言易也然余則謂唯善易者始可言易苟以爲善者不言而遂置不復道其不善者問之必且搖唇鼓舌作爲文章而無所顧忌不幾爲斯道之蠹乎昭陽李子艾山固所稱善詩者也所著壺山詩集久矣膾炙人口從而學詩者實繁有徒應之不勝其應

因有秋星閣詩話六則之編雖其所言祗爲初學而發而實爲老于詩者之所不能外且非獨詩家所不能外即推而爲古文爲詞賦又豈能外于多讀多講多作多改之八言而別有所致力乎哉艾山年已八十精神充裕步履矍鑠不減强健少年類有得于道者君之先爲李伯陽其五千言爲道家綱領今艾山詩話則不滿二千言殆如伯陽所云爲道日損損之又損者乎不然何其能以少許勝人多多許也心齋張潮譔

昭代叢書甲集卷三十二

歙縣 張潮 山來 輯

吳江 沈楙惪 翠嶺 校

秋星閣詩話

營山李沂艾山著

八字訣

學詩有八字訣曰多讀多講多作多改而已蓋作詩先問是非後分工拙初學須日課一首或間日課一首勤作則心專徑熟漸開門路否則勉强支吾終篇爲幸未可云是遑論工拙乎然非多讀古人之詩卽

多作亦無用譬無源之水立見其涸矣夫貴多讀者非欲襲意調偷用字句也惟取觸發我之性靈耳但古人之詩思理精妙法則嚴密非淺夫俗學可得而窺篇有無窮之格句有無窮之調字有無窮之義審問明辨而後旨趣可得是故詩欲多講苟草草讀過漫同嚼蠟雖盈腹笥何益哉其握管運思如墮烟霧也若作而不改尤爲不可作詩安能落筆便好能改則瑕可爲瑜瓦礫可爲珠玉子美云新詩改罷自

長吟子美詩聖猶以改而後工下此可知矣昔人謂作詩如食胡桃宣栗剝三層皮方有佳味作而不改是食有刺栗與青皮胡桃也又云一首五言律如四十位賢人不可著一屠沽兒言一字之疵足爲通篇之累而可不審乎苟依此訣不患詩不進矣

勸虛心

詩能自改尚矣但恐不能自知其病必資師友之助粧必待明鏡者姸媸不能自見也特患自滿不屑就正於人病不求醫必成錮疾矣當今不乏美才之士

皆以自滿之故累千萬篇自誇富有而不足傳後譬舂米旣熟乃可入腹糠粃則愈多愈厭耳彼盜虛聲者務速務多以欺瞽人不足言也苟有求工之心則必曰親師友虛懷請益去其瑕疵歸於純粹可以成名而無難昔子建與楊德祖書云世人著作不能無病僕常好人譏彈其文有不善應時改定夫以子建之才猶欲就正於人以自知其所不足今人專自滿假吾不知今人之才與子建何如也夫心不虛由不好學耳未有好學而心不虛者先兄平菴識高學博時人罕當其意席間作詩或爲之更一二字卽喜動顏色江右魏叔子當今文章鉅公人或指其未安處援筆立改皆予所目擊者蓋虛受益滿招損心虛而後學進學愈進心愈虛虛心者爲學之門亦爲學之驗也

審趨向

人皆知當學唐詩而乃有云不必學唐詩者人皆知當學盛唐而乃有云不必學盛唐者此好立異之過也唐以詩取士萃數百年天下人之精神揣摩研究

盛唐尤爲極盛到今如日月中天好異者舍之謬矣遡而上之當學漢魏但恐徒得漢魏之糟粕耳優孟衣冠不足貴也至于六朝五言當學陶七言當學鮑初唐乍與正始之音然尙帶六朝餘習盛唐始盡善中晚如强弩之末氣骨日卑矣近日士人喜學中晚一友素號能詩不幸而嬰此疾後見其詩總不成章寡識自誤也取法乎上僅得乎中取法乎下將何得乎宋元彌下矣至有明始一振國初諸賢頓軼元宋中晚唐而上之厥後名流輩出李獻吉則一代詩人

之冠冕也但學濟南則騖藻麗而害清眞學竟陵則蹈空虛而傷氣格不可不知耳夫人自有性情原不必摹倣前人然善射者不能舍的良匠不能舍規矩師心自用謂古不足法非狂則愚也孔子曰信而好古苟欲修身必希賢聖詩文何獨不然況入手時歧路甚多尤宜審擇派苟不正則如肯康莊由邪徑費精神于無用之地而終不足以成名不亦重可惜乎

指陋習

陋習略舉有五一曰不擇題二曰限韻三曰步韻四

曰濫用五曰犯古人成語夫欲作好詩必先擇好題今人作詩喜用纖小之題或用俗題或用自撰不穩之題覩其題劣則詩不覽可知矣若夫限韻不過欲以險字窘人耳不求詩工祇誇韻險井蛙之見非大方所取也步韻尤今日通病此例宋人作俑前此未有也覩唐人唱和之什不必同韻同體況步韻乎今一詩成步者紛紛一韻屢見如蔗柤重嚼有何滋味牽扯湊合梏人才情導人苟簡詿誤後學莫此爲甚濫用者由欲廣聲氣故索之卽應有以介壽索者有以哀輓索者有以歌頌索者有以旌表索者此等甚多詩既不佳徒勞神思或預辦套語臨時書付詩名愈廣詩品愈卑更有逢人輒贈用充禮物詩之不幸一至于此大可傷也偷句最爲鈍賊詞家深以爲戒連用三字便覺索然偶犯速改可也

戒輕梓

詩穩而後示人然不穩而示人猶可改也今人詩尚未穩輒付梓付梓則播之通國不可復改深足惜也原其付梓之意本因好名若詩果佳斯得名矣苟詩

未穩兼多謬戾人將指摘非笑何名之可得雖謂之不好名可也予每言今日好名者寡正謂此耳詩穩而後示人此乃眞好名者也必欲求穩則愈知詩之不可不改也夫輕梓非獨其人之過抑亦友之過也吾未見以詩質之于友而友肯直言其疵者吾未見覽人之詩而不極口贊之者彼見人之極贊之也曰可梓矣遂肆然而梓之殊不悟邀譽者乃招毀之物博名者卽敗名之具也是猶女子欲衒容色而誤以泥塗爲粉黛施諸顏面人望見之必掩口而走矣

勉讀書

讀書非爲詩也而學詩不可不讀書詩須識高而非讀書則識不高詩須力厚而非讀書則力不厚詩須學富而非讀書則學不富昔人謂子美詩無一字無來處由讀書多也故其詩曰讀書破萬卷下筆如有神此老自言其得力處又嘗以敎其子曰熟精文選理休覓綵衣輕竊見人於應酬嬉遊宴會博奕及蓄種種玩好莫不殫精竭力而爲之至於讀書則否縱多才多藝叩以學術無異面牆也苟以應酬嬉遊宴

會博奕及蓄種種玩好之精神用之於讀書則識見日益高力量日益厚學問日益富詩之神理乃日益出詩之精彩乃日益煥何患不能樹幟于詞壇而蜚聲于後世乎

予衰年閒放人事一無所與邑中諸子不察謭陋以詩屬訂辛酉偶過維揚維揚諸子亦然予非敢自知詩旣蒙來質不敢不竭茲數則乃促膝相朂之語慮其忘也書而授之壺巷李沂識

跋

有以評古人詩爲話者有以敎今人作詩爲話者夫古人之詩即微我之評亦復何損若夫敎今人作詩則其話爲有功矣李子艾山所爲詩話皆實實可以遵行非泛設者誠斯道干城哉心齋居士題

燕翼篇

（清）李淦撰

《燕翼篇》一卷，清李淦撰，據《檀几叢書》本影印。

李淦（一六二六—?），字若金，一字季子，號礪園，自號滄浪水樵，明南直隸興化（今屬江蘇）人。春芳玄孫。博學好古，少負才名，縱横古今。隆武丙戌（即清順治三年，一六四六），以庠生中唐王鄉試。及入清，因父長倩殉國閩南，終不出仕。亦不令其子應試，知書識字，僅明大義而已。

李淦著有《燕翼篇》一卷。書前有自序，是序可知其祖李春芳當嘉隆之世，已『懼風俗漸偷，訂爲數款，以授鄉約』。若干年後，李淦亦不意風俗更趨偷薄，江河日下，而撰《燕翼篇》附之於其祖李春芳《居鄉雅約》後，以補充修正。雖不能挽回氣運，且當以自持，『稍不悖於古，以免大戾』。其要旨之一即『留得讀書種子』。全書分《性氣》《飲食》《衣服》《稱呼》《柬帖》《婚嫁》《喪禮》《取友》《讌會》等十八節，涉及生活各個方面，事無巨細，均詳加規定，要求子弟擇文行兼優者爲師，選孝悌忠信者爲友。開篇《性氣》據地氣風土異宜，分天下爲北人、東南人、西南人三大區域，其劃分雖粗，風情描述却較具體，可謂中國早期地理决定論之集大成者。是書家訓内容最大，文辭樸實優美，善於具體剖析古今社會風俗，爲人立身處世提出有益啓示，也爲瞭解其時社會生活風俗提供珍貴史料。如是書談及清初揚州農村，送殯前一日，多盛陳妓樂以娱賓之風俗，甚悖理傷化；或有親喪期内，易喪服爲吉服而成親的『荒親』之俗，皆足具爲重要民俗資料。

（侯君明）

檀几叢書二集卷十一

武林 王晫 丹麓
天都 張潮 山來 同輯

燕翼篇

興化李淦若金著

世道降汙，有運會存乎其間。吾祖文定公當嘉隆之世，已懼風俗漸偷，訂爲數款以授鄉約。何況其生不辰，適遭下元末造，然猶及見古風之僅存者。不意一變而更趨偷薄，江河日下，吾不知其所底止。誠恐過此以往，老成凋謝殆盡。後生小子，習見習聞，以爲道固應如是也，則天理良心，幾於息滅，豈不甚可憂可懼。是用以其大端擬而充之，詒諸來者，俾知時實爲之，附於文定公居鄉雅約之後。上君子即不能挽回氣運，尚當以正自持。稍不悖於古，以免大戾，是即留得讀書種子也。嗚呼，其慎之哉。

性氣

地氣風土異宜，人性亦因而迥異。以大概論之，天下分三道焉：北直、山東、山西、河南、陝西爲一道，通謂之北人；江南、浙江、江西、福建、湖廣爲一道，通謂之東南人；四川、廣東、廣西、雲南、貴州爲一道，謂之西南人。北地多陸少水，人性質直，氣雄壯，習於騎射，憚於乘舟，其俗儉樸而近於好義，其失也鄙，或愚魯而暴悍。東南多水少陸，人性敏，氣弱，工於爲文，狎波濤若軼馬，其俗繁華而近於好禮，其失也浮，抑輕薄而侈靡。西南多水多陸，人性精巧，氣柔脆，與猺獞苗蠻黎蜑等類雜處，其俗尚鬼好鬬而近于智，其失也狡，或詭譎而善變。惟卓然拔萃者，矯其偏而歸於中正，是所謂豪傑之士，不與凡民同囿於方隅者也。先賢云讀書變化氣質，未有豪傑而不讀書者也，未有讀書而不變化者也。信夫讀書之功大矣哉。

飲食

東南之人以大米爲飯，以多食麪爲戒，恐致生疾病也。西北之人以麪爲飯，非麪不飽，病則以胡椒湯麪治之。小米多用爲粥，加切麪條和煮，名曰米鹼，其麪飯或作薄餅或作油餅或作餹或作㷭不用糖餡亦侑之以侑生葱必不可少甜醬用或切二段席上麪食無自取者必僕從另以箸取一一送客未之前邀客以午餘不秉燭而散不用骰子行令設席白雞鴨之外惟有豬耳肥者精者方者圓者腰肚肝肺各爲一品凡六七兒而蹄不登於俎賤其下體也葷素並進調和之味喜辣與酸湯亦然饋貽則大米一二升可也酒與肉斤許可也雞與鴨一隻可也雞鴨卵十枚可也時蔬一束小菜一瓶無不可也儉朴之風

泰皆爲甚雖大家非設宴無割肉飲酒者市井中人邀客於肆中則有酒無餚泰中之陋酒連榼作盆置中庭葦立以一筒相傳嗅而呷之其他須盃者亦只用一盃相傳遞飲云南方之人來北遊者過西北客至款留在家終日以米飯進則恒苦易飢或至生病客又不便自言是不可不知其性也浙東江右尚褻餕刻壽工巧粵中尚檳榔以蒌葉蜊灰同食解瘴氣楚中不用小菜三吳尚砂仁黔滇中皆用之晉中尚草果謂夏可辟蠅余所經歷其大都如此至於苗洞中華客先以蜜餞肉亂食之則珍品縱至不食則否嗚呼東南之俗傷於過奢西北之俗傷於過儉若酌乎二者之間而損益之則得中矣

衣服

衣服固有時制然非爲我輩在野者設也邇者遊三吳楚越都會之地見多着修領寬袖袍西北三晉鄭衞諸處猶多戴絨氈馬尾帽數十年而不變當事者未嘗糾之以違法天下惟揚州衛邑服飾趨時自貞及賤惟恐有一之弗肖遇有稍異已者必從而指謫

之非笑排擠之當事者亦未嘗旌表嘉其奉法也嗟乎人心之輕薄風俗之侈靡至揚郡極矣生斯時也又生斯地奈何哉至於童子不衣裘帛古禮所以教之有朴也今則紈袴之習自幼已然且并加以笠帽與成人無異噫父兄之所以教子弟者如此又安望其長而不失其赤子之心乎下逮臧獲苟由富貴之門者紵絲被體錦繡護脛羅綺蔽牀又不獨一郡爲然也何可勝歎

稱呼

伯仲叔季乃雁行之次序也至於伯父叔父則必加父以別之今只稱某伯某叔已非而且有不槩行而卑字者則尤無禮之甚雖從伯叔亦只可稱行不可稱字推五服外者始可叔上加字學生者乃師對爺子尊長對卑幼之稱今吾邑爺子對師卑幼對尊長輒以自稱豈不僭妄且令師與尊長何以自稱若彼此學生則居然同輩矣禮於父執妄自稱名或稱小姪於師妄稱門生或稱名於泛尊妄自稱晚生於泛長妄自稱晚爺或小爺無學生之說也今人止稱一

字動輒含乜既失之誚而吾邑於同輩晚輩漫無分別一槩以兩字呼之又失之草野夫翁老之稱以之待時貴顯者則可非所施於切交當於同輩則字上加兄於晚輩則直字之於子姪則直名之於從姪則加以其行於壻若甥則壻之甥之斯尊卑上下秩然矣兒女親家吾邑槩用吞爺稱親翁無以異於泛常鄉黨如外郡兒女親家必用姻爺爲是相稱曰老姻翁或老親家於其父曰太親家或太姻翁於其子則曰親翁不似吾邑之泥稱無別也

拜跪

弟之於兄妥降一等今人一槩平施者非也拜則受二還二可也析居者送出二門可也若從兄爺則序揖而已送出大門可也兄爺之子曰猶子則其事伯叔父當猶父也無於父母四拜而於伯叔父只二拜之禮也來見無煩送也若從姪則兩拜可也送之亦可也吾見北人呼子若姪皆以名皆受四拜猶有古風南人謙所不當謙亢所不當亢如伯叔父之於嫡姪有呼其字而不名者有只受兩拜者有送出門者

有付字寄信而爺姪號於上末自稱名者皆非也若壻與甥則皆受兩拜雖送必隨行也吾每慨世道陵夷則卑幼多放誕亦由爲尊長者有以啓之傳曰恭而無禮則勞蓋聖人之所貴謙讓乃處世之道非於禮法所當然而一槩遜避不追也吾輩少年時遇尊長於塗必拱立於旁一揖而俟其過然後行今則掉臂而過者有之矣舉手而過者比比是也間有一二淳謹者方作揖勢而尊長又輒挽留之不容其執禮習以爲常見揖者受揖反以爲可駭矣則子弟之放

誕又何怪焉夫今日之尊長即前日之卑幼也蓋當其少年時習爲傲慢而及其老年時又過於貶損所謂前倨後恭兩失之矣門前有階級送客必下吾邑有高立階上舉手爲別者非禮之至也我禮君子自不敢失禮於人者亦不樂人之失禮焉妾分雖卑而父之有子妾則重爲吾兄弟姊妹重也故謂之庶母生當兩拜歿當四拜若有母在則壓於所尊生時四拜歿後兩拜可也有謂女不爲子者不通之論也乃生女子女子之祥著於經以其子妻以其兄子妻見於書可知也至於奴僕應叩堂下如臣拜君之禮乃今有上堂揖者矣漸不可長也

東帖

刺取通名而已單帖常用折柬莊用足矣六幅不知起於何時惟於公祖父母官及新親家大貴人則不得不從俗耳晉中初會者多以單帖附全彼此全璧亦庶乎其可也至於書札往來今多以中啓莊用寸楮常用庶爲得之

婚嫁

婚者昏也古人不擇良時但於黄昏行娶亦不擇吉月但以仲春桃花時爲期至後世乃拘選擇謂非吉日良時而何嘗無夭折分離之事則可見日者無準也親迎古禮吾邑至今行之得矣但閙房之俗近來漸入惡道是亦羞惡之心漸滅之一端也詩云善戲謔兮不爲虐兮學者不可同市井氣習亥體此二言記曰娶婦之家三日不舉樂思嗣親也今父爲子娶婦猶禮猶可若親亾而自娶或父亾而母爲子娶則以不舉樂爲是萬不獲已則外用鼓吹以從俗而家中張樂演戲之事斷不可爲至於近俗有所謂孝娶抄者於親喪七内即娶婦無非兩家圖省事耳不思夫婦人道之大倫爲人子者親亾之謂何而因以爲利居然行合巹房幃之事是尚得爲有肺腸耶且爲父母者而尚有一存則是以不孝令也此世俗大悖之事竟相習成風恬不爲怪奚可哉嫁女稱家有無不可過菲亦不必求備有勉強備覩致鬻産乞貸者則近於愚有需索厚聘致傷親誼者尤爲惡俗不可效之

喪禮

三年之喪泣血稽顙蓋以頭額搶地無容儀也今吾邑孝子答弔皆一輿一拜如無喪者之禮是大不合也乃有席地稽顙而禮畢方輿者則反怪其簡略豈不異哉若當舉祭開弔之日而責其一拜一輿則一日之間數千萬拜不止必其為孝子者全無哀痛之誠而又身強善飯然後能勝任使哀毀骨立者有不顛仆而氣絕者耶此誠大惑不解也吾嘗至他處孝子哭於帷幔中俟客禮畢而出稽顙以謝似不若幔

外伏地稽顙之為得宜也古者喪中必另立一主喪者料理其事孝子惟哭踊而已一切不問揆之情理自當如是乃近來人心不能相信雖有親伯叔親兄弟不托主喪而大小事並財帛出入纖細皆問之孝子子而誠孝必多顛倒錯亂若其動合機宜則又必非孝子難言哉北方喪家門外用一人擊大鼓高唱名曰開喪以醒人睡魔已為可怪至山西之陽城遂七皆演大戲吾郡之江都高郵送殯前一日多盛陳妓樂以娛賓吾邑送殯近來有精飾平臺蹻梍扮戲則尤悖理傷化之甚者孝子之行柩前以其執紼挽車耳今西北猶行之婦女送殯仍步行帷布中或以麻布蔽面而步行無乘轎者是也遠客弔喪不可與鄉黨一例既叩於家更造其寓躬謝之如答父母官禮重吾親者當如是也

祭禮

唐祭者謂合衆親友之奠分而大舉祭也吾邑輿祭者一拜而去未免太簡郡中三獻皆親友分班進僎煩質而上庶見真意又讀祝用禮生高聲朗誦一句

一斷人盡嗤然不若吾邑用少年子弟讀之格格喉間無獲聽聞也開堂設席禮所當然如郡中親友自相會議粘單派日輪值執事留客送賓兼照管堂中諸務不煩主人費心則席不為虛設吾邑自二三舉幼送客外至親至交漠然無與近日坐堂之客皆是飲食之人致正人君子恥登其席空糜費喪家之財則何益矣至於宗族齊集亦絕無還拜料理之事而淡坐內室徒供哺啜亦殊覺其無謂耳且有劇談喧笑者則大非矣至於一切豐儉稱家有無不可不及

亦不可過也。

孝服

國法稽之古制。所定斬衰三年。齊衰一年。九月五月
者。喪服本不可以離身。故非辟之事。無自而為。後則
斬衰上加縗邊。已非。然麻衣雖脫。白布猶不敢易。一
切吉事無與者。今則吉事悉與。輒加紛帛色衣。甚至
有舍親柩而求仕者。有置親葬事而為人作伐者。有
臨喪筵而觀劇者。三年之服。徒存其名耳。至於期功
等喪。竟不服矣。其刺亦不書矣。嗚呼。此何法何禮乎。

檜几叢書 卷十一 燕翼篇 二 二集

古不得而知之矣。北方孝帽之上。必加白布裹頭。雖
見客不除。夫斬衰一除。則不可復服也。未葬則不可
除也。今人不葬而服滿。既已除之矣。及葬而又服斬
衰焉。有是禮乎。嫡子衆子為庶母服。國制齊衰杖期。
為父尊之。斯衰之也。今人服而不期。期而不杖。豈合
于禮。

殯葬

古者天子期月而葬。諸侯五月而葬。大夫三月而葬。
士庶人踰月而葬。立有定期。今即不能盡遵。必當作
三年之內盡死者以入土為安。且棺槨防火燭。非可
久置屋宇中。自後世有風水之說。而人不輕葬。又有
必欲成禮而艱於費者。又有狥兒女之見。謂不忍遽
離者。每多遷延歲月。至服滿而不出。甚數十年而不
歸葬者。不思父母陰靈。其怨恫當何如也。風水之理。
固誠有之。惟當積德以須。或邀天之幸。適得吉地。而
非可以強求必得也。古語云。陰地不如心地好。又曰。
山川而能語。葬師食無所。今之葬師。安得有深知洞
察天地之理者。不過記得書本現成話頭。憑臆參合。

檜几叢書 卷十一 燕翼篇 十二 二集

為孝子者。茫無所知。亦只得就衆所推服。請為一定
方向。定時辰。聽其撥置而已。若為所誘惑而強圖私
暱。安覩獨邀福庇。則墮其術中。愚之至矣。如吾邑地
處低窪。恒多水患。每有既葬之棺。復為波濤掀起。抑
或滿棺水浸屍骸。為子孫者於心何忍。是必於江都
高郵迤西高阜一帶相度。異日可不為道路之地而
葬之。求其平安足矣。又何可有他望乎。葬後數十年
非遭奇凶異變。不可信時師撥弄。輕動改葬。雖或遭
凶變。而揣度人事不善。自有以致之者。亦不得歸咎

塋遠輒行輕啓也可愼之哉北人最重遷葬凡至親至交雖百里外不憚煩勞有以哉

守制

守制者守朝廷之制也又曰讀禮以三年之內無心讀而他書惟於禮記多反復溫習之使所行不致於悖理庶或免罪戾也三十年前吾見有一二奪情者矣蓋出自朝廷特旨以其人爲當世必不可少之人而權一奪之其人力辭不得不敢固違君命而後勉強從事然猶有正人君子相率而爭之今則外任者

自用謀爲多不丁艱矣其名曰在任守制其實則紅纓綵服倸筆吉筵無所不用吾不識其何以謂之守制其謀在任而不得者必謀候交代夫新官遷除有遲至一年到任者雖至速亦須數月此數月正初喪百日之內爲人子者宜如何哀痛迫切五內崩裂而乃能理事臨民至期年之外又守何制乎尚得謂之有人心焉否也

延師

禮有就學無往教古之道也今不能行而延師於家猶可言也乃邑中守財虜竟有不供饋而令師走家食者致嚴寒酷暑常僕僕道途中尊師之道安在又有窶子貧士妄於束修許而不予致煩師屢促或浼人轉達如求乞然而猶置若罔聞或故爲延緩甚且有年終掛欠終歸烏有者有是理哉吾謂束修寧可量力厚薄宜愼於始供饋寧可稱家有無要期於終萬不得效近日作俑者行徑也至於延師只取能文不論其行蓋因朝廷取士制科固然父兄之所以教子弟者期博青紫非明道德本意亦知是也否則不

然既謂之師必其範足以爲楷模而後可故當擇其文行兼優者爲上文優而大德不踰閑者次之若品行有虧之人雖文才出衆教法超羣不敢請也

取友

朋友居五倫之一今人每忽視之何也世際末流損友多而益友少吾見有鑒乎此而杜子弟之出門者至鍵戶不容見一人及其父歿後如鳥獸之頓脫牢籠而亂飛亂走便辟小人因得而中之反致辱身敗家此爲矯枉太過之弊易曰出門交有功語曰與朋

友交言而有信則信爲交友根本而友所以輔仁也何以會之曰文攻制舉者以時藝會高尚者以詩古文會於此須着巨眼須有見識擇其中孝弟忠信直諒多聞者而親之豈不有功於身心豈徒有益於文藝然此直諒多聞之友最是落落難合蓋直則不能容人過是非無隱當面便覺難受諒則令人方笑其拘笑其癡笑其迂拙多聞則在彼無求於我須我折節以下之虛己以納之然後肯以忠告教誨我若不孝不弟之人雖文工錦繡萬不可與之爲友所謂汎

愛衆者雖無足取法亦無大過之人方在汎愛中耳年少後生血氣未定最宜常自警惕但一存驕矜之色鄙吝之意則正人日遠邪人自暱乘機伺隙引導爲非此匪之傷不可言矣即好友契合亦戒戲謔戲則口不擇言常有無心之語致人終身飲恨今乃有不惟反唇且動手以爲狎昵者一或失重遂爾認真釁末凶終不可不慎也

親戚

傳曰親者無失其爲親故者無失其爲故蓋以人非聖賢孰能無過必躬自厚而薄責於人斯無失也其富貴於我者有禮不可缺無故不可扳援其貧賤於我者遇難則應救之遇急則應周之設有所稱貸須度彼事之緩急量己力之有無而多寡必有以濟之毋責償焉吾見今人愁然無情者固多而因假借負約反傷親誼者亦復不少如是庶爲兩全其素行可僭而通融一時者又不在此論也推之宗族朋友無不皆然若夫詐而且貪驕而且吝者皆失之矣

御下

下人之性多愚愚則懶惰所以易取主惡愚則拗強所以易觸主怒爲主人者當念其亦是人類而既爲我役務體恤其甘苦哀矜其錯誤恕其小過許其自新勿苛求責備勿輕信人言勿任己性暴虐勿念舊惡所謂水寬養得魚也其有不遵禮法亦必先教諭之知而再犯則誡傷之至三始加朴責其故意爲非大膽放肆者必重懲之其怙終不改者則逐之勿用若夫忠誠不欺最是難得須另眼厚待之其次則小心勤謹者獎勵之又其次則指揮如意者親愛之皆

至寶也。至於嫡親兄弟有外出者，則家僕聽在家者約束。有不從，竟加責治，不必待兄弟歸也。惟子姪之於伯叔父，非奉委諭，則須待歸告稟耳。吾見今人每有各護奴短，而反致手足參商，宗族嫌隙者，試權輕重之間，何其悖也。

讌會

居家自奉宜儉，養親待客宜豐，固矣。然養親不在多品，但一二味，期於可口。至二而止。待客亦無取繁多，多品則多費，且必不精。每席以五簋爲限。若知契偶爾，即二簋亦可用。苐惟務豐潔耳。近日吾鄉密友相期，多爲竟日之聚，以備供午飯，飯罷游衍清談，或對弈。其餘晡時，則奏一湯點，可以果腹，只用圍碟下酒，或十二，或十，或九，果蔬脯醢之類。總無庸架。此於羇旅之客，尤最爲便。遠客從者，亦須波及，使無久候饑寒之苦。至於新親當道，則特設，不在此例。總無取長夜之飲，過醉及亂也。醉則言語尨雜，舉動輕狂，反爲僮僕所笑，甚至傷肺成疾，或賓主變顏，俱爲大忌，宜切戒之。

游藝

六藝之中，禮最尚矣。樂之書失其傳，如今太常謙楊司馬繼盛之精通樂理，大都出自天授。射之道，古人于以觀德。今惟專於習武者爲之，而習文者則否。不思聖賢教人，有文事者必有武備，原未嘗置弓馬于弗講也。南方利用舟楫，不車何御，謂無事於此則可，執以爲恥則不可。書有八法六義，世不乏究心者。執筆先須正直，古帖用意臨摹，得其神氣爲上，得其形似次之。數非止符史之學，士子能通，居官不致爲若輩所欺，殿畝不致胥脉，利益弘多，胡羞稱之耶。叔季以來，六藝廢其大半，乃流而爲博弈諸戲，具擇術其中，有可爲者，有必不可爲者。不可爲者，兩人相對，楸枰最良，千變萬化，寓行兵之道焉。三人則三十張葉子，謂之看虎。其可憎在嘔起成獄跡，扭捏如耍糖，乃市井常態，不可效之。次則雙陸，行分巧拙，遲用可喜。又次則象棋，其中雖有高手，但童豎賣菜傭從旁觀之，輒於說着，未免可厭。四人爲樂，無如角阮，以機智相尚。打牌次之，有天然湊合、意外奇逢之妙。多人以百官鋒爲佳。武名爲小周官。倪鴻寶公所製。徐虞求公參訂。有明官制。於斯大備。而勸廉獎能。論功懲貪之法。無不具。所以爲學人木鐸。可資警省者也。其次則獵較從俗。以決勝負。信手而非人力之所能操。此尚可偶一爲之者。若夫混江之惡。游湖之誕。則萬不可爲。六博骰子。只可以行酒令。而不可以呼盧。一涉賭局。則不擇交。不擇地。不覺自成下流。非但語言無味。面目可憎。爲賢人君子所擯絶。抑且破家喪身。禍害將無底止。所謂丁捌豹子。朱窩新快。廿八點。種種名色甚多。但當不可爲。戒之愼之。

易象大意存解

（清）任陳晋 撰

《易象大意存解》，清任陳晋撰，據《文淵閣四庫全書》本影印。

任陳晋，字似武，號後山，亦曰以齋。清興化人。大椿祖父。雍正四年（一七二六）鄉舉第六名。乾隆四年（一七三九）成進士。少工文，後究心注疏，尤邃於易經，日坐小樓讀《易》，雖家人罕見其面。任徽州府教授。工詩文，著有《燕禧堂初續文稿》《後山詩鈔》，又著《易象大意存解》。

是書卷首標凡例七則，有《讀易要言》一篇曰：「聖人立象以畫意。伏羲畫卦，聖人示意之書總之，治易者會得其意，則精粗皆可，入解道理，無不全具，余故總其義，曰《易象大意存解》。」闡明書名之由來，創作之意指。是編不載經文，折衷諸家之説明，故曰易象之大意。其最可貴處在於「書中首論太極五行，兼談《河》《洛》《先天》之圖」，尤有裨於易學鑽研。作者指出，當今象數者多「偏於一隅，似反涉形下之器」，「今經生治易專恃研求文、周、彖、爻而置義聖象畫不講」，故其於各卦下略綴數句，亦是融會大意。認爲「象畫者，文辭之祖」。是編「次論彖、論爻、論象，不廢互體之説，蓋以《雜卦傳》爲據。次論六十四卦，各括其大旨，亦大抵切人事立言。終以《繫辭》《序卦》《説卦》《雜卦》」。大則述「先天八卦方位」「六十四卦横圖」「陰陽五行」「河圖洛書」等等；小則括「萃」「升」「困」「井」「革」「鼎」「震」等之義。對易經現象亦有所涉略，如「占卜」「天生神物」「憧憧章」等，以爲欲知《易》者，於此可得其門户矣。

（胥樹婷）

欽定四庫全書　經部　易象大意存解

詳校官給事中臣丁雲錦
通政使司副使臣莫瞻菉覆勘

總校官進士臣朱鈐
校對官中書臣牛稔文
謄録監生臣袁繼升

欽定四庫全書　　經部一

易象大意存解　　易類

提要

臣等謹案易象大意存解一卷

國朝任陳晉撰陳晉字似武號後山亦曰以齋興化人乾隆己未進士官徽州府教授是編不載經文惟折衷諸家之說明易象之大意故以為名考左傳韓起聘魯見易象春秋則易之主象古有明文陳晉以象為宗實三代以來舊法卷首標凡例七則多申尚象之旨書中首論太極五行無談河洛先天諸圖然發揮明簡惟標舉其理所可通凡一切支離推衍布算經而繪奕譜者剪除殆盡其凡例有曰後之言象數者流入藝術之科其術至精而其理亦無與溷然偏於一隅似反涉形下之器可云篤論次論彖論爻論象不廢互

欽定四庫全書　易象大意存解　提要　一

體之說蓋以雜卦傳為據次論六十四卦各括其大旨亦大抵切人事立言終以繫辭序卦說卦雜卦其文頗略蓋著書之意在於六十四卦餘皆互相發明耳在近時說易諸家猶可謂刊除枝蔓者矣乾隆四十六年四月恭校上

總纂官臣紀昀臣陸錫熊臣孫士毅

總校官臣陸費墀

讀易要言

易書原于象畫象畫者文辭之祖今經生治易專恃研求文周彖爻而置羲聖象畫不講先儒所謂有易下段無其上段者矣羲聖象畫原于河洛故易必從河洛根源說起

易象天地山澤風雷水火數奇偶老少顯然明白後之言象數者流入藝術之科其術至精而其理亦更與泚且偏涉一隅之論似反涉形下之器尒故以本來自然之象數推論使經生家人人可曉

易曰書不盡言言不盡意聖人立象以盡意伏羲畫卦聖人示意之書總之治易者會得其意則精粗皆可入解道理無不全具尒故總其義曰易象大意存解

六十四卦彖爻先儒傳註極詳更何煩尒之章解句釋余於各卦下畧綴數句亦是融會大意使人開目澄心而自得其意之所存會得其意再去索解章句則程傳本義折中等書具在可任研玩

繫詞精者如易有太極數節及說卦傳天地定位數章已載在前圖說內後不更贅中間亦間有會意特為拈出

易自田孟相承以迄於宋凡數十家言書可充棟余為約其精蘊簡之又簡紙纔數十頁而儒先精華亦已畧具且各鈐以己意彙入儒先語録中所謂如花釀蜜蜜成不知其是花者也

易以窮理豈僅作文字觀然卦畫有自然之文彖爻象

傳繫辭文言具文法之顯然可愛玩者亦畧示精蘊於語言意象之外抑亦宜民不倦之意云爾

欽定四庫全書

易象大意存解

嚴州府學教授任陳晉撰

太極

太極是箇理圖書內不見有所謂太極而無形之太極即寓於陰陽五行先儒謂虛其中者是也所謂無極而太極也○太極伏羲只是在下一畫即濂溪亦是一圖至陰陽各半陰中有陽陽中有陰今之所謂太極圖

乃根極圖也不得混看

陰陽五行

九圖俱是發明天地陰陽五行之理不先將陰陽五行考證明備觀圖不得把鼻圖說云太極動而生陽動極而靜靜而生陰靜極復動可見陰陽雖是二氣實則一氣之屈伸五行質具於地而氣行於天五行要先看其生成之序則洪範所云一水二火三木四金五土天地陰陽之氣絪緼蒸濡濡即是水蒸即是火只是有了氣

便自然有水火如釜上蒸自然有氣汗水出只管熱便是火也水火有形而無質水至微故居一火漸著故居二水火漸成形質便生出木來木猶是陰陽疏越之氣再加堅鍊便凝而為金更加盛大便處處布滿是土先儒謂木得水清華之氣金得火剛烈之性至土則無所不有五行生成之序所謂質具於地者如此若其氣行於天則一木二火三土四金五水以是為春夏秋冬以是為相生相尅○天地間惟水土最為盛大試看天壤

內何處不是土而九州外皆有大海環之故一生水而五生土為五行之包絡○五行木金土成了形質故其用不神水火之用則神故自無而之有亦自有而之無○水看去似沉暗而中却光明火看去甚有光焰而中具黑心此謂陰陽互根○夏天火氣旺而火形衰故夏日之火不甚光明冬天水氣旺而水形衰故冬時泉澤枯竭水火之形與氣互為消長者也○五行惟火生土理似難明先儒曰火有推陳出新義又曰千年積土下有劫灰此亦是火生土之驗○五行生成之序及運行之序火皆居第二何也陽剛不為物先又火屬心象故居中位也○土雖寄旺四時而生成之序則列在夏秋之交○天地間五味五聲五色人之五德五事莫不以五行配合故處處離五行不得

河圖洛書

河圖是馬背上幾箇毛旋文洛書是龜背上幾条折裂文所謂天地自然之易須玩其自然氣象○河圖在象

傳以天一地二疊數去最為自然不必定指出陰陽五行然圖書皆繪五行配合運行之理○河圖以五生數統五成數而同居其位洛書以五奇數聯四偶數而各處其方圖以左旋相生書以右旋相克圖之相得有合擬于兄弟夫婦而書之奇偶偏正則分定君臣此所謂圖書之異然而圖以流行生即以對待克書以流行克即以對待生圖書皆五居中書缺十而一九二八三七顛倒數之皆成十五之數此所謂互為表裏經緯者也

○天地間只有個一二三四五為水火木金土如何又有個六七八九十善乎先儒之言曰一得五而為六二得五而為七三得五而為八四得五而為九五合五而成十總之水火木金離土不得六七八九十皆從五過也又萬物皆從一生一與一為二一與二為三一與三為四一與四為五故一者數之始而無所不貫也○圖與書一皆居下一者天命之根一陽之氣畜固於重陰沍泉之下所以為萬物發生之根本也大抵天地間的

生理不要只在發舒上推尋正須於摧殘剝落之地至深極靜之中看其一團生意凝固堅實愈凝蓄得久愈藏秘得深則發出愈為有力○書易九於上者九老陽之數乾象也戴天而尊乾明乾體之大而天象之無不包也又乾金尊於上愈蓄得下面那一點水充足有力而生生不息矣　書與圖東北方之位不易而西南則易西南方不易則無以成相克之用○河圖畫卦洛書敘疇似洛書無與易事然其理無不通故大象傳總曰聖人則之

先天八卦次序

總之有太極便自然生出陰陽朱子云天地間理一而已氣則無不兩者二語簡盡明白既然生出陰陽便只管生了去由兩儀而四象而八卦總只是程子加一倍法邵子詩云須知一本能雙幹始信千兒與萬孫到得千兒萬孫便六十四卦三百八十四爻俱瞭然在目矣

先天八卦次序最為自然○總只是一生兩法兩再生

兩而陰陽老少之形立更加上去則八卦以成至成卦後逐象玩之便自成乾一兌二離三震四巽五坎六艮七坤八之象起初原沒有個山澤風雷等物事先在意中○先天是畫成了看故各成一天地風雷等象若濂溪則以太極生陰陽即以五行生萬物最為直截故先儒謂先天氣象大周子義理精

先天八卦方位

此圖是一個渾淪天地乾南坤北天尊地卑也離東坎

西日月之升降也雷起東北陰陽交際之會自陰而升陽風盛西南由陽交陰風感忒感山鎮西北西北方全陰之聚凝而為山藉陽以鎮之也澤注東南東南方陽氣所鍾而為水所壑則火氣不烈天地陰陽相濟之理亦所謂陰陽互根者也嗚呼觀先天方位真如天造地設包括一切更無可移動處○易雖是八卦其實只以天地水火四卦為主故乾坤坎離四卦居正位風即天氣之吹噓山即地形之隆起雷即火之蘊於地中澤即

水之行于地上此四卦居偏位

六十四卦横圖

六十四卦横圖不過八卦之上各加八卦所謂因而重之是也並無著意安排處到得畫成後細加推勘自然乾坤在兩頭剥夬二卦緊傍乾坤而復姤二卦恰居正中易所謂天地之心先儒所謂天根月窟是也邵子詩云須探月窟方知物未躡天根豈識人天根月窟閑来往三十六宫都是春又曰亥子之間得最真可見姤復相交是一部易書緊要處乾坤道理俱從此透入到得三十六宫都是春便處處是天理流行故曰天根月窟是一部易書之關紐也亥子之間最修鍊家切要功夫○又曰先天學心法也圖皆從中起萬化萬事生於心

六十四卦方圓圖

圓者象天方者象地天道南行故陽氣自下而升陰氣自上而降又左陽而右陰也先儒謂左邊一畫陽即對著右邊一畫陰又謂左三十二卦是陽然透體以坤道

摩盪一過右三十二卦是陰然透體以乾道摩盪一過横圓乾坤居兩頭復姤居中間圓圖即以復次坤姤次乾纔喜全陽而即為陰之所伏已是純陰而即為陽之所生一陰纔遇然必剥為純陰而後已一陽纔復然必夬決而還歸於乾可見復姤二卦氣機之所從生即物理之所必極最為吃緊關鍵　陽在陰中陽逆行陰在陽中陰逆行陽在陽中陰在陰中則皆順行　方圖分作四層看天地定位否泰反類否泰乃天地合之卦交

則為泰塞則為否山澤通氣咸損見義咸損山澤合體山上澤為咸山下澤為損雷風相薄恒益起意恒益風雷合體水火不相射既濟未濟可見水火為天地之大用上篇終坎離下篇終既濟未濟聖人之深意存矣

後天八卦次序

後天八卦次序不必有甚深意只是提起乾坤作父母顯出六子功能究竟六子功能皆父母為之主宰則皆乾坤之運用耳

後天八卦方位

後天卦位改換先天主卦氣之運行即太極圖説所謂五氣順布四時行焉者也先天坎離當朝夕之位後天當子午之位天地之大用在水火至此則乾坤家當全付之坎離矣又日自東而南當午之位月自西而北當子之位為得陰陽之正位也震為長子故東方始出用事而巽長女艮少男夾輔之以助其功用若兑為少女則置之西方不用事之地乾坤父母俱居西方非因父母已老真個不要他用事須知天地間東半邊主發生西半邊主收歛而東半邊發生處全看西半邊收得力足非以乾坤父母力量保合固藏使其内間生意飽滿充足則來歳發生必見单薄氣象故乾坤之不用事正具有大用存焉滿盤筋節俱在乾坤所謂乾以君之坤以藏之是也　乾南坤北交而為泰則乾北而坤南矣離東坎西交而為既濟則日西而月東矣此先天之所以變而為後天也　五氣惟水火各據一卦木金土則

兼據二卦其故何也水火之性陰陽即時備具木金土則不然木之生也由下而上震一陽在下為木之根幹運居東方木氣上升枝葉暢茂而為巽之陰木木氣生火運行南方而離火陽中含陰陰陽之性備焉五氣惟火與金不相生故西南位以坤土間之火生土也坤為陰土火金之性最烈非得純陰之坤以間其中則不能成濡潤之功且坤土感大長養之功始全土之生金始猶稚嫩故西方兑為陰金氣未凝結愈加堅鍊則為西

北方乾之老金木由下而上故先陽而後陰金由稺而堅故先陰後陽也惟金生水有乾金之堅鍊乃生北方之坎水水亦同於火陰陽即時而具者也然北方水氣凝寒非得土氣而木不能上達坤爲純陰之土艮一陽止於上爲陽剛之土陰氣非得陽氣以貫之而土亦稺不能上升故艮居東北方爲斯陳藏運交接處尤屬至要者也　京房以土旺四時呂令土居中央後天土居丑與未較呂令增其一較京房減其二其故何也四時

木生火與金生水皆不用土惟火生金水生木則土著其功用又四時皆陰陽勝之卦惟寅丑申未之交皆三陽三陰之卦得天地之中氣

彖

彖者總一卦而斷其義有象有占彖極簡極平易總之一卦數字可了顯然明白蓋不欲多生枝節障人心目也然文彖亦有以繁見妙而簡而括非聖人不能盡其義即如訟彖十六字具七義訟之理無不全訟有孚謂其事得理信心而又窒不得伸斷乎當訟然又加以惕惕又須適中而止雖十分有理得勝而亦不可終訟且必得一居中得正之大人來斷此事方好且亦不可冒險而行故曰不利涉大川此豈不是繁而括又如夬彖揚于王庭是聲彼之罪孚號是盡誠以呼號我之援助而又加以危厲告自邑是先自治不利即戎是不可妄動干戈十九字具五義攻邪之道盡矣亦有意不甚多而偶用疏詞錯落如匪我求童彖及改邑不改井彖皆

以錯變入妙也

爻

爻取相交遞爻起義較彖爲推研入細取象極奇極精凡天地間至微細物極鄙猥事聖人無不取入象內有六爻聯絡次第起義者亦有各爻另出一義者程朱只取承乘比應不取互卦然觀邵子易吟曰觀象徒勞推互體則互體原向來所有雜卦傳即是發明互卦先儒以爲從後天來

象

有彖象有文象又有夫子自己發明之大象　文取象奇矣象傳一以平淡承之須玩其咏嘆自然之妙或用一二字轉換最爲有味即如坤初履霜堅氷至象爲倒一字曰至堅氷也元公慮其終孔子要其始音趣瞭然无妄爻曰或繫之牛行人之得邑人之災象曰行人得牛邑人災也意味總在一也字慨嘆又如蒙彖傳曰瀆則不告瀆蒙也亦是用轉換法便另有意訟彖詞已是

全括而夫子大象傳爲增一意曰君子以作事謀始此又是添補法太史公每作本紀列傳敘述極爲張皇贊語另出一意愈淡愈妙〇六十四卦大象傳聖人示人以用易之方將物象與人事相配合樞紐俱在一以字六十四象便有六十四以便是六十四個用易的方法天道人事無不盡其中向來讀易俱口頭滑過今一提出看便如我孔子傳我六十四個好方劑也余搆一小齋書六十四象傳於壁顔曰以齋晨夕坐玩用以警頑而娱老〇二卦合體而成象然却不是板煞的即如乾坤二卦乾象天而主健坤象地而主順加一行字勢字便卦氣都見也不曰水雷而曰雲雷雜亂晦冥象也蒙不曰山下有水而曰山下出泉幼穉蒙昧象也且是實象不是虛擬即如地中有水地中有山天在山中皆實有此象家人象曰風自火出恰然火中有風非第曰風生火也井象曰木上有水先儒謂夜間地氣上行清晨木上必吐出水珠聖賢格物之妙真是處處不遺

上經乾卦

上經首乾卦明天道〇當下文周亦是同他卦一例繫彖繫爻元亨利貞亦祗是象占元亨屬象利貞屬占並未有將四德配合的意思夫子觸著胸中道理看得乾坤體大便以此四字擬合四德一口氣莽莽蒼蒼且推排出這個氣象來〇將四字平列四項又縮歸兩項又總結歸元上元亨利貞又總結歸乾上道理直是一片渾淪無間　彖取象於天爻取象於龍天主包括龍擬

變化○彖重發明天道畧以人事相錯爻則著意人事處為多○看易要淺要活如潛龍勿用凡人家一切求名問利之事皆有此象此占不要說深夫子說向隱德去又另是一般說話不要因夫子說看呆○時乘六龍以御天也雲行雨施天下平也是天地間化工文字○乾卦說這般大道理而以知進退存亡結嗚呼論語以色斯舉矣結下論以知命結聖人之寓意微矣

坤

坤大率主順彖意亦處處具扶陽意

屯

乾坤之後繼以屯蒙天地草昧氣象也○此卦以初四爻為主分明具作君義不當君位故以建侯屬之○屯初是第一陽又震為長子特出承天地父母之任○彖承比應程朱看爻取象法不言互卦折衷亦不言互卦然亦有互卦自然入象者即如屯中爻有艮象三入於艮艮為山林故有即鹿入林象或曰鹿古本作麓山足也他卦可類推但要取其自然者耳

蒙

蒙承屯亦草昧象○蒙以二陽爻為主具作師義○蒙中體有坤象有震象故有納婦子克家之象若竟不取互此二象于何屬乎

需

需不是不進取其能待進得恰好○需于酒食需中有此一象序卦傳即以需為飲食之道後來如麻衣易六爻皆以飲食取象未免穿鑿○本卦坎為血卦故四有需于血象郊沙泥皆從水取象

訟

訟彖說出訟許多道理象傳作事謀始仍取不訟六爻亦俱以不克訟稱善上爻則所謂終訟凶者

師

師第一要貞又須是丈人行師有吉而未能无咎有无咎而不必吉四層合來其義始備○雖湯武仁義之師

亦不能无毒于天下○容民畜衆具井田義○丈不待有取於二之以律行師而併嘉四之能全師惟在人君命將之專行賞之當而于輿尸小人尤致儆焉○長子即丈人于二爲丈人于五爲長子

比

彖取人比于我爻取我比于人以孚誠爲第一義建國親侯具封建義

小畜

巽豈能畜乾故象傳止取懿文德○初二兩陽不爲所畜者也三與四比故溺于四而又致相爭四以弱陰畜全陽宜其見傷能盡孚誠于陽則得无咎五孚于四者也上則畜極而通矣主全卦言之

履

履取和悅以躡剛強天澤定分及履者禮也卦有此象非其本義所重○初二兩爻正和以躡剛者故吉三任剛性故凶四取其剛而能柔亦吉五履帝位爻下應兑悅何所不可然以夬致厲朱曰傷于所恃爲戒深矣此上之所以考祥徵吉也

泰

泰否二卦乾坤合體爲上經最緊要之卦○彖只小往大來一句夫子恰有許多慶幸話頭○泰卦前三爻好後三爻便有不好的意思否前三爻不好後三爻則漸漸好來正合彖小往大來大往小來之義○看易卦如從四面看月面面都是清光圓滿即如四爻先儒有解作

休休有容之義者味孚字及中行願句却合得此義況四位近君道理豈不通得但本義是合一卦全體又合二卦全體看來以下三爻爲君子便以上三爻爲小人似近自然也面面看來清光具足何必定易朱說然即存此一說亦可○帝乙歸妹本義謂帝乙歸妹時得此占先儒謂王姬下嫁之禮至湯而備五以陰從二陽虛已下賢象也又互得兑象故有歸妹之象○大率初之連茹四之翩翩主言氣類三之平陂上之城復主言時

運而二與五則君臣之居中待泰者也

否

否只是反泰看前三爻自是不好後三爻便急望他好○便前三爻不好還許他貞吉望他包承强勉教他包羞總不要他將不好處全放出

同人

火上同天火天下照同人大有是極文明之卦○有以同而異者睽是也以異而同者同人是也○通天下之

志乃為大同○于門于宗只是公私之辨然二忌於宗五正欲其大師相遇○同人到底取其能合又取其能公故上于郊亦可免悔

大有

大有之世正不是一味包荒遏惡揚善乃所以主持大有之運也○五爻正所謂應天時行者纔說個交如即繼以威如方見聖人保盛憂明的心思作用○上一爻當大有之世備福德之全者也文義見繫辭

謙

謙卦好處聖人口說不盡○天道屬氣地道屬形人道以情言鬼神以理言○謙不是一味自卑正欲裒益而得其平也如此說道理便圓而大○初說一個謙字不足更疊用謙謙字四又加一撝字聖人之傾意于謙至矣○鳴謙不必有甚事業只學問謙冲自致聲譽無形好處最為難得○勞謙真是有功不伐三代後惟郭令公足以當之○五處君位而能謙漢文帝近之○上六

鳴謙與二地位不同如老臣宿將出居在外凡事謙和亦能致譽然足以感孚其私邑而已

豫

人心和樂以應我無有不善若已自為豫則有善有不善○作樂崇德易中之樂也○惟四一爻與彖合朋來盍簪是人心之和以應我餘俱屬自豫○初之鳴豫小人得意情狀如睹○二不言豫能守正也○五幾沉于豫賴四剛以正之○三與上皆幸其能悔能渝故無傷

隨

隨是吉卦元亨利貞下加无咎字氣象便遠遜于乾矣○爻稱二為係小子五與二應則又曰孚嘉故知易象最活○隨至第六爻乃誠意交孚之極故不啻孚賢併可亨神

蠱

蠱壞極即使加以元亨非元亨不足以治蠱○振民育德振字最切治蠱大學新民猶具從容氣象振民則加以奮厲也有德者振民之本先言振民主治蠱而言也

○斡父之蠱是大概說實有一般人家宜斡母蠱者尤是難事○裕父之蠱中人之子率坐此病○五主繼世賢君言○當治蠱之時却偏有一種高人置身事外聖朝亦儘容他爻高其事象嘉其志

臨

臨大善之卦彖便預為慮曰八月有凶觀本不好聖人却別取一義　教思容保即敦臨一敦字也○卦以陽臨陰自然以二陽爻為主故俱曰咸臨餘爻只就卦上取臨字大義而已○四與初應至臨悅賢之至○知臨以位言即所謂聰明睿知足以有臨也○敦臨統一卦之終而言終以陽臨為主故曰志在内也

觀

觀象是人觀我爻是我觀人○大率聖人立意尊陽臨陽長之卦既以二陽爻為主觀明係陰長之卦却仍二陽爻為主故取名為觀

噬嗑

噬嗑主用刑之卦以中一爻為梗化之小人故須用治然爻象又以四為用刑之人○受刑有大小用刑有難易

賁

賁小吉之卦天文人文聖人却說出許多好處○賁趾只是自賁賁須則能賁物然非附二之陽剛不能成文明之象三又非藉前後諸陰不能成潤澤之功也三至

上有順象故二曰賁須○下三爻離主文明上三爻艮具止義皆主反質白馬丘園束帛皆白賁之義○一部周禮鋪陳文物結歸白賁崇素反質聖人具有深心易以復為禮其實賁禮意也

剥

剥已是陽氣欲盡然上取孤陽獨存三取惟陽是應五亦取其能受制于陽總要不為陽害○順而止之觀象也彖一語淡釋得妙○艮為果蓏故有碩米象坤為大輿故有君子得輿象

復

復初爻即是剥上爻豈有陽氣俱盡忽于至日便來一陽須知上面剥下面便生生氣只管積攢了去到得一月便成了那一畫故以為一陽來復○剥只不利有攸往句復則有許多慶幸話頭○復見天地之心忒是精言是聖人特地示人處○不遠復先儒謂是覺體最是盖稍待用力去復相間便遠才有不善便覺覺便復還原體故曰不遠復惟顏子足以當之○休復是能從善頻復具自克意中行獨復誼力極純敦復无悔殷太甲周成王近之○卦彖在氣運上說爻在人心上說

无妄

有實理自然之无妄有人事適然之无妄○莫管他人事適至我只具實理以應之○以初陽爻為主所謂主誠于内者二無營私之心故皆往而得吉得利三不免于災五不免于疾上不免于眚其何往乎故四取其可貞五幸其勿藥則皆不致以妄動取咎矣

大畜

主學問言是能自畜其德主世道言是能畜止邪惡彖主畜德意多爻主畜邪意多蓋是以畜為止○下三爻取自止之義上三爻取能止人初戒其進二能不自進三則與上合而進矣四能止惡於未形五則幾幸其可制上則畜極而通矣

頤

頤具養德養身二義慎言語節飲食正養德養身之事先儒引釋此二語曰禍從口出病從口入淺語實至言○六爻不外顛拂二字求養于下為顛求養于上為拂○非陽剛不足以養物初具剛陽之才不能自養而反資四之陰柔四則能資初之陽以養物○上九以剛陽當師傅之任五賴之故能養天下○大率下三爻皆取自養口體上三爻皆思養物

大過

大過只是陽過故諸爻皆以不過剛者為善初之能慎柔也二與初比資其柔故有生稊之美三爻剛位剛太剛則折故棟橈四以位居柔故棟隆五與上比五陽過而上又陰過生華不足為美上才弱而處過極故過涉滅頂○巽為木兌為澤楊近澤之木故以為象過涉亦從澤取象○爻以滅頂為无咎而象曰不可咎也更精

坎

首乾坤終坎離所謂天地之大用在水火○諸卦皆一字名獨坎上加習字者何也坎主險陷非吉德必歷試艱難而後可出重險也○坎中實故為有孚心亨之象此亨字屬象不屬占○常德行習教事指出習字之義○六爻只以九五為能出險以陽剛居尊位故也

離

坎重險非剛不足以濟故五爻吉火性躁烈非柔不能順之故二爻吉○坎中實主誠離中虛主明

下經咸卦

上經首天地下經首男女○有心為感無心為咸咸感道也男女尤相感之至者也○彖言感彖傳曰虛受最是圓相○復見天地之心咸見天地萬物之情復始幾所生咸則感通之至○六爻從人身取義咸拇視其所之腓猶可以自主股則不能自主四屬心所以為感者也脢不能咸物而口則專主于悅

恒

恒是久義然必久于其道乃為可常久○彖吉而文則

皆不甚吉所乘之位不同也惟二能久中故悔亡

遯

陰長故君子當遯然須遯得恰好要得時守義○下三爻止之象故初取不往二取固志三之係遯猶是戀戀二陰若上三爻天空地濶能超然遠遯矣四之好不如五之嘉五之嘉又不如上之肥肥字最妙考槃三章得肥字味○明夷以初爲幾先主遯者上也若遯則以上爲遠去初不爲尾乎

大壯

大壯是陽壯之極但壯字不能無病故戒以利貞○諸爻皆欲其壯而勿用壯二之貞吉五之喪羊得中道也○卦體似兌兌爲羊故諸爻皆以羊取象

晉

火在天上大有君道之極盛也明出地上晉臣道之極盛也主言臣道故曰康侯而五當其任○以柔進爲主故下三爻皆吉五以柔居尊正所謂康侯也爲明出之主吉四與上皆以剛進不吉

明夷

正與晉反對卦象以箕子取象六爻俱切紂時勢看初之于飛伯夷太公也二之夷股文王羑里之囚也三南狩武王伐暴救民也四獲心出門微子抱器來歸也五仍從箕子取象上之登天入地象紂之自焚死也○有以明而晦者下五爻是也不明晦惟上獨矣

家人

作易者其有憂患乎家人以全象言之則當如夫子所謂父父子子兄兄弟弟夫夫婦婦始爲正家之極則乃文王繫彖專曰女貞何也蓋人家乖離之事未有不生於女釁者三代末季其明徵也文王切言之夫子正言之○言物行恒齊家本于修身○治家以剛嚴有法度者爲吉初之閑家三之嗃嗃上之威如皆是道也惟五不言剛嚴君道之盛也婦人以順承爲吉二之无攸遂四之富家正取其能柔也

睽

男女初交情志投合若女與女便多乖忌況中女少女乎讀睽卦而凡人家姑姨妯娌妻妾不相和睦情狀具見其槩○六爻皆始睽終合初喪馬自復四遇元夫合矣二遇主于巷五厥宗噬膚合矣三无初有終上遇雨吉合矣

蹇

蹇總取能止意惟二說不得個止字臣子應君當險難之秋義無可逃故曰王臣蹇蹇四與上俱近五故皆欲五相連碩而共濟耳

解

患難既去宜以安靜自處初爻最好得靜守意看去又有解退小人義二獲狐除內奸也上射隼勦外寇也五君位四近君皆以去邪為事三則小人之妄竊高位者耳

損

損下益上為損損上益下為益可見上不嫌損吃虧總

要在上耳○卦名是損下益上卦詞却說損的好處蓋泛言損義○本義釋象傳曰少男多忿少女多慾二語精友人郝君為增二語云懲忿如山窒慾如壑亦精○爻就損下處斟酌其至當者初之酌損是不過于損也二之弗損乃正所以益之也三因損而得相合之益四又另尋一損法曰損疾五受天下之益而不能辭上則思所以益人而惠不費則更無所損也

益

益彖詞亦不專言損上益下凡天地間有利益事皆言之○遷善改過學問之益也○初與二皆受上益者三與損四同另加以一益法曰用凶事四與五皆思益下五乃主益之人上惟求自益何由得吉

夬

小人將盡之時自然大吉然決之却不欲過暴○六爻皆以決之勝負為言初恐決之不勝二以惕號无咎三亦恐以壯頄致愠四則聞言不信五又未免係戀小人

若上則小人之受決者

姤

姤亦是不能不相遇的但要君子不受制于小人小人不犯君子○初爻設兩象以為小人戒二能制初三不遇於初故皆无咎四不能制初故凶五以尊位防姤生之陰挽回天運上不能制陰然亦不與陰遇潔身遠禍之人也

萃

萃聚之道匪一假廟以萃祖宗之精神見大人以萃君臣之遇合用大牲亦假廟言利攸往亦見大人言○象傳除戎器又另出一小萃事却正是人所易認○六爻皆欲其以類相萃○初以四為正應二以五為正應三以上為正應然窮交也四五皆得其萃者上乃放逐之臣求萃不得故有涕洟之象

升

賢聚而升是大吉卦故彖無戒詞○初不能自升巽于二以同升五柔而二剛恐有震主之嫌故須尚誠敬三則一于升四近于五再升則不可故須以文王之道自處五正與賢升者惟上不得升之正故戒其冥升

困

處困欲其能亨亨乃所以貞也○致命遂志致命困也遂其志則亨矣○初與三真是困而不亨者初坐困三進退俱困上雖困而猶望其能悔此三陰爻象○二困酒食四困金車五困赤紱是好處亦困然皆有亨祀之

吉四亦有有終之慶如此則亨矣此三陽爻象

井

井主養道初之泥二之谷傳所謂眢井也三渫則不泥四甃則非谷已成井矣五則功能及物而寒泉食上則井收勿幕任人之汲井道大成五取剛陽能澤物上則取其坎口不揜

革

古人重改革之事故須孚須貞下三爻是鄭重而不敢

革不輕革四則革當其任有其德有其位有其才有其
時居水火之際為革之主至五與上而革者新成文明
之象矣

鼎

雖曰革故鼎新然鼎實主養義井民間私汲之物鼎則
宗廟之器故主養賢○上經大有彖直曰元亨此亦直
曰元亨皆大善之卦也○初足二三四皆腹故皆有實
五為耳上為鉉直取鼎象○上爻之吉无不利亦與大

有同大率皆尚賢義

震

震承鼎來故為主器大率主恐懼意○震陽在下故以
初為主爻與彖合二與初近故能因震而動而亦無所
喪也三四及上皆不能自振厲者五則猶幸其无喪有
事

艮

震主動艮主靜以止為義○取象與咸畧同初趾二腓
三屬心咸以心屬四此以心屬三各以其中陽爻為主
也四為心故五為背上為口今以心屬三則四為背而
五為口上則統一卦之終言之

漸

漸進有序惟婚姻為宜彖取女歸六爻皆象婚姻○婚
禮奠鴈故六爻皆取鴻象鴻水鳥故取于干于磐于陸
之象大率以陰陽之相應者為吉陰陽不相應則皆進
之未得所安者耳惟上居卦外則不以女歸為言

歸妹

漸女歸之正故吉歸妹不正故凶○永終知敝即從始
歸時料定後來不好永終知敝當與作事謀始句成對
○初无應不得正偶二有應然所應者陰爻故不得賢
夫三較初為更賤凡下爻之無應者皆取為娣四在上
无為娣之理直愆期不嫁而已歸妹皆无吉爻獨五稱
吉者蓋歸妹是女求男之事五女下嫁義不娣于以上
求下也上爻直是婚姻不終

豐

明動相資盛大之象宜日中不欲過盛也通體皆從日取象從明取象○下三爻主明上三爻主暗○此卦以同德為善不取陰陽應初四皆陽爻為明動相資若二五皆陰雖二不免于疑疾五則以來章致慶若三陽應上陰上固不免豐屋蔀家而三亦折其右肱矣○折衷云易雖是虛設此象然必天地間實有此事如日食過多則有見星之事所謂日中見斗見沫亦時有之也

豐屋蔀家之象當如今所謂高墻者是

旅

卦於處旅之道備矣旅道貴柔順剛亢則致禍三與上皆失之剛亢者上為尤甚二五皆以柔順得處旅之正五有文明之象如士大夫出疆載贄而得譽命寵榮旅之最吉者也二則通言處旅之道即次懷資童僕貞旅道大善夫子又于三者中獨提唱得童僕貞可見好僮僕從古為難四亦有于處懷資之美然加一斧守便有一種防衛的心情故曰不快四亦陽爻幸其能居柔初太柔下故未免以瑣瑣取災○初例主微賤先儒謂即僮僕斯當如廝養之廝鄙意以僮僕瑣瑣非有大失當是泛言處旅之戒從初起例易中每有以一卦大義先從初發者如蒙之發蒙利用刑人師之師出以律是也不必以初定卑賤作小子童僕看也

巽

巽入也然却不以陰為主仝賴陽以制之所謂沉潛剛克是也故初之進退則利武人之貞二史巫紛若四田

獲三品五先庚後庚皆能振興揆度而行事者故皆吉若三與上一味卑巽靡而不振或不免于吝且凶矣○巽無資斧義齊乎巽作齊斧解最是

兑

兑取悅萬物在造化上說最好在人心上說則有善有不善○初二兩爻以剛體為悅故有和兑孚兑之美四之商兑上之引兑善不善猶屬未定三則體陰致凶五

以比陰取厲皆非悅之正者○習坎重離洊雷兼山隨
風麗澤疊字卦標題最是雅切

渙

渙取假廟行舟二事萃渙之大端也○萃聚祖考之精
神以廟渙因祖考之精神既渙而聚之亦用立廟○六
爻皆取救渙而用各不同初因其始渙而速救之為力
甚易二用幾以自安是救渙先求固本三之渙躬散其
私也四渙其羣散其黨也五渙其號令而併散其居積

天下歸心矣上則能出乎渙害斯遠矣

節

卦以水澤為體澤取止水取流故節雖取限制而以亨
通為用○初二兩爻澤之止也皆以不出取象初无咎
而二凶者初居澤下宜于止二漸上則可以流故有失
時之凶三則流而溢出者四居坎位五當位居中順賢
澤民正如水之安流人飲之而得甘者豈不為美至上
則水流而將涸矣正蹈彖苦節不可貞之戒

中孚

中孚取中實中虛二義○爻義以不係于私者為吉故
初戒有他四取匹亡若三信上而已不自主上信三而
守窮不變則是尾生女子之所為非貞道矣惟二剛中
自守鶴自為鳴子之来和鶴無心也反則孚誠之至君
之所以孚賢者如此○或曰五君位不當稱子鶴鳴子
和謂二與初然孿如字則似出于五之孚二耳○巽為
鷄又在上爻故有翰音登天之象

小過

天下事亦有不可以常理論當用過者然宜下不宜上
宜順不宜逆故象傳特為尋出三項過而不碍的過法
○彖取飛鳥爻亦皆以飛鳥取象初上兩爻飛鳥之翼
上已上而初志亦在上皆上而不下者二四五皆合宜
下不宜上之則三過剛違斯義矣

既濟

上經首天地終水火下經首男女終既濟未濟水火天

地之用既濟未濟水火之交也○天地交為泰不交為否水火交為既濟不交為未濟既濟當在泰之後為不如泰未濟當在否之後為優於否○既濟豈有不亨之理然不無小未亨之處豈有不吉之理然須防終亂也○六爻初直是不肯濟二亦不輕于濟三象以伐鬼方其濟之難如此四之慎如此五居濟時積誠意以交鬼神上則有急濟之厲○初時時後顧故濡尾上則一于前進故濡首○東鄰西鄰似亦未定是指文王與紂

未濟

物不可窮故以未濟終古人製衣造屋必缺一角示未成也既濟要全不忘未濟未濟却不可急求濟○既濟初爻濡尾无咎以其慎於往濟也未濟初爻濡尾示吝以才不能濟也○初爻濡尾吝而二之曳輪又稱吉者何也以才能濟而加慎也三徒然未濟故凶○既濟以高宗稱三未濟以高宗屬四何也既濟三為陽爻又既濟重內卦猶泰之以內卦為主也未濟四為陽爻又未濟重外卦猶否之以外卦為能出否也

右六十四卦皆顛倒乾坤八卦而成者也卦象即乾坤八卦之象合兩象而成一象卦德亦然卦變則或取不取無有定也卦體則內外二體成剛成柔者是也爻位由初至上有貴賤遠近承乘比應之不同大率以居中得正者為吉二五兩爻是也間有不正能因中以求正亦可免于吝也餘爻皆不中然得正亦吉初爻例從賤稱然為卦本亦有以全卦之義從初發例者又或初為

卦主則屯初曰建侯三四凶懼謙三為卦主則曰勞謙吉豫四為卦主則曰由豫大有得頤上為卦主則曰由頤厲吉又上雖超出事外然或有統一卦之終以全義屬之者總之易無定象也又有同是一義在此卦吉現于他卦則不必吉在此爻為吝從對爻看則曰嘉移位換形不可滯執循環叠玩而所謂六十四卦當不止六十四卦之用三百八十四爻又當不止三百八十四爻之用矣

繫辭

子於六十四卦既各據其大義分入各於繫辭者何也蓋繫辭中所發明之理即具於前圖象及卦象中不容更作第二番說也所以須將繫詞之蘊於前圖說內著出者蓋不審定天地陰陽五行之理六十四卦無由兆例也今為舉其義蘊之未甚昭然于卦象中者為樂其

大凡

乾坤易簡

天地如此之大萬物如此之紛賾夫子獨摘出易簡二字以示人蓋是從一貫源頭說下將許多道理併攏來看而得此二字簡當不易之妙也

三極之道

此所謂各一太極也易有太極指生初太極從那一個太極生出這三樣物事來便一物一太極矣

精氣游魂

此二句人太看深不知祇狀得個鬼神只是個陰陽論理精屬陰氣即屬陽然氣總併在精上故為物為鬼者遊魂則自是神也說個遊字發字便隱隱見神之情狀如見矣

神无方易无體

天地間只有個陰陽何以又有所謂神然易蓋陰陽流行有所以主持乎陰陽者其理所謂太極而其本理以行於氣所以斡其機者則所謂神也神是陰陽具的故或在陰或在陽豈不是无方易只是這個陰或變換為

陽陽或變換為陰其變換處出於氣機之自然自成了那個物事非有甚本質也

繼善成性

此二語千古性學之祖理之在天者為天命在人者為性繼之者善乃天人之界天將以此付人人將從此受天之付此際無有不善的善不止是善惡之善此時一種絪緼的妙處非善不足以形容之也

大生廣生

乾一而實以質言曰大生坤二而虛以量言曰廣生

擬議變化

觀賾畫卦觀動繫辭原是因擬議而畫爻象待至既成爻象後却又將那爻象上的道理擬議到我之言動上中孚爻只是取同德相應今却擬議到言行感通同人爻是始睽終合今却擬議做迹睽心合餘爻類推如此方謂之擬議若本爻如此說我之行事自與他合則無所用其擬議矣

天一地二

此即河圖之數已詳前圖說內不贅

大衍之數

河圖之數贏五洛書之數虛五合之却成五十贏五體也虛五用也五十者參河洛之數酌體用之中而爲之者也〇此數學歷學併迎日推策法之祖唐一行作大衍歷命名以此

筮法

詳筮法不容不究數法易以六七八九定數何也今第以河圖論之陽之生數曰一三五合之豈不成九陰之生數曰二曰四合之豈不成六七者陽數之退八者陰數之進又數起於一而成於十九者十分一之餘也八者十分二之餘也七者十分三之餘也六者十分四之餘也筮法過揲以四數之三變所餘之數不五則九五以一其四而爲奇九以兩其四而爲偶其又以四定數何也蓋奇偶老少成於四象也成於四象故一四爲奇

二四爲偶也又奇象天天體圓圓者徑一圍三陽用其全積三變之三則成九矣偶象地地體方方者徑一圍四陰用其半積三變而爲二二則成六矣〇歸奇從本義作餘數扐謂手指間但掛一必須合却餘數而後五歲再閏法始定〇過揲之四數成乾策是四九三十六合六爻之乾策豈非二百一十有六過揲之四數成坤策是四六二十四合六爻之坤策豈非百四十有四乎將與周天之數相合餘可類推

占卜

占卜只要理通憶在廣陵與友談易友曰有某者遣子楚游卦得天水訟變為風水渙座上羣曰來木有功友曰不然巽為木為風在地為木在天為風今天水訟變為風水渙是天變而風也涉江之險其可不防某驗介曰天與水違行本卦彖明曰不利涉大川豈待求幽索隱○京房子審象外加看干支飛伏其術至精但全任術不任理京管之學所以異於聖人之學也

制器尚象

聖人非真個用易象去制器但器象有與易象合者故後每節用一蓋字所謂擬議也

易有太極

見前圖說

天生神物

謂蓍龜也王道得蓍長一丈叢滿百莖易用蓍無言龜者蓍龜一理言河圖必兼言洛書也○龜古重於蓍物老則智能前知也

吉凶悔吝生乎動

吉凶悔吝易之占也然必因所值之動爻而見即泛言人之行事吉凶悔吝亦緣動生

天下之動貞夫一

天下自有個一定的常理當吉自吉當凶自凶故曰吉凶貞勝如此豈必存一私意致憧憧往來乎

陽卦多陰陰卦多陽

此言六子之卦震坎艮為陽卦巽離兌為陰卦陽卦以陽為主陰卦以陰為主陰陽原是不能相無但以陽為主是順事故曰一君二民以陰為主是逆事故曰二君一民

憧憧章

此所謂易之文言也乾坤取入二卦內中孚九條涂擬議說下此數條皆以發明貞夫一之理○憧憧以下各條雖亦承憧憧說發揮貞一然各條各有格言警論當

各玩去不得泥看即如節初爻君不密數句令人讀之悚然漢末事形如睹鼎四爻德薄位尊三句究乎一袁本初在前損三爻發出天地絪緼男女搆精這一種大道理至如小懲大誡及善不積惡不積等語誨盜誨淫等語皆是千古龜鑑其一種跌宕風神如履霜節藉用白茅節生人無窮往復○乾五同聲相應節或謂是比興體然看來句句皆實象同聲是雷風相薄同氣是山澤通氣水流二句是水火不相射雲龍風虎隨着雷風

山澤說本天二句則是天地定位也○節初爻兑為口舌有言語不密象山澤損少男少女故亦有男女搆精象也

易興於中古

羲皇只有畫而無詞三畫之卦有名而六畫之卦未有名名與辭皆興於文王

憂患九卦

三陳九卦以明處憂患之道專言卦義首列其名中詳其體終言其用○上經三卦下經六卦聖人偶然觸著九卦道理可處憂患非必於上經取其三下經取其六也若如胡氏說上經某卦與下經某卦對又有截去首尾之說似聖人不用此巧法不用此安排

彖義爻義

見前卦說內

參天兩地

圓三方二故曰參曰兩合之共成五數河洛皆數起於

五也

天地定位數章

詳前圖說此數章最是易之精蘊

一索再索

此亦是畫成後看得○乾坤初畫為氣風雷氣也中畫為精水火精也上畫為形山澤形也

乾馬坤牛等象

乾擬物象為龍坤為馬此處則又乾為馬而坤為牛震

又為龍總之易象是活的只管推移得動若陰陽道理一定便推移不去耳

雜象

雜象荀九家各有增入處然天下之物無不可增入者

序卦傳

先儒以上篇屬陽屬天道故凡天道之正及一切陽卦陽爻之盛俱列上篇下篇主陰主人道凡人道之交及一切陰卦陰爻之盛俱列下篇舉例詳推甚為精密但

其間文義錯雜似有未可曉處先儒又謂此不可為聖人之精而為聖人之緼蓋是雜亡爻八說在那裡歐陽氏則竟以為非聖人之言竊思易未遭秦火何故序卦以下數篇為得之河內女子則或出於門人所記從前不附於經未可知也善乎折衷之言曰孔子之序卦如此若别為之序義理未嘗不可相貫今故畧為推論其自然者以附于後

有夫地然後萬物生焉此言生天地生人之始洪荒初闢故為屯為蒙屯取初畫陽剛為建侯屯初畫陽有作君之義蒙二畫陽是作師天地定位君師之道立焉始經開敘一切政教俱要能待故取於需其間必多梗化故必訟而且至用師此俱是一派洪荒開敘景象待得干戈既定比象成矣加以畜養承以禮教漸成盛治於是以泰否二卦持一篇之中樞君臣交泰唐虞之治化也同人大有乾坤極治之休也此明明是寫中天景運治化既成故宜承以謙守以豫處以隨此俱是保治良

方然盛治中瑕釁已萌必至釀而為蠱臨觀所以防蠱失而主持風教也噬嗑用刑以輔風化賁用文采以飾太平此又煥然成一盛治規模矣然世運不能終治天道必有循環故又以剝復二卦還其始運以持乾坤二卦之樞乾坤既還其始運於是漸就誠實由體達用為无妄為大畜為頤為大過德盛而才昭大過又示以濟變之材也篇末以坎離終天地之大用在水火此上篇之大結搆也

上篇首天地下篇首男女咸恒二卦下篇之領綱大率上篇主天運而兼治化下篇多言人事而間及天運人道之大莫如進退遯以退爲義大壯晉皆以進爲義壯往也聖人每於好處即參一不好象以示警進必有傷故以明夷繼晉以睽繼家人再即人道之大推拓言之爲蹇解爲損益王政之最大下篇極緊要卦由此復說到氣運則夬姤二卦持下篇之樞上篇復還乾位下篇姤返坤運一志幸一昭惕上下之義也既以小人之見遇爲憂則以君子之得朋爲慶爲萃爲升皆以君子上

達而昭小人之無能爲也困剛揜也剛揜則困井以陽剛上出而成養物之功聖人扶剛之義見矣總之世運已見敗壞終不可無一番革故鼎新作用此乾坤六子以震之一陽動於下艮之一陽聳於上而成旋轉之功也振作安靜之功既成於是復還人道之始漸或以從容進歸妹得其所歸或以明動而爲豐或以止所而爲旅隨時寓義不拘其方持世以剛德而入世則兼用柔道此巽順而不逼與兑之能悅物又下篇所以終六子之功用也由是而委蛇應物爲渙爲節爲中孚爲小過應物之道常變交盡到得篇終而以既濟未濟二卦結之仍歸水火爲天地之大用上篇水火各司其權下篇水火交著其用兩篇許多道理以未濟終尤見天地之理生生不盡尤見聖人之大作用也〇天地定位故上篇首乾坤中否泰山澤通氣雷風相薄故下篇首咸恒中損益水火不相射故上下經終坎離既濟未濟也

雜卦傳

序卦從先天圖來雜卦從後天圖來即所謂互卦也互卦只取中四爻相互循環互之成十六卦十六卦總歸乾坤既濟未濟四卦自乾坤以下五十六卦皆兩兩相對獨大過以下八卦不取相對此又在中四爻相互之外以見互體之無不可通也序卦主天道以乾坤始以既濟未濟終雜卦主人事以乾始以夬終結歸君子道長小人道憂聖人之用意深矣

先天六十四卦由一生兩自下及上畫成後次第觀看萬象包入其中蓋極自然之妙用不著一毫人事擬議兆立卦圖蓋從既畫之卦提出來安排推算或某某下去一畫止生一畫為反為對從陰從陽或不變或變其配合處幾于巧奪化工然畢竟是用人事推排終不如先天圖之為自然竊恐聖人亦未必用此巧法也此與序卦俱得之河内女子向來原不列於古經故為附論以俟後世之詳知易者

易象大意存解

弁服釋例

（清）任大椿 撰

《弁服釋例》八卷，清任大椿撰，據清刻本影印。

任大椿（一七三八—一七八九），字幼植，一字子田，清興化人，陳晋孫。乾隆二十七年（一七六二）舉人。三十四年二甲第一名進士，授禮部主事。三十八年充《四庫全書》纂修官，旋遷任員外郎、郎中。四十四年在京交章學誠。五十四年擢陝西道監察御史，未蒞任而病，六月卒。少工詩詞，既乃專究經史傳注，所學淹通於《禮》，尤長名物，兼通小學諸類。爲文章有盛名，又性和易謙遜。與戴震同舉於鄉，於是習問其論説，究心漢儒之學。《四庫全書》禮經類提要多出其手，他人所撰者亦經其審定。曾掌教淮安麗正書院，汪廷珍爲其弟子。在京師不媚要人，惟與朱筠、翁方綱以道義學術相切磋。曾欲劾大學士和珅，會病卒，彈章未及上。著有《深衣釋例》、《小學鈎沉》、《子田詩集》等，《清史列傳》卷六十八有傳。

阮元於嘉慶二年（一七九七）爲是書倣序，釋書之由來。任氏卒後，其書傳之弟子山陽汪廷珍，蕭山王紹蘭從汪廷珍手中鈔録並將其歸予其兄王宗炎，王氏『手校訛舛，寫以付梓』，是以成書。弁服是中國古代華夏服飾之一。是書解釋三禮弁服所用之例，分爵弁服、韋弁服、皮弁服、朝服、元端（即玄端）等門，共一百四十餘事。每門先列條目，次引經文注疏，後加按語解説，將天子、諸侯、卿大夫、士等不同身份的人在吉、嘉、賓、軍、凶五禮中應著之弁服一一列舉并加以考證，指出了禮書注疏中諸多自相矛盾之處。書前有『五禮弁服釋例表』，以表格的方式展示了弁服因人而異、因禮而異的一百四十餘種情况，身份不同之人著弁服時在用料、顔色、形制上的區分差别，以及不同的弁服與衣、裳、帶、佩、韠、屨的搭配情况，清晰明瞭，一目了然，爲是書一大特色。

（李猛元）

弁服釋例 八卷

嘉慶丙辰仲秋 望賢家塾校刊

元居在江淮間鄉里先進多治經之儒若興化顧進士文子（九苞）李進士成裕（惇）劉廣文端臨（台拱）任侍御子田（大椿）王黃門石臞（念孫）汪明經容甫（中）皆耳目所及或奉手有所受業戊申間元在京師見任侍御相問難爲尤多侍御卒後所著弁服釋例傳之弟子山陽汪祭酒瑟菴（廷珍）蕭山王進士畹馨（紹蘭）從祭酒手錄以歸其兄進士穀塍（宗炎）亦邃於經爲吳會宿儒乃手校訛舛寫以付梓問序于元元謂侍御早年以詞學名世繼乃專肆經史與修

四庫書之提要多出其手所輯呂忱字林深衣釋例諸書已付刻茲帙釋弁服所用之例以五禮區之凡百四十餘事綜覽經疏史志發微訂訛燦然經緯畢著矣侍御吾鄉先進也瑟菴畹馨吾友也今得穀塍校成之學者傳習不墜元序之奚敢辭

嘉慶二年儀徵阮元序

弁服釋例目錄

五禮弁服釋例表
卷一
爵弁服上
卷二
爵弁服下
卷三
韋弁服
卷四
皮弁服上
卷五
皮弁服下
卷六
朝服上
卷七
朝服下
卷八
元端

弁服釋例目錄

弁服釋例目錄 一

五禮弁服釋例表

爵弁服第一

吉
天子卿大夫及諸侯之孤
祭於己廟
士助祭齊
士助祭
繹祭士視滌濯
天子諸侯先祖爲士者之尸
釁廟祝宗人
宰夫雍人
遷廟祝宗人及從者

嘉
士冠三加
士昏親迎
諸侯始命
士之命服

賓

軍

凶
諸侯復
士復
公襲
大夫襲
士襲
公襚
天子承天變及哭諸侯

弁服釋例表 一

韋弁服第二

賓
卿歸賓饔餼
下大夫歸介
夫人使下大夫歸饔餼

軍
天子諸侯大夫卽戎

皮弁服第三
天子郊天聽
祭服
大學始教天
子使有司祭
菜
君巡牲
君卜夫人世
婦養蠶
大蜡

士冠再加
天子視朝
天子常食
諸侯在王朝
諸侯視朔
天子燕同姓

夫歸賓禮
天子受朝宗
覲禮勞侯氏
諸侯相朝
聘禮賓主人
聘禮賓及上
介受饔餼
聘禮還玉

諸侯田獵

天子除喪祭
諸侯復
公襲
大夫襲
士襲
公襚
上大夫卜宅
與葬日占者
國君弔與國

舞大夏

之臣
諸侯卿大夫
當事及不當
事弔
既夕禮乘車
所載
公於公族變
降

朝服第四
覲廟禮成君
聽反命

士冠筮日筮
賓

聘禮使者夕
幣

天子田獵

君視疾有疾
者見君

大夫家祭筮
日
大夫家祭宗
八請期
大夫家祭視
殺視滌濯
大夫家祭尸
天子之士及
諸侯大夫家
祭
士家祭賓及

士冠速賓及
夕期
諸侯視朝
卿大夫奠夕
王朝卿士退
朝治事
天子諸侯養
老及宴食羣
臣
公食大夫賓
拜賜

聘禮君展幣
聘禮賓及介
釋幣於禰
聘禮君進使
者授圭璧
聘禮肆儀
聘禮入竟展
幣
聘禮請事請
行郊勞
聘禮宰夫設

養親疾
將死者加新
衣
復者
宰受含
公襲
公襚
小斂前後弔
者
下大夫及士
筮宅占者

兄弟
醮祭社
大饗一日賜

公食大夫不饗
親食使大夫
致侑幣及賓
拜賜
大夫相食不
親食致侑幣
諸侯常食
諸侯燕射
諸侯在國猶
射
鄉飲酒戒賓

聘禮賓辭受
饔餼
聘禮宰夫致
士介餼及士
介受餼
聘禮問卿
聘禮上介問
下大夫
聘禮不親食
使大夫致侑

既夕道車所
載
大祥筮日筮
尸視濯
大祥夕期及
祥祭
祥受贈賻
踰月吉祭

速賓
鄉飲酒賓主人
鄉飲酒賓主人拜賜拜辱
鄉射速賓
鄉射賓主人
拜賜拜辱
士負世子
君名世子
命使於君

幣
聘禮卿歸及郊請反命
聘禮使者有私喪反命

弁服釋例表　四

元端服第五
乘路馬
僕右
諸侯大夫士家祭齊
士冠初加
士冠賓主人
士祭筮日筮尸視濯
士冠兄弟
士冠擯者贊
士宿尸宿賓者
大夫士尸
冠者見君及
士家祭視殺及正祭
鄉大夫鄉先生

大夫去國
世子親齊養疾
疾者及凡養疾者
公襲
公襚

士祭祝佐食有司免牲
士昏納采
士昏親迎從者及主人
天子諸侯燕居
大夫士私朝
士夕於君
子事父母
鄉飲酒息司正
鄉射戒賓

弁服釋例表　五

鄉射息司正

士喪卜日族長及宗人
士虞尸
禫祭
踰月吉祭
殤除喪祭

爵弁服第一

弁 衣 裳 帶 佩 韠 屨

以三十升絲衣
布爲之爵中衣用素
色無旒延紘裳
前後平
天子諸侯
玉笄大夫
士象笄
天子朱組
紘諸侯青
組紘大夫
士緇組紘
天子瑱用
玉諸侯卿
大夫玉石
雜士用石

纁裳

大帶天子天子佩白韍韐
諸侯素帶玉而元組
緇襌士練綬諸侯佩
帶襌末 山元玉而
革帶 朱組綬大
夫佩水蒼
玉而緇組
綬士佩瓀
玫而組組
綬

大夫士纁
屨黑絇繶
純
案天子
諸侯舄
無明文

韋弁服第二

韎韋爲之韎韋爲之朱裳一曰革帶 與爵弁同與爵弁同天子諸侯
天子璂飾一冂韎布素裳 案其帶 案役漢 白舄青絇
十二玉五狐裘 伊絲疏 志謂五 繶純大夫
采侯伯璂 謂革弁 覇兵爭 白屨黑絇

飾七子男
璂飾五玉
三采王朝
卿璂飾六
大夫璂飾
四侯國三
命之卿璂
飾三再命
之大夫璂
飾二王朝
及侯國之
孤璂飾四
玉琁二采
一命之大
夫無璂飾

服不用
絲帶其
專用革
帶明矣
蓋革與
韋相配
也

猶有紱
綬則戎
服亦有
佩

繶純
案屨人
疏據雜
問志謂
韋弁服
舄屨皆
白以裳
色素故
也但朱
芾斯皇
變及司
服注又
以爲朱
裳裳屨
同色則
似當赤
舄纁屨
矣今姑
取屨人
疏列於
表而者
其異焉

皮弁服第三

鹿子皮爲白布十五素積
之　升
璂飾與韋中衣以布
弁同　天子視朝
天子諸侯三公及諸
玉弁象邸侯在王朝
大夫象弁狐白裘錦
象邸士象衣裼
弁　諸侯在國
朱士冠視朔及受

與爵弁服同

與爵弁服素韠同

天子諸侯白舄青約繶純大夫士白屨緇約繶純

禮注士聘享覲裘
之皮弁素衣裼
又無象天子卿大
邸卿知夫及諸侯
大夫有卿大夫在
象邸　天子之朝
紘頂與爵狐白裘素
弁同　衣裼
天子之士
及諸侯之
士在天子

弁服釋例表　八

朝服第四

之朝屨裘
素衣裼

委貌一曰緇布十五素裳
元冠以緇升
爲之廣二中衣與皮
寸　弁同
璂飾與韋羔裘緇衣
弁皮弁同裼
冠武異材
天子朱組

與爵弁皮弁同

與爵弁皮弁同

素韠　緇韠

天子諸侯白舄青約繶純大夫士白屨黑約繶純

纓諸侯丹
組纓大夫
士綦組纓
有安簪之
弁
無固冠之
弁
有纚有笄
有鞮
頍與爵弁
皮弁同

弁服釋例表　九

弁服釋例卷一

興化　任大椿

爵弁服上

爵弁爲天子卿大夫及諸侯之孤祭於已之服

司服卿大夫之服自元冕而下如孤之服注雜記曰大夫冕而祭於公弁而祭於已士弁而祭於公冠而祭於已大夫爵弁自祭家廟惟孤爾其餘皆元冠與士同疏諸侯除孤用爵弁之外卿大夫等皆用元冠與士同故少牢是上大夫祭用元冠朝服又云其天子大夫四命與諸侯之孤同亦以爵弁自祭

王制制三公一命卷疏公之孤爵弁以自祭故雜記云大夫冕而祭於公弁而祭於已士弁而祭於公冠而祭於已鄭注云爵弁而祭於已惟孤爾其天子卿大夫則無文諸侯當元冕以祭其孤卿之等當爵弁也大夫則皮弁知者諸侯大夫朝服自祭故知天子大夫亦用朝服自祭朝服則皮弁

郊特牲繡黼丹朱中衣疏案禮公之孤四命則爵弁自祭也則天子大夫四命亦當爵弁自祭

玉藻元冠丹組纓諸侯之齊冠也元冠綦組纓士之齊冠也疏其天子之士與諸侯上大夫同故深衣目錄云士祭以朝服謂天子之士也祭用朝服與諸侯大夫同然則天子大夫與諸侯孤同亦爵弁祭元冠齊此是熊氏之說也皇氏以爲天子大夫與諸侯大夫同但朝服以祭便與鄭注四命以上齊祭異冠於文爲妨皇氏之說非也

雜記大夫冕而祭於公弁而祭於已注弁爵弁也又云祭於公助君祭也大夫爵弁而祭於已惟孤爾疏知弁爵弁也者與士弁連文士弁祭於公爵弁故知大夫弁者亦爵弁也云大夫爵弁而祭於已惟孤爾者以儀禮少牢上大夫自祭用元冠此亦云弁而祭於已者與少牢異故知是孤知非卿者以少牢禮有卿賓尸下大夫不賓尸明卿亦元冠不爵弁

案司服注及雜記注明云大夫爵弁而祭於已惟孤爾則諸侯之卿祭於已不得爵弁明矣司服及雜記疏復合注義王制疏謂公之卿亦爵弁而祭於雜記疏自相刺謬

又案王制疏云天子孤卿及公之孤卿爵弁而祭不知天子之卿當爵弁而祭若孤則當元冕而祭蓋天子之孤六命諸侯之孤四命命既異則家祭之服亦當有異也天子之卿六命與諸侯之卿三命不同天子大夫四命與諸侯大夫再命不同故天子卿大夫家祭用爵弁諸侯卿大夫家祭用朝服天子上士三命與諸侯上士一命不同故天子上士家祭用朝服諸侯上士家祭用元端由此推之則天子之孤與諸侯之孤家祭之服必有異也若然天子之孤六命天子之卿六命命既同而

天子之卿家祭以爵弁孤則元冕者攷司服孤之服自希冕而下如子男之服卿大夫之服自元冕而下如孤之服希冕元冕皆謂助祭之服天子之孤以希冕助祭則當以元冕家祭天子之卿大夫以元冕助祭卽當以爵弁家祭也若然諸侯之孤與天子之孤亦同以希冕助祭而諸侯之孤不得與天子之孤同以元冕家祭者以爵同爲孤故祭於公之服不得不同而天子之孤六命又王臣也諸侯之孤四命又曾臣也故祭於私之服卽不得盡同同之於公別之於私此同爵辨命重內輕外也若然天子之卿六命又王臣也諸侯之孤四命又曾臣也而諸侯之孤家祭得與天子之卿同爵弁者夫

弁服釋例卷一　三

子之卿元冕助祭爵弁家祭止殺一等諸侯之孤希冕助祭爵弁家祭則殺二等矣此又同而異也　或謂禮運冕弁兵革藏於私家非禮也公孤卿大夫以下皆私家也若公孤以冕服家祭則是冕得藏於私家矣似與禮悖今攷禮運注冕弁君之尊服兵革君之武衞及軍器也疏冕是衮冕弁是皮弁蓋衮冕爲天子祭先王及覲諸侯之服皮弁爲天子視朝諸侯視朔之服皆君之尊服私家藏此則疑於僭君若元冕爲五冕之最下非君之尊服六命之孤以元冕家祭與藏衮冕於私家與異何所疑於僭君也至春秋傳齊莊公以崔子之冠賜人劉炫云崔子之冠元冕也孔穎達曰非禮也禮運冕

弁兵革不藏私家則冕在公府非助君祭不得服之孔以崔子諸侯之卿卿大夫以元冕助祭卽不得以元冕藏私家若天子六命之孤旣以希冕助祭惟不得以希冕藏私家元冕非助祭之冕又何嫌乎入己廟也諸侯之孤亦以希冕助祭乃不得以元冕家祭者以其四命止同於天子之大夫天子之大夫家祭以爵弁則諸侯之孤不得踰之也

又案王制疏謂天子大夫自祭當皮弁與郊特牲及玉藻疏天子大夫自祭亦爵弁之說自相矛盾竊謂爵弁自祭之義勝於皮弁王制疏謂天子大夫自祭皮弁徒以諸侯大夫自祭朝服因是以推天子大夫自祭亦朝

弁服釋例卷一　四

服朝服則皮弁不知行禮於朝則以朝服爲正故王制疏引燕禮記燕朝服於寢證天子燕於寢亦當朝服則皮弁是也行禮於廟卽以祭服爲正諸侯大夫家祭雖朝服義不係於朝也何得以諸侯大夫家祭用朝服卽以例天子大夫家祭謂亦朝服哉諸侯大夫上服元冕旣以助祭矣則爵弁攷王朝三命之士助祭君廟無過爵弁諸侯大夫再命僅當王朝中士故不敢以助祭君廟之服自祭已廟爵弁之下祇有皮弁皮弁又爲君蜡祭之服亦不敢以入已廟故降而服朝服耳若天子大夫四命尊與諸侯之孤同孤得爵弁自祭則天子大夫亦得爵弁自祭可知故當以郊特牲及玉藻疏爲正

又爲士助祭齊服

郊特牲周弁殷冔夏收注齊所服而祭也疏若三命以下齊祭同冠四命以上齊祭則異冠

玉藻元冠丹組纓諸侯之齊冠也元冠綦組纓士之齊冠也注言齊時所服也四命以上齊祭異冠疏云四命以上齊祭異冠者以諸侯元冕祭元冠齊孤則爵弁祭亦元冠齊是齊祭異冠也其三命以下大夫則朝服以祭士則元端以祭皆元冠也此云元冠綦組纓士之齊冠是齊祭同冠也又曰此云四命齊祭異冠者謂自祭也若助祭於君則齊祭同冠故鄭志答趙商問云以雜記云大夫冕而祭於公弁而祭於己士弁而祭於公冠而祭於己是爲三命

以下齊祭異冠何但四命以上也覲注似若但施於己祭不可通之也鄭答云齊祭謂齊時一冠祭時又一冠四命乃然大夫冕士弁而祭於君齊時服之祭時服之何以亦異如鄭此言是助祭齊祭同冠故云何以亦異若然士之助祭齊服應服爵弁而鄭注旅賁氏云王齊服服衮冕則士之齊服服元端不服爵弁者熊氏云若士助王祭祀服爵弁若助王受朝覲齊服則服元端義或然也

案士冠禮記及郊特牲云周弁殷冔夏收注均云齊所服而祭也郊特牲疏云言齊及祭時所服也若三命以下齊祭同冠四命以上齊祭異冠今考玉藻注四命以上齊祭異冠蓋指大夫以下元冠祭元冠齊孤以上爵弁祭元冠齊也專爲祭於己言之也若祭於公則大夫冕而祭士弁而祭如皆元冠齊卽是三命以下齊祭皆異冠不當云四命以上矣故趙商亦疑玉藻注若但施之於己祭不可通於助祭康成答以大夫冕士弁而祭於君齊時服之祭時服之何以亦異明玉藻注四命以上齊祭異冠非爲助祭言之也士冠禮記及郊特牲注於經文周弁之下云齊所服而祭謂齊祭同冠爵弁也專據士助祭之服也卽鄭志所云士弁而祭於君齊時服之祭時服之孔玉藻疏所云助祭齊祭同冠者也而郊特牲疏以三命以下齊祭同冠解注齊所服而祭是以大夫士自祭之服齊祭同冠元冠釋士助祭之服齊

祭同冠爵弁非惟義例不合且以冠釋弁尤易淆雜不可不辨凡助祭士齊祭同服爵弁孤卿大夫齊祭同服冕鄭於士冠禮記及郊特牲周弁之下注云齊所服而祭固爲士助祭言之亦可通之於四命以上蓋助祭則四命以上齊祭皆同冠也如郊特牲疏云三命以下齊祭同冠四命以上齊祭異冠全與注意相反

又案隋志梁天監三年祠部郎沈宏議竹葉冠是高祖爲亭長時所服安可綵代爲祭服哉禮士弁而祭於公請令太常丞博士奉齊之服宏改用爵弁明山賓同宏議宏此議與鄭志所云士爵弁助祭卽爵弁以齊隱相合而司馬褧沮之由於不明鄭義爾

又爲士助祭之服

緇衣韎弁俅俅箋弁爵弁也爵弁而祭於王士服也疏此

弁是爵弁士服之以助君祭也
士冠禮爵弁服注此與君祭之服雜記曰士弁而祭於公
爵弁者冕之次
士喪禮商祝襲祭服注祭服爵弁服皮弁服皆從君助祭
之服
王制制三公一命卷疏有孤之國其孤則希冕卿大夫元
冕士爵弁此皆謂助君祭服也無孤之國卿希冕大夫元
冕以注玉藻云諸侯之臣皆分爲三等其夫卿也則服鞠
衣其夫大夫則服禮衣其夫士則服褖衣以此言之卿希
冕大夫元冕士爵弁也此服皆謂助君祭也
雜記士弁而祭於公注弁爵弁也祭於公助君祭也

公羊昭二十五年傳不腆先君之服注士爵弁纁衣裳以
助公祭
案曾子問太祝裨冕注諸侯之卿大夫所服裨冕絺冕
也元冕也士服爵弁服太祝裨冕則大夫疏以天子太
祝是大夫諸侯則無文若是士則爵弁今經云太祝裨
冕故云則大夫據此則諸侯之太祝裨冕不爵弁卽與
天子太祝同爲大夫但攷左氏襄二十五年傳祝佗父
祭於高唐不說弁而死於崔氏杜注爵弁祭服爵弁乃
士助祭之服周禮太祝爲下大夫小祝爲士祝佗父服
爵弁而祭於高唐則爲天子小祝之服矣豈祝佗父本
爲小祝歟

又案隋志爵弁元纓無旒從九品以上助祭則服之卽
所謂士弁而祭於公
又爲繹祭士眡滌濯之服
采蘩被之僮僮夙夜在公箋公事也早夜在事謂視濯溉
饎爨之事禮記主婦髲髢疏夫人於其國與王后同展衣
以見君褖衣御序於君此雖非正祭亦爲祭事宜與見君
相似故緣衣士視壺濯猶爵弁則此夫人視濯溉蓋展衣
否則褖衣也知非祭服者郊特牲曰王皮弁以聽祭報又
曰祭之日王被袞以象天王非正祭不服袞夫人非正祭
不服狄衣明矣且狄首服副非被所當配耳
絲衣絲衣其紑載弁俅俅傳絲衣祭服也紑絜鮮貌箋弁

爵弁也爵弁而祭於王士服也繹禮輕使士升門堂視壺
濯及籩豆之屬降往於基告濯具又視牲從羊之牛反告
充已乃舉鼎冪告絜禮之次也疏傳雖不解弁亦當以爲
爵弁爵弁之服元衣纁裳皆以絲爲之故云絲衣也
案士助祭之服爵弁知視滌濯亦爵弁者考視滌濯與
祭同服少牢饋食禮明日主人朝服卽位於廟門之外
東方南面視滌濯也特牲記注謂賓及兄弟筮日筮尸
視濯皆元端然則主人視濯亦元端明矣此大夫士家
祭視滌濯之服且與正祭同助祭重於家祭知助祭爵
弁服視滌濯當亦同也詩采蘩夫人視濯溉服髲髢之
服不得與正祭同以夫人與君竝爵非助祭所得擬也

又爲天子諸侯先祖爲士者之尸服

守祧若將祭祀則各以其服授尸注尸當服卒者之上服疏曾子問云尸弁冕而出卿大夫士皆下之注云弁冕者君之先祖或有爲大夫士者則是先君之先祖爲士尸服卒者上服不服元端而服爵弁者爵弁本以助祭在君廟君先祖雖爲士今爲尸還在君廟中故服爵弁不服元端

曾子問尸弁冕而出卿大夫士皆下之注爲君尸或弁者先祖或有爲大夫士者疏案士虞禮云尸服卒者之上服以君之先祖有爲士者當著爵弁以助君祭故子孫祭之尸得服爵弁也若以助君祭服言之大夫著冕此云大夫者因士連言大夫耳案儀禮特牲尸服元端少牢又云尸

服朝服尸皆服在家自祭之服不服爵弁及冕者大夫士卑屈於人君故尸服父祖自祭之上服人君禮伸故尸服助祭之上服也

喪服小記父爲士子爲天子諸侯則祭以天子諸侯其尸服以士服疏尸服以士服者謂尸服元端若君之先祖爲士大夫則服助祭之服故曾子問云尸弁冕而出是爲君尸有著弁者有著冕者若爲先君士尸則著爵弁若爲先君大夫尸則著元冕是也若大夫士之尸則服家祭之服故鄭注士虞禮尸服卒者之上服士元端是也

雜記尸弁冕而出卿大夫士皆下之注冕兼言弁者君之尸或服士大夫之服也

又爲釁廟遷廟祝宗人宰夫雍人及從者入廟之服

雜記成廟則釁之其禮祝宗人宰夫雍人皆爵弁純衣疏初受命於寢門內之時君與祝宗人宰夫雍人等皆著元服謂朝服緇衣素裳等其祝宗人宰夫雍人等皆入廟之時則爵弁純衣

案大戴禮諸侯釁廟君元服立於寢門內南向祝宗人宰夫雍人皆元服宗人曰請令以釁某廟君曰諾遂入據此未入廟祝宗人等皆元服未著元服爲何服盧注以爲爵弁孔雜記疏知其非爵弁者大戴云君元服於寢門內寢門內爲燕朝地則元服爲朝服可知君在朝服朝服則祝宗人等在朝亦朝服可知爵弁祭服也必

加雜記疏所云祝宗人宰夫雍人等皆入廟之時乃服之耳

又案大戴諸侯遷廟禮君元服從者皆元服盧辯注云下未即吉故畧同爵弁也下字當謂從者蓋從者中兼有卿大夫卽當禪冕但時未卽吉故殺其服爲爵弁雜記釁廟禮祝宗人宰夫雍人服爵弁純衣此遷廟禮從者當亦與之同大戴此篇所云君元服似當爲元冕但攷詩韎韐有奭箋此諸侯世子也除三年之喪服士服而來謂爵弁服緇衣而纁裳據此則諸侯未遇爵命雖朝天子而不得服冕此遷廟方在練後士虞記注練而後遷廟盧辯此篇注亦同鄭說未受爵命之時亦不得服冕審矣然則君元服

亦當爲爵弁也盧注謂下未卽吉畧同爵弁謂畧同於
君之爵弁也
又爲士冠三加之服
士冠禮賓降三等受爵弁加之服纁裳韎韐
郊特牲三加彌尊喻其志也注始加緇布冠次皮弁次爵
弁冠益尊則志益大也
冠義三加彌尊加有成也注冠者初加緇布冠次加皮弁
次加爵弁每加益尊所以益成也
案大戴禮公冠篇元端與皮弁皆韠朝服素韠公冠四
加元冕無爵弁疏元冕祭冕也皮弁爲諸侯視朔及在
王朝之服朝服以朝元端以燕敬天尊祖心是衮職於

此四加焉寓之若爵弁爲世子未受爵命之服見白虎通及鄭
韎韐有奭詩箋今既爲公侯始行冠禮乃反用未受爵命之服
於義未合又爵弁爲天子哭諸侯及承天變之服諸侯
以爲復服雜記復諸侯以褒衣冕服爵弁服是也又以
爲襲服雜記公襲爵弁二是也此皆用之於凶事不以
卽吉公冠無爵弁亦猶司服於王之服不列爵弁以其
不在祭朔朝燕吉服之數士三加爵弁與公冠異亦各
有所指也
又爲士親迎之服
追師注昏禮女次純衣攝盛服耳主人爵弁以迎疏案
昏禮云女次純衣純衣則褖衣據士服爵弁親迎攝盛

則士之妻服褖衣首服次亦攝盛
士昏禮主人爵弁纁裳緇袘注主人壻也壻爲婦主爵弁
而纁裳元冕之次大夫以上親迎冕服冕服迎者鬼神之
鬼神之者所以重之親之纁裳者衣緇衣不言衣與帶而
言袘者空其文明其與袘俱用緇袘謂緣袘之言施以緇
緣裳象陽氣下施
郊特牲元冕齊戒鬼神陰陽也注元冕祭服也疏案士昏
用上服以爵弁爵弁是士服之上者則天子以下皆用上
服以五冕色俱元故總稱元冕也
雜記士弁而親迎注雖亦已之事攝盛服爾非常也
穀梁桓八年傳注禮記哀公問曰冕而親迎不已重乎疏

案士昏禮士衣爵弁是助祭之服則大夫以上及五等諸
侯冕而親迎亦當用助祭之服也
案唐六典凡冕服及爵弁服助祭親迎則服之一品服
衮冕九旒九章二品服鷩冕八旒七章三品服毳冕七
旒五章四品服絺冕六旒三章五品服元冕五旒無章
六品至九品服爵弁孜六品至九品古之士也故親迎
服爵弁唐六典又載三品已上有公爵者嫡子昏聽假
絺冕五品已上孫九品已下子及五等爵昏皆假以爵
弁服庶人昏假以絳公服又政和新儀品官服本職冕
服品官子孫娶婦三品已上有公爵其嫡子昏聽假以
四品冕服五品已下九品已上假以爵弁此皆謂士之

子孫親迎亦假以士服攷士昏禮乘墨車賈疏士之子冠與父同則昏亦同但嫡子則然庶子宜降一等據此則士之子得爵弁親迎惟嫡子耳故唐六典及政和新儀子攝父服皆以嫡子言之本賈疏也士之庶子親迎尙不得服爵弁服其庶人之子雖攝盛不得服爵弁服可知明集禮品官子孫昏娶聽假用九品冠服餘並皂衫折上巾與唐六典庶人昏娶假以絳公服義正同

又爲諸侯始命之服

瞻彼洛矣韎韐有奭箋此諸侯世子也除三年之喪服士服而來未遇爵命之時時有征伐之事天子以其賢任爲軍將使代卿士將六軍而出韎韐者茅蒐染也茅蒐韎韐聲也韎韐祭服之韠合韋爲之其服爵弁服紂衣纁裳也疏以序言爵命諸侯故知此謂諸侯世子也若在三年喪中則凶服不得有韎韐耳若已爵命則當服諸侯之赤韍不得服士服故知除三年之喪服士服而來也王制云諸侯之世子未賜爵視天子之元士以君其國此又言韎韐故知世子未賜爵命服士服也若然春官典命云凡諸侯之適子誓於天子攝其君則下其君之禮一等未誓則以皮帛繼子男此以代父君面反服士服者周禮之文謂父在代父行禮故有執圭璧皮帛之禮未誓尙比卿今此雖已除父喪非代父行禮不得復繼於父又不敢自成爲君故服士服也世子雖服士服待之同於正君雜記云君薨

太子號稱子待猶君也彼注謂未踰年者尙然況除服後乎待之固如成君何但下一等而已

大司馬軍將皆命卿疏是以詩云韎韐有奭以作六師鄭云諸侯世子除三年之喪未遇爵命服士服而來時有征伐之事天子以其賢任爲軍將是代爲軍將之事則王朝之官有武德者皆可代爲軍吏也

王制天子之縣內諸侯祿也疏若畿外諸侯父死未賜爵亦視元士以詩韎韐有奭以作六師是諸侯世子未爵命服士之韎韐之服也

雜記公襲爵弁二疏此是始命之服重本故二通也

案白虎通世子上受爵命衣士服何謙不敢自專也故詩曰韎韐有奭世子始行也云士服爵弁服也後儒以韎韐有奭爲韋弁戎服不從鄭箋而不知孟堅釋詩已與鄭合以是知漢儒釋經各有師傳也

又案周語晉侯端委以入韋昭注曰說云衣元端冠委貌諸侯祭服也昭謂此士服也諸侯之子未受爵命服士服也今攷諸侯助祭禆冕自祭元冕不以元端委貌爲祭服或說非也韋昭以諸侯之子未受爵命服士服士服則元端與鄭箋所云諸侯之子未受爵命服爵弁二說不同攷詩韎韐有奭乃諸侯世子初免喪服是韎韐之服見天子也準以諸侯見天子之服當服上服上服則裨冕今世子以士服見天子士之上服爵弁當諸

侯之裨冕故彼以爵弁服爲士服也周語襄王賜晉文公命文公受之於武公之廟及士入君廟服爵弁入已廟則服元端文公既依士服入己廟得爵弁也蓋世子未爵命不服冕故同於士但見天子則爵弁入己廟則端委服以事異而其爲士服則一故鄭箋韋注異而同也

又案續漢志及晉志均云爵弁祠天地五郊明堂雲翹舞樂人服之禮曰朱干玉鏚冕而舞大夏此之謂也遂專以爵弁爲樂人舞服及隋志三公之服九六曰爵弁三孤之服八五曰爵弁公卿之服七四曰爵弁上大夫之服六三曰爵弁中大夫之服五亦三曰爵弁則後世

尙以爵弁爲公卿大夫之命服與雜記公襲爵弁二義正相合

又爲士之命服

大宗伯再命受服注謂受元冕之服列國之大夫再命於子男爲卿卿大夫自元冕而下如孤之服王之中士亦再命則爵弁服疏凡言士者無問天子士諸侯士例皆爵弁以助祭也

屨人辨外內命夫命婦之命屨注命夫之命屨纁屨疏大夫以上衣冠則有命舃無命屨故知命屨中惟有屨而已士之命服爵弁則纁屨故云命屨纁屨而已

禮器諸侯九上大夫七下大夫五士三注此祭冕服也朱綠似夏殷禮也周禮天子五采藻疏周禮上公亦衮侯伯鷩子男毳孤卿絺大夫元士爵弁元衣纁裳今言諸侯黼大夫黻雜明夏殷禮也又云諸侯九上大夫七下大夫五士三者言夏殷也周家旒數隨命數又士但爵弁無旒也

曾子問大祝裨冕注諸侯之卿大夫所服裨冕絺冕也元冕也士服爵弁服

案卿大夫以元冕爲命服爵弁以下其次也士以爵弁爲命服皮弁以下其次也（大宗伯再命受服鄭注謂大夫元冕士爵弁蓋專以大夫士之上服爲命服也）次服所施等殺或眡乎命數如天子大夫四命則以爵弁家祭諸侯大夫再命則以朝服家祭以爵弁朝服皆大夫次服故也若命服高下則惟眡乎爵不

眡命數如天子之士雖三命與諸侯之卿同而三命之士惟得爵弁子男之大夫一命與天子之下士同而一命之大夫得服元冕於此見命服從爵不從命數（大夫士命服惟助祭得服之雖朝覲及家祭皆用命服之次故命服差等九服）山陰陸氏謂王之上士三命服元冕一命大夫不冕如此則命服不以爵異專以命異說殊不經（陸氏據禮器士三之文）弁師諸侯及孤卿大夫之冕各以其等爲之言冕之等止及大夫不及士則雖三命之士不冕明矣司服士之服自皮弁而下如大夫之服言士不得如大夫服元冕也禮器天子之冕朱綠藻十有二旒諸侯九上大夫七下大夫五士三鄭注以爲夏殷禮以周制士不得有三旒之冕故也說文冕

大夫以上冠荀子富國篇及大畧篇皆云大夫裨冕獨斷三公及諸侯之祠者朱絲九旒青玉珠卿大夫七旒黑玉珠淮南子齊俗訓尸祝袀元大夫裨冕言冕均不及士白虎通諸侯九旒大夫七旒士爵弁無旒明士止得爵弁也士冠禮爵弁爲三加之服而冠義云三加彌尊則士之尊服至爵弁而止今陸氏必以禮器士三旒爲士得服冕之證誤矣陸氏又謂一命之下大夫不冕而禮器明云上大夫七下大夫五則無論上大夫下大夫皆冕而不弁陸氏何得云下大夫不冕乎此又可以禮器折之矣

又案陸氏謂三命之士以元冕爲命服據禮器士三之

文康成以爲夏殷之制蓋實有所據攷尚書大傳虞傳天子衣服其文華蟲作繢宗彝璪火山龍諸侯作繢宗彝璪火山龍子男宗彝璪火山龍大夫璪火山龍士山龍故書曰天命有德五服五章哉又曰山龍青也華蟲黃也作繢黑也宗彝白也璪火赤也天子服五諸侯服四次國服三大夫服二士服一大傳此二節乃釋皋陶謨五服五章之文則爲唐虞之制禮器謂士三旒雖與大傳所云士冕服相近而禮器謂士元衣纁裳與大傳士山龍之文究不相合則既非周制又非唐虞之制故注以爲夏殷禮也合周禮禮器注及尚書大傳攷之士之服在唐虞則服山龍至夏殷則降而元冕至周則降而爵弁易代改秩差等甚然而陸氏以異代之禮遂謂三命之士以元冕爲命服不明鄭義而斥之是妄而已矣

又案司服卿大夫之服自元冕而下如孤之服鄭鍔謂此言卿大夫元冕則指諸侯之卿大夫故服一章之冕元衣纁裳蓋大國卿雖三命大夫雖再命惟與王之上士中士同據此則王之上士中士得以元冕爲命服矣又司服士之服自皮弁而下如大夫之服鍔又謂元冕下有爵弁又有皮弁王之上士元冕中士爵弁下士皮弁故諸侯之士自皮弁爲首今攷司服公之服自衮冕而下一節據天子之侯服言之也孤之服自希冕而下

一節據天子之孤卿大夫言之也士之服自皮弁而下一節據天子之士言之也蓋司服本掌王朝班服今鍔指此二節皆爲侯國之制是畧王朝而詳侯服既失司服職掌又攷周頌絲衣其紑載弁俅俅箋弁爵弁也爵弁而祭於王士服也據此箋云祭於王則省牲視濯不得謂非天子之士乃經止云載弁俅俅則天子之士與諸侯之士均不得服冕明矣乃鍔又云天子之上士元冕中士爵弁然豈得謂此載弁俅俅者止爲中士下士其中不得有上士乎鍔之說蓋不待辨而自窮矣

又案大宗伯再命受服注鄭司農云受服受祭衣服爲上士元謂此受元冕之服列國之大夫再命於子男爲

卿卿大夫自元冕而下如孤之服王之中士亦再命則
爵弁服據此則再命受服兼含士受爵弁服又攷䢅人
辨外内命夫命婦之命屨注命夫之命屨纁屨又云士
及士妻謂再命受服者疏士之命服爵弁則纁屨此皆
謂士受爵弁爲再命以上之士但攷玉藻一命緼韍幽
衡注謂公侯伯之士一命疏謂緼韍當爵弁韎韐大宗
伯疏謂無問天子士諸侯士例皆爵弁以助祭據此則
諸侯之上士一命天子之下士一命皆得服爵弁矣又
何待再命之士也今攷月令孟夏蠶事畢后妃獻繭乃
收繭稅以桑爲均貴賤長幼如一以給郊廟之服疏謂
夫助祭之服當公家所爲故禮再命受服其夫亦當有

祭服官家所給故輸繭稅以供造之但稅寡少然則爵
弁郊廟之服必再命之士乃得受繭於公家其一命之
士雖得服爵弁而典絲不以絲物授之卽不得云受服
也又攷内司服凡命婦共其衣服注臣之命者再命以
上受服則下士之妻不共也疏此約大宗伯男子之服
彼云一命受職再命受服則天子上士三命中士再命
乃受服天子下士一命則不受故鄭云下士則不共然
則不受服者公家不供其服非不得服也又攷典命子
男之卿再命其大夫一命其士不命其宮室車旗衣服
禮儀各眡其命之數夫再命之卿一命之大夫其宮室
車旗之類固有可眡之命若不命之士將安所眡亦必

比附一命之士而爲之儀不命可以比附一命猶之爵
同爲士一命之得服爵弁可以比附再命也

又爲諸侯之復服

雜記復諸侯以褒衣冕服爵弁服

又爲士之復服

夏采疏以爵弁者凡復者皆用上服故用士助祭之服
士喪禮復者一人以爵弁服簪裳於衣左何之扱領於帶
注禮以冠名服簪連也疏鄭言此者欲見復時惟用緇衣
纁裳不用爵弁而經言爵弁服是禮以冠名服也
既夕禮記復者朝服左執領右執要疏左執領謂爵弁服
也

雜記大夫士死於道則升其乘車之左轂以其綏復如於
館死則其復如於家注大夫復於家以元冕士以爵弁服
喪大記士以爵弁注復用死者之祭服以其求於神也疏
士以爵弁者士亦用助祭上服以招魄六冕則以衣名冠
諸侯爵弁則以冠名衣今言爵弁者但用其衣不用其弁
也

又爲公之襲服

雜記公襲卷衣一元端一朝服一素積一纁裳一爵弁二
元冕一褒衣一疏爵弁二者元衣纁裳二通也

又爲大夫之襲服

雜記子羔之襲也繭衣裳與稅衣纁袡爲一素端一皮弁

一爵弁一元冕一疏此明大夫死者襲衣稱歟也又曰爵
弁一者第四稱也
又爲士之襲服
士喪禮爵弁服純衣注謂生時爵弁所衣之服也
又爲公之襚服
雜記襚者降受爵弁服於門内霤
又爲天子承天變及哭諸侯之服
金縢王與大夫盡弁以啓金縢之書傳皮弁質服以應天
疏鄭元以爲爵弁者承天變降服
大宗伯再命受服賈疏司服不見爵弁者以其王吉服有
九自公以下轉相如其爵弁於天子諸侯非吉所用故不

言
王哭諸侯亦如之注哭諸侯者謂薨於國爲位而哭之檀
弓曰天子之哭諸侯也爵弁絰紂衣疏云哭諸侯者謂薨
於國爲位而哭之者若來朝薨於王國則王爲之緦麻不
應直哭之而已故引檀弓云天子之哭諸侯也爵弁絰紂
衣案彼注云麻不加於采絰衍字以其遥哭諸侯著爵弁
紂衣而已不合加麻絰於紂衣爵弁之上也
司服疏士之助祭服爵弁不言爵弁者以其爵弁之服惟
有承天變時及天子哭諸侯乃服之所服非常故列天子
吉服不言之今以次轉相如不得輒於士上加爵弁故以
皮弁爲首

檀弓天子之哭諸侯也爵弁絰紂衣注服士之祭服以哭
之明爲變也天子至尊不見尸柩不弔服麻不加於采此
言絰衍字也時人聞有弁絰因言之耳周禮王弔諸侯弁
絰緦衰也疏諸侯以下雖不見尸柩仍弔服也
王制制三公一命卷疏哭諸侯則爵弁故檀弓云天子之
哭諸侯也爵弁紂衣
穀梁文十二年傳男子二十而冠注書稱成王十五而冠
著在金縢疏案尚書金縢無成王十五而冠故彼鄭注云
天子諸侯十二而冠成王此年十五於禮已冠而爵弁者
承天變故降服也
案金縢王與大夫盡弁孔傳以爲皮弁鄭注以爲爵弁

孜獨斷周曰爵弁周書曰王與大夫盡弁古者皆以布
中古以絲則亦以金縢之弁爲爵弁矣天子哭諸侯爵
弁紂衣可知天子以爵弁爲哭服皮弁則爲天子常朝
吉服發金縢而服皮弁仍是服其常服何以示變耶故
鄭注較確
又案爵弁加於錫疑緦三衰則得絰以三衰非采也又
變爵弁而素則非吉弁故可加絰哭諸侯爵弁紂衣紂
衣元故云采若加絰則是麻加於采矣又此爵弁爲吉
弁與素弁異故不絰此天子哭服所以異於弔服也
又案檀弓注云天子至尊不見尸柩不弔服疏諸侯以
下雖不見尸柩仍弔服今孜哭服與弔服有殊文王世

子公素服不舉爲之變如其倫之喪無服注云君雖不
服臣卿大夫死則皮弁錫衰以居往弔當事則弁絰於
士蓋疑衰同姓則緦衰以弔之今無服者不往弔也故
文王世子又云弗弔弗爲服然則哭而不弔不爲弔服
也又弔視主人當事不當事之節往有常期即有常服
哭或出於倉卒主於盡哀不暇辨服在吉則或以吉服
往在喪則或以喪服往梁書天監十八年武帝舂祠二
廟既出宮有在將軍馮道根卒聞帝問中書舍人朱异
曰吉凶同日可乎對曰昔者衛獻公聞柳莊死不釋祭
服而往哭之道根有勞王室臨之禮也帝即幸其宅哭
之是在吉則吉服往者也雜記三年之喪雖功衰不弔

弁服釋例　卷一　二三

自諸侯達諸士如有服而將往哭之則服其服而往哭服新死者之服則期以下也檀弓子張死曾子有母之喪齊衰而往哭
之曾子曰我弔也與哉此以喪服往者也蓋弔事弁絰
服己身有喪不得釋重服而服弁絰故不弔也哭與於
弔不行弔禮不必定從弔服故不得弔者或得哭也宋
崔凱服節曰有不弔者三謂畏厭溺死也欲弔者不變
服哭之矣是弔則必變服哭不必變服之證也據檀弓
天子哭諸侯不見尸柩則爵弁紂衣是哭又以見尸柩
與不見尸柩異其服然則哭以弔服或不以弔服各因
其變非若弔服之有常也

又案魏書太和十五年高麗王死詔曰古者同姓哭廟
異姓隨其方皆有服制今既久廢不可卒爲之衰且欲
素委貌白布深衣於城東爲盡一哀以見其死者此即
檀弓注所云天子哭諸侯不見尸柩者也服素委貌白
布深衣蓋未攷爵弁紂衣之制耳詳攷詔義似以天子
哭諸侯古有服衰之制特因久廢不得卒爲之然不見
尸柩概用衰服不見於經或禮家相傳如是乎

又案白虎通引檀弓曰天子哭諸侯爵弁紂衣無絰字
則康成以爵弁絰紂衣絰爲衍字白虎通是其明證

爵弁重於皮弁

士冠禮疏此皮弁服卑於爵弁故陳之次在爵弁之南
雜記襚者降受爵弁服於門內霤將命子拜稽顙如初受

弁服釋例　卷一　二四

皮弁服於中庭疏爵弁受於內霤皮弁受於中庭朝服受
於西階元端受於堂既受處不同則陳於壁北亦重者在
南

有雀韋弁

顧命二人雀弁執惠立於畢門之內傳士衛殯與在廟同
故雀韋弁疏士入廟助祭乃服雀弁於此服雀弁者士衛
王殯與在廟同故爵韋弁也鄭元云赤黑曰雀言如雀頭
色也雀弁同如冕黑色但無藻耳然則雀弁所用當與冕
同阮諶三禮圖云雀弁以三十升布爲之此傳言雀韋弁
者蓋以周禮司服云凡兵事韋弁服此人執兵宜以韋爲
之異於祭服故言雀韋弁下云綦弁孔言鹿子皮爲弁綦

則下言冕執兵者不可以韋爲冕未知孔意如何
案釋名以爵韋爲之謂之爵弁即顧命傳所云雀韋弁也爵弁一名而有用布用韋之異凡經傳所稱爵弁皆三十升布爲之者也惟此孔傳及釋名有爵韋之制陳祥道諸家遂以爵弁爲韋弁其說之誤詳辨於後

有素爵弁

司服凡弔事弁經服注弁經者如爵弁而素加環經論語曰羔裘元冠不以弔經大如緦之經其服錫衰緦衰疑衰諸侯及卿大夫亦以錫衰爲弔服喪服小記曰諸侯弔必皮弁錫衰則變其冠耳喪服舊說以爲士弔服素委貌冠朝服此近庶人弔服而衣猶非也士當事弁經疑衰變其

裳以素耳國君於其臣弁經他國之臣則皮弁大夫士有朋友之恩亦弁經故書弁作絣鄭司農絣讀爲弁而加環經環經即弁經服疏云論語曰羔裘元冠不以弔者彼謂小斂之後主人已改服客則不用元冠羔裘朝服以弔之引之者證凡弔服及弁經皆施之於小斂已後也又云大夫士有朋友之恩亦弁經者喪服記云朋友麻故知大夫於士士自相於有朋友之恩者服麻也大夫相於不假朋友恩以其服問卿大夫相爲亦錫衰弁經不言朋友也

王爲三公六卿錫衰爲諸侯緦衰爲大夫士疑衰其首服皆弁經

弁師王之弁經弁而加環經注弁經王弔所服也其弁如爵弁而素所謂素冠也疏案曾子問云麻弁經鄭云麻弁經者布弁而加環經也此不言麻者皆素爲之又云詩庶見素冠兮彼素冠謂祥冠與此雖義別同是素爲之

諸侯及孤卿大夫之冕韋弁皮弁弁經各以其等爲之注弁經之弁其辟積如冕繅之就然庶人弔者素委貌一命之大夫冕而無旒士變冕爲爵弁其韋弁皮弁之會無結飾弁經之弁不辟積疏弁辟積如冕繅之就然者以其弔服非吉故無飾故辟積有數也又云不辟積者一命大夫及士冕弁既無旒故知無此等注云其韋弁皮弁之會無結飾與上注一命之大夫及士互相承士不得韋弁注所云韋弁無結飾蓋指一命之大夫也

喪服記朋友麻注弁經如爵弁而素加環經也

檀弓請喪夫子若喪父而無服疏鄭注司服云弁經如爵弁而素加環經鄭知如爵弁者見下文云殷人冔而葬又云弁經葛而葬與神交之道冔是祭冠也故知弁經是爵弁也

弁經葛而葬注接神之道不可以純凶天子諸侯變服而葬冠素弁以葛爲環經旣虞卒哭乃服受服也雜記曰凡弁經其衰侈袂疏素謂素帛爲弁故鄭注周禮司服云弁如爵弁而素不云麻是用素絹也以葛與弁經連文故云葛環經然則要帶猶用麻也又曰案喪服衰袂二尺二寸袪尺二寸則葬時更制其衰袂三尺三寸袪尺八寸是改喪服之衰也

周人弁而葬殷人冔而葬注周弁殷冔俱象祭冠而素禮同也

喪服小記男子冠而婦人笄男子免而婦人髽疏至小斂投冠括髮之後大夫加素弁士加素委貌故喪大記云君大夫之喪子弁經又喪服變除云小斂之後大夫以上冠素弁士則素委貌其素弁素冠皆加環經故雜記云小斂環經君大夫士一也又曰其斬衰男子括髮齊衰男子免皆謂喪之大事斂殯之時若其不當斂殯則大夫以上亦素弁士加素冠皆於括髮之上又曰其葬之時大夫及士男子散帶婦人髽與未成服時同其服則如喪服故既夕禮云丈夫髽散帶垂鄭注云爲將啓變也此互文以相見

耳諸文言髽見婦人也若天子諸侯則首服素弁以葛爲環經大夫則素弁加環經士則素委貌加環經故下檀弓云弁經葛而葬冠素弁以葛爲環經是王侯與卿大夫士異也

雜記大夫之哭大夫弁經大夫與殯亦弁經注弁經者大夫錫衰相弔之服也如爵弁而素加環經曰弁經疏大夫之哭大夫弁經者此謂成服以後大夫往弔哭大夫身著錫衰首加弁經大夫與殯亦弁經者此謂未成服之前故與殯之時首亦加弁經其餘則異身著當時所服之服故士喪禮注云主人成服之後往則錫衰主人未成服君亦不錫衰則著皮弁服也若此大夫主人未成服之前身亦皮弁服而弁經也若主人未小斂之前則吉服而往不弁經也案禮主人未成服之前小斂之後大夫著弁經而衣皮弁服此云弁經大夫錫衰相弔者如鄭此意則經云大夫之哭大夫弁經經據主人成服之後故云大夫錫衰相弔之服但文在大夫與殯之上故南北諸儒皆以此大夫之哭大夫弁經是二斂之閒怪其鄭注云錫衰所以各爲異說今謂大夫之哭大夫廣解成服之後於義無妨但既成服之後又卻明與殯之前理亦弁經

小斂環經公大夫士一也注士素委貌大夫以上素爵弁而加此經焉散帶疏雜記云大夫與殯亦弁經以大夫與他殯尙弁經則其子弁經明矣諸侯以上尊固宜弁經

喪大記君將大斂子弁經卽位於序端注子弁經者未成服弁如爵弁而素大夫之喪子亦弁經疏大夫之喪子亦弁經者案雜記云大夫與殯亦弁經與他殯事尙弁經明自爲父母弁經可知其士則素冠故武叔小斂投冠是諸侯大夫與天子士同

服問當事則弁經注弁經如爵弁而素加經也

穀梁莊三年傳改葬之禮緦舉下緬也注江熙曰葬稱公舉五等之上改葬禮緦舉五服之下以喪緬邈遠也天子諸侯易服而葬以爲交於神明者不可以純凶況其緬者乎疏知天子諸侯易服而葬者檀弓云弁經葛而葬與神交之道也鄭元云接神之道不可以純凶天子諸侯變服

而葬冠素弁以葛爲環絰既虞卒哭乃服受服也變服者謂未葬以前服麻葬則易之以葛也

案周禮司服凡弔事弁絰服訂義載宋儒之説謂弁絰皮弁而加環絰明劉績三禮圖云惟弁絰去絰不去絰亦名皮弁喪服小記云諸侯弔必皮弁錫衰言有絰者也郊特牲曰皮弁素服而祭素服以送終也士冠記郊特牲三王共皮弁素積皆指無絰者也此説之謬沿自宋儒而加甚（惟弁絰去絰不去絰句大意謂弁絰無論去絰不去絰皆得名皮弁以弁絰本卽皮弁而加絰耳）鄭司服注云弁絰者爵弁而素加環絰檀弓疏云用素絹蓋弔服之素弁與凶服之縞冠同均以白絹爲之檀弓軍有憂則素服哭於庫門之外注素服者縞

冠也穀梁成五年傳君親素縞注素衣縞冠於以證凶災素服共冠多用縞素弔事加麻用素服之冠則比喪冠爲吉比吉冠爲凶鄭注以弁絰爲素爵弁深得禮意又攷檀弓天子之哭諸侯也爵弁紂衣蓋爵弁於天子非吉弁故哭諸侯用之弔則哀深於哭故用素爵弁而加絰示彌凶也若天子弁絰用皮弁則是轉用吉弁矣非禮意也又攷喪大記君將大斂子弁絰蓋子當投冠括髮之後雖未冠喪冠而弁用縞素已與喪冠相近故環絰焉若弁絰卽爲皮弁則是以視朝視朔之吉弁臨親之殯在弔者且爲非禮況子身乎故宋儒以弁絰爲皮弁於喪大記此文更爲難解又喪服變除明云小斂之後大夫以上冠素弁卽謂子弁絰也云素弁則以白絹爲弁非皮弁明矣宋儒不信鄭注而又不信喪服變除究將以何者爲信乎至喪服小記云諸侯弔必皮弁錫衰蓋諸侯弔已臣弁絰弔異國之臣皮弁以皮弁既非素弁又不加絰故以之弔外臣哀有殺也小記不云弁絰錫衰而云皮弁錫衰尤可見皮弁弁絰異制而劉績謂小記皮弁爲弁絰繆矣

又案雜記大夫之哭大夫弁絰大夫與殯亦弁絰注曰弁絰大夫錫衰相弔之服也疏謂主人未成服之前小斂之後大夫著弁絰而衣皮弁服此云弁絰大夫錫衰相弔者如鄭此意則經云大夫之哭大夫弁絰經據主

人成服之後故云大夫錫衰相弔之服但文在大夫與殯之上故南北諸儒皆以此大夫之哭大夫弁絰是二斂之閒怪鄭注錫衰今攷經文明云大夫與殯亦弁絰但玩一亦字節次前後已明蓋二斂之閒弔服已用弁絰至於殯時與二斂之閒亦同亦之云者以後襲前之辭也非追記之辭也但鄭注明云錫衰攷二斂之閒不得用錫衰故南北諸儒怪之不知鄭注但云弁絰者大夫錫衰相弔之服不云二斂之閒服錫衰也攷司服云凡弔事弁絰服鄭注亦云弁絰者如爵弁而素加環絰其服錫衰緦衰疑衰諸侯卿大夫亦以錫衰爲弔服然則弁絰而服錫衰緦衰疑衰天子弔服之正也弁絰而

服錫衰諸侯卿大夫弔服之正也衰而不弁絰弔服之變其冠者也司服注衰服小記弁錫衰爲變其冠皮弁絰而不衰弔服之變其衣者也雜記疏士人未成服之前身亦皮弁服而弁絰是皆非弔服之正鄭此注因經言大夫之弁絰遂舉大夫弁絰服之正制以釋之故云弁絰大夫錫衰相弔之服不謂二殮之閒大夫之哭大夫必錫衰而不皮弁服也南北諸儒怪此注錫衰二字由誤會注以錫衰爲二殮之閒弔服耳至孔疏因注中錫衰二字遂以大夫之哭大夫弁絰爲成服後之弔服則又於下大夫與殯節次前後相亂即與亦弁絰亦字之義相妨矣

又案公大夫士弔服皆用素爵弁而於親始死環絰惟

弁服釋例　卷一　三二

大夫以上用素爵弁士則用素委貌者蓋親始死雞斯徒跣盡去冠飾至小斂不得已而用冠亦必從其殺者士以爵弁爲上服大宗伯再命受服謂士所得受者止於爵弁服蓋不得服冕則以爵弁爲上也士於親始死若用素爵弁則做吉時之上服而爲之非所以示殺也故用素委貌公大夫之用素爵弁以爵弁非其上服故也而公以爵弁爲始命之服天子之大夫以爵弁爲家祭之服檀弓且投其冠注云素委貌疏謂武叔投冠武叔是諸侯大夫當天子之士然則雜記注大夫以上素爵弁惟據天子大夫公大夫之用素爵弁則殺而不失其敬也士用素委貌亦然又攷親始死而環絰惟天子之士得素委貌諸侯之士下及庶人弁不得素委貌情至哀則服至殺故卑者不飾熊氏云士喪禮諸侯之士故無素冠也至於弔服雖庶人亦得素委貌以禮加人不得不飾也必使庶人弔服別於士大夫則庶人不得素爵弁必使士大夫弔服別於庶人則士之弔服不可素委貌也士於弔用素爵弁於親始死用素委貌義各有所取也

又案弔服弁絰之制漢魏六朝諸儒皆以弁爲素爵弁漢戴德曰君弔臣疑衰素弁加絰吴射慈曰始聞喪去吉冠著素弁魏博士杜希議論語曰羔裘元冠不以弔周人去元冠代以素弁又云又禮自天子下達於士臨殯殮之事去吉冠以素弁君子臨喪必有哀素之心是以去元冠代之以素據此諸說弁絰用素之義最爲鑿

弁服釋例　卷一　三三

鑿皆可與鄭注相證未有以弁絰爲皮弁加絰者故魏書高祖太和十八年安定王休薨高祖自薨至殯車駕三臨改服錫衰素弁加絰弁絰之用素爵弁不用皮弁在當時猶明本制惟戴德謂諸侯會遇相弔則錫衰皮弁加絰或以會遇當依聘禮服皮弁諸侯因會遇而卒變出非常故相弔仍冠聘服之弁而加絰以示變於常耳固不得以例弁服之通制也

又案敖繼公釋弁絰葛而葬謂弁絰之絰麻絰也葛葛帶也與鄭注素弁葛絰異訓今攷喪服小記疏若天子諸侯則首服素弁以葛爲環絰大夫則素弁加環絰士則素委貌加環絰故檀弓云弁絰葛而葬鄭注云接神

不可以純凶天子諸侯變服而葬冠素弁以葛爲環經是天子諸侯與卿大夫士異也繼公謂檀弓弁經葛而葬葛爲葛帶非葛經則天子諸侯葬服素弁與卿大夫素弁無異不知禮意而妄言之故其弊如此

又案漢書王莽傳莽母死劉歆議服袒曰王爲諸侯緦衰弁而加環經同姓則麻異姓則葛攝皇帝當爲功顯君緦衰弁而加麻環經如天子弔諸侯服莽自爲其母而服司服之弁經服顯與經違並無所庸其附會矣歆謂弁經有葛經麻經之殊亦與鄭義異

又案隋志載後周制其弔服錫衰以哭三公緦衰以哭諸侯疑衰以哭大夫皆素弁環經所云素弁環經卽司服弁經服之制凡弔服用素弁若檀弓所云天子哭服則直用爵弁而不素矣蓋弔見尸柩故用素弁哭不見尸柩故不用素弁也讀禮通攷載檀弓天子之哭諸侯也爵弁紂衣一條在弔服弁經例中則哭服之爵弁與弔服之素弁似混爲一矣

又案隋志云皆素弁環經注云如爵弁之數之數二字最不易解弁師諸侯及孤卿大夫之弁經各以其等爲之注弁經之弁其辟積如冕繅之就然疏以其弔服非吉故無飾故辟積有數據此則隋志於素弁之下當注云辟積如繅就之數不當云如爵弁之數也鄭注司服云弁經如爵弁而素疑隋志注如爵弁之數之字當爲而字之誤數字當卽素字亦以聲同而誤耳

有布爵弁

曾子問則子麻弁經疏衰菲杖注棺柩未安不忍成服於外也麻弁經者布弁而加環經也布弁如爵弁而用布疏云麻弁經者布弁而加環經也者布外謂吉布十五升與子游麻衰及詩云麻衣如雪同知加環經者雜記云小斂環經是也云布弁如爵弁而用布者案檀弓云周人弁而葬殷人冔而葬冔是殷之祭冠明弁經似周之祭冠故知爵弁也

案獨斷周曰爵弁殷曰冔夏曰收皆以三十升漆布爲殼然則爵弁本以布與六冕同今注云如爵弁而用布何耶攷獨斷又云周書曰王與大夫盡弁古者以布中古以絲孔子曰麻冕禮也今也純儉吾從衆然則當時弁冕皆以絲矣惟此弁獨用布耳據孔疏以麻衰及麻衣如雪釋經文麻字則此麻弁爲白布弁而注但云用布者攷士冠禮記曰太古冠布齊則緇之云布白布也蓋布質本白但名曰布所以別於已緇之布也注云如爵弁而用布言爵弁本以緇布或緇帛爲之此則如爵弁而白布耳此注布字正與太古冠布之布同孔疏以麻衰及麻衣如雪爲解與經文麻字注中布字義均合

雜記小斂環經君大夫一也喪大記君將大斂子弁經注未成服弁如爵弁而素此其殯服則未成服也子當

素爵弁乃變素用布者以喪從外來哀有加也且以示
變也禮成服始杖今未成服而已杖亦變於常也蜀譙
周謂國君爲卿大夫弔皆錫衰布弁而經戉司服注國
君於其臣弁經則素弁也不以布弁用布弁者惟曾子
問子麻弁經以待喪之外至耳殊與弔服不合

一曰冕

文王常服黼冔傳冔殷冠也夏后氏曰收周曰冕疏郊特
牲及士冠禮皆云周弁殷冔夏收故知冔殷冠也既以冔
爲殷冠更取二代以明之故言夏后氏曰收周曰冕也彼
云周弁此云冕者以周自大夫以上祭服皆用冕服故傳
以冕言之實冕而謂之弁者周禮弁師注云弁古冠之大

弁服釋例　卷一　二五

號官名弁師職掌五冕故知弁是大名也

案郊特牲及士冠禮皆云周弁殷冔夏收後漢志爵弁
所謂殷冔夏收者也冔收之制不可詳以爵弁推之似
亦爵弁之類也但戉王制有虞氏皇而祭夏后氏收而
祭殷人冔而祭周人冕而祭注皇冕屬也畫羽飾焉凡
冕服皆元上纁下有虞氏十二章周九章夏殷未聞是
鄭注明以皇冔收爲冕服故史記裴駰集解引太古冠
冕圖亦曰夏名冕曰收據此則冔收即夏殷之冕馬端
臨因經傳冔收多與周弁對舉遂以冔收爲弁且謂夏
殷之祭用弁以弁爲殺於冕不知論語惡衣服而致美
乎黻冕孔安國曰損其常服以盛祭服也此夏祭用冕

之證太甲中伊尹以冕服奉嗣王歸於亳奉嗣王尚以
冕祭必以冕可知故禮器天子之冕朱綠藻注此祭冕
服也朱綠似夏殷禮然則夏殷祭服未嘗不以冕也鄭
注兼以冕制釋冔收其義最合而士冠禮郊特牲云周
弁殷冔夏收皆以夏殷之冕與周弁對舉者論語服周
之冕包氏曰冕禮冠也周之禮文而備也取其黈纊塞
耳不任視聽也皇侃義疏周既文故冕服前後垂旒以
亂眼左右兩邊垂瑱以塞耳示不任視聽也據此則冕
至周始稱文而備可知夏殷之前尚未文而備也爵弁
本冕之次特冕備文飾弁不備文飾耳冔收不備文飾
即類周弁故士冠禮郊特牲曰周弁殷冔夏收正明周

弁服釋例　卷一　二六

之弁似夏殷之冕豈以冔收爲弁乎詩常服黼冔爲殷
卿士助祭之服則冕服也白虎通引詩曰厥作祼將常
服黼冔言微子服殷之冠助祭於周也白虎通麻冕者何周宗廟之冠也則冕通言冠微子爵爲公侯助祭安得非冕黼冔之黼即元
衮及黼之黼常服黼冔疏周冕無續繡之飾則殷冔亦不以黼爲飾自衣服之所有也禮器云冕諸侯九旒注云似夏殷制則殷之諸侯祭服亦九章而下不止於黼而已舉一章而表之耳爾雅衮
黻也疏謂詩止言元衮及黼不言黻此更言黻明有黼
必有黻然則詩云黼冔亦黼黻俱備知黼冔爲黼黻而
加冔即知冔爲冕也故毛傳曰夏后氏曰收周曰冕以
周之冕況夏之收殷之冔皆爲冕也士冠禮郊特牲以
夏收殷冔對周弁言冔收之制近乎周之弁也王制以

夏收殷冔對周冕言冔收在夏殷爲冕猶夫周之冕也毛傳夏曰收周曰冕蓋專據王制夏后氏收而祭周人冕而祭之文耳孔疏因士冠禮郊特牲旣明有周弁之文今毛傳乃不云周弁而云周冕遂竝疑周弁之文乃實冕而通言弁豈知士冠禮郊特牲所云周弁專釋士冠三加之爵弁非冕也安得云實冕而通言弁乎周道委貌也章甫殷道也毋追夏后氏之道也此一條謂周之冠與夏殷之冠名異實同也周弁殷冔夏收一條謂周之爵弁似夏殷之冕也三王共皮弁素積一條謂周之皮弁與夏殷名實俱同也又攷檀弓周人弁而葬殷人冔而葬所謂周人弁而葬卽上文弁絰葛而葬也上文鄭注云冠素弁以葛爲環絰素弁卽素爵弁然則周弁雖與殷冔對舉而周弁鄭自解爲素爵弁

其不得因冔收爲冕而竝指周弁爲冕此其證也馬端臨因士冠禮郊特牲殷收夏冔與周弁竝舉則謂冔收亦爲弁孔穎達詩疏因王制夏收殷冔與周冕竝舉因謂冔收亦爲冕孔疏是也但冔收旣爲冕而士冠禮郊特牲乃以冔收對周弁似非其類故孔詩疏又以周弁之弁乃實冕而通言弁不知冔收自爲冕故王制曰夏收而祭殷冔而祭周冕而祭周弁自爲爵弁因其與夏殷之冕制度相近周弁有冕無旒何休應劭皇侃之流皆謂夏殷之冕無旒則制相近也故士冠禮郊特牲皆連類而書曰周弁殷冔夏收耳解此則二家之惑可釋矣

或曰韋弁

案陳祥道鄭鍔易祓諸家謂韋弁卽爵弁今攷司服云凡兵事韋弁服眡朝則皮弁服凡甸冠弁服又曰士之服自皮弁而下如大夫之服疏此文以上公自袞冕以下至次如之上得兼下下不得僭上也蓋謂公之服自袞冕以下皆得服袞冕而上大裘則不得服也故曰下不得僭上以此例之則士之服自皮弁而下始得服皮弁之上不特大夫之元冕不得服卽韋弁亦不得服矣聘禮賈疏司服先云兵事韋弁服後云眡朝皮弁服則韋弁尊於皮弁蓋上文明以皮弁次韋弁此文於士之服但以皮弁爲首則皮弁之上韋弁不得服可知又攷弁師諸侯及孤卿大夫之冕韋弁皮弁弁絰各以其等爲之司服於士惟言皮弁弁師於

孤卿大夫始兼言韋弁則大夫以上得韋弁士不得韋弁之確證也故荀子富國篇云士皮弁以司服不云士之服自韋弁而下止云自皮弁而下故也呂氏春秋上農篇庶人不冠弁高誘注弁鹿皮冠詩會弁如星誘此注蓋因司服士之服自皮弁而下故謂庶人幷不得皮弁秋興賦斑鬢髟以承弁兮素髮颯以垂領李善注引周禮曰士弁服白虎通曰皮弁冠名李善引周禮士弁服而以白虎通皮弁作證則以司服士之弁服止自皮弁而下也李善詞人尙識此義如諸家之說韋弁卽爵弁然則士以爵弁爲命服卽以韋弁爲命服矣司服當云士之服自韋弁而下如大夫之服不得云自皮弁而

下如大夫之服也乃又云禮記但言爵弁不言韋弁周禮但言韋弁不言爵弁以爵弁卽韋弁也然此又何解於儀禮既言爵弁又言韋弁乎乃又云詩韎韐有奭爲將六師之服云韎韐則爵弁也將六師服爵弁可知爵弁卽兵事韋弁服矣不知此諸侯世子除父喪三年服此爵弁始命之服以來朝非韋弁服也鄭箋明云其服爵弁服紂衣纁裳則不得以韎韐爲韋弁服矣蓋世子未受命猶同於士故服士服以聽君任將之命耳左氏宣十六年傳晉侯請於王戊申以黻冕命士會將中軍云黻冕則命爲卿之服也豈亦得以其將軍而指爲韋弁服乎況爵弁如爵頭色赤而微黑所謂五入爲緅者

也韋弁以韎染乃淺赤色所謂一入爲縓者也縓緅二色顯異而諸家謂爵韎同色何耶或又引顧命雀弁孔傳雀韋弁爲證彼文孔疏已不從孔傳且卽以雀韋爲之亦止得曰雀弁不得曰韋弁釋名曰以雀韋爲之謂之雀弁以韎韋爲之謂之韋弁二語最爲分析況爵弁用布見於白虎通獨斷漢禮器制度續漢書志三禮新舊圖及鄭注可爲典要而以韋爲之特別說耳安足據以爲證乎又案荀子大畧篇天子山冕諸侯元冠大夫裨冕士韋弁禮也楊倞注韋弁謂以爵韋爲韠而戴弁也倞不以此士韋弁爲司服韋弁者以司服但云士之服自皮弁而下則士不得韋弁故以韋韠戴弁解之又

攷荀子富國篇明云士皮弁與司服經文士之服自皮弁而下如大夫之服相合不應於大畧篇別云士韋弁然則大畧篇之韋弁實富國篇之皮弁皮弁而名韋弁孔疏云皮韋同類故通稱也蓋對文則皮韋異稱司服之韋弁皮弁是也散文則皮韋通稱荀子富國篇之皮弁大畧篇之韋弁是也淮南子覽冥訓夫道之與德若韋之與革遠之則邇近之則遠蓋謂皮韋之相似也攷工記攻皮之工函鮑韗韋裘而統名以攻皮則皮韋通名也弁師冠弁服疏王制疏左氏昭十二年傳疏皆以皮弁爲韋弁之通稱則荀子士韋弁實卽皮弁非韋弁明矣明乎士止得皮弁不得韋弁則知爵弁之非韋弁

矣蓋士不得韋弁而得爵弁故也

攷坊記注在軍同服左氏僖五年傳均服振振注戎事上下同服公羊成元年傳逢丑父頃公之車右也面目與頃公相似衣服與頃公相似卽在軍君臣同服之證然攷左氏成十六年傳有韎韋之跗注疏在軍之服其色皆同所謂均服振振上下同色卻至與衆同服所以獨見識者禮法雖有此服軍士未必盡然然則韋弁惟卿大夫以上得服此爲確據如士以下皆得韋弁則在軍之士甚多韎韋之跗注亦甚多卻至又何獨以此衣著異而見識耶

爵弁無旒與無旒之冕同惟不俛爾

弁師掌王之五冕注延冕之覆在上疏以爵弁前後平則得弁稱冕則前低一寸餘得冕名

諸侯及孤卿大夫之冕韋弁皮弁弁経各以其等爲之注一命之大夫冕而無旒士變冕爲爵弁疏一命之大夫冕而無旒此亦無文鄭知然者凡冕旒可以爲文飾一命若有則止一旒一玉而已非華美又見一命大夫衣無章士又避之變冕爲爵弁若一命大夫有旒士則不須變冕爲爵弁直服無旒之冕矣故知一命大夫無旒也若然爵弁制如冕但無旒爲異則無旒之冕亦與爵弁不殊得謂之冕者但無旒亦前低一寸餘故亦得冕名也

士冠禮爵弁服疏又名冕者俛也低前一寸二分故得冕稱其爵弁則前後平故不得冕名

爵弁皮弁緇布冠各一匴注爵弁者制如冕黑色但無繅耳

公羊宣元年傳已練可以弁冕注夏曰收殷曰冔周曰弁加旒曰冕疏何氏以爲弁冕之形制一耳但加旒爲異矣

案爵弁既以弁名則其狀當似弁不特弁下無旒及前後延平異於冕也攷釋名弁如兩手相合抃時也以爵韋爲之謂之爵弁以鹿皮爲之謂之皮弁以韎韋爲之謂之韋弁也然則此三弁皆作合手狀矣其延下當上銳下圓又攷後漢輿服志冕制皆前圓後方則與下圓上銳者異疑爵弁與冕雖同有上延而爵弁延下則爲合手之形與冕狀別

弁服釋例卷一

蕭山湯應綖校

弁服釋例卷二

爵弁服下　　　　興化　任大椿

爵弁以三十升布爲之赤色而微黑上古以布中古以絲廣八寸長尺六寸或曰高八寸長尺二寸

七月載元載黃疏緅今禮記作爵言如爵弁色也

司服凡弔事弁絰服疏爵弁之形以木爲體廣八寸長尺六寸以三十升布染爲爵頭色赤多黑少

鍾氏五入爲緅注染纁者三入而成又再染以黑則爲緅緅今禮俗文作爵言如爵頭色也又復再染以黑乃成緇矣鄭司農云以論語曰君子不以紺緅飾又曰緇衣羔裘爾雅曰一染謂之縓再染謂之赬三染謂之纁詩云緇衣之宜兮元謂此同色耳染布帛者染人掌之凡元色者在緅緇之閒其六入者與

士冠禮爵弁服注爵弁者冕之次其色赤而微黑如爵頭然或謂之緅其布三十升疏云爵弁者冕之次者凡冕以木爲體長尺六寸廣八寸績麻三十升布上以元下以纁前後有旒其爵弁制大同惟無旒又爲爵色爲異又曰其色赤而微黑如爵頭然或謂之緅者七入爲緇若以纁入黑則爲紺以紺入黑則爲緅是三入赤再入黑故云赤而微黑也云如爵頭然者以目驗爵頭赤多黑少故以爵頭爲喻也以紺再入黑汁與爵同故取鍾氏緅色解之故鄭注鍾氏云緅今禮俗文作爵言如爵頭色也鄭此言赤者對文爲赤若將緅比纁則又黑多矣故淮南子云以涅染紺則黑於涅況更一入黑爲緅乎故巾車云雀飾鄭云雀黑多赤少之色是也云其布三十升者取冠倍之義是以喪服衰三升冠六升朝服十五升故冕三十升也

記周弁殷冔夏收疏案漢禮器制度弁冕周禮弁冕相參攷之冕以木爲體廣八寸長尺六寸績麻三十升布爲之上以元下以纁前後有旒尊卑各有差等

喪服記朋友麻注弁絰者如爵弁而素疏言爵弁者制如冕以木爲中幹廣八寸長尺六寸前低一寸二分以三十升布上元下纁爵弁之體廣長亦然亦以三十升布但染作爵頭色赤多黑少之色置之於版上

王制制三公一命卷疏爵弁者如雀頭色

案後漢志注引蔡邕獨斷曰殷黑而微白前大而後小夏純黑而赤前小而後大皆以三十六升漆布爲之詩云常服黼冔書曰王與大夫盡弁上古皆以布中古以絲孔子曰麻冕禮也今也純儉則是布用三十六升與鄭注異攷八十縷曰升三十升則二千四百縷也古布濶二尺二寸當今尺三寸有奇若容三十升二千四百縷則今尺一分之地幾容十八縷已恐過密難成若後漢志注所引獨斷云以三十六升漆布爲之則一分之地幾容二十一縷有奇更爲細密難成矣今攷獨斷本

文但云三十升布不云三十六升則後漢書注中六字當爲衍文又攷班固食貨志布廣二尺二寸後魏書爵制人間所織絹布等皆幅廣二尺二寸長四十尺爲一端與鄭此注同淮南子天文訓黄鐘之律修九寸物以三生三九二十七故幅廣二尺七寸注古者幅比皆然也據此則幅又不止二尺二寸矣淮南子高誘皆漢人其説似亦有據古冕弁用布每幅容麻三十升或幅廣之度不盡如班志及鄭注所云乎

又案左氏桓二年傳衮冕黻珽疏引阮諶三禮圖漢禮器制度云冕制皆長尺六寸廣八寸天子以下皆同沈引董巴輿服志云廣七寸長尺二寸應劭漢官儀云廣

七寸長八寸沈又云廣八寸長尺六寸者天子之冕廣七寸長尺二寸者諸侯之冕廣七寸長八寸者大夫之冕司服疏謂爵弁之形以木爲體廣八寸長尺六寸士冠禮疏以冕制參攷弁制謂皆廣八寸長尺六寸三禮圖所載舊圖亦同則與漢禮器制度冕制合又後漢志及獨斷晉志均云爵弁高八寸長尺二寸初學記引董巴輿服志爵弁廣八寸長尺二寸則爵弁大小尺寸傳述又異豈廣八寸長尺六寸者爲天子爵弁廣八寸長尺二寸者爲諸侯以下爵弁亦如沈氏所云諸侯天子之冕大小各異乎但左氏桓二年傳疏引董巴輿服志謂冕廣七寸長尺二寸初學記引董巴輿服志爵弁廣八寸長尺二寸則是爵弁反廣於冕一寸似與冕弁大小之制未合也

又案士冠禮爵弁皮弁緇布冠各一匴注爵弁者制如冕黑色與前爵弁服注赤而微黑似小有異攷染法三入以前全以丹秫染赤至四入染黑乃爲紺紺更染黑乃爲緅是赤已三入黑方再入赤深黑淺爲青廣雅云碧縹紺緅緅總蒼青也青亦爲黑記曰或素或青夏造殷因則以青爲黑也蓋緅爲淺黑故緅爲青黑亦爲青爵緅同色此色以赤爲體則曰赤而微黑以黑變赤則曰黑色鄭士冠禮前後二注互相成也又攷説文纔字下云帛雀頭色一曰微黑色如紺纔淺也蓋四入爲

紺五入爲緅緅雖黑深於紺尙與紺相近故説文云如紺而比之六入之元七入之緇則淺矣師古文帝紀注纔少也淺與少同玩纔字之義可以知爵色矣

又案獨斷曰冕弁上古以布中古以絲則鄭注士冠禮所云三十升布據上古也孔子曰今也純儉據中古也後漢志及晉志釋爵弁皆云紺其上則不以布矣皆法中古也

又案後漢志載爵弁之制云有收持笄所謂夏收殷冔者也攷玉海引三禮圖周弁殷冔夏收之制云三冠下皆有收注云如笠下收則收之一物在弁之下又以持笄則兩旁皆有之豈亦如皮弁之邸有周緣之象如魏

臺訪議所云乎又後漢志載幘制云崇其巾爲屋合後施收又云尚書幘收方三寸則收之廣長皆三寸其形方正孜府志烏紗帽卽幘之遺制今所傳烏紗帽別以漆纚方二三寸施帽後其卽合後施收歟以幘之收求弁之收未知合否古制旣湮終不可以臆測也

天子玉笄朱組紘諸侯玉笄青組紘大夫士象笄皆緇組紘纁邊韋弁皮弁笄同

葛覃傳公侯夫人紘綖疏紘者纓之無緌從下而上者也祭義曰天子冕而朱紘諸侯冕而青紘此諸侯當以青爲組在冕下仰屬之故士冠禮注云有笄者屈組爲紘垂爲飾無笄者纓而結其絛是也

弁師玉笄朱紘注朱紘以朱組爲紘也紘一條屬兩端於武疏謂以一條組先屬一頭於左旁笄上以一頭繞於頤下至向上於右相笄上繞之是以鄭注士冠禮云有笄者屬組以爲紘垂爲飾無笄者纓而結其絛彼有笄據皮弁爵弁此五冕皆有笄與彼同此言屬於武者據笄貫武故以武言之其實在笄

士冠禮皮弁笄爵弁笄緇組紘纁邊注笄今之簪有笄者屈組爲紘垂爲飾無笄者纓而結其絛纁邊組側赤也疏案周禮弁師云掌五冕而云玉笄朱紘則天子以玉爲笄以朱爲紘又案祭義云天子冕而朱紘諸侯冕而青紘諸侯之笄亦當用玉矣又案弁師韋弁與皮弁同科皮弁有笄則二者亦有笄矣又云其大夫紘案禮器云管仲鏤簋朱紘鄭注云大夫士當緇組紘纁邊是也其笄亦當用象耳

喪服傳吉笄者象笄也疏傳明吉時之笄以象骨爲之據大夫士而言案弁師天子諸侯笄皆玉也

雜記管仲鏤簋而朱紘注冠有笄者爲紘紘在纓處兩端上屬下不結

左氏桓二年傳衡紞紘綖注紘纓從下而上者疏紘纓皆以組爲之所以結冠於人首也纓用兩組屬之於兩旁結之於頷下垂其餘也紘用一組從下屈而上屬之於兩旁垂其餘也紘纓同類以之相形故云紘纓從下而上者弁

師掌王之五冕皆玉笄朱紘祭義稱諸侯冕而青紘士冠禮稱緇布冠青組纓皮弁笄爵弁笄緇組纓鄭元云有笄者屈組爲紘垂爲飾無笄者纓而結其絛以其有笄者用紘力少故從下而上屬之無笄者用纓力多故從上而下結之冕弁皆有笄故用紘緇布冠無笄故用纓也魯語稱公侯夫人織紘綖知紘亦織而爲之士冠禮言組纓組紘知天子諸侯之紘亦用組也

案禮器管仲鏤簋朱紘謂管仲冕用朱紘僭於天子之冕故注云天子之冕朱紘管仲大夫也大夫之冕經文未著何紘彼注謂大夫士當緇組紘纁邊疏引士冠禮爵弁之紘爲證雜記疏亦謂大夫之冕緇組紘亦據士

冠禮爵弁之紘也卽知大夫之冕與爵弁之紘同至於
天子諸侯爵弁經文亦未著何紘士冠禮疏引祭義天
子冕而朱紘諸侯冕而青紘以證天子諸侯爵弁之紘
則知天子諸侯大夫冕弁之紘皆同也
又案弁師王之皮弁玉笄則爵弁笄亦以玉明矣諸侯
爵弁笄用玉雖無明文弁師諸侯冕用玉笄爵弁爲冕
之次其用玉笄當亦如冕故士冠禮疏云諸侯之笄當
用玉喪服吉笄尺二寸注亦云天子諸侯之后夫人用
玉爲笄夫人玉笄則諸侯亦玉笄審矣三禮圖梁正阮
氏圖云士以骨大夫以象士冠禮疏謂大夫士均用象
攷儀禮喪服記子折笄首傳曰吉笄者象笄也疏傳明

吉時之笄以象骨爲之據大夫士而言然則士之吉笄
亦得以象也
又案弁師皆元冕朱裏延紐注紐小鼻在武上笄所貫
也今時冠卷當簪者廣袤以冠縱其舊象歟此言冕制
也弁亦有笄則與冕制同冠卷有紐以貫笄其設紐之
處但言廣袤以冠其制已明必兼言縱者蓋注云袤之
言乎前後闈也冠內之縱以髻爲闈設紐之處雖當武
之中不當縱之中卽不當髻之中矣故袤必以冠縱之
中爲中也廣以言乎上下也縱以韜髮其上下當與髻
齊紐在武上必當縱上下之中乃當髻上下之中故廣
亦以縱言之惠氏禮說據一本云今時冠卷當簪者廣

衮似冠縱其遺象歟謂以字當作似字幘之制旁有耳
上有屋下有帞帽亦如之垂帞覆帽蓋韜髮之遺象故
曰廣袤似冠縱其遺象與漢之幘梁似古之冠縱今攷
鄭此注本以釋五冕之紐上云紐小鼻在武上笄所貫
也下因釋紐在武上當以冠縱之中爲中故舉漢時冠
紐釋冕弁之紐也紐在卷上故舉卷當簪之處釋紐當
簪之處也注云冠卷當簪者卽爲紐耳漢時冠卷或以
鐵爲之或以漆紗爲之其狀如圖惠氏謂冠卷當簪之
處如幘之有帞幘似冠纚則冠卷當簪之處亦似冠纚
不知漢時幘下有帞冠卷之下無帞注何得云冠卷當
簪之處同於幘之有帞且同於幘之似纚乎況鄭此注

專釋經文紐字耳與幘之似纚何涉如惠氏說則此注
乃釋幘制非釋紐制也與上注紐小鼻在武上笄所貫
也數句全不相接矣賈疏釋注亦作廣袤以冠縱云古
之紐武笄貫之處若今漢時冠卷當簪所貫者於上下
之廣及隨縱之袤以冠縱者貫笄之處當冠縱之中央
據此則注內以字不誤惠氏所見周禮縱有善本而賈
疏所據則唐以前本也何必似字之是而以字之非乎
又案弁師疏紐者綴於冕兩旁垂之廣雅紐謂之鼻鄭
注以冕之紐爲小鼻蓋形制如環其圍僅可容笄故云
小鼻耳與幘及冠纚垂帞覆帽[illegible]可比象歟
天子諸侯瑱用玉諸侯卿大夫士瑱用石韋弁皮弁朝服元端同此

洪奧充耳琇瑩會弁如星傳充耳謂之瑱琇瑩美石也天
子玉瑱諸侯以石弁皮弁所以會髮
君子偕老玉之瑱也傳瑱塞耳也疏旣夕記云瑱塞耳充
耳是也或曰充耳淇澳云充耳琇瑩是也
追師追衡笄注追猶治也詩云追琢其璋王后之衡笄皆
以玉爲之惟祭服有衡垂於副之兩旁當耳其下以紞縣
瑱詩云玭兮玭兮其之翟也鬒髮如雲不屑髢也玉之瑱
也是之謂也疏其紞之采色瑱之玉石之別者婦得服翟
衣者紞用五采瑱用玉自餘鞠衣以下紞則三采瑱用石
知義然者案著詩云充耳以素鄭彼注云謂從君子而出
至於著君子揖之時也我視君子則以素爲充耳謂所以

縣瑱者或名爲紞織之人君五色臣則三色而已此言素
者目所先見而云下云尙之以瓊華注云美石彼下經又
云充耳以青充耳以黃據臣三色故云人君五色矣詩云
玉之瑱據君夫人云用玉則臣之妻與夫同美石彼毛注
以素爲象瑱鄭不從者若素是象瑱文何以更云瓊華瓊
英之事乎故鄭以爲紞也
士喪禮瑱用白纊注瑱充耳纊新緜疏案下記云瑱塞耳
詩云充耳充卽塞也生時人君用玉臣用象又著詩云充
耳以素充耳以黃之等注云所以縣瑱則生時以黃以素
又以玉象等爲之示不聽讒今死者直用纊塞耳而已異
於生也

案充耳琇瑩毛傳以充耳爲瑱漢魏以下諸儒多以充
耳爲瑱卽鄭士喪禮注亦以充耳爲瑱惟充耳以素乎
而箋謂充耳所以縣瑱卽紞也非瑱也攷晏子春秋外
篇纊紘珫耳玉篇充耳亦作珫耳說文玎瑱也列子周
穆王釋文玎瑱也則充耳之字又從玉也珫玎二字皆
從玉則充耳當卽瑱也旣夕禮記瑱塞耳注塞充窒然
則塞耳卽充耳記明以瑱爲塞耳則瑱不得與充耳爲
二物矣鄭於著詩釋充耳爲縣瑱之紞因充耳有黃素
青之不同似不當爲玉故望文生義耳
又案隋志載禮圖無旒有纊殺著詩俟我於著乎而充
耳以素乎而尙之以瓊華乎而傳瓊華美石士之服也

箋充耳謂所以縣瑱者或名爲紞又云飾之以瓊華者
謂縣紞之末所謂瑱也小序以此詩爲陳親迎之禮傳
以首章言士親迎親迎服爵弁服而有充耳瓊華又士
喪禮瑱用白纊爲褻言之也以褻服爵弁皮弁褖衣皆
有瑱則知士生時爵弁以下服皆有瑱矣詩會弁如星
謂皮弁也上云充耳琇瑩則皮弁有瑱明矣檀弓練衣
黃裏縓緣葛要絰繩屨無約角瑱注瑱充耳也吉時以
玉人君有瑱疏吉時君大夫士皆有瑱此惟云人君有
瑱者以經云角瑱故鄭云吉時以玉據人君吉時又云
人君有瑱故知人臣凶時無瑱據此則大夫士凶時無
瑱吉時皆有瑱可知人君練冠尙有瑱則自元冠以上

皆有瑱可知說文紞冕冠塞耳者言冕兼言冠則冠亦有紞有紞卽有瑱矣又攷著詩箋謂瑱士用石天子用玉諸侯卿大夫玉石雜毛傳謂士瑱用象士喪禮注謂人臣用象與毛傳合與箋互異王肅以士瑱用象飾之以石則謂充耳以素爲素象尙之以瓊華爲飾以石其說與下二章不可通詳見孔疏又攷楚語靈王虐白公子張驟諫王病之曰子復語不穀雖不能用吾憖置之於耳對曰賴君之用也故言不然巴浦之犀犛兕象其可盡乎其又以規爲瑱也似諸侯之瑱又用角又著詩箋紞所以縣瑱人君五色臣則三色人君或兼諸侯言之乎

純衣

絲衣絲衣其紑傳絲衣祭服也疏士冠禮有爵弁服純衣與此絲衣相當

士冠禮純衣注純衣絲衣也餘衣皆用布惟冕與爵弁服用絲耳疏案鄭解純字或爲絲或爲色兩解不同者皆望經爲注若色理明者以絲解之若絲理明者以色解之此經元衣與纁裳相對上元下纁色理自明絲理不明則以絲解之昏禮女次純衣注云絲衣以下文有女從者畢袗元色理自明則亦絲理不明故亦以絲解之周禮媒氏云純帛無過五兩注純實緇字也古緇以才爲聲納幣用緇婦人陰也以經云純帛絲理自明故爲色解之祭統云蠶於北郊以共純服絲理自明故鄭亦以色解也論語云麻冕禮也今也純儉以純對麻絲理自明故鄭亦以色解之是純有不同之事但古緇紂二字並色若據布爲色者則爲緇字若據帛爲色者則爲紂字但緇布之緇多作本字不誤紂帛之紂則多誤爲純云餘衣皆用布者此據朝服皮弁服元端服及深衣長衣之等皆以布爲之是以雜記云朝服十五升布元端亦朝服之類則皮弁亦是天子朝服深衣或名麻衣故知用布也云冕與爵弁服用絲耳者祭統云王后蠶於北郊以供純服爵弁服是冕服之次故知亦用絲也

檀弓紂衣疏紂衣絲衣也

雜記皆爵弁純衣疏純衣者謂絲衣則元衣纁裳也

案爵弁絲衣與冕服同士冠禮士喪禮雜記皆作爵弁純衣史記黃收純衣注引鄭元曰純衣士之祭服亦謂絲衣也又案緇衣爲絲布通名士冠禮純衣注純衣絲衣也疏古緇紂二字並色若據布爲色者則爲緇字若據帛爲色者則爲紂字但緇布之緇多作本字不誤紂帛之紂則多誤爲純但攷士昏禮主人爵弁纁裳注纁裳者衣緇衣爵弁絲衣也鄭注亦云緇衣則絲衣又通名緇衣矣說苑臣術篇晏子衣緇布之衣是布以緇名者也戰國楚策令尹子文緇帛之衣是帛以緇名者也又呂氏春秋淫辭篇昔吾所亡者紡緇也今子之衣禪

緇也以禪緇當紡緇子豈不得哉聘禮賄用束紡注紡絲爲之今之絹也然則紡緇密絲絹也禪緇禪絲絹也是帛亦名緇之證也

又案三禮圖載衣服令凡冕制羅爲之其服以紬爵弁用紬爲之其服以繒爲之攷說文紬大絲繒也急就篇絳緹絓紬絲絮綿師古注抽引麤繭緒紡而織之曰紬淮南子齊俗訓有詭文繁繡弱緆羅紈注羅穀師古江充傳注輕者爲紗縐者爲穀故方空穀又名方空紗冕有旒有旒則加重重故以細薄之羅表之爵弁無旒無旒則加輕輕故以麤緒之紬表之各眡其輕重爲之制也至於繒非一類故師古匈奴傳注繒帛之總名師古急就篇注帛總言諸繒三禮圖云爵弁服以繒爲之不著何繒或各從所適也

天子諸侯素帶終裨大夫裨垂士練帶裨末是曰大帶申加革帶之上皮弁朝服元端同詩其弁伊騏疏謂韋弁服不用絲帶其以革帶歟

鳲鳩其帶伊絲箋其帶伊絲謂大帶也大帶用素絲有雜色飾焉疏玉藻說大帶之制云天子素帶朱裏終辟諸侯素帶終辟大夫素帶辟垂士練帶率下辟是大夫以上大帶用素故知其帶伊絲謂大帶用素絲故言絲也玉藻又云雜帶君朱綠大夫元華士緇辟是其有雜色飾焉

周禮典瑞王晉大圭鄭司農云晉讀爲搢紳之搢謂插於紳帶之閒若帶劍也疏大帶大夫以上用素士用練卽紳也又有革帶所以珮玉之等

士冠禮爵弁服纁裳純衣緇帶韎韐注先裳後衣者欲令下近緇明衣與帶同色

士喪禮緇帶注黑繒之帶疏上雖陳三服同用一帶者以其士惟有此一帶而已案玉藻云士練帶緇辟是黑繒之帶據裨者而言也但生時著服不重各設帶此襲時三服俱著共一帶爲異也

設韐帶搢笏注韐帶韎韐緇帶不言韎緇者省文亦欲見韐自有帶韐帶用革

玉藻而素帶終辟大夫素帶辟垂士練帶率下辟居士錦帶弟子縞帶並紐約用組注而素帶終辟謂諸侯也諸侯

不朱裏合素爲之如今衣帶爲之下天子也大夫亦如之率繂也士以下皆禪不合而繂積如今作幧頭爲之也辟讀如裨冕之裨謂以繒采飾其側人君充之大夫裨其紐及末士裨其末而已居士道藝處士也此自而素帶亂脫在是耳宜承朱裏終辟

大夫大帶四寸雜帶君朱綠大夫元華士緇辟二寸再繚四寸凡帶有率無箴功注雜猶飾也卽上之裨也君裨帶上以朱下以綠終之大夫裨垂外以元內以華華黃色也士裨垂之下外內皆以緇是謂緇帶大夫以上以素皆廣四寸士以練廣二寸再繚之凡帶有司之帶也亦繂之如士帶矣無箴功則不裨之士雖繂帶裨亦用箴功凡帶不

禕下士也此又亂脫在是宜承紳韠結三齊疏崔氏熊氏竝云飾帶外邊上畔以朱下畔以綠熊氏云近人爲內遠人爲外

肩革帶博二寸注肩與革帶廣均

天子素帶朱裏終辟注謂大帶也

三寸長齊於帶紳長制士三尺有司二尺有五寸子游曰參分帶下紳居二焉紳韠結三齊注三寸謂約帶紐組之廣也長齊於帶與紳齊也紳帶之垂者也言其屈而重也論語曰子張書諸紳有司府史之屬也三分帶下而三尺則帶高於中也結約餘也此又亂脫在是宜承約用組

左氏桓二年傳帶裳幅舄注帶革帶也疏下有鞶是紳帶知此帶爲革帶玉藻革帶博二寸鄭云凡佩繫於革帶白虎通云男子有鞶革者示有金革之事

鞶厲游纓注鞶紳帶也一名大帶厲大帶之垂者疏玉藻稱天子素帶朱裏終辟諸侯素帶不朱裏大夫素帶辟垂帶皆博四寸士帶博二寸再繚四寸緇辟下垂賈服等說鞶厲皆與杜同

案玉藻天子諸侯卿大夫大帶獨有素帶而已則通冕弁服共此一帶故晉輿服志載冕服素帶廣四寸朱裏以朱綠裨飾其側宋書南齊書隋書輿服志皆同其時未嘗無他弁服而惟載冕服之帶以通用素帶故也士喪禮緇帶疏云上雖陳三服同用一帶者以其士惟此緇帶而已以此推天子諸侯卿大夫冕弁諸服惟有素帶則爵弁不得與他服異帶矣通典載隋制爵弁服從九品以上助祭則服之練帶紕其垂內外以緇紐約用青組從九品以上古之士也士爵弁緇帶蓋本士冠禮及士喪禮爾

又案晉語鄭之內子爲大帶韋昭注大帶緇帶也攷玉藻大夫素帶裨垂又曰雜帶大夫元華士緇辟然則緇帶士帶也故士冠禮士喪禮陳士帶皆曰緇帶鄭之內子所爲之帶當素帶辟以元華昭云緇帶誤也

又案通典隋採東齊之法乘輿冕服革帶玉鉤䚢大帶素帶朱裏紕其外上以朱下以綠皇太子冕服革帶金鉤䚢大帶素帶不朱裏亦紕以朱綠王公以下冕服革帶鉤䚢大帶王三公及公侯伯子男素帶不朱裏皆紕其外上以朱下以綠正三品以下從五品以上素帶紕其垂外以元內以黃約皆用青組爵弁服從九品以上助祭則服之其制服元衣纁裳無章革帶大帶練帶紕其垂內外以緇紐約用青組據此爵弁大帶用緇緣六品以下九品以上古之士惟有緇帶故也若天子諸侯卿大夫服爵弁服則亦素帶矣儀禮士冠禮爵弁皮弁元端同用緇帶則知大夫以上冕弁服皆同用素帶矣又以隋志推之爵弁與冕服同有革帶則知士冠禮之爵弁皮弁元端但云緇帶不云革帶文不備也故士喪

疏亦云謂於革帶之上重加大帶象生時大帶云今雜
記經注韓非子外儲說書曰紳之束之宋人有治者因
重帶自紳束也云重自紳束亦對革帶爲重大帶既重
於革帶則在革帶之上可知與雜記申加之義正同孔
於雜記疏則云大帶在革帶之上於左傳疏則又以革
帶爲上帶亦復自相矛盾蓋必知大帶在革帶之上而
後知喪服要絰在絞帶之上知要絰在絞帶之上而後
知鄭喪服注要絰象大帶絞帶象革帶之說爲確鑿也
又攷大帶有組約革帶有鉤故左氏僖二十四年傳齊
桓公置射鉤而使管仲相注乾時之役管仲射桓公中
帶鉤戰國趙策黃金師比楚詞大招小腰秀頸若鮮卑

弁服釋例　卷二　六

只注鮮卑衮帶頭也匈奴傳曰黃金飭具帶一黃金犀
毗一師古注犀毗亦言鮮卑亦謂師比即鉤帶隋志作
鉤䚢後漢書楊賜傳詔賜御府衣一襲自所服冠幘綬
玉壺革帶金錯鉤佩亦謂革帶之鉤以金錯爲之也三
國吳志諸葛恪傳諸葛恪蘆葦單衣篾鉤落鉤落者校
飾革帶世謂之鉤絡帶凡冕弁冠皆具此二帶以下韋
弁皮弁朝服諸篇不復詳載載於此
又案士喪禮設韐帶搢笏注以爲韐自有帶韐帶用革
攷荀子禮論篇說褻衣襲三稱縉紳而無鉤帶矣注紳
大帶也又云士喪禮曰設韐帶攷大帶有組約不用鉤
鉤帶則革帶也唐衣服令爵弁革帶鉤䚢是也荀子謂

記設韐帶注韐帶韎韐緇帶不言韎韐省文亦欲見韐
自有帶韐帶用革韎韐據爵弁也可知爵弁兼具緇帶
革帶矣三禮圖載衣服令爵弁革帶鉤䚢大帶練紕其
垂內外以緇約紐用青組是二帶兼備之證以爵弁推
他弁服蓋亦二帶俱備故士冠禮緇帶爵韠疏不言革
帶者大帶所以束衣革帶所以繫韠及佩舉韠則有革
帶可知是元冠亦有革帶矣舉爵弁元端則皮弁可知
故衣服令王皮弁革帶鞶囊小綬雙佩最合古制論衡
謝短篇服革於腰佩刀於右舞劍於左云服革於腰即
革帶也佩刀舞劍皆於革帶之左右則賈疏所云革帶
繫佩之證又攷大帶在革帶之上左傳鞶厲游纓疏以

弁服釋例　卷二　七

帶束腰垂其餘以爲飾謂之紳上帶爲革帶謂革帶在
大帶之上也不知鄭注喪服要絰象大帶又有絞帶象
革帶左傳疏以革帶爲上帶然則絞帶豈亦在要絰之
上乎內則端韠紳疏冠畢然後服元端著韠又加大帶
也攷韠繫於革帶故服元端之後必先著革帶而後能
著韠既著韠然後加大帶則大帶在革帶之上矣漢書
敘傳今吾子幸遊帝王之世躬帶冕之服師古曰帶大
帶也夫大帶至與冕並稱則大帶重革帶輕矣大帶在
革帶之上亦輕重之序也雜記申加大帶於上注申重
也革帶以佩韍必言重加大帶者明雖有變必備此二
帶也據此則雜記明云申加大帶於革帶之上彼文孔

士襲三稱無鉤帶是無革帶矣似與士喪禮設韐帶異楊倞注謂襲衣不復解脫故不設鉤然則士襲非不設革帶也乃不設鉤耳所云無鉤帶謂無著鉤之帶也倞此等注眞通於禮經者也

天子佩白玉元組綬公侯佩山元玉朱組綬大夫佩水蒼玉純組綬世子佩瑜玉綦組綬士佩瓀玫縕組綬一命再命幽衡三命葱衡革弁皮弁爵弁服元端皆同　後漢志載五伯兵戢循有綬紱然則戎服亦有佩矣攷詩服其命服朱芾斯皇有瑲葱珩傳三命葱珩箋命服者命爲將受王命之服也天子之服韋弁服朱衣裳也疏謂方叔受此韋弁命服而經云葱珩則韋弁服亦有玉佩矣

雞鳴雜佩以贈之傳雜佩者珩璜琚瑀衝牙之類疏玉藻說佩有黝珩列女傳稱阿谷之女佩璜而澣下云玉佩瓊琚邱中有麻云貽我佩玖則琚玖與瑀皆是石次玉玖是佩則瑀亦佩也故云雜佩珩璜琚瑀衝牙之類玉藻又云天子佩白玉公侯佩山元玉大夫佩水蒼玉世子佩瑜玉士佩瓀玫玉則佩玉之名未盡於此故言之類以包之天官玉府云共王之服玉佩玉珠玉注引詩傳曰佩玉上有葱珩下有雙璜衝牙蠙珠以納其閒下傳亦云佩有琚瑀所以納閒謂納衆玉於珩上下之閒

子衿青青子佩毛傳佩佩玉也士佩瓀珉而青組綬疏案玉藻士佩瓀玫而縕組綬此云青組綬者蓋毛讀禮記作青字其本與鄭異也

玉府共王之服玉佩玉珠玉注天子佩白玉而元組綬詩傳曰佩玉上有葱衡下有雙璜衝牙蠙珠以納其閒疏引詩傳曰謂是韓詩佩玉有葱衡者衡橫也謂葱玉爲橫梁下有雙璜衝牙者謂以組懸於衡之兩頭兩組之末皆有半璧曰璜故曰雙璜又以一組懸於衡之中央於末著衝牙使前後觸璜故言衝牙案毛詩傳衡璜之外別有琚瑀其琚瑀所置當於懸衡牙組之中央又以二組穿於琚瑀之內角斜繫於衡之兩頭於組末繫於璜云蠙珠以納其閒者組繩有五皆穿珠於其閒故云以納其閒集傳左右佩玉上橫曰珩下繫三組貫以蠙珠中組之半貫一大珠曰瑀末懸一玉兩端皆銳曰衝牙兩旁組半各懸一玉長博而方曰琚其末各懸一玉如半璧而內向曰璜又以兩組貫珠上繫珩兩端下交貫於瑀而下繫於兩璜行則衝牙觸璜而有聲也

玉藻一命緼韍幽衡再命赤韍幽衡三命赤韍葱衡注衡佩玉之衡幽讀爲黝黑謂之黝青謂之葱周禮公侯伯之卿三命其大夫再命其士一命子男之卿再命其大夫一命其士不命

天子佩白玉而元組綬公侯佩山元玉而朱組綬大夫佩水蒼玉而純組綬世子佩瑜玉而綦組綬士佩瓀玫而縕組綬注玉有山元水蒼者視之文色所似也綬者所以貫佩玉相承受者也純當爲緇字或作絲旁才綦文雜色也縕赤黃

案玉藻一命緼韍幽衡注此元冕弁服之韠爵弁緼韍兼言幽衡則爵弁之佩見於經者也又云朝則結佩則

朝服之佩見於經者也又云齊則綪結佩齊服元端則
元之佩見於經者也又云凡帶必有佩玉注凡謂天子
以至士然則士服自元端以上無不佩玉惟庶人深衣
不佩玉故注釋經文凡字止及士
又案詩雜佩以贈之疏傳云雜佩珩璜琚瑀衝牙之類
玉藻又云天子佩白玉諸侯佩山元大夫佩水蒼世子
佩瑜玉士佩瓀玟玉則佩玉之名未盡於此故言之類
以包之孔此疏以衡璜琚瑀衝牙之外又有白玉山元
水蒼瑜瓀玟諸名不知珩璜琚瑀衝牙言玉之狀衡言
其横璜言半璧瑀言其方琚言長方衝牙形似牙也白
玉山元水蒼瑜玟瓀言玉之質天子珩璜瑀琚衝牙以

白玉爲之公侯之珩璜瑀琚衝牙以山元玉爲之大夫
世子士則以水蒼瑜玟瓀爲之非於珩璜瑀琚衝牙之
外又有白玉山元以下諸種也大戴保傅及鄭箋與玉
藻經文互相備非玉名有異同也
又案玉藻佩玉有衝牙孔疏凡佩玉必上繫於衡下垂
二道穿以蠙珠下端前後以縣於璜中央下端縣以衝
牙動則衝牙前後觸璜而爲聲所觸之玉其形似牙故
曰衝牙攷大戴禮保傅篇上有雙衡下有雙璜衝牙玭
珠以納其閒琚瑀以雜之盖佩上有衡衡之中一組中
貫一玉曰瑀下貫一玉曰衝牙旁二組各中貫一玉曰
琚下貫一玉曰璜其閒皆以組貫玭珠如玉藻疏但云

上繫於衡下垂二道穿以蠙珠下端前後以縣於璜中
央下端垂以衝牙則是佩玉上有衡下止有璜與衝牙
不復有瑀琚閒其中矣攷保傅篇先言葱衡及雙璜衝
牙特舉上下兩端也上下玉名既著於是始言上下之
閒貫以玭珠而玭珠之中又閒以瑀琚之玉其云瑀琚
以雜之猶云瑀琚以閒之也鄭風佩玉瓊琚毛傳佩有
琚瑀所以納閒閒猶中也謂瑀琚納在衡璜衝牙之中
也蓋自衡至瑀琚玭珠在衡及瑀琚之閒自瑀琚至璜
衝牙玭珠又在瑀琚及璜衝牙之閒是玭珠不僅在衡
璜之閒也大戴禮注亦謂玭珠納衡璜之閒不及瑀琚
蓋彼注以瑀琚爲玭珠别名非玉也則佩上下惟有珩

璜二玉欲明玭珠納玉閒惟得云納於衡璜之閒耳今
攷雜佩以贈之傳雜佩珩璜琚瑀衝牙之類珩璜衝牙
與瑀琚竝舉珩璜衝牙既爲玉則瑀琚亦爲玉明矣故
說文玉篇皆云瑀石之似玉者說文云琚瓊琚玉篇亦
云琚玉也續漢志孝明皇帝乃爲大佩衝牙雙瑀璜皆
以白玉然則漢志明以白玉爲瑀琚則瑀琚不得爲玭
珠矣又保傅篇注衡在中牙在旁攷玉藻佩玉有衝牙
注居中央以前後觸也鄭明以衝牙在中央與保傅注
異朱子以大戴禮注爲鄭注恐鄭必不自相刺謬也又
或疑衡下組綬三條所以繫玉珠孔細非組綬可貫今
攷後漢輿服志佩印上合絲乘輿以縢貫白珠赤罽蕤

據此則珠貫以縢玉篇縢緘也急就篇注以組爲絛纇屬纇絛緺絲緘則組亦緘也珠以貫縢亦可貫組矣晉志載漢明帝制天子之冕前後旒用眞白玉珠魏明帝改以珊瑚珠過江飾以翡翠珊瑚雜珠侍中顧和奏改用白琁珠此則魏晉以來組可貫珠之證也蓋貫珠者特用組之小者耳前漢禮樂志曳阿錫佩珠玉兼云佩珠則組貫玭珠也安得云專繫玉邪

又案大戴禮注以瑀琚皆爲珠續漢志引纂要瑀琚所以納閒今白珠也與大戴禮注同詩集傳以瑀爲珠玟初學記引三禮圖曰凡玉佩上有雙衡衡長五寸博一寸下有雙璜璜徑三寸衡牙蠙珠以納其閒上下爲衡

下字當爲平字之誤牛毓爲璜璜中橫以衡牙以蒼珠爲瑀詩集傳獨以瑀爲珠蓋本諸此然瑀琚之爲玉當以說文續漢志及玉篇爲正又韓詩但有衡璜衡牙之名不見瑀琚初學記所引三禮圖但有衡璜瑀衡牙之名不見琚而初學記引魏畧云有雙璜雙珩琚瑀衡牙玭珠爲佩者與毛傳所云珩璜琚瑀衡牙合月令章句亦曰佩上有雙衡下有雙璜瑀琚以雜之衡牙蠙珠以納其閒見玉衡蓋皆本於保傅篇故當以保傅篇爲正又月令章句大戴禮三禮舊圖魏畧文選思元賦雜伎藝以爲珩注引大戴禮皆作雙衡惟韓詩作葱衡玟衡之爲義惟一梁上橫周禮追師之衡輈人之衡與佩上之衡名義相似蓋以一衡爲上端下屬三組中組以貫瑀衡牙旁組以貫兩琚及雙璜也若有兩衡何以貫三組乎況三禮舊圖明云衡長五寸若雙衡則一尺矣佩繫身旁而容一尺之衡其不適於體甚明故雙之作葱當以韓詩爲正又玭珠魏畧作琕珠琕字或爲玭字之譌說文琕不之美者若以琕爲珠則卬魏畧所云青玉珠黑玉珠矣與玭珠異質

又案玉藻注玉有山元水蒼者視之文色所似玫山海經崟山生元玉注言玉膏中又山黑玉也淮南子道應訓於是散宜生乃以千金求天下之珍怪得騶虞雞斯之乘元玉百工漢書楊雄傳甘泉賦元瓚觩髎服虔注以元玉飾故曰元瓚則元玉亦玉之可珍者故公侯用

之晉書羅憲傳泰始初入朝詔給鼓吹又賜山元玉佩劒王祥傳賜山元玉佩蓋襲古公侯之佩也又玫急就篇璧碧珠璣玫瑰甕師古注碧縹玉也王伯厚補注引說文碧石之青美者子虛賦注碧謂玉之青白色者山海經耿山多水碧廣志曰碧有縹碧有綠碧今玫郭璞注水碧曰亦水玉類南山經堂庭之山多水玉郭璞注曰水玉今水精也相如上林賦曰水玉磊砢郭璞注水玉水精郭璞江賦水碧潛琘注以水碧及潛琘皆水玉類又選詩金膏滅明光水碧輟流溼注水碧水玉杜陽編水玉腰帶可以解暑水蒼之與水碧不特蒼碧色同其明澈似水當亦同王會篇王元緣碧基十二注此下

三碧皆玉西山經高山其下多青碧注碧亦玉類也今
越嶲會稽縣東山出碧青碧藍卽廣志所云綠碧廣雅
釋玉有云碧瑊公孫龍子通變論木賊金者碧藍碧爲
青白色水亦青白色水蒼玉似水之蒼色與碧相當尢
與水碧相類其碧之最良者歟公羊注諸侯用含玉大
夫用碧大夫佩玉用水蒼與含玉用碧義相準也又玫
說文玫火齊玫瑰也一曰石之美者瑉石之美者玉篇
瑉石似玉亦作碈或作玟又與瑻同引禮記云君子貴
玉而賤瑻子虛賦其石則赤玉玫瑰琳瑻昆吾張揖曰
瑻者石之次玉者則玟珉瑻碈一也類篇以瑻爲一字
珉玟同爲一字訓皆爲石次玉士不得佩玉佩石次玉

者亦猶卿大夫以下瑱用石也又玉篇瑌美石白者如
水半有赤色子虛賦碝石碔砆張揖注碝石碔砆皆石
之次玉者碝石白者如水半有赤色碔砆赤地白釆類
篇瓀瑌爲一字訓云珉也瓀與珉同物卽與玟同物以
珉玟實一字也類篇玟本音猶貧切與珉同音蓋說文
玫本以文爲聲也而玉篇於玫字下一訓火齊珠一訓
石之美者同作莫杯切所云石之美者卽玫瓀之玫也
然則玟瓀之玟又與玫瑰之玫音同轉也玫瓀同物瓀
半有赤色則玟可知天子佩白玉公侯佩元玉卿大夫
佩蒼玉士佩瓀玟則淺赤石也此不特玉石異質並異
色矣故玉篇瓀字之訓與玉藻此節經義隱相發明也

纁裳

七月我朱孔陽爲公子裳傳朱深纁也陽明也祭服元衣
纁裳疏士冠禮云爵弁服纁裳注云凡染纁一入謂之縓
再入謂之赬三入謂之纁朱則四入與以上染朱入數書
傳無文故約之以爲四入也三則爲纁四入乃成朱色深
於纁故云朱深纁也

士冠禮爵弁服纁裳注纁裳淺絳裳凡染絳一入謂之縓
再入謂之赬三入謂之纁朱則四入與疏云纁裳淺絳裳
者絳則一染至三染同云淺絳詩云我朱孔陽毛傳云朱
深纁也故從一染至三染皆謂之淺絳也云朱則四入與
者爾雅及鍾氏皆無四入之文經有朱色故鄭約之若以

纁入黑則爲紺若以纁入赤則爲朱無正文故云與以疑
之也

士昏禮主人爵弁纁裳緇袘注袘謂緣袘之言施以緇緣
裳象陽氣下施

士喪禮爵弁服純衣注純衣者纁裳疏纁裳者士冠禮文

禮器士元衣纁裳疏士爵弁元衣纁裳

雜記爵弁一疏元衣纁裳也

案爾雅三入爲纁注纁絳也廣雅纁謂之絳釋名紅絳
也白色之似絳者也又曰絳工也染之難得色以得色
爲工也然則紅爲白色之似絳者猶非絳也至於絳則
染紅而得色者矣故釋名絳工也以得色爲工郭注以

纁爲絳則纁爲深紅色矣通典載東晉制納徵用元纁帛二匹則纁與絳又異玫鄭士冠禮注纁淺絳也凡染絳一入謂之縓再入謂之頳三入謂之纁朱則四入與據此注凡染絳三字直貫至四入爲朱則朱亦絳也淺絳爲纁則深絳當爲朱矣九嘆張絳幃以襜襜兮風邑邑而蔽之王逸注言君張朱幃則以朱訓絳也蓋自大同言之纁亦爲絳以細別言之則絳又深於纁矣

又案書顧命太保太宗皆麻冕彤裳孔傳彤纁也禮祭服纁裳纁是赤色之淺者玫說文彤丹也廣雅彤赤也鄭注三入曰纁四入曰朱則朱深於纁斯干朱芾斯皇疏乾鑿度以爲天子之朝朱紱諸侯之朝赤紱朱深於

赤然則朱深於赤猶朱深於纁纁赤相當廣雅訓彤爲赤顧命傳訓彤爲纁一也故纁裳通作彤裳又玫九嘆建黃纁之總旄王逸注黃纁赤黃也天氣元黃故曰黃纁也然則纁近於黃朱芾斯皇箋以朱芾爲純朱赤芾爲黃朱則赤亦通於黃故纁赤相當也玫爾雅再染謂之頳郭注云染赤詩汝墳疏引璞注云淺赤玫三染之纁始與赤相當則再染之頳猶爲淺赤也染赤當爲淺赤之誤

又案爾雅再染謂之頳三染謂之纁自其細別言之也如以大畧言之則纁又通名頳喪大記大夫以元頳注頳赤也元衣赤裳所謂卿大夫自元冕而下之服也則元頳卽元衣纁裳也閒居賦注水挂頳鯉注引詩傳曰頳赤也

又案通典載後周制士則祀弁爵弁元冠皆元衣其裳上士以元中士以黃下士雜裳似祀弁爵弁元冠皆通服元衣元裳黃裳雜裳者與古爵弁纁裳不合玫隋志云士祀弁爵弁元冠注云元冠皆元衣其裳上士以元中士以黃下士則雜裳則是專據元冠之衣裳耳不承祀弁爵弁爲文也通典刪去隋志注中元冠二字而於祀弁爵弁元冠之下統接云皆元衣其裳上士以元中士以黃下士以雜裳遂使爵弁亦通用元端之服矣甚矣刪節之宜愼也

韍韐

候人彼其之子三百赤芾傳芾韠也一命縕芾黝珩再命赤芾黝珩三命赤芾蔥珩大夫以上赤芾乘軒疏桓二年左傳云袞冕黻珽則黻是配冕之服易困卦九五困於赤芾利用享祀則芾服祭祀所用也士冠禮陳服皮弁素韠元端爵韠則韠之所用不施於祭服矣玉藻說韠之制云下廣二尺上廣一尺長三尺其頸五寸肩革帶博二寸書傳更不見芾之別制明芾之形制亦同於韠但尊祭服異其名耳言芾韠者以其形制大同故舉類以曉人其體別言之則祭服謂之芾他服謂之韠二者不同也一命縕芾黝珩再命赤芾黝珩三命赤芾蔥珩皆玉藻文彼注云元冕爵弁服之韠尊祭服異其名耳韍之言蔽也縕赤黃之

閒色

瞻彼洛矣韎韐有奭以作六師傳韎韐者茅蒐染草也一曰韎韐所以代韠也箋韎韐者茅蒐染也茅蒐韎韐聲也韎韐祭服之韠合韋爲之其服爵弁服紂衣纁裳也疏一曰韎韐所以代韠者案爾雅云一染謂之縓再染謂之赬三染謂之纁此曰韎韐即一入曰韎韐是縓也定本云一入曰韎韐是以他服謂之韠祭服則謂之韎韐以此韎韐代他服之韠大夫以上祭服謂之韍士無韍名謂之韎韐士言韎韐亦猶大夫以上之言韍也若然玉藻云一命緼韍黝珩注云侯伯之士一命則士亦名韍矣言韎韐者彼注亦云子男大夫一命則一命緼韍以子男大夫爲文故

言韍耳其實士正名韎韐士冠禮爵弁服韎韐不言芾者是也又云言古人之道茅蒐其聲如韎韐故名此衣爲韎韐也士冠禮注云韎韐者緼韍而黝衡合韋爲之士染以茅蒐因以名焉今齊人名蒨爲韎韐又駁異義云韎草名齊魯之閒言韎韐聲如茅蒐字當作韎陳留人謂之蒨是古人謂蒨爲茅蒐讀茅蒐其聲爲韎韐故云茅蒐韎韐聲也又解代韠之意士朝服謂之韠祭服謂之韎韐駁異義云有韎韐無韠有韠無韎韐是韎韐必代韠也其禮合韋爲之此韎韐是蔽膝之衣耳

釆菽赤芾在股箋冕服謂之芾其他服謂之韠疏以士之有爵弁猶大夫以上有冕也士有韎韐猶大夫以上有芾也士冠禮陳服於房中爵弁韎韐皮弁素韠玄端爵韠雜記云士弁而祭於公即爵弁也士服爵弁以韎韐配之則服冕者以芾配之故知冕服謂之芾士服皮弁玄端皆服韠是他服謂之韠

士冠禮韎韐注韎韐緼韍也士緼韍而幽衡合韋爲之士染以茅蒐因以名焉今齊人名蒨爲韎韐韍之制似韠疏云韎韐緼韍也者此經云韎韐玉藻云緼韍二者一物故鄭合爲一物解之也云士緼韍而幽衡者玉藻文言幽衡者同繫於革帶故連引之也云合韋爲之者鄭即因解明緼韍之事言韐者韋旁著合謂合韋爲之故名韐也云士染以茅蒐因以名焉者案爾雅云茹藘茅蒐孫氏注一名

蒨可以染絳若然則一草有此三名矣但周公時名蒨草爲韎草以此韎染韋合之爲韐因名韍爲韎韐也云韍之制似韠者案上注已釋韠制其韍之制亦如之但有飾無飾爲異耳祭服謂之韍其他服謂之韠易困卦九二困於酒食朱韍方來利用享祀是祭服之韍也又案明堂位云有虞氏服韍夏后氏山殷火周龍章鄭云後王彌飾天子備焉諸侯火而下卿大夫山士韎韋而已是韍有與韠異以制同飾異故鄭云韍之制似韠也

士喪禮韎韐注一命緼韍疏士冠禮玄端爵韠皮弁素韠爵弁服韎韐今亦三服共設韎韐者以其重服亦如帶矣

王制天子之縣內諸侯祿也疏諸侯父死未賜爵亦視元

士以詩韎韐有奭以作六師是諸侯世子未爵命服士之
韎韐之服是也
玉藻一命緼韍幽衡再命赤韍幽衡三命赤韍葱衡注此
元冕爵弁服之韠尊祭服異其名耳韍之言亦蔽也緼赤
黄之閒色所謂韎也疏以上經云君朱大夫素士爵韋是
元端服之韠故云此元冕爵弁服之韠言異於上也此據
有孤之國以卿大夫雖三命再命皆著元冕若無孤之國
則三命再命之卿大夫皆絺冕不得惟元冕也爵弁則士
所服云尊祭服異其名耳者他服稱韠祭服稱韍是異其
名韍韠皆言爲蔽取蔽鄣之義也知祭服稱韍者案易困
卦九二朱紱方來利用享祀是祭服稱韍也案詩毛傳天

弁服釋例卷二

子純朱諸侯黄朱黄朱色淺則亦名赤韍也則大夫赤韍
色又淺耳有虞氏以前直以皮爲之後王漸加飾焉故明
堂位云有虞氏服韍夏后氏山殷火周龍章彼注云天子
備焉諸侯火而下卿大夫山士韎韋而已云緼赤黄之閒
色所謂韎也者案此云一命緼韍一命謂公侯伯之士士
冠禮爵弁韎韐此緼韍則當彼韎韐故云所謂韎也毛詩
云韎韐茅蒐染齊人謂茅蒐爲韎韐聲也茅蒐則蒨草也
以蒨染之其色淺赤則緼爲赤黄之閒色若子男大夫但
名緼韍不得爲韎韐也以其非士故耳
明堂位有虞氏服韍夏后氏山殷火周龍章注韍冕服之
韠也舜始作之以尊祭服又曰諸侯火而下卿大夫山士

韎韋而已疏案士冠禮士韎韐是士無飾推此卽尊者飾
多此有四等天子至士亦爲四等故知卿大夫加山諸侯
加火天子加龍
案詩茹藘在阪傳茹藘茅蒐也疏茹藘茅蒐釋草文李
巡曰茅蒐一名茜可以染絳陸璣疏云一名地血齊人
謂之茜徐州人謂之牛蔓廣雅地血茹藘蒨也本草圖
經茜根一作蒨生喬山之谷今近處皆有之染緋草也
攷鍾氏染羽以朱湛丹秫三月而熾之鄭司農云丹秫
赤粟下云三入爲纁注引爾雅曰一染謂之縓再染謂
之竀三染謂之纁疏此三者皆以丹秫染之詩韎韐有
奭毛傳一入曰韎韐與爾雅一入曰縓正相當廣雅縓

弁服釋例卷二

謂之紅以丹秫染之與以韎草染雖不同物而一入之
色則皆紅也釋名紅絳也白色似絳也招魂紅壁沙版
王逸注紅赤白色也急就篇烝栗絹紺縉紅繎注紅藍
然則染紅者曰丹秫曰韎草曰紅藍不一類而染爵弁
之韎則獨用韎草因曰韎韐說文韎赤韋也以蒨染故
謂之韎猶以韎染故謂之韎也貨殖傳巵茜千石亦比
千乘之家謂凡染絳有丹秫紅藍數類而用茜爲多故
蒨茜之利最厚比於千乘家也吳都賦綸組紫絳劉淵
林注絳絳草也出臨賀郡可以染攷廣雅纁謂之絳絳
則色之三入者與毛傳一染之韎韐不同然則韎草絳
草所用亦各有深淺之宜

又案隋志爵弁服爵韠攷爵韠爲士元端之韠韎韐其色當一入之縓爵赤而微黑卽五入之緅爵弁之韠不以韎而以爵是韠與裳不同色矣與禮與迕

又案說文士無市有韐制如榼缺四角爵弁服其色韎賤不得與裳同色司農曰裳纁色攷爵弁祭服尊於皮弁朝服元端故韠曰韎韐屨飾以繢次以其次於冕也皮弁朝服元端其韠且與裳同色何爵弁反云賤不得與裳同色乎攷韎淺赤纁亦淺赤故韎韐與纁裳色畧同說文賤不二字與淺赤二字形相近賤不當爲淺赤之譌蓋謂韎韐其色韎句淺赤句得與裳同色耳

天子諸侯爵弁之舄無明文大夫士纁屨黑絇繶純

狠攷赤舄几几傳赤舄人君之盛屨也几几絇貌疏屨順裳色爵弁之屨以黑爲飾爵弁尊其屨飾以繢次云几几絇貌謂舄頭飾之貌以爵弁祭服之尊飾之以繢次屨色纁而絇用黑則冕服之舄必如繢次舄色赤則絇亦黑也

屨人掌王及后之服屨爲赤舄黑舄赤繶黃繶青句注屨自明矣必連言服者著服各有屨也複下曰舄禪下曰屨

又曰士爵弁纁屨黑絇繶純尊祭服之屨飾從繢也疏黑與纁南北相對尊祭服故對方爲繢次也

辨外內命夫命婦之命屨注命夫之命屨纁屨疏命夫之命屨者以其經不云舄惟云屨大夫以上衣冠則有命舄無命屨故知命屨中惟有士屨而已士之命服爵弁則纁屨故云命屨纁屨而已

士冠禮爵弁纁屨黑絇繶純純博寸注爵弁屨以黑爲飾爵弁尊其屨飾以繢次疏案冬官畫繢之事云青與白相次赤與黑相次元與黃相次鄭云此言畫繢六色所象及布采之第次繢以爲衣又云青與赤謂之文赤與白謂之章白與黑謂之黼黑與青謂之黻鄭云此言刺繡采所用繡以爲裳此是對方爲繢次比方爲繡次案鄭注屨人云凡舄之飾如繢之次凡屨之飾如繡之次也此卽上黑屨以青爲絇繶純白屨以黑爲絇繶純則白與黑黑與青爲繡次之事也今云爵弁纁屨纁南方之色赤不以西方白爲絇繶純而以北方黑爲絇繶純者取對方繢次爲飾與

舄同者尊爵弁是祭服故飾與舄同也

左氏桓二年傳帶裳幅舄疏其士皆著屨纁屨者爵弁之屨又云其卿大夫服冕者亦赤舄餘服則屨

案周禮屨人注複下曰舄禪下曰屨王伯厚急就篇補注惠氏禮說皆引方言中有木者謂之複舄禪者謂之鞮作謚今攷曲禮注鞮無絇之菲也少儀國家靡敝君子不履絲屨疏絲屨謂絇繶純不以絲飾故云不履絲屨也士喪禮連絇疏若無絇則謂之鞮屨蓋謂鞮屨不飾鹽鐵論古者庶人賤騎繩控革鞮皮薦而已言乎革鞮之異於絲屨也釋名齊人謂韋屨曰屝皮作之郭璞釋鞮曰韋鞮韋卽皮也鞮卽屝也周禮鞮鞻氏注四夷

鞵者所屝也今時倡蹋鼓沓行者自有屝鞮屝通名皆不以絲爲飾故曲禮注謂鞮爲無絇屝也方言云禪者謂之鞮自指無絇之屝即所謂屝屨也屨人注云禪下曰屨乃有絇繶純者也即所謂絲屨也二屨顯異急就篇補注及禮說乃引方言釋屨人注者方言本節云屝屨麤屨也與下文爲目下文中有木者謂之複爲禪者謂之鞮謂屝屨之複者禪者也屨人注複下曰舄禪下曰屨謂絲屨之複者禪者也絲屨屝屨雖殊而禪複之制則一故方言可與屨人注互證也釋名複其下曰舄舄者腊也行禮久立地或泥溼故複其末下使乾腊也古今注舄以木置屨下乾腊不畏泥溼也蓋舄以革爲

底而以木爲重底置在屨下故釋名謂複其末下古今注亦云木置屨下也革柔故以革親足木堅可以禦泥溼故以木著地也舄既以木爲複底菲屨雖麤屨亦以木爲複底同於舄制故方言釋屝屨之複者亦通曰複舄其禪者則但以革爲底不重以木故玉篇既以鞮爲禪屨又以鞮爲革底是鞮爲屝屨之禪者也絲屨之禪複與屝屨之禪複制畧同也

又案天子諸侯自冕服外雖袀服元端皆用舄惟天子爵弁當用屨屨人注天子諸侯吉事皆舄爵弁爲天子哭諸侯及承天變之服非吉事也似不當舄諸侯未遇爵命服士服而來則服爵弁雖非凶事但既服士服似亦當從士屨

又案士冠禮夏用葛又曰冬皮屨可也則屨皮屨其常制也皮屨即革屨也惟攷漢書東方朔傳足履革舄以韋帶劍後漢馬援傳綈袍韋舄王符傳朔衣弋綈革舄革帶皆以履革舄爲儉損者蓋革屨而飾絇繶純則名絲屨士冠禮所云皮屨謂以絲飾皮也諸列傳所云革舄其即禮所云鞮屨不絇者乎

中衣用素

郊特牲繡黼丹朱中衣大夫之僭禮也注繡黼丹朱以爲中衣領緣也繡讀爲綃綃繒名也詩云素衣朱綃又云素衣朱襮襮黼領也疏云繡黼丹朱以爲中衣領緣也者中

衣謂冕及爵弁之中衣以素爲之繡黼爲領丹朱爲緣云繡讀爲綃綃繒名也者案注昏禮引詩云素衣朱綃魯詩亦以爲綃綃綺屬以魯詩既爲綃字又五色備曰繡白與黑曰黼繡黼不得共爲一物故以繡爲綃也謂於綃上而刺黼文也引詩云素衣朱綃者證以繡爲綃又引詩素衣朱襮者證黼領也案釋器黼領謂之襮故云襮黼領也案玉藻云以帛裏布非禮也此素衣是絲當爲冕及爵弁之中衣禮朝燕之服皆以布爲之皇氏云此素爲中衣兼爲朝燕服之中衣非也案禮公之孤四命則爵弁自祭也則天子大夫四命亦當爵弁自祭則中衣得用素但不得用綃黼爲領丹朱爲緣耳熊氏云此云大夫僭謂非四命而

著素衣爲僭今爲四命得著素衣但以綃黼丹朱猶爲僭也其大夫士助祭於君服爵弁以上雖中衣用素亦不得用綃黼丹朱以爲領緣以其是諸侯之服故唐詩揚之水刺晉昭公微弱云素衣朱綃從子於鵠國人欲進此服去從桓叔爲諸侯也

玉藻以帛裹布非禮也注中外宜相稱也冕服絲衣也中衣用素皮弁服朝服元端麻衣也中衣用布

元綃衣以裼之疏皇氏又云凡六冕及爵弁無裘先加明衣次加中衣冬則次加袍繭夏則不袍繭用葛也次加祭服

爾雅釋器黼領謂之襮注繡刺黼文以褗領疏注繡刺黼

文以褗領者詩唐風云素衣朱襮毛傳云襮領也諸侯繡黼丹朱中衣毛言繡黼者謂於繒之上繡刺以爲黼非訓繡爲黼郭氏取毛爲說也

案後漢輿服志長冠祀宗廟諸祀則冠之皆服袀元絳緣領袖爲中衣絳絝絑又云今下至賤更小史皆通制袍單衣皂緣領袖中衣爲朝服此言朝祭之服皆有中衣也與玉藻經義最合唐六典朝服絳紗單衣白紗中單皂領褾襈裾白裙襦公服絳紗單衣白裙據此則朝服公服之別繫乎中單之有無故中單與表衣竝有差等也隋高祖制乘輿衮冕白紗內單黼領青褾襈裾朝服通天冠白紗內單皂領襈裾王公以下衮冕鷩冕毳冕白紗內單黼領青褾襈裾絺冕以下內單青領朝服白紗內單皂領襈裾大業元年制乘輿以平冕白紗內單黼領青褾襈裾通天冠朝服白紗內單皂領褾襈裾皇太子衮冕白紗內單黼領青褾襈裾遠遊冠白紗內單皂領褾襈裾進賢冠朝服白紗內單皂領袖皂襈唐武德初衣服令大裘白紗中單皂領青褾襈裾褾音必小反袖端也襈士眷切垂裾也衮冕白紗中單黼領青褾襈裾上公衮冕白紗內單黼領青褾裾襈爵弁白紗中單青領褾襈裾唐六典凡百官朝服白紗中單皂領褾襈政晉宋以後祭服朝服皆用絳紗及皂紗則絲衣也其中衣皆白紗卽注所謂絲衣用素也中衣緣領袖或以絳或以青或以

元或以黼黻歷代制度不同而以黼黻爲至尊卽諸侯以上繡黼之遺制也孔疏謂大夫士服爵弁亦得以素爲中衣但不得用黼領衣服令載爵弁青領異於冕服特爲大夫士言之也諸侯以上服爵弁而素中衣其亦得從繡黼丹朱之制乎又裼衣與上服同色中衣與上服不同色故冕服及爵弁皆元衣而中衣用素莊子讓王篇子貢乘大馬中紺而素衣注李云紺爲中衣加素爲表則亦中衣素衣異色之一證也

又案馬縞中華古今注汗衫蓋三代之襯衣也禮曰中單歿漢書萬石君傳竊問侍者取親中帬廁牏身自澣洒晉灼曰今世謂反門小袖衫爲侯牏師古曰中帬若

今言中衣也廁牏者近身之小衫若今汗衫也據此則中衣與汗衫不同釋名中衣言在小衣之外大衣之中汗衣近身受汗垢之衣也詩謂之澤受汗澤也或曰鄙袒或曰羞袒作之用六尺裁足覆胷背言羞鄙於袒而衣此耳詩無衣與子同澤傳云澤潤澤也箋云澤褻衣近汗垢然則汗衫卽澤也亦卽釋名所謂小衣也中衣在汗衫之上故釋名謂中衣在小衣之外不得合中衣汗衫爲一也如中衣卽汗衫則汗澤沾濡近身最褻豈尚以丹朱爲緣同於禮衣之盛飾乎

羔裘

羔羊羔羊之革素絲五緎疏司裘職云掌爲大裘以供王

祀天之服更不別言衮冕巳下之裘明六冕與爵弁同用黑羔裘又云司服職云王祀昊天上帝則服大裘而冕以下冕不復云裘司裘職云掌爲大裘以供王祀天之服亦不別言衮冕以下之裘明六冕與爵弁同用大裘之羔裘矣案玉藻云君子狐青裘豹褎元綃衣以裼之注云君子大夫士狐青裘蓋元衣之裘然衮冕與元衣知不用狐青裘者以司裘職云季秋獻功裘以待頒賜注云功裘人功微麤謂狐靑麛裘之屬鄭以功裘以待頒賜大夫士明非冕服之裘矣

司裘疏玉藻云羔裘注引孔子緇衣羔裘鄭注論語云君之視朝之服亦卿大夫士祭於君之服若然卿大夫助祭用冕服士用爵弁君朝服冕服羔裘卿大夫士弁冕用羔裘至於朝服亦用羔裘卽是君臣祭服朝服同服羔裘也

玉藻君子狐青裘豹褎元綃衣以裼之注君子大夫士也綃綺屬也染之以元於狐青裘相宜狐青裘蓋元衣之裘疏皇氏云元衣謂元端也皇氏又云畿內諸侯朝服用緇衣畿外用元衣此狐青又是畿外諸侯朝服之裘又云熊氏云六冕皆有裘此云元衣謂六冕及爵弁也則天子諸侯皆然而云大夫士者君用純狐青大夫士雜以豹褎熊氏又以內外諸侯朝服皆緇衣以羔爲裘不用狐青也孔青旣是冕服之裘周禮司裘謂之功裘者以在冕服之內人功微麤不如黼裘大裘之美以故謂之功耳劉氏云凡

以六冕之裘皆黑羔裘也故司服云祭昊天大裘而冕以下冕皆不云裘是皆用羔裘也又論語注緇衣羔裘皆祭於君之服是祭服用羔裘也劉氏又以此元衣爲元端與皇氏同今刪定三家之說雖各有通塗皆有長短皇氏以畿內諸侯緇衣畿外諸侯元衣案王制直云元衣而養老不辨內外之異又詩唐風羔裘豹袪卿大夫之服檜風曰羔裘逍遙鄭元云朝燕之服也論語云緇衣羔裘注云諸侯之朝服羔裘者必緇衣爲裼唐檜晉非畿內之國何得竝云羔裘若此元衣爲畿外諸侯則鄭注此何得云君子大夫士也又祭服無裘文無所出皇氏之說非也劉氏以六冕皆用大裘案鄭志大裘之上有元衣則與元冕無異

是以小祭與昊天服同此則劉氏之說非也今彼此商榷以熊氏之說踰於二家

案玉藻犬羊之裘不裼淮南子說山訓被羊裘而賃固其事也貂裘而負籠甚可怪也然則羊裘賤者之服羔裘亦羊裘也冕弁之服皆用之者說文羔羊子也羊初生其毛柔細最深煖也故爲良裘淮南子齊俗訓晉文君大布之衣牂羊之裘墨子兼愛篇昔者晉文公好士之惡衣故文公之臣牂羊之裘韋以帶劍攷廣雅牝羊一歲曰特挑三歲曰牂羊至三歲則齒極長其毛麤大不及羔羊矣故牂羊之裘爲惡衣與麤布之衣相配玉藻所云犬羊之裘蓋謂此也羊裘不裼而羔爲羊子卽

用之於冕弁服猶鹿裘爲喪服之裘而麛爲鹿子則用之於皮弁服也

又案玉藻君子狐青裘鄭注蓋元衣之裘元衣二字爲冕弁及朝服元端同稱而皇氏獨以爲元端之裘者蓋合鄭論語注決之也司裘疏引論語緇衣羔裘鄭注云君之視朝之服亦卿大夫士祭於君之服卿大夫助祭於君元冕也卽知冕服用羔裘士助祭於君爵弁也卽知爵弁用羔裘君臣視朝之服朝服也卽知朝服用羔裘此外惟元端不見所用之裘則玉藻狐青裘注所云元衣之裘卽爲元端之裘無疑矣熊氏以此注元衣爲六冕及爵弁之裘然則卿大夫士祭於君當服元冕爵弁卽當用狐青裘不用羔裘矣何以論語注又云羔裘爲卿大夫士祭於君之服乎鄭必不自相刺謬如此故知此注元衣專謂元端矣熊氏誤解玉藻注元衣二字由未參攷論語注耳孔又謂六冕若皆用大裘鄭志大裘之上有元衣則與元冕無異是以小祭與昊天上帝同服此則劉氏之說非也今攷鄭司裘注云大裘黑羔裘論語注謂冕爵弁朝服皆用黑羔裘不嫌與大裘同者玉藻云禮不盛服不充故大裘不裼注大裘不裼謂祭天也孔疏大裘則無別衣蓋謂此也其他冕服及爵弁朝服雖亦用羔裘而於羔裘之上加裼衣裼衣之上加正服卽異於天子之大裘不裼矣至鄭志大裘之上

加元衣蓋僅於裘之外加元衣元衣之內更無裼衣卽玉藻所云大裘不裼也與元冕裼裘逈異而孔氏謂大裘與元冕無殊尤未深攷玉藻注元衣二字未明著何服故熊氏意爲六冕及爵弁之裘而鄭論語注以卿大夫士祭於君之服用羔裘則爵弁之用羔裘論語注有明文矣故一以彼注爲斷　孔玉藻疏謂六冕及爵弁之裘用狐青裘而詩羔羊之革疏又謂六冕與爵弁同用黑羔裘則仍從劉氏之說矣

又案玉藻羔裘豹飾緇衣以裼之疏論語注云緇衣祭於君之服者謂助君祭朝服而祭也亦卿大夫祭於君之服也今攷諸經傳注載卿大夫助祭之服無用朝服

者疏謂朝服亦卿大夫祭於君之服全無根據司裘疏曰鄭注論語云君之視朝之服亦卿大夫士祭於君之服若然卿大夫助祭用冕服士用爵弁君朝服冕服羔裘卿大夫士弁冕用羔裘至於朝服亦用羔裘即是君臣祭服同服羔裘也賈此疏謂卿大夫士助祭冕弁服同服羔裘最善體會鄭注但羔裘必以緇衣爲裼故賈儀禮疏云據布爲色者則爲緇字據帛爲色者則爲紂字此云緇衣羔裘即爲緇布衣若卿大夫以冕弁助祭上服絲衣而裼用緇布衣即是以布裏帛矣於制未合似鄭注所云緇衣羔裘亦卿大夫士助祭於君之服不指元冕爵弁不知以帛裏布非禮也本謂中衣不謂裼

衣辨見深衣攷即以緇衣攷之據布爲色即爲緇字即據帛爲色亦或爲緇字國策令尹子文衣緇帛及麛裘之衣呂氏春秋淫辭篇及子華子神器篇昔吾所亡者紡緇也管子七臣七祖篇夫男不田女不緇注云緇緍此皆以緇爲帛也均不作紂字可知絲衣亦得名緇衣然則卿大夫士冕弁祭服以緇衣裼羔裘蓋用緇帛也故鄭於緇衣羔裘之下注云君之視朝之服亦卿大夫祭於君之服也又攷禮不特冕弁絲衣其裼衣當用帛即朝服布衣其裼衣多用帛玉藻君子狐青裘元綃衣以裼之又曰君衣狐白裘錦衣以裼之又論語素衣麛裘攷狐青裘元端之裘也狐白裘及麛裘皆皮弁之裘也元

端皮弁上服布衣以元綃錦衣素衣爲裼則是上衣用布裼衣多用帛也蓋裼衣與中衣不同中衣爲裏衣與褻衣相近上衣用布則中衣必不用帛也自孔穎達誤以以帛裏布非禮也二語爲指裼衣遂謂上衣用布則裼衣不得用帛不知玉藻以帛裏布注明謂中衣不謂裼衣如謂裼衣不得以帛裏然則錦衣素衣何以裼皮弁士冠禮賈疏若以衣裳言素者謂白繒也引論語注素用繒詩孔疏亦云未有以素爲布者元綃何以裼元端乎論語素衣麛裘所云素衣謂皮弁服之裼衣白布衣十五升則皮弁服之上服也論語緇衣羔裘所云緇衣則朝服之裼衣以素衣麛裘推緇衣羔裘素衣以素帛爲裼衣則緇衣當以緇帛爲裼衣詩緇衣之宜兮則緇布衣十五升朝服之上

衣也

弁服釋例卷二

蕭山湯應鯉校

弁服釋例卷三

興化　任大椿

韋弁服

韋弁爲聘禮卿歸賓饔餼之服

六月載是常服疏聘禮君使卿韋弁歸饔餼注云韋弁韎韋之弁其服蓋韎布以爲衣素裳不韎皮爲衣者以卿之歸饔餼當用皮弁以權事之宜而用韋弁故彼注云兵服也而服之者皮韋同類也取相近耳以皮弁衣故彼韋弁衣用赤布也

聘禮君使卿韋弁歸饔餼五牢注韋弁服韋弁敬也韋弁韎韋之弁兵服也而服之者皮韋同類取相近耳其服

蓋韎布以爲衣而素裳疏鄭注司服云韋弁以韎韋爲弁又以爲衣裳又晉郤至衣韎韋之跗注鄭志解此跗注以跗爲幅以注爲屬謂制韋如布帛之幅而連屬爲衣及裳今此鄭云以韎布爲衣而素裳全與兵服異者鄭以意量之此爲賓館於大夫士之廟既爲入廟之服不可純如兵服故爲韎布爲衣而素裳鄭志兵服以其與皮弁同白舄故以素裳解之此言素裳又與鄭志同若然惟變其衣耳

案詩六月疏云以皮弁衣故彼韋弁衣用赤布皮弁衣三字似有脫誤大意謂戎服以韎韋爲衣裳此聘服則用赤布衣者蓋聘禮當服皮弁皮弁則布衣也此歸饔餼雖變皮弁爲韋弁然其衣則還依皮弁布衣爲之特變白布爲赤布耳案文義以皮弁衣句皮弁二字下當脫白布二字

又案詩采芑朱芾斯皇疏言受王命之時王以此服命之故方叔服之而受命也知者春官司服云凡兵事韋弁服注云以韎韋爲弁又以爲衣裳是朱之淺者故得以朱表之周禮注云韋弁素裳此連言朱裳者以經云朱芾芾從裳色故知裳亦朱也不用戎服素裳者以其命將非在軍不可純如之也亦變爲美故雜以祭服之飾焉據此則孔謂韋弁服以素裳爲正變素裳爲朱裳即非在軍之戎服然則司服注以韎韋爲衣弁以爲裳竝非戎服之正矣而左傳成十六年疏引聘禮注謂彼

非戎事當爲素裳則又以素裳非戎服之正與采芑疏戎服素裳互異詩春秋疏皆出穎達之手何以自相剌謬也

又案司服注韎韋爲弁又以爲衣裳聘禮注蓋韎布以爲衣而素裳戎事用韋者以韋革同類服以臨軍取其堅也聘異於戎故不用韋聘禮正服皮弁或以朝服衣皆十五升布此韋弁當亦用十五升布爲衣特以韎染異於皮弁朝服之布耳

又案鄭聘禮注韋弁服蓋韎布以爲衣而素裳雜問志韎韋之跗注亦謂衣同韎韋裳則素也獨司服韋弁服注云韎韋以爲弁又以爲衣裳下引韎韋之跗注又似

以韎韋爲裳者與雜問志及聘禮注所云素裳均異賈
疏以爲兩解竊疑詩朱芾斯皇箋云天子之服韋弁服
朱衣裳特別曰天子之服惟天子得朱裳耳非天子則
素裳故聘禮卿韋弁歸饔餼注云素裳以其爲卿故下
天子也雜問志釋韎韋之跗注以爲素裳亦據郤至晉
卿與聘禮之卿同也元端天子朱裳大夫素裳然則韋
弁服天子朱裳卿大夫素裳亦與元端同也但攷屨人
疏引鄭志趙商問司服王后六服之制答曰大裘袞衣
鷩衣毳衣絺衣元衣此六服皆纁裳赤舄韋弁衣以韎
皮弁衣以布此二弁皆素裳白舄據此志釋司服韋弁
則專據天子之韋弁矣而云素裳白舄是鄭又明以天

子之韋弁爲素裳矣雜問志或鄭氏未定之說要當以
司服注及采芑朱芾斯皇箋爲正
又爲下大夫聘禮歸介饔餼及介受禮之服
聘禮下大夫韋弁用束帛致之上介韋弁以受如賓禮注
介不皮弁者以其受大禮似賓不敢純如賓也
又爲聘禮夫人使下大夫歸禮之服
聘禮夕夫人使下大夫皮弁歸禮
又爲天子諸侯大夫兵事之服
六月載是常服傳常服戎服也箋戎車之常服韋弁服也
疏言載之者以戎服當戰陣之時乃服之在道未服之司
服云凡兵事韋弁服注云韋弁以韎韋爲弁又以爲衣裳
春秋傳郤至衣韎韋之跗注是也周禮云韋弁皮弁服皆
素裳白舄又雜問志云韎韋之不注不讀如幅注屬也幅
有屬者以淺赤韋爲弁又以爲衣而素裳白舄也知淺赤
者以詩言韎韐有奭以韎韐茅蒐染之而奭爲赤貌若不
淺則絳故知淺赤也又云以皮韋同類故孝經注曰田獵
戰伐冠皮弁援神契云皮弁素積軍旅也皆以皮弁統韋
言之若分別言之戰伐用韋不用皮也此所載者據將帥
服耳其餘軍士之服下章言既成我服是也通皆韋弁故
坊記注云惟在軍同服耳知者僖五年左傳曰均服振振
取虢之旂是同也禮在朝及齊祭君臣有同服多矣獨
言在軍者爲僕右無也以君各以時服僕右恆朝服至在

軍則同故言唯耳不謂通於他事
采芑服其命服朱芾斯皇傳朱芾黃朱芾也箋命服者命
爲將受王命之服也天子之服韋弁服朱衣裳也疏春官
司服云凡兵事韋弁注云韋弁以韎韋爲衣又以爲裳是
裳者以經云朱芾芾從裳色故知裳亦朱也不用戎服素
朱之淺者故得以朱表之周禮志云韋弁素裳此連言朱
裳者以其命將非在軍不可純如之也亦變爲美故雜以
祭服之飾焉此本或云天子之服韋弁服朱衣纁裳者誤
定本無纁字
司服凡兵事韋弁服注韋弁以韎韋爲弁又以爲衣裳春
秋傳曰晉郤至衣韎韋之跗注是也今時伍伯緹衣古兵

服之遺色疏左傳成十六年楚子曰韎韋之跗注君子也
使工尹襄問郤至以弓若賈服等說跗謂足跗注屬也袴
而屬於跗若據鄭雜問志則以跗爲幅注亦爲屬以韎韋
幅如布帛之幅而連屬以爲衣而素裳既與諸家不同又
與此注裳亦用韎韋有同異者鄭君兩解此注與賈服同
裳亦用韎韋也至彼雜問志裳用素者從白舄之義若然
案聘禮云卿韋弁歸饔餼注云韋弁韎韋之弁蓋韎布爲
衣而素裳與此又不同者彼非兵事入廟不可純如兵服
故疑用韎布爲衣也言素裳者亦從白屨爲正也
巾車革路龍勒條纓五就建大白以即戎注即戎謂兵事
疏司服兵事韋弁服車服相配俱是即戎故云謂兵事也

戎僕正其服注服謂衆乘車者之衣服疏鄭注坊記云僕
右恆朝服據非在軍時若在軍則服韋弁服衆乘戎車者
之衣服謂此也
桃氏疏武王克商在軍皆韋弁韋弁兵服克商還皆裨冕
裨冕則五冕
王制一命卷疏故司服云凡兵事韋弁服注云韋弁以韎
韋爲弁又以爲衣裳詩采芑注云韋弁服朱衣裳則韎韋
也其事同鄭志又以韋弁爲素裳未知孰是又云其諸侯
則皮弁以視朔朝服以視朝韋弁以即戎與天子同諸侯
田獵亦用韋弁故左傳衛獻公射鴻於囿不釋皮冠而與
孫林父言又昭十二年楚子狩於州來皮冠豹舄

月令季秋天子乃厲飾執弓挾矢以獵注厲飾謂戎服尙
威武也疏熊氏云謂戎服者韋弁服也以秋冬之時故韋
弁服若春夏則冠弁服故司服云凡甸冠弁服義或然也
左氏僖五年傳均服振振注戎事上下同服疏周禮司服
職云凡兵事韋弁服鄭元云韋弁以韎韋爲弁又以爲衣
裳今時伍伯緹衣古兵服之遺色然則在兵之服皆韋弁
均服者謂兵戎之事貴賤上下均同此服也
左氏成三年傳齊侯曰服改矣注戎朝異服也疏鄭元云
韋弁以韎韋爲弁又以爲衣裳春秋傳曰晉郤至衣韎韋
之跗注是也
左氏僖二十八年傳賜之大輅之服戎輅之服疏周禮司

服侯伯之服自鷩冕而下凡兵事韋弁服金輅祭祀所乘
其大輅之服當謂鷩冕之服戎輅之服當謂韋弁服也
左氏成十六年傳方事之殷也有韎韋之跗注注曰韎赤
色跗注戎服若袴而屬於跗與袴連疏鄭元詩注曰韎茅
蒐染也韎聲也韋昭云茅蒐今絳草也急疾呼茅蒐成韎
也茅蒐即今之蒨也賈逵曰一染曰韎釋器云一染謂之
縓謂一入赤爲淺赤色也跗注兵戎之服自腰以下而注
於脚跗謂屬袴於下與跗相連周禮司服凡兵事韋弁服
鄭元云韋弁以韎韋爲弁又以爲衣裳晉郤至韎韋之跗
注是也鄭以跗當爲幅謂裁韋若布帛之幅相達屬鄭言
以爲衣裳則衣裳不連聘禮君使卿韋弁歸饔餼鄭元云

其服蓋韎布以爲衣而素裳鄭以彼非戎事當爲素裳明衣裳不連跗注杜言連者爲腰脚連耳

左氏襄二十五年傳鄭子產獻捷於晉戎服將事注戎服軍旅之衣異於朝服疏周禮司服云凡兵事韋弁服鄭元云韋弁以韎韋爲弁又以爲衣裳也諸侯之朝服元冠緇布衣素積以爲裳是戎服異於朝服也

案司服注云今時伍伯緹衣古兵服之遺色攷漢書鼂錯傳四里一連連有假五百服虔曰五百帥名也後漢書宦者傳曹節弟破石爲越騎校尉越騎營五百妻有美色注韋昭辨釋名曰五百字本爲伍伍當也伯道也使之導引當道陌中以驅除也案今俗呼行杖人爲五

百也又攷古今注伍伯一伍之伯也五人曰伍伍長爲伯故稱伍伯漢制兵吏五人一戸竈置一伯故戸伯亦曰火伯以爲一竈之主也漢諸公行則戸伯率其伍以導引也古兵士服韋弁今戸伯服赤幘纁衣則以戸伯爲古之兵士也

又案司服凡兵事韋弁服攷工記函人爲甲犀甲七屬兕甲六屬合甲五屬蓋韋弁服在兵事中與三革並用詩价人維藩箋价甲也被甲之人謂卿士掌軍事者晉語康叔射兕於徒林殪以爲大甲是兵事用革甲也郤至韎韋之跗注是兵事用韋弁服也攷春秋傳楚子重伐吳組甲三百被練三千注漆甲成組文被練練袍練

袍非革也組甲止三百練袍三千蓋組甲工多練袍工少工少者易成故被練多可知當時臨戎之服不專用革甲韋弁與革甲既同爲兵服則或用革或用韋各有宜也攷漢書韓延壽傳騎士被甲鞮鍪霍去病傳發屬國元甲軍尹賞傳被鎧扞注鎧甲也扞臂衣也當時將士既皆用鎧甲及攷光武紀光武絳衣大冠其云絳衣卽韎服之制也東觀漢紀光武起義衣絳單衣赤幘又曰段熲滅羌詔賜赤幘大冠其云赤幘則韋弁之遺象通典載魏杜布議古者軍禮韋弁冠今者赤幘是其證也西京賦武士赫怒緹衣韎韐云緹衣卽司服注所云緹衣武士卽司服注所云伍百也又後漢書陳俊傳注

引華嶠書曰拜俊爲强弩偏將軍賜絳衣九百領衣中堅同心士云中堅同心士卽伍百之類也云賜絳衣九百領卽緹衣也然則漢時絳衣赤幘與介甲並用可證司服之韋弁服與函人之革甲並用矣又攷晉馬隆傳隆討西羌夾道累磁石賊負鐵鎧行不得前隆卒悉被犀甲無留礙賊以爲神鐵鎧雖堅於犀甲然蹈險當輕疾故利用犀甲之輕不利鐵鎧之重革甲雖堅於韋弁然韋弁之用或有時便於革甲則用革又不如用韋矣當以馬隆傳參之天子兵事用韋弁服或以尊服尚輕且異於親禦矢石故也漢書東方朔傳足履革舄師古曰革生皮也不用柔韋言儉率也然則韋重於革以韋

為服猶之以革為甲耳卽以韋弁服為尊者之甲可也
又攷哀七年傳邾茅夷鴻以束帛乘韋自請救於吳韋帛相配與庭實之皮幣同貴故請救以之為賂非生革所能並也故尊者之甲用之耳
又案韋弁服通名甲胄成十六年傳有韎韋之跗注君子也謂郤至也其下曰郤至見客免胄承命曰君之外臣至從寡君之戎事以君之靈閒蒙甲胄不敢拜命據此衣韎韋之跗注而云免胄則韋弁亦得名胄也云閒蒙甲胄則韎韋之衣亦名甲矣
又案鄭司常注屬謂徽號今城門僕射所被及亭長著絳衣皆其舊象詩織文鳥章箋云織徽織鳥章鳥隼之

文章將帥以下衣皆著焉疏謂以絳為縿畫為鳥隼又絳為旐引司常注作證今攷續漢輿服志却非冠制似長冠下促宮殿門吏僕射冠之負赤幡青翅燕尾諸僕射幡皆如之僕射負赤幡卽司常注所云城門僕射所被也絳衣赤幡戎事皆尚赤也又攷後漢書杜喬傳喬故掾陳留楊匡聞之號泣星行到洛陽乃著故赤幘託為夏門亭吏守衞尸喪云亭吏著赤幘卽司常注所云亭長絳衣也亭長絳衣赤幘近於古之韋弁服矣亭長於周禮為比閭族黨之官六鄉起軍比閭族黨皆有將軍之職故亭長亦從兵服耳又續漢書禮儀志大喪校尉赤幘不冠絳科單衣校尉武士也雖送喪亦絳衣赤幘則武士雖不臨戎亦必戎服漢世嚴於兵服如此
又案吳越春秋方陣而行中校之軍皆白裳白髦素甲素羽之矰望之若荼王親秉鉞載旗以陣而立左軍皆赤裳赤髦丹甲朱羽之矰望之若火右軍皆元裳元髦黑甲烏羽之矰望之如墨據此則兵事不必皆韋弁服唐武藏庫所藏五色袍襦未必不沿此制既云白裳赤裳元裳又云素甲丹甲黑甲則所謂裳者卽函人疏所云甲下旅為裳左氏宣十二年傳得其甲裳呂覽去九篇云為甲裳以帛是也左氏定九年傳犂彌辭曰有先登者臣從之晳幘而衣貍製則戎服又有素裘者矣
又案後漢志不載韋弁晉志有之宋書禮志凡兵事總

謂之戎尙書云一戎衣而天下定周禮革路以卽戎又曰兵事韋弁服以韎韋為弁又以為衣裳春秋左傳戎服將事又云晉郤至衣韎韋之跗注先儒云韎絳色今時伍伯衣説者云五霸兵戰猶有絞紱冠纓漫胡則戎服非袴褶之制未詳所起近代車駕親戎中外戒嚴之服無定色冠黑帽綴紫摽摽以繒為之長四寸廣一寸腰有絡帶以代鞶革中官紫摽外官絳摽又有纂嚴戎服而不綴摽行留文武悉同據此帽異於弁黑帽異於韎韋摽以紫絳豈以紫絳與韎色相近歟又宋書禮志泰始四年詔又以肅冕三梁緌朱衣裳乘革路征伐不賓講武校獵則宋之戎服猶朱衣裳惟用肅冕黑冠為

異隋志禡類武弁朱衣裳與泰始四年詔同冠則武弁卽古惠文冠也亦異韋弁而隋志又載後周之制諸公服九七曰韋弁諸侯服八六曰韋弁諸伯服七五曰韋弁諸子服六四曰韋弁諸男服五三曰韋弁三公三孤卿上大夫中大夫與公侯伯子男五等相準隋志又載後周巡兵卽戎則服韋弁以韎韋爲弁又以爲衣裳此則後世戎服用周禮韋弁服惟後周爲然耳

又案玉海載宋皇祐二年詔問冠韋弁何服所執何玉禮院奏韋弁爲戎服於經無執玉之文三禮圖繪爲執玉誤也今攷典瑞牙璋以起軍旅以治兵事注鄭司農云璋以爲牙牙齒兵象故以牙璋發兵若今以銅虎符

發兵元謂牙璋亦王使之瑞節玉人牙璋中璋七寸射二寸厚寸以起軍旅以治兵守夫此起軍旅治兵守者旣在軍戎必服韋弁服矣所執瑞節有中璋牙璋樂記武王郊射裨冕搢笏淮南子齊俗訓武王勝殷搢笏杖殳以臨朝夫射戎事也杖殳臨朝未亡武也而均搢笏則戎服皆師秉持瑞節或亦執玉之類乎

韋弁重於皮弁

聘禮君使卿韋弁歸饔餼注變皮弁服韋弁敬也疏案周禮春官司服王之吉服有九祭服之下先云兵事韋弁服後云視朝皮弁服則韋弁尊於皮弁今行聘享之事等皆皮弁至歸饔餼則韋弁故云敬也

形制似皮弁廣狹之度當似後世武弁

案晉志韋弁制似皮弁頂上尖韎草染之色如淺絳然則形狀似皮弁矣又攷三禮圖皮弁高尺二寸脩弁廣八寸長尺六寸惟不載韋弁尺寸大約韋弁長廣必大於他冠蓋武士之冠最大故後漢志武冠亦曰武弁大冠諸武官冠之晉公卿禮秩曰大司馬大將軍太尉驃騎車騎衛將軍諸大將軍開府位從公者著武冠俗謂之大冠環纓無蕤莊子云武士之服卽謂此大冠也漢書蓋寬饒傳寬饒初拜爲司馬冠大冠帶長劍漢之武冠比司服之韋弁又三禮圖云衣服令武弁當比韋弁處然則韋弁高廣之度當不異於武弁大冠矣

天子諸侯孤卿大夫韋弁會皆有玉璂璂數與玉采各以其等

淇奧會弁如星疏其韋弁飾與皮弁同

玉府共王之服玉佩玉珠玉注鄭司農云服玉冠飾十二玉疏弁師又有皮弁韋弁冠弁亦皆十二玉故云冠飾十二玉也

弁師諸侯及孤卿大夫之冕韋弁皮弁弁絰各以其等爲之注韋弁皮弁則侯伯璂飾七子男璂飾五玉亦三采孤則璂飾四三命之卿璂飾三再命之大夫璂飾二玉亦二采

王制三公一命卷疏皮弁縫中亦五采玉十二故弁師云

王之皮弁會五采玉璂鄭注云會縫中也縫中每貫結五采玉十二以爲飾韋弁亦然故弁師云諸侯及孤卿大夫之冕韋弁皮弁弁絰各以其等爲之則知天子韋弁與皮弁同也又云若熊氏之義分以下諸冕其旒並依命數不減其韋弁皮弁冠弁縫中之玉各依命數玉皆三采朱白蒼也孤希冕而下其旒及玉皆三采朱綠各依命數其皮弁韋弁冠弁玉亦二采各依其命數

朱裳

一曰素裳見上

韠與爵弁同

案西京賦韎衣韎韐李善注韎衣韎韐武士之服然則韋弁亦當以韎韐爲韠也詩韎韐有奭白爲爵弁之韠蓋爵弁纁裳纁色赤武士韎衣韎亦赤故皆以韎韐爲韠也以此推韋弁則韋弁之韠亦赤矣又按詩朱芾斯皇疏謂韋弁服朱裳芾象裳色則韋弁用韍同於冕服蓋韋弁本尊於爵弁故惟卿大夫以上乃服之又天子特以此服賜方叔或變韎韐言朱芾以寵異之歟

天子諸侯舄無明文大夫白屨黑絇繶純

屨人注詩絇者云白舄之飾疏白舄配韋弁皮弁又云案司服注韋弁以韎韋爲弁又以爲衣裳則韋弁其裳以韎之赤色韋爲之今以白舄配之其色不與裳同者鄭志及聘禮注韋弁服皆云以素爲裳以爲正文鄭自兩解不定故得以白舄配之

辨外内命夫命婦之命屨功屨散屨注功屨次命屨於孤卿大夫則白屨黑屨疏案司服孤希冕卿大夫玄冕皆以赤舄爲命舄以下仍有韋弁白屨冠弁黑屨故云次命屨命屨據婦人而言其實孤卿大夫身則功屨次命舄也又云鄭志韋弁衣以韎皮弁衣以布此二弁皆素裳白舄

案采芑朱芾斯皇箋及司服注皆以天子韋弁服朱衣朱裳裳舄同色朱裳當用赤舄而屨人賈疏又獨據雜問志素裳之說謂當白舄似非定論蓋鄭本兩解故也

裘用狐裘

羔羊羔羊之革素絲五緎疏若兵事既用韎韋衣則用黃衣狐裘及貍裘象衣色故也又襄四年傳云臧之狐裘敗我於狐駘又定九年傳云晳幘而衣貍製是也

弁服釋例卷三終

蕭山湯應鯉校

弁服釋例卷四

興化　任大椿

皮弁服上

皮弁爲天子郊天聽祭報之服

郊特牲祭之日王皮弁以聽祭報注報白也夙興朝服以待白祭祀者乃後服祭服而行事也疏郊日之朝天子早起皮弁服以聽之小宗伯告時日早晚及牲事之備具也未郊故未服大裘而冕當且服日視朝之服也

王制一命卷疏又郊祭之前服之以聽祭報故郊特牲云皮弁以聽祭報

又爲大學有司祭菜之服

樂記大學始教皮弁祭菜示敬道也注皮弁天子之朝朝服疏謂天子使有司服皮弁祭先聖先師以蘋藻之菜也又云崔氏云著皮弁祭菜蔬並是質素示學者以謙敬之道矣

案天子視學使有司釋菜服皮弁服若親臨釋奠則當冕服攷司服享先公饗射則鷩冕注謂與諸侯射疏此大射在西郊虞庠中又攷祭義養三老五更於大學天子袒而割牲執醬而饋執爵而酳冕而總干一以合諸侯一以養更老行禮於學尚服冕服況先聖先師登諸侯更老所得並尊乎齊王儉議釋奠先聖先師方之七廟則輕比之五祀則重司服祭五祀尙絺冕況重於五祀者乎後漢鮑昱傳子德爲南陽太守時郡學久廢德乃修起橫舍備俎豆黼冕行禮奏樂黼冕亦謂釋奠服也初學記引齊王儉侍皇太子釋奠頌云青槐陰市元冕晏東序引陳徐伯陽皇太子釋奠與晏詩隆冕上庠升飛纓此皆以冕服釋奠隋志載後周之制乘輿臨太學服鷩冕七章最合禮義學記皮弁祭菜祭菜禮輕又使有司爲之故但用皮弁耳漢書韓延壽傳於是令文學校官諸生皮弁執俎豆即學記所云皮弁祭菜使有司爲之者也

又爲君巡牲之服

祭義君皮弁素積朔月月半君巡牲注君朔月月半巡視之君召牛納而視之疏皮弁諸侯視朔之服朔月月半君服此衣而巡牲

案君巡牲旣於朔月又於月半古制月半與月朔並重故士喪禮朔月奠注云朔月月朔日也自大夫以上月半又奠漢書蘇武傳以武著節老臣令朝朔望號稱祭酒三國魏志黃初五年五月有司以公卿朝朔望日因奏疑事聽斷大政論辨得失北魏書穆亮傳載晉令朔望集公卿於朝堂而論政事通典貞觀二十六年十月令百僚朔望服袴褶以朝然則奠事朝事皆以朔望爲重巡牲旣以月朔又以月半亦此義也巡牲月朔皮弁服視朔之服也月半皮弁蓋視月朔之服也

又案莊子達生篇祝宗人元端以臨牢筴說彘曰汝奚惡死吾將三月豢汝十日戒三日齊藉白茅此所喻似爲有司巡牲之禮月令乃命宰祝巡行犧牲卽此文所云祝宗人臨牢筴也此文下云牢筴之中則豢牲處也本文曰臨牢筴又云吾將豢汝則似初卜牲後祝宗又臨牢筴而巡視之也元端以臨降於君服皮弁矣此雖寓言而未嘗不依附典制也

又爲君卜夫人世婦養蠶之服

聽卬婦無公事休其蠶織傳及大昕之朝君皮弁素積卜三宮之夫人世婦之吉者使入蠶於蠶室注大昕季春朔日之朝也

又爲君蜡祭之服

檜羔裘狐裘以朝箋大蜡而息民則有黃衣狐裘疏人君以歲事成熟搜索羣神而報祭之謂之大蜡又臘祭先祖五祀因令民得大飲農事休息謂之息民於大蜡之後作息民之祭其時則有黃衣狐裘也大蜡之祭與息民異也息民用黃衣狐裘大蜡則皮弁素服二者不同以其大蜡之後始作息民之祭息民大蜡同月其事相次故連言之耳

士喪禮商祝襲祭服注祭服爵弁服皮弁服皆從君助祭之服大蜡有皮弁素服而祭送終之禮也疏云大蜡有皮弁素服而祭送終之禮也者郊特牲文引之者證皮弁之服有二種一者皮弁時白布衣素積爲裳是天子朝服亦是諸侯及臣聽朔之服二者皮弁時衣裳皆素葛帶榛杖大蜡時送終之禮凶服也此士之襲及士冠禮與聽朔者不用此素服引者欲見郊特牲皮弁素服是大蜡送終之服非此襲時所用者也

月令天子乃祈來年於天宗大割祠於公社及門閭臘先祖五祀注此周禮所謂蜡祭也又云或言祈年或言大割或言臘互文疏此等之祭總謂之蜡若細別言之天宗公社門閭謂之蜡其祭則皮弁素服葛帶榛杖其臘先祖五祀謂之息民之祭其服則黃衣黃冠鄭注郊特牲云息民與蜡異也

郊特牲皮弁素服而祭素服以送終也葛帶榛杖喪殺也蜡之祭仁之至義之盡也注送終喪殺所謂老物也素服衣裳皆素

黃衣黃冠而祭息田夫也注祭謂既蜡臘先祖五祀也於是勞農以休息之論語曰黃衣狐裘疏上云蜡此云祭故知既蜡臘先祖五祀對文蜡臘有別總其祭俱名蜡也故月令孟冬祈來年於天宗大割祠於公社及門閭臘先祖五祀鄭注云此周禮所謂蜡是也

素衣麑裘皇侃義疏或云大蜡祭百物之神皮弁素服也故鄭元注郊特牲云皮弁素服而祭以送終也注云素服衣裳皆素也

案詩狐裘以朝箋大蜡而息民則有黃衣狐裘孔疏以爲大蜡服皮弁息民服黃衣狐裘今箋云大蜡而息民則有黃衣狐裘息民大蜡同其事相次故連及之但孜狐裘黃黃箋及緇衣注皆云黃衣則狐裘大蜡之服孜黃衣息民之服而箋云大蜡之服則直以息民爲蜡矣蓋息民雖在大蜡之後日而實統於蜡故鄭氏於息民多言蜡月令祈來年於天宗大割祠於公社及門閭臘先祖五祀據疏天宗公社門閭謂之蜡其祭則皮弁素服葛帶榛杖其臘先祖五祀謂之息民之祭其服則黃衣黃冠而注通云此大蜡之祭則息民亦得名大蜡非第如狐裘以朝疏所云連言之也論語黃衣狐裘皇侃

義疏此服謂蜡祭宗廟五祀也歲終大蜡報功象物色黃落故著黃衣黃冠也亦通以息民爲蜡蓋本鄭箋狐裘黃黃箋云黃衣則狐裘大蜡之服所謂大蜡之服猶云息民之服耳解此則黃衣狐裘雖得並稱大蜡之服而與大蜡之皮弁服究未嘗混也

又案陳祥道謂司服祭羣小祀則元冕注羣小祀林澤墳衍四方百物之屬大宗伯以貍辜祭四方百物注謂磔攘及蜡祭然則司服注所云四方百物之屬卽蜡祭王蜡祭當服元冕矣郊特牲云皮弁或謂有司助祭之服今孜大宗伯注雖以蜡爲四方百物之祭其實四方百物之祭非獨蜡也大宗伯注云疈而祭之謂磔攘及蜡祭孜月令九門磔攘又十二月大難時亦磔攘此二者均爲四方百物之祭故鄭以磔攘與蜡祭並舉又孜牧人凡外祭毀事用尨可也注毀謂疈辜侯禳毀除殃咎之屬賈疏謂宗伯云疈辜祭四方百物而引九門磔攘小祝職云將事侯禳然則四方百物兼据侯禳之祭牧人賈疏九獻明確又孜大司馬遂以獮田羅弊致禽以祀祊注祊當爲方秋田主祭四方報成萬物詩云以社以方又鼓人云凡祭祀百物之神鼓兵舞帗舞者疏云案下舞師山川用兵舞社稷用帗舞今此小神等若義近山川者舞兵舞近社稷者舞帗舞據此則禮經凡稱四方百物所該實廣司服元冕祭羣小祀注雖以羣小

祀兼四方百物亦第以大判言之非必以蜡在四方百物之列亦必與四方百物槪從元冕也蓋蜡主送終故服殺於蜡與凡四方百物有異郊特牲附蜡於郊則天子之服達於下者也而祥道謂天子元冕有司皮弁殊爲臆說儀禮經傳通解續以蜡爲一祭百物別爲一祭殊確

又爲舞大夏之服

明堂位皮弁素積裼而舞大夏疏皮弁三王之服也裼見美也大夏夏禹之樂也王又服皮弁裼而舞夏后氏之樂也六冕是周制故用冕以舞周樂皮弁是三王服故用皮弁以舞夏樂也而周樂是武武質故不裼夏家樂文文故

裼也若諸侯之祭各服所祭之冕而舞故祭統云諸侯之祭也與竟内樂之冕而總干率其羣臣以樂皇尸是知用冕服舞也

王制一命卷疏又著以舞大夏故明堂位云皮弁素積以舞大夏雖是魯禮王所同之

案祭統及入舞君執干戚就舞位君爲東上冕而總干率其羣臣以樂皇尸與此皮弁以舞大夏異者經文云朱干玉戚以舞大武八佾以舞大夏然則君執干戚冕而總干乃舞大武也大武周樂用冕尊時制也大夏古樂故用皮弁尚質

又爲士冠再加之服

士冠禮降二等受皮弁右執項左執前進祝加之如初

郊特牲三加彌尊喻其志也注始加緇布冠次皮弁次爵弁冠益尊則志益大也疏言三加者初加緇布冠次加皮弁是益尊至三加爵弁是彌尊又曰初加緇布冠欲其尚質重古次加皮弁欲其行三王之德後加爵弁欲其行敬事神明是志益大也

冠義三加彌尊加有成也注冠者初加緇布冠次加皮弁次加爵弁每加益尊所以益成也

案後漢書禮儀志乘輿加元服初緇布進賢次爵弁次武弁次通天此緇布爵弁與士冠相當惟加通天冠爲異又易皮弁爲武弁攷公羊宣元年傳已練可以弁冕何休注弁所謂皮弁爵弁也皮弁武冠爵弁文冠按此則皮弁本武弁之類以其同類故以武弁大冠易皮弁漢制近古此其一端

又爲天子視朝之服

淇奥會弁如星箋天子之朝服皮弁以日視朝疏此皮弁天子視朝之服玉藻云天子皮弁以日視朝是也在朝君臣同服故言天子之朝也

緇衣緇衣之宜兮箋天子之朝服皮弁服也疏卿士旦朝於王服皮弁不服緇衣

頍弁有頍者弁傳頍弁貌弁皮弁也箋天子之朝皮弁以日視朝疏弁者冠之大名稱弁者多矣但爵弁則士之祭

服韋弁則服以即戎冠弁則服以從禽非常服也惟皮弁上下相通服之故知皮弁也傳與理不明王肅云言無常也與有德者則戴頍然之弁矣下章云言勉其在人之無期也其意以傷王無德將不戴弁孫毓以皮弁非惟王者所服雖陪臣卿大夫皆得服之不足以爲王者廢興之喻以王説爲非案昭九年左傳王使詹桓伯辭於晉曰我在伯父猶衣服之有冠冕僖八年穀梁傳曰弁冕雖舊必加於首周室雖衰必先諸侯然則王者之在上位猶皮弁之在人首故以爲喻也

司服眡朝則皮弁服注眡朝視内外朝之事又云王受諸侯朝覲於廟則衮冕疏天子三朝外朝二内朝一皆用皮

弁故經緫云眡朝則皮弁服也又云案覲禮云天子袞冕負黼扆節服氏云祭祀朝覲袞冕六人維王之太常注云服袞冕者從王服故知朝覲在廟王服袞冕若然春夏受贄在朝則是眡朝皮弁服也其受享於廟與覲同袞冕故於廟連言朝也

司士王入內朝皆退注玉藻曰朝服以日視朝於內朝朝辨色始入君日出而視之退適路寢聽政使人視大夫大夫退然後適小寢釋服謂諸侯也王日視朝皮弁其禮則同

士冠禮目錄天子之士朝服皮弁素積

士冠禮主人元冠朝服緇帶素鞸注天子與其臣元冕以視朔皮弁以日視朝

王制一命卷疏司服又云眡朝則皮弁服鄭注云眡朝視內外朝之事又云其天子卿大夫士以皮弁爲朝服

元衣而養老注天子皮弁以日視朝也疏天子皮弁以日視朝也者玉藻文引之者證天子與諸侯朝服之別

月令衣青衣注又玉藻曰天子龍袞以祭元端而朝日皮弁以日視朝與此皆殊

玉藻皮弁以日視朝

公羊昭二十五年傳昭公曰寡君有不腆先君之服未之敢服注天子朝皮弁夕元端朝服以聽朝元端以燕

案漢書如淳注雖有五時服至朝皆朝服皂衣然則當時仍以皮弁爲尊服漢書孝平王皇后傳太師孔光大司徒馬宮等四十九人賜皮弁素績王莽傳莽再拜受袞冕句履皮弁素積朱戶納陛云袞冕即所謂一命袞也云皮弁則所謂眡朝皮弁服也當時賜服皮弁與袞冕相亞論衡恢國篇周時被髮椎髻今戴皮弁淮南子齊俗訓越王句踐劗髮文身無皮弁搢笏之服蓋重言乎王朝之正服也荀子士皮弁攷司服士之服自皮弁而下如大夫之服荀子據司服言之蓋亦謂天子之士正朝之服也漢制朝服皂衣皆沿諸侯之朝服耳

又案三國魏志裴松之注及宋志載魏文帝黃初三年詔賜漢太尉楊彪几杖待以客禮延請之日使挾杖入

朝又令著鹿皮冠彪辭讓不受竟著布單衣皮弁以見攷天子之朝皮弁以視朝自漢以後皆冠通天冠服與深衣同制文帝尊禮楊彪不欲其以朝儀見故特命冠皮弁欲比於幅巾雜服而不知皮弁正爲天子之朝朝服於以知司服眡朝之服湮於魏晉時矣

又案天子之朝名朝服者或非皮弁周書王會篇天子南面立絻無繁露朝服八十物唐叔荀叔周公在左太公望在右皆絻亦無繁露朝服七十物堂下之右唐公虞公南面立焉堂下之左殷公夏公立焉皆南面絻有繁露朝服五十物相者太史魚大行人皆朝服有繁露堂下之東面郭叔掌爲天子菉幣焉絻有繁露攷此爲

王朝朝服云冕無繁露有繁露則大朝覲會同之冕服
也非常朝之服也此亦通名朝服
又案漢以後天子朝服皆本深衣制度通典載漢明帝
永平中議乘輿冠通天冠服衣深衣制有袍隨五時色
梁劉昭續漢志注今下至賤吏小史皆通制袍單衣皂
緣領袖中衣爲朝服袍制即深衣之連衣裳者也後漢
馬援傳故孝文皇帝綈袍革舄明帝紀注續漢表三老
五更皆服絺紵大袍單衣皂緣鍾離意傳賜尚書以下
帷被皂袍則漢時已以袍爲朝服矣袍色以皂則猶襲
古緇衣之制通典又載晉制朝服通天冠絳紗袍宋明
帝泰始四年詔以通天冠朱紗袍爲聽政之服齊梁以

弁服釋例　卷四　十一

後朝服朱紗絳紗更變不一而皆以袍又攷齊建武中
通天冠絳紗袍乘輿臨朝所服臣下皆同仍本在朝君
臣同服古制又攷晉志云漢氏承秦改六冕之制但元
冠絳衣而已魏已來名爲五時朝服又有四時朝服又
有朝服自皇太子以下隨官受給百官雖服五時朝服
據今止給四時朝服缺秋服三年一易宋志朝服一具
冠幘各一絳緋袍皂緣中單衣領袖各一領革帶袷袴
各一舄韈各一量簪導飾自副四時朝服者加絳絹黃
緋青緋皂緋袍單衣各一領五時朝服者加給白絹袍
單衣一領秩最尊者給五時朝服次者給四時朝服次
者給單衣又次者給科單衣及構陳制皇太子舊有五

時朝服自梁天監之後則朱服諸王朝服朱衣絳紗袍
皂緣中衣開國公侯伯子男並朝服紗朱衣餘文官朝
服武賁中郎將羽林監絳紗縠單衣州刺史絳朝服直
閤將軍諸殿主帥朱服正直絳衫從則裲襠衫太子衛
率率更令丞皂朝服殿中將軍員外將軍州郡都尉司
馬中通事舍人太子通事等並朱服元衣赤幘袴褶太
子二傅所服武冠絳構殿前威儀武賁散給使冏將鼓
吹主帥副太子典簿戟吏所服於是朝服貴賤異秩其
制始詳唐志貞觀四年制三品以上服紫四品五品以
上服緋六品七品以上綠八品九品以上青於是朝服
貴賤異色其制始詳攷隋志通天冠絳紗袍天子元會

弁服釋例　卷四　十二

臨軒服之皮弁服視朔聽訟服之則天子常朝皮弁古
制尚存於隋又攷通典唐以皮弁爲朔日視朝之服則
以諸侯視朔之服爲朔日之朝服開元禮載朔日視朝
儀云皇帝弁服所謂弁服即所謂皮弁也特絳紗袍與
白布衣異耳漢書外戚王皇后傳師古注皮弁朱衣而
素裳皮弁用朱衣師古蓋據絳袍之制言之非古也通
攷載詳定正旦御殿儀注所言周官司服王眂朝則皮
弁服鄭氏注眂朝眂內外朝之事王受諸侯朝覲於廟
則袞冕賈公彥曰覲禮天子袞冕負黼扆故知朝覲在
廟王服袞冕而春夏受贄在朝則皮弁孔穎達曰天子
朝服立於路門之外諸侯朝服執贄入應門漢制百官

賀正旦天子服通天冠自晉以來天子郊祀天地明堂宗廟元會臨軒介幘通天冠平冕皂單衣朱緣裏加於通天冠上衣畫而裳繡凡爲日月星辰十二章自此元日受朝始用祭服梁及隋唐旣以因襲而本朝亦用衮冕臣等以謂周禮朝覲若春夏受摯於朝則君臣皆朝服秋冬受摯於廟則君臣皆祭服今元會行禮於朝而天子服祭服羣臣服朝服未合禮意其元日受朝賀宜服通天冠絳紗袍然則常朝正旦朝服皆用絳紗袍而隋志常朝之服皮弁唐制朔日之服皮弁至宋槪不復存

又案諸侯之朝朝服緇衣素裳亦或名皮弁爲朝服論

語吉月必朝服而朝孔曰吉月月朔也朝服皮弁服皇侃義疏吉月者月朔也朝服者凡言朝服惟是元冠緇布衣素積裳今此之朝服謂皮弁十五升白布衣素積裳也所以亦謂朝服者天子用之以日視朝今云朝服是從天子受名也諸侯用之以視朔孔子魯臣亦得與君同服故月朔必服之也然魯自文公不視朔故子貢欲去告朔之餼羊而孔子是哀公之臣應無隨君視朔之事而云必服之者當是君雖不視朔而孔子月朔必服而以朝是我愛其禮也邢疏魯自文公不行視朔之禮孔子恐其禮廢故每於月朔必衣此視朔之服而朝於君攷皮弁在天子之朝乃曰朝服孔子以吉月朝則在魯國乃亦以皮弁爲朝服者攷曾子問諸侯相見必告於禰朝服而出視朝熊氏謂此朝服爲皮弁服據聘禮諸侯相聘皮弁服則相朝亦皮弁服此以皮弁服爲朝服亦在侯國可與孔傳相證

又爲天子常食之服

王制一命卷疏又以食故玉藻云皮弁以日視朝遂以食

玉藻皮弁以日視朝遂以食日中而餕奏而食疏所以敬養身體故著朝服

又朝服以食疏此經云朝服以食爲釋服之後將食之時又者又如朝時服朝服以食然則上天子云遂以食者亦退於小寢釋服至將食之時又朝服互相明也

案此疏謂天子至將食之時又朝服則皮弁也但謂諸侯釋服服元端未知天子釋皮弁用何服攷天子諸侯皆以元端爲燕服諸侯釋朝服服元端至食又服朝服天子釋皮弁亦當服元端至食又服皮弁也

又爲諸侯在王朝之服

淇奧會弁如星疏諸侯亦皮弁以視朝以序云又相於周故爲在王朝之服

又爲諸侯視朔之服

士冠禮主人元冠朝服緇帶素韠注諸侯與其臣皮弁以視朔

皮弁服注此與君視朔之服也疏案玉藻云諸侯皮弁聽

朔於太廟又案鄭箴說孔子之服云素衣麑裘鄭云視朔之服視朔之時君臣同服也

聘禮賓皮弁注諸侯視朔皮弁服疏知此皮弁是諸侯視朔服者以其玉藻云諸侯皮弁以聽朔於太廟是也

既夕記載皮弁服注皮弁服者視朔之服

王制一命卷疏其諸侯則皮弁以視朔

玉藻皮弁以聽朔於太廟注皮弁下天子也

卒朔然後服之注諸侯視朔皮弁服疏卒朔謂卒告朔之時服皮弁告朔禮終脫去皮弁而後服朝服也

元端而朝日於東門之外聽朔於南門之外注端當爲冕疏知端當爲冕者凡衣服皮弁尊次以諸侯之朝服次以

元端案下諸侯皮弁聽朔朝服視朝是視朝之服卑於聽朔今天子皮弁視朝若元端聽朔則是聽朔之服卑於視朝與諸侯不類且聽朔大視朝小故知端當爲冕謂元冕也

雜記素積一疏素積一者皮弁之服公視朔之服也

占者皮弁注大夫士朔服皮弁

案論語素衣麑裘皇侃義疏素衣謂衣裳並用素也謂國有凶荒君素服則羣臣從之故孔子魯臣亦服之也鄭元注郊特牲云皮弁素服而祭以送終也注云素服衣裳皆素也皇氏以素衣麑裘爲凶荒之服非視朔之服與鄭異義蓋皮弁服有二一是白布衣素帛以爲裳乃諸侯視朔之服一是衣裳皆用素帛此大蜡時送終之禮凶服也見士喪禮賈疏 皇氏以素衣麑裘旣名素衣則衣裳皆素與郊特牲之皮弁素服同故云凶荒之服也不知郊特牲皮弁素服謂正服也論語此節緇衣素衣黃衣皆指裘上之裼衣非指裼衣上之正服也此麑裘裼衣以素其正服仍衣白布也故鄭氏以爲視朔之服皇氏易之非也中衣不得以帛裏布裼衣則得以帛裹布

又案家語季康子朝服以縞曾子問於孔子曰禮乎孔子曰諸侯皮弁以告朔然後服之以視朝若此禮者也是諸侯以皮弁視朔視朔訖亦即以皮弁視朝與常日視朝之服有異攷玉藻皮弁以聽朔於太廟朝服以日

視朝於內朝云以日者謂每日視朝皆朝服不謂朔日獨異也又云孔子曰朝服而朝卒朔然後服之疏卒朔謂卒告朔之時服皮弁告朔禮終脫去皮弁而後服朝服據此經文雖朔日視朝亦服朝服不服皮弁詞義䋣繫家語顯違禮經不足爲據

又爲天子燕同姓之服

頍弁有頍者弁實維伊何傳頍弁皃弁皮弁也箋實猶是也言幽王服是皮弁之冠是維何爲乎言其宜以宴而弗爲也禮天子諸侯朝服以宴天子之朝皮弁以日視朝疏此詩責王不燕而舉皮弁是天子燕用皮弁明矣若然王制云周人冕而祭元衣而養老注云凡養老之服皆其時

與羣臣燕之服周人脩而兼用之元衣素裳其冠委貌諸侯以天子之燕服爲朝服如彼注則天子之燕用元衣此言皮弁者蓋天子燕服有二燕羣臣用元冠親同姓用皮弁賓之初筵三章箋云此祭末王與族人燕而經云側弁之俄是燕同姓用皮弁之事也

王制一命卷疏其皮弁又以燕諸公故詩云有頍者弁注云弁皮弁詩人責王不以皮弁燕諸公此則朝服燕也

元衣而養老疏案詩頍弁注云禮天子諸侯朝服以燕天子之朝服以皮弁服以皮弁服燕不用元衣者詩所謂燕同姓諸公及異姓諸舅等故用皮弁尙質故也若燕其諸侯則用元衣明諸侯則朝服以日視朝服則元衣素裳也

案頍弁次章曰豈伊異人兄弟具來卽小序所謂燕樂同姓也其末章曰豈伊異人兄弟甥舅箋謂吾舅者吾謂之甥然則頍弁不止燕同姓也賓之初筵側弁之俄箋亦以王與族人燕並及異姓乃二詩皆用燕同姓之弁服者文王世子曰公若與族燕則異姓爲賓注曰宗無相賓客之道然則頍弁及賓之初筵雖及異姓或以異姓爲賓見賓之初筵要皆以族燕爲主故用燕同姓之弁服也周禮大宗伯以飲食之禮親宗族兄弟注人君有食宗族飲酒之禮疏文王世子曰族食世降一等者鄭彼注云親者稠疏者稀假令親兄弟歲四度從父昆弟歲三度從祖昆弟歲二度族昆弟歲一度是皆與族人燕之事雖或以異姓爲賓然則重在親宗族則皮弁服可知文王世子曰公與族燕則以齒而孝弟之道達矣屈公之尊至與父兄齒與常燕羣臣大異故不用常燕朝服而用皮弁以皮弁尊於朝服示加敬也燕禮小臣戒與者注君以燕禮勞使臣若臣有功故與羣臣樂之此主於燕異姓矣而記曰燕朝服於寢此燕異姓用朝服之證也燕禮記注謂今辟雍十月行此燕禮元冠而衣皮弁服此漢禮之誤要其用皮弁服之故在誤以王燕同姓之服概施諸辟雍燕禮耳

又爲天子賓射燕射及諸侯在竟賓射之服

司服疏若燕射在寢則朝服若賓射在朝則皮弁服

王制制三公一命卷疏其賓射燕射時亦皮弁也案射人職賓射在朝故知用朝服也燕禮記云燕朝服於寢明天子燕亦以朝服故知賓射燕射亦皮弁也

射義故天子之大射謂之射侯疏天子賓射則在朝故射人云諸侯在朝則皆北面是也其服皮弁服矣又云其諸侯賓射若在國則亦在朝與天子同若在國外相會則在竟故鄭射記云於竟則虎中鄭注云謂與鄰國君射也其服亦皮弁服也以聘禮君受聘皮弁故也

案王制疏燕射亦皮弁引燕禮記諸侯燕於寢朝服證天子燕於寢亦朝服天子朝服則皮弁也燕以皮弁則燕射亦皮弁義例最確賈司服疏謂天子賓射在朝皮

弁燕射在寢則朝服不知諸侯在朝朝服在路寢亦朝服玉藻經文可據以諸侯例天子則天子在朝皮弁明在路寢亦當皮弁燕射在寢其爲皮弁明矣賈司服疏殊誤

又案射義疏諸侯賓射有在國在竟之異在竟則從聘禮皮弁服在國則與天子在朝同天子朝服皮弁服也諸侯朝服則緇衣素裳矣

又案司服享先公饗射則鷩冕注饗射饗食賓客與諸侯射也疏此大射在西郊虞庠中亦服鷩冕也又射義疏其射宮所在天子大射必先習於澤宮而後射於射宮此則射義文也其射宮天子則在廟也故司服云享

先公饗射則鷩冕司几筵云大朝覲大饗射依前南鄉是也其服鷩冕彼漢書郊祀志至奉高梁父令侍中儒者皮弁搢紳射牛行事後漢禮儀志上始帥羣臣躬養三老五更於辟雍行大射之禮注袁山松曰天子皮弁素積親射大侯又後漢書張純傳封禪儀令侍中皮弁搢紳射牛行事據此則漢制天子大射亦皮弁與司服及射義疏所云鷩冕異又攷輿服志行大射禮於辟雍公卿諸侯大夫行禮者冠委貌衣元端素裳執事者冠皮弁衣緇麻衣皂領袖下素裳所謂皮弁素積者也據此則漢大射禮公卿諸侯大夫用朝服與郊祀志及張純傳注所云皮弁搢紳射牛行事不同豈封禪大射與辟雍大射禮有隆殺故服亦有異歟又攷皮弁用白布衣而輿服志辟雍大射執事者雖皮弁素積而衣用緇布則又與禮經皮弁服不同唐開元禮天子大射服武弁服皮弁亦武冠也大射用武弁與用皮弁意相近

又案鄉射禮注今郡國行此鄉射禮皮弁服與禮異以鄉射當用朝服元衣素裳若皮弁則爲天子燕射賓射之朝服矣蓋相承而誤

又爲諸侯大射之服

射義故天子之大射謂之射侯疏是其諸侯大射不顯畿內畿外之異案儀禮大射云公入驁射畢而云入謂從郊入國也謂射在郊學也故鄉射記云於郊則閭中鄭注云

大射於大學儀禮所陳多據畿外諸侯卽畿內諸侯或亦然也其服無文故用皮弁以射在學官樂記云皮弁祭菜故也

又爲天子受朝宗之服

大行人上公之禮執桓圭九寸繅藉九寸冕服九章疏執桓圭九寸繅藉九寸此主行朝禮於朝所執其服則皮弁若行三享則執璧琮自冕服九章巳下至將幣三享見行三享巳前之事

案曲禮天子當依而立諸侯北面而見曰覲天子當宁而立諸公東面諸侯西面曰朝鄭氏謂春朝受贄於朝受享於廟秋覲一受之於廟賈氏大行人疏謂行朝禮

於朝則皮弁行享禮於廟則冕服陳祥道謂皮弁王日視朝之禮非受諸侯朝覲之服也行人之職統言朝覲之禮上公冕服九章侯伯冕服七章子男冕服五章而繼之以廟中將幣則未將幣之前受朝於朝未聞不以冕服也今攷大行人冕服九章以下經文康成注云朝先享不言朝者朝正禮不嫌有等也則是此節專言朝後享禮不言朝禮也此節經文云建常九斿樊纓九就即覲禮所云偏駕也如以爲受朝之禮則下云立當車軹是偏駕入公門矣又此一節云其朝位賓主之間九十步謂迎賓也如以爲受朝之禮則覲禮天子不下堂而見諸侯朝禮天子反出門而見諸侯矣於制皆不可

通故鄭注賈疏以冕服九章已下皆爲朝後行享之禮嚴確祥道徒以廟中將幣文在冕服九章諸文之後遂謂冕服爲未將幣之前受朝於朝之服今攷此節有云禮九牢謂饔餼大禮朝享後乃陳於館文亦在廟中將幣之前豈遂得謂致饔餼在未將幣之前乎又此節云三問三勞文乃在廟中將幣之後豈遂得謂行享後始郊勞乎故經文序有順逆不得盡以文之前後定節次之前後也蓋冕服九章以下諸文與廟中將幣之文爲目謂廟中將幣其車服擯介迎送之儀如此不謂受朝亦冕服也祥道又以節服氏掌祭祀朝覲衮冕六人維王之太常者從王之服而春朝秋覲皆然不知天子受

朝於朝雖皮弁朝訖而享與覲禮皆衮冕故節服氏從王不特於覲服衮冕即朝訖行享亦服衮冕也朝訖行享要爲朝事故節服氏統以朝言之非謂享前之朝亦衮冕也祥道又謂冕服亦施於朝司服王饗射則鷩冕射人三公北面執璧孤東面執皮帛卿西面執羔大夫西面執雁諸侯在朝亦北面鄭氏謂饗射饗食賓客與諸侯射也射人不言士者此與諸侯之賓射士不與也然則與諸侯之賓射固在朝矣王鷩冕三公執璧則毳冕而諸侯亦冕服可知今攷司服享先公饗射則鷩冕賈疏謂此大射在西郊虞庠中又孔射義疏其射宮天子則在廟也故司服云享先公饗射則鷩冕司几筵云

大朝覲大饗射依前南鄉是也其服鷩冕據此則司服所云饗射之射乃大射也其服鷩冕本不在朝不得引爲在朝服冕之證至於射人所掌乃賓射之制與司服饗射之射不同孔射義疏及賈司服疏均謂天子賓射在朝皮弁服而祥道既誤以司服饗射之射爲賓射遂誤以賓射在朝亦鷩冕宜乎其謂受朝於朝並得服冕也祥道又引康王在朝冕服此九變禮之禮不足以證常典易祓又曰玉藻裨冕以朝注謂公衮侯伯鷩子男毳乃冕服之制如此則知命圭五等以至繅藉冕服之三等皆朝禮也今攷朝覲通稱覲禮曰諸侯前朝前朝猶云前覲玉藻所云裨冕以朝亦猶云裨冕以覲耳受

朝皮弁受覲裨冕裨冕祭服盛於皮弁經言朝王盛服故多舉覲禮言之

又案詩韓奕云韓侯入覲又云元袞赤舄覲禮云天子袞冕負斧依又云侯氏裨冕是覲乃服冕也司服眡朝則皮弁服統云眡朝則每日常朝及六服朝王皆括在眡朝二字之內故鄭賈以受朝於朝服皮弁服也通典載周制諸侯遣使聘天子行聘之禮至大門外下車王服皮弁服受聘時賓亦服皮弁受訖王更服袞冕入廟當扆而立賓入次改服裨冕而入此皆以朝禮言之受聘於朝皮弁卽賈疏所云受朝於朝皮弁也聘訖而享王袞冕賓裨冕卽賈疏所云受享於廟冕服也杜佑明於注疏故約舉之儀皆合典要非若宋後諸儒之說也

又爲覲禮勞侯氏之服

覲禮至於郊王使人皮弁用璧勞侯氏亦皮弁迎於帷門之外注皮弁者天子之朝朝服也

曲禮天子當依而立諸侯北面而見天子曰覲疏天子當依而立是秋於廟受覲禮也諸侯來朝至於近郊王使大行人皮弁用璧以迎勞之諸侯亦皮弁從使者以入

又爲諸侯相朝之服

司服注自公之袞冕至卿大夫之元冕皆其朝聘天子及助祭之服諸侯之自相朝聘皆皮弁服

聘禮公皮弁迎賓於大門內疏案司儀諸公相爲賓公皮弁交擯車迎拜辱出大門

曾子問諸侯相見必告于禰朝服而出視朝注朝服爲事故也疏朝服爲事故者或會或弔之事諸侯朝服元冠緇衣素裳以上文諸侯朝天子冕而出視朝爲將廟受尊敬天子習其禮故著冕服諸侯相朝雖亦在廟受降下天子不敢冕服惟著臨朝聽事之服故云朝服爲事故也熊氏曰此朝服謂皮弁服以天子用以視朝故謂之朝服論語云吉月必朝服而朝注云朝服皮弁服是也必知朝服皮弁服者聘禮諸侯相聘皮弁服明相朝亦皮弁服此義爲勝

左氏成三年傳晉侯享齊侯視韓厥韓厥曰君知厥也乎齊侯曰服改矣疏聘禮賓皮弁聘公皮弁迎賓迎聘賓尙以皮弁迎朝賓必皮弁矣在朝君臣同服公當皮弁則韓厥於時亦皮弁也

案聘禮疏司儀諸公相爲賓公皮弁交司儀經注均不著諸侯相朝之服公皮弁三字蓋賈以意推之耳曾子問諸侯相見朝服熊氏以爲皮弁服賈聘禮疏蓋本熊氏

又爲聘禮賓主人之服

聘禮賓皮弁聘注服皮弁者朝聘主相尊敬也諸侯視朔皮弁服疏周禮大行人諸侯朝天子各服冕服廟中將幣三享覲禮亦云侯氏裨冕在廟覲天子此諸侯待四方朝

聘皆皮弁者入天子廟得申其上服入巳廟不可以冕服又不可服常朝之服故服天子之朝服諸侯以爲視朔之服在廟視朝聘之賓是相尊敬故也

公皮弁迎賓於大門内注於是賓主人皆裼

王制制三公一命卷疏諸侯又以皮弁受聘享故聘禮公皮弁

案韓詩外傳孔子曰賜爾何如對曰得素衣縞冠使於兩國之閒據聘禮當云皮弁此云縞冠者皮弁色白縞冠以象其色用皮用縞有異耳縞冠素衣非吉服也即司服所謂素端聘服用此不合禮制又弢素衣即素積蓋素裳亦通名素衣詩庶見素衣兮箋以素衣釋素裳韓詩外傳所云素衣其即謂皮弁服之素裳歟

又爲賓及上介受饔餼之服

聘禮賓皮弁迎大夫於外門外再拜

宰夫朝服牽牛以致之疏決上賓與上介皮弁

又爲歸饔餼賓拜賜之服

聘禮明日賓拜於朝拜饔與餼皆再拜稽首注此拜亦皮弁服疏此拜亦皮弁者以其受時皮弁故知此拜亦皮弁也故公食大夫云若不親食使大夫各以其爵朝服以侑幣致之賓朝服以受明日賓朝服以拜賜於朝故朝服受還朝服拜則知此皮弁受亦皮弁拜可知

又爲卿還玉及賓受玉之服

聘禮君使卿皮弁還玉於館注皮弁者始以此服受之不敢不終也疏始謂受聘享在廟時

賓皮弁襲迎於外門外

又爲諸侯田獵之服

孝經注田獵戰伐冠皮弁

左氏襄十四年傳不釋皮冠而與之言注皮冠田獵之冠也旣不釋冠又不與食疏此公射鴻於囿而冠皮冠明皮冠是田獵之冠也且虞人掌獵昭二十年傳曰皮冠以招虞人又十二年傳言雨雪楚子皮冠以出出田獵也是諸侯之禮皮冠以田獵周禮司服云凡甸冠弁服鄭元云甸田獵也冠弁委貌也其服緇布衣素積以爲裳是服諸侯

視朝之服也彼天子之禮故以諸侯朝服而田異於此也

左氏昭二十年傳皮冠以招虞人疏諸侯服皮冠以田虞人掌田獵故皮冠以招虞人也

公羊成二年傳衣服與頃公相似注禮皮弁以征疏時王之禮卽昭二十五年注云皮弁以征不義是也韓詩傳亦有此文

昭二十五年傳寡人有不腆先君之服未之敢服注皮弁以征不義取禽獸行射

案白虎通王者征伐所以必皮弁素積何伐者凶事素服示有悽愴也伐者質故衣古服禮曰三王共皮弁素積服亦皮弁素積又招虞人亦皮弁知伐亦皮弁與孝

經注及公羊注同攷弁師凡兵事韋弁服與皮弁異則皮弁亦不用之於兵事矣左氏成二年傳齊侯曰服改矣注戎朝異服也疏公迎朝賓當皮弁則韓厥於時亦皮弁也與戎服韋弁異故云服改若白虎通云戎事皮弁則韓厥在軍當皮弁迎朝賓服亦皮弁二服正同齊侯又安得云服改乎隋志巡兵卽戎則服韋弁謂以靺韋爲弁又以爲裳衣猶守戎事韋弁之制惟左氏襄十四年傳衛侯戒孫文子甯惠子食而射鴻於囿二子從之公不釋皮冠可爲田獵用皮弁之證然獻公輒制之服不足以證禮况彼文孔疏明云司服云凡甸冠弁服鄭元云甸田獵也冠弁委貌也彼天子之禮故以諸侯

朝服而田然則天子田獵之服不得以獻公皮冠作證也呂覽季秋紀天子乃厲服厲飭執弓操矢以射高誘注云周禮司服章凡田冠弁服亦以天子田獵當冠弁也又攷左氏昭二十年傳皮冠以招虞人臣不見皮冠故不敢進仲尼曰守道不如守官疏諸侯服皮冠以田虞人掌田獵故皮冠以招虞人獻公射鴻皮冠或不足以證田獵正服而孔子以虞人不見皮冠不敢進爲守官則不得謂皮冠非田獵之正服矣孔疏謂天子冠弁諸侯皮弁則孔子所謂守官亦僅就諸侯之制言之耳與司服凡甸冠弁服不相妨也隋志田獵行鄉畿則服皮弁蓋本左氏傳所載諸侯之制又攷通典宋明帝泰始四年詔以紺冕朱衣裳征伐講武校獵朱衣裳韋弁服之遺制也校獵服此可與賈疏正田韋弁服互證後周巡兵卽戎則靺韋爲衣裳乃從弁師經文不從孝經公羊傳注及白虎通而田獵皮弁白布衣素裳則與之合後沿襲各殊仍以弁師經文爲正

又爲天子除喪之祭服

素冠庶見素衣兮樂除成喪者其祭也朝服縞冠疏喪服小記惟據諸侯若天子除喪則無文亦當服皮弁服

又爲諸侯之復服

雜記復諸侯以褒衣冕服爵弁服疏上公五冕之外更加爵弁服以下皮弁冠弁之等而滿九侯伯冕服之外亦加

爵弁以下而滿七子男冕服之外加爵弁皮弁而滿五

案隋志載後周制諸公之服九八曰皮弁諸侯之服八七曰皮弁諸伯之服七六曰皮弁諸子之服六五曰皮弁諸男之服五四曰皮弁三公三孤公卿上大夫皆有皮弁至中大夫則無皮弁蓋皮弁本爲五等命服故諸侯復服用之惟隋志中大夫無皮弁服與司服士之服自皮弁以下不合耳

又爲公之襲服

雜記公襲卷衣一元端一朝服一素積一疏素積一者皮弁之服

又爲大夫之襲服

雜記子羔之襲也繭衣裳與稅衣纁袡爲一素端一皮弁一爵弁一元冕一疏此明大夫死者襲衣稱數也又云皮弁一者第三稱也

又爲士之襲服

士喪禮皮弁服注皮弁所衣之服也疏云皮弁所衣之服也者亦見死者不冠不用皮弁今直取冠以名服是皮弁所衣著之服也

又爲公之襚服

雜記受皮弁服於中庭

又爲上大夫卜宅與葬日占者之服

雜記大夫卜宅與葬日有司麻衣布衰布帶因喪屨緇布冠不蕤占者皮弁注有司卜人也麻衣白布深衣而著衰焉及布帶緇布冠此服非純吉亦非純凶也皮弁則純吉之尤者也占者尊於有司卜求吉其服彌吉大夫士朔服皮弁

士喪禮疏故雜記云大夫卜宅與葬日下文云如筮則史練冠鄭注云謂下大夫若士也則卜者謂上大夫

案白虎通蓍龜篇皮弁素積求之於質也禮曰皮弁素積筮於廟門之外似謂凡卜筮皆服皮弁者攷卜筮有皮弁朝服元端之異白虎通統云皮弁未知所指又稱禮曰皮弁素積筮於廟門之外禮無此文或卽據此雜記占者皮弁之文歟

又爲國君弔異國臣之服

司服凡弔事弁絰服注國君於其臣弁絰他國之臣則皮弁

士喪禮疏案喪服小記云諸侯弔必皮弁錫衰言諸侯不言君者以其彼是弔異國之臣法

檀弓孔子之喪門人疑所服疏弔他國皆首服皮弁故喪服小記云諸侯弔必皮弁錫衰是也

喪服小記諸侯弔於異國之臣則其君爲主諸侯弔必皮弁錫衰疏此有二種一云此句因前而發弔必皮弁錫衰謂弔異國臣也若自弔己臣則素弁環絰錫衰也故鄭注國君於其臣弁絰他國之臣皮弁一云此亦爲自弔己臣而未當事則皮弁錫衰至當事乃弁絰耳檀弓已論

案喪服小記疏曰一云此亦爲自弔己臣而未當事則皮弁錫衰至當事乃弁絰此說非是諸侯弔己臣不當事皮弁當事則弁絰經文但云諸侯弔無不當事明文則弔字乃統當事不當事言之也何得云必皮弁乎旣云必則惟服皮弁耳不服他弁也凡弔無論當事不當事首服惟用皮弁者止諸侯於士及於異國之臣此文諸侯弔必皮弁錫衰直承諸侯弔於異國之臣下是專據弔異國臣法此疏後說不可據

又爲諸侯卿大夫士當事不當事之弔服

喪服記朋友麻注諸侯及卿大夫亦以錫衰爲弔服當事

喪服小記諸侯弔必皮弁錫衰疏此亦為自弔已臣而未當事則皮弁錫衰至當事乃弁絰耳

雜記大夫之哭大夫弁絰大夫與殯亦弁絰疏大夫與殯亦弁絰者此謂未成服之前故與殯之時首亦加弁絰其餘則異身著當時所服之服故士喪禮注云主人成服之後往則錫衰主人未成服君亦不錫衰則著皮弁服也若此大夫主人未成服之前身亦皮弁服而弁絰也若主人未小斂之前則吉服而往不弁絰也

喪大記弔者襲裘加武疏若士大斂之時有朋友之恩者及兩大夫相為拜君於大夫皆皮弁服襲裘加弁絰故雜記云大夫與殯亦弁絰殯則大斂也君於士大夫士自相

於無朋友恩者視大斂則亦皮弁服襲裘無弁絰也故士喪禮云君於士視大斂注云皮弁服襲裘無絰也故服問云公為卿大夫錫衰若當事則弁絰不云士則士雖當事不弁絰君於士尚皮弁明君於卿大夫亦皮弁當事弁絰與士異也此所云皆未成服之前弔服也若成服之後其錫衰麻衰之等已具上檀弓疏

服問公為卿大夫錫衰以居出亦如之當事則弁絰大夫相為亦然注弁絰如爵弁而素加絰也不當事則皮弁出謂以他事不至喪所疏公為卿大夫錫衰以居者此明君為卿大夫之喪成服之後著錫衰以居也出亦如之者出謂以他事而出不至喪所亦著錫衰其首則服皮弁當事則弁絰否則皮弁辟天子也士以緦衰為喪服其弔服則疑衰也其弁絰皮弁之時則如卿大夫然疏天子常弁絰諸侯卿大夫當事大斂小斂及殯時乃弁絰非此則皮弁是辟天子也

士喪禮君若有賜焉則視斂注斂大斂君視大斂皮弁服襲裘主人成服之後往則錫衰疏案喪服小記云諸侯弔必皮弁錫衰言諸侯不言君者以其彼是弔異國之臣法案服問云公為卿大夫錫衰以居出亦如之當事則弁絰不見君弔士服案文王世子注君為同姓之士緦衰異姓之士疑衰並據成服後今大斂未成服緣弔異國之臣有服皮弁之法則君弔士未成服之前可服皮弁襲裘

檀弓孔子之喪門人疑所服疏諸侯以錫衰為弔服但首服有異弔他國皆首服皮弁故喪服小記云諸侯弔必皮弁錫衰是也若弔已臣當事則弁絰故服問云公弔當事則弁絰於士雖當事亦皮弁又云卿大夫亦以錫衰為弔服當事乃弁絰否則皮弁辟天子也其士之弔服則疑衰故鄭注喪服云士以緦衰為喪服其弔服則疑衰也舊說以為士弔服布上素下鄭注云此實疑衰也改其裳以素辟諸侯也當事亦弁絰故鄭注喪服云士弁絰皮弁之時如卿大夫

文王世子注君雖不服臣卿大夫死則皮弁錫衰以居往弔當事則弁絰士蓋疑衰同姓則緦衰以弔之

則弁絰者若往弔卿大夫當大斂及殯弁將葬啟殯當如此之事則首著弁絰身衣錫衰若於士雖當事首服皮弁故士喪禮云君視大斂注云皮弁服襲裘是也大夫相爲亦然者亦如君於卿大夫也不當事則皮弁當事則弁絰故雜記云大夫與殯亦弁絰是也大夫於士士雖當事亦皮弁也

案當事及不當事弔服諸經注所云皮弁服條目煩細今撮其總要蓋成服之後諸侯於大夫兩大夫相爲錫衰諸侯於同姓士緦衰異姓士疑衰不當事則皆皮弁當事諸侯於大夫大夫兩相爲則弁絰諸侯大夫於士則皮弁士無朋友之恩雖當事亦皮弁未成服之前則

不服衰服諸侯於大夫大夫相爲皆皮弁服襲裘當事弁絰不當事則皮弁諸侯大夫於士士無朋友之恩雖當事亦皮弁未成服之前所謂當事者大斂之類是也既成服之後所謂當事者將葬啟殯之類是也未成服之前當事皮弁則首冠弁絰而身服皮弁之服也既成服之後不當事皮弁則身服衰服而首冠皮弁也喪服小記諸侯弔必皮弁錫衰云錫衰是成服後也云皮弁則成服後弔異國臣之首服也儀禮喪服記注諸侯及卿大夫亦以錫衰爲弔服當事則弁絰否則皮弁上云錫衰下云否則皮弁是亦據成服後不當事之首服也士喪禮注君視大斂皮弁服襲裘不云衰則未成服以前當事之皮弁服也疏司服王爲大夫士疑衰其首服則弁絰是天子於士既成服來弔身服疑衰而首冠弁絰諸侯於士則無論成服未成服當事不當事首皆皮弁蓋天子於三公六卿諸侯大夫士皆弁絰天子至尊靡所不伸也諸侯惟於大夫弁絰於士皮弁亦所以避天子也儀禮喪服記注諸侯及卿大夫亦以錫衰爲弔服當事則弁絰否則皮弁辟天子也

又案喪大記疏君於士大夫士自相於無朋友恩者視大斂則亦皮弁服襲裘無弁絰也此數句未明若以君於士大夫斷句卽與下視大斂數句義不相屬蓋視大斂皮弁襲裘不弁絰此制君惟施之於士不施之於大

夫服問公爲卿大夫錫衰若當事則弁絰是其證也若斷大夫二字下與士自相於爲句則是謂大夫士無朋友恩雖當事竝止皮弁不得弁絰矣不知雜記大夫之哭大夫弁絰服問卿大夫相爲亦弁絰則大夫自相於雖無朋友恩亦得弁絰見司服疏與士無朋友恩不得弁絰顯爲兩例不得比而同之也孔疏此數句或有脫誤又案賀循喪服要記云大夫弔於大夫始死而往朝服襲裘如吉時也當斂之時而至則弁絰服皮弁之服以襲裘也主人成服而往則皮弁絰而加錫衰此所云當斂之事不分大斂小斂未見明晰權乃既小斂袒括髮子游趨而出襲裘帶絰而入則小斂之時倘朝服而

襲元冠加絰未得弁絰皮弁服也喪記統云當斂之時
則似無分大小斂矣鄭注弁絰如爵弁而素加環絰喪
服要記云皮弁絰與鄭注違宋儒之說當本乎此
又案服問疏云若往弔卿大夫當大斂及殯弁將葬啟
殯則首著弁絰身衣錫衰此數語亦未精晰攷成服在
殯之次日大斂及殯時尚未成服則弔者但得弁絰皮
弁服未得錫衰服問疏謂大斂及殯亦首著弁絰身衣
錫衰殊誤
又案凡弔服但加絰於弁更無帶檀弓孔子之喪門人
疑所服疏周禮司服及服問但云弁絰不云帶故知然
也惟弔朋友則諸侯大夫士兼有絰帶亦見檀弓疏喪服朋

弁服釋例　卷四　三五

友麻注云服緦之絰帶是成服後服衰麻加帶也檀弓
云子游襲裘帶絰而入注云所弔者朋友是未成服前
雖朝服亦加帶也攷朝服元冠小斂以前之弔服若大
斂後即變朝服爲皮弁元冠爲弁絰見喪大記疏如朋友則
皮弁亦必加帶矣以朝服加帶知之也
又案宋志古者八君有朝服有祭服有宴服有弔服弔
服皮弁疑衰今以單衣白帢爲弔服隋志梁制單衣白
帢以代古之疑衰皮弁爲弔服陳制同攷晉志魏武倣
皮弁爲幍宋志幍作帢則帢仍皮弁遺象單衣即深衣
用十五升布疑衰十四升布則單衣與疑衰亦相近故
隋志云弔服單衣白帢以代古之皮弁疑衰然疑衰乃

君弔異姓士之服皮弁乃君弔大夫不當事之服弔服
不論大夫士及當事不當事概倣疑衰皮弁與古未合
隋志云其弔服錫衰以哭三公緦衰以哭諸侯疑衰以
哭大夫本於周禮司服隋志又云其弔服諸侯於其卿
大夫錫衰同姓緦衰士疑衰其當事則弁絰否則皮弁
公孤卿大夫之弔服錫衰弁絰皮弁亦如之士之弔服
疑衰素裳當事弁絰否則徒弁攷文王世子注弔同姓
之士緦衰異姓之士疑衰隋志同姓緦衰士疑衰二句
承諸侯於其卿大夫錫衰句之下則似同姓緦衰專指
卿大夫之同姓者士則不計同異姓概用疑衰矣與鄭
注不同其云士弔服疑衰素裳則鄭喪服注所云士弔

弁服釋例　卷四　三六

服疑衰改其裳以素辟天子者也最合經義
又爲既夕乘車所載之服
既夕記薦乘車鹿淺幦干笮革靾載旜載皮弁服
又爲公於公族變降之服
文王世子公素服不舉爲之變如其倫之喪無服注素服
於凶事爲吉於吉事爲凶非喪服也君雖不服臣卿大夫
死則皮弁錫衰以居往弔當事則弁絰於士蓋疑衰同姓
則緦衰以弔之今無服者不往弔也倫謂親疏之比也素
服亦皮弁矣疏案下曲禮重素鄭云重素衣裳皆素謂之
重素素爲衣裳也此素服亦然也於凶事爲吉者人以凶
事用布今乃用素是比於凶事爲吉也於吉事爲凶者吉

時皮弁服白布深衣素積裳以采爲飾祿今惟素服衣裳是比吉事爲凶也又云諸侯亦爲卿大夫弔服皮弁錫衰今此但云素服不言素冠故云亦皮弁也譙周云此素服著素冠非鄭義

案經云無服注云不往弔謂不服此錫衰疑衰緦衰之弔服也但如注所云亦皮弁則已異於衰服矣今必變皮弁之白布衣以爲素衣者破公卿大夫士未成服之前如不當事則皮弁服襲裘公族刑辟公冠皮弁而服皮弁之常服不特疑於吉服且反近於未成服前不當事之弔服矣故變白布衣爲素衣衣裳皆素與大蜡之皮弁素服同郊特牲素服以送終也蓋公之爲斯服也亦第哀其終而送之耳

弁服釋例卷四

蕭山湯應鯉校

弁服釋例卷五

興化　任大椿

皮弁服下

皮弁重於朝服

雜記受皮弁服於中庭自西階受朝服疏爵弁受於內霤皮弁受於中庭朝服受於西階元端受於堂既受處不同則陳於壁北亦重者在南

弁以鹿皮淺毛爲之天子諸侯孤卿大夫會中玉璂與韋弁同天子諸侯玉笄象邸大夫象笄象邸士象笄與爵弁同顧命四人綦弁傳綦文鹿子皮疏鄭元云青黑曰綦王肅云綦赤黑色孔以爲綦文鹿子皮各以意言無正文也

淇奧會弁如星箋會謂弁之縫中飾之以玉皪皪而處狀似星也疏弁師云王之皮弁會五采玉璂注云會縫中也皮弁之縫中每貫結五采玉十二以爲飾謂之綦詩云會弁如星又曰其弁伊綦是也此云弁武公所服非爵弁是皮弁也皮弁而言會與弁師皮弁之會同故云謂弁之縫中也弁師上云玉之皮弁會五采玉璂又曰諸侯及孤卿大夫之皮弁各以其等爲之注云皮弁則侯伯璂飾七子男璂飾五玉亦三采武公本畿外諸侯入相於周自以本爵爲等則玉用三采而璂飾七故云飾之以玉皪皪而處狀似星若非外土諸侯事王朝者則卿璂飾六大夫璂飾四諸侯卿大夫各依命數並玉用二采

鳲鳩其弁伊騏傳騏文也弁皮弁也箋騏當作璂以玉爲之疏夏官弁師云王之皮弁會五采玉璂注云會縫中也璂結也皮弁之縫中每貫結五采玉以爲飾謂之綦引此詩云其弁伊綦又云諸侯及孤卿大夫之皮弁各以其等爲之注云皮弁侯伯綦飾七子男綦飾五玉用采如彼周禮之文諸侯皮弁有綦玉之飾此云其弁伊騏知騏當作璂以玉爲之以此故易傳也孫毓云皮弁之飾有玉璂而無綦文綦文非所以飾弁箋義爲長若然顧命云四人綦弁執戈注云青黑曰騏不破騏字爲玉綦者以顧命之文於四人騏弁之上云二人爵弁執惠身服爵弁則是士也於爵弁之下次云騏弁明亦是士弁師之文上云孤卿

大夫之皮弁各以其等爲之不言士之皮弁則士之皮弁無璂飾矣故弁師注云士之皮弁之會無結飾以士之皮弁無玉璂之飾故知顧命士之騏弁正是弁作青黑色非璂玉之皮弁矣禮無騏色之弁而顧命有之者以新王卽位特設此服使士服此騏弁執兵衛王非常服也此言諸侯常服故知騏當作璂

玉府共王之服玉珮玉珠玉注鄭司農云服玉冠飾十二玉疏弁師又有皮弁韋弁冠弁亦皆十二玉故云冠飾十二玉也

弁師王之皮弁會五采玉璂象邸玉笄注會讀如大會之會會縫中也璂讀如薄借綦之綦綦結也皮弁之縫中每貫結五采玉十二以爲飾謂之綦詩云會弁如星又曰其弁伊綦是也邸下柢也以象骨爲之疏云謂會如大會之會漢歷有大會小會之語取會聚之義故爲縫中又云璂讀如薄借綦之綦綦結也者漢時有薄借綦之語故讀從之亦取結義薄借之語未聞云皮弁之縫中每貫結五采玉十二以爲飾謂之綦者天子以十二爲節約同冕旒也引詩會弁如星者衛詩彼注云會謂弁之縫中飾之以玉皪皪而處狀似星也與經義合故爲證也又曰其弁伊綦是也者璂既爲玉又得爲結義得兩合耳云邸下柢也者謂於弁內頂上以象骨爲柢

諸侯及孤卿大夫之冕韋弁皮弁弁絰各以其等爲之而

掌其禁令注皮弁則侯伯璂飾七子男璂飾五玉亦三采孤則璂飾四三命之卿璂飾三再命之大夫璂飾二玉亦二采疏此文既承諸侯之下故鄭以爲諸侯之孤卿大夫解之也

士冠禮皮弁服注皮弁者以白鹿皮爲冠象上古也

爵弁皮弁緇布冠各一匴注周禮王之皮弁會五采玉璂象邸玉笄諸侯及孤卿大夫之冕皮弁各以其等爲之則士之皮弁又無玉象邸飾

王制制三公一命卷疏皮弁縫中亦五采玉十二故弁師云王之皮弁會五采玉璂鄭注云會縫中也縫中每貫結五采玉十二以爲飾又云韋弁皮弁則侯伯璂飾七子男

瑧飾五玉亦三采孤則瑧飾四三命之卿瑧飾三再命之
大夫瑧飾二玉亦二采一命之大夫冕而無旒士變冕為
爵弁其韋弁皮弁之會無結飾不言冠弁冠弁兼於韋弁
皮弁是也士不得有韋弁辨見韋弁服
左氏成二年傳棺有翰檜注翰旁飾檜上飾疏詩云會弁
如星鄭元云會謂弁之縫中言其際會之處也會在弁之
上知此檜亦在上
左氏僖二十八年傳初楚子玉自為瓊弁玉纓注弁以鹿
子皮為之瓊玉之別名次之以飾弁及纓詩云會弁如星
孟子敢問招虞人何以曰以皮冠注皮冠弁也疏案士冠
禮注云皮弁以白鹿皮為之象上古也禮圖云以鹿皮淺毛

黃白者為之高尺二寸今虞人以皮弁者皮弁以田故也
案漢書外國王皇后傳賜皮弁素績師古注皮弁以鹿
皮為冠形如人手之弁合也蓋本釋名兩手合抃之義
甘延壽傳試弁為期門師古亦注曰弁手搏王莽傳子
甚弁焉師古注曰弁撫手也然則拚手之拚通作弁冠
形如合手故名弁也
又案弁師玉瑧注讀薄借綦之綦綦又作騏故顧命釋
文綦本作騏詩鳲鳩疏引顧命亦作四人騏弁又作璂
詩其弁伊騏箋曰當作璂說文璂瑧重文而瑧璂又與
騏綦通故鄭於詩以璂破騏於周禮以綦破璂瑧綦
三字義相近騏則假借字耳東京賦珩紞紘綖玉笄綦

會李善注引鄭元曰會縫中綦讀如綦綦謂結於皮弁
縫中每貫結五采玉十二以為飾謂之綦會綦之從絲
瑧璂之從玉以絲貫玉故也然則會弁如星言會而璂
可見其弁伊騏言綦而會可見也弁師先言會而後言
璂言會中有璂也東京賦先言綦而後言會言綦飾於
會也又攷弁師注必讀璂為綦者漢書楊雄傳帶鉤矩
而佩衡兮履欃槍以為綦班婕妤傳俯視兮丹墀思君
兮履綦師古注曰綦履下飾內則屨著綦注綦屨繫廣
雅其紟謂之綦曰繫曰紟皆可以貫結者也蓋履下以
絲貫鉤謂之綦弁上以絲貫玉亦謂之綦鄭注薄借綦
陸佃謂卽不借綦說亦同惠氏禮以履綦之綦通綦之義則知

璂之當為綦亦取義於貫結也
又案左氏僖二十八年傳注引詩云會弁如星釋文會
亦作璯隋志引詩亦作璯弁如星璯雖從玉亦與會同
義攷儀禮士喪禮髻笄用桑疏以髻為會取以髮會聚
之義左氏成二年傳棺有翰檜疏引會弁如星之會訓
檜字謂檜為際會之處昭十一年傳衣有襘注襘領會
說文髖骨擿之可會髮者从骨會聲詩曰髖弁如星說
文訓會弁之會作骨擿雖與鄭異而以髖為會髮則亦
取義於會也凡此以會為聲聲多兼義故知璯弁之璯
亦以會為義也攷釋名以皮弁為合手之形下廣上銳
其制當取鹿皮一幅分解之每片廣頭向下狹頭向上

片片縫合自成合乎鋭頂之狀縫中以舒蓋皮之分解者必以箴功會合之也戰國趙策鯷冠秫縫注秫綦鍼言女工之粗史記趙世家作却冠秫絀徐廣曰戰國策作秫縫絀亦縫紩之別名秫者綦鍼也此言其女工箴縷之粗蓋以冠無論㢮細必有箴縷之迹於其有箴縷之處飾以綦玉則不見箴縷矣故不特皮弁有璂即凡冠弁皆當有璂也詩羔羊之皮素絲五紽箋古者素絲以英裘然則皮弁之縫亦線縷爲之與裘畧同縫中線以絲組飾之弁縫中線以璂玉飾之其義同也又跋弁師注故書會作膾鄭司農云讀如馬會之會謂以五采束髮也士喪禮曰檜用組乃笄檜讀與膾同書之異耳

弁服釋例 卷五 六

說曰以組束髮及著笄謂之檜沛國人謂反紒爲膾然則會檜膾通爲一字司農訓膾爲組束髮與許氏訓膾爲骨擿不同叔重以會弁如星爲骨擿如星於比象既不合司農以會爲組束髮亦與皮弁無涉也

又案後漢志委貌冠皮弁冠同制長七寸高四寸制如覆杯三禮舊圖謂以鹿皮淺毛黃白色者爲之高尺二寸晉志皮弁以鹿皮淺毛黃白色者爲之禮王皮弁會五采玉璂象玉邸玉笄其縫中名曰會以采玉朱爲璂璂結也天子五采諸侯三采天子則縫十二公侯伯七子男五孤四卿大夫三全本弁師注隋志弁之制五經通義高五寸前後玉飾詩云璯弁如星董巴曰以鹿皮爲之通典大業中所造通用烏漆紗前後二旁如蓮葉四開空處又安拳花頂上當縫安金梁梁上加璂天子十二璂珍珠爲之皇太子及一品九璂二品八璂下六品各殺其一以玉爲之六品以下無璂後制鹿皮者以賜近臣大唐因之以鹿皮爲之玉簪導十二璂餘制同隋自一品至五品以上皆有璂自六品以下無璂則大夫有璂士無璂之遺制也惟隋爲蓮葉拳花之形則有遺葉矣跋論語素衣麑裘皇侃義疏云皮弁以鹿皮爲弁形如今祭酒道士扶容冠而無遺葉也據此則皮弁不得有遺葉又以烏漆紗爲之尤乖古制至唐六典載皮弁服朱衣及絳紗衣則全易皮弁素服之舊矣

弁服釋例 卷五 七

又案三國魏志武帝紀裴松之注引傅子曰魏太祖以天下凶荒資財乏匱擬古皮弁裁縑帛以爲帢晉志作幍梁志作帢合乎簡易隨時之義於是皮弁變而爲帽帽之形仍象皮弁特變皮爲縑帛故云簡易耳

又案隋志皮弁之制禮圖有結纓而無笄導少府少監何稠請施象牙簪導詔許之弁加簪導自玆始也跋笄天子諸侯以玉大夫以下用象此皮弁概以象爲簪導雖不盡合乎古而猶不失士冠禮皮弁笄之遺制又跋通典大業制一品至五品犀簪導六品至九品象簪導則與隋志所云惟弁用白牙笄導又異焉

又案初學記載魏臺訪議邸以象骨周緣弁下根柢如

魏武帝所作弁柢據此則邸在弁下有周緣之形其象冠之有武歟賈疏謂於弁內頂上以象骨爲柢不特與魏臺訪議不合卽注亦明云下邸則邸在弁下明矣賈疏以爲在頂上亦與下邸二字迕攷爾雅釋器邸謂之柢郭璞注根柢皆物之邸邸卽底通語也疏言凡物之柢必在底下因名云也釋言又曰邸本也郭璞謂根本故羽本謂之翮郭注亦云鳥羽根也根柢皆在下之稱賈疏謂邸在弁之頂上何解於邸卽爲底也周禮典瑞云四圭有邸鄭司農云於中央爲璧著四圭一玉俱成此象邸周緣弁下爲弁之邸與璧爲四圭之邸名義正同

衣用十五升布素積素韠大夫以上素帶士緇帶與爵弁同

鳲鳩其帶伊絲其弁伊騏傳騏文也弁皮弁也箋其帶伊絲謂大帶也大帶用素絲有雜色飾焉疏知此是皮弁者以其韋弁以卽戎冠弁以從禽弁經又是弔凶之事非諸侯常服也且不得與絲帶相配惟皮弁是諸侯視朔之常服又朝天子亦服之作者美其德能養民舉其常服知是皮弁也

司服注皮弁之服十五升白布衣積素以爲裳疏知皮弁之服十五升白布衣積素以爲裳者案禮記雜記云朝服十五升士冠禮云皮弁素積故知義然也

士冠禮皮弁服素積緇帶素韠注積猶辟也以素爲裳辟蹙其要中皮弁之衣用布亦十五升其色象焉疏云積猶辟也以素爲裳辟蹙其要中者經典云素者有三義若以衣裳言素者謂白繒也卽此文之等是也畫繢言素者謂白色卽論語云繪事後素之等是也器物無飾亦曰素則檀弓云奠以素器之等是也是以鄭云以素爲裳辟蹙其要中也知皮弁之衣亦用十五升布者雜記云朝服十五升此皮弁亦天子之朝服故亦十五升布也然喪服注云祭服朝服辟積無數則祭服皮弁皆辟積無數餘不云者舉皮弁可知不竝言也惟喪服裳幅三袧有數耳云其色象焉者謂象皮弁之色用白布也

士冠禮記三王共皮弁素積

聘禮裼降立疏案雜記云朝服十五升布皮弁亦天子朝服與諸侯朝服同用十五升布亦同素積以爲裳

士喪禮皮弁服注其服白布衣素裳也

月令衣青衣疏皮弁白布衣

王制制三公一命卷疏皮弁之服十五升白布衣積素以爲裳

玉藻注皮弁服皆素韠疏云皆者君與大夫士皮弁皆然

雜記皮弁一疏十五升白布爲衣素積爲裳也

論語素衣麑裘皇侃義疏身著十五升白布衣素積裳而頭著皮弁也

左氏成三年傳服改矣疏皮弁之服十五升白布衣素積

以爲裳
案敖繼公士冠禮注謂皮弁亦以素絲爲衣與裳同今攷士冠禮云皮弁服素積注謂積猶辟也以素爲裳辟蹙其要中白虎通曰要中辟積釋名素積素裳也辟積其要中使踧因以名之也故經文素積專謂裳不兼衣也繼公謂皮弁以素爲裳並以爲衣卽於士冠禮經文積字不合郊特牲皮弁素服而祭注素服衣裳皆素文王世子公素服不舉注素服亦皮弁矣疏謂衣裳皆素皮弁服衣不用十五升白布而用素惟此二事爲變禮蓋大蜡爲送終之祭故衣裳皆素公族在辟公爲之變服亦服素衣裳司服加以元端素端素端卽素服也均

於凶災服之皮弁爲天子常朝諸侯視朔之吉服其衣裳不應同於素端且郊特牲及文王世子曰素服不曰素積則以服字統括衣裳故注疏以爲衣裳皆素士冠禮明云素積不云素服而繼公以素服之義解之由於經文不逐字求之爾
又案史記禮書曰皮弁布裳攷素積以素絲爲裳而禮書云布裳與禮制未合史記因衣用白布而謂裳與衣同繼公因裳用素絲而謂衣與裳同其失均也又案爾雅裳削幅謂之纀注削殺其幅深衣之裳自冕弁服至元端皆爲帷裳前三後四不削幅也若不襞積則一丈四尺之要中何以被體乎故自深衣外無不積之裳漢

書孝平王皇后傳賜皮弁素績師古曰素績謂素裳也績字或作積積謂襞積之若今之襵爲也攷雜記注如今袿袍襈重繒矣玉篇襈重繒也蓋襞積之縫與喪服之袧同皆屈攝裳幅內外重疊其象近於重繒之襈唐六典訓襈爲垂裾別爲一義師古以襵喻襞積特取重繒之義非誤以積爲垂裾惠氏非之但知其一耳司馬相如傳子虛賦襞積褰縐又曰紆徐委曲鬱橈谿谷張揖曰襞積簡齰也褰縮也縐蹙也其縐中文理蕃鬱有似於谿谷也師古曰襞積卽今之帬襵古所謂皮弁素積卽謂此也言襞積文理隨身所著或褰縐委屈如谿谷相如此數語已盡襞積之狀師古以襵訓積襵卽

積之轉也埤蒼襵韏衣也通俗文曰褶縫曰襵字林襞韏衣也襵訓韏韏訓襞卽所謂襞積也釋名輒複也重複非一言之也故襵輒義亦通士昏禮記納徵執皮攝之注攝猶辟也謂中屈其皮而疊折之也義亦與襵通檀弓鹿裘注以布衣木如攝與卽國語屏攝之攝也則攝卽襵也楚詞哀時命衣攝葉以儲與兮左袪挂於榑桑王逸注攝葉儲與不舒展貌洪興祖補注曰攝之葉反曲折也惟曲折故不舒展卽襞積也廣雅僷㬫襞襵宛拙詰結詘也僷㬫之爲襞積猶攝葉之爲襞積也襵輒僷㬫攝葉皆一音相轉其義皆通於襞積也呂氏春秋仲秋紀冠帶有常高誘注皮弁服者鹿皮冠素幘也

古皮弁無幘則幘爲積之譌

天子諸侯白舄青絇繶純大夫士白屨緇絇繶純純博寸

屨人爲赤舄黑舄赤繶黃繶青句注凡屨舄各象其裳之色士冠禮曰素積白屨緇絇繶純又曰青絇者王白舄之飾疏青句者與王及諸侯爲白舄之飾又曰云素積白屨者皮弁服素積以爲裳故白屨也云緇絇繶純者亦飾從繢次也又曰白舄配韋弁皮弁

辨外內命夫命婦之命屨功屨散屨疏鄭志韋弁衣以韎皮弁衣以布此二弁皆素裳白舄

司服疏以其屨從裳色天子諸侯白舄大夫士白屨皆施於皮弁故也

士冠禮素積白屨以魁柎之緇絇繶純純博寸注魁蜃蛤柎注也

聘禮裼降立疏云皮弁亦天子朝服又曰白舄臣用白屨也

士喪禮夏葛屨冬白屨皆緇絇繶純組綦繫於踵注冬皮屨變言白者明夏時用葛亦白也此皮弁之屨士冠禮曰素積白屨以魁柎之緇絇繶純純博寸綦屨係也所以拘止屨也綦讀如馬絆綦之綦

左氏桓二年傳帶裳幅舄疏白舄者皮弁之舄又曰白屨者皮弁之屨白舄者皮弁之舄謂天子諸侯白屨者皮弁之屨謂卿大夫士也

案㡛氏湅帛以欄爲灰渥淳其帛實諸澤器淫之以蜃清其灰而盝之而揮之而沃之而盝之而塗之而宿之明日沃而盝之蓋湅帛之法取其熟而白既塗之以蜃又揮之而沃之既盝之而又塗之如是者數周則熟而且白矣屨用皮葛皮葛無湅法故白屨用蜃但柎之而已㡛氏注之以蜃注引鄭司農曰士冠禮素積白屨以魁柎之說曰魁蛤也周官亦有白盛之蜃蜃蛤也蓋以此文之魁釋彼文之蜃耳其實彼云淫之此云柎之義各有殊鄭注曰淫薄粉之令帛白蓋蜃粉與欄灰及水參相和則浸淫漸漬而善入粉必薄乃善入也云淫者浸潤之使易徹也若白屨則惟於皮葛之外塗柎取其厚與薄粉不同鄭以柎爲注注當讀爲鞍韋之跗注謂

與皮葛相柎屬也又攷王會篇東越海食且甌文蜃注蜃大食魁亦訓大呂氏春秋勸學篇不疾學而能爲魁士名人者未之嘗有也注魁大也淮南子氾論訓古者剡耜而耕摩蜃而耨注蜃大蛤摩令利用之耨謂蜃體最大摩之即可以耨也晉語韋昭注小曰蛤大曰蜃本草魁蛤爾雅魁陸皆以魁爲大者也鄭司農於㡛氏及地官掌蜃其白盛之蜃注皆引此經之魁釋蜃與此康成注釋魁爲蜃蛤同蓋蛤粉本白魁蜃則蛤之尤大者爲尤白也取以柎屨其白厚當與常蛤殊匠人以盛注蜃灰也盛之言成也以蜃灰堊墻以堊墻之物柎屨其光澤爲何如耶

一曰素積

士冠禮皮弁服素積緇帶素韠

雜記公襲素積一疏素積一者皮弁之服公視朔之服也

案素積一者皮弁也服以冠名者皮弁爵弁之類是也以衣名者朝服元端之類是也以裳名者雜記素積纁裳是也

或曰素端

雜記子羔之襲也繭衣裳與稅衣纁袡爲一素端一皮弁一爵弁一元冕一疏素端一者此第二稱也盧云布上素下皮弁服賀瑒云以素爲衣裳也

案盧說非也若素端卽是皮弁則不得與下皮弁一別爲一稱矣攷司服士服加以元端素端子羔之襚衣既當元端則此素端卽司服之素端明矣賀瑒云以素爲衣裳則以白絹爲衣裳也賀說爲勝

中衣用布朝服元端同

唐揚之水素衣朱襮疏玉藻云以帛裏布非禮也士祭以朝服中衣以布明矣又云少牢饋食之禮是大夫自祭家廟其服用朝服朝服以布爲之則中衣亦用布矣

玉藻以帛裏布非禮也注中外宜相稱也冕服絲服也中衣用素皮弁服朝服元端麻衣也中衣用布疏以帛裏布非禮也者若朝服用布中衣不得用帛也皮弁服朝服元端服麻衣也中衣用布三衣用麻麻卽十五升布故中衣并用布也又云而小祥練裏熟帛中衣者吉凶異故也

天子視朝三公及諸侯在王朝服皮弁用狐白裘錦衣裼之

羔羊羔羊之革素絲五紽疏若天子視朝及諸侯朝天子皆以狐白裘知者以玉藻云君衣狐白裘錦衣以裼之又

秦詩曰君子至止錦衣狐裘

終南君子至止錦衣狐裘傳錦衣采色也狐裘朝廷之服箋云至止者受命服於天子而來也諸侯狐裘錦衣以裼之疏狐裘朝廷之服謂狐白裘也白狐皮爲裘其上加錦衣以爲裼其上又加皮弁服也玉藻云君衣狐白裘錦衣以裼之注云君衣狐白毛之裘則以素錦爲衣覆之使可裼也袒而有衣曰裼必覆之者裘褻也詩云衣錦褧衣裳錦褧裳然則錦衣復有上衣明矣天子狐白之上衣皮弁服與凡裼衣象裘色也是鄭以錦衣之上有皮弁服也正以錦文太著上有衣衣象裘裘是狐白則上服亦白皮弁服以白布爲之衣衣之白者唯皮弁服耳故言天子狐白之上衣皮弁服與明諸侯狐白亦皮弁服以無正文故言與疑之辭也玉藻又云錦衣狐裘諸侯之服也此箋云諸侯狐裘錦衣以裼之引玉藻爲說以明爲裘之裼衣非裼上之正服也又云此言狐裘爲朝廷之服者謂諸侯在天子之朝廷服此服耳其歸在國則不服之曾子問云孔子曰天子賜諸侯冕弁服於太廟歸設奠服賜服然則諸侯受天子之賜歸則服之以告廟而已於後不復服之知視朔受聘服麑裘此矣其受賜而歸故云錦衣狐裘耳

玉藻君衣狐白裘錦衣以裼之注君衣狐白毛之裘則以素錦爲衣覆之使可裼也袒而有衣曰裼必覆之者裘褻也詩云衣錦絅衣然則錦衣復有上衣明矣天子狐白之上衣皮弁服與凡裼衣象裘色也疏天子視朝服皮弁服則天子皮弁之下有狐白錦衣也諸侯於天子之朝亦然故秦詩云君子至止錦衣狐裘此經云君則天子兼諸侯也凡在朝君臣同服然則三公在天子之朝執璧與子男同則皮弁之下狐白錦衣與子男同也又云諸侯朝天子受皮弁之裼歸來鄉國則亦錦衣狐裘以告廟告廟之後則不服之

錦衣狐裘諸侯之服也注非諸侯則不以錦衣爲裼

綦白虎通天子狐白諸侯狐黄大夫蒼士羔裘亦因別尊卑也則是狐白裘自諸侯以下皆不得服矣與禮經異制淮南子說山訓狐白之裘天子被之而坐廟堂似亦唯天子得狐白者說山訓又曰天下無粹白之狐而有粹白之裘掇之衆白也呂氏春秋用衆篇亦同墨子親士篇千鎰之裘非一狐之白也然則狐白之裘非一狐白之所能成故狐白之裘猥貴漢書匡衡傳是有狐白之裘而反衣之也師古曰狐白謂狐掖下之皮其毛純白集以爲裘輕柔難得故貴也又曰今人則以背毛爲裘而棄其白然則狐白獨取腋毛爲之又管子輕重篇狐白應陰陽之變六月而一見又曰代人果去其本處山林之中求狐白之皮二十四月而不得一此皆謂白狐也得之尤不易非若狐腋下之白凡狐皆有特爲裘則須集衆腋耳晏子春秋諫上篇景公之時雨雪三日而不霽公被狐白之裘坐堂側陛晏子入見其云坐堂側陛則路寢内朝也諸侯在本國燕朝得衣狐白此又未可以禮制拘也

諸侯在國視朔及受聘享服皮弁則素衣麛裘

羔羊羔羊之革素絲五紽疏若諸侯視朔君臣用麛裘知者鄭注論語云素衣麛裘諸侯視朔之服其臣則青豻褎絞衣爲裼

終南君子至止錦衣狐裘傳錦衣采衣也狐裘朝廷之服

箋至止者受命服於天子而來也諸侯狐裘錦衣以裼之疏若然鄭於坊記注在朝君臣同服士冠禮注云諸侯與其臣皮弁以視朔朝服以日視朝論語云素衣麛裘云素衣諸侯視朔之服聘禮云公側授宰玉裼降立注引論語曰素衣麛裘皮弁時或素衣其裘同可知也然則諸侯在國視朔及受鄰國之聘其皮弁服皆服麛裘不服狐白

檜羔裘羔裘逍遥狐裘以朝疏此經直云狐裘何知非狐白狐青而必知是黄衣狐裘者以諸侯之服狐白裘唯在天子之朝耳在國視朔之服則素衣麛裘無狐白裘矣

司裘季秋獻功裘以待頒賜注功裘人功微麤謂狐青麛裘之屬鄭司農云功裘卿大夫所服疏案玉藻君子狐青

裘豹褎麛裘青豻褎彼云君子鄭云君子大夫士也以其彼云豹褎青豻褎用雜故爲大夫士若君則用純又云鄭彼注引孔子素衣麑裘謂是君臣視朔之服

聘禮公側受宰玉裼降立注玉藻曰麛裘青豻褎絞衣以裼之論語曰素衣麛裘皮弁時或素衣其裘同可知也疏鄭一幷引二文者欲見諸侯與其臣視朔與行聘禮皆服麛裘但君則麛裘還用麛褎臣則不敢純如君麛裘則青豻褎裼衣君臣亦有異時若在國視朔君臣同素衣爲裼故鄉黨云素衣麑裘彼一篇孔子行事鄭兼言君臣視朔之服是其君臣同用素裼可知若聘禮亦君臣同用麛裘但主君則用素衣爲裼使臣則用絞衣爲裼是以鄭總云

皮弁時或素衣其裘同可知也言或素衣者在國則君臣同素衣聘時主君亦素衣惟臣用絞衣爲裼也

素衣麑裘疏素衣麑裘則在國視朔之服也卿大夫士亦皆然故鄭元注此云素衣麑裘視朔之服是也其受外國聘享亦素衣麑裘故聘禮云裼降立注引玉藻云麛裘青豻褎絞衣以裼之又引此云素衣麛裘皮弁時或素衣如鄭此言則裼衣或絞或素不定也

玉藻君衣狐白裘疏其在國視朔則素衣麑裘卿大夫士亦皆然故論語注云素衣麑裘視朔之服是也其受外國聘享亦素衣麛裘故聘禮云裼降立注引玉藻云麛裘青豻褎絞衣以裼之又引論語云素衣麛裘皮弁時或素衣如鄭此言則裼衣或絞或素不定也熊氏云君用絞臣用素皇氏云素衣爲正記者亂言絞耳

案素衣麑裘皇侃義疏麑鹿子也鹿子色近白與素微相稱也謂國有凶荒君素服則羣臣從之故孔子魯臣亦服之也喪服則大鹿爲裘也故檀弓云鹿裘横長袪是也此凶荒之服既輕故裘用鹿子鹿子文勝於大鹿也攷羔裘之革疏諸侯視朔君臣用麑裘聘禮裼降立注引論語云素衣麑裘則麑裘用之聘朔皇氏以麑裘爲凶荒之服惟較輕於大鹿之裘攷韓子五蠹堯之王天下也茅茨不翦采椽不斲糲粢之食藜藿之羹冬日麑裘夏日葛衣雖監門之服養不虧於此矣然則麑裘

乃最下之裘皇氏以爲凶荒君所服之裘似亦有據竊以古今文質不同古以狐白麑裘爲上故天子以朝諸侯以朔韓子之世至以麑裘爲監門之服則世風之變也皇氏固不得據後世以疑周制也

天子卿大夫及諸侯卿大夫在天子之朝亦皮弁狐白裘素衣裼

羔羊羔羊之革素絲五紽疏其卿大夫在朝及聘問亦衣狐白裘知者玉藻云士不衣狐白故也其裼蓋用素衣知者以鄭注玉藻云非諸侯則不用素錦爲裼故也

司裘季秋獻功裘疏案玉藻仍有狐白裘據天子之朝大夫已上所服亦入此功裘之中

玉藻君衣狐白裘錦衣以裼之疏其天子卿大夫及諸侯卿大夫在天子之朝亦狐白裘以下云士不衣狐白則卿大夫得衣狐白也其裼則不用錦衣故下注云非諸侯則不用錦衣爲裼熊氏云當用素衣爲裼也

錦衣狐裘諸侯之服也注非諸侯則不用錦衣爲裼

天子之士及諸侯之士在天子之朝皮弁麑裘

羔羊羔羊之革素絲五紽疏士則麛裘青豻褎以狐白之外惟麛裘素也

玉藻士不衣狐白注辟君也狐之白者少以少爲貴也疏其天子之士及諸侯之士在天子之朝既不衣狐白熊氏云用麛裘素裼也

麛裘青豻褎絞衣以裼之注孔子曰素衣麛裘。

案晏子春秋外篇景公賜晏子狐白之裘元豹之茈此字疑其貲千金使梁邱據致之晏子辭而不受三反晏子曰君服之上而使嬰服之於下不可以爲教云君服之上謂君以狐白裘爲上服也云嬰不得服之於下則是諸侯之大夫亦不得衣狐白矣與玉藻士不衣狐白異制晏子嘗云惟卿爲大夫此不受狐白之賜或自比於天子之士以示貶抑乎

弁服釋例卷五　　蕭山湯應鯉校

弁服釋例卷六

興化　任大椿

朝服上

朝服爲釁廟禮成君聽反命之服

雜記反命於寢君南鄉於門內朝服注君朝服者不至廟也疏謂君受命之時南鄉於路寢門內南面而立身著朝服卽大戴禮云元衣以不入廟故朝服

又爲大夫家筮日之服

少牢饋食禮筮旬有一日筮於廟門之外主人朝服西面於門東史朝服左執筮右抽上韇兼與筮執之東面受命於主人疏主人朝服者爲祭而筮還服祭服是以上篇特

牲筮亦服祭服元端以此而言天子諸侯爲祭卜筮亦服祭服祭司服云享先王則衮冕祭義云易抱龜南面天子衮冕北面雖有明知之心必進斷其志焉是爲祭而卜還服祭服則諸侯爲祭卜筮服祭服可知若爲他事卜筮則異於此孝經注云卜筮冠皮弁衣素積百王同之不改易

士冠主人朝服注云尊蓍龜之道是也

又爲大夫家祭宗人請期之服

少牢饋食禮宗人朝服北面曰請祭期

又爲大夫家祭視殺視濯之服

少牢饋食禮明日主人朝服卽位於廟門之外東方南面宰宗人西面北上牲北首東上司馬刲羊司士擊豕宗人

告備乃退疏自此盡東欒論視殺視濯之事
主人朝服卽位於阼階東西面疏云自此盡革順論祭時將至布設舉鼎七載之事
又爲大夫家祭尸服
曾子問尸弁冕而出卿大夫士皆下之疏少牢又云尸服朝服尸皆服在家自祭之服不服爵弁及冕者大夫士卑屈於人君故尸服父祖自祭之上服人君體伸故尸服助祭之上服也
喪服小記父爲士子爲天子諸侯則祭以天子諸侯其尸服以士服疏若大夫士之尸則服家祭之服
又爲諸侯大夫及天子之士正祭之服

葛覃服之無斁傳大夫命婦成祭服士妻朝服疏大夫命婦成祭服者大夫助祭服元冕受之於君故大宗伯再命受服是也妻所成者自祭之服少牢禮朝服元冠緇布衣素裳韋昭云祭服元衣纁裳謂作元冕之服非也士妻朝服者作朝於君服亦元冠緇衣素裳也又云列士之妻加之以朝服則爲祭服又爲朝服皆下兼上也
采蘩被之僮僮疏少牢注侈袂衣之袂追師注引少牢衣侈袂以爲侈袂衣之袂不同者鄭以特牲禮士妻綃衣大夫妻言侈袂對士而言故侈綃衣之袂以無明文故追師之注更別立說見上祭元端其士妻綃衣大夫祭朝服其妻亦宜與士異故爲侈袂衣之袂也

司服卿大夫之服自元冕而下如孤之服注大夫爵弁自祭家廟惟孤爾其餘皆元冠與士同元冠自祭其廟者其服朝服元端疏云其餘皆元冠與士同者諸侯除孤用爵弁之外卿大夫等皆用元冠與士同故少牢是上大夫祭用元冠朝服又云天子之士宜與諸侯上大夫同用朝服也
少牢饋食禮主人朝服卽位於阼階東西面注爲將祭也
王制一命卷疏若其自祭則皆降焉諸侯士則元端大夫則朝服故儀禮特牲士祭元端少牢上大夫祭朝服
玉藻元冠綦組纓士之齊冠也疏天子之士與諸侯上大夫同故深衣目錄云士祭以朝服謂天子之士也祭用朝

服與諸侯大夫同
深衣目錄士祭以朝服
公羊昭二十五年傳景公曰寡人有不腆先君之服未之敢服注大夫冕服而助君祭朝服而祭其祖禰
案經傳言祭服者多據冕弁服周禮內宰始蠶於北郊以爲祭服祭義遂朱綠之元黃之以爲祭服謂冕服也士喪禮祭服次散衣次喪大記小斂之衣祭服不倒謂爵弁皮弁也諸經傳言祭服大類如此魯語命婦成祭服列士之妻加之以朝服祭服明與朝服對舉則祭服非朝服可知故月令乃命司服具飭衣裳文繡有恆注此謂祭服也下文曰衣服有量注此謂朝燕及他服郊

特牲注朝服以待自祭事者乃後服祭服而行事也此皆祭服與朝服對舉則祭服非朝服之通例故國語韋昭注釋命婦成祭服謂祭服爲元衣纁裳則大夫助祭之服即元冕也釋列士之妻加之以朝服則曰既成祭服又加之以朝服也蓋列士助祭之服爵弁亦元衣纁裳士之妻既織此爵弁服而又加之以朝服加之二字蒙上成祭服爲文謂士妻不僅如大夫命婦成祭服而已是祭服朝服二文對舉顯爲二服而孔氏葛覃疏乃謂大夫以朝服自祭故國語云命婦成祭服乃成朝服非元冕竟不知此文下明云加之以朝服正以異祭服於朝服也孔氏徒以大夫助祭冕服士助祭爵弁服皆

當受之於公家其妻不應自織故强指祭服爲朝服今攷典絲凡上之賜予亦如之注王以絲物賜人又曰凡祭祀共黼畫組就之物注以給衣服冕旒疏云以給衣服者經云共據王而言注云給據臣而言鄭欲見尊卑皆授絲物也然則冕弁受於公家亦僅受絲物於公家而自織之以成祭服非必公家制成祭服而授之也又月令乃收繭稅注收繭稅者收於外命婦外命婦雖就公桑蠶室而蠶其夫亦當有祭服以助祭收以近郊之稅耳皇氏云外命婦既就公家之桑而養蠶則繭當悉輸於公所以惟皆稅其蠶餘得自入者以其夫當有祭服以助王祭故令繭得自入以供造也據此則命夫之受祭服乃僅受繭於公仍須自織可知也

又爲士家祭賓及兄弟之服

特牲饋食禮夙興主人服如初注主人服如初則其餘有不元端者

記特牲饋食其服皆朝服元冠緇帶緇韠注於祭服此也皆者謂賓及兄弟筮日筮尸視濯亦元端至祭而朝服朝服者諸侯之臣與其君日視朝之服大夫以祭今賓兄弟緣孝子欲得嘉賓尊客以事其祖禰故服之緇韠者下大夫之臣夙興主人服如初則固元端

案記云其服皆朝服元端緇帶緇韠注云皆者謂賓及兄弟主人服如初則固元端敖繼公謂皆之一字兼主

人言之則士祭亦朝服與大夫同今攷士冠禮主人元冠朝服緇帶素韠此士祭如衣朝服當如士冠禮緇帶素韠今不云素韠而云緇韠則知非主人之服矣疏云大夫之臣朝服素韠此緇韠故云下大夫之臣蓋此經主人大夫之臣也賓及兄弟不敢同於大夫之臣故降而緇韠繼公謂皆朝服文統主人蓋未求緇韠二字之義耳蓋記補經文之未具此經於筮日云主人冠端元於正祭日云夙興主人服如初則主人祭服元端經有明文矣其餘助祭經無明文記云皆朝服者專據經文無明文者言之也

又爲酺禜祉之服

周禮鄉師正歲稽其鄉器比共吉凶二服注吉服者祭服也疏當比內無祭事其於族祭酺黨祭禜州祭社之等無過用朝服

又爲禓祭之服

郊特牲鄉人禓孔子朝服立於阼存室神也注禓強鬼也疏所以朝服者大夫朝服以祭故用祭服以依神

論語鄉人儺朝服而立於阼階孔注儺驅逐疫鬼也恐驚先祖故朝服立廟之阼階也皇侃義疏春是一年之始彌畏災害故命國民家家悉儺八月儺陽陽是君法臣民不可儺君故稱天子乃儺也十二月儺雖是陰既非一年之急故民亦不得同儺也今云鄉人儺是三月也又云阼階

東階主人之階也孔子聞鄉人逐鬼恐見驚動宗廟故著朝服而立於阼階以侍先祖爲孝之心也朝服者元冠緇布衣素積裳是卿大夫之祭服也

月令命有司大難疏云今鄭注論語鄉人儺云十二月命方相氏索室中驅疫鬼鄭既分明云十二月鄉人難而皇氏解季冬難云不及鄉人不知何意如此

案匡謬正俗云鄉人禓孔子朝服立於阼階鄭元注云禓強鬼也謂時儺索室驅疫逐強鬼也禓或爲獻或爲儺而徐仙音禓爲儺今讀遂不可言禓亦失之也攷郊特牲注既云禓強鬼也則禓自爲強鬼之名論語鄉人儺注云毆逐疫鬼卽月令所謂儺陰氣也則儺自爲攘祭之名郊特牲言鄉人禓言於儺時驅逐疫鬼又兼毆逐禓鬼故卽以禓名祭也說文禓道上祭也攷急就篇謁禓塞禱鬼神寵顏師古注禓道上之祭也王伯厚補註一曰道神周禮注衍祭羨之道中如今祭殤司巫注就巫下禓音傷郊特牲鄉人禓注禓強鬼據伯厚此注則郊特牲所云禓強鬼與說文所云禓道上祭同蓋毆逐强鬼而祭之於道上也九歌國殤王逸注謂死於國事者又引小爾雅曰無主之鬼謂之殤殤與禓通鬼無主則爲厲故曰強鬼國殤之辭曰帶長劍兮挾秦弓首身離兮心不懲蓋言其厲也鄉人禓此強鬼凶厲之氣隨感而發恐其震驚先祖而朝服臨廟固其宜也鄉黨

之儺主於儺陰氣張平子東京賦煌火馳而星流逐赤疫於四裔注引續漢書曰儺持火炬送疫出端門外騶騎傳炬出宮五營騎士傳火棄洛水中云出端門棄洛水則亦儺之於道上矣與郊特牲之禓名義雖殊而毆強鬼與毆疫鬼則一也郊特牲但云存室神不云於寢於廟孔論語注則云立於廟之阼階蓋廟有寢室先祖之神在寢室中故云存室神也室神猶云廟神也月令季冬命有司大難疏言大者以季春惟國家之難仲秋惟天子之難此則下及庶人故云大難然則季冬之儺始得及鄉人此朝服而於阼階當爲季冬之儺士入廟元端大夫入廟朝服孔子爲少司寇故得以大夫之服

入廟也
又爲士冠筮日筮賓之服
士冠禮筮於廟門主人元冠朝服緇帶素韠卽位於門東西面注冠必筮日於廟門者重以成人之禮成子孫也又云筮必朝服尊蓍龜之道疏入廟常服元端今此筮亦在廟不服元端故云尊蓍龜之道
有司如主人服卽位於西方東面北上
前期三日筮賓如求日之儀
又爲士冠宿賓及夕爲期之服
士冠禮乃宿賓賓如主人服注主人朝服疏云主人朝服者見上文筮日時朝服至此無改服之文則知皆朝服

厥明夕爲期於廟門之外主人立於門東兄弟在其南少退西面北上有司皆如宿服立於西方東面北上注宿服朝服疏以其宿服如筮日之服筮日朝服轉相如故知是朝服也
又爲諸侯視朝之服
葛覃服之無斁傳士妻朝服疏士妻朝服者作朝於君服亦元冠緇衣素裳也
緇衣緇衣之宜兮疏此緇衣卽士冠禮所云主人元冠朝服緇帶素韠是也諸侯與其臣服之以日視朝故禮通謂此服爲朝服
蜉蝣麻衣如雪箋諸侯之朝朝服朝夕則深衣也

履人疏冠弁服則諸侯視朝之服是以燕禮記云燕朝服鄭云諸侯與其羣臣日視朝之服也
司服凡甸冠弁服注諸侯以爲視朝之服詩國風曰緇衣之宜兮疏士冠禮云元冠朝服注云天子與其臣元冕以視朔皮弁以日視朝諸侯與其臣皮弁以視朔朝服以日視朝是也引詩國風曰者是鄭緇衣之詩引之證鄭伯是諸侯服緇衣爲朝服之義也
司常道車載旞疏案巾車云象路建大赤以朝朝所以行道故謂象路爲道車是以士冠禮及郊特牲皆云牟追夏后氏之道也章甫殷道委貌周道是與在朝服乘者皆從道

司士王入內朝注王日視朝皮弁服其禮則同疏王日視朝皮弁服者司服職文對諸侯視朝朝服則元冠緇布衣素裳緇帶素韠也
士冠禮目錄主人元冠朝服則是仕於諸侯
王制一命卷疏諸侯卿大夫士以元冠緇衣素裳爲朝服
玉藻朝服以日視朝於內朝注朝服冠元端素裳也此內朝路寢門外之正朝也
孔子曰朝服而朝卒朔然後服之注謂諸侯與羣臣也疏卒朔謂卒告朔之時服皮弁告朔禮終脫去皮弁而後服朝服也
雜記公襲朝服一疏朝服一者公日視朝之服也

左氏昭十年傳晏平仲端委立於虎門之外注端委朝服疏端委是在公之服故云朝服鄭元云諸侯與其臣皮弁以視朔朝服以視朝其朝服元冠緇布衣素積以爲裳也

公羊昭二十五年傳景公曰寡人有不腆先君之服未之敢服注諸侯朝朝服夕深衣

穀梁僖三年傳陽穀之會桓公委端搢笏而朝諸侯諸侯皆諭乎桓公之志疏桓公會諸侯因使諸侯朝已故服朝服也

穀梁哀十三年傳欲因魯之禮因晉之權而請冠端而襲注襲衣冠端元端疏元端者謂元端衣而端幅制之卽諸侯視朝之服也諸侯視朝之服緇布衣素積裳緇元一也

案諸侯視朝之服曰朝服后夫人以下侍君之服亦曰朝服內則公庶子生就側室三月之末其母沐浴朝服見於君尚書大傳古者后夫人將侍君前息燭後舉燭至於房中釋朝服襲燕服然後入御於君注朝服展衣亦以其服是以朝君也說苑正諫篇左伏楊姬右擁越姬左裯衽右朝服皆是也

又案越絕書越王句踐衣服純素不袀不元袀元朝服也朝服不袀元而純素變服也戰國策素服而聽注兵敗以喪禮自居也淮南子人閒訓魯君聞之撤鐘鼓之縣縞素而朝逸周書大匡解及期日質明王麻衣以朝朝中無采衣麻衣白布衣也元黃曰采朝中無采衣則因國荒變服也越王之不袀元盡釋緇衣而素端矣

又案侯國以緇衣爲朝服常制也惟攷玉藻朝服之以縞自季康子始也注亦僭宋王者之後則宋之朝服以縞又王制縞衣而養老疏宋旣朝服以縞杞當朝服以元攷夏尚黑元衣則衣裳皆元也王制注夏而改之尚黑而黑衣裳是皆非侯國朝服常制然爲王者之後則變而合乎禮矣

詩羔裘逍遙狐裘以朝箋諸侯之朝服緇衣羔裘大蜡而息民則有黃衣狐裘今以朝服燕祭服朝見君之志不能自強於政治又說苑君道篇師經援琴而撞文侯不中中旒潰之師經之侍文侯當在燕朝之地撞中文侯之旒則冕服也非朝服也又淮南子主術訓楚文王

好服獬冠楚國效之趙武靈王貝帶鵕鸃而朝趙國化之又亢倉子兵道篇景王一拜再舉斂黼袪端珪抑首而坐又說苑善說篇林旣衣韋衣而朝齊景公曰此君子之服小人之服也不衣布而衣韋則失制之甚者也蓋當時朝服制度列國不同上旣易制下亦相襲矣又攷漢魏以後朝服多用絳紗袍其制蓋有所自昉韓非外儲說齊王好紫衣齊人皆好也齊國五素不得一紫齊王患紫貴傳說王曰詩云不躬不親庶民不信今王欲民無衣紫者請自解紫衣而朝然則齊之朝服先是皆用紫衣紫衣則絳袍之類也又墨子公孟篇楚莊王鮮冠組纓絳衣博袍以治其國云絳衣又云博袍則卽

通天冠絳袍矣凡此皆侯國彷制竊僭服飾而漢皆遂
以為王朝之服蓋亦習尚之相襲也
又為卿大夫莫夕於朝之服
士冠禮疏若卿大夫莫夕於君當亦朝服矣
玉藻朝元端疏若大夫莫夕蓋亦朝服
又為王朝卿士退朝治事之服
緇衣緇衣之宜兮傳緇黑色卿士聽朝之正服也箋緇衣
者居私朝之服也天子之朝服皮弁服也疏美武公善為
司徒而經云緇衣則緇衣卿士所服也而天子與其臣皮
弁以日視朝則卿士旦朝於王服皮弁不服緇衣故知是
卿士聽朝之政服謂既朝於王退適治事之館釋皮弁而

服以聽其所朝之政也
又為天子諸侯養老及宴羣臣之服
檜羔裘羔裘逍遙疏逍遙翱翔是遊戲晏樂故言燕耳非
謂行燕禮與羣臣燕也禮記云燕朝服於寢若依法設燕
則服羔裘可矣今用以遊燕故大夫刺之遊燕之服於禮
無文不過用元端深衣而已必不得用朝服故刺其服羔
裘也
頍弁有頍者弁疏王制云周人冕而祭元衣而養老注云
凡養老之服皆其時與羣臣燕之服周人脩而兼用之元
衣素裳其冠委貌諸侯以天子之燕服為朝服如彼注則
天子之燕用元衣此言皮弁者蓋天子燕服有二燕羣臣

用元冠親同姓用皮弁也
燕禮記燕朝服於寢注謂冠元端緇帶素韠白屨也燕於
路寢相親昵也今辟雍十月行此燕禮元冠而衣皮弁服
與禮異也疏知燕於寢者以其饗在廟明燕在寢私處可
知也引漢法欲見與古異者周時元冠服則緇布衣今衣
皮弁服是其異也
王制周人冕而祭元衣而養老注凡養老之服皆其時與
羣臣燕之服又云諸侯以天子之燕服為朝服燕禮曰燕
朝服服是服也疏云諸侯以天子之燕服為朝服者以燕
禮諸侯燕臣子用朝服明天子之燕亦朝服也引燕禮曰
燕朝服者證朝燕同云服是服也者言燕時服是元衣素

裳之服崔氏云天子燕畿內諸侯以緇衣燕畿外諸侯以
元冠諸侯各以為朝服事無明文不可依也
案通典載北齊制仲春令辰陳養老禮皇帝進賢冠元
紗袍按王制夏后氏燕衣而養老殷人縞衣而養老周
人元衣而養老注周人脩而兼用之元衣素裳通典所
云進賢冠古之元冠也元紗袍近於緇衣時不用素裳
與兼用元縞之義未合然朝服遺制猶存彷彿
又為公食大夫公及賓之服
公食大夫禮賓朝服即位於大門外如聘注於是朝服則
初時元端如聘亦入於次俟疏云於是朝服則初時元端
者初時謂賓發館時服元端若鄉射主人朝服乃速賓鄉

注云射賓輕𠃊戒時元端以此言之前賓在館拜所戒大
夫即元端賓遂從大夫至君大門外入次乃去元端著朝
服出次即位也云如聘亦入於次俟者案聘禮賓皮弁聘
至於朝賓入於次注云入於次者俟辨則此入次亦俟主
人辨也若然聘禮重賓發館即皮弁此食禮輕及大門乃
朝服
公如賓服迎賓于大門內
左氏襄十四年傳衛獻公戒孫文子甯惠子食皆朝服而
朝疏諸侯每日視朝其君與臣皆服元冠緇布衣素積以
爲裳禮通謂此爲朝服宴食雖非大禮要是以禮見君故
服朝服公食大夫之禮賓朝服則臣於君雖非禮食亦當

服朝服也
又爲公食大夫賓拜賜之服
公食大夫禮明日賓朝服拜賜于朝
又爲公食大夫不親食使大夫致侑幣及賓受賜拜賜之服
公食大夫禮若不親食使大夫各以其爵朝服以侑幣致
之
賓朝服以受如受饔禮又云明日賓朝服以拜賜於朝
又爲大夫相食不親食致侑幣之禮
公食大夫禮大夫相食又云若不親食則公作大夫朝服
以侑幣致之注作使也大夫有故君必使其同爵者爲之
致禮列國之賓來榮辱之事君臣同

又爲諸侯常食之服
主制一命卷疏諸侯亦以朝服食夕則深衣故玉藻云朝
服以食夕深衣祭牢肉
玉藻使人視大夫大夫退然後適小寢釋服又朝服以食
注食必復朝服所以敬養身也疏此經云朝服以食謂釋
服之後將食之時又著又如朝時服朝服以食
又爲諸侯燕射之服
射義故天子之大射謂之射侯疏天子燕射則在寢以諸
侯燕於小寢天子路寢之朝謂之燕朝者故知天子諸侯
燕射在寢故鄉射記云君國中射則皮樹中鄭注云謂燕
射也其服則元冠緇衣素裳也諸侯以爲朝服燕禮云燕

朝服於寢
又爲諸侯在國賓射之服
射義故天子之大射謂之射侯疏其諸侯賓射若在國則
亦在朝與天子同
案諸侯在朝與天子在朝均服朝服天子在朝皮弁服
諸侯在朝則緇衣素裳矣
又爲鄉飲酒戒賓速賓之服
鄉飲酒記鄉朝服而謀賓介皆使能不宿戒注鄉鄉人謂
鄉大夫也朝服冠元端緇帶素韠白屨今郡國行鄉飲酒
之禮元冠而衣皮弁服與禮異
鄉射禮主人朝服乃速賓疏鄉飲酒戒速俱不言服知皆

朝服者下記云鄉朝服而謀賓介是也

又爲鄉飲酒賓主人之服

鄉飲酒禮明日賓鄉服以拜賜注鄉服昨日與鄉大夫飲酒之朝服也不言朝服未服以朝也

又爲鄉飲酒賓主人拜賜拜辱之服

鄉飲酒禮明日賓鄉服以拜賜主人如賓服以拜辱

又爲鄉射速賓之服

鄉射禮主人朝服乃速賓賓朝服出迎注今郡國行此鄉射禮皮弁服與禮爲異疏此主人與賓俱朝服案鄉飲酒賓主俱不言服者以彼賓禮重故戒與速賓俱朝服故不言此習射禮輕是故戒時元端召時乃朝服故須言之也

又爲鄉射賓主人之服

案鄉射禮明日賓朝服以拜賜于門外彼鄉飲酒禮云明日賓鄉服以拜賜注鄉服昨日與鄉大夫飲酒之服也此拜賜之服與彼同彼拜賜之服卽用昨日飲酒之服則此拜賜之服亦用昨日之射服可知然則射服亦朝服矣

又案獨斷曰鄉射行禮公卿冠委貌衣元端晉輿服志行鄉射禮則公卿委貌冠與獨斷同皆沿鄉射朝服之遺制

又爲鄉射賓主人拜賜拜辱之服

鄉射禮明日賓朝服以拜賜于門外主人不見如賓服遂從之拜辱于門外乃退

又爲士負世子之服

內則卜士負之吉者宿齊朝服寢門外詩負之

又爲君名世子之服

內則世子生則君沐浴朝服夫人亦如之皆立於阼階西鄉世婦抱子升自西階君名之乃降

案賈誼新書古之聖帝將立世子則帝自朝服升自阼階上西鄉於妃妃抱世子自房出東鄉太史奉書西上堂當兩階之閒北面立曰世子名曰某者三此文與內則君名世子儀節略同惟是內則舉諸侯之制朝服緇布衣素裳新書舉天子之制則所稱朝服其爲皮弁服

乎

又爲命使於君之服

曲禮若使人於君所則必朝服而命之疏敬君故朝服命使也然命使者言朝服則君言至亦朝服受之互言也

又爲乘路馬之服

曲禮乘路馬必朝服注路馬君之馬疏乘路馬必朝服者謂臣行儀習禮獨行時也路馬君之車馬臣雖得乘之猶不可慢故必朝服而自御乘之也

又爲僕右之服

坊記子曰君不與同姓同車與異姓同車不同服示民不嫌也注僕右恆朝服疏僕右恆朝服者謂僕及車右身衣

朝服又云其朝服之內則有虎裘狠裘故玉藻云君之右
虎裘厥左狠裘是也
又爲聘禮使者夕幣之服
聘禮及期夕幣使者朝服帥衆介夕
又爲聘禮君展幣之服
聘禮宰入告具于君君朝服出門左南鄉史讀書展幣
又爲聘禮賓及介釋幣于禰之服
聘禮厥明賓朝服釋幣于禰注賓使者謂之賓尊之也
上介釋幣亦如之
又爲聘禮君進使者授圭璧之服
聘禮使者載旜帥以受命於朝君朝服南鄉卿大夫西面

弁服釋例 卷六 十八

北上君使卿進使者又云宰執圭屈繅自公左授使者使
者受圭同面垂繅以受命
又爲聘禮肄儀之服
聘禮未入竟壹肄又云朝服無主無執也
又爲聘禮入竟展幣之服
聘禮入竟斂旜乃展布幕賓朝服立於幕東西面介皆北
面東上賈人北面坐拭圭遂執展之上介北面視之
又爲聘禮請事請行郊勞之服
聘禮賓至於近郊張旜君使下大夫請行反君使卿朝服
用束帛勞注請行問所之也雖知之謙不必也士請事大
夫請行卿勞彌尊賓也其服皆朝服疏知皆朝服者以卿

勞禮重尚朝服明以外士大夫輕者朝服可知也故舉後
以明前也
又爲聘禮宰夫設飧之服
聘禮宰夫朝服設飧
又爲聘禮賓辭受饔餼之服
聘禮君使卿韋弁歸饔餼五牢上介請事賓朝服禮辭注
朝服示不受也受之當以尊服疏賓皮弁迎大夫是受之
用皮弁爲尊服明此著朝服朝服卑於皮弁是示不受言
示不受終受之也
又爲聘禮宰夫致士介餼及士介受餼之服
聘禮宰夫朝服牽牛以致之士介朝服北面再拜稽首受

弁服釋例 卷六 十九

注致命朝服無束帛亦略之疏云朝服無束帛亦略之者
決上賓與上介皮弁韋弁有束帛故以爲略之也
又爲聘禮問卿賓主人之服
聘禮賓朝服問卿注不皮弁別於主君疏對上文行聘享
私覿皆皮弁此朝服降一等故鄭注云別於主君
又爲聘禮上介問下大夫之服
大夫朝服迎于外門外
聘禮上介朝服三介問下大夫
又爲聘禮不親食使大夫致侑幣之服
聘禮若不親食使大夫各以其爵朝服致之以侑幣
又爲聘禮卿歸及郊請反命之服

聘禮使者歸及郊請反命朝服載旜注行時稅舍於此郊今還至此正其故行服以俟君命敬也

又爲聘禮卿有私喪反命之服

聘禮歸使衆介先衰而從之注已有齊斬之服不忍顯然趨於往來其在道路使介居前歸又請反命已猶徐行隨之君納之乃朝服既反命出公門釋服哭而歸其他如奔喪之禮吉時道路深衣疏云君納之乃朝服者以其行聘之時猶不以凶服於君之吉使而服吉服知此反命時亦不以凶服於君之吉使而服朝服如吉時反命矣云出公門釋服哭而歸者案雜記云大夫士將與祭於公既視濯而父母死則猶是與祭也次於異宮既祭釋服出公門外哭而歸亦云他如奔喪之禮明此亦出公門釋朝服而歸但彼祭服不可著出故門內釋服此朝服可以著出門乃釋服爲異也

又爲天子田獵之服

司服凡甸冠弁服注甸田獵也又云謂王服此以田疏言凡甸冠弁服據習兵之時若正四時則當戎服是以月令季秋天子乃教於田獵以習五戎司徒搢扑北面以誓之天子乃厲飾執弓挾矢以獵注云厲飾謂戎服尙威武也以此觀之習五戎司徒誓之不戎服著冠弁可知

王制一命卷疏司農又云凡甸冠弁服注云甸田獵也冠弁委貌共服緇布衣亦素積以爲裳

左氏襄十四年傳不釋皮冠而與之言疏云是諸侯之禮皮冠以田獵周禮司服云凡甸冠弁服鄭元云甸田獵也冠弁委貌也其服緇布衣素積以爲裳是服諸侯視朝之服也彼天子之禮故以諸侯朝服而田異於此也

又爲君視疾有疾者見君之服

論語疾君視之東首加朝服拖紳苞氏曰夫子疾也處南牖之下東首加其朝服拖紳紳大帶也不敢不衣朝服見君也皇侃義疏加覆也朝服謂從時從君日視朝之服也拖猶牽也紳大帶也孔子既病不能復著衣而見君不宜私服故加朝服覆於體上而牽引大帶於心下至是如從時著衣之爲

案有疾者齊元端見君則朝服以元端非朝君之服故易元端而朝服耳鄉黨雖爲孔子言之卽爲君視疾凡見君者言之也喪大記寢東首於北牖下注謂君來視之時也疏今謂病者雖恆在北牖下若君來視之時則暫時移嚮南墉下東首此文疾君視之東首皇侃義疏與喪大記大意同則東首南牖之制本禮之常不第爲孔子言之卽知朝服拖紳亦必爲禮之常不第爲孔子言之也或當時有不及禮者惟孔子能存之耳漢書龔勝傳使者欲令勝起迎久立門外勝稱病篤爲牀室中戶西南牖下東首加朝服拕紳使者入戶西行南面立然則勝亦猶行古之通禮耳非敢特擬孔子也

又爲養親疾之服

既夕記男女改服注爲賓客來問病亦朝服主人深衣以喪大記男女改服注庶人深衣則此主人當爲庶人之誤主人啼兄弟哭注於是始去冠而笄纚服深衣檀弓曰始死羔裘元冠者易之疏引檀弓者證服深衣易去朝服之事也

檀弓夫子曰始死羔裘元冠者易之而已羔裘元冠夫子不以弔疏養疾者朝服羔裘元冠卽朝服也始死則易去朝服著深衣故云易之而已

喪大記男女改服注爲賓客來問病亦朝服也庶人深衣疏案既夕禮云養者皆齊案文王世子云則世子親齊元

而養至病困易之以朝服故檀弓云親始死羔裘元冠者易之而已易羔裘元冠卽朝服也

問喪親始死雞斯注親始死去冠疏檀弓云始死羔裘元冠者易之是去冠也

案檀弓羔裘元冠者易之而已不云朝服而云羔裘元冠者明有不羔裘元冠者喪大記男女改服注曰爲賓客來問病亦朝服也庶人深衣蓋自士以上羔裘元冠者也庶人則深衣者也其羔裘元冠者則易爲深衣既夕禮注於是始去冠而笄纚服深衣是也其本服深衣者則不易經文於羔裘元冠下加一者字特以别於深衣者之不易爾又案文王世子若內豎言病則世子親齊元而養注養疾者齊元元冠元端也疏鄭玉藻注云天子諸侯元端朱裳大夫素裳士冠禮上士元端元裳中士元端黃裳下士元端雜裳又既夕禮養者皆齊據此則養疾之服乃用齊服齊服大夫士皆元端非朝服也檀弓疏又云養疾者朝服前後似相剌謬攷喪大記男女改服注爲賓客來問病亦朝服也疏謂養疾者齊元至病困易之以朝服然則親始疾以元端養至疾困易之以朝服則别爲賓客來問疾非齊而養之服也檀弓疏不舉養疾者初服元端一節但云養疾者朝服節次未明遂與文王世子疏不合參之以喪大記疏則其義始明

又爲將死者新加之服

既夕記徹褻衣加新衣疏加新衣者謂更加新朝服喪大記亦云徹褻衣加新衣注云徹褻衣則所加者新朝服矣互言之也加朝服者明其終於正也

案既夕禮記徹褻衣加新衣敖繼公云衣云褻見其非上衣然則新者亦非上衣矣不加上衣者爲其後有襲斂等事皆用上衣故於此略之今攷喪大記注曰徹褻衣則所加者新朝服矣互言之也加朝服者明其終於正也上云徹褻衣則下所云加者非褻衣明矣下云新衣則上所云褻衣非新衣明矣故云互言又攷荀子禮論篇禮者謹於治生死者也生人之始也死人之終也終始俱善人道畢矣故君子敬始而愼終終

始如一是君子之道禮義之文也旣夕禮注云加朝服明其終於正與荀子此義正同繼公謂所加之新衣非上服則是以褻服終豈愼終之義乎士喪禮襲衣爵弁服純衣皮弁服褖衣褖衣卽元端不以元端而以褖衣者蓋襲有褻衣袍繭之屬袍繭連衣裳褖衣亦連衣裳故以褖衣表袍繭惡其褻也檀弓季康子之母死陳褻衣敬姜曰婦人不飾不敢見舅姑將有四方之賓來褻衣何爲陳於斯夫婦人小斂尙不陳褻衣丈夫屬纊乃不服上服安得爲禮喪大記袍必有表謂袍繭褻衣也有表衣則不褻矣送死專用褻服無上服豈必有表之義乎繼公謂其後有襲斂等事皆用上服故於此略之不知將死有死衣旣死有襲衣旣襲有斂衣各自爲節皆以上服爲正小斂十九稱其爲上服多矣然不得以小斂而略襲服也大斂君陳衣百稱大夫五十稱士三十稱其爲上服多矣然不得以大斂而略小斂也則惡得以斂襲多上服而謂始死可服褻服耶又攷旣夕禮記疏云司服士之齊戒服元端則疾者與養疾者皆齊明服元端矣夫寢且服元端而送終反服褻服重所輕而輕所重無是理也又攷魏王肅謂禮雖無容衣之制宜依尸服卒者之上服生時褻服可隨所存至於制度則不如禮漢氏西京故事月遊衣冠則容衣也言以正服不以褻衣也夫容衣特褻衣服耳未若死衣關愼終重典也容衣尙不可褻況死衣乎列女傳魯黔婁先生之死曾子與門人往弔焉上堂見先生之尸在牖下枕墼席藁縕袍無表覆以布被首足不盡斂所云縕袍卽士喪禮注之袍繭旣夕禮之褻衣也縕袍無表則無上服矣黔婁以褻衣爲死衣固因貧不能具服亦以深衣爲居士之本服異於士也後漢書趙岐傳岐敕其子曰我死之日墓中聚沙爲牀布簟白衣散髮其上覆以單被岐終太常而死衣白布單衣同於黔婁之縕袍不服上服岐之變禮也繼公以加新衣爲服褻衣豈士禮哉

又爲始死復者之服

士喪禮復者一人疏不言所著衣服者案喪大記小臣朝服下記亦云復者朝服則尊卑皆朝服可知

旣夕記復者朝服注衣朝服服未可以變

喪大記小臣復復者朝服注小臣君之近臣也朝服而復所以事君之衣也用朝服而復之者敬也

又爲宰受含之服

雜記宰夫朝服卽喪屨升自西階西向坐取璧降自西階以東注朝服吿鄰國之禮也疏宰謂上卿也言夫衍字朝服者吉服也必用吉服者以鄰國執玉而來執玉不麻故著朝服以仍在喪不可純吉故卽喪屨也下云宰舉璧與圭注此言宰舉璧與圭則上宰夫朝服衍夫字

又爲公之襲服

雜記公襲卷衣一元端一朝服一素積一纁裳一爵弁二元冕一褒衣一疏朝服一者緇衣素裳公日視朝之服也

案家語孔子之喪襲衣十有一稱加朝服一冠章甫之冠玟雜記公九稱朝服一此所云十一稱則已具公九稱之服矣云加朝服一蓋於朝服一之外又加其一朝服之有二猶公襲爵弁之有二也惟玟雜記注云士襲三稱子羔襲五稱今公襲九稱是尊卑襲數不同矣諸侯七稱天子十二稱歟孔子大夫當五稱而家語乃稱十一稱過於上公擬於天子殊屬不經又稱冠章甫之冠不知襲服但襲其衣不襲其冠孔子之襲安得冠章甫之冠此係所言大率不經然則所云加朝服一者亦未足據也

又爲公之褻服

雜記自西階受朝服

又爲小斂前後弔者之服

檀弓主人既小斂袒括髮子游趨而出襲裘帶絰而入注於主人變乃變也所弔者朋友疏凡弔喪之禮主人未變之前弔者吉服而弔吉服謂羔裘元冠緇衣素裳又袒去上服以露裼衣則此裼裘而弔是也主人既變之後雖著朝服而加武與絰又掩其上服若是朋友又加帶則此襲裘帶絰而入是也

喪大記弔者襲裘加武帶絰注始死弔者朝服裼裘如吉時也小斂則改襲裘而加武與帶絰矣武吉冠之卷也加武者明不改冠亦不免也檀弓曰主人既小斂子游趨而出襲裘帶絰而入疏若未小斂之前來弔者裘上有裼衣裼衣上有朝服開朝服露裼衣今小斂之後弔者以上朝服揜襲裘上裼衣加武者賀氏云武謂吉冠之卷主人既素冠素弁故弔者加素弁于武帶絰者帶謂要帶絰謂首絰緦之絰帶以朋友之恩故加帶與絰也若無朋友之恩則無帶惟絰而已又云知朝服者論語云羔裘元冠不以弔是也小斂之後不用弔則小斂之前可以弔熊氏又云小斂之時君於臣大夫於士士於朋友之恩若兩大夫不假朋友之恩皆朝服襲裘加絰於元冠之上若大夫士無朋友之恩皆元冠朝服襲裘而已

案弔服凡四變始死及小斂以前朝服元冠裼裘小斂則改襲裘而絰帶其辭具見檀弓至大斂以後變朝服爲皮弁服變元冠爲弁絰或皮弁若成服以後則變皮弁服而衰麻矣士喪禮注君視大斂皮弁服襲裘主人成服之後往則錫衰是也（喪大記疏引熊氏之說亦爲確鑿）司服凡弔事弁絰服雜記凡弁絰其衰侈袂注弁絰服者弔服也均據大斂以後言之也論語羔裘元冠不以弔亦據大斂以後言之也其實小斂以前則不弁絰而元冠朝服賀喪服記疏天子常弁絰諸侯卿大夫當事大斂小斂及殯時乃弁絰弁以弁絰爲小斂時弔服誤矣喪大記

君大夫士小斂之節云弔者襲裘加武注云始死弔者朝服裼裘如吉時也小斂則改襲裘而加武與帶絰矣又云武吉冠之卷也吉冠則元冠此弔者統舉大夫士當小斂而元冠朝服通大夫士一也賈喪服記疏謂諸侯卿大夫小斂弁絰既與喪大記絰注不合又檀弓主人既小斂袒括髮子游趨而出襲裘帶絰而入所謂襲裘襲朝服之裘也所謂絰加絰於元冠也非弁絰也以絰加素爵弁曰弁絰如喪服記疏謂小斂巳當弁絰則子游於小斂時元冠加絰不弁絰卽爲非禮曾子又安得云夫夫是也舉此二條可證賈疏之誤至王肅家語載季桓子死魯大夫朝服而弔子游問於孔子曰禮乎夫子不答

他日又問夫子曰始死羔裘元冠者易之而已汝何疑焉據此始死弔卽不得羔裘元冠與喪大記及檀弓皆迕今攷檀弓曰始死羔裘元冠者易之而巳注旣云養疾者朝服則羔裘元冠專據養疾者甚明蓋士養疾朝服親始死卽易去朝服著深衣故云易之而已王肅不會此義據文引入家語爲始死弔服不得元冠之證誤矣

又爲下大夫及士筮宅占者之服

雜記如筮則史練冠長衣以筮占者朝服注筮者筮宅也謂下大夫若士也筮史筮人也長衣深衣之純以素也長衣練冠純凶服也朝服純吉服也大夫士日朝服以朝也疏如筮者謂下大夫及士不合用卜故知用筮也又云占者朝服者卜重故占者皮弁筮輕故占者朝服

又爲旣夕道車所載之服

旣夕禮記道車載朝服注道車朝夕及燕出入之車朝服日視朝之服也元衣素裳疏案鄉黨云緇衣羔裘是孔子所服鄭注云諸侯視朝之服是君臣同服故玉藻云諸侯朝服以日視朝士之道車而用朝君之服不用私朝元端服者乘車旣載孤卿之旜故道車亦載朝君之服攝盛也云元衣素裳者士冠禮云主人元冠朝服緇帶素韠注云不云衣衣象冠色則不云裳裳象韠色可知故云元衣素裳也

又爲大祥筮日筮尸視濯之服

喪服小記大祥吉服而筮尸注凡變除者必服其吉服以卽祭事不以凶臨吉也閒傳曰大祥素縞麻衣疏吉服朝服也大祥之日縞冠朝服今將欲祥亦於前日預服大祥之服以臨筮日及筮尸視濯今惟云尸不言日及濯者從服祥可知也又云凡變除者必服其吉服以卽祭事不以凶臨吉也者下云大祥朝服縞冠是祥祭之時惟著朝服此筮尸又在祥祭前已著吉服不以凶臨吉故也引閒傳者以大祥之後著素縞麻衣此云吉服則非祥後之服是朝服也故引以證

又爲大祥夕期及祥祭之服

素冠庶見素衣兮箋除成喪者其祭也朝服縞冠
王制一命卷疏又大祥之祭服朝服故喪服小記除成喪者其祭也朝服縞冠又云其大夫士案玉藻云朝元端夕深衣其大祥朝服及既祥麻衣竝與諸侯同天子祥禫其服無文或亦與諸侯無異

喪服小記男子冠而婦人笄男子免而婦人髽疏斬衰二十五月大祥朝服縞冠故雜記云祥主人之除也於夕爲期朝服又喪服小記云除成喪者其祭也朝服縞冠

除成喪者其祭也朝服縞冠注成成人也縞冠未純吉祭服也既祥祭乃素縞麻衣疏大夫朝服而祭朝服者元冠緇衣素裳是純吉之祭服也今用縞冠是未純吉之祭服也

雜記祥主人之除也於夕爲期朝服祥因其故服注爲期爲祭期也朝服以期至明日而祥祭亦朝服始卽吉正祭服也喪服小記曰除成喪者其祭也朝服縞冠是也祭猶縞冠未純吉也疏始卽吉正祭服也者以其往前居喪今將除服故云始卽吉於練祭之時不著祭服於此祥時正著祭服故云正祭服此朝服謂之正祭服者以諸侯卿大夫朝服而祭故少牢禮云主人朝服是也案上雜記端衰喪車皆無等則祥後弁禫服尊卑上下無別皆服此緇衣素裳也此據諸侯卿大夫言之故云正祭服引喪服小記者證此經中朝服是除成喪之服云祭猶縞冠未純吉也者以純吉朝服元冠今著縞衣故云未純吉

案逸周書器服解縞冠素紕元冠組武卷組纓縞冠素紕祥祭朝服之冠也縞冠與元冠竝陳蓋於吉凶二服必詳且愼

又爲既祥受賵賻之服

檀弓將軍文子之喪既除喪而后越人來弔主人深衣練冠待於廟垂涕洟疏此謂由來未弔者故練冠若曾來已弔祥後爲喪事更來雖不及祥祭之日主人必服祥日之服以受之故雜記云既祥雖不當縞者必縞然後反服注云謂有以喪事贈賵來者雖不及時猶變服服祥祭之服以受之重其禮也雜記經文本爲重來者故縞冠衞將軍

文子之子始來者故練冠

雜記子游曰既祥雖不當縞者必縞然後反服注謂有以喪事贈賵來者雖不及時猶變服服祥祭之服以受之重其禮也疏知此以喪事贈賵來者若其由未來今始弔者雖禫祭除喪之後猶練冠而受弔則衞將軍文子之子是也練重於此禫祭之前主人倘吉而受禮明此來者是於前先已來今重至故主人著縞冠輕於練冠也云其於此時始弔者則衞將軍文子之爲之者證其來雖在後其實事不同衞將軍文子之子是除喪服之後始來弔此據於先巳來弔之後始來贈賵也

又爲踰月吉祭之服

雜記祥主人之除也於夕爲期朝服注既祭乃服禫服朝服綅冠踰月吉祭乃元冠朝服

朝服重於元端

雜記自西階受朝服自堂受元端疏爵弁受於內皮弁受於中庭朝服受於西階元端受於堂旣受處不同則陳於壁北亦重者在南

朝服一曰元衣

王制元衣而養老注元衣素裳疏儀禮朝服緇布衣素裳緇則元故爲元衣素裳

一曰緇衣

緇衣緇衣之宜兮疏卽士冠禮所云主人元冠朝服緇帶

素韠是也

檜羔裘羔裘逍遙疏朝服衣色元元卽緇色之小別

禮記緇衣好賢如緇衣疏緇衣者諸侯朝服故論語曰緇衣羔裘注云諸侯之朝服

案緇衣一曰黑衣戰國趙策願令補黑衣之數史記趙世家願得補黑衣之缺論衡謝短篇吏衣黑衣宮闕赤單一曰皁衣蔡邕獨斷公卿侍中尚書衣皁而朝曰朝臣又曰先帝故事所至見長吏三老官屬親臨軒作樂賜食皁帛越巾刀珮帶又漢書蕭望之傳備皁衣二十餘年如淳曰雖有五時服至朝皆著皁衣谷永傳擢之皁衣之吏厠之爭臣之末儒林梁邱賀傳夜元服入廟居郎閒師古曰郎皆皁衣故章元服以厠也後漢鍾離意傳賜尚書以下帷被皁袍攷廣雅皁元緇黑也又曰緇謂之皁漢人以緇衣爲皁衣名實最核

又案戰國楚策令尹子文緇帛之衣以朝說苑臣術篇晏子衣緇布之衣皁與布雖異質而其爲緇衣則一也朝服不用緇布而用緇帛蓋國策疏於禮典故所傳或異

一曰元端

士冠禮乃易服服元冠元端疏以其俱正幅故朝服亦得端名然六冕皆正幅故亦名端是以樂記云魏文侯端冕而聽古樂又論語曰端章甫鄭云端元端諸侯視朝之服

則元端以朝得爲名爲元端也

特牲禮及筮日主人冠端元疏論語云端章甫鄭云端元端也諸侯日視朝之服以端是正幅非直朝服稱端六冕亦有端稱故禮記魏文侯曰吾端冕而聽古樂則惟恐臥是冕服正幅亦名端也

王制一名卷疏凡在朝君臣上下同服但士服則謂之元端袂廣二尺二寸故也其大夫以上則皆侈袂袂三尺三寸故也其大夫以上所論元端者皆其制與士同

玉藻朝服以日視朝注朝服冠元端素裳也疏此朝服素裳皆得謂之元端故論語云端章甫注云端元端諸侯朝服若上士以元爲裳中士以黃爲裳下士以雜色爲裳天

子諸侯以朱爲裳則皆得謂之元端不得名爲朝服也
論語端章甫鄭元注端元端也衣元端冠章甫諸侯日視
朝服也小相謂相君禮者皇侃義疏章甫殷冠也然周家
諸侯日視朝之服服緇布衣素積裳冠委貌此云元端日
視朝者容是周末禮亂者也

案左氏昭元年傳劉定公曰吾與子弁冕端委以治民
臨諸侯昭十年傳晏平仲端委立於虎門之外哀七年
傳太伯端委以治周禮周語晉侯端委以入武宮晉語
端委韠帶以隨宰人魯語列士之妻加之以朝服韋昭
注諸侯之士元端委貌晏子春秋雜上篇景公飲酒夜
移於晏子前驅款門曰君至晏子被元端立於門說苑

正諫篇亦同此皆朝服也而以端稱則朝服元端同制
也荀子不苟篇君子審後王之道而論於百王之前若
端拜而議楊倞注端元端朝服也亦以元端爲朝服論
語云端章甫鄭元注曰視朝之服則明以元端爲緇布
素裳之朝服皇侃謂元端視朝爲周末禮亂不知元端
爲朝服通名鄭注云元端視朝猶云朝服視朝也皇侃
誤會鄭注故以爲周末禮亂耳惟是宗廟助祭大夫冕
士弁無以朝服者會同擯相服皮弁亦不以朝服此言
宗廟會同元端朝服與禮似有未合子華亦舉其略耳

一曰鄉服

鄉飲酒禮明日賓鄉服以拜賜注鄉服昨日與鄉大夫飲
酒之朝服不言朝服未服以朝也

弁服釋例卷六

蕭山湯應鯤校

弁服釋例卷七

興化　任大椿

朝服下

朝服元端冠皆元冠元冠制詳於此元端服卷內不復載

司服注元冠自祭其廟者其服朝服元端

士冠禮主人元冠朝服

特牲饋食禮及筮日主人冠端元注冠端元元冠元端下言元者元冠有不元端者疏不元端則朝服下記云助祭者朝服謂緇布衣而素裳然則元端一冠冠兩服也

左氏哀七年傳大伯端委以治周禮注端委禮衣也疏王肅云委貌之冠元端之衣也

元冠一曰委貌

士冠禮主人元冠注元冠委貌也

記委貌周道也注或謂委貌爲元冠委猶安也所以安正容貌

王制元衣而養老注其冠則牟追章甫委貌也疏案儀禮朝服首著元冠元冠即委貌以此推之則殷之朝服皆著章甫之冠夏之朝服著牟追

郊特牲委貌周道也注或謂委貌爲元冠也疏此云委貌而儀禮記稱元冠故云或謂委貌爲元冠也

玉藻元冠朱組纓注元冠委貌也

論語羔裘元冠不以弔注元冠委貌

穀梁僖三年傳注委貌之冠也端元端之服

案士冠禮記委貌周道章甫殷道牟追夏后氏之道注云皆所常服以行道攷道右注王行道德之車道僕注王朝朝莫夕主御王以與諸臣行先王之道司常道車載旞疏案巾車云象路建大赤以朝朝所行以道故謂象路爲道車士冠禮及郊特牲皆云牟追夏后氏之道章甫殷道委貌周道與道僕道右司常經文道字可以相證攷白虎通委貌者何謂也周朝廷理政事行道德之冠引士冠經曰委貌周道章甫殷道毋追夏后氏之道士冠禮賈疏以行道德釋注行道二字蓋本於白虎通

又案後漢書輿服志注引石渠論元冠朝服戴聖曰元冠委貌也士冠禮鄭注或謂委貌爲元冠蓋據此也又蔡邕獨斷緇布冠即委貌冠宋書輿服志太古冠布齊則緇之夏曰牟追殷曰章甫周曰委貌蓋以布爲之則爲緇布冠以緇爲之則爲元冠其質異其狀同故獨斷謂緇布冠即委貌也

又案郊特牲委貌周道也章甫殷道也毋追夏后氏之道也周弁殷冔夏收三王共皮弁素積疏委貌一條論三加始加之冠周弁一條論第三所加之冠皮弁一條論第二所加之冠儀禮始加緇布冠郊特牲不言緇布冠而言委貌亦以委貌本即緇布冠特變布爲緇耳故

緇布冠通言委貌以其安正容貌名義同也或曰玉藻元冠朱組纓天子之冠也緇布冠繢緌諸侯之冠也是諸侯始加用緇布而天子始加則用元冠委貌郊特牲始加之冠言委貌豈據天子歟不知公冠四加則郊特牲三加爲士言之也

廣二寸

喪服傳冠六升外畢疏冠廣二寸落項前後兩頭皆在武下

案三禮圖檀弓曰古者冠縮縫今也衡縫注云縮從也衡讀爲横孔疏云縮直也古謂殷已上質吉凶冠皆直縫直縫者辟積襵少故一一前後直縫之以上孔疏其

冠廣三寸落頂前後兩頭皆在武下向外出反屈之縫於武辟積三皆厭伏今卽周也周世文冠多辟積不復一一直縫但多作襵而并横縫之故周吉冠多辟襵爲横縫又以冠兩頭皆在武上向內反屈縫之旣吉凶相變其喪冠質猶踈辟襵而盡直縫之以兩頭皆在武下向外反屈縫於武故得厭伏之名其吉冠則多辟襵而横縫之詳此文義法式顯然梁正言大小之制未問一何固也據崇義此說前引孔疏古者吉凶皆直縫下統承云其冠三寸則謂吉凶二冠皆廣三寸也至周吉冠改古不過改直縫爲横縫外屈爲內屈而所云冠廣三寸則未嘗改也崇義以吉凶冠皆廣三寸故喪服傳賈疏則謂喪冠廣二寸以喪冠推吉冠則吉冠亦當廣二寸矣崇義以爲三寸未知所從漢書杜欽傳迺爲小冠高廣財二寸當時以二寸者爲小冠而不知其與古合也蓋弁追章甫委貌惟委貌爲最小白虎通士冠經曰委貌周道章甫殷道毋追夏后氏之道所以謂之委貌何周統十一月爲正萬物始萌小故爲冠飾最小故曰委貌委貌者言委曲有貌也殷統十二月爲正其飾微大故曰章甫章甫者尚未與極其本相當也夏統十三月爲正其飾最大故曰毋追毋追者言其追大也據此則弁追爲最大章甫次之委貌爲最小委貌卽元冠以賈疏所云廣二寸與白虎通相證則二寸者爲最小矣

史記秦本紀始皇法冠六寸始變周制而加廣而漢時猶以小冠爲儒冠漢書酈食其傳諸客冠儒冠來者沛公輒解其冠溺其中故蓋寬饒初拜爲司馬冠大冠帶長劒後漢禮儀志武吏幘大冠輿服志武弁大冠諸武官冠之據此武冠大則儒冠小明矣蓋當時儒者猶存古元冠之制而高祖輕儒尙武斯見儒冠而惡之也後漢梁冀傳埤幘狹冠折上巾蓋冀性尙矜飾故小其冠以自托於古儒者之服耳元冠旣廣二寸則不能圍頂而全覆之隋志宋齊之閒天子晏私著白高帽士庶以烏其制不定或有卷荷或有下裙或有紗高屋或有烏紗長耳後周之時咸著突騎帽又文帝項有瘤疾不

欲人見每常著焉相魏之時著而謁帝據此則著幘可掩項後是舉全首而蒙之與古二寸之冠僅可覆紒者大小全異又隋志引董巴云幘起於秦人初爲絳袙至漢孝文時乃加以高顏孝元帝額有壯髮不欲人見乃始進幘幘之可以覆額與帽之可以覆項同蓋帽之制本於幘也又隋志巾方言云趙魏之閒謂之承露郭林宗傳曰林宗常行遇雨巾沾角折又袁紹戰敗幅巾渡河此則野人及軍旅服也制有二等今高人道士所著是林宗折角庶人農夫常服是袁紹幅巾故事用全幅皁而向後襆髮俗人謂之襆頭自周武帝裁爲四脚今通於貴賤矣據此則曰冒曰幘曰巾曰襆頭與後世遠

遜進賢之類文質異制而覆冒額項則同與古委貌吉冠財廣二寸者全異也又攷石林燕語云余見大父時家居及燕見賓客率多頂帽帽下戴小冠簪以帛作橫幅約髮號額子處室中則去帽見冠簪或用頭巾也據此則冠在帽下帽可覆冠可知宋時燕居之冠猶甚小與古冠委貌廣二寸者相近亦可以證冠與帽之異同矣

又案委貌之委有卑下之義荀子仲尼篇委然成文以示之天下注委然俯就之貌委貌云者謂其貌委然卑小也蓋牟追冔大委貌鍜小通典謂委貌形如委穀言其如穀委地曳而不起也白虎通謂委貌委曲有貌云委貌則與直上高大者異又荀子非十二子篇吾與汝學者之嵬其冠絻其纓禁緩其容簡連注訓絻爲俛謂低俯也委貌乃古學士之冠其狀委然低俛卽荀子所云學者之嵬其冠絻也絻之訓爲俯猶委之訓爲俯也後漢輿服志委貌高四寸雖未必全合乎古而高下當不相遠蓋委貌廣二寸以二寸之廣直縫之共辟積自少約四寸之高橫縫之共辟積自多而白虎通謂委貌爲冔小蓋比之牟追章甫又爲卑下矣

又案莊子盜跖篇使子路去其危冠解其長劍李云危高也吳都賦危冠而出竦劍而趨亦以高冠爲危冠也鄭士冠禮委貌注委猶安也蓋冠形過高則危故曰危

冠小而委然者與危冠異故鄭訓委貌之委爲安也

又案後漢志委貌高四寸蓋約髻之大小爲之士喪禮笄用桑長四寸蓋安髻之笄也安髻之笄長四寸則髻廣不及四寸矣以髻廣不及四寸可以知髻之高矣委貌高四寸則髻高亦當在四寸以內蓋冠以冒髻冠之高廣必過於髻而後能覆韜之也朱子家禮緇冠注糊紙或用烏紗加漆爲之裁一長條其長一尺四寸許其高寸許圍以爲武其圍之兩旁各廣三寸前後各長四寸又用一長條廣四寸長八寸上襞積以爲五梁縫皆向左彎其一跨頂前後下著於武屈其兩端各半寸自外向內而黑漆之又於武之兩旁半寸之上爲竅以受

笄笄用白骨或象牙爲之據此冠梁前後長八寸中屈
之則約高四寸矣蓋本後漢志委貌高四寸之遺制
以緇爲之
彼都人士臺笠緇撮疏案郊特牲云太古冠布齊則緇之
冠而敝之可也注云此重古而冠之耳三代改制齊冠不
復用布玉藻云始冠緇布冠自諸侯下達冠而敝之可也
則此應始冠而敝之今都人以爲常服者士以上冠而敝
之庶人則雖得服委貌因而冠之而儉者服緇布故詩人
舉而美焉故論語今也純儉注云純當爲緇則緇亦得爲
紂帛何知非紂帛爲元冠而言緇布者以緇雖古布帛兩
名但字從才者爲帛從甾者爲布此言緇故知非帛且若

是帛爲元冠則有制度不得言撮
案詩疏郊特牲云太古冠布齊則緇之冠而敝之可也
則此應始冠而敝之今都人以爲常服者士以上冠而
敝之庶人則雖得服委貌因而冠之而儉者服緇布故
詩人舉以美焉蓋自士以上惟得以帛爲元冠不復冠
緇布故曰冠而敝之庶人則元冠得與緇布冠並用隋
志載後周諸公之服九九曰元冠諸侯服八八曰元冠
諸伯服七七曰元冠諸子服六六曰元冠諸男服五五
曰元冠三公三孤公卿上大夫中大夫下大夫與五等
相準士之服三三曰元冠庶士之服一曰元冠庶士卽
所謂庶人在官者也則是隋庶人亦得元冠與詩彼都
人士疏同彼疏所云庶人或卽隋志所云庶士乎
又案元冠縉冠也後漢志委貌以皁縉爲之最合古制
士冠禮及郊特牲皆言緇布冠冠而敝則知士常冠
不用緇布矣玉藻縞冠元武子姓之冠也元冠縞武不
齒之服也廣雅縞細縉也縞冠元武冠用白縉則武用
黑縉明矣元冠縞武武用白縉則冠用黑縉明矣以冠
武不異質也又以吉凶冠制參攷之詩庶見素冠兮箋
旣祥祭而縞冠素紕據此則縞素二冠皆爲縉冠凶冠
尙用縉吉冠豈反以布乎又攷禫而纖鄭云黑經白緯
爲纖蓋喪至小祥冠練冠以變麻用布至大祥縞冠卽
變布用縉然尙用白縉不卽元也至禫則用白緯黑經

之縉蓋兼乎白黑二縉之閒至踰月吉祭之後全用黑
縉矣所謂元冠也若元冠用布是除喪已易布爲縉吉
時轉易縉爲布是無序也戰國秦策後子死身布冠而
拘於秦高誘注太子見殺故布冠而拘執於秦呂覽不
屈篇故惠王布冠而拘於鄄齊威王幾弗受據此皆以
布冠爲貶降可知常制當用縉矣又趙策公子魏牟過
趙趙王迎之顧及至坐前有尺帛且令工人以爲冠此
尤元冠用帛之顯證也墨子兼愛篇昔者晉文公好士
之惡衣故文公之臣皆牂羊之裘韋以帶綫練帛之冠
入以見於君夫惡衣尙以練帛爲冠豈元冠爲禮冠反
以布乎詩彼都人士疏太古冠布齊則緇之三代改制

齊冠不復用布所謂齊冠即元冠也然則元冠用緇詩
疏嚴確郊特牲疏謂章甫牟追委貌皆用緇布與詩疏
自相牴牾未足爲據三禮圖亦襲郊特牲疏之誤
又案冠古以布爲之太古冠布是也至委貌則易之以
縚其後有以竹木爲之者後漢輿服志長冠制如板以
竹爲裏高祖微時以竹皮爲之謂之劉氏冠莊子讓王
篇原憲華冠縰履杖藜而應門音義華冠以華木皮爲
冠是也然要皆以竹木爲質而表之以縚故輿服志載
竹皮冠以漆纚三十升布爲之則是纚爲表而竹爲裏
矣華冠竹冠大略相似
璂飾與韋弁皮弁同

玉府共王之服玉佩玉珠玉注鄭司農云服玉冠飾十二
玉疏弁師又有皮弁韋弁冠弁亦皆十二玉故云冠飾十
二玉也
弁師諸侯及孤卿大夫之冕韋弁皮弁弁絰各以其等爲
之而掌其禁令注不言冠弁冠弁兼於韋弁皮弁矣謂兼於韋弁皮弁之冠飾也
王制制三公一命卷疏諸侯韋弁皮弁冠弁縫中之玉各
依命數玉皆三采朱白蒼也孤皮弁韋弁冠弁玉亦二采
各依其命數
穀梁哀十三年傳大矣哉夫差未能言冠而欲冠也注不
知冠有差等惟欲好冠疏冕有旒數不同則冠亦有差等
之別矣爲子爵其冠之飾必不得與公侯同等但未知若
爲差等爾
案朝服元端古皆用元冠一冠非若後世之有通天遠
遊進賢冠各異等也又元冠橫縫非若後世之有三梁
兩梁一梁別貴賤也而范注謂冠有差等者攷玉府注
鄭司農云冠飾十二玉王制疏云諸侯韋皮冠弁縫中
之玉各依命數冠弁即元冠也矣爲子爵其冠璂之數
當亦如弁師注所云皮弁璂子男璂飾五差等較然而
穀梁疏謂不知差等未之攷爾
又案莊子盜跖篇爾作言造語妄稱文武冠枝木之冠
帶死牛之脅注司馬云冠多華飾如木之枝繁此盜跖

謂孔子也枝木之冠謂儒冠也冠多華飾則璂玉之類
也
衡縫
檀弓古者冠縮縫今也衡縫故喪冠之反吉非古也注今
冠橫縫以其辟積多解時人之惑喪冠縮縫古冠耳疏殷
以上質吉凶冠皆直縫直縫者辟積襵少故一一前後直
縫之但多作襵而并橫縫之周吉冠文故多積襵而橫縫
若喪冠質猶疏辟而直縫是喪冠與吉冠相反而時人因
謂古時亦喪冠與吉冠反故記者釋云非古也正是周世
如此耳古則吉凶冠同從縫
內畢

喪服傳冠六升外畢注外畢者冠前後屈而出縫於武也疏冠廣二寸落頂前後兩頭皆在武下鄉外出反屈之縫於武而爲之兩頭縫畢鄉外故云外畢案曲禮云厭冠不入公門鄭注云厭猶伏也喪冠厭伏是五服同名由在武下出反屈之故得厭伏之名檀弓云古者冠縮縫今也衡縫故喪冠之反吉非古也是吉冠則辟積無殺横縫亦兩頭皆在武上鄉內反屈而縫之不得厭伏之名

既夕禮記冠六升外縪注縪謂縫著於武也外之者外其餘也疏武謂冠卷以冠前後皆縫著於武若吉冠則從武上鄉內縫之縪餘在內謂之內縪若凶冠從武下鄉外縫之謂之外縪故云外之者外其餘也

案淮南子人閒訓兵横行天下而無所綣注綣屈也結曰卷卷與綣通故氾論訓古者有鍪而綣領綣領卽卷領也冠卷以一條繒爲之無屈義乃名爲卷者凶冠外縪吉冠內縪皆以冠落兩武凶冠則由武內反屈之鄉外吉冠則由武外反屈之鄉內其屈處皆以武爲質故武得卷名也

緣邊

玉藻縞冠素紕既祥之冠也注紕緣邊也紕讀如埤益之埤疏緣邊者謂緣冠兩邊及冠卷之下畔其冠與卷身皆用縞但以素緣耳

案此凶冠也吉冠之制當亦有緣

居冠屬武非燕居則冠與武別

玉藻居冠屬武自天子下達有事然後緌注謂燕居冠也著冠於武少威儀燕無事者去飾疏燕居之冠冠武相連屬燕居率略少威儀故也又不加緌若非燕居則冠與武別臨著乃合之

案玉藻云居冠屬武與下文有事然後緌互文也居冠屬武則有事不屬武矣有事然後緌則居冠不緌矣注謂燕居著冠於武疏謂有事臨著乃合之最得互文義例乃或謂吉冠內畢如冠不屬武則內畢之冠臨時未易連合倘連合不固行禮冠脫必至大失威儀今攷疏云有事臨著乃合之謂事未至先冠常著之冠以待事

其時當別具一未著新冠以備行禮其未著新冠必臨時乃合冠於武郊之祭始至先冠皮弁至祭所乃服大裘而冕可知古之禮冠必臨時乃著蓋取新潔也臨著乃合武亢以明敬晏子春秋外篇公曰善請易衣革冠更受命晏子避走立乎門外革冠謂改冠也蓋景公聞晏子之言爲之加禮故改其常冠而別冠新冠以見臨事屬冠於武謂新冠之武臨時綴合正以見整容修禮也其云晏子避走立乎門外蓋景公方改易衣冠故避之使有閒也古者行禮多有待事之次聘禮賓入於次公食大夫禮公朝服卽位於大門外如聘注云如聘亦入於次蓋未事皁至恐後時也待事必須爲次以息之

可知事前之服豫矣然則整冠屬武豈遂無閒而何慮其未易連合乎且服以冠爲重冠以武爲固行禮之冠郎使前此久著於武猶必臨時展視或恐離合未周致有失墜故冠武異材久合不如新合之故也注義以爲多威儀多威儀所以昭恪愼也喪大記弔者襲裘加武蓋謂加武於冠也於來弔之時始云加武則臨事乃屬武有明據矣

冠武異材冠纓異材

喪服傳冠繩纓條屬右縫注屬猶著也通屈一條繩爲武垂下爲纓著之冠也雜記曰喪冠條屬以別吉凶三年之練冠亦條屬右縫小功以下左縫疏案禮記云喪冠條屬

以別吉凶若然吉冠則纓武別材凶冠則纓武同材又云引雜記者證條屬是喪冠若吉冠則纓武異材云三年之練冠亦條屬者欲見條屬以至大祥除衰杖大祥除喪之際鄭服縞冠當纓武異材從吉法也

既夕禮記纓條屬厭注纓條屬者通屈一條繩爲武垂下爲纓屬之冠厭伏也疏吉冠則纓武別材凶冠則纓武同材以一條繩從前額上以兩頭鄉項後交通至耳各綴之於武使鄉下纓結之云屬之冠者先爲纓武訖乃後以冠屬著武故云屬也又云以其冠在武下過鄉上反縫著冠冠在武下故云厭也

玉藻縞冠元武子姓之冠也注武冠卷也古者冠卷殊疏武用元元是吉冠用縞縞是凶吉而雜凶故云不純吉也卷用元而冠用縞冠卷異色故云古者冠卷殊如鄭此言則漢時冠卷共材

雜記喪冠條屬以別吉凶三年之練冠亦條屬注別吉凶者吉冠不條屬也條屬者通屈一條繩若布爲武垂下爲纓屬之冠象太古喪事略也吉冠則纓武異材焉

案鄭玉藻注古者冠卷殊謂冠與卷殊材非冠與卷殊色也注謂父有喪服子爲之不純吉則冠之變制也不可謂凡冠皆與武異色也鄭注上云武冠卷也下云古者冠卷殊則冠卷殊三字惟釋武制謂古者冠自爲冠武自爲武本不共材故縞冠而武或用元元冠而武或

用縞子姓之冠元冠得用縞武由於古者冠卷殊耳若後世冠卷同材則色不得異矣孔疏不達此義以鄭注古者冠卷殊爲冠卷殊色則豈以元冠皆當用縞武耶果如此則經不獨云子姓之冠矣不惟不通經並不通注此等恐不出穎達手也

又案玉藻元冠縞武縞冠元武縞縉也則知元亦縉矣古者冠卷雖異材然冠以縉卷亦當以縉也逸周書器服解元冠組武卷組纓則是元冠纓用組卷亦以組矣組纁絲緌爲之非縉也逸周書所云組武卷或以絲緌聯綴卷武故以名與

天子朱組纓諸侯丹組纓大夫士綦組綏

玉藻元冠朱組纓天子之冠也元冠丹組纓諸侯之齊冠也元冠綦組纓士之齊冠也

檀弓蓋旣祥而絲屨組纓疏玉藻文素紕當用素爲纓未用組今用素組爲纓故譏之若其綦組爲纓則當以元色爲冠若旣祥元冠則失禮之甚不應直譏組纓也

案天子冕而朱紘諸侯冕而青紘此云元冠朱組纓天子之冠也則天子纓與紘同色又云元冠丹組纓諸侯之齊冠也則諸侯纓與紘異色大夫元冠未知著何纓攷禮器管仲鏤簋朱紘注謂大夫當緇組紘纁邊是大夫與士紘同用緇此云元冠綦組纓士之齊冠也則大夫與士纓亦當同用綦也惟緇布冠之纓與元冠之纓

弁服釋例 卷七 十五

不同士冠禮緇布冠缺項青組纓士元冠則綦組纓玉藻釋文綦雜色也青與綦異色也又攷天子元冠朱組纓是言始冠之冠諸侯元冠丹組纓士綦組纓是言齊時之冠若他事用元冠其纓色當亦同今以紘制推之弁師掌王之五冕皆朱紘也不以事異也然則天子元冠朱組纓用之於始冠朱纓也卽以甸以燕以養老以燕羣臣亦莫不朱纓也諸侯齊用丹組纓士齊用綦組纓雖以齊言之卽他事亦孼不眡諸齊攷玉藻疏云元冠綦組纓士之齊冠是齊祭同冠也據此則元冠以綦組爲纓不特用之於齊亦用之於祭矣又攷隋志各如其綬色以此推之玉藻天子元組綬則元冠當元組纓與此節所云朱組纓不合公侯朱組綬則元冠當朱組纓與此節所云丹組纓不合士緼組綬則元冠當緼組纓與此節所云綦組纓不合然則纓綬同色之制不可以通之於禮也

纓之有飾者曰緌

士冠禮記始冠緇布之冠也太古冠布齊則緇之其緌也孔子曰吾未之聞也冠而敝之可也注緌纓飾未之聞太古質無飾疏孔子時有緌者故非時人緌之諸侯則得著緌故玉藻云緇布冠繢緌諸侯之冠也鄭云尊者飾也士冠不得緌也

檀弓喪冠不緌注去飾

弁服釋例 卷七 十六

內則子事父母雞初鳴咸盥漱櫛縰笄總拂髦冠緌纓端韠紳搢笏注緌纓之飾也疏結纓頷下以固冠結之餘者散而下垂謂之緌

玉藻緇布冠繢緌諸侯之冠也注諸侯緇布冠有緌尊者飾也繢或作繪緌或作蕤疏郊特牲及士冠記皆云其緌也吾未之聞謂大夫士也此云繢緌諸侯之冠故云緇布冠有緌尊者飾也又云諸侯惟繢緌爲異其頍項青組纓等皆與士同

居冠屬武自天子下達有事然後緌注燕無事者去飾

大帛不緌注帛當爲白大帛謂白布冠也不緌凶服去飾

元冠紫緌自魯桓公始也注蓋僭宋王者之後服也緌當

用繢疏緌當用繢者以上文云緇布冠繢緌諸侯之冠故知也

雜記大白冠緇布之冠皆不蕤委武元縞而后蕤注不蕤質無飾也大白冠大古之布冠也委武冠卷也秦人曰委齊人曰武元元冠也縞縞冠也疏云元縞二冠既有先別卷後乃可蕤故云而后蕤也而大祥縞冠亦有蕤何以知之前既云練冠亦條屬右縫則知縞不條屬既別安卷灼然有蕤也

案玉藻緇布冠繢緌諸侯之冠也疏諸侯惟繢緌爲異其頍項青組纓等皆與士同據此則是諸侯始冠緇布冠仍用士之青組纓特加以繢緌耳故通典載太子冠儀緇布冠亦青組纓同於士三禮圖謂玉藻始加皆青組纓繢緌即孔疏所謂諸侯之冠亦用青組纓也但[illegible]緌乃繢畫五采與青組纓不同元冠紫緌注謂諸侯緌當用繢是諸侯本丹組纓緌當別以繢也陳祥道謂元冠朱組纓則緌可知緇布冠繢緌則纓可知是謂纓緌同色與注異義內則疏謂結纓頷下以固冠結之餘者散而下垂謂之緌蓋結頷下者爲纓所謂青組纓丹組纓是也於其下垂處加以繢畫則所謂繢緌是也嚴陵方氏謂纓用組緌用帛則纓緌異質矣攷鄭內則注緌纓之飾也注以緌爲纓之飾則緌即纓也特纓不垂而緌垂纓不繢而緌繢是纓不飾而緌飾而要之緌亦纓之餘故云緌纓之飾也非謂纓外別有一緌也玉藻注緌或作蕤攷漢書律歷志蕤繼也冠緌之通名蕤謂蕤即繼纓而加長者也若纓外別有一緌則不與纓相繼矣與蕤義即不相附又江充傳冠飛翮之纓蘇林曰析翠鳥羽以作蕤也此注以蕤解纓可知蕤即纓之餘也楊雄傳鸞鳳紛其御蕤師古曰蕤車之垂飾纓蕤也亦以纓釋蕤故纓蕤決不異物南齊志遠遊冠太子諸王所冠太子朱纓翠羽緌珠節是於朱纓之外別以翠羽爲緌飾於朱纓之上則纓緌異質矣與孔疏垂纓爲緌別爲一義組纓爲紃緇以爲纓蕤謂纓末之不糾者冠緌之緌與旌旗之緌同狀旌旗之緌著旄毛牛尾於橦上以散垂爲飾釋名緌有虞氏之旌也注旄竿首其形燊燊然也燊燊言其散垂也

又案記不云元縞委武而後蕤而云委武元縞而後蕤則蕤不由於有委武由於元縞也疏謂別安冠卷灼然有蕤是有蕤由於有武不知有武者不必有蕤攷士冠禮緇布冠缺項疏既武以下別有頍項明於首四隅爲綴上綴於武然則緇布冠有武也喪服傳注首絰象緇布冠之頍項今以其制推之喪冠不著於首絰之上即知緇布冠不著於缺項之上喪冠以一條繩爲武而別加首絰即知緇布冠先自有武而更綴頍項也士冠禮注雖不言緇布冠有武而其義見於喪服注矣大白緇

布同制緇布冠有武則大白冠可知大白緇布俱有武而孔子曰其緌也吾未之聞則可知有緌不因別安冠卷也記謂大白緇布冠不蕤非謂其無委武也其下云委武元縞而後蕤言緇布大白雖同有委武然必元縞二冠乃蕤也委武二字乃承上大白緇布之文起下元縞之文謂大白緇布用布質故無蕤元縞二冠以繒帛爲之異於大白緇布之用布始得加緌以盡飾耳

又案緌者纓之垂爲飾者也有事無不緌有事不緌則從貶殺者也管子小匡篇管仲詘纓插衽使人操斧而立其後公曰垂纓下衽寡人將見益纓本當下垂以爲飾管仲始以就刑之人詘纓不垂從貶殺也禮衣委地

禮冠委緌皆所云文德尙褒長也魏志崔季珪傳裴松之注引續漢書曰今天下纓緌搢紳之士言纓必兼言緌纓以緌重也惟武士之冠纓而不緌後漢輿服志云諸冠皆有纓蕤執事及武吏皆縮纓垂五寸云縮纓卽管子所謂詘纓也縮詘皆謂屈結之不垂蕤也後漢輿服志又曰武冠俗謂之大冠環纓無蕤注引莊子說劒篇吾王所見劒士皆蓬頭突鬢垂冠縵胡之纓短後之衣證環纓無蕤則知武士不蕤矣然纓雖以垂爲飾而長短有度垂緌五寸爲惰游之士則五寸爲踰節矣

有安髮之笄無固冠之笄有纚有總有髦

鄘柏舟髧彼兩髦實維我儀箋禮世子昧爽而朝亦櫛纚笄總拂髦冠緌纓疏內則注云纚所以韜髮者也笄今之簪則著纚乃以簪約之又著總又拂髦而著之故內則注云拂髦振去塵而著之既著髦乃加冠又著緌纓又云士冠禮曰皮弁笄爵弁笄注云有笄者屈組爲紘無笄者纓而結其條然則此冠言緌纓則無笄矣上言纚笄者爲纚而著笄也問喪曰親始死雞斯注云雞斯當爲笄纚是著纚必須笄也

士冠禮緇布冠缺項青組纓注無笄者纓而結其條

內則子事父母雞初鳴咸盥漱櫛縰笄總拂髦冠緌纓端韠紳搢笏注縰韜髮者也總束髮也垂後爲飾拂髦振去塵著之髦用髮爲之象幼時鬌其制未聞也疏笄者著縰

既畢以笄插之熊氏曰此笄謂安髻之笄以縰韜髮作髻既訖橫施此笄於髻中以固髻也故士喪禮云笄用桑長四寸纋中是也纋中謂殺其中使細非固冠之笄故文在冠上其元冠有纓約士冠禮有纓者無笄問喪云親始死雞斯之時去元冠而有笄縰是知笄縰不得爲冠總者裂練繒爲之束髮之本垂餘於髻後故以爲飾也此經所陳皆依事先後櫛訖加縰縰訖加笄笄訖加總然後加髦著冠冠畢然後服元端著韠又加大帶也又云縰韜髮者也盧云所以裹髻承冠以全幅疊而用之

問喪親始死雞斯注雞斯當爲笄纚聲之誤也親始死去冠二日乃去笄纚括髮也今時始喪者邪巾貊頭笄纚之

存象也

案士冠禮緇布冠缺項青組纓屬於缺緇纚廣終幅長六尺皮弁笄爵弁笄緇組紘纁邊注纚今之幘梁也終充也纚一幅長六尺足以韜髮而結之矣攷此纚爲緇布冠言之也士冠以緇布冠代元冠故經文以纚繫緇布冠之下其實元冠有纚與緇布冠同也內則子事父母端韠紳所謂端元端也所謂冠緌纓卽元冠也彼文纚笄與冠連文則元冠有纚也又攷士冠禮緇纚廣終幅之文在緇布冠之下皮弁笄爵弁笄之上則上承緇布冠下起皮弁爵弁也蓋髮非纚不韜髮不韜不可以屬冠與弁卽推之六冕皆然也荀子禮論篇薦器則冠有鍪而無縰蒞惟薦器乃無縰雖褻時尙有縰也鄭士冠禮注謂纚今之幘梁謂其狀似漢之幘梁其實漢制縰自爲縰幘自爲幘漢書元帝紀齊三服官李斐曰齊國舊有三服之官春獻冠幘縰爲首服冠與幘與縰各爲一物則知縰非幘也釋名纚以韜髮者也蓋先以長六尺之縰裹髮乃爲髻則纚韜髮於未成髻之先非覆髻於既成髻之後也若幘則可以覆冒全首方言絡頭帩頭也紗繢髮帶今之偏疊幓頭髮帶結髮亦帩亦音縿幓頭也覆結謂之幘巾或謂之承露或謂之覆髮今結籠是也士喪禮鄭注免如今幓頭自項中而前交於額上卻繞紒此幘之狀也蓋漢時冠猶存古委貌遺制不同武士大冠故冠下必藉以幘方不露髮後漢書魯丕傳帝善丕說罷朝特賜冠幘履韈楊賜傳詔賜御府衣一襲自所服冠幘當時賜冠必兼幘以冠必得幘乃能覆冒全首耳

又案鄭內則注纚韜髮總束髮束之與韜制各不同孔內則疏謂既以纚韜髮乃爲髻既爲髻又以縚束髮之本而垂其餘於後明劉績三禮圖以總爲幘巾髻籠所以韜髻與束髮之制全異攷纚似幘梁見士冠禮注未聞總似幘也檀弓蓋榛以爲笄長尺而總八寸注總束髮垂爲飾齊衰之總八寸如云韜髻安得垂其餘乎巾車王后之五路有朱總繢總駹總鄭司農云以縚爲之總著馬勒直兩耳與兩鑣疏謂若婦人之總亦既繫其本又垂爲飾故翟車用組總組則垂者也以巾車之總推總制則知總皆以垂爲飾也詩干旄曰素絲組之傳曰總以素絲而成組也管子弟子職錯總之法橫於坐所注總設燭之束也急就篇承塵戶嫌絛繢總顏師古注總以絲縷爲之所以束髮也說文總聚束也廣雅總結也文選藉田賦垂髫總髮李善引毛萇詩傳總角結髮也凡言總者皆以結束爲義而劉績謂總以覆髻如幘梁田於鄭注束髮之訓未旁求耳

一曰冠弁

司服凡甸冠弁服注冠弁委貌

有素委貌

弁師諸侯及孤卿大夫之弁絰各以其等爲之注庶人弔
者素委貌
喪服記朋友麻注庶人不爵弁則其弔服素冠委貌
檀弓孔子之喪門人疑所服疏其庶人鄭注喪服云庶人
不爵弁則其弔服素冠委貌鄭注不顯所著之服文承疑
衰素裳之下則庶人亦用疑衰或者庶人布深衣當服布
深衣素委貌也
且投其冠注冠素委貌疏云冠素委貌者案雜記云小斂
環絰公大夫士一也注云士素委貌大夫以上素爵弁而
加此絰焉鄭知然者以喪大記云君將大斂子弁絰大夫
大斂無文明亦弁絰大斂旣爾明小斂亦然故云大夫以
上弁絰案武叔投冠武叔是諸侯大夫當天子之士故云
士素委貌若然案士喪禮主人括髮鄭注云始死將斬衰
者雞斯將括髮者去笄纚而紒無素委貌者熊氏云士喪
禮謂諸侯之士故無素冠也崔氏云將小斂之時已括髮
括髮後大夫以上加素弁士加素委貌至小斂訖乃投去
其冠而見括髮案士喪禮及大記皆小斂卒乃括髮無小
斂之前爲括髮者崔氏之言非也
曾子問疏崔氏云小斂之前大夫士皆素冠小斂括髮之
後士則加素冠大夫加素弁
喪服小記男子冠而婦人笄男子免而婦人髽疏故鄭注
問喪云二日去笄纚括髮通明大夫士也始死以後小斂

之前大夫與士皆加素冠於笄纚之上故檀弓云叔孫武
叔之母死旣小斂舉者出戶袒且投其冠括髮是素冠也
以其始死哀甚未暇分别尊卑故大夫與士其冠皆同也
至小斂投冠括髮之後大夫加素弁士加素委貌故喪大
記云君大夫之喪子弁絰又喪服變除云小斂之後大夫
以上冠素弁士則素委貌其素弁素冠皆加環絰故雜記
云小斂環絰君大夫士一也鄭注云大夫以上素爵弁士
素委貌是也又云其斬衰男子括髮齊衰男子免皆謂喪
之大事斂殯之時若其不當斂殯則大夫以上亦素弁士
加素冠皆於括髮之上又云其葬之時大夫及士男子散
帶婦人髽與未成服時同其服則如喪服故旣夕禮云丈
夫髽散帶垂鄭注云爲將啓變也此互文以相見耳諸文
言髽見婦人也若天子諸侯則首服素弁以葛爲環絰大
夫則素弁加環絰士則素委貌加環絰
雜記小斂環絰公大夫士一也注士素委貌大夫以上素
爵弁而加此絰焉疏武叔投冠括髮諸侯之大夫當天子
之士也
喪大記君將大斂子弁絰疏其士則素冠故武叔小斂投
冠是諸侯大夫與天子士同
奔喪括髮袒注未成服者素委貌深衣已成服者固自喪
服矣疏案曾子問篇云壻親迎女在塗遭喪女改服布深
衣縞總女人之縞總似男子之素冠故知布深衣素冠又

小記云遠葬者比反哭者皆冠及郊而後免明知在路皆冠也此素委貌謂士庶人若大夫已上則素弁也

衣用十五升緇布素裳緇帶素韠或緇韠

素冠庶見素衣分箋除成喪者其祭也朝服縞冠朝服緇衣素裳然則此言素衣者謂素裳也

庶見素韠分箋祥祭朝服素韠者韠從裳色

士冠禮主人元冠朝服緇帶素韠注朝服者十五升布衣而素裳也衣不言色者衣與冠同色也又云緇帶黑繒帶也士帶博二寸再繚四寸屈垂三尺又云素韠白韋韠也長三尺上廣一尺下廣二尺其頸五寸肩革帶博二寸疏案玉藻云韠君朱大夫素士爵韋是韠色不同下云韋者

是君大夫同用韋也但彼是元端服之韠此士用素韋爲之故鄭云白韋韠也

司服凡甸冠弁服注其服緇布衣亦素積以爲裳疏士冠禮云主人元冠朝服緇帶素韠注云衣不言色者衣與冠同裳又與韠同色是其朝服緇布衣亦如皮弁積素以爲裳也

聘禮主人長衣練冠以受注吉時在裹爲中衣中衣長衣繼皆揜尺表之曰深衣疏鄭言此者欲廣解長衣中衣深衣三者之義此三者之衣皆用朝服十五升

特牲饋食記特牲饋食其服皆朝服元冠緇帶緇韠注緇韠者下大夫之臣疏士冠禮云主人元冠朝服緇帶素韠韠與裳同色大夫之臣朝服素韠此緇韠故云下大夫之臣

王制布帛精麤不中數疏若朝服之布十五升斬衰三升齊衰四升之類是也

元衣而養老注有虞氏質深衣而已夏而改之尚黑而黑衣裳殷尚白而縞衣裳周則兼用之元衣素裳疏縞白色生絹亦名爲素

雜記朝服十五升疏朝服精細全用十五升布爲之

喪大記絞紟如朝服注如朝服者謂布精麤朝服十五升

禮記緇衣好賢如緇衣疏其服緇布衣而素裳緇帶素韠故士冠禮云主人元冠朝服緇帶素韠注云朝服者十五

升布衣而素裳也知朝服十五升者雜記文知用布者雜記云朝服十五升去其半而緦故知布也知素裳者以冠禮云素韠韠從裳色故知裳亦素也若士之助祭者則韠用緇不與裳同色

論語緇衣羔裘皇侃義疏緇衣服者元冠十五升緇布衣素積裳也素積者用素爲之襞積攝之無數故云素積也

晏子春秋雜下篇晏子相齊衣十升之布脫粟之食五卵苔菜而已又說苑臣術篇八升之布一豆之食足矣亦謂晏子也八升十升之布不及朝服十五升或夕深衣爲大夫士之燕服用此麤大之布耳晏子春秋問上篇曰衣冠不中不敢以入朝然則朝服必十五升乃

中度也晏子雖儉其敢以不中度之服入朝乎

天子諸侯白舄青絇繶純大夫士白屨黑絇繶純

屨人注靑絇者王白舄之飾疏黑舄配冠弁服又云冠弁

服則諸侯視朝之服是以燕禮記云燕朝服鄭云諸侯與

其羣臣日視朝之服也謂冠元端緇帶素韠白屨也

燕禮記燕朝服於寢注謂冠元端緇帶素韠白屨也疏案

屨人注天子諸侯吉事皆舄諸侯朝服素裳素韠應白舄

而云白屨者引士冠禮成文其實諸侯當白舄其臣則白

屨也

案冠弁卽朝服也天子諸侯朝服皆素裳舄從裳色燕

禮記疏謂諸侯朝服當白舄則天子冠弁亦當白舄屨

人疏謂黑舄配冠弁服未合

凡朝服君臣皆羔裘臣則豹袖

羔羊羔羊之皮素絲五紽注大夫羔裘以居疏謂居於朝

廷非居於家也論語曰狐貉之厚以居注云在家所以接

賓客則在家不服羔裘矣論語注又云緇衣羔裘諸侯視

朝之服卿大夫朝服亦羔裘惟豹袪與君異耳明此爲朝

服之裘非居家也

羔裘之革素絲五緎疏其諸侯視朝乃卿大夫等同用黑

羔裘以玉藻云羔裘緇衣以裼之又鄭注論語云緇衣羔

裘諸侯視朝之服是也又云天子以下田獵則羔裘緇衣

以裼之知者司服云凡甸冠弁服注云冠弁委貌則諸侯

朝服故也

鄭羔裘羔裘如濡箋緇衣羔裘諸侯之朝服也疏玉藻云

諸侯朝服以日視朝故知緇衣羔裘是諸侯之朝服也

羔裘豹飾傳豹飾緣以豹皮也疏唐風云羔裘豹祛羔裘

豹袖然則緣以豹皮謂之爲袪袖也禮君用純物臣下之

故袖飾異皮

唐羔裘羔裘豹袪箋在位卿大夫之服也

檜羔裘小序好絜其衣服疏首章言狐裘以朝謂視路門

外之朝也二章云狐裘在堂謂在路寢之堂也視朝之服

卽服之於路寢不更易服玉藻云君朝服以日視朝於內

朝退適路寢聽政服視朝之服是在朝在堂同服羔裘今

檜君變易衣服用狐裘在朝因用狐裘在堂

羔裘逍遥狐裘以朝傳羔裘以游燕狐裘以適朝箋諸侯

之朝服緇衣羔裘大蜡而息民則有黃衣狐裘今以朝服

燕祭服朝是其好絜衣服也疏論語說孔子之服云緇衣

羔裘玉藻亦云羔裘緇衣以裼之是羔裘裼用緇衣明其

上正服亦緇色也論語又曰羔裘元冠不以弔是羔裘所

用配元冠羔裘之上必用緇布衣爲裼裼衣之上正服亦

是緇色又與元冠相配明是朝服可知故云諸侯之朝服

緇衣羔裘也

司裘疏鄭玉藻羔裘注引孔子緇衣羔裘鄭注論語云君

之視朝之服亦卿大夫士祭於君之服若然卿大夫助祭

用冕服士用爵弁君朝服冠服羔裘卿大夫士弁冕用羔裘至於朝服亦用羔裘卽是君臣祭服朝服同服羔裘也玉藻羔裘豹飾緇衣以裼之注飾猶褎也孔子曰緇衣羔裘疏皇氏以畿內諸侯緇衣畿外諸侯元衣案王制直云元衣而養老不辨內外之異又詩唐風羔裘豹袪卿大夫之服檜風云羔裘逍遙鄭元云朝燕之服也論語云緇衣羔裘注云諸侯之朝服羔裘者必緇衣爲裼唐檜魯非畿內之國何得並云羔裘若此元衣爲畿外諸侯則鄭注此何得云君子士大夫也

論語緇衣羔裘皇侃義疏緇染黑七入者也元則六入色也羔者烏羊也邢疏玉藻亦云羔裘緇衣以裼之是羔裘

裼用緇衣明其上正服亦緇色也下文又曰羔裘元冠不以弔是羔裘所用配元冠羔裘之上必用緇布衣爲裼裼衣之上正服亦是緇色又與元冠相配故知緇衣羔裘是諸侯君臣日視朝之服也

案臧紹書哀內傳蔡昭公南朝楚被羔裘被羔裘則必緇衣諸侯相朝當皮弁麛裘而蔡昭侯被羔裘則同於在國視朝之服矣非制也左氏昭二十九年傳公賜公衍羔裘中論審大臣篇魯人見仲尼之好讓而不爭也亦謂之無能爲之謠曰素韠羔裘求之無尤羔裘素韠求之無戾云素韠則朝服羔裘也此亦朝服羔裘之證也韓非子外儲說孫叔敖相楚棧車牝馬糲餅菜羹枯

魚之膳冬羔裘夏葛衣面有飢色則良大夫也其儉偪下攷羔裘於司裘爲良裘孫叔敖以爲朝服之裘正合禮制而韓非以爲儉偪下則韓非子之時風俗奢靡不以羔裘爲上故指爲儉服也漢書貨殖傳狐貂裘千皮羔羊裘千石師古曰狐貂貴故計其數羔羊賤故稱其量然則賤羔裘後世之制不可以此疑禮經也晏子春秋雜下篇及說苑臣術篇晏子衣緇布之衣麋鹿之裘棧軫之車而駕駑以朝所謂以緇布之衣則朝服緇衣也而用麋鹿之裘不衣羔裘則降於良裘矣或以示儉非常制也麋鹿說苑作麑鹿

又案詩羔裘逍遙狐裘以朝箋今以朝服燕祭朝服是

其好絜衣服其必以狐裘爲黃衣狐裘者葢黃衣狐裘祭服也鄭欲釋小序好絜衣服則服祭服以朝乃爲好絜今攷小序謂檜君逍遙遊宴不能自強於政治則變易典制輕重任心不僅在於好絜衣服也攷玉藻卒食元端而居公羊昭二十五年傳注諸侯元端以燕王制一命卷疏天子諸侯亦以元端燕居詩所謂逍遙乃燕居時也又攷羔裘如濡箋緇衣羔裘諸侯之朝服也詩狐裘蒙戎疏及司裘疏皆以狐蒼裘爲元端之裘然則此詩所云狐裘以朝爲狐蒼裘也葢緇衣羔裘視朝之正服元端狐青裘燕居之正服今檜君燕居反服朝服故詩人以羔裘爲刺視朝反服燕居之服故詩人以狐

裘爲刺言其重所輕其輕所重也如謂檜君好絜衣服故服祭服以朝不知息民之祭於祭爲輕黄衣狐裘亦祭服之最輕者服以視朝未足以炫盛飾也詩彼都人士狐裘黄黄疏謂庶人得服黄狐之裘非貴服也然則檜君眂朝欲後盛服必不服庶人所服之裘明矣

又案大夫羔裘豹袖固以不純用羔下於諸侯而豹亦飾之最盛者管子大匡諸侯之禮令齊以豹皮往小侯以鹿皮報齊以馬往小侯以犬報注往重報輕蓋幣以鹿皮爲重而豹皮又重於鹿皮故揆度篇令諸侯之子將委質者皆以雙虎之皮卿大夫豹飾列大夫豹襜注卿大夫上大夫也列大夫中大夫也然則非上大夫及

中大夫且不得以豹爲飾矣又淮南子說林訓豹裘而雜不若狐裘之粹然則豹裘不雜且勝於狐裘之粹矣故羔爲良裘其可爲羔飾者莫重於豹也

弁服釋例卷七

蕭山湯應鯤校

弁服釋例卷八

興化　任大椿

元端

元端爲諸侯大夫士齊服

司服其齊服有元端素端

旅賁氏凡祭祀會同賓客則服而趨注會同賓客王亦齊服服衮冕則此士之齊服元端疏此士之齊服服元端者若士助祭服爵弁齊服服元端

王制一命卷疏故鄭注云四命以上齊祭異冠

案玉藻云元冠丹組纓諸侯之齊冠也諸侯旣用元冠而齊則孤卿大夫並用元冠齊也諸侯元冕而祭天子

孤卿及公之孤卿爵弁而祭天子大夫皮弁而祭皆與齊時元冠不同故云四命以上齊祭異冠其三命以下元冠齊元冠祭是齊祭同冠

玉藻元冠丹組纓諸侯之齊冠也元冠綦組纓士之齊冠也注言齊時所服也四命以上齊祭異冠疏四命以上齊祭異冠者以諸侯元冕祭元冠齊孤則爵弁祭亦元冠齊是齊祭異冠也必知孤亦元冠齊者以諸侯尚元冠齊明孤亦元冠齊也其三命以下大夫則朝服以祭士則元端以祭皆元冠也此云元冠綦組纓士之齊冠是齊祭同冠也其天子之士與諸侯上大夫同故深衣目錄云士祭以朝服謂天子之士也祭用朝服與諸侯大夫同然則天子

大夫與諸侯孤同亦爵弁祭元冠齊此是熊氏之說也皇氏以爲天子大夫與諸侯大夫同但朝服以祭侯與鄭注四命以上齊祭異冠於文爲妨皇氏之說非也

郊特牲齊之元也以陰幽思也疏解齊服所以用元冠元衣義也元陰色鬼神尚幽陰故齊者元服以表心思幽陰之理

論語鄉人儺朝服而立於阼階皇侃義疏禮惟孤卿爵弁自祭若卿大夫以下悉元冠以自齊祭齊祭不異冠服也

案朝服及元端冠皆元冠玉藻所云元冠丹組纓元冠綦組纓則皆元端之冠也鄭旅賁氏注士之齊服服元端司服云士之服自皮弁而下如大夫之服其凶服亦

如之其齊服有元端素端注云齊有素端者亦爲札荒有所禱請據此注以素端爲士之齊服則元端亦爲士之齊服其大夫以上齊服經典但稱元冠無元端明文攷文王世子注齊元元冠元端孔疏引玉藻元冠丹組纓諸侯之齊冠作證則以諸侯之齊元冠亦元端也與世子齊冠同又玉藻齊則綪結佩而爵韠熊氏皇氏竝謂諸侯以下皆以元端齊據此則齊服凡稱元冠者皆元端通乎上下也

又案後漢輿服志長冠一曰齊冠祀宗廟諸祀則冠之皆服袀元注吳都賦注曰袀皁服也又云宗廟以下祠祀皆冠長冠皁繒袍據此則漢惟以長冠爲齊冠長冠以當元冠袀元皁繒袍以當元端

又案鄭志大夫冕士弁而祭於君齊時服之祭時服之何以亦異則是士以爵弁助祭卽以爵弁齊旅賁氏賈疏謂以爵弁祭元冠齊與鄭志不合

又爲士祭筮日筮尸視濯賓主人及子姓兄弟有司羣執事之服

特牲饋食禮及筮日主人冠端元注冠端元元冠元端下言元者元冠有不元端者疏云冠端元謂元冠元端也下言元者元冠有不元端者不元端則朝服下記云助祭者朝服謂緇布衣而素裳然則元端一冠冠兩服也

子姓兄弟如主人之服

有司羣執事如兄弟服疏如兄弟服者如主人冠端元

記特牲饋食其服皆朝服元冠緇帶緇韠注於祭服此也皆者謂賓及兄弟筮日筮尸視濯亦元端至祭而朝服

又爲宿尸宿賓尸及賓主人之服

特牲饋食禮乃宿尸又云尸如主人服

宿賓賓如主人服

案下云夙興主人服如初鄭注主人服如初則固元端如初卽謂宿尸宿賓等節也初服元端則宿尸宿賓主人皆元端可知尸與賓如主人服則亦元端可知

又爲大夫士之尸服

守祧若將祭祀則各以其服授尸注尸當服卒者之上服

以象生時疏既言卒者上服則先王之尸服袞冕先公之尸服鷩冕也若然士爵弁以助祭祭宗廟服元端而士虞特牲尸不服爵弁者爵弁是助祭諸侯廟中乃服之士尸還在士廟故尸還服元端爲上服也

節服氏郊祀裘冕二人注裘大裘也凡尸服卒者之上服疏尸服與王同大裘節服氏亦大裘故二人皆裘冕執戈送逆尸又云案士虞記云尸服卒者之上服注云上服如特牲士元端也不以爵弁服爲上者祭於君之服非所以自配鬼神彼據臣卒者上服以家祭上服不得用助祭服此據王自然用卒者家祭上服服大裘也

士虞記尸服卒者之上服注上服如特牲士元端也不以爵弁服爲上者祭於君之服非所以自配鬼神士之妻則

弁服釋例　卷八　四

宵衣耳

喪服小記其尸服以士服疏尸服士服者謂尸服元端又云故鄭注士虞記尸服卒者之上服士元端是也

案士之服首爵弁次皮弁次朝服乃次元端鄭士虞禮注以元端爲上服者蓋爵弁爲助君祭之服皮弁爲助蜡祭之服皆不敢以入私家故元端爲大夫士居家之上服玉藻朝元端疏謂大夫士早朝在私朝服內則子事父母端韠紳注端元端士服也然則士大夫在私朝及朝父母皆以元端爲上服是居家之服無以尚乎此矣尸在宗廟臨子孫猶於家也故服居家之上服耳大夫以朝服祭蓋以子孫對先祖不敢同於先祖臨子孫之服也士以元端祭同於尸服者以其降於大夫既不敢朝服卽不得不元端爾所謂禮窮則同也

又爲士家祭祝殺及正祭之服

司服卿大夫之服自元冕而下如孤之服注元冠自祭其廟者其服朝服元端疏特牲是士禮用元冠元端

特牲饋食禮夙興主人服如初立於門外東方南面側視殺注主人服如初則其餘有不元端者

記特牲饋食其服皆朝服元冠緇帶緇韠注夙興主人服如初則固元端

王制一命卷疏若其自祭則皆降焉諸侯士則元端大夫則朝服故儀禮特牲士祭元端少牢上大夫祭朝服

弁服釋例　卷八　五

雜記士弁而祭於公冠而祭於巳疏冠元冠爲卑也自祭不敢同助君之服故用元端也

公羊昭二十五年傳昭公曰寡人有不腆先君之服未之敢服注士爵弁纁衣纁裳以助公祭元端以祭其祖禰

又爲士祭祝佐食之服

特牲饋食禮記唯尸祝佐食元端元裳黃裳雜裳可也皆爵韠注與主人同服周禮士之齊服有元端素端然則元裳上士也黃裳中士雜裳下士

案淮南子齊俗訓尸祝袀袨注袀純服袨墨齊衣也墨齊卽元端也

又爲有司免牲之服
公羊僖三十一年傳免牲禮也注禮卜郊不吉則爲牲作
元衣纁裳使有司元端放之於南郊明本爲天不敢留天
牲
穀梁僖三十一年傳免牲者爲之緇衣熏裳有司元端奉
送至於南郊免牛亦然注元端黑衣接神之道元熏者天
地之色也成七年傳同
又爲士冠初加之服
士冠禮冠者與賓揖之適房服元端爵韠出房南面
郊特牲三加彌尊喻其志也疏往西階至第一等受取緇
布冠還至冠席前跪爲冠者身著冠畢冠者身起入東房

著元端元裳士子皆隨其父朝夕之服朝用元衣素裳夕
用上士元裳中士黃裳下士雜裳雜裳前黃後元若大夫
以上至天子當用上士元裳也
又爲士冠賓主人之服
士冠禮主人元端爵韠注元端士入廟之服也疏特牲士
禮祭服用元端此亦士之加冠在廟故與祭同服
賓如主人服
又爲士冠兄弟之服
士冠禮兄弟畢袗元注兄弟主人親戚也畢猶盡也袗同
也元者元衣元裳也緇帶韠疏元衣元裳而緇帶韠是同
元也

又爲士冠擯者贊者之服
士冠禮擯者元端負東塾疏擯者是中士若下士當服黃
裳雜裳故別言元端不如主人服也
賓如主人服贊者元端從之
衆擯者元端負東塾疏擯者是中士若下士當服黃裳
雜裳故別言元端不如主人服也彼疏謂擯者與主人
服異據裳言之不據韠言之則是上文主人元端爵韠
乃元裳而爵韠擯者元端乃黃裳雜裳而爵韠也下云
賓如主人服則是亦元端元裳而爵韠矣別云贊者元
端則是贊與賓服亦異當與擯者元端同士冠禮賓主
人之服準上士擯者於主人既爲降等則贊者於賓亦

當爲降等擯與主人雖同服元端而裳不同則贊與賓
雖同服元端而裳亦不得同也通典晉太子冠臨軒使
司徒加冠光祿大夫贊冠齊武帝從王儉議使太常加
冠大鴻臚爲贊唐志皇太子加元服司徒爲賓卿爲贊
是贊者尊卑不得與賓同故此經賓元端得云如主人
服贊降於賓當服中下士之裳故不云如賓服也王肅
家語頌公冠則以卿爲賓公自爲主又曰皆元端皆字
固據賓主人言之其實贊賓者亦統乎賓也公冠雖不
言贊者而贊者之服當以皆元端三字括之矣
又爲冠者見君及鄉大夫鄉先生之服
士冠禮乃易服服元冠元端爵韠奠摯見於君遂以摯見

於鄉大夫鄉先生注易服不朝服者非朝事也此云乃易初學記引服元端爵弁弁字爲韠字之誤疏云易服者爵弁既助祭之服不可服見君與先生等故易服服元端也云易服不朝服者非朝事也者此乃因加冠以成人之禮見君非立朝之節故不朝服經直云元端則兼元冠矣今更言元冠者以初冠時服元端爲緇布冠服緇布冠非常著之冠冠而敝之易服宜服元冠配元端故兼云元冠也

冠義元冠元端奠摯於君遂以摯見於鄉大夫鄉先生以成人見也注鄉先生謂鄉老而致仕者服元冠元端異於朝也

公羊僖五年傳與其子俱來朝也注因其與子俱來禮外孫初冠有朝外祖之道疏正以士冠禮冠訖見於母見於兄弟入見於姑姊乃易服元冠元端爵韠奠摯見於君遂以摯見於鄉大夫鄉先生鄭氏云易服不朝服者非朝事也摯雉也鄉先生鄉中老人爲鄉大夫致仕者然先生猶尚見之況其外祖乎故言外孫初冠有朝外祖之道

案士冠禮注見於君不朝服非朝事公羊傳注外孫初冠有朝外祖之禮則杞伯姬之子以初冠見似異於朝但經云杞伯姬來朝其子則統於朝事也雖以初冠而來似不得服元端服矣

又爲士昏納采賓主人之服

士昏禮使者元端至注使者夫家之屬若羣吏使往來者

元端士莫夕之服又服以事其廟有司緇裳疏緇裳者卽元裳者矣

主人如賓服迎於門外

案使爲士之羣吏元端之裳同於上士元裳者下達納采婚姻之始重其禮優其服也

又爲親迎從者及主人之服

士昏禮從者畢元端

主人元端迎於門外

案敖繼公謂此時賓爵弁服而主人元端不嫌於服異者主人不正與賓爲禮特迎而道之入廟耳今考士入已廟正服元端主人迎婚元端以其在已廟也壻親迎服爵弁服攝盛之服也蓋婚禮得攝盛者惟壻及婦攷特牲禮士妻入廟惟得纚笄宵衣據特牲禮士婚禮女次純衣卽褖衣同於大夫命婦之服亦攝盛也婚禮特重判合故於壻及婦身備崇儀飾上云主人爵弁纁裳注主人壻也不云壻而云主人言婚禮以壻爲主故得攝盛他人不得同之也繼公謂主人元端不爵弁以不正與賓爲禮然卽正與賓爲禮又豈得同於攝盛之服乎雜記士弁而親迎惟據親迎者得服弁耳如主人亦弁服以迎又何以爲親迎者別異耶

又爲天子諸侯燕居之服

司服凡甸冠弁服注王卒食而居則元端

小臣正王之燕服位注謂燕居時也玉藻曰王卒食元端而居疏謂在路寢中聽事訖適後小寢燕居之時故引玉藻卒食元端而居爲證彼在路寢中食訖退適燕寢服元端朱裳而居之

王制一命卷疏王卒食而居則元端此元端亦緇衣朱裳故玉藻注云天子諸侯元端朱裳又云天子諸侯亦以元端燕居故玉藻注云天子諸侯元端朱裳是也

玉藻卒食元端而居注天子服元端燕居也

朝辨色始入君日出而視之退適路寢聽政使人視大夫大夫退然後適小寢釋服注小寢燕寢也釋服服元端疏此經文據君故服元端也若卿大夫釋服服深衣也

公羊昭二十五年傳景公曰寡人有不腆先君之服注諸侯朝朝服夕深衣元端以燕裨冕以朝

案司服注云王卒食而居則元端卽玉藻所云卒食元端而居注所云天子服元端燕居也攷元端爲朝服通稱鄭注論語端元端諸侯朝服是也賈司服疏釋注卒食而居則元端知爲元端朱裳者攷司服凡甸冠弁服注云冠弁委貌其服緇布衣亦素積以爲裳諸侯以爲視朝之服詩國風曰緇衣之宜兮謂王服此以居王卒食而居則元端此注大意以冠弁委貌爲朝服及元端通用之冠冠雖通用而服卽異注云其服謂各有其服也其緇衣素裳者爲朝服服以視朝及何若王卒食而居則別用元端注云卒食則元端玩一則字特明此元端與朝服異也疏故知其爲元衣朱裳也

又案詩羔裘逍遙疏遊燕之服於禮無文不過用元端深衣而已攷玉藻使人視大夫大夫退然後適小寢釋服注釋服服元端蓋大夫退則朝無事矣無事則爲逍遙燕閒之時故釋朝服而元端詩孔疏謂經無明文何耶

又爲大夫士私朝之服

玉藻朝元端夕深衣注謂大夫士也疏朝元端夕深衣者謂大夫士早朝在私朝服元端夕服深衣在私朝及家也又云上文云君朝服日出而視朝夕深衣祭牢肉此云朝

元端與君不同故知是大夫士也以視私朝故服元端若朝君之時則朝服也

又爲士夕於君之服

士冠禮元端元裳黃裳雜裳可也注此莫夕於朝之服

玉藻朝元端疏大夫莫夕蓋亦朝服其士則用元端故士冠禮注云元端士莫夕於朝之服是也

又爲世子事親之服

鄘柏舟髧彼兩髦箋禮世子昧爽而朝亦櫛縰笄總拂髦冠緌纓疏內則云子事父母雞初鳴咸盥漱櫛縰笄總拂髦冠緌纓端韠紳搢笏謂命士以上父子異宮昧爽而朝更不言衣服之異則纚笄以下同故云亦櫛纚笄總拂髦

冠綏纓也禮記文王世子云親疾世子親齊元冠而養盖亦元端矣不并引端韠紳搢笏者以證經之兩髦故盡首服而已

又爲子事父母之服

內則子事父母雞初鳴咸盥漱櫛縰笄總拂髦冠緌纓端韠紳搢笏注端元端士服也庶人深衣疏特牲禮士祭服元端故云士服也

案士冠禮元端此莫夕於朝之服子於雞初鳴服元端以見其父母是用夕於君之服也事君則夕服元端事父母則朝服元端父母之尊不敢近君也朝見父母雖元端既退則當深衣玉藻朝元端夕深衣疏朝元端在

私朝及家也然則在家恆深衣特以朝見父母必服私朝之朝服以著敬耳

又爲公食大夫戒賓賓拜辱之服

鄉射禮主人朝服乃速賓注戒時元端疏必知此戒時元端者見公食大夫云賓朝服即位於大門外如聘注云於是朝服則初時元端宜與彼同皆是戒時不言服後速時朝服故知此亦戒時元端矣

公食大夫賓朝服即位於大門外如聘注於是朝服則初時元端如聘亦入於次俟疏初時謂賓發館時服元端若鄉射主人朝服乃速賓鄉注云射賓輕也戒時元端以此言之亦賓在館拜所戒大夫即元端賓遂從大夫至君大門外入次乃去元端著朝服出次即位也

又爲鄉飲酒息司正之服

鄉飲酒主人釋服乃息司正注釋朝服更服元端也疏以其昨日正行賓舉飲酒之禮相尊敬故朝服此乃燕私輕故元端也

又爲鄉射戒賓之服

鄉射主人朝服乃速賓注戒時元端疏案鄉飲酒賓主俱不言服者以彼賓禮重故戒與速賓俱朝服故不言此習禮輕是故戒時元端召時乃朝服故須言之也必知此戒時元端者見公食大夫云賓朝服即位於大門外如聘注云於是朝服則初時元端宜與彼同皆是戒時不言服後

速時朝服故知此亦戒時元端矣

又爲鄉射息司正之服

鄉射禮主人釋服乃息司正注釋服說朝服服元端也

又爲大夫去國之服

玉藻不貳采注大夫去位宜服元端元裳疏大夫去國三月之內服素衣素裳三月之後則服此元端元裳以經云不貳采是有采色但不貳耳采色之中元最貴也

又爲世子親齊養疾之服

鄘栢舟髧彼兩髦疏禮記文王世子云親疾世子親齊元冠而養蓋亦衣元端矣

文王世子若內豎言疾則世子親齊元冠而養注親猶自

也養疾者齊元元冠元端也疏以經直云齊元故知冠衣皆元也是以爲元冠元端此則齊服故玉藻云元冠丹組纓諸侯之齊冠也元冠綦組纓士之齊冠也又云鄭注玉藻云天子諸侯元端朱裳大夫素裳士冠禮上士元端元裳中士元端黄裳下士元端雜裳齊必用元者元是陰之色陰氣靜齊亦靜故用元也

又爲疾者及養疾者之服

既夕禮記徹褻衣加新衣疏案司服士之齊服元端則疾者與養疾者皆齊明服元端矣

案論語疾君視之東首加朝服拖紳注不敢不衣朝服見君蓋疾者齊則元端孔子不敢以齊服見君故易元端而朝服耳

又爲公襲二稱之服

雜記公襲卷衣一元端一疏元端一者賀云燕居之服元端朱裳也

又爲公之襚服

雜記自堂受元端

又爲士喪卜日族長及宗人之服

士喪禮族長涖卜及宗人吉服注吉服服元端也疏此宗人直云吉服不言服名則士之吉服祭服爲吉服士之祭服爲元端而已

雜記占者朝服疏案士喪禮云族長涖卜及宗人吉服鄭注云吉服服元端者也此占者朝服者彼謂士之卜禮故占者著元端此據筮禮故占者朝服

案大夫卜宅卜日雜記大夫卜宅與葬日是也士筮宅卜日士喪禮筮宅冢人營之卜日既朝哭是也士喪禮筮宅未著占者何服以雜記注攷之則占者當朝服雜記如筮則史練冠長衣以筮占者朝服注曰筮者筮宅也謂下大夫若士也彼注竝云士筮宅而經云占者朝服則士喪禮筮宅占者之服當與雜記同也士筮宅占者既用朝服則士卜日占者不得用元端蓋元端輕於朝服而卜重於筮雜記疏卜重故占者皮弁筮輕故占者朝服是也孔雜記疏引士喪禮文云卜日占者元端則其服反輕於筮宅之朝服矣於義例似未合士喪禮云族長涖卜及宗人吉服元端服下始云占者卜人則所云吉服止爲族長及宗人言之甚明如謂占者卜人不別言何服當蒙族長宗人吉服爲文不知雜記卜宅卜日卜人麻衣布衰筮宅史練冠長衣則此士喪禮卜日卜人必不得吉服可知卜人之服不得蒙上族長宗人爲文則占者之服卽不得蒙吉服之文明矣是不得爲士卜日占者元端之證也雜記上大夫卜宅與卜日占者同皮弁下大夫及士筮宅占者朝服今士喪卜日之禮異於上大夫占者或不得皮弁而士卜日雜以士筮宅之禮卜重於筮豈反不得同於筮宅之朝服乎孔疏

誤以士喪禮族長宗人之服爲占者之服故云占者元端由不知士喪禮上下文不相蒙故也至於孔疏謂士卜禮占者當元端筮禮占者當朝服則是以卜爲輕筮爲重與所云卜重筮輕當朝服之說直自相剌謬矣唐元陵儀卜宅太常卿涖卜服祭服視及卜師筮師凡行事者皆吉服此亦涖卜與占者不同服之證也

又爲士虞尸服

士虞禮記尸服卒者之上服注上服者如特牲士元端也不以爵弁服爲上者祭於君之服非所以自配鬼神士之妻則宵衣耳疏案曾子問孔子曰尸弁冕而出卿大夫士皆下之注云爲君尸或弁者先祖或有爲大夫士者彼君

之先祖爲士尸服爵弁不服元端若子孫爲諸侯先祖爲士者尸還服助祭於君之服也

又爲禫祭及禫祭後之服

喪服小記疏二十七月而禫服元冠元衣黃裳而祭祭畢服朝服以黑經白緯爲冠所謂纖冠而練緌

雜記祥主人之除也於夕爲期朝服注釋禫之禮云元衣黃裳則是禫祭元冠矣黃裳者未大吉也既祭乃服禫服朝服綅冠疏大吉當元衣素裳今用黃裳故云未大吉又云朝服綅冠亦變除禮文以祥祭之後乃著大祥素縞麻衣故知禫祭之後亦著禫服朝服綅冠也

間傳禫而纖無所不佩注黑經白緯曰纖舊說纖冠者采緌也疏禫祭之時元冠朝服禫祭既訖而首著纖冠身著素端黃裳又云若吉祭之前禫祭雖竟未得無所不佩以其禫後尙纖冠元端黃裳

案朝服素裳禫祭元衣黃裳則中士元端之服也雜記注閒傳疏云朝服蓋承祥祭朝服而言之言禫祭仍用祥祭之朝服特易其裳耳

又案鄭注則是禫祭元端矣黃裳者未大吉也攷玉藻不貳采注元端元裳蓋貳采元黃也衣裳皆元爲不貳采以示憂也此禫祭元衣黃裳既貳采矣鄭反云未大吉何也蓋前此祥祭已朝服素裳後踰月吉祭亦朝服素裳前此祥祭朝服而縞冠今禫祭已元冠矣彌近吉

矣而反用黃裳異於祥祭之朝服素裳故云未大吉也元衣黃裳元端之裳與朝服均爲吉服但朝服重元端輕祥祭冠凶冠而服吉服之重者禫祭冠吉冠而反服吉服之輕者殺其等以明未大吉也鄭注以黃裳未爲大吉蓋對祥祭朝服素裳言之也不謂黃非吉色也故喪服小記除殤之喪者其祭也必元注元端黃裳而祭不朝服未純吉也於成人爲釋禫之服彼注明以元端黃裳對不朝服爲未純吉蓋黃裳元端也鄭此注云黃裳者未大吉猶云元端者未大吉也大吉與未大吉在朝服元端之異言黃裳者特以表明元端耳

又案黃裳爲中士元端之裳大夫士元端各有其裳此

不論大夫士槩用中士之裳者明禫未純吉雖用元端仍變常秩也大夫元端素裳若用素裳則仍疑於祥祭之朝服矣若用上士之元裳則疑於大夫去國之服矣故變而用黄裳也至於上士用中士之黄裳異於下士之雜裳不至疑於過殺也下士用中士之黄裳異於上士之元裳不至疑於過僭也故雖變而適其中此禮意也喪服小記除殤之喪者其祭也必元注引釋禫之服謂元端黄裳而祭山陰陸氏云必元則裳亦元可知鄭氏謂元端黄裳非是據齊之元也以幽陰思也今攷郊特牲齊之以元也統諸侯大夫士也則元端當各異裳不得專用元裳是引彼文元字尤不得爲衣裳皆元作證也又攷士冠禮從者畢袗元此一元字兼統元裳以袗古文作均云均元謂衣與裳均元與此必元之義別也

又爲踰月吉祭後燕居之服

雜記祥主人之除也於夕爲期朝服注踰月吉祭乃元冠朝服既祭元端而居復平常也疏云踰月吉祭乃元冠朝服者以少牢吉祭朝服故也若天子諸侯以下各依本官吉祭之服也云既祭元端而居復平常也者謂既祭之後同平常無事之時故也

又爲殤除喪祭之服

喪服小記除殤之喪者其祭也必元注殤無變文不縞冠元端黄裳而祭不朝服未純吉也於成人爲釋禫之服疏成人喪服初除著朝服禫祭始從元端今除殤之喪卽從禫服是文不緐縟也又云知黄裳者若其素裳則與朝服純吉同故知黄裳也知不元裳者以元黄相對之色故知釋禫之服若云元裳卽與上士吉服元端同文非釋禫服也

士元端大夫以上侈袂

司服其齊服有元端素端注鄭司農云衣有襦裳者爲端元謂端者取其正也士之衣袂皆二尺二寸而屬幅是廣袤等也其袪尺二寸大夫以上侈之侈之者蓋半而益一則其袂三尺三寸袪尺八寸

王制一命卷疏謂之端者已外之服其袂三尺三寸其袪尺八寸其元端則二尺二寸袪尺二寸端正也以幅廣二尺二寸袪廣二尺二寸與之正方故云元端也又云凡在朝君臣上下同服但士服則謂之元端袂廣二尺二寸故也其大夫以上則皆侈袂袂三尺三寸故也其大夫以上所論元端者皆其制與士同

雜記端衰喪車皆無等注衣衰言端者元端吉時常服喪之衣衰當如之疏吉時元端服身與袂同以二尺二寸爲正而喪衣亦如之又云案喪服記袂二尺二寸袪尺一寸其制正幅故云端此云端衰則與元端同也

凡弁経其衰侈袂注侈猶大也弁経服者弔服也其衰錫

也緦也疑也袂之小者二尺二寸大者半而益之則侈袂三尺三寸疏周禮司服有元端素端注云變素服言素端者明異制大夫以上侈之明士不侈故稱端

文王世子則世子親齊元而養疏元端其衣則緇布衣也謂之端者端正也其制正幅袂二尺二寸袪尺二寸

左氏昭元年傳吾與子弁冕端委以治民臨諸侯疏周禮司服於士服之下云其齊服有元端素端鄭元云謂之端者取其正也謂士之衣袂皆二尺二寸而屬幅是廣袤等也其袪尺二寸大夫以上侈之侈之者蓋半而益一焉半而益一則其袂三尺三寸袪尺八寸如鄭此言惟士服當端制大夫以上不復端也服虔曰禮衣端正無殺故曰端

文德之衣尙褒長故曰委

案吉凶服皆大夫以上侈袂侈袂而猶稱端但據衣身廣長皆二尺二寸言之若衣與袂皆正方惟士耳王制一命卷疏謂之端者已外之服其袂三尺三寸其袪尺八寸其元端則二尺二寸袪尺二寸而不知鄭司服注謂士之元端衣袂皆二尺二寸大夫以上元端半而益一則是元端一服其袪袂已有大夫士之異不特元端已外之服始袂三尺三寸袪尺八寸也

又案楊信齋儀禮旁通圖於元端圖後附二類一元端而冕者引樂記端冕大戴武王端冕作證一元端而緇布冠引士冠禮作證今攷魏文侯問於子夏曰吾端冕而聽古樂注端元衣也疏端元衣者謂元冕也凡冕服皆其制正幅袂二尺二寸袪尺二寸故稱端也大戴禮踐阼篇王端冕皇氏禮疏以武王端冕謂袞冕魏文侯端冕謂元冕保傅篇有司色夙興端冕見之南郊楚語聖王正端冕以其不違心尙書大傳皆莫不依紳端冕以奉祭祀者皆謂冕服也非元端而冕也惟楚語聖王正端冕韋昭注云端元端之服冕大冠韋誤以端冕爲元端之服信齋之說遂本於此

士妻宵衣之袂皆正方與士元端同大夫命婦侈袂亦與大夫同

采蘩被之僮僮疏少牢云主婦衣侈袂注云衣綃衣而侈

其袂耳侈者蓋半士妻之袂以益之衣三尺三寸袪尺八寸

少牢饋食禮主婦被錫衣侈袂注大夫妻尊亦衣綃衣而侈其袂耳侈者蓋半士妻之袂以益之衣三尺三寸袂尺八寸疏士妻之袂二尺二寸袪尺二寸三分益一故衣三尺三寸袪尺八寸也

元端連衣裳則曰褖衣

褖衣褖兮衣兮箋褖兮衣兮者言褖衣自有禮制也又云褖衣黑疏褖衣黑者以士冠禮陳服於房中爵弁服皮弁服元端及士喪禮陳襲事於房中爵弁服皮弁服褖衣以褖衣當元端元端黑則褖衣亦黑也

君子偕老其之展也疏士冠禮爵弁服皮弁服之下有元端無褖衣士喪禮爵弁服皮弁服之下有褖衣無元端則褖衣當元端元端當黑則褖衣亦黑矣以男子之褖衣黑知婦人之褖衣亦黑

内司服褖衣注雜記曰夫人服稅衣揄狄又喪大記曰士妻以褖衣言褖者甚衆字或作稅此緣衣者實作褖衣也褖衣御於王之服亦以燕居男子之褖衣黑則是亦黑也疏男子褖衣黑禮雖無文案士冠禮陳服於房爵弁服皮弁服元端服至於士喪禮陳襲事於房亦云爵弁服皮弁服褖衣褖衣當元端之處變言之者生時元端衣裳別及死襲時元端連衣裳與婦人褖衣同故雖男子之元端亦

名褖衣又見子羔襲用褖衣纁袡譏襲婦服纁袡與元衣相對之物則男子褖衣黑矣男子褖衣既黑則是此婦人褖衣亦黑可知

士喪禮褖衣注黑衣裳赤緣謂之褖疏元端有三等裳此喪禮質略同元裳而已但此元端連衣裳與婦人褖衣同故變名褖衣也

雜記子羔之襲也繭衣裳與稅衣纁袡爲一注稅衣若元端而連衣裳者也疏元端多種今衣裳連是元端元端元裳也

案子羔之襲也稅衣纁袡注云稅衣若元端而連衣裳則裳亦黑也袡者緣也士昏禮女次純衣纁袡注袡亦緣也乃敖繼公注士昏禮謂袡者連裳於衣而異其色之稱此緇衣而纁裳故纁袡也據此則雜記子羔之襲也褖衣纁袡豈亦得謂之纁裳乎男子殊衣裳婦人連衣裳連衣裳者其裳色必與衣同義見綠衣黃裳箋子羔褖衣既連衣裳則衣裳盡黑可知纁袡又與婦人純衣纁緣同故云襲婦人服若訓袡爲裳纁袡爲纁裳則是衣裳殊色非婦人服制子羔褖衣纁袡又何云襲婦人服乎攷以袡爲裳古無此訓玉篇袡緣也方言蔽膝齊魯之郊謂之袡昌詹反襜蓋蔽膝在下形如下襜其旁有紕上下有緣故云袡襜言蔽膝似襜而有緣者也淮南子說山訓弊箅甑瓾在袡茵之上韓非子十過篇縵帛爲茵

蔣席頗緣蓋茵席也茵必有緣故由袡茵此皆袡之當訓爲緣者又攷公羊定九年龜青純注純緣也謂緣甲頿也說文䶊龜甲邊也䶊卽公羊傳云緣甲頿也千歲之龜青髯頿袡皆從冉聲皆訓爲緣聲相通者義相貫也又士昏禮婦車亦如之有裧雜記其輤有裧注裧謂鼈甲邊緣云鼈甲邊緣卽公羊注之緣甲頿也玉篇以裧爲襜襜之重文類篇以袡襜襜爲重文則袡裧二字通也類篇袡裧竝離占切裧有緣義則袡亦有緣義鄭注訓袡爲緣不可易也繼公不通訓詁以袡爲裳攷士昏禮此文上云主人爵弁纁裳緇袘注云袘之言施以緇緣裳象陽氣下施也此文云女次純衣纁袡注云袡之言任也

以纁緣其衣象陰氣上任也玩上下二注字字相對蓋主人纁裳則以緇爲緣女元衣則以纁爲緣陽主於施故主人以緇緣下裳爲陽氣下施陰主於任故女以纁緣上衣爲陰氣上任袘施音相近袘轉爲任皆因聲會義也繼公於上文緇袘知其以緇緣裳於此文纁袡則不知以纁緣衣由未合二注字字對參耳解此則子羔襲服褖衣纁袡亦不疑於纁裳矣

又案惠氏禮說訓褖衣當元端褖衣黑引傳本夏小正元校傳云元也者黑也校也者若褖色然今攷儀禮經傳通解及元校本永樂大典本俱作綠色然攷玉藻麇裘青豻袖絞衣以裼之注絞蒼黃之色也後漢禰衡傳

著岑牟單絞之服注亦以絞爲蒼黃之色又攷說文綠帛青黃色也鄭訓絞亦爲青黃色則絞卽綠也夏小正傳旣云絞爲綠色則校卽絞也攷工記令夫茭解中有變焉故校鄭司農云校讀爲絞而婉之絞然則校絞二字本通以傳文綠色二字決經文之校卽絞以經文校字決傳文必當作綠色傳本作褖色者誤也惠氏以綠色當作褖色由不知綠色二字本解經文校字非解元字也

衣用十五升黑布天子諸侯元端朱裳大夫素裳士元裳黃裳雜裳天子諸侯朱韠大夫素韠士爵韠或以緇韠

司服凡甸冠弁服注王卒食而居則元端疏案玉藻韠君朱大夫素士爵韋鄭注云天子諸侯元端朱裳以其云朱韠韠同裳色故也又云大夫素韠則素裳其士韠言爵爵是不純之名以其士冠禮上士元裳中士黃裳下士雜裳雜裳者前三幅元後四幅黃故爵韠也

士冠禮元端元裳黃裳雜裳可也注元端卽朝服之衣易其裳耳上士元裳中士黃裳下士雜裳雜裳者前元後黃易曰夫元黃者天地之雜也天元而地黃士皆爵韋爲韠其爵同不以元冠名服者是爲緇布冠陳之玉藻曰韠君朱大夫素士爵韋疏朝服之衣者指上章筮日之朝服易其裳者彼素裳而此易以三等之裳也所引玉藻之文彼注以爲元端之韠韠同裳色士裳三等爵亦雜色故同用

之若然大夫之元端素韠則當爲素裳乃與朝服不異禮窮則同也

兄弟畢袗元注元者元衣元裳也緇帶韠又云古文袗爲均也

士昏禮使者元端至注云使者夫家之屬若群吏使往來者又云有司緇裳疏卽元裳

特牲饋食記惟尸祝佐食元裳黃裳雜裳可也皆爵韠注周禮士之齊服有元端素端然則元裳上士也黃裳中士雜裳下士疏欲見士之齊服有一元端而裳則異故鄭云然則元裳以下見一元端而裳有三也士冠亦有元端三等裳而引司服者以此特牲祭祀時彼將據齊時四命已

上齊祭異冠大夫齊祭同冠故就此祭祀引齊時冠服爲

證也

王制一命卷疏王卒食而居則元端此元端亦緇衣朱裳

故玉藻注云天子諸侯元端朱裳

玉藻韠君朱大夫素士爵韋注此元端服之韠也韠之言蔽也凡韠以韋爲之必象裳色則天子諸侯元端朱裳大夫素裳惟士元裳黃裳雜裳也皮弁服皆素韠疏以韠從裳色君既用朱故知裳亦朱色也然天子諸侯祭服元衣纁裳知此朱韠非祭服韠者若其祭服則君與大夫士無別同是赤色何得云大夫素士爵韋且祭服之韠大夫以上謂之韍士爵弁謂之韎韐不得稱韠也又云此則大夫

士朝君之服大夫既以素裳爲朝服又以元端服禮窮則同故也案注云皮弁服皆素韠攷朝服亦素裳素韠注不言者以朝服又有下大夫之臣緇韠則皆素韠者惟皮弁一服耳鄭特言此欲見皮弁朝服元端三等之中惟皮弁無論尊卑獨有一韠

齊則緇結佩而爵韠注爵韠者齊服元端疏而爵韠者謂士元端齊故爵韋爲韠也而熊氏皇氏竝謂諸侯以下皆以元端齊而爵韋爲韠同士禮以其齊故不用朱韠素韠也義或然也

爾雅釋器衣蔽前謂之襜注今蔽膝也疏注今蔽膝者方言云蔽厀江淮南楚之閒謂之褘或謂之袚音弗魏宋南楚之閒謂之大巾自關東西謂之蔽厀齊魯之郊謂之袡昌詹切韠又名韍禮記玉藻云韠君朱大夫素士爵韋圜殺直

天子直公侯前後方大夫前方後挫角士前後正韠下廣二尺上廣一尺長三尺其頸五寸肩革帶博二寸是也

左氏桓二年傳衮冕黻珽疏玉藻說元端服之韠云韠君朱大夫素士爵韋發首言韠句末言韋明皆以韋爲之凡韠皆象裳色言君朱大夫素則尊卑之韠直色別而已無他飾也其黻則有文飾焉

案士冠禮兄弟畢袗元注袗同也元者元衣元裳也緇帶韠古文袗爲均也疏引左氏僖五年傳均服振振亦以均同之義訓袗攷同與畢一訓也經文既云畢鄭又以袗爲同者蓋畢字之義謂衆兄弟畢元端也袗之義謂元端不特衣色元卽裳亦與帶韠皆元也士冠主人

元端元裳爵韠惟賓服得與主人同其他若擯贊者則皆黃裳雜裳矣如兄弟元端元裳亦用爵韠卽與賓主人無別故變爵韠爲緇韠使異於賓主人賓主人衣裳及帶雖皆元而韠爲爵色則有不元者矣惟兄弟衣裳帶韠四者無不同元故云袗元袗元二字專以別於服爵韠者也鄭注訓袗爲同確得經意士昏禮女從者畢袗元亦謂褖衣之制衣裳上下無一不元故袗竝訓爲同敖繼公不會此意謂袗如袗絺綌之袗及被服之別稱今攷曲禮及玉藻云袗絺綌鄭注袗單也論語袗絺綌孔傳云暑則單服皇侃義疏亦曰袗單也邢昺疏同皆不以袗絺綌之袗爲被服之別稱其他訓袗者若孟

子趙岐注袗畫也說文玉篇皆云袗袨服也類篇於袗字下作之人切者曰衣同也蓋用鄭儀禮注均同之義作止忍切者曰元服蓋本說文此二訓最合袗字本義均不以袗爲袨服之稱也敖繼公不知經文注義不明訓詁而易鄭注其弊如此

又案古文袗爲均袗與均通均與袀通左氏僖五年傳均服振振釋文引字書均作袀吳都賦六軍袀服注引左氏傳袀服振振袀同也然則袀與均皆訓爲同古文袗既作均則袗均同訓可知淮南子齊俗訓尸祝袀袨高誘曰袀純服漢書王莽傳曰時莽紺袀服師古曰袀純也純爲紺服也太元經陽氣袀睟清明注言是時陽

純袀睟攷工記玉人案十有二寸棗桌十有二列諸侯純九大夫純五注純猶皆也然則袀猶純也純猶皆也與袗之訓爲同一義也以均袀之義與袗相證卽知鄭訓袗爲同最確

又案大夫元端素裳與朝服素裳同玉藻疏謂禮窮則同甚得禮意今攷朝服以緇布爲之故詩緇衣之宜兮傳以爲卿士聽朝之正服禮記緇衣疏緇衣者諸侯朝服是朝服色緇攷工記五入爲緅七入爲緇康成謂六入爲元則元淺於緇元端以元稱朝服以緇稱是朝服元端雖同用黑布似當有淺深之異鍾氏疏緇與元相類故禮家每以緇布衣爲元端是緇布元端名或可通實則有別喪大記大夫元冒士緇冒又云大夫元紐二士緇紐二玉藻雜帶大夫元華士緇辟士昏禮笄緇被纁裏聘禮笄元被纁裏公食大夫禮司宮具几與蒲筵常緇布純加萑席尋元帛純布與帛對緇與元對九不可混此皆同爲一物而等秩之殊全在緇元之異攷元緇二色康成以六入七入分淺深爾雅以緇爲皁釋名曰緇滓也泥之黑者曰滓此色然也又曰皁早也日未出時早起視物皆黑此色如之此二條最合緇之本色又攷詩載元載黃傳元黑而有赤也顧命卿士邦君麻冕蟻裳傳蟻裳名色元疏此蟲色黑裳色元如蟻又夏小正元駒賁傳元駒也者蟻也蓋蟻黑淺於泥故元六

入似蟻緇七入似泥滓也又淮南子俶眞訓今以涅染緇則黑於涅以藍染青則青於藍然則緇又深於涅矣涅當近於元也然則元端之以元名朝服之以緇名異其名未嘗不異其實也衣果異色則大夫元端素裳與朝服素裳又何嘗無別歟案士冠禮注云士皆以爵韋爲韠其爵同朱子儀禮經傳通解云其爵同三字未詳今攷天子諸侯元端朱裳朱韠大夫素裳素韠韠色旣皆隨裳色士元裳黃裳雜裳則韠亦宜有三等之異而同爲爵韠者以天子諸侯與大夫爵等懸殊故異其裳亦異其韠上中下士雖異裳而爵旣同爲士則韠亦同注云其爵同專爲異裳同韠解也朱子以爲未詳蓋欲

深求其義轉以爲未諦耳

又案玉藻齊則綪結佩而爵韠注爵韠者齊服元端玫玉藻此文未嘗專言士或統諸侯以下言之但諸侯朱韠大夫素韠此但著爵韠皇氏熊氏謂諸侯大夫同用爵韠以其齊也玫諸侯大夫祭以冕服爲上士祭以爵弁服爲上皆元衣纁裳爵韠之色則介乎元纁之閒凡染一入謂之縓再入謂之赬三入謂之纁以纁入黑謂之紺又以紺入黑謂之緅緅與爵同色士元端之裳色兼元黃故用爵韠諸侯大夫齊以元端亦用爵韠者以爵兼三入之纁六入之元與祭服元纁相配齊祭同類故齊韠特用之也更以冕弁推之冕色元上纁下爵弁

則不分上下但合二色而兼染之故爵弁爲冕之次諸侯大夫齊之用爵韠亦取其合元纁而有之也

又案荀子哀公篇端衣元裳絻而乘路者志不在於食葷注路王者之車亦車之通名云絻而乘路則非士矣端衣而云元裳則爲上士之裳矣玫冕服亦通名端魏文侯端冕而聽古樂是也然冕服通名端則當纁裳哀公篇云元裳則又非冕服之裳荀子精於禮制而所言多與禮經不合大率類此

天子諸侯黑舄赤絇繶純大夫士黑屨青絇繶純

屨人注元謂凡屨舄各象其裳之色士冠禮曰元端黑屨青絇繶純又曰赤繶者王黑舄之飾疏黑舄者天子諸侯元端服之舄又曰赤繶者是天子諸侯黑舄之飾又曰云元端黑屨者凡元端有上士元裳中士黃裳下士雜裳今云黑屨者據元裳爲正也云青絇繶純者屨飾從繢次也又曰天子諸侯舄有三等元端卽不能與祭服同赤舄若與韋弁皮弁同白則黑舄無所施故從上士元裳爲正而黑舄也大夫元端素裳亦從元裳黑屨矣

士冠禮元端黑屨青絇繶純純博寸注屨者順裳色元端黑屨以元裳爲正也絇之言拘也以爲行戒狀如刀衣鼻在屨頭繶縫中紃也純緣也三者皆青博廣也疏云元端黑屨以元裳爲正也者以其元端有元裳黃裳雜裳故云以元裳爲正也云絇之爲言拘也以爲行戒者以拘者自

拘持之意故云以爲行戒也云狀如刀衣鼻在屨頭者今之屨頭見有下鼻如刀衣鼻故以爲況也云繶縫中紃也者謂牙底相接之縫中有絛紃也云緣純也者謂繞口緣邊也云皆青者以經三者同云青也云博廣也者謂純所施廣一寸也

左氏桓二年傳帶裳幅舄疏黑舄者元端之舄又云黑屨者元端之屨黑舄者元端之舄謂天子諸侯也 黑屨者元端之屨謂大夫士也

案士冠禮注刀衣二字孔疏未詳玫周禮巾車曰小服皆疏注服讀爲箙小箙刀劒短兵之衣卽此注所云刀衣也旣夕記云大服鄭彼注云笭閒兵服以犬皮爲之釋名亦曰以皮曰箙然則刀劒皆有衣卽箙也少儀曰

紉則啟櫝蓋襲之加夫襓與紉焉注夫襓紉衣也疏引熊氏說謂以木爲紉衣若今刀檻又云襓字從衣當以繒綿爲之廣雅袂襓袜紉衣也拾室郭紉削也是紉衣與紉削爲二物今本廣雅作袂襓袜紉衣也少儀疏熊氏云廣雅夫襓木紉衣然則今本袂字乃夫字之譌袜字乃木字之譌疏以紉衣用紺不用木其說爲長則刀衣亦當與刀削爲二物豈削以木爲之而衣以繒綿或以韋爲之衣又所以韜削歟此注云刀衣鼻鼻即環也釋名曰紉旁鼻曰鐔鐔尋也帶所以貫韘也廣雅紉珥謂鐔珥環一類紉環可以貫帶故釋名曰鼻然刀環可以貫帶故鄭注亦曰鼻也約屈絲條爲環綴於屨頭以貫屨綦刀衣環與之相似故鄭舉以相況耳又攷晏子春秋諫下篇良玉之約其長

尺與漢書孟康注約出履一二寸不合故晏子以爲作服不當也

又案曲禮疏引隱義云古者履頭鼻綦繩相連結之據此則有約者必有綦而有綦者不必有約故曲禮鞮屨注鞮屨者無約之菲也檀弓曰繩屨無約玉藻童子不屨約是也雖無約若亦無綦則繫屨無物屨必易脫無約之綦其交結於踝前乎鄭注薄借綦即不借綦也故鹽鐵論曰綦下不借不借草屨也不得有約而亦有綦則無約者不必無綦明矣蓋約爲行戒所以飾也漢書王莽傳句履孟康曰今齊祀履舄頭飾也句即約也蔡邕獨斷似玉佩屨約屨後漢明帝紀衣裳玉佩約屨以

行事注約屨鼻頭夫屨飾甚多獨稱約屨則以爲屨之重飾也不飾則無約而有綦惟古今注曰屨者屨之不帶者也則有無約之屨似又有無綦之屨攷小爾雅在足謂之屨屨尊者曰達屨謂之金舄而金約也然則舄亦通名屨古今注謂不帶爲屨說不可通又攷漢書班倢伃傳俯視兮丹墀思君兮履綦師古曰綦履下飾也晏子春秋諫下篇景公爲履黃金之綦飾以銀連以珠然則屨明有綦何得云屨不帶耶又攷屨綦一曰繫內則屨著綦注綦屨繫也襪亦有繫漢書哀帝紀及賜食於前後飽起下襪係解張釋之傳王生老人曰吾襪解顧謂釋之爲我結襪釋之跪而結襪師古結讀曰係是

襪有繫也韓非子外儲說晉文公與楚戰至黃鳳之陵履繫解因自結是屨以繫名者也又韓非子文王伐崇至鳳黃墟襪繫解子華子孔子贈篇周之六師壓郊而陳武王襪係解爲此襪以繫名者也馬縞古今注三代及周著角襪以帶繫於踝是襪繫結於踝而屨繫穿於約二繫又交相須也

元端狐青裘或曰羔裘

羔羊羔羊之革素絲五紽疏其天子諸侯燕居同服元端則亦同服羔裘矣

旄邱狐裘蒙戎傳大夫狐蒼裘疏玉藻云君子狐青裘豹褎元綃衣以裼之青蒼色同與此一也大夫息民之服有

黃衣狐裘又狐貉之厚以居在家之服傳以此刺其從服其服明非蜡祭與在家之服知爲狐蒼裘也蒼裘所施禮無明文惟玉藻注云蓋元衣之裘禮無元衣之名鄭見元綃衣以裼因言蓋元衣之裘兼無明說蓋大夫士元端之裘也大夫士元端裘雖異衣皆元裘象衣色故皆用狐青是以玉藻注云君子大夫士也此傳亦云大夫當是大夫元端之裘也

司裘季秋獻功裘注功裘人工微麤謂狐青麛裘之屬鄭司農云功裘卿大夫所服疏狐青裘者鄭玉藻注云蓋元衣之裘天子下士元端之服皆服之

玉藻君子狐青裘豹褎元綃衣以裼之注君子大夫士也又云狐青裘蓋元衣之裘疏皇氏云元衣謂元端也又云劉氏又以此元衣爲元端與皇氏同

案詩羔裘疏玉藻君子狐青裘豹褎元綃衣以裼之注云君子大夫士狐青裘蓋元衣之裘然衮冕與元衣知不用狐青裘者以司裘職云季秋獻功裘以待頒賜注云功裘人功微麤謂狐青麛裘之屬鄭以功裘以待頒賜大夫士明非冕服之裘矣據此則狐青裘既非冕服之裘詩羔裘如濡箋緇衣羔裘諸侯視朝之服則狐青裘又非朝服之裘故玉藻疏引皇氏劉氏之說謂狐青裘爲元端之裘皇氏劉氏之說是也而玉藻疏乃非之與詩狐裘蒙戎疏何自相刺謬也

又案狐裘蒙戎箋謂大夫狐蒼裘據疏爲元端之裘黎之臣子責衛大夫之爲昏亂之行不稱朝服之裘而舉元端之裘者攷玉藻朝元端夕深衣注謂大夫士也疏謂大夫早朝在私朝服元端然則元端者私朝之服也衛大夫昏亂但知私家怠玩朝事故不能佐其君修方伯連率之政黎臣作詩特舉私朝之服蓋原其志而譏之耳

弁服釋例卷八

蕭山湯

東詠軒筆記

（清）徐鳴珂 撰

《東詠軒筆記》三卷，清徐鳴珂撰，據泰州圖書館藏傳鈔本影印。

徐鳴珂，字竹薌。清興化人。步雲子。幼承家學，工詩善書，有父風。久困場屋，以太學生終。與同郡顧仙根、江都許之翰、江藩等友善。

此書雜記經史諸子之説，旁涉小説傳聞及其親歷之事等。所記頗有價值，如乾隆四十九年(一七八四)高宗南巡揚州時的盛況及徐鳴珂應詔試等事；乾隆五十年大旱，次年大疫，泰州牧袁秉義救死扶傷之事；嘉慶十年(一七〇五)，道光四年(一八二四)、六年江北大水事；嘉慶間阿克當阿所修《揚州府志》之訛誤事等。可補史乘之不足。

(周　忠)

東詠軒筆記

興化徐鳴珂竹鄉

易經傳自商瞿歷西漢家承師說梁邱施孟源流井然京費繼起馬鄭諸儒皆宗費氏魏代王弼為之注今注疏本是也班固云費直始亡章句徒以彖象繫辭十篇文言解說上下經是割裂古經編簡自費氏始宋伊川程子作傳仍主費氏本朱子本義則從東萊呂氏考訂古本于是古易復行於世明初以經義取士易注兼用程朱刊本主程傳而本義附之流及中葉帖括家遂祧程稱朱序次則程傳之舊而簡端又以為朱子本義今坊本所行是也曹楝亭寅官揚州時刻書最多有楝亭十二種行世而所刻古本易經乃據宋槧本義用楷書重刊字畫最為精善余曾于郡城得初印本乃外舅唐觀察芝田家藏今尚完好如新

余八歲受業於同里顧藹怡先生讀書之暇每晡時講文選詩一首命讀之次年即命題初作四句稍有意趣即誇許不置誘掖開導真乃良工苦心夏秋間能四韻或八韻及年終已五六十首漸有情文可誦乙未春奉　先嚴命隨　先大母李太孺人暨　先慈戎太孺人入都予甫十齡先生執予手不忍別諄諄以無失學為言到京寓邸在橋兒衚衕院有棗樹二大十餘圍夏時作花香甚清余偶拈句云昔言天似幄今識土為牀（謂室中土炕也）近窗人不寐夜靜棗花香　先嚴見之賚古墨二笏後于戊戌從侍南歸己亥即移家海陵

泰州古樂真觀四字潮音寺三字古士鄉三字相傳董香光館于泰時三石刻皆其所書又古念佛庵內有楠木板刻香光所書溪聲即是廣長舌山色豈非清淨身楹帖極為遒妙

東山寺內東廡有張士誠像金身長不過三尺寺僧云相傳如是亦未知何年始塑

宋詞無不能歌者自元人傳奇曲盛行而歌詞漸廢今所存者祇入隊小引如一翦梅北點絳脣祝英臺近有底拍無么拍恐亦非當日聲調余嘗謂歌以成音而音久則亡此亦天地間之不可解者如三百篇詩漢代即不能歌古樂府唐人不能歌唐之七言絕句宋人不能歌無怪乎宋詞今亦不能歌也錢塘金冬心先生作自度曲閒雅淡逸直南宋詞之佳者讀而愛之爰手鈔焉昔姜石帚自製諸詞旁有記拍後人尚不解歌今先生自度腔未註明工尺惜乎先生自歌之而後之知音者鮮矣誠如先生言擫𥳑舊調者曷足以語此蓋指石帚玉田也然則姜張詞先生或能歌之而不闡其秘以示後學安得起先生而問之耶（自跋金壽門畫後）

泰州城東南南山寺旁松林小庵內有古松一株高不及檐而蜿蜒屈曲橫布滿院蓋盆種移植相傳數百年物庵以此名余嘗作長歌府教授李嵩生（保泰）有古柏記辨其為柏非松也案爾雅檜柏葉松身則此樹當以古檜名余興邑東嶽廟古檜其蟠挐橫攫

勢亦如是

史記王子侯年表閲者多不解余謂當縱横參閲其直下各格內如二五六及五九卅六等字皆其本國世次所歷之年與改元横參方知前漢書以世代爲緯而以改元作經可互證也

余未至閩中以生平未得食鮮荔枝爲憾向在金陵曾於曲中嗎家食酒漬者剝之其肉仍滿殼但全無佳味矣荔枝以閩産爲上粵産次之唐時設公路北户録載高潘者最佳五六月方熟有無核類卵者其肪瑩白不減水晶性熱液甘乃奇實也余在京邑食馬乳蒲萄亦無核意其晶瑩甘美亦與荔枝相埒又深州桃甘液芳香真乃仙品當在荔枝蒲萄之上家貴肯蟠桃良非謾語

東坡愛諸葛豐雞毛筆案劉恂嶺表録異載番禺地無狐兎用鹿毛野貍毛爲筆又昭富春勤等州則擇雞毛爲筆其爲用與兎毫不異據此則唐時已有此製筆之法

宋時泰州州治在太和橋之西稍北浮香亭藕花洲皆在治內舊有小亭刻秦太虛梅花詩壁間宋茂陵有御書浮香亭字陳漫翁守泰時葺舊亭鐫御額其上刻秦觀蘇軾蘇轍𥫗寥詩於石今之州治在城東北署內西堂號浮香亭乃　國朝康熙間州牧武柱國葺亭于此表曰浮香東有荷池今亦假名藕花洲學正宋于庭翔鳳云州宅西偏有浮香亭相傳爲秦蘇詠梅遺蹟案秦太虛梅花詩東坡集中不言在海陵作淮海集題云和黃法曹憶建溪梅花首句云海陵參軍不枯槁云云是黃法曹在海陵所詠然梅花則憶建溪者與海陵仍無涉此論詠梅極是特未辨證在舊治內亦一缺也

胡裘錞字則安號西垞錢塘諸生於震字亦川號秋水丹陽人乾隆間二人嘗以詩名游海陵於後入州籍胡暮年居如皋西場古樹園歿即葬焉同社爲立碣表曰錢塘詩人胡西垞之墓於詩豪邁而時失之野西垞句人多稱之然近體七律居多晚唐元人習氣太甚古體絶少秋水耳聾西垞贈句云洗耳不如聾更好達心其奈恨偏多余于西垞祇賞此二語隨園詩話以胡爲山陰人

隋煬帝迷樓杜牧之詩李綱賦序皆言在揚州正史無迷樓名浙人項昇進圖本構宮室役夫數萬經歲乃成樓閣高下幽房曲室互相連屬此在未幸江都之前韓偓迷樓記言大業九年帝將再幸江都有迷樓宮人夜歌云河南楊柳謝河北李花榮煬帝聞之亦索酒自歌有他日迷樓更好景宮中吐豔戀紅輝之句末又云唐兵入京見迷樓太宗曰此皆民膏血所爲命焚之據此則迷樓在洛陽揚之迷樓或即仿洛陽爲之因以名耳

糙樓記載于襄陽峴令客彈琴其嫂知音曰三分中二分琵琶一分箏聲全無琴韻昔人謂昌黎聽穎師琴似琵琶詩頗相類

女星傍一小星名曰始影夏至夜婦女祭之得好顔色薛瑤英于七月七日令婢剪輕綵作連理花千朵以陽起石染之當午散于

隨風直上空中如五色霞彩謂之渡河吉慶花記幼時嘗見用陽起石水洒于紙上便自竪立今之洋鐙用紙空糊樟腦其中然之直入雲際移時乃滅亦此類也

天目山爲第三十四洞天周迴二百里名太微元蓋之天在杭州餘杭縣見唐杜光庭洞天福地記海陵東四十里有土阜亦名天目山太平寰宇記謂在城東六十里州志引閭隱居云地鉢福地臨江淮隱居亦未明言海陵之天目山此土阜高祗二丈餘周二百三十武與城中岳墩相似而宋胡昉記誇張鋪美幾駕浙中天目之上文人附會何所不至

宋槧本大部極少趙文敏所藏宋槧漢書出塞不返（見宋犖筠廊隨筆）論者至今惜之余于乾隆甲寅年得宮氏所藏杜氏通典每本首有尚寶少卿袁忠徹印方寸許又有尚寶少卿袁記長印約二寸餘廣一寸又有王氏子貞小印及句吳王樾貞藏書記楷字印鐫刻尤精案袁宗徹字靜思鄞人官尚寶少卿即成祖時袁珙號柳莊官太常寺丞之子珙善相人見明史方伎傳此書在明初藏書家已知寶貴其爲宋槧無疑其第一百二十五至二十七三十至三十七洎五十七八等卷霉濕蠹損卷首無印記知在當時已然非後人之咎幸字無缺損暇日逐卷黏補其完好諸本皆覓簾紙痕白潔瑩舊墨色亦古闇可愛　先大人閱之喜甚于卷首特志其顛末

紹興酒古無此名惟浙醞二字見太平寰宇記宋張端義貴耳集言紹興新造蓬萊春酒其即此與蓬萊春三字甚雅而反不傳名之有幸有不幸于此可見

李栖筠爲相有親友奉使京口李曰還時煩取中零一壺水其人至揚子醉而忘之舟過石城始憶前言乃汲一瓶封而獻之李飲畢嘆曰江表時事異前此味大似石頭城畔江水其人拜謝不隱贊皇此語與陸鴻漸辨中泠泉後半方是同一精妙

王仁裕開元天寶遺事載宋璟求致仕表云臣竊祿簪纓備員廊廟霜毫生領雪刺滿頭雪刺滿頭又載冬至雪霽貴妃命宮婢取簷冰二條置几上玩視明皇罷朝見之問所視何物妃曰妾所玩者冰筋也明皇謂左右曰妃子聰慧比象可喜冰筋語亦平平而明皇鍾愛遂言可喜未知昔見廣平表中語以爲可喜否抑以爲可憎否

本事詩言劉希夷嘗爲詩曰今年花落顏色改明年花開復誰在忽悟不祥改曰年年歲歲花相似歲歲年年人不同又惡之或解之曰何必其然遂兩留之劉果以次年春下世又嘉話錄希夷之舅宋之問苦愛其歲歲年年二語乞爲已有希夷許而不與宋怒以土袋壓殺之余謂此二語有何佳處但音調悽愴令人魂銷之問愛之甚于作者他日不得其死固所以報之亦儆咎萌其心矣

菠菜一名菠稜本草食物言昔有西僧將其子來中國種之遂蕃

衍據此則亦如苜蓿蒲萄因張騫而至也西域有頗稜國菠字殆頗字之訛

世言鶴胎生所以言胎化仙禽然鸕鷀亦胎生見抱朴子本草說人知貴鶴而不重鸕鷀以鶴潔飾其外能奮翮沖霄耳鸕鷀嗜魚鶴尤甚鸕鷀色黑而白鶴千年方變為黑且同一胎生何殊於鶴第以猥瑣之形見鄙于世是以君子惡居下流而鸕鷀善捕魚養之者頗收其用不以猥瑣棄也隨材器使即此可喻陳標詠蜀葵詩云能共牡丹爭幾許得人憎處只緣多鸕鷀之謂與

雁可繫帛鴿名飛奴皆傳書也唐時長安女子郭紹蘭以婿遠遊湘中乞飛燕傳書竟達婿所事尤新異見開元天寶遺事

吳梅邨詩錯認徽之與牧之誤他舉舉與師師唐大中時平康里伎也談諧為都知冠孫棨北里志載其事甚詳里伎有頭角者為都知分管諸伎盧嗣業詩未識都知面頻輸復分錢

北戶錄載端新州有鳥類青鵁而觜大善捕魚每作聲則有蚊出其口引小雅顛鳥似鳥而大廣志云蚊母此鳥吐出蚊也其翅作扇可辟蚊欬爾雅鷏鷏母郭註言之甚詳錄引小雅廣志㫖不原始于爾雅又云塞北有蚉母草嶺南蚉母木嘗見揚州康山草堂中有大樹一每夏月則葉生莢莢放時蚊自其中出殆即嶺南蚉母木也

橘蠹化蛺蝶烏足之葉化為蝴蝶昔人已言之愚謂盛夏時濕生感氣隨風即變其形凡柔卉之葉陰雨既多則葉生蠹蠹蠕食葉數日後即化為蝶不獨橘與烏足也江北無橘而亦多蝶大河以北亦有之此可以証棠干寶搜神記朽麥為蛺蝶亦一證也

淮南畢萬術曰雞鵂致鳥注云取雞鵂析其大羽絆其兩足以媒今之網師有鴨媒雁媒殆本此棨說文率鳥者繫生鳥以來之名曰罶字林音由正字通有囮字皆媒義

昔人題平泉山莊詩云隴右諸侯供語鳥日南太守送名花可想贊皇為相時氣焰之赫劇談錄言其臺榭卉木若造仙府有虛檻對引泉水縈回疏鑿象巫峽洞庭十二峯九派迄龍門江山景物開次錯落徑有平石以手磨之隱隱見雲霞龍鳳草樹之形栖筠自擬平泉山居草木記有云以吾平泉一草一木與人者非吾子孫也乃不旋踵而已籍沒何侯子孫甚矣其愚歐陽永叔笑之固宜然唐宋以來權相赫耀甲第池館終歸烏有如文饒者豈少也哉文饒猶宰輔中名士也

鸕鴣吳楚間多有之嶺表錄異謂其肉肥白遠勝雞雉且解野葛生菌毒

沈亞之有為妓人謑乞巧文燕國公張說有為姬伎人祭元十郎文風流佻達猶不免齊梁人習氣

溱洧之詩贈之以芍藥當是今之牡丹上巳時牡丹早者可開至芍藥開于孟夏後人呼為殿春花古無牡丹名故統謂之芍藥唐

初牡丹一名木芍藥盍以木字分别之棄牡丹名始見於宋謝靈運傳近水竹間多牡丹六朝時未見諸篇什牡丹譜言産于丹州延州徐之青州南之越州而以洛陽爲上唐時以白牡丹爲希見盍吴楚所産長安鮮有之

花之根莖培養厚皆可作並蒂花不獨蓮也春蘭時有並蒂建蘭中有左右相抱而同一心者名爲和合蘭唐高宗時禁中有雙頭牡丹宴群臣賦詩以上官昭容爲最宋李秬亦有雙頭牡丹詩鼎元咎和之嘉慶壬戌高氏涉趣園忽發雙頭牡丹一枝乞余標題爲題花襦曰富貴齊眉並賦詩以紀其事余嘗謂牡丹一名鹿韭一名鼠姑皆不稱何不以麗春二字移贈後數年蜀人張旂山（名問莱船山侍御之弟）候補浙中參軍寄書云寓圃中菊畦忽發並蒂一枝索予爲詩又一奇也（昭容詩云勢如連璧友心若臭蘭人）

初至海陵時見尤氏慶雲菴中有白牡丹一本十月中葉盡脱後每作花一二枝秀潔明豔異常殆仙品也今已萎矣此可與瓊花並稱天下無第二本亦同歸天上耶世間好物不堅牢每念此花猶爲太息

唐有劉窗舍人五代時有伏臘侍郎宋亦有負腹將軍人之顯達何須學問至韓昶改金根爲金銀則有愧爲名父之子矣

飲野水致腹中堅痞如石此蛟龍子也裂腹則死以硝石雄黄煮飲吐之立見又有病嗁笑若狂足不能及地者此必因食飽用力太猛仆地所致飲以雲母湯即愈二事見鄭處誨明皇雜錄醫者爲隱士周廣

皮光禹自以詩才比賈閬仙有燒平樵路出潮落海山高之句晚唐作者多許之

唐傳宏業宰天台縣有人獵得一獸形如豕仰鼻長尾有岐咸驚以爲怪傳識之曰雖（以反）醉非怪也雨則懸於樹以尾塞其鼻後驗之信然此與楊雄别鼯鼠東方朔識騶虞相類

陸龜蒙錦帬記備載趙郡侍御李氏所藏古錦裘一幅長四尺下廣上狹下濶六寸上減三寸半左有鶴二十右鸚鵡數亦如之大小飛鳴狀不一花卉山石霞彩相間條段分畫縝緻柔美指爲齊梁間物余嘗見郡城鄭舍人柿里（兆玨）藏宋繡松鶴圖絲細如髮秀容如繪朱竹垞先生曾題小楷數言於幛首洵可寶也舍人于戊寅下世家益落此軸今未知歸何處

小説家危言誕語居多幼時見西遊記人參果狀如小兒極以爲怪後乃知其本于杜氏通典大食國嘗遣人裹糧浮海七載未至西岸中經一島有一方石上惟一樹枝赤葉青樹上總結小兒長六七寸手腳及頭皆著樹上見人則動笑但不能言摘取之未幾即乾黑其人折一枝歸獻國王此西遊記所本也姬人魏氏爲余言其家有園園有樹狀類白楊幼時不記其名但呼爲猴兒樹每夏秋結小猴無數面目毫毛手足形無不畢肖墮地久即乾癟相

傳其先世自塞外携種歸種之遂成大樹姬直沽人本舊族也天地之大何所不有此亦與蠑蛣腹蟹相似倘外國人讀江賦知蠑蛣事當亦如華人訝海中小兒樹及余所聞猴兒樹同一新奇可喜也隨園所言毘騫國長頭王事亦見通典

惲南田嘗至泰州宮紫元先生春雨草堂每寓西山白雲寺故泰之士族舊藏惲畫甚多皆著色者　先大人曾於隍廟市得其松鳩圖乃墨筆淡染上有題句云清夜松花覆翠陰西山月色欲沉沉春寒鳥夢驚棲起為有鐘聲喚隔林下款壽平二字蓋寓中自寫遣興非為人作也書法秀逸飛動與詩畫可稱三絕先大人于幀首記之南田初工山水嘗見其雪景小幅最佳後乃專寫花卉以山水能事讓王石谷

管子歲有四秋春賦耜鐵是春之秋夏賦絲纊是夏之秋秋賦五穀是秋之秋冬賦紡績縲縷是冬之秋秋字作收字解月令麥秋至秋字則作成字解也

雋字祖兖切蒯通著書號雋永又姓漢雋不疑又音俊與儁同見漢書禮樂志人才英雋

東坡答賈耘老書中有云貧固詩人之常齒落目昏當是為雙荷葉所困未可專咎詩也初不解何指及閲另與尺牘以怪石古木一紙付之有云能為君月致米三石酒二斟終君之世者便以贈之不爾者可令雙荷葉收掌須添丁長以付之也乃知雙荷葉為耘老之妾前書特以戲語寓勸戒意而耘老以雙荷葉名妾亦大怪事

東詠軒筆記 中卷

興化徐鳴珂竹鄉

唐洛川司倉嚴昇期攝侍御史於江南道巡察小大事入金則弭南人號為金牛御史柴駙馬之弟有才力輕趫迅捷能騰身捻椽以行越百尺樓閣如履平地時人謂之壁飛二事載張鷟耳目記金牛壁飛二號大奇柴之矯捷又過于羊偘矣

東坡尺牘中亦有他人混入者并有贋作如卷八十一中代夫人與福應真大師云久不聞法音馳仰殊深即日遠想起居安穩兒從夫遠謫百念灰滅背誦之餘幸無恙何時復見一洗嶺瘴春寒千萬為法自重不宣旌德縣君王氏兒再拜按東坡夫人王氏名弗東坡始官鳳翔時夫人歿於京邸東坡有祭亡妻同安郡君文同安郡君當是官鳳翔時封號及志林中則言崇德君當是後來加封此時坡公並非遠謫安有嶺瘴春寒耶坡公未有繼室三十九歲即有侍妾朝雲亦王氏從坡公至惠州後卒于惠葬焉如以此為代朝雲作耶坡老詩及墓志皆以名書何得標題曰代夫人亦斷無自稱旌德縣君之理此不過因坡老有朝雲嘗從比邱尼義沖學佛一語耳其為贋託無疑

陽關三疊每句疊唱唯首句不疊白樂天詩聽唱陽關第四聲謂勸君更盡一杯酒也若首句再疊則第五聲矣見仇池筆記

游宦紀聞云自甲至癸為十幹自子至亥為十二枝後人省文改為干支字非也

胡麻有八拗雨多薄收旱則大熟開花向下結子向上炒焦壓榨則有生油藁車則滑鑽鍼則澁見雞肋篇編

太公八十遇文王俗傳已久宋玉楚詞云太公九十乃顯榮兮東方朔云太公體仁行義七十有二乃見用于文王噫太公老矣東方朔何事砍減其八歲都遇宋玉又展了廿年其實論遇合之遲速則東方朔所言猶早而宋玉所論則更遲矣宋馬永卿嬾真子録載此戲語真堪絕倒

吮癰舐痔佞幸所為固無足論崔呈秀願為寺人子以怙惡誠何心哉郭覇嘗來之糞緘宋之問捧張之溺器無恥小人如出一轍至此三人為極矣

宋周遵道豹隱記談言吳門風俗多重至節謂之肥冬瘦年互送節物顏侍郎度有詩云至節家家講物儀迎來送去費心機腳錢盡處渾閒事原物多時却再歸今淮揚亦有肥冬瘦年語謂至節吠嚼可以肥家年節則肴核將為春盤宴親友之用不暇留以自饜也

京城有廟市逢期則百貨畢集幼時曾隨 先大人看集塲至雍和宮真乃五都之市炫人心目 先大人見大院中地上鋪巨障一軸長丈有二尺寬四尺以二金購之歸敬詢始知為興化顧松巢老人畫即漁洋精華録詩集中為顧瑟如題棧道圖是也先

生名符口字㝠如工繪事于棧道圖最精此軸山石樹木全倣唐人皴染勾畫而寸馬豆人遠近高下各極其妙先生與二王同時以名位不顯遂不及二王姓字膾炙人口其實有過之無不及也近來江淮間好古者亦知珍藏其畫興邑舊藏皆散于他邑獨此大手筆仍存予處先生書法亦宗唐人楷體尤精具印沙劃泥之妙乃知古人善畫者無不工書其不善書者畫雖工終不免匠氣也記此以備興邑他日蒐羅文獻一則桑梓典型何日忘之

每閱錢康功道山清話云司馬溫公無子又無姬侍裴夫人既亡公時至獨樂園終日危坐嘗作小詩隸書于楹間云暫來還似客歸去不成家為之黯然及閱其答人簡云草妨履則薙之木礙冠則芟之其他任其自然相與同生天地間亦各遂其自生也則又覺胸中有太和氣然溫公妻張氏見東坡制誥及溫公行狀

段成式酉陽雜俎有諾皋記又有支諾皋極謬悠惝恍案晁伯子談助云靈仙秘要辟兵法正月上寅日禹武取寄生木三呪有諾皋敢告日月震雷等語蓋道家託為法名耳

泰州初無子規鳥乾隆四十八年癸卯始聞之予以己亥至泰尚未有也憶初聞時以夜徹旦邑人傳以為異後每歲至孟夏則聞之乃知其為時鳥土人不知其名但肖其聲為麥乾草枯當即不如歸去四字各以方音相肖也或又云刮鍋㸑聲因呼為刮鍋鳥案爾雅巂周郭注謂蜀之杜宇張華禽經云蜀曰杜宇謂望帝所化甌越曰怨鳥夜啼達旦血漬草木江介曰子規啼苦則倒懸于樹自呼曰謝豹今詢之鄉農言此鳥啼久血出口中倒掛于樹而死其為子規無疑但昔人言子規未詳其變聲之時茲則以首夏鳴夏至則無又似反舌無聲亟與伯勞相類矣

今人年壯而髮白者目之曰蒜髮猶之宣髮也宣髮見陸德明經典釋文蒜髮見本草蔓荊子油能塗蒜髮皆見宋說部中予髮早白今亦如宋廣平雪刺滿頭霜毫盈頰矣本草蔓荊子說殆與令染須藥同青青不解久星星仍復出奈何

食杏仁法用七枚去皮尖清晨漱盥畢嚼口中久之細嚼如乳和津液嚥之服之無間一年後換血令人輕健延年辛寅之孫在青城山蒙神授此方見宋景煥野人閒話

宋顧文薦船窗夜話云食蟹過多患冷痢用新米藕節細研以熱酒調服數次即愈大暑中諸痢不止以乾葛烏梅甘草濃煎飲之甚效余謂初痢時當散表不可驟服又中野葛毒者即斷腸草急取伏卵未出雛雞研和香油灌之可盡吐出惡物又獨活治產婦血暈神效因錄食杏仁法附記之

南方草木狀菴摩勒樹葉細似合昏花實是李青黄色核圓作六七棱食之先苦後甘術士以變白鬢髮案南唐李昇將有異志一夕變鬢為白其用此術歟

今人呼履統以鞵名之揚雄輶軒絕代語徐兗間謂之扉自關而

西謂之屐中有木者謂之履舄絲作者曰不借案屐舄當即今之木屐絲作者價貴故曰不借耳

唐劉崇遠金華子雜編云楊琢在淄青見一百姓家燕窠累年添接已踰三尺一年燕哺雛去忽有諸野禽飛入庭除棲息棟上無空隙廚人進食衆禽搏攫不可驅其家老人顧之甚悶罔測灾祥忽以杖擊破燕巢有一白鳳雛長三寸自巢而墮未及地欻然出户望西南衝天而去諸禽相隨散去觀此則俗傳百鳥朝鳳殆信有之蜂之隨王亦各有其長也昔于外舅唐芝田觀察處見所藏畫軸内有一軸絹色古闇長約六尺畫叢竹用唐人雙鈎法飛禽以百計或翔或集或鼓翼作相呼狀竹間有一小鳥純白而尾稍長諸禽皆向之高下左右其目所注視無不對白鳥者可見古人筆法精妙白鳥疑即鳳雛也王夢樓先生定爲黄居寀畫并書于幀右記之

宋陳櫟作感應經仿易林語爲之吳僧贊寧亦作感應類從志中有月布在户婦人留連語注謂取婦人月布燒灰婦人至取少許𥺧置門閾即留連不能去余閲此以墨勒之唐宋小説已無足取此等語尤不可付梓壞少年心術至以僧人妄創斯語定墮犂舌地獄元女房中經託名爲孫思邈著亦屬多事

沈約袖中記張勃云冷水夏濯可以清暑温水冬浴可以攘寒攘寒二字甚新

徐神翁像今在三官殿中神翁名守信宋徽宗時人案泰州樂真觀在樂真橋以樂子長故宅爲之唐時始移建城之東南宋祥符中天書降詔建天慶觀即以樂真觀改建崇寧中神翁赴闕奉詔展修賜名仙源萬壽宫今惟存屋數楹此像不知何年歸于三官殿殿在樂真橋西州志不詳何代建疑即樂真觀舊址神翁與樂子長得毋千載有夙因耶

甘澤謠載洛陽寺僧圓觀與李諫議源交好將涅槃時知某婦爲托身之所後果如言因作歌示李有三生石上舊精魂之句東坡詩中用此事爲圓澤

記事珠云衛濟川養六鶴日以粥飯飼之三年鶴能識字濟川檢書使銜取之無差此當是平日教之習熟以誇于人今街頭算命有命黄雀銜牌者即此類

虞永興有手寫尚書後人將以典錢李尚書選曰經書那可典耶其人笑曰前已是堯典舜典見諧噱錄使永興手錄今日猶存當不吝黄金購之

義山雜纂肖情狀語極多余最賞其相似内有京官似冬瓜暗長婢似猫煖處便住二語甚妙明黄允文亦有雜纂三續

柳宗元龍城錄載明皇將誅韋氏與道士馮存澄因射覆得卦曰合因又得卦曰斬闕曰鑄印乘軒案六壬數有斬闕鑄印乘軒名目皆卦之格局射覆亦六壬中之一端非因射覆而得卦也

昔至金壇縣見縣治建樓詢其里中友人云相傳邑有殿元則縣
署大門建樓謂前有于振後有敏中相國也余興邑縣治門亦有
樓相傳以爲李文定公春芳作殿元改建與斯言吻合
余館棠邑五載偶以事由陸路渡浦口江至金陵入儀鳳門因遊
靜海寺寺殿柱以檀香爲之圍可兩人合抱中楹大柱凡八承以
碧玉礎大于柱周廻約三寸爰拂拭殿後左廊碑記觀之知建于
永樂至武宗時應天守監等重建後並列督撫以下捐施姓名守
監如此氣欸想亦侍璫彬輩爲援曾作詩紀遊及此意
乙亥丁丑數年往返棠邑曾于六月過靈岩山側遇雨有句云澤
地蟄雷奮山雲挾雨飛又冬日眞州曉發云水淺潮無信霜多瓦
沒稜方山道中云陌塵蹇蹄皴田稜龜兆裂皆實景也
東坡先生三子惟長子邁爲王夫人所生東坡守杭時年四十斯
時過已十九歲見于年譜則王夫人歿時迨過已五六歲東坡爲
王夫人作墓志云年二十七卒有子邁而不及迨過明非其所出
也後贈朝雲詩序有云家有數妾先後散去朝雲相從二十年生
子幹兒未朞而夭以此推之迨邁皆庶出或其生母早亡不傳耳
嘗閱松陵集載鬼仙詩甚佳皮陸皆和之又陸放翁避暑漫鈔載
有神降于鄭洊家吟詩有采得蓮花渾忘却空將荷葉蓋頭歸之
句因憶乾隆辛丑興邑有乩仙能詩里中問禮闈有中式者否乩
判詩云花裏枝頭枝裏花花花葉葉有根芽東風開到酴醾謝好
事原來屬蔡家衆不解及榜發顧九苞先生得雋始悟詩內九草
頭而大總裁乃蔡文瑞也及　殿試顧以三甲未用出都旋于五
月杪病歿于直沽旅舍則開到酴醾謝固不祥語其寓意衆亦未
解及此乩詩靈異興邑人至今傳誦
唐人言冬烘是不了了語故有主司頭腦太冬烘錯認顏標是魯
公之誚今則以此嘲村學究
乾隆四十九年甲辰
高宗六巡江浙時兩淮鹺商殷富承辦工差更爲踴躍于天寧寺
東北增建重寧寺殿宇金碧焜耀兩寺之間爲
行宮複道臺榭池沼備極翬飛縈曲
翠華駐蹕前一日鋪陳全備大觀堂前極貢獻鐘表金玉書畫法
帖以次排列直指伊惺齋先生招先大人偕予往觀徧歷前後園
亭中有洋樓一座上下四方皆以玻瓈爲槅每槅玻璃長八九尺
寬二尺餘表裏空明光搖銀海眞乃廣寒清虛之府昔秦繆公游
帝所聞鈞天廣樂徒虛語耳次日
駕至五台山對河登龍舟至天寧寺夾岸皆用綵衣童捧香爐迎
鑾閭閻以緣竿弄丸諸伎由天寧寺西至平山堂名園鱗次相接皆
懸五色鐙園門首各有戲亭演劇自小東門至左衛街埂子轅門
橋教場各鋪家俱懸鐙如瓔珞照耀通衢以多子街爲尤盛獲覩
太平極樂世界迄今猶夢憶不置

是年予十九歲恭應

召試于三汊河跪獻頌冊三月試多士于江寧鍾山書院士仲知已賦謹權衡論至人心鏡詩一等十五人第一名武進劉台揚二等二十餘人第一名興化顧鳳毛顧即予姊夫數日後

鑾回揚州劉樸夫少僕過訪先大人言在軍機處閲已榜發因拆遺卷彌封欲索予卷觀之徧搜不可得疑有藉以應用者户部尚書和珅為閲卷大臣之首台揚授中書後託疾不至京候補遊浙中主講家屢空晏如也乾隆壬午

南巡召試武進劉文定公閲卷先大人出其門下台揚為文定公季子乾隆四十年季君由川路入都先大人寄書命予舟相附同行途中數十日聆其教言

伊惺齋侍郎敬禮先大人款曲倍至嘗欲以鹺務中公産約直三萬緡者為先大母壽先大人婉辭却之予私請其故先大人曰吾兩次落職皆緣知己今太夫人年八十而受人之大惠異日將何以報耶且家本寒素吾何須馬爾果能自振拔異日或有民社之寄更須以廉自飭也予赴南闈十一次中閒薦而被黜者再今年踰六十進取之志已灰每念此訓言汗浹于背

清溪小姑祠在釣庫街金陵牌旁由來久矣祠甚小祇屋一楹然頗以名勝傳戊午後黎園優人撤小姑而祀老郎神偶作截句記之云嫦娥換却古常儀杜老無端作十姨此事他年尤可噱小姑冠帶化男兒

乾隆五十年歲大旱赤地千里斗米五百民食榆皮野蔓殆盡山左及江以北人相食自三月至于九月始雨乃播麥種是時泰州牧袁君救荒展賑日不暇食愛民如子而懲奸必嚴盜賊無敢入境民雖餓死不犯法次年春大疫麥秋時民病至不能刈多乞鄰里助之道殣相望袁君飭里正掩骼埋胔無有索詐滋事者是年秋復大熟石米祇千三百有奇袁君名秉義字介夫直隸宣化人進士出身長不滿五尺案牘稍暇唯觀書無他好與人言辭氣和平諄諄勸諭士民樂之猶記其荒歲于除夕前一日自捐俸錢千陞廟散給在城貧民其夫人于署中散給煢苦婦女後三年陞任瀘水同知登舟時香盆夾道百姓泣送者絡繹不絕古循吏何以加焉予近與輯修泰州志乾隆以來名宦傳中當以袁君為第一人

嘉慶十年後黄河倒灌洪澤湖湖底淤墊日高揚屬州縣時被水災至道光四年十一月十二日大西北風一晝夜飛石拔木高堰之十三堡決口因開車邏昭關壩直注下游幸高興泰東鹽城各州縣三月不雨溝渠將涸水至時周回數百里可以容納與開五壩相埒未有灌城之患亦天意也至道光六年淮水驟發七月初開漕河東堤各壩又值淫雨數十日約計共雨水七八尺遂至村舍漂蕩興化縣城内水深二三尺泰州姜堰鎮東北尚不患水者

田禾亦皆淹没土人云八十年來未見之事記水旱以乾隆五十年道光六年兩次為尤甚

燕國公張說有人惠以記事珠偶有闕忘手弄此珠便覺心神開悟予觀書掩卷即忘安得此珠耶遊仙枕枕之則十洲三島盡在夢中予年就衰夢境紛紜甚覺無味安得仙人授此枕耶

孔帖載張說永昌中武后策賢良方正詔吏部尚書李景諶糊較覆說所對第一后署一等劉餗撰隋唐嘉話亦有武后時試士命吏部糊名語則試卷糊名唐已有之至宋真宗景德四年周起始奏請著為令

宋時僧居月琴曲譜錄載上古琴弄六十八中古琴弄四十八下古琴弄一百今所存譜祇十分之二三則失傳者多矣

唐羅虬作花九錫宋之張翊著花經有一品九命至九品一命名目毛勝有水族加恩簿皆自張華禽經濫觴而敷陳過之

東坡言黄州麻橋人龐安常善醫而聾人以紙畫字書不數字輒深了人意嘗戲之曰余以手為口君以眼為耳又言其醫不計利得善書畫即喜不自勝今海陵醫士潘夢嵬亦耳聾延診者皆書病源示之每步行不乘輿招之即至亦不計利與龐安常大相似安在古今人不相及耶京口王九峯以耳聾號名醫衣服輿僕甚都出入鹾署多年巨室延之非數十金一日不至則聾醫亦有幸有不幸也

東詠軒筆記 下卷

興化徐鳴珂竹鄉

天周九九八十一萬里見春秋元命苞地去天九萬里見徐整口記地廣東西二萬二千里南北二萬里見河圖括地志自東極至于西極五億十萬九千八百步見山海經山林之大川澤之注菜葅之生鳥獸之聚者九百一十八萬八千十四頃見程棨三柳軒雜識

唐寧王以小玉片綴于檐際風觸則鳴謂之占風鐸今之簷馬其遺制也又綴金鈴于花枝掣之以驚鳥鵲後之花幡其遺意也

陸放翁老學庵筆記云淮南諺云雞寒上樹鴨寒下水驗之皆不不然有一媪曰雞寒上距謂有時一足縮也鴨寒下嘴謂納其咮于翼内

象膽在足寧陵簿田世程言象營死三象其二膽在足其一不在足或言膽隨四時在四足見宋劉跂暇日錄索十國春秋徐炫傳有剖象亡其膽者鉉曰象膽在四足今春時當于前左足索之果驗

前明楊文貞公士奇不由科目以布衣薦輔導東宫居内閣首揆草詔定大禮授冊三總裁國史主會試及京試者再備極儒林之榮　國朝朱竹垞先生由布衣舉鴻博後典試江南亦異數也先生不以制藝名而得胡任與為解元是科題為點爾何如一節元

作高渾超脱方望溪先生刻入
欽定四書文中胡後于甲戌科狀元及第

前蜀時王仁裕作詩滿萬首蜀人呼曰詩窖子又仁裕少時夢剖其腸胃以西江水滌之顧見江中沙石皆成篆籀文

霍小玉侍兒名浣沙桂子又沈翹翹唐文帝時宮人俱可補侍兒小名録

唐小説中有博異志及靈異録志神仙鬼狐數十種淄川蒲留仙聊齋志異多暗用其事而文妙特過之唐説部文筆不雅飭又每以而字之字浪入句中尤爲習氣雲溪友議尚爲後人引用有名之書而其中有強爲篇章而于謁問是何人之吹噓等語今之作時文者尚不屑爲此句法

東坡先生仇池筆記云世有附語者多婢妾賤人否則衰病不久當死者其聲音舉止皆類死者又能知人密事意有奇鬼能爲是耶余初不信怪鬼事近爲某友妹作蹇修納采前一夕女忽夢有麗人傾身玉立謂之曰汝不當受某聘若卒受之當似吾病不能生矣及醒女不敢告其母及兄且前議已定遂秘之未幾女病連旬至吉期前一月幾危殆家人憂之女始不得已告其母盍某氏子前聘某廣文妹于合巹前數日以瘵亡也其母命女之兄語余以婿家隔縣屬札寄之令緩婚期余思之謂其兄曰鬼有所歸乃不爲厲此非與汝妹有夙冤也特以將嫁而亡一靈未散欲藉令妹求血食作依棲計爲不于夜分祝之許以爲元聘將來于歸後逢歲時亦祭之其兄如言是夜令其妹設祭私祝次日女即能進餐其兄仍乞余寄札某告以故屬其爲前聘立木主書曰某門元聘某氏設祭祭之女由是全痊及期成合巹禮今歲歸寧余至其家其母及兄命出拜謝座客咸笑謂余能爲人鬼解和

嘉慶十七年京師忽一日晝晦居室者亟然鐙塗中行人幾不知所向逾時如故案南唐時盧文進在金陵爲客言往歲臨契丹常獵于郊忽晝晦如夜大駭偶得一土人問之曰此之謂笪日何足異良久自當復果如其言又宋真宗時亦有晝晦黑眚後亦無他異

後蜀毋昭裔貧賤時嘗借文選于友人有難色發憤異日若貴當版以鏤之徧遺學者後仕至宰相請後主鏤板印九經又令門人句中正孫逢吉書文選初學記白氏六帖刻之宋槧諸本相繼而起自是不貴傳鈔自刻詩文集者多矣余嘗擬十國春秋瑣言作絶句百首中有一首云文選何妨借一瓻偏逢吝友厄書癡讓他鏤板開雕印梨棗應無褫已時指此事也

趙希鵠明神宗時人其洞天清録及論筆墨紙研琴帖書畫名香紀遊諸卷每卷標名刻爲宋趙希鵠前明人刻書多不攷原委于校讐尤疎獨不閲其論陸子岡精于碾玉子岡乃元季人耶又中有楊升菴語及琴録中有元朱致遠造琴甚精成化間有豐城万

隆錢塘惠祥祝海鶴諸人胡竟不一寓目而授梓耶

張倬落第捧登科記頂戴曰千佛名經也杜德祥放楠曹松等五人年俱七十餘時謂之五老榜南唐時亦指喬匡舜知貢舉放及第樂史等五人為陳橋皮榜然較之孫魂榜則皆生受榮名矣

南海蘇氏園極幽勝劉後主鋹嘗攜李蟾妃微行至此憩酌綠蕉林中大書蕉葉曰扇子僊今人以蕉為扇曷不名以蕉仙而朱蕉作花者亦名美人蕉曷不以僊人蕉名之或又言以仙人掌名蕉扇亦不俗

吳梅邨連舉十三女而公子元朗始生唐吏部東江孫華已為名諸生年亦及强矣湯餅會儼然上座迨康熙戊辰元朗舉禮部而唐與之同榜見法梧門先生槐廳載筆中柳南隨筆一則此與每試夢胡蘆者同一佳話

康熙二年試士停八股文祇以策論表判出題考試八年已酉禮部題定仍照前例頭場用八股文章乾隆壬申

恩科三月鄉試八月會試外省鄉試俱二月舉行因去會試之期匆迫也

高江村士奇好學能文家固貧年十九之京師以諸生應順天闈試不利落魄羈窮賣文自給新歲為人書春帖子徃徃自作聯句用寫其幽憂牢落之懷偶為

聖祖仁皇帝所見大加擊節立召見旬日之間三試皆第一入內廷供奉旋授內閣中書舍人擢翰林院侍講洊陞詹事府少詹事（見滄人詩鈔小傳）桐城方觀承問亭少被家難謫戍出邊遇赦歸里從平郡王至大軍奏授中書舍人詹事太倉王公薦舉鴻詞科問亭以客平郡王所引嫌不與試人以為憾（見詞科掌錄）而其後官爵洊晉歷任總督多年二君千載奇遇如同一轍

鬼車春夏之間稍遇陰晦則飛鳴而過嶺外尤多或云九首曾為犬噬其一常滴血血滴人家則不祥荊楚歲時記正月夜多鬼鳥度家家槌床打戶捩狗耳滅燈燭以禳之今淮揚間呼鬼車為九頭鳥每夜聞之則唤狗使吠嘗見高提舉自粵中歸攜一鬼車臘以示戚友九首環列為一首未知其生者能各出聲否

宋元書畫法帖今不易得昔于乾隆間見海陵舊藏者三洵為可寶一宋初搨聖教序字跡完好精采圓足如今人初刻之帖而紙色瑩白古閣殆不能偽後有董文敏跋相傳其在泰手書一為杜京兆瓊為陶九成畫冊十二幅寬廣約尺四寸每幅下頁瓊自題詩楷書書法兼鍾王筆意紙則澄心堂也瓊元季人即沈石田之師一為仇十洲仕女圖卷渲染之鮮明玉貌之秀媚與贋作者判然亦其生平極意經營之作三者不出一家而皆為陳氏家藏後宮石泉悉為售於他邑殊覺可惜

嶺表錄異載鸚鵡螺旋尖處屈而味如鸚鵡嘴殼青綠斑大者可容二升裹為酒盃奇而可玩友人仲柘菴（振履）官羊城時曾以一

寄高紫嵐筠一寄其季雲浦雲浦以蒔小花殆如蚓川之黄瓷斗

宋思陵工書在潛邸時臨蘭亭幾五百本由是書法日進秀餐軒帖内刻其付岳武穆手劄圓潤勁健實爲趙孟頫鼻祖而雄渾終不及

吾鄉高文義公轂書法甚精亦宋思陵趙孟頫一派而無松雪率意恣筆英宗復辟後致仕家居與先八世從祖改之先後皆以書名曾於蘭圃姪處見其巨幅神采如新

李文定公將赴春闈夢一兔籠中逸出化爲大鹿持戟中其首明春丁未狀元及第盖公以辛卯鄉薦至是始得禄又臚唱前一日在寓邸與客對弈或招公下樓以及第來告公返坐自如以一帖置枰下局終客詰之徐以帖示客曰拙卷亦與進呈之列衆以是多公之度及傳臚肅宗見公名大喜曰桃李當春日正芳妍之時以硃筆遶春芳二字圈之見興化縣志

宗副憲臣字方城爲諸生時言齋中有蓮花燈𥫗燕其中友人見而賀曰此聯登兆也又新知録載其督學閩中忽謂其家人曰某日有僧相訪當歸化矣及期謂僧且至出迓之登堂分賓主坐定相與語丹鉛之事議論酬答三晝夜不倦僧乃去而家人實無所見既而命家人具湯沐作詩三首而逝其實爲權相嵩所忌遣人以蠱藥殺之

高文義公無子置一妾夫人悍妬毎聞之不得近一日陳學士循過焉留酌聚話及此夫人於屏後聞之即出詬罵陳怒以棒仆夫人于地數之曰汝無子法當出今不去汝而又妬妾是欲絶人後也倘不改吾當奏聞朝廷置汝於法自是妬少挫生中書舍人峘陳公一怒之力也事見菽園筆記然天下妬婦多矣安得陳公徧扑之吾鄉任侍御大椿亦以此無後令吾戚友數人望之尤切

興化縣南法華𧇊寺西有鐵棺長九尺二寸相傳宋建炎間薛慶常遣其徒撼之中有物相觸鏗然作聲鼓鑄銘之不液乃止見康熙時縣志今問之耆老無知此事者

寄園寄所寄載儀真南門橋五日競渡龍舟在橋東衆皆趨觀于東橋欹而臨觀者百餘人一時漂溺倉卒不能救以河流湍激也橋側有一茶軒遂將桌凳亂投于河人得扳緣而起者十之三此急智甚可取

揚州陸成之家牡丹一株百餘年矣花開甚盛李氏欲得之主人許俟花開乃移其花歸李後朶朶皆背人開强之外向不能也亦載寄園集中此與瓊花移入禁中則萎送還本觀仍茂同一異事花神有知尚不忘本人之棄舊迎新將何以堪

學問如家計日營運則家日長否則退學問不日長則日退亦在乎爲之而已語見明薛崗天爵堂筆餘雖淺近而有至理述異記載漢諺云雖有神藥不如少年雖有珠玉不如金錢亦至論也然疏廣以餘金置共具不爲子孫買田宅曰賢而多財則損志愚而

多財則益其過此為名言

鵲鳴噪人聞之以為有喜故以喜名鴉鳴聞者輒惱應名惱鴉而世乃從老字當係腦老同聲訛傳雪濤談叢此論甚新

杭人削松木為小片其薄如紙鎔硫黃塗其銳名曰發燭亦曰焠兒周建德六年齊后妃貧者以發燭為業其即如杭人所製歟陶穀清異錄云夜有急苦燃燈之緩批杉染硫黃遇火即然呼為引光奴其名甚新今人于開筵懸鐙多時每燭心置樟腦少許著火即然尤為奥捷嘗見戲劇中于毯内幻出火鼎熾火通紅亦用硫黄裹炭也

吾鄉李文定公有玉帶一圍三百年來傳長房至今近于海陵友人程星泉應韜處見有古墨數十笏皆程方二家所製又恭閲高廟賜其祖風沂京兆書墨數事余家有宋搨淳化閣帖自前明侍御蒼水公傳至　國初時方伯符禺公乾隆間先大人自族中購得之偶記數言仿唐人記衛公故物

竹名龍鍾者羅浮山第三十一嶺半是巨竹皆七八圍長一丈餘石有名龍鍾者漢武帝時陽關外花牛津得異石長十丈高三丈移立于望仙宫名曰龍鍾石至唐詩雙袖龍鍾句則直以貌老人衰邁相矣

予好印章尤愛佳石舊藏晶玉瑪瑙及青田昌化凍石殆以百計中年以後有見而好者或贈以一二嘗有海南晶一方長寸八分方一寸澄澈如水無一毫瑕障館郡城時鄭元甫復光愛之嘗以為言靳未與也後以甲戌年病辭館歸因念天下物不常聚苟歸所好亦其幸也即取贈之又青田白玉石一長寸四分廣一寸白潤如玉又小竹印橢圓式長一寸中間空鏤卍字按之則短引之則長而連貫處界空分明各如一綫亦巧製也二者為少府諸蓮汀索去又田黃凍石一長一寸方四分其巔琢成小峯四五相亞閲之頗覺具邱壑致予鐫仁者壽三字贈王善舟太守今篋中所存皆其次矣

嘉慶庚午辛未間直指阿克當阿興修揚州府志時予在郡城鄭氏館中聞纂輯者有成都庹常龍雲圻字可亭江都諸生江藩字鄭堂皆予舊好以先大人壬午召試欽取一等其所熟悉無須闕白之及鏤印後閲選舉中壬午制科獨不列先君子名而載入是年鄉試中式二君當未輯是卷而同纂者何至彼此不相檢閲如此又其時現在之人濫收入孝友篤行者不可枚舉此皆採訪之弊書成後各邑訾議紛紛有言于直指者遂將板收回不印而散見他邑者已有數十部貽誤不少頃予與纂泰州志偶檢新府志載前明選舉以余家九世從祖侍御蒼水公編入泰州進士中而註為興化籍泰州人殊不可解蒼水公見興化縣康熙志且泰州志本無未知何所據增入楚材晉用固不必靳然選舉則各邑自為科目安容假借幸予與此事

否則他人不知必據新府志編入泰州新志無怪其然而予已居泰多年倘不改正留俟吾邑修志時作駁案予又安得辭吾鄉人及吾宗之詬責耶

耳目記載周大足中泰州鄭家莊有一兒郎爲羅刹鬼所食事今泰州西北去城五里果有鄭家莊然按大足係武則天年號故曰周大足中其時都在長安距今泰州五千餘里安得以此瑣事傳且唐時泰州仍名海陵南唐時始有泰州之名耳目記所言泰州當係秦州秦字訛刻相沿未改正

董華亭容臺集云昔年見一書載崔鸞鸞有子七人未知何據今讀鄭恒爲崔夫人埋志子六人瑱珮瑾玘璿琬女一適盧損恒字行甫七十有六乃合葬碑立于唐大中十二年成化間出於舊魏縣廢塚即古之淇澳也泰州高文子銘田抜貢銓授淇縣丁憂歸里曾爲余言縣之西郊果有此碑然據行甫埋志則崔死乃在鄭前而其地復有崔貞節坊亦指爲鸞鸞守節里俗訛傳可發一噱

元史列傳第十八卷有完者都二十卷又有完者都傳文大段相同微有小異讀之蓋爲一人其纂修時當爲二人分輯未相互較是以重出然則疏漏之失恐不止此分纂之書多有此弊

今人呼謔之語皆有所本閩人多疥故云癩子爲綿錦襖見類說粵人以蝦蟇爲上味先於釜中置小芋俟湯沸投入蝦蟇乃抱芋而熟謂之抱芋羹又云疥皮者最佳切不可脫去錦襖子見唐尉遲樞南楚新聞則以癩爲錦襖粵閩方言正相類南宋初禁食蝦蟇使者遂有索坐魚數斤之誚抱芋羹坐魚字皆可入詩料

高子業詩云衆女競閨中獨退反成怨夫爭妍取忌固矣而獨退成怨豈不以人之視已賢智先人哉故楊誠齋云聲利之場輕就者固不爲人怨不輕就者亦不爲人所怨也

高郵王文肅公以會元榜眼至天官冢宰其孫伯申亦探花現官尚書寶應王樓村先生以康熙癸未科會狀其孫少林先生亦以乾隆癸未成進士泰州仲松嵐先生以乾隆壬申列解首其次君雲浦亦于嘉慶壬申領鄉薦人之家慶往往先後相符至以星命言祿位亦難盡信伯申與余同丙戌生余以辰月辛未日伯申遲余十日爲庚辰生日元金水行運皆同而相去奚啻霄壤所謂差之毫釐失之千里不獨此也伯升階晋一品而其仲寬甫仍一諸生昆弟亦如此懸殊寬甫與余通筆札垂三十年兩人潦倒如出一轍近復以小兒女締爲姻好

先大人謫伊犁時以小冊寫金剛經從萬里外寄回蓋爲先大母李太孺人祈壽敬書小楷如細菽具印沙劃泥之勢見者嘆爲精絶先大母壽至九十有二先是癸巳年

賜環後移家海陵此冊忽爲人攜去後復得之他所先大人壽亦九十有二以道光四年六月捐館日月易逝三周忌矣謹閱經冊揮涕仿臨用資兩亡親冥福第眵昏腕弱對先大人書冊不覺汗

顔并自傷衰邁矣

白容笪重光未第時夢其父曰汝功名在朝天宮某道士身上覺而信之訪其人訂交焉既而辛卯塡榜即某道士也試官拆卷到笪名方詐其姓欲易之道士闡唱名時即疾書其姓名遂得不易語載寄園寄所寄中余弱冠時夢立大海中白石臺上臺袤廣約數畝高丈餘四顧無一人下視波濤渟滀滮泱忽西南有光自下上騰直入雲際中一紅衣嬰兒騰空飛來過臺際向北遠墜嬰兒後數十僧從之皆在其下如履半空而至及臺皆立于臺上北向誦佛復跪良久乃起分排東西向立東一僧謂衆曰午時衆僧似頫首會意皆大歡喜狀予即驚寤今已四十餘年究未知何祥也

亡姬許氏雉城人年十六歸余佐先室人侍堂上能盡孝養先慈甚愛憐之長益婉順達事情戚䣊輩有紛詬相爭者每以理勸解之即各欣然先大人年將八十姬晨夕侍調護倍至癸丑生子不育長女十五病亡姬素有弱疾哭女痛次年遂至不起年三十四次女年甫十二今適寶應王世瑞即少林先生之長孫也姬將逝前一夕夢先慈呼與語余作悲懷四首其三章云瓊宇似聞呼苟藥舊恩敢忘侍蓬萊春暉未報重添恨曾說慈顔入夢來指此也東詠軒舊爲其遷室今予以此作小休所電光泡影二十年一刹那耳偶記及此不覺憮然

東坡先生云人老簪花不自羞花應不上老人頭邵康節先生云花見白頭人莫笑白頭人見好花多東坡語恬康節氣壯

周益公云蘇子容聞人語故事必令人檢出處司馬溫公聞新事即便鈔錄且記所言之人故當時語云古事莫語子容今事勿告君實見明皇甫庸近峰聞略余於是編兼此意道光七年歲在强圉大淵獻閏五月下澣研北花南居士識